Jan Hansen
Abschied vom Kalten Krieg?

Schriftenreihe der Vierteljahrshefte für Zeitgeschichte
Band 112

Im Auftrag des
Instituts für Zeitgeschichte München – Berlin
herausgegeben von
Helmut Altrichter   Horst Möller
Andreas Wirsching

Redaktion:
Johannes Hürter und Thomas Raithel

Abschied vom Kalten Krieg?

Die Sozialdemokraten und der Nachrüstungsstreit (1977–1987)

Von
Jan Hansen

ISBN 978-3-11-044684-5
e-ISBN (PDF) 978-3-11-044930-3
e-ISBN (EPUB) 978-3-11-044718-7
ISSN 0506-9408

Library of Congress Cataloging-in-Publication Data
A CIP catalog record for this book has been applied for at the Library of Congress.

Bibliografische Information der Deutschen Nationalbibliothek
Die Deutsche Nationalbibliothek verzeichnet diese Publikation in der Deutschen Nationalbibliografie; detaillierte bibliografische Daten sind im Internet über http://dnb.dnb.de abrufbar.

© 2016 Walter de Gruyter GmbH, Berlin/Boston
Titelbild: Der SPD-Vorsitzende Willy Brandt mit Friedensaktivisten am 20. Oktober 1984 in seinem Wohnort Unkel am Rhein anlässlich einer Großkundgebung im nahen Bonn; J. H. Darchinger/Friedrich-Ebert-Stiftung
Druck und Bindung: Hubert & Co. GmbH & Co. KG, Göttingen
♾ Gedruckt auf säurefreiem Papier
Printed in Germany

www.degruyter.com

Inhalt

Vorwort VII

Einleitung: Wie wirkmächtig war der „Kalte Krieg"? 1

I. Der Streit um die Atomraketen 13
   1. Kontinuität oder Bruch? Chronologische Orientierungen 13
   2. Darf der Friede militärisch erzwungen werden? 26
   3. Die sozialdemokratische Krisenerzählung 31
   4. Angst vor dem Atomtod 37
   5. Die Beharrungskraft der Fortschrittsidee 45

II. Der Kalte Krieg auf dem Prüfstand 53
   1. Gemeinsam überleben: Ost-West und Nord-Süd 53
   2. Wege aus der Blockkonfrontation 68
   3. „Das Ost-West-Zeitalter ist zu Ende" 82
   4. Fragilität und Persistenz der binären Ordnungslogik 92

III. Neue Denksysteme? Das Ringen um gültige
     Wissensbestände 101
   1. „Alternative Clausewitze": Die Konstruktion und Darstellung von
      Gegenexpertise 101
   2. Von Schnellkursen, Arbeitskreisen und Veranstaltungen:
      Neues Wissen an der Parteibasis 110
   3. Abwehrreaktionen: Die SPD-Spitze kämpft um die Deutungshoheit ... 119

IV. Performative Diplomatie: Sozialdemokraten auf der
    internationalen Bühne 125
   1. Weltpolitik in Hamburg-Langenhorn 125
   2. Emissäre der SPD reisen in die USA 138
   3. ... und in die Hauptstädte des Warschauer Paktes 145

V. Partei in Bewegung – die Praxis des Protests 153
   1. Das Ende der innerparteilichen Routine 153
   2. SPD-Nachrüstungskritiker vernetzen sich mit US-Friedensaktivisten ... 165
   3. Neue Protestformen und der Wandel der politischen Konfliktkultur ... 178

VI. Unterwegs zu einem neuen Politikbegriff? 197
   1. „Atomwaffen Nein – Volksbefragung Ja" 197
   2. Das Theorem der „Unregierbarkeit" in den achtziger Jahren 209

    3. Parlamentarisierung des Protests: Die SPD und die Grünen **221**
    4. Die Transformation der SPD und ihre Grenzen **228**

Schluss: Wie der Kalte Krieg endete und die SPD an Integrationskraft verlor **239**

Zeittafel **247**

Abbildungen **252**

Abkürzungen **253**

Quellen und Literatur **257**

Personenregister **287**

Vorwort

Dieses Buch steht am Ende eines langen Weges. Ich brachte einige Jahre meines Lebens damit zu, mir zu erklären, warum es der deutschen Sozialdemokratie so schwer fiel, eine einheitliche Haltung zur Stationierung neuer Mittelstreckenraketen in der Bundesrepublik zu präsentieren. Auch wenn diese Studie zunächst eine wissenschaftliche Qualifikationsschrift ist, nämlich die überarbeitete und erheblich gekürzte Fassung meiner Dissertation, die ich 2014 an der Humboldt-Universität zu Berlin eingereicht und verteidigt habe, lernte ich im Entstehungsprozess ungewöhnlich viel über mich selbst. Allerdings: Niemand schreibt ein Buch alleine. Selbst Gedanken, die wir als unsere eigenen bezeichnen, fügen wir in ein Netz von Überlegungen ein, die schon einmal gedacht worden sind. So ist auch dieses Buch das Ergebnis vieler Gespräche und Begegnungen, aus denen ich wertvolle Anregungen gezogen und in denen ich Rat und Unterstützung erfahren habe.

Gabriele Metzler betreute meine Doktorarbeit. Ihr bin ich für so vieles dankbar. Dazu zählt auch, dass sie mich mit ihrer subtilen Ironie davor bewahrte, meine Ergebnisse zu wichtig zu nehmen. Das Arbeitsklima an ihrem Lehrstuhl empfand und empfinde ich als optimal, um den Spagat zwischen Lehre, Gremienarbeit und Forschung zu meistern. Friedhelm Boll ermutigte mich am Ende meines Magisterstudiums zu einer Dissertation und öffnete mir so manche Tür. Ohne ihn hätte ich mich nie auf den Weg machen können. Philipp Gassert und Martin Klimke schufen mit ihrem „Nuklearkrisen"-Projekt ein Forum, in dem sich Doktorandinnen und Doktoranden, die über die Friedensbewegung und den Protest in den siebziger und achtziger Jahren forschten, austauschen konnten. Ich schätze auch den kollegialen, fast freundschaftlichen Umgangston, den sie pflegen, und verspüre immer gute Laune, wenn ich ihnen begegne. Holger Nehring stand etwas außerhalb des Projektverbundes. Doch war jede Begegnung und jedes Gespräch mit ihm eine nicht minder große Bereicherung. Benjamin Ziemann bestärkte mich darin, die Bildsprache des Protests ernst zu nehmen. Bernd Rother erklärte mir das komplizierte sozialdemokratische Innenleben der achtziger Jahre. Von Jörg Baberowski habe ich gelernt, dass man ein Buch so schreiben muss, dass es der Leser gerne liest. Ihm danke ich außerdem für sein Zweitgutachten.

Eckart Conze, Anselm Doering-Manteuffel und Norbert Frei luden mich in der Endphase der Niederschrift in ihre Kolloquien nach Marburg und Tübingen bzw. in die Doktorandenschule des Jena Center Geschichte des 20. Jahrhunderts ein, wo sie mit mir über meine Ergebnisse kritisch-konstruktiv diskutierten. Das Gespräch dort hat mir viel geholfen: Dass ich Bekanntes zurückdrängen und Unerwartetes akzentuieren muss, ist mir im Gespräch mit ihnen klar geworden. Es war aber Frank Reichherzer, der vor einigen Jahren den Anstoß für die These dieses Buches gab. Während eines Workshops in Genf fragte er mich, ob man den Protest gegen die Raketenstationierung nicht auch als Ausdruck lesen könnte, dass das Ordnungssystem „Kalter Krieg" gesellschaftlich nicht mehr überzeugte. Eines ist klar: Ohne seine Anregungen sähe dieses Buch anders aus.

Es versteht sich von selbst, dass man ein Buch nur schreiben kann, wenn man nicht unablässig darüber nachdenken muss, woher man das Geld zum Leben nimmt. Ich bin deshalb der Friedrich-Ebert-Stiftung dankbar, dass sie mich mit einem dreijährigen Graduiertenstipendium unterstützte, und auch den Deutschen Historischen Instituten in Washington, DC und Paris, die mir mehrmonatige Aufenthalte in den USA und in Frankreich ermöglichten. Viele Archivarinnen und Archivare verhalfen diesen Recherchen überhaupt erst zum Erfolg. Eine Reihe von Zeitzeugen ließ sich darauf ein, mit mir über meine Thesen zu sprechen. Es waren dies Andreas von Bülow, Dieter Dettke, Hans-Eberhard Dingels, Karl-Heinz Klär, Gerald Livingston, Hans Walter Schulten und Karsten D. Voigt. Als schließlich alles vorbei schien, sorgten Freundinnen und Freunde, Kolleginnen und Kollegen dafür, dass mein Text lesbarer wurde. Ich danke Manuel Müller, der sich die Mühe machte, das gesamte Manuskript sorgfältig zu lesen und ausführlich zu kommentieren. Sarah Ehlers, Torben Gülstorff, Frank Reichherzer, Bernd Rother, Andreas Spreier, Phillip Wagner und Heike Wieters lasen einzelne Kapitel. Lisa Esser, Gabriel Schimmeroth und Kevin Lenk erleichterten mir den wissenschaftlichen Alltag.

Den Herausgebern der Schriftenreihe der Vierteljahrshefte für Zeitgeschichte Helmut Altrichter, Horst Möller und Andreas Wirsching danke ich dafür, dass sie meine Arbeit in ihre Reihe aufgenommen haben. Ich bin mir sehr bewusst, dass das eine große Ehre ist. Danken möchte ich auch Thomas Raithel, Angelika Reizle und Johannes Hürter für ihr bewundernswert präzises Lektorat und die hervorragende Betreuung meines Buches sowie Gabriele Jaroschka von de Gruyter Oldenbourg, die die letzten Schritte zum Buch von Verlagsseite kompetent begleitet hat.

Was ich Julia zu sagen habe, gehört nicht hierher. Ihr und Caspar ist dieses Buch gewidmet – in Vorfreude auf unsere gemeinsamen Jahre.

Berlin, am Silvestertag 2015

Einleitung: Wie wirkmächtig war der „Kalte Krieg"?

Der Kalte Krieg war überwunden, noch ehe die Supermächte ihn beendet hatten. Im Jahr 1980 sprach Bundeskanzler Helmut Schmidt (SPD) vom Konflikt zwischen Ost und West, als wäre er schon vorbei. In einem fiktiven Brief an seine Wählerinnen und Wähler betonte er: „Wir Deutschen, ein geteiltes Volk in der Mitte Europas, wollen aber nicht zum Kalten Krieg zurück!"[1] Was war geschehen? Warum sagte Schmidt, dass die Bundesrepublik nicht zum Kalten Krieg zurückwollte? Lernen wir nicht in allen Geschichtsbüchern, dass der Kalte Krieg endete, als die Berliner Mauer fiel und die Sowjetunion zusammenbrach? Um Schmidts Aussage zu verstehen, muss man sich die weltpolitische Lage um 1980 ins Gedächtnis rufen. Nachdem die Supermächte seit den sechziger Jahren ihre Beziehungen normalisiert und sich das deutsch-deutsche Verhältnis entspannt hatte, verdüsterten sich die Bedingungen für eine Fortsetzung der Détente ab Ende der siebziger Jahre wieder. Die Spannungen kulminierten, als die NATO am 12. Dezember 1979 mit dem Zutun von Schmidt ihren sogenannten „Doppelbeschluss" fasste und die Sowjetunion nur wenige Tage später das blockfreie Afghanistan besetzte.[2] Was nun anbrach, nannten zeitgenössische Beobachter einen „Zweiten Kalten Krieg".[3] Die Geschichtswissenschaft spricht von einer anhaltenden Krise der Entspannung.[4]

Schmidts Brief kann man als Abwehrbewegung lesen, die im Bundestagswahlkampf 1980 versichern sollte, dass er sich gegen eine Eskalation stemmte. Das erklärt aber noch nicht, warum der Kalte Krieg für Schmidt abgeschlossen war. Man muss sich klarmachen, dass die Historiker, wenn sie vom Kalten Krieg sprechen, etwas anderes bezeichnen als die Zeitgenossen.[5] Während Erstere den Begriff als „Analysekategorie" verwenden und damit eine fest umrissene Phase des 20. Jahrhunderts meinen, wusste Schmidt nicht, dass der Kalte Krieg 1989/90 enden würde. Für ihn hatte der Begriff schon um 1980 keine Erklärungskraft mehr, weil er ein Spannungsverhältnis zwischen den Blöcken beschrieb, das sich in seinen Augen längst entkrampft hatte. Obwohl das kurz darauf wieder anders werden sollte und Schmidt es nötig fand, die ideologischen Unterschiede gegenüber der Sowjetunion zu betonen, ist richtig: Der Kalte Krieg war eine Erfindung jenes Zeitalters, das wir heute so nennen. Er ist ein „Quellenbegriff", der zu verschiedenen Momenten unterschiedliche Bedeutungen hatte. Ursprünglich geht er auf George Orwell zurück. Orwell veröffentlichte am 19. Oktober 1945 in der sozialistischen Wochenzeitung „The Tribune" einen Artikel, in dem er voraussagte, dass die Vereinigten Staaten und die Sowjetunion nach dem Sieg über Nazi-Deutschland in einem „permanent state of ‚cold war'" leben würden. Wichtig ist, dass „Kalter Krieg" bald zur Chiffre gerann, mit der viele Menschen im Westen ihre Gegenwart bezeichneten.[6]

---

[1] Helmut Schmidt: „Unser Volk darf nicht in fremde Konflikte hineingezogen werden.", 30.9.1980, AHS, Eigene Arbeiten.
[2] Grundlegend Gassert u. a.: Zweiter Kalter Krieg.
[3] Halliday: Making.
[4] So Nuti: Introduction, S. 7.
[5] Vgl. Isaac/Bell: Introduction, S. 6–8.
[6] Vgl. dazu anregend Stephanson: Cold War, S. 37.

Ich argumentiere in diesem Buch, dass die Chiffre „Kalter Krieg" für ein hegemoniales Ordnungssystem stand.[7] Grundlage dieser Ordnung war die binäre Logik des Entweder-Oder mit ihrer Differenzsemantik.[8] Denn der Kalte Krieg war, wie Philipp Sarasin es gesagt hat, „ein Krieg der Grenzziehung, der physischen und ideologischen Trennung von zwei Welten".[9] Alles begann damit, dass Winston Churchill in seiner „Iron Curtain Speech" am 5. März 1946 eine Metapher formulierte, die eine erstaunliche Karriere machen sollte, und eine Grenzziehung vornahm, deren gedankliche Figur die Binarität war. Vom Westen aus gesehen war die Sowjetunion nicht mehr ein politischer Gegner, sondern der ideologische Feind, das radikal Andere, das es zu bekämpfen galt.[10] Abgrenzungssignifikanten wie „der Westen", „Abendland" oder „christliche Zivilisation" waren zeitgenössische Konstrukte, die zwar weit in die Geschichte zurückreichten, aber erst nach 1945 ihre uns heute noch geläufige Bedeutung erhielten.[11] Das binäre Denken schrieb sich als handlungsleitendes Paradigma in nahezu alle Bereiche der Gesellschaft ein.[12] Es war aber niemals total. Immer wieder und zu jeder Zeit wurde es unterlaufen, umgedeutet oder ausgehöhlt.[13] Dieses Buch untersucht, wie das Paradigma aufhörte, in adäquater Weise als Erklärungsmodell zu funktionieren.[14] Es erzählt davon, wie der Konsens des Kalten Krieges dahinschwand, und es wägt ab, wo die Grenzen dieser Erosion lagen.

Man darf sich die Erosion nicht als linearen oder teleologischen Prozess vorstellen, der notwendigerweise auf 1989/90 zulief. Vielmehr konnte sich das Denksystem Kalter Krieg auch wieder verfestigen, wenn es einmal ins Wanken gebracht worden war – ein Beispiel dafür ist Kanzler Schmidt. Auch blieb es selbst dann noch präsent, wenn die Zeitgenossen meinten, dass es für sie nicht mehr zählte: als dasjenige, von dem sie sich so vehement abgrenzten. Zugleich wird man sagen können, dass selbst die schärfsten Kritiker des Kalten Krieges ihre Weltsicht weiterhin nach einem Freund-Feind-Schema strukturierten, in dem das Gute und das Böse, das Richtige und das Falsche deutlich voneinander unterschieden waren, und dass sie so der binären Ordnungslogik der Moderne verhaftet blieben.

Meine These lautet, dass der Kalte Krieg um 1980 rasant seine Bindekraft verlor. Er sagte vielen Menschen zu einer Zeit nichts mehr, über die wir gemeinhin lesen, dass er seinen (letzten) Höhepunkt erreichte. Deshalb gab es in den achtziger Jahre so massenhafte Proteste. Natürlich zogen viele Spitzenpolitiker nun wieder verstärkt Grenzen zur Sowjetunion. US-Präsident Ronald Reagan lud den Ost-West-Gegensatz mit einem neuevangelikalen Verteufelungsszenario auf, das die säkularisierten Sowjet-Führer nicht verstanden. Doch war dem Kalten Krieg mit der Entspannungspolitik die ideologische Nährlösung abhanden gekommen. Dies zeigte sich zuerst im gesellschaftlichen Nachdenken über den Kalten Krieg – und nicht etwa im diplomatischen Ringen zwischen Washington und Moskau. Wie rasant der Kalte Krieg seine Wirkmächtigkeit einbüßte, wurde dann in einem bestimmten gesellschaftlichen Großkonflikt offenkundig. Keine andere Frage trieb die Zeitgenossen in Westeuropa so um wie die Aussicht, dass neue und hochmoderne

---

[7] Ab sofort wird auf die An- und Abführungszeichen bei diesem Begriff verzichtet.
[8] Vgl. Imhof: Das Böse, S. 81; aus einer theoretischen Perspektive Bauman: Modernity and Ambivalence, S. 144f.
[9] Sarasin: Grenze, S. 20.
[10] Vgl. Robin: Enemy, S. 3f.
[11] Vgl. Hochgeschwender: Westen; Bavaj/Steber: Introduction.
[12] Vgl. Kuhn: Struktur, S. 57.
[13] Vgl. Eßlinger u. a.: Figur des Dritten.
[14] Vgl. Kuhn: Struktur, S. 104–154.

Atomraketen überall im Land aufgestellt werden sollten. Der sogenannte „Nachrüstungsstreit" um den Vollzug des NATO-Doppelbeschlusses war eher das Symptom als die Ursache davon, dass der Kalte Krieg immer weniger Menschen überzeugte; andererseits katalysierte er das Nachdenken über Wege aus der Blockkonfrontation, ohne zwangsläufig auf 1989/90 zuzuführen – deshalb steht er im Mittelpunkt dieses Buches.

Um was ging es überhaupt? Der NATO-Doppelbeschluss verband eine Rüstungsentscheidung mit einem Verhandlungsangebot. Am 12. Dezember 1979 beschloss die Allianz, eine neue Generation atomarer Mittelstreckenraketen vom Typ Pershing II und bodengestützte Marschflugkörper (Cruise Missiles) in Westeuropa zu stationieren. Gleichzeitig bot sie der Sowjetunion an, über den Abbau ihrer SS-20-Raketen zu verhandeln. Die rüstungskontrollpolitischen Gespräche sollten der Stationierung zeitlich vorgelagert werden und vier Jahre dauern.[15] Indem die NATO ihre Bereitschaft zu Verhandlungen betonte und gleichzeitig erklärte, dass sie entschlossen sei, ihre Sicherheit auch militärisch zu verteidigen, entsprachen die beiden Teile des Doppelbeschlusses den beiden Elementen der NATO-Strategie, wie sie 1967 im sogenannten „Harmel-Bericht" festgelegt worden waren.[16] Sie entsprachen auch den Vorschlägen, die Kanzler Schmidt 1977 in einer Rede vor dem International Institute for Strategic Studies (IISS) in London gemacht hatte.[17] So klar sich die Entscheidung wiedergeben lässt, so komplex war die Argumentation, mit der die NATO sie begründete. Stark vereinfacht beruhte sie auf zwei Strängen, die einer je unterschiedlichen Logik folgten. Erstens war der Doppelbeschluss eine Reaktion auf die sowjetische Raketenrüstung.[18] Zweitens muss er im Kontext des Modernisierungsprogramms gesehen werden, das die NATO unabhängig davon verfolgte.[19] Diese beiden Argumentationsrichtungen wurden von der gedanklichen Klammer zusammengehalten, dass die Glaubwürdigkeit der Allianzstrategie gefährdet sei.[20] Doch auch der Beschlusstext selbst ermöglichte unterschiedliche Interpretationen. Er ließ nämlich offen, ob und inwieweit die Stationierung überflüssig werden könne, wenn Verhandlungen erfolgreich verliefen. Offensichtlich das Ergebnis eines Kompromisses, sprach das Kommuniqué einerseits von „einer verbindlichen Festlegung auf Dislozierungen", andererseits davon, dass gelingende Gespräche den Bedarf an Raketen „beeinflussen" würden.[21] Sollten erfolgreiche Verhandlungen zwischen Moskau und Washington es unnötig machen, neue Raketen aufzustellen? Die Allianz präsentierte hierauf keine klare Antwort und legte den Grundstein dafür, dass der Doppelbeschluss unterschiedlich ausgelegt werden konnte. Gleichwohl war die Allianzentscheidung ein Novum. Niemals zuvor in der Geschichte hatte ein Militärbündnis seinem Gegner Verhandlungen über Waffen angeboten, die noch gar nicht hergestellt waren.

---

[15] Kommuniqué der Außen- und Verteidigungsminister der NATO über den bedingten Beschluß zur Stationierung von Mittelstreckenwaffen vom 12. Dezember 1979, in: *Bulletin* 154/1979, S. 1409f. Immer noch unverzichtbar Haftendorn: Mißverständnis; hilfreich auch Spohr Readman: Conflict.
[16] Die künftigen Aufgaben der Allianz (Harmel-Bericht). Anhang zum Schlusskommuniqué der NATO-Ministertagung, in: *Bulletin* 149/1967, S. 1257f.
[17] Politische und wirtschaftliche Aspekte der westlichen Sicherheit. Vortrag von Helmut Schmidt vor dem International Institute for Strategic Studies in London am 28. Oktober 1977, in: *Bulletin* 112/1977, S. 1013–1020.
[18] Vgl. Walsh: Balance, S. 97–107.
[19] Vgl. Nuti: Origins, S. 58–61.
[20] Dazu ausführlich Geiger: Schmidt-Genscher, S. 98f.
[21] Kommuniqué der Außen- und Verteidigungsminister [NATO-Doppelbeschluss], in: *Bulletin* 154/1979, S. 1410.

Der Doppelbeschluss und die Nachrüstung verstörten zahlreiche Menschen. Bald war nämlich absehbar, dass die Verhandlungen scheitern würden.[22] Das ließ die Furcht vor einem Atomkrieg weltweit in die Höhe schnellen. Der Protest war in jenem Stationierungsland besonders laut, das die Bipolarität am intensivsten spürte. Millionen Menschen protestierten in Westdeutschland gegen das nukleare Inferno.[23] Dabei entwickelte die sogenannte Friedensbewegung eine ganz eigene Dynamik. Wer sich an außerparlamentarischen Initiativen gegen die Nachrüstung beteiligte, der tat dies, weil er sich vor einem Atomkrieg ängstigte, aber auch, weil er an der Protestkultur und dem Lebensgefühl derjenigen teilhaben wollte, die auf die Straße zogen. Es war einfach, Zugang zu bestimmten sozialen Milieus zu finden, wenn man sich dem Protest anschloss. Deshalb hatte der Streit um die Nachrüstung nicht nur eine internationale Dimension; er war ein gesellschaftliches Großereignis, das Zusammenhalt stiftete.[24] Zum einen offenbarte sich die facettenreiche Protestkultur der Friedensaktivisten in ihren Manifesten; den Liedern, Gedichten und Filmen gegen die Raketen.[25] Zum anderen zeigte sie sich auch in ihrer Zeichensprache. Diese knüpfte an alte Formelemente der Arbeiterbewegung an, fügte ihnen neue Symbole hinzu und verschmolz diese Codes zu einem Ganzen. Das half den Friedensgruppen, interne Differenzen zu überbrücken. Eigentlich bestand die Bewegung aus sehr verschiedenen Spektren. In der geschichtswissenschaftlichen Forschung hat es sich eingebürgert, von fünf Gruppen zu sprechen.[26] Thomas Leif, der diese Differenzierung eingeführt hat, unterscheidet ein sozialdemokratisches, ein grünes, ein kommunistisches, ein christliches und ein autonomes/unabhängiges Spektrum.[27] Will man die Systematisierung historisch fassen, so kann man sagen, dass die Friedensbewegung ihre Wurzeln in der Ostermarschbewegung und der „Kampf-dem-Atomtod"-Kampagne der fünfziger Jahre einerseits sowie in den „neuen sozialen Bewegungen"[28] und dem „alternativen Milieu" der siebziger Jahre andererseits hatte.[29] Diesen Spektren war gemeinsam, dass sie nicht nur gegen politische Einzelfragen angingen, sondern ein massives Unbehagen am Zustand der Gesellschaft vorbrachten. Sie machten auch das Ordnungssystem Kalter Krieg zum Gegenstand ihrer Kritik.

Es ist fast unmöglich, den außerparlamentarischen Protest auf einen Nenner zu bringen. Millionen besorgte Bürgerinnen und Bürger gingen auf die Straßen und Plätze, um vor einem drohenden Atomkrieg zu warnen. Unter ihnen befanden sich auch Sozialdemokratinnen und Sozialdemokraten, die ein integraler Bestandteil der Bewegung waren. Sie folgten aber doppelten Loyalitäten, denn sie besaßen das Parteibuch jener politischen Gruppierung, die mit dem Bundeskanzler den vehementesten Befürworter des Doppelbeschlusses stellte. Dieses Spannungsfeld war verantwortlich dafür, dass in der Friedensbewegung höchst unterschiedliche Kräfte miteinander rangen, und es hatte zur Folge, dass der

---

[22] Zu den Genfer Verhandlungen umfassend und mit weiteren Belegen Schwabe: Verhandlung, S. 71–80.
[23] Vgl. als Überblick Conze: Suche, S. 534–537; Wirsching: Abschied, S. 79–86; Schregel: Angst; Gotto: Enttäuschung.
[24] Vgl. Gassert: Konsens, S. 493.
[25] Vgl. Baur: Untergangsszenarien.
[26] Siehe exemplarisch Wirsching: Abschied, S. 86–93.
[27] Vgl. Leif: (Ohn-)Macht, S. 32–53.
[28] Grundsätzlich R. Roth/Rucht: Bewegungen; Baumann u. a.: Milieus.
[29] Rucht: Milieu; Reichardt: Authentizität. Zur Entstehungsgeschichte der Friedensbewegung Ziemann: Quantum.

Streit um die Nachrüstung die Sozialdemokratie auf eine schwere Belastungsprobe stellte. Die Schwierigkeiten kamen schleichend in die Partei, aber sie kamen unerbittlich. Bald dominierten Konflikte den Alltag der Mitglieder. Die Routine der stolzen Partei geriet aus dem Tritt. Innerparteiliche Konflikte hatte es stets gegeben, und nicht zum ersten Mal in ihrer Geschichte beschwerte sich das Unten in der SPD über das Oben, begehrte die Basis gegen die Führung auf. Am Beginn der achtziger Jahre definierte die SPD aber neu, was als eine innerparteiliche Zerreißprobe zu gelten hatte. Als sie die Stationierung der Atomraketen diskutierte, überschritt sie alle Grenzen, die frühere Parteigenerationen errichtet hatten, wenn sie von „innerparteilicher Solidarität" sprachen. Viele Sozialdemokraten äußerten sich über ihre Parteifreunde kritischer als über den politischen Gegner. Sie rangen zwischen 1979 und 1983 buchstäblich um die „rechte Lehre" und den „richtigen Kurs" – mit sich selbst und mit denjenigen, die sie an die Parteispitze gewählt hatten. Und sie fanden selbst dann nicht ihren Frieden, als sie 1983 ihr Nein zur Raketenstationierung gesprochen hatten,[30] obwohl sie den Doppelbeschluss vier Jahre zuvor unterstützt hatten.[31] Der sozialdemokratische Nachrüstungsstreit war ein Unikum. Keine Partei westlich des Eisernen Vorhangs diskutierte die Raketenstationierung so erbittert, wie es die SPD tat.[32]

Mein Untersuchungsgegenstand ist das sozialdemokratische Milieu der westdeutschen Gesellschaft.[33] Ich analysiere die Fragilität und die Persistenz des Ordnungssystems Kalter Krieg, indem ich vom Nachrüstungsstreit in diesem Segment erzähle. Der Zeitraum meiner Untersuchung erstreckt sich von der Debatte um die Neutronenbombe 1977, in der sich die späteren Konfliktlinien schon abzeichneten, bis zum Vertrag zwischen den Vereinigten Staaten und der Sowjetunion 1987, in dem die Supermächte den Abbau der Mittelstreckenraketen vereinbarten – der eigentliche Schwerpunkt liegt aber auf den Jahren von 1979 bis 1983. Es steht dabei nicht die SPD als politische Partei im Zentrum, sondern die Menschen, die sich zu ihr bekannten. So ist in dieser Studie derjenige Sozialdemokrat, der sich explizit oder implizit als solcher bezeichnete – sei er nun Funktionär, Aktivist, Mitglied oder bloß Sympathisant. Das erweitert die Geschichte der Sozialdemokratie hin zur allgemeinen Geschichte, und es sensibilisiert für die Wechselwirkungen zwischen Partei und Gesellschaft. Dabei muss man im Auge behalten, dass das sozialdemokratische Milieu auch in den achtziger Jahren noch überwiegend männlich geprägt und Parteipolitik selbst von Frauen als männlich konnotiert verstanden wurde.[34] Deshalb ist in diesem Buch größtenteils von den Sozialdemokraten im Maskulinum die Rede.

Doch warum erzählt man von der Erosion des Kalten Krieges, indem man von der Sozialdemokratie spricht? Einerseits war ihre Kontroverse, wie ich noch zeigen werde, ein Miniaturabbild des gesamtgesellschaftlichen Konflikts. Hier fanden sich kondensiert beinahe alle wesentlichen Standpunkte, die außerhalb der Partei artikuliert wurden. Andererseits ist die Sozialdemokratie deshalb besonders interessant, weil sie ihr Weltbild lange Zeit strikt am Kalten Krieg ausgerichtet hatte. Bei Julia Angster ist nachzulesen, wie sich die Sozialdemokraten nach dem Zweiten Weltkrieg „westernisierten", sich die Ideen pro-

---

[30] Bundesdelegierten-Konferenz und Außerordentlicher Parteitag der Sozialdemokratischen Partei Deutschlands vom 18. bis 19.11.1983 in Köln. Protokoll der Verhandlungen und Dokumentarischer Anhang, Bonn [1983], S. 198.
[31] Parteitag der Sozialdemokratischen Partei Deutschlands vom 3. bis 7.12.1979 in Berlin, 2. Bd.: Angenommene und überwiesene Anträge, Bonn [1979], S. 1243.
[32] Für einen fundierten Überblick Wittner: Abolition, S. 131–168.
[33] Zum Milieubegriff vgl. Rohe: Wahlen, S. 19–21; Reichardt: Authentizität, S. 38–41.
[34] Vgl. programmatisch Kühne: Staatspolitik, S. 212–228.

duktiv aneigneten, die vormals ihrem Programm als marxistischer Klassenpartei widersprochen hatten.[35] Mit der Bundestagsrede von Herbert Wehner im Juni 1960 kam dieser Prozess an sein vorläufiges Ende. Sich im westlichen Bündnis und also auf einer Seite der bipolaren Welt zu verorten, gehörte nun zur Selbstbeschreibung dieses Milieus. Sicherlich hinterfragten manche SPD-Mitglieder immer wieder das binäre Denken, doch begannen sie erst in den späten siebziger und frühen achtziger Jahren, als Gesamtpartei vom Kalten Krieg abzurücken. Unterdessen blieben die Kräfte stark, die an der Bipolarität festhielten. Es war ein Zusammentreffen von Erosion und Beharrung, das die Neuvermessung des Kalten Krieges in der Sozialdemokratie ausmachte. Das wird in diesem Buch zu zeigen sein, das deshalb „Abschied vom Kalten Krieg?" heißt.

Überhaupt war der Nachrüstungsstreit Symptom und Motor eines tiefgreifenden Wandlungsprozesses, in dem etablierte Ordnungen zerbrachen. Erstens diskutierten Sozialdemokraten über den Kalten Krieg zu einer Zeit, als ihr traditionelles Milieu erodierte. Die „Arbeiterpartei"[36] gab es nicht mehr, denn im Prozess der Deindustrialisierung der sechziger und siebziger Jahre hatte sich aufgelöst, was für das sozialdemokratische Milieu einst konstitutiv gewesen war: „Fabrik, Familie, Feierabend".[37] In den siebziger Jahren waren neue und vor allem jüngere Mitglieder in die Partei geströmt – darunter auch viele Frauen, die den männerbündischen Charakter der SPD aufzubrechen versuchten. Gleichzeitig geriet die Sozialdemokratie durch das unter Druck, was Soziologen und Politikwissenschaftler neue soziale Bewegungen nannten.[38] Der Inhalt des Politischen wandelte sich, und auch die kommunikativen Rituale in den Ortsvereinen gerieten in Bewegung. Deshalb war der Konflikt um die Atomraketen Teil einer umfassenderen Transformation des Politischen. Zweitens spielten Diskurse über Geschichte und Zukunft eine wichtige Rolle, denn sie veränderten das Selbstbild dieser Organisation. Die SPD war eine traditionsbewusste Partei, die stolz auf ihre Geschichte als Teil der Arbeiterbewegung zurückblickte. In den achtziger Jahren zogen Sozialdemokratinnen und Sozialdemokraten nun aber höchst unterschiedliche Lehren aus der Geschichte. Und mit dem Krisengefühl der siebziger Jahre schwand der in der Arbeiterbewegung tiefverwurzelte Glaube an Fortschritt. Drittens war der Nachrüstungsstreit ein Indikator dafür, wie „Territorialität" als handlungsleitendes Paradigma unwichtiger wurde.[39] Die Kontroverse um die Raketen war rückgebunden an einen Prozess, in dem Grenzen für individuelles und kollektives Denken und Handeln durchlässig wurden oder überhaupt verschwanden – auf einer wörtlichen und metaphorischen Ebene. Sozialdemokraten waren nicht bloß Mitglieder einer Partei, sondern gesellschaftlich handelnde Subjekte, und sie versuchten von Diskussionen im Ausland zu profitieren und an diese anzuknüpfen. Gleichzeitig verschob sich ihre Repräsentation der Welt. Es verschwanden die Denkfiguren, deren Referenzrahmen die Nation als Idee und territoriales Ordnungsprinzip ist, zwar keineswegs, ihre Plausibilität nahm jedoch ab. In den achtziger Jahren sprachen fast alle in der SPD von Interdependenz; das hatte Folgen für ihre Einstellung zum Kalten Krieg. Zusammengenommen geht es in

---

[35] Angster: Konsenskapitalismus; auch Doering-Manteuffel: Wie westlich sind die Deutschen?.
[36] So etwa Grebing: Arbeiterbewegung, S. 89f.
[37] Reulecke: Fabrik.
[38] Vgl. Brand u. a.: Aufbruch. Begriffe wie alte und neue soziale Bewegungen sind also zeitgenössische Begriffe und müssen in ihrer historischen Bedingtheit gesehen werden. Auf An- und Abführungszeichen wird von nun an verzichtet.
[39] Vgl. Ch. Maier: Consigning, S. 823–825; freilich bedarf diese These der Historisierung, vgl. Graf/Priemel: Zeitgeschichte, S. 491–495.

dieser Studie also auch darum, wie die Mitglieder und Sympathisanten einer politischen Bewegung und Ideologie eine Welt deuteten, in der sie etablierte Ordnungen brüchig werden sahen, und es geht darum, wie sie konfliktreiche Situationen zu verregeln und Widerspruch und Widerstand zu bewältigen versuchten.

Dieses Buch leistet einen Beitrag zur Kultur- und Gesellschaftsgeschichte des Kalten Krieges.[40] Denn es sucht eine Antwort auf die Frage, wie wirkmächtig dieses Ordnungssystem war. Gleichzeitig ist es als Beitrag zur Erforschung der westdeutschen Gesellschaft und ihres sozialdemokratischen Milieus konzipiert. Gerade in den letzten Jahren sind eine Reihe von Gesamtdarstellungen und Kompendien erschienen, welche die Epoche des Kalten Krieges in globaler Perspektive historisieren.[41] Ihre Autorinnen und Autoren sind sich einig, dass man nicht mehr wie früher nur nach den internationalen und militärischen Dimensionen des Konflikts fragen kann, um ihn zu verstehen, sondern dass es auch notwendig ist, die Gesellschaften einzubeziehen, wo die Teilung der Welt den Alltag der Menschen veränderte.[42] Mittlerweile nehmen deshalb auch Analysen aus kulturgeschichtlicher Perspektive breiten Raum ein.[43] Der Kalte Krieg war, das zeigen diese Arbeiten, ein simulierter Krieg, der von Imagination und Einbildungskraft lebte.[44] Die Frage hingegen, wie überzeugend die Ordnung des Kalten Krieges gesellschaftlich war, haben erst wenige gestellt. Akira Iriye argumentiert in einem lesenswerten Artikel, dass makrohistorische Prozesse wie Globalisierung oder Dekolonisierung, der Siegeszug der Menschenrechte oder die apokalyptischen Umweltdiskurse viel prägendere Phänomene für die Geschichte des 20. Jahrhunderts waren als der Kalte Krieg.[45] Iriye selbst behauptet, dass das „global consciousness", welches sich ab den siebziger Jahren durchsetzte, den Kalten Krieg nachhaltig verwittern ließ.[46] Seine Schlussfolgerung, dass der Ost-West-Konflikt nur eine „footnote to the history of globalization" sei,[47] muss man nicht teilen. Aber die Frageperspektive sensibilisiert für die Grenzen und Reichweiten des Kalten Krieges. Neben den Arbeiten Iriyes liegen Studien vor, die nach der Prägekraft des Kalten Krieges für bestimmte Akteure, Zeiträume oder Gegenstandsbereiche suchen.[48] So sind in der historischen Forschung vielfach Indikatoren zu finden, dass das Ordnungssystem Kalter Krieg nicht statisch war, sondern dass es permanent neugedacht wurde. An solche konzeptionellen Anregungen knüpft mein Buch an.[49] Es untersucht aber nicht nur „Löcher im Eisernen Vorhang" beziehungsweise „Fenster im Kalten Krieg", sondern die Wirkmächtigkeit des Ordnungssystems selbst.[50]

---

[40] Vgl. Griffith: Turn.
[41] Ohne Anspruch auf Vollständigkeit Immerman/Goedde: Oxford Handbook; Westad: Global Cold War; Leffler/Westad: Origins; Leffler/Westad: Endings; Leffler/Westad: Crises.
[42] Greiner u. a.: Angst; Greiner u. a.: Krisen; auch Ziemann: Introduction; Westad: Reviewing.
[43] Vgl. Eugster/Marti: Das Imaginäre; Hansen u. a.: Americas; Bernhard u. a.: Krieg; Vowinckel u. a.: Cold War Cultures.
[44] Vgl. Geyer: Blick; Kaldor: Imaginary War, S. 4; Eugster/Marti: Das Imaginäre.
[45] Iriye: Historicizing.
[46] Iriye: Community, S. 157.
[47] Iriye: Historicizing, S. 20.
[48] An dieser Stelle wird auf Belege verzichtet und auf das Kapitel II.4. „Fragilität und Persistenz der binären Ordnungslogik" verwiesen.
[49] Ich verdanke viel den Gesprächen mit Frank Reichherzer, der diese Überlegung auch in Reichherzer: Zwischen Atomgewittern, S. 159f., formuliert hat.
[50] Als ein „Fenster im Kalten Krieg" wird man auch den Kultur- und Wissenschaftsaustausch zwischen Ost und West begreifen können, dazu Mitter/Major: Across the Blocs; Gestwa/Rohdewald: Verflechtungsstudien.

Wie die Attraktivität des Kalten Krieges als Forschungsfeld ungebrochen ist, sind auch thematische Untergebiete oder einzelne Zeitabschnitte intensiv bearbeitet worden. Das trifft etwa für den NATO-Doppelbeschluss zu.[51] Die politischen und militärischen Hintergründe, die zu der Entscheidung führten, sind bekannt wie die Debatten, die sich innerhalb und zwischen den Regierungen entspannen.[52] Hingegen ist das Interesse an den gesellschaftlichen Kontroversen um die Stationierung erst kürzlich erwacht.[53] Einige Autoren haben sich besonders hervorgetan. Philipp Gassert vertritt die These, dass der Nachrüstungsprotest „eine Arbeit am bundesdeutschen Konsens" gewesen sei und in seinem Ergebnis „integrierende Funktion" gehabt habe.[54] Holger Nehring und Benjamin Ziemann situieren den Protest in gesamtgesellschaftlichen Transformationsprozessen[55] und widerlegen den Vorwurf, die Friedensbewegung sei kommunistisch unterwandert gewesen.[56] Nehring argumentiert mit Recht, dass sie ihren Ausgang „from a profound uncoupling of German (both East and West) and superpower (both US and Soviet) conceptions of international security" nahm.[57] Ferner macht Eckart Conze die anregende Beobachtung stark, dass die Friedensbewegung ein Ausdruck der gesellschaftlich weitverbreiteten „Modernitätsskepsis" und eine Verarbeitung von Zukunftsängsten sei.[58] Bernhard Gotto untersucht, ob und inwiefern Enttäuschung eine politische Ressource für die Friedensbewegung war.[59] Von hier nehmen auch Versuche ihren Ausgang, die achtziger Jahre zu historisieren.[60] Das sozialdemokratische Milieu ist dabei allerdings noch nicht zu seinem Recht gekommen.[61]

Sieht man auf die Forschungslage zur Nachrüstungsdebatte in der SPD, kann zwar schnell der Eindruck aufkommen, dass bereits alles gesagt ist. Und tatsächlich wissen wir über diese Kontroverse schon eine ganze Menge: Einen unverzichtbaren Abriss über die Ereignisgeschichte des Nachrüstungsstreits publizierte Anton Notz.[62] In seiner Arbeit kann jeder nachsehen, der wissen möchte, wer was wann in der SPD gesagt hat. Dagegen legt Thomas Risse-Kappen den Schwerpunkt auf eine Systematik der unterschiedlichen Positionen. Er unterteilt das Meinungsspektrum in drei Gruppen, nämlich einen „Gleichgewichts"-, einen „Rüstungskontroll"- und einen „Abrüstungsflügel" nicht nur in der SPD, sondern in der Bundesrepublik überhaupt.[63] Seine Begriffszuschreibungen sind einerseits zeitgenössische Quellenbegriffe, andererseits politikwissenschaftliche Analysekategorien, die sich in der Forschungsliteratur halten.[64]

---

[51] Siehe insb. Nuti u. a.: Euromissile Crisis; Gassert u. a.: Zweiter Kalter Krieg; Wackerbeck: NATO-Doppelbeschluß; Haftendorn: Mißverständnis.
[52] Siehe insb. Geiger: Schmidt-Genscher; Bresselau von Bressensdorf: Frieden; Seelow: Rüstungskontrolle.
[53] Insb. Hansen u. a.: Americas; Schregel: Atomkrieg; für den Zwischenstand anderer Projekte vgl. Becker-Schaum u. a.: „Entrüstet Euch!"; zur soziokulturellen Kontextualisierung Reichardt: Authentizität.
[54] Gassert: Konsens, S. 493.
[55] Nehring: Creating Security; Ziemann: Quantum; Ziemann: Introduction; Ziemann: Code.
[56] Nehring/Ziemann: Wege; der Vorwurf war kurz zuvor von Wettig wieder vorgebracht worden: Wettig: Sowjetunion.
[57] Nehring: Last Battle, S. 309.
[58] Conze: Modernitätsskepsis.
[59] Gotto: Enttäuschung.
[60] Siehe Schildt: Jahrzehnt.
[61] Siehe aber Hansen: Staat und Straße.
[62] Notz: SPD.
[63] Risse-Kappen: Krise.
[64] So bei Longerich: „Friedenspartei"; R. Hofmann: Sicherheitspolitik.

Was bislang zum Nachrüstungsstreit in der SPD gesagt worden ist, ist gleichwohl revisionsbedürftig. Zunächst ist es erforderlich, die archivalische Überlieferung einzubeziehen und die Quellengrundlage zu verbreitern, um neue Erkenntnisse zu gewinnen. Keine Studie hat das bislang geleistet. So fußt die vorliegende Arbeit vor allem auf einer umfangreichen und systematischen Recherche im Archiv der sozialen Demokratie (AdsD) in Bonn, wo alle wichtigen Bestände zur Geschichte der Sozialdemokratie liegen.[65] Die Dokumente, die Schmidt in seinem Hamburger Privatarchiv aufbewahrt hat, sind ein nicht minder wichtiger Quellenkorpus. Um vom Nachrüstungsstreit nicht nur aus der Binnenperspektive der SPD zu erzählen, wurden auch ausländische Quellen herangezogen. Neben einer Reihe von anderen Archiven, die im Anhang aufgelistet sind, stützt sich die Studie auf Bestände im Centre d'Archives Socialistes in der Fondation Jean Jaurès in Paris, der Jimmy Carter Library in Atlanta, GA, der Ronald Reagan Library in Simi Valley, CA, der Georgetown University Library, der Library of Congress und den National Archives in Washington, DC sowie der Yale University Library in New Haven, CT. Der Grund für diese breite Quellenbasis ist einfach: Sozialdemokraten dachten und sprachen nicht in einem luftleeren Raum. So wie sie sich in der außerparlamentarischen Bewegung engagierten, so suchten sie nach Möglichkeiten, sich zu vernetzen. Sie reisten nach Frankreich, nach Nordamerika und in die Staaten des Warschauer Paktes, wo sie auf teilweise ganz andere Wahrnehmungen trafen. Damit mussten sie umgehen.

Doch noch ein anderer Grund spricht dafür, den Interpretationsansatz der bisherigen Forschung hinter sich zu lassen. Das Hauptproblem ist: Die Autoren, die zum Nachrüstungsstreit publiziert haben, historisieren ihren Gegenstand nicht konsequent. Dass sie den Konflikt aus den „Grabenkämpfen" der Zeit heraus behandeln, verstellt ihnen den Blick auf die eigentliche Frage, um die der Nachrüstungsstreit kreiste: die Gültigkeit des Ordnungssystems Kalter Krieg. Während Thomas Enders den außen- und sicherheitspolitischen Wandel der SPD in den achtziger Jahren untersucht und zum Schluss gelangt, die SPD habe die ideellen Grundlagen der „westlichen Wertegemeinschaft" verlassen,[66] entwickeln Thomas Bender und Michael Longerich unabhängig voneinander die entgegengesetzte These.[67] Dagegen macht Notz aus seinem Unverständnis keinen Hehl und attestiert der SPD im Untertitel die „Abkehr von einer Sicherheitspolitik der Vernunft".[68] Ähnlich sieht es Bernd Faulenbach in seiner monumentalen Geschichte über die sozial-liberale Regierungszeit.[69] In einem Satz: Die Autoren, die bislang zum Nachrüstungsstreit in der SPD veröffentlicht haben, taten das als politische Beobachter. Man kann die Geschichte des Nachrüstungsstreits aber nicht erzählen, indem man sich bestimmte zeitgenössische Positionen zu eigen macht. Deshalb sind die genannten Forschungsarbeiten selbst historisch und müssen als Quellen gelesen werden.

Insofern dieses Buch sich anschickt, die Debatte über die Nachrüstung und die bisherigen Forschungsarbeiten zu historisieren, ist es auch der Versuch, die Herausforderungen zu bewältigen, mit denen sich die Zeitgeschichte als Disziplin „in der Welt der Sozialwis-

---

[65] Korrespondenz bildet dabei einen wichtigen Teilbestand. Die Namen von Funktionsträgern der SPD werden voll genannt, die Namen von einfachen Parteimitgliedern oder Bürgerinnen und Bürgern jedoch durch Abkürzung des Nachnamens anonymisiert.
[66] Enders: SPD.
[67] Th. Bender: SPD; Longerich: „Friedenspartei".
[68] Notz: SPD; Beispiele sind auch Obermeyer: SPD; F. Gerster: Pazifismus; Meng: Wende.
[69] Faulenbach: Jahrzehnt, S. 721.

senschaften" konfrontiert sieht.[70] Wie lässt sich das umsetzen? Thomas Mergel schlägt vor, eine Perspektive der Fremdheit einzunehmen, wenn man sich seinem Untersuchungsgegenstand nähert. Der Historiker solle so tun, „als sei der historische Gegenstand sozusagen ein Amazonas-Stamm".[71] Gleichviel ob man indigene Völker oder die deutsche Sozialdemokratie untersucht, wie im Dschungel wimmele es „von seltsamen Gebräuchen, eigenartigen Trachten und magischen Worten".[72] Was soll das aber heißen – war die SPD ein Amazonas-Stamm? In gewisser Weise ja, denn einen historischen Gegenstand zu untersuchen heißt, „nichts für selbstverständlich" zu nehmen.[73] Nun ist allen, die mit ihr leben, die SPD als älteste noch existierende deutsche Partei wohlvertraut. Jeder erkennt ihr Spitzenpersonal; die meisten können sagen, für was sie steht; einige wissen sogar über ihre Geschichte Bescheid. Wie anders verhält es sich mit einem fremden Amazonas-Stamm. Dennoch: Was Mergel von den Historikern einfordert, sensibilisiert jeden, der Vergangenes erzählt, dafür, dass er seinem Gegenstand als etwas gegenübertreten sollte, das ihm zunächst einmal nicht selbstverständlich ist.[74] Die Wirklichkeit der deutschen Sozialdemokraten, so ließe sich der Gedanke zusammenfassen, ist nicht die Wirklichkeit, aus der ich diese Geschichte schreiben will.

Mein Ansatz und meine Methode sind beeinflusst von den Debatten, welche die Geschichtswissenschaften in den letzten Jahren unter dem Rubrum „Kulturgeschichte des Politischen" geführt haben.[75] Darunter ist zunächst einmal die Forderung zu verstehen, dass die traditionsreiche Scheidung von Politik und Gesellschaft, auf der die Historiker so lange beharrt haben, überwunden werden muss,[76] wie auch die Trennung zwischen Außenpolitik und Innenpolitik hinfällig ist.[77] Vor allem aber ist damit gemeint, dass wir nicht die historische Wirklichkeit als solche untersuchen können.[78] Wir können immer nur dasjenige zum Vorschein bringen, was die Zeitgenossen dachten, äußerten, wie sie handelten.[79] Deshalb ist das Politische ein Teil der geschichtlichen Entwicklung; es ist nicht ahistorisch, sondern wird selbst in einem andauernden Prozess umgeschrieben und neudefiniert.[80] Wer sich mit der Vergangenheit beschäftigt, muss sich dafür interessieren, schreibt Jörg Baberowski, „wie Menschen sich ihre Welt errichten und wie sie in ihr leben".[81] Der ethnologische Blick, dessen sich die Kulturgeschichte des Politischen bedient, versucht herauszuarbeiten, wie die Menschen zu einer bestimmten Zeit ihre Wirklichkeit konstruierten. Roger Chartier fasst das Ziel der Kulturgeschichte in die Worte, es gehe ihr darum, „wie zu verschiedenen Zeiten und Orten eine gesellschaftliche Realität fassbar, denkbar, lesbar geworden ist".[82]

---

[70] Vgl. Graf/Priemel: Zeitgeschichte, S. 482; auch Miard-Delacroix: Reflexionen.
[71] Mergel: Überlegungen, S. 588; Geertz: Beschreibung, S. 9.
[72] Mergel: Überlegungen, S. 591.
[73] Ebenda, S. 592.
[74] Kritisch gegenüber diesem Ansatz jedoch Wehler: Kulturgeschichte; Rödder: Kleider; Rödder: Sicherheitspolitik.
[75] Einführend Kießling: Dialog; Tschopp: Kulturgeschichte.
[76] Dazu Conze: Aporien.
[77] So auch Conze: Staatenwelt; Paulmann: Grenzüberschreitungen. Anders jedoch Rödder: Sicherheitspolitik.
[78] Vgl. Evans: Fakten.
[79] Vgl. Stollberg-Rilinger: Kulturgeschichte.
[80] So beispielsweise Frevert: Politikgeschichte, S. 14.
[81] Baberowski: Wirklichkeit, S. 101.
[82] Chartier: Vergangenheit, S. 10.

Wenn die historische Realität nur vermittels der überlieferten Quellen zugänglich ist, dann ist es notwendig, die Quellen daraufhin zu untersuchen, wie die Zeitgenossen ihrer Wirklichkeit Sinn und Bedeutung beigemessen haben – durch sprachliche und nichtsprachliche Äußerungen und in der Interaktion mit anderen Menschen.[83] Verbale Äußerungen kann man mit einem diskursanalytisch geschulten Zugriff beschreiben.[84] Diskurse sind jene Formationen, die aus bestimmten Sets von Argumenten, festen Deutungsmustern und Sprechakten bestehen, einen stereotypen Charakter haben, aber doch wandelbar sind. So rücken jene Grenzen des „Sagbaren" in den Mittelpunkt, die bestimmen, in welchen Bahnen sich ein Diskurs bewegen durfte.[85] Non-verbale Äußerungen hingegen kann man mit einem praxeologischen Zugriff untersuchen. Soziale Praktiken sind elementar für die Konstruktion von Wirklichkeit.[86] Denn im Handeln setzt sich nicht einfach etwas um, was schon gedacht wurde.[87] Handlungen eröffnen neue Sinnhorizonte. Nicht nur derjenige handelt, der an einer Straßendemonstration teilnimmt, sondern auch derjenige, der in einem Ortsverein einem nachrüstungskritischen Antrag zustimmt oder sich mit US-Friedensaktivisten vernetzt. Selbst Parteitage waren als politische Rituale für viele SPD-Mitglieder ein gemeinschaftsstiftendes Erlebnis. So weist Erika Fischer-Lichte darauf hin, dass „die moderne europäische Kultur wenigstens zum Teil als eine performative Kultur zu verstehen sei, d. h. als eine Kultur, die ihr Selbstverständnis in verschiedenen Arten von ‚Aufführungen' artikuliert".[88]

Wer die soziale Konstruktion von Wirklichkeit untersucht, stellt fest, dass Diskurse und Praktiken in mannigfacher Wechselwirkung mit äußeren Einflüssen stehen.[89] Eine zentrale Vorannahme in diesem Buch ist deshalb, dass sich die Geschichte einer politischen Partei als gesellschaftliches Sammelbecken nicht im nationalstaatlichen Rahmen schreiben lässt. Um den Fluss von Denkfiguren und Ordnungsvorstellungen in den Blick zu nehmen, lehne ich mich an Überlegungen zu einer transnationalen Geschichte an.[90] Eine transnationale Geschichte, die in der klassischen Definition von Wolfram Kaiser Beziehungen „über Grenzen hinweg in allen ihren Dimensionen" behandelt,[91] kann neben Austausch- und Vergemeinschaftungsprozessen auch die Konstruktion und Erfahrung von „Differenz" im Sinne von Alterität und Identität untersuchen. Das sind die methodisch-theoretischen Leitlinien, an denen sich die Untersuchung ausrichtet. Sie sind aber kein Selbstzweck. Als Historiker einen Text zu verfassen bedeutet immer noch, eine Geschichte zu erzählen, bei der es dem Leser bei allen kulturgeschichtlichen, praxeologischen und transnationalen *turns* nicht schwindelig wird.

„Abschied vom Kalten Krieg?" ist weder systematisch noch durchlaufend chronologisch aufgebaut. Vielmehr besteht das Buch aus Momentaufnahmen, die den Streit in der SPD

---

[83] Vgl. dazu weiter Conrad/Kessel: Blickwechsel; Hunt: Introduction.
[84] Siehe dazu grundlegend Foucault: Ordnung; auch Landwehr: Diskursanalyse, S. 100–131; Sarasin: Diskursanalyse.
[85] Steinmetz: Das Sagbare; Landwehr: Geschichte.
[86] Siehe exemplarisch Reichardt: Geschichtswissenschaft; Hörning: Praxis; Martschukat/Patzold: Performative Turn; Stollberg-Rilinger: Symbolische Kommunikation.
[87] Martschukat/Patzold: Performative Turn, S. 4.
[88] Fischer-Lichte: Performance, S. 36; auch Klein: Theatralität.
[89] Vgl. Conrad/Eckert: Globalgeschichte, S. 7f.
[90] Dazu einführend Patel: Überlegungen; Iriye: History; Clavin: Transnationalism; anregend auch Nehring: Transnationale soziale Bewegungen, S. 129–132.
[91] Kaiser: Weltgeschichte, S. 65.

aus verschiedenen Blickwinkeln analysieren, dabei aber immer bei der Voraussetzung beginnen, dass der Kalte Krieg seine Legitimation verlor. Das *erste Kapitel* untersucht die Grundlagen der Kontroverse: Es skizziert den Verlauf der Diskussion und richtet seinen Blick auf die Gründe, die dazu führten, dass die SPD ihre Geschlossenheit verlor. Es sind vor allem unterschiedliche Geschichtsbilder und Zukunftsvorstellungen, die den Streit ermöglichten. Das *zweite Kapitel* rückt die Erosion und Wirkmächtigkeit des Ordnungssystems Kalter Krieg in den Mittelpunkt. Neue politische Konzepte drängten in den Vordergrund, als die Supermächte auf einen atomaren Krieg zuzusteuern schienen. Viele SPD-Mitglieder dachten über die „Gemeinsame Sicherheit" als eine Theorie nach, wie sich das Überleben der Menschheit im Atomzeitalter sichern ließe. Sie formulierten auch ein zunehmendes Problembewusstsein für die Anliegen der Entwicklungsländer. Sie konzipierten Wege aus der Blockkonfrontation, die häufig von einer intensivierten europäischen Einigung ausgingen.

Die folgenden Kapitel sind der sozialen Praxis des Streits gewidmet, in der die SPD um die Bewältigung der für sie konfliktreichen Situation rang. Die Untersuchung orientiert sich an der Prämisse, dass der Abschied vom Kalten Krieg eine profunde Auswirkung darauf hatte, wie die Sozialdemokraten ihren Streit austrugen. Konkret analysiert das *dritte Kapitel*, wie sich einfache Parteimitglieder an der Basis Kenntnisse um sicherheitspolitische Zusammenhänge aneigneten. Das war die Folge davon, dass sie die Wissensbestände des Kalten Krieges nicht mehr für plausibel hielten. Das *vierte Kapitel* nimmt die Reaktion der sozialdemokratischen Eliten in den Blick. Diese versuchten, die Stationierung auf der internationalen Bühne abzuwehren, indem sie sich für einen Verhandlungsdurchbruch einsetzten. Bei wem der Kalte Krieg keinen Anklang mehr fand, der musste an jene Rationalitätsgemeinschaft appellieren, die die Supermächte mit der Détente-Politik eingegangen waren, und versuchen, ihre Kooperation zu stärken. Das *fünfte Kapitel* zeigt, wie das Ende des binären Denkens die Grenze zwischen Partei und Gesellschaft aufbrach. Immer mehr SPD-Mitglieder agierten als Teil der Friedensbewegung, vernetzten sich mit anderen Nachrüstungskritikern und pluralisierten dabei ihre Handlungsformen. Daran anknüpfend bringt das *sechste Kapitel* zum Vorschein, wie die SPD ihren Begriff des Politischen überdachte. Die traditionsreiche Arbeiterbewegung sah sich durch neue soziale Bewegungen herausgefordert, und die Bruchlinie verlief mitten durch die Partei. Die Friedensbewegung und mit ihr viele SPD-Mitglieder verlangten mehr politische Partizipationsmöglichkeiten, was das Selbstverständnis der SPD als Teil des repräsentativen Systems erschütterte. Gelang es ihr, diese Herausforderung zu bewältigen? Und was hat die Neubestimmung des Politischen mit dem Kalten Krieg zu tun? Das Schlusskapitel fasst die Thesen des Buches noch einmal zusammen und wägt ihre Reichweite ab.

I. Der Streit um die Atomraketen

1. Kontinuität oder Bruch? Chronologische Orientierungen

Die Sozialdemokraten verloren ihren Kompass, als sie über die Atomraketen stritten. Sie wirbelten die Grundkoordinaten ihres politischen Weltbildes durcheinander und bestimmten neu, was „Sozialdemokratie" für sie bedeutete. Im Jahr 1983, als der Nachrüstungsstreit seinem Höhepunkt zusteuerte, vermochten sie es nicht einmal mehr, ihre jüngste Vergangenheit als eine konsistente Geschichte zu erzählen. Die Bundesparteitage in Berlin (1979) und Köln (1983) waren Meilensteine im Streit um die Atomraketen, und an der Entwicklung, die von Berlin nach Köln führte, schieden sich die Geister. Bis in die achtziger Jahre hatten Parteitage für die SPD meist eine transformative und integrierende Kraft. Sie entschärften den Streit und verhalfen der Partei zu neuer Geschlossenheit, indem sie nach spezifischen, allseits akzeptierten Regeln und einer festen Tagesordnung verliefen. Am Ende einer Diskussion stand die Abstimmung, mit der sich die Mehrheit definierte und konfliktreiche Situationen entschieden wurden.[1] Blickt man auf den Parteitag im November 1983, der für die innerparteilichen Auseinandersetzungen um die Raketen entscheidend war, so muss man feststellen, dass es den Delegierten kaum mehr gelang, das transformative und integrierende Potential solcher Zusammenkünfte abzurufen. Denn zu offensichtlich klaffte eine Lücke zwischen dem Kölner Nein zur Stationierung und dem Berliner Beschluss. Als im Dezember 1979 annähernd 90 Prozent der Delegierten für den Leitantrag des SPD-Vorstandes votierten, unterstützten sie den Doppelbeschluss.[2] Im Gegensatz dazu verabschiedeten sie am 18. und 19. November 1983 einen Text, der feststellte, dass die SPD „die Stationierung von neuen amerikanischen Mittelstreckensystemen auf dem Boden der Bundesrepublik" zurückwies und „statt dessen weitere Verhandlungen" forderte.[3] Auf beiden Parteitagen wurde durch formalisierte und wiederholbare Handlungen ein Sinn erzeugt, der nicht zusammenpassen wollte.[4] Und weil die Leitanträge von Berlin und Köln inkongruent waren, gingen der SPD Geschlossenheit und Solidarität verloren.

Es war die Anwesenheit ihres ehemaligen Bundeskanzlers Helmut Schmidt in der Parteitagshalle, welche die Delegierten wie ein Stachel im Gedächtnis erinnerte, dass sie einen weiten Weg zurückgelegt hatten. Vor den Delegierten warb Schmidt für den Doppelbeschluss und, weil die Verhandlungen ergebnislos blieben, für die Stationierung. Er war ein profilierter Gleichgewichtstheoretiker, dessen eigene sicherheitspolitische Prinzipien exakt der Logik des Doppelbeschlusses entsprachen.[5] Er sagte in Köln, dass es legitim sei, sich „aus Gewissensgründen" gegen die Raketen auszusprechen, er bedingte sich aber

---

[1] In breiter historischer Perspektive vgl. Althoff/Stollberg-Rilinger: Spektakel; Thamer: Rituale.
[2] SPD-Parteitag, Berlin 1979, 2. Bd.: Anträge, S. 1243.
[3] Außerordentlicher SPD-Parteitag, Köln 1983, S. 198; Monika Buttgereit/Peter Strieder: Das „Nein" der SPD, in: *Zeitschrift für sozialistische Politik und Wirtschaft* 6 (1983), H. 21, S. 407f.
[4] Am 22. 11. 1983 stimmte auch die SPD-Fraktion im Bundestag gegen die Nachrüstung. Verhandlungen des Deutschen Bundestages, Stenographische Berichte, 10. Wahlperiode, 36. Sitzung, Bonn 22. 11. 1983, S. 2590.
[5] Umfassend niedergelegt und begründet in Schmidt: Strategie, S. 15–17; dazu auch Spohr: NATO, S. 140–142, 152–154.

Abbildung 1: Helmut Schmidt (links) und Willy Brandt während des Außerordentlichen SPD-Bundesparteitags am 19. November 1983 in Köln

„auch umgekehrt Respekt dafür" aus, „daß anderslautende Entscheidungen ebenfalls aus Gewissensgründen ergehen können".[6] Dennoch stand der Altkanzler auf dem Parteitag alleine. Nur 13 andere Mitglieder stimmten mit Schmidt gegen den Leitantrag, der die Stationierung zum aktuellen Zeitpunkt ablehnte und weitere Verhandlungen forderte.[7] Als die Delegierten ihre Karten hoben, blickte Schmidt mit den beiden ehemaligen Verteidigungsministern Hans Apel und Georg Leber „in einen Wald von gegen sie zur Abstimmung erhobenen Armen".[8] In diesem Augenblick gab sich die SPD keine Mühe mehr, ihren internen Zwist zu kaschieren. Einerseits beachteten wichtige Vorstandsmitglieder den Altkanzler kaum noch, andererseits stellte er seine Isolation selbst zur Schau. Gerade das gestörte zwischenmenschliche Verhältnis zwischen Schmidt und dem SPD-Vorsitzenden Willy Brandt, der sich zum Wortführer der Nachrüstungskritiker aufgeschwungen hatte, kam überdeutlich zum Ausdruck. Die beiden ehemaligen Kanzler saßen nebeneinander, ohne miteinander zu sprechen oder sich auch nur anzusehen (vgl. Abbildung 1). Eine Parteitagsreportage beschrieb die Szenerie atmosphärisch: Er, Brandt, „schließt die Augen und spricht dem leicht gebeugt auf seinem Platz hockenden Schmidt Solidarität zu, sichert sie ihm zu. Aber Schmidt bleibt sitzen, es gibt nicht den demonstra-

---

[6] Außerordentlicher SPD-Parteitag, Köln 1983, S. 98f.
[7] Vgl. dazu Manfred Schell: Vierzehn Gerechte, in: *Die Welt*, 21.11.1983.
[8] Apel stürmt auf die Bühne zum Nein gegen den Vorstandskurs, in: *Frankfurter Allgemeine Zeitung*, 21.11.1983; auch Jean-Paul Picaper: Allemagne: trois congrès sur les euromissiles, in: *Le Figaro*, 19.11.1983; Henry Tanner: W. German Socialists Vote to Condemn Deployment of Pershing, Cruise Missiles, in: *International Herald Tribune*, 21.11.1983; Michael Binyon: Schmidt Fails to Prevent SPD from Voting against Missiles, in: *The Times*, 21.11.1983.

tiven Handschlag oder die Umarmung".[9] Brandt und Schmidt präsentierten durch ihr Zerwürfnis der SPD eine doppelte Botschaft: Aus der Perspektive des SPD-Vorsitzenden ging es darum, Schmidts Politik zu delegitimieren, indem er ihn als Person überging. Schmidt wollte sich dagegen selbst profilieren, indem er sich als sozialdemokratischen Paria inszenierte und damit seine Prinzipientreue unterstrich.[10]

Die SPD zeigte im Nachrüstungsstreit, wie unmöglich es ihr war, eine konsequente Position zu formulieren. Das unterschied ihre Art, über die Nachrüstung zu debattieren, von anderen politischen oder gesellschaftlichen Gruppen. Während die CDU/CSU ähnlich wie die FDP für den Fall, dass die Rüstungskontrollpolitik scheiterte, auf die Nachrüstung setzte und die Grünen neue Atomraketen von vornherein ablehnten, verfingen sich die Sozialdemokraten in einem spannungsreichen Sowohl-als-auch.[11] Man muss den Blick von der Kulmination des „Raketenstreits" auf seine Anfänge richten, um zu sehen, warum es ihnen nicht gelang, eine geschlossene Haltung zu beziehen. In der SPD stritten zwei Gruppen um den Kurs der Partei. Die einen verteidigten den Doppelbeschluss und wollten neue Raketen stationieren, falls die Gespräche scheiterten, die anderen lehnten das ab und forderten den Verzicht auf die Stationierung.[12] Schmidt war der bekannteste Vertreter der Nachrüstungsbefürworter, der baden-württembergische SPD-Landesvorsitzende Erhard Eppler gab seinen Widersachern Gesicht und Stimme. Zwischen diesen beiden Strömungen, die sich nach einem Rechts-Links-Schema organisierten, unterstützte eine große Gruppe öffentlich zunächst den Kanzler, übte intern aber deutliche Kritik und sprach sich schließlich nach dem Regierungswechsel im Herbst 1982 gegen die Stationierung aus.[13] Die wichtigsten Protagonisten dieses Kurses waren Willy Brandt und sein politischer Intimus Egon Bahr. Es sind auch exakt die beiden ersten genannten Positionen, über die man sprechen muss, wenn man die Debatte in der Bundesrepublik beschreiben will.[14] Deshalb bildete der innerparteiliche Konflikt ab, was außerhalb der SPD vor sich ging. In der Sozialdemokratie kamen die relevanten gesellschaftlichen Stimmen zu Wort. Sie reichten von Haltungen, die typischerweise in militärpolitischen Kreisen und der Bundeswehr vorgebracht wurden, bis zu Positionen, für die die Friedensbewegung stand. Mit Schmidt und Eppler gehörten zwei der exponiertesten Vertreter der beiden Lager ein und derselben Partei an. Das war eine der Ursachen, warum sich die Partei so schwer damit tat, ihren Dissens zu bewältigen. Doch was waren die konkreten Ereignisse, die den sozialdemokratischen Nachrüstungsstreit dynamisierten? Wie sah die Gemengelage in der Partei aus?

Der Streit um die Atomraketen beschäftigte die deutsche Sozialdemokratie seit Ende der siebziger Jahre.[15] Sie nutzte die Zeit zwischen dem Beschluss der NATO und dem Mo-

---

[9] Apel stürmt auf die Bühne, in: *Frankfurter Allgemeine Zeitung*, 21.11.1983.
[10] Siehe auch Helmut Schmidts letzte Schlacht, in: *Stern*, 24.11.1983.
[11] Die Debatten in anderen Parteien sind erst in Ansätzen aufgearbeitet, so bei Rödder: Bündnissolidarität; Richter: Protest; Bresselau von Bressensdorf: Frieden, S. 292–308; Möllers: Sicherheitspolitik; als Überblick auch Hansen: Parteien.
[12] Risse-Kappen bezeichnet diese beiden Gruppen als „Gleichgewichtsflügel" und „Abrüstungsflügel", vgl. Risse-Kappen: Krise, S. 97–110, 222–230 (Gleichgewichtsflügel) sowie S. 118–123, 242–246 (Abrüstungsflügel).
[13] Risse-Kappen nennt sie den „Rüstungskontrollflügel", vgl. Risse-Kappen: Krise, S. 110–118, 230–242.
[14] Zu vergleichbaren Denkschulen in transatlantischen Diskursen nach 1945 Gavin: Parity.
[15] Ich gebe keinen ereignisgeschichtlichen Abriss der Debatten, denn ein solcher ist bereits vielfach geschrieben worden, vgl. grundlegend Notz: SPD. Zur Orientierung sei auf die tabellarische Zeittafel im Anhang verwiesen.

nat, in dem die ersten Raketen in Westeuropa aufgestellt werden sollten, exzessiv für innerparteiliche Auseinandersetzungen. Zwar brach die Kontroverse erst in den Jahren 1980/81 voll aus, als das internationale Umfeld für Verhandlungen schlechter wurde, doch schon 1978/79 gab es Kritik an der möglichen Stationierung. Sie kam insbesondere von der Parteilinken und jenen Rändern der SPD, die sich mit den neuen sozialen Bewegungen und vor allem der Friedensbewegung identifizierten. So waren die Jungsozialisten (Jusos) und die Arbeitsgemeinschaft Sozialdemokratischer Frauen (ASF) traditionell skeptisch gegenüber mehr Waffen eingestellt und hatten die Nachrüstung abgelehnt, lange bevor der Doppelbeschluss überhaupt verabschiedet wurde.[16] Die Jusos forderten 1978 in einem Papier „den eindeutigen und dauerhaften Verzicht auf die Herstellung der Cruise missile und der Neutronenbombe und ihre[r] Stationierung in Europa".[17] Unter anderem bezogen sie sich auf die hohen finanziellen Ausgaben für den Militärhaushalt und schlugen vor, diese besser dafür zu verwenden, den Sozialstaat auszubauen oder die Entwicklungshilfe zu intensivieren.[18] Nicht nur die Jusos sahen eine enge Verbindung zwischen dem militärischen und dem sozialen Frieden. Für den gesamten sozialdemokratischen Diskurs war prägend, dass er auf einem weiten Friedensbegriff beruhte.

Auch die SPD-Frauenorganisation begründete ihr Nein zu jeder Form von militärischer Aufrüstung mit feministischen Argumentationsmustern, welche den Frieden mit der Emanzipation zusammendachten.[19] Denn Frauen würden „in besonderem Maße, aufgrund ihrer eigenen doppelten Benachteiligung in der Gesellschaft, die Notwendigkeit" von Abrüstung erkennen, wie es 1979 hieß.[20] An anderem Ort war zu lesen, dass es in der Geschichte stets Männer gewesen seien, die Kriege begonnen hätten. Frauen müssten dagegen die „leidvollen und schrecklichen Folgen dieser Entscheidungen" tragen: „Deshalb weigern wir uns, den Rüstungswahnsinn als Friedenssicherung zu akzeptieren."[21] Dass weibliche SPD-Mitglieder beinahe geschlossen gegen die Atomraketen auftraten, deutet darauf hin, dass wir es in den achtziger Jahren mit einem Wendepunkt in der Geschlechterordnung der Politik zu tun haben: Parteipolitisch engagierte Frauen zogen sich nicht länger auf Felder zurück, die ihnen männliche Sozialdemokraten als weiblich konnotiert zuwiesen. Im Gefolge von Frauenbewegung, zunehmender Liberalisierung und Fundamentalpolitisierung der Gesellschaft besetzten sie nun Themen, die bislang in die männliche Politiksphäre gefallen waren; sie feminisierten das Politische.[22] Neben jüngeren und weiblichen Parteimitgliedern neigten auch solche Sozialdemokraten, die in christlichen

---

[16] Zu den Jungsozialisten vgl. Lösche/Walter: SPD, S. 268–285; zur ASF ebenda, S. 238–256, insb. S. 248f.
[17] „Wir wollen das Denken in Feindbildern abbauen". Papier des Juso-Bundesvorstandes, in: *Frankfurter Rundschau*, 10.7.1978.
[18] Vgl. Jusos unterstreichen Widerstand gegen Nato-Doppelbeschluß, in: *Stuttgarter Nachrichten*, 29.4.1981.
[19] Vgl. Kreis: Frauenfriedensbewegung; siehe zur historischen Kontextualisierung Eilers: Frauenbewegung; Davis: Strength.
[20] Bundesvorstand der Arbeitsgemeinschaft Sozialdemokratischer Frauen (ASF), Frauen für den Frieden. Diskussionspapier für die Bundeskonferenz der Arbeitsgemeinschaft Sozialdemokratischer Frauen vom 18. bis 20.5.1979 in Erlangen, undatiert, AdsD, Bestand SPD-PV, Referat Frauen/ASF, 10366; SPD-Frauen gegen die Nachrüstung, in: *Neue Ruhr Zeitung*, 19.6.1981.
[21] ASF Ebersberg: [Beschluss „Frauen für den Frieden – reden statt rüsten!", 19.5.1981], AdsD, Bestand SPD-PV, Referat Frauen/ASF, 10469.
[22] Vgl. Heinsohn: Ambivalente Entwicklungen, S. 46f.; skeptischer in dieser Frage Maltry: Frauenfriedensbewegung, S. 272.

Initiativen aktiv waren, überproportional häufig dazu, sich gegen Atomraketen auszusprechen.[23] Eppler, der von 1981 bis 1983 Präsident des Evangelischen Kirchentages war, setzte die Maßstäbe dafür, wie sich Kritik an Nuklearwaffen religiös fundieren ließ.[24] Neben ihm traten der Pastor und ehemalige Regierende Bürgermeister von Berlin Heinrich Albertz sowie der Karlsruher Verfassungsrichter Helmut Simon als Brückenfiguren zwischen der SPD und dem christlichen Spektrum der Friedensbewegung auf.[25]

Der Druck aber kam von der SPD-Parteibasis. Sie war der eigentliche „Ort" der Kritik.[26] Zugegeben: Nicht *die* SPD-Basis opponierte gegen die Atomraketen. Wer die Raketenstationierung zurückwies, weil sich die internationalen Rahmenbedingungen verändert hatten, war jedoch häufig ein einfaches Parteimitglied.[27] Er sah sich in einem geringeren Maße als die SPD-Führung den Regierungszwängen verpflichtet. In einem exemplarischen Brief sagte der bayerische Ortsverein Vaterstetten dem Parteivorstand Anfang 1980 „eine schwere Zerreißprobe" voraus.[28] So sollte es kommen. Tausende Parteimitglieder beobachteten die rasant wachsenden außerparlamentarischen Initiativen mit großer Sympathie.[29] In dem Maße, wie ab 1980 der gesellschaftliche Widerstand gegen die Sicherheitspolitik der Regierung wuchs, suchten auch SPD-Mitglieder den Schulterschluss mit lokalen und regionalen Friedensgruppen.[30] In vielen Städten und Gemeinden waren Partei und Bewegung bald nicht mehr voneinander zu unterscheiden.[31] Gleichzeitig übten die sich formierenden Grünen Druck auf die Sozialdemokratie aus. Der aus Juso-Kreisen lancierte „Bielefelder Appell" vom Dezember 1980 war ein erster, unübersehbarer Ausdruck der Nachrüstungskritik. Mit ihm forderten die Initiatoren, die „Stationierung atomarer Mittelstreckenraketen in Westeuropa durch die Rücknahme des NATO-Beschlusses" zu verhindern.[32] Den Appell unterzeichneten etwa 5000 einfache und eine Reihe prominenter SPD-Mitglieder, darunter sämtliche Bezirksvorsitzenden und der Bundesvorstand der Jusos.[33] Er kann als Startpunkt der innerparteilichen Querelen gesehen werden.

---

[23] Vgl. mit dieser Beobachtung schon zeitgenössisch Burkhard Reichert an Brandt: Vermerk, 22. 4. 1983, AdsD, WBA, A11.4, 71; allgemeiner zu diesem Phänomen Heuser: Bomb, S. 162–175, hier S. 162; Boyer: God, S. 182–187.
[24] Zum Beispiel in Eppler: Wege, S. 228–232.
[25] Dazu Hartmut Contenius: „Ich war am schwächsten, als ich mich stark fühlte". Der ehemalige Berliner Bürgermeister Albertz berichtet über sein politisches Handeln und Denken, in: *Hannoversche Allgemeine*, 21. 10. 1981; auch Schuster: Heinrich Albertz, S. 14–19; Röse/Röse: Helmut Simon, S. 267–270, 274–284.
[26] Zusammenfassend: SPD und Sicherheitspolitik: Wo stehen die Landesverbände?, in: *Saarbrücker Zeitung*, 2. 10. 1981; sowie Nicht alle folgen Schmidt. So denkt die SPD in den Ländern über den NATO-Doppelbeschluß, in: *Hamburger Abendblatt*, 10. 2. 1982.
[27] Exemplarisch: Antrag zum Parteitag des SPD-Bezirks Hessen-Süd am 12. 6. 1981, undatiert, AdsD, Bestand SPD-PV, Internationale Abteilung, 11175; Antrag zum Parteitag des SPD-Bezirks Mittelrhein am 28. 3. 1981 in Gemünd, Kurhaus, undatiert, AdsD, Bestand SPD-PV, Internationale Abteilung, 11175; Friedens- und Entspannungspolitik. Antrag des Unterbezirks Fürth zum außerordentlichen Bezirksparteitag der SPD Franken am 16./17. 1. 1982 in Veitshöchheim, undatiert, AdsD, 1/BFAA000888.
[28] SPD-OV Vaterstetten an SPD-Parteivorstand, 24. 2. 1980, AdsD, 2/PVEK000124.
[29] Vgl. Schmitt: Friedensbewegung, S. 159–164, zur Sympathie von SPD-Mitgliedern für die Friedensbewegung siehe die Tabellen 11 und 12 auf S. 142.
[30] Dazu aus US-amerikanischer Perspektive Schmidt Party Unit Rejects Missiles, in: *International Herald Tribune*, 15. 2. 1982.
[31] Vgl. dazu Schmitt: Friedensbewegung, S. 137–145.
[32] „Mut für eine bessere Zukunft": Sozialdemokraten appellieren an den SPD-Bundesvorstand, die SPD-Bundestagsfraktion, den sozialdemokratischen Bundeskanzler, AdsD, 1/HWAA001665.
[33] So Notz: SPD, S. 77.

Von Ortsvereinen, Kreisverbänden oder Unterbezirken reichte die Skepsis gegenüber den Atomraketen bis hinein in die Partei- und Fraktionsspitze. Herbert Wehner, der Vorsitzende der Bundestagsfraktion, hatte bereits im Februar 1979 in „Die Neue Gesellschaft" einen Artikel veröffentlicht, in dem er die „Notwendigkeit zusätzlicher Waffensysteme" bestritt.[34] Egon Bahr, der als einer der herausragenden Wortführer der Nachrüstungskritiker in den parteiinternen Debatten lange der eigentliche sicherheitspolitische Gegenspieler des Kanzlers war, drohte im Frühjahr 1979 mit Rücktritt von seiner Funktion als SPD-Bundesgeschäftsführer, falls der Doppelbeschluss verabschiedet würde.[35] Er kritisierte in vertraulichen Papieren und Gesprächsrunden die Stationierung, weil er sich um die Entspannungspolitik sorgte und einen unbeherrschbaren Rüstungswettlauf fürchtete.[36] Bahr brachte seine Haltung auch am 16. Mai 1979 im Kanzleramt vor, als sich die Sicherheitsexperten der SPD grundsätzlich auf den Doppelbeschluss verständigten.[37] Nach einer handschriftlichen Gesprächsaufzeichnung von Horst Ehmke, dem stellvertretenden Fraktionsvorsitzenden, verlangten die frühen Kritiker um Bahr, die SPD solle dem rüstungskontrollpolitischen Teil des Beschlusses zwar zustimmen, die Position zu den Atomraketen aber „völlig offen" halten.[38] Gegen Schmidt konnten sie sich jedoch nicht durchsetzen.

Die Frage, wie die beiden Teile der Allianzentscheidung gewichtet werden sollten, stellte sich der Partei- und Fraktionsspitze erneut, als sie den Antragsentwurf für den Berliner Parteitag von 1979 aushandelte.[39] Die Fachleute der SPD waren sich nämlich lange uneins, ob der Antrag sich bindend auf neue Raketen festlegen oder die Entscheidung an das Ende der Verhandlungsphase setzen sollte.[40] Schließlich verlangte der Parteitagsbeschluss, dass „es keine Automatismen geben" dürfe.[41] Der „Gang der Verhandlungen und die erwarteten Ergebnisse" müssten es „jederzeit möglich machen, Beschlüsse zu überprüfen und, wenn nötig, zu revidieren". Deshalb sollte „die Bundesregierung der Stationierung […] nur unter der Bedingung" zustimmen, dass auf die Nachrüstung „verzichtet wird, wenn Rüstungskontrollverhandlungen zu befriedigenden Ergebnissen führen".[42] Der SPD-Beschluss und die Allianzentscheidung sprachen also nicht die gleiche Sprache.[43]

---

[34] H. Wehner: Deutsche Politik auf dem Prüfstand, in: *Die Neue Gesellschaft* 26 (1979), S. 92–94, hier S. 93; zu diesem Text und zu Wehners Position im Nachrüstungsstreit Ch. Meyer: Herbert Wehner, S. 468–471.
[35] Bahr an Schmidt, 2. 6. 1979, AdsD, 1/EBAA000953; auch schon Bahr an Schmidt, 27. 1. 1979, ebenda; Bahr blieb bis 1981 Bundesgeschäftsführer der SPD, legte diese Funktion dann aber nieder, um sich als Vorsitzender des Bundestagsunterausschusses für Rüstungskontrolle und Abrüstung intensiver der Sicherheitspolitik widmen zu können. Bahr an Schmidt, 18. 10. 1980, AdsD, 1/EBAA000964.
[36] Exemplarisch Bahr an Schmidt, 21. 12. 1978, AdsD, 1/EBAA001082.
[37] Siehe dazu Hartmut Soell: Sich barfuß in die Tür der Weltpolitik klemmen? Genese und Bedeutung des NATO-Doppelbeschlusses für die SPD, in: *Frankfurter Allgemeine Zeitung*, 12. 11. 1983.
[38] Ehmke: [Handschriftliche Notizen zu einem Treffen im Kanzleramt am 16. 5. 1979], AdsD, 1/HEAA001042; Ehmke: Mittendrin, S. 308; Apel: Abstieg, S. 82f.; Bahr: Zeit, S. 508f.
[39] Vgl. Risse-Kappen: Krise, S. 265–269; Haftendorn: Mißverständnis, S. 283–285.
[40] So Alfons Pawelczyk an Schmidt, Ausarbeitung eines sicherheitspolitischen Konzeptes, 3. 7. 1979, AdsD, 1/HSAA006875. Das sicherheitspolitische Konzept selbst ist dem Schreiben nicht beigegeben, findet sich aber in AdsD, 1/EBAA000590.
[41] Parteitag der Sozialdemokratischen Partei Deutschlands vom 3. bis 7. Dezember 1979 in Berlin. Antragsbuch, Bonn [1979], S. 21.
[42] SPD-Parteitag, Berlin 1979, 2. Bd.: Anträge, S. 1243.
[43] Dies registrierte Washington besorgt. Defense Policy Coordination an Zbigniew Brzezinski: Evening Report, 5. 12. 1979, S. 1, JCL, Brzezinski Material: Staff Evening Report Files, CREST, NLC-10-25-6-42-1.

Die SPD widersetzte sich einem Stationierungsautomatismus, aber die NATO legte sich auf „Dislozierungen" fest.[44] So waren die Entscheidungen von NATO und SPD jeweils das Produkt eines politischen Aushandlungsprozesses, in dem widerstreitende Interessen homogenisiert werden mussten.[45] Sie waren die Grundlage für den Streit um die Nachrüstung, der aufbrach, als die Rüstungskontrollgespräche nicht in Gang kamen. Die Debatte um die Nachrüstung in der SPD war kein Streit um den Doppelbeschluss als solchen; vielmehr ging es darum, was die Supermächte aus ihm machten.[46]

Bereits im Herbst 1981 – also zu dem Zeitpunkt, als die innerparteiliche Debatte Fahrt aufnahm – konfrontierten sich die SPD-Mitglieder selbst mit der Frage, ob der Berliner Beschluss korrigiert oder relativiert werden sollte.[47] Sich vom Stationierungsteil abzuwenden war die Maximalforderung der Nachrüstungsgegner um Eppler vom linken Parteiflügel, die der Politik der NATO distanziert gegenüberstanden und sich häufig in der Friedensbewegung engagierten. Sie gingen jedoch davon aus, dass ihre Position auf Bundesparteitagen vorerst nicht mehrheitsfähig werden würde.[48] Deshalb konzentrierten sie sich darauf, ein Produktions- und Stationierungsmoratorium für die Dauer der Verhandlungen zu fordern.[49] Die politische Debatte auf dem SPD-Bundesparteitag im April 1982 in München wurde von dieser Forderung geprägt.[50] Dagegen verlangte Schmidt von der Partei, verlässlich zur Allianzentscheidung zu stehen.[51] Sie sollte die Gesprächsergebnisse in Genf abwarten und nicht den Verhandlungsdruck von der Sowjetunion nehmen.[52] In einer vertraulichen Runde am 30. März 1982, die den Münchner Parteitag vorbereiten sollte, drohte Schmidt für den Fall, dass die Partei ein Moratorium beschließen sollte, sogar mit Rücktritt.[53] Nicht zuletzt weil Schmidt sich sträubte, als seine Parteifreunde den Allianzbeschluss aufweichen wollten, konnten sich die Nachrüstungsgegner vorerst nicht durchsetzen.[54]

---

[44] Kommuniqué der Außen- und Verteidigungsminister [NATO-Doppelbeschluss], in: *Bulletin* 154/1979, S. 1410. Einen Widerspruch zwischen NATO-Entscheidung und SPD-Beschluss muss man jedoch nicht diagnostizieren, so aber Notz: SPD, S. 62f.
[45] Mit dieser Wertung auch US-Botschaft Bonn an State Department u. a., SPD Draft Position Paper on Security Questions for Consideration on the Party's Berlin Conference, September 1979, JCL, Brzezinski Material: Brzezinski Office File, b 14, f Germany FR: 8–10/79.
[46] So auch Ilse Reichel-Koß: Nicht nur weniger Aufrüsten, sondern Jetzt abrüsten!, in: *Die Kleine Zeitung*, hrsg. v. den SPD-Abteilungen Hermsdorf und Frohnau, September 1983, S. 2.
[47] Vgl. Karl Kaiser: Anmerkungen zum 1. Entwurf für einen sicherheitspolitischen Leitantrag von Egon Bahr für die Sitzung der „Arbeitsgruppe sicherheitspolitischer Antrag" am 17.12.1981, 12.12.1981, AdsD, 1/EBAA000805.
[48] Vgl. entsprechende Absprachen der ASF: Kurzprotokoll Arbeitskreis Frieden beim ASF-Bundesvorstand vom 20./21.11.1981 in Bonn, undatiert, AdsD, Bestand SPD-PV, Referat Frauen/ASF, 13172; dazu: Die Linken der SPD ordnen ihre Reihen, in: *Frankfurter Rundschau*, 8.3.1982.
[49] Vgl. Protokoll der Sitzung des Vorstandes am 25.1.1982, 25.1.1982, S. 17, AdsD, Bestand SPD-PV, Vorstandssekretariat, 368.
[50] Vgl. die Zusammenfassung der Beratungen einer Arbeitsgruppe „Friedens- und Sicherheitspolitik", die Hans-Jürgen Wischnewski als Berichterstatter den Delegierten gab: Parteitag der Sozialdemokratischen Partei Deutschlands vom 19. bis 23. April 1982 in München, 1. Bd.: Protokoll der Verhandlungen, Bonn [1982], S. 705f.
[51] Vgl. Brandt und Schmidt werben für NATO-Doppelbeschluß, in: *Die Welt*, 16.5.1981.
[52] Das verlangte Schmidt im Protokoll der Sitzung des Parteirates am 17.11.1981, S. 10f., AdsD, Bestand SPD-PV, Vorstandssekretariat, 366.
[53] Gunter Huonker: Vermerk über das Gespräch zwischen Helmut Schmidt und führenden Sozialdemokraten zur „Vorbereitung des Münchner Parteitages" am 30.3.1982 in Bonn, 1.4.1982, S. 1, auch S. 2f., AdsD, 1/HSAA008982.
[54] Vgl. auch Glotz an Brandt/Schmidt/Hans-Jürgen Wischnewski, 28.2.1982, AdsD, WBA, A11.3, 49.

Der Regierungswechsel am 1. Oktober 1982 von Schmidt zu Helmut Kohl war die „entscheidende Wende" im Streit der SPD.[55] Denn die Tatsache, dass die SPD Oppositionspartei geworden war, eröffnete ihr neue Möglichkeiten, wie sie die Raketenstationierung bewerten konnte. Die Mitglieder der Partei waren nun nicht länger verpflichtet, eine Position der Bundesregierung öffentlich zu unterstützen, die sie eigentlich skeptisch sahen. Schon auf einem Parteitreffen am 18./19. November 1982 in Kiel verabschiedeten die Delegierten ein Papier („Kieler Erklärung"), in dem sie von den Großmächten eine politische Einigung verlangten, ohne ein Wort über die für die NATO möglicherweise notwendige Stationierung zu verlieren.[56] Und auch Hans-Jochen Vogel, der die Kanzlerkandidatur für die vorgezogene Bundestagswahl am 6. März 1983 übernommen hatte, setzte in der Nachrüstungsfrage andere Akzente als Schmidt.[57] Kurzzeitig wirkte der Wahlkampf disziplinierend auf die Partei, und Helmut Kohl erwies sich als brauchbares Feindbild, das Zusammenhalt stiftete. Die Sozialdemokratie legte ihre Hoffnung jetzt vollständig in eine Verhandlungslösung in Genf. Sie präsentierte keine Antwort für den Ernstfall, der eintreten würde, wenn die Gespräche scheiterten. So wurde der Slogan „Vertragen statt rüsten" zum Erkennungszeichen der SPD. Die Parteizentrale im Erich-Ollenhauer-Haus bedruckte zum internationalen Antikriegstag am 1. September 1983 sogar Aufkleber und Plakate mit diesem Spruch (vgl. Abbildung 2).[58] Es ist bekannt und muss hier nicht wiederholt werden: Ihre Erwartungen wurden enttäuscht. Im Spätherbst 1983 scheiterten die Verhandlungen zwischen den Supermächten, und der Kölner SPD-Parteitag lehnte die Stationierung ab.[59] Nun entbrannte der Deutungskampf um die Beschlusslage der Partei, der ein Streit um die eigene Vergangenheit war.

Kontinuität oder Bruch – was kennzeichnete die Diskussion der Sozialdemokraten? Eine Minderheit auf dem rechten SPD-Flügel teilte die Gründe, die Schmidt vorbrachte, als er in Köln für die Stationierung plädierte. Karl Kaiser, Politologe an der Universität Bonn, war ein Wortführer jener Gruppe, die den „radikalen Kurswechsel" der SPD 1983 offensiv anprangerte.[60] In einem Brief an Ehmke warf er der Parteiführung vor, sie vollziehe „einen Stimmungsumschwung unter den Funktionsträgern der Partei (nicht der Mehrheit der Mitglieder)" einfach nach.[61] Er „finde es traurig, wie Du und Vogel es zulassen, daß Egon die Partei unaufhaltsam in eine Position hineinmanövriert, in der die Partei und die außenpolitische Stellung der Bundesrepublik langfristig Schaden erleiden".

---

[55] Schmitt: Friedensbewegung, S. 139.
[56] „Aufbruch nach vorn". Bundeskonferenz vom 18. bis 19. November 1982 in Kiel, in: *Politik. Aktuelle Informationen der Sozialdemokratischen Partei Deutschlands*, 8/1982, S. 27f., hier S. 28; die Erklärung vom 18./19.11.1982 ist abgedruckt in: Jahrbuch der Sozialdemokratischen Partei Deutschlands 1982-1983, Bonn [1984], S. 617f.
[57] Dazu Claus Gennrich: Kurswechsel von Schmidt zu Vogel, in: *Frankfurter Allgemeine Zeitung*, 12.1.1983.
[58] Dazu Intern. Informationsdienst der Sozialdemokratischen Partei Deutschlands, Nr. 19, 11.10.1983, AdsD, 1/HJVA102856.
[59] Vgl. insb. Schwabe: Verhandlung, S. 71–80.
[60] Kaiser: Prioritäten sozialdemokratischer Außen- und Sicherheitspolitik. Vortrag vor dem Seeheimer Kreis, gehalten am 3.9.1983 in Seeheim, Bergstraße, 4.10.1983, IfZ, Archiv, Nachlass Schubert, Bd. 95. Der Vortrag wurde in zwei Teilen im *Vorwärts* (6./13.10.1983) und in der *Frankfurter Rundschau* (11.10.1983) sowie in dem Sammelband Maruhn/Wilke: Wohin treibt die SPD, S. 9–27, veröffentlicht. Auch Kaiser an Schmidt, 3.10.1983, und die Antwort vom 17.11.1983, AHS, Korrespondenz.
[61] Kaiser an Ehmke, 18.7.1983, AdsD, 1/HEAA001037. Auch die folgenden Zitate sind diesem Brief entnommen.

1. Kontinuität oder Bruch? **21**

Abbildung 2: „Vertragen statt rüsten SPD". Plakat zum Antikriegstag am 1. September 1983

Wie sich die SPD zum Doppelbeschluss und der Stationierung verhielt, war Gegenstand eines heftigen innerparteilichen Konflikts. Lautstarker Widerstand gegen den Kölner Beschluss kam in erster Linie von konservativen und häufig im akademischen Bereich tätigen SPD-Mitgliedern, wie von der Berliner Professorin Gesine Schwan.[62] Sie bezweifelten das Kontinuitätsargument und behaupteten, die Partei spreche und handle nur dann in der Logik ihrer eigenen Beschlüsse, wenn sie nach dem Scheitern der Gespräche die Raketenstationierung mittrage. Es sei wichtig für die Sozialdemokraten, sich der Gesellschaft und den Verbündeten als glaubwürdiger und verlässlicher Partner zu präsentieren. Der Freiburger Historiker und Parteiintellektuelle Heinrich August Winkler stellte besorgt die grundsätzliche Frage, wohin die SPD treibe. Die Bundesrepublik brauche eine „regierungsfähige Opposition", deren Programmatik sich innerhalb dessen bewege, was er als Konsens der Bundesrepublik definierte.[63] Eine sogenannte „Erklärung der zehn Professo-

---

[62] Die Kritik von Kaiser und Schwan bezeichnete Brandt im Präsidium als „fragwürdig" und „unakzeptabel". Protokoll der Sitzung des Präsidiums am 17.10.1983, S. 2, AdsD, Bestand SPD-PV, Vorstandssekretariat, 230.
[63] Winkler: SPD, S. 28–37.

ren" vom Mai 1983 bemängelte gleichfalls die Wende der SPD.[64] Mit ihrer öffentlichen Äußerung brachten sich prominente Wissenschaftler in der SPD – unter ihnen Hartmut Jäckel, Thomas Nipperdey und Kurt Sontheimer – gegen die Parteiführung in Stellung.[65] Die SPD befand sich, so sahen es die meisten Kommentatoren, in einer tiefen Orientierungskrise.

Auf dem CDU-Bundesparteitag 1983 warf der neue Bundeskanzler Helmut Kohl den Sozialdemokraten vor, sie seien „als Regierungspartei gescheitert".[66] Denn sie „ließen Zweifel entstehen und wachsen an unserer Bündnistreue, und sie haben das Land in eine tiefe Orientierungskrise geführt". Immer größere Teile der Partei hätten sich „auf die Flucht" begeben, „auf die Flucht zurück zum Sozialismus des 19. Jahrhunderts". Der Frankfurter Oberbürgermeister Walter Wallmann (CDU) ergänzte, dass sich die „SPD immer weiter vom NATO-Doppelbeschluß" entfernt habe und nun daran gehe, mit ihrer eigenen Politik zu brechen.[67] Der stellvertretende CDU/CSU-Fraktionsvorsitzende Volker Rühe prophezeite wenige Tage vor dem Kölner SPD-Parteitag im „Deutschland-Union-Dienst", dass die SPD „ihren Ausstieg aus der eigenen Sicherheitspolitik auch formell aktenkundig machen" werde.[68] Es sei „schon ein bestürzender Vorgang, mit welcher Kopflosigkeit die SPD ins sicherheitspolitische Niemandsland drängt". Auch die „Frankfurter Allgemeine Zeitung" beklagte

> „die rasche und nahezu vollzählige Abkehr der SPD von der Sicherheitspolitik des früheren Bundeskanzlers Helmut Schmidt. Eine derartige Änderung dessen, was man den Willen der Partei nennen könnte, ist in der Geschichte der Parteien in Deutschland ohne Beispiel. [...] Ein solcher Vorgang deutet nicht auf den allmählichen Gewinn der Überlegenheit des einen Diskurspartners über den anderen. Ein solcher Vorgang hat vielmehr den Charakter einer Flucht."[69]

So waren sich die Christdemokraten mit großen Teilen der westdeutschen Medien einig: Wie die SPD sich zur Stationierung verhielt, war falsch. Die innenpolitischen Kritiker der SPD waren nicht allein: Selbst der französische Parti Socialiste (PSF) griff die Schwesterpartei an, denn er unterstützte den Doppelbeschluss mit Nachdruck.[70] In einer „Déclaration sur la Paix, la Sécurité et le Désarmement" war zu lesen, es genüge nicht, den Krieg abzulehnen und den Frieden zu fordern. Vielmehr komme es darauf an, die Bedingungen zu schaffen, damit der Frieden realisiert werden könne, und dies waren im französischen Verständnis das militärische Gleichgewicht und die nukleare Abschreckung.[71] Über-

---

[64] Zur Lage und Zukunft der Sozialdemokratie. Zehn Professoren üben Kritik am gegenwärtigen Kurs der Partei, in: *Frankfurter Allgemeine Zeitung*, 28.5.1983.
[65] Dazu auch Sontheimer an Vogel, 31.5.1983, AdsD, 1/HJVA102577.
[66] Protokoll des 31. Bundesparteitages der Christlich-Demokratischen Union Deutschlands vom 25. und 26. Mai 1983 in Köln, Bonn 1983, S. 32; T. Weber: Nachrüstung, S. 131f.; Rödder: Bündnissolidarität, S. 123f.
[67] Protokoll des CDU-Parteitages 1983 in Köln, S. 97.
[68] Volker Rühe: DUD zum Tage [Vorwort], in: *Deutschland-Union-Dienst*, 14.11.1983, S. 1.
[69] Jürgen Busche: Die Flucht, in: *Frankfurter Allgemeine Zeitung*, 18.11.1983; auch Christoph Bertram: Wandel durch Entfernung. Der lange Abschied der Sozialdemokraten vom Doppelbeschluß: Was kommt nach dem Nein?, in: *Die Zeit*, 18.11.1983; Peter Philipps: Der lange Weg der SPD weg vom Doppelbeschluß. Die Parteitage von Berlin, Essen, München bis Köln, in: *Die Welt*, 5.11.1983.
[70] Note de travail sur le désarmement, undatiert, CAS, 70 RI, 7; dazu ausführlich Buffotot: Socialisme, S. 375–397.
[71] Déclaration sur la Paix, la Sécurité et le Désarmement. Texte adopté par le Bureau Exécutif du 25 Mai 1982, S. 1, CAS, 70 RI, 6; dazu die politikgeschichtlichen Überlegungen bei Rücker: Les Gauches, S. 59–62.

haupt war in Frankreich die Friedensbewegung ein misstrauisch beäugtes Phänomen.[72] Denn sie stand im Verdacht, die militärische Autonomie und die nationale Größe des Landes schmälern zu wollen. Nirgendwo tritt die Distanz der französischen Gesellschaft gegenüber dem Nachrüstungsprotest so klar zu Tage, wie in dem Begriff, den sie dafür prägte. Im Französischen hieß die Bewegung „mouvement pacifiste" – und nicht etwa „mouvement de la paix".[73] Der Begriff „pacifisme" war seit Beginn des 20. Jahrhunderts das gebräuchliche Wort für die Friedensbewegungen.[74] Er hatte für viele Ohren eine abwertende Konnotation und stieß deshalb bei den Protestierenden auf Ablehnung, die ihre Ziele moderater definierten. Der französische Begriffsgebrauch nahm ein Segment der Bewegung als charakteristisch für ihr Ganzes und delegitimierte so ihr Anliegen. Das war ein geschickter Schachzug im Kampf um die semantische Konstruktion sozialer Realitäten.

Es ist nicht überraschend, dass sich die französischen Sozialisten und die deutschen Sozialdemokraten bald heillos zerstritten.[75] Der PSF hatte die ostpolitische Euphorie der SPD noch nie verstehen können.[76] Als nun eine konkrete sicherheitspolitische Streitfrage hinzukam, die in der französischen Sichtweise den Status quo in Europa verändern und die in Jalta beschlossene europäische Nachkriegsordnung brüchig werden lassen könnte, eskalierte der Streit.[77] Es war François Mitterrand, der am 20. Januar 1983 vor die Abgeordneten des Bundestages in Bonn trat, sich zur Politik der Allianz bekannte und die Position der neuen Koalition unter Helmut Kohl stärkte.[78] In seiner Rede unterstrich Mitterrand, dass der Friede durch Atomwaffen, ihre abschreckende Wirkung und ein Kräftegleichgewicht garantiert werde – und nicht durch Abrüstung.[79] Besonders allergisch reagierte er auf die in der SPD formulierte Idee, französische und britische Waffen gemäß einer sowjetischen Forderung in die Verhandlungen einzubeziehen. Sein Auftritt im Bonner Plenarsaal war symbolisch. Er markierte den Schulterschluss mit Helmut Kohl und den Unionsparteien sowie den Bruch mit der SPD, die begonnen hatte, die Nähe zur Friedensbewegung zu suchen. Was die Sozialdemokraten nach dieser Rede an Kritik vortrugen, klang vernichtend,[80] und ließ den französischen Präsidenten ratlos zurück.[81] Aus den Verwerfungen zwischen SPD und PSF, die Mitterrands Rede an die Oberfläche brach-

---

[72] Vgl. Bozo: France; Soutou: Mitläufer; Santamaria: Pacifisme, S. 253–265, 269–276.
[73] Das könnte auch daran gelegen haben, dass es in Frankreich einen gleichnamigen Verband „Mouvement de la paix" gab, der den Begriff gewissermaßen besetzt hielt. In der Forschungsliteratur jedenfalls fehlt es an schlüssigen Erklärungsansätzen, so auch Rücker: Les Gauches, S. 60.
[74] Vgl. Defrasne: Pacifisme, S. 7–10, 235–240.
[75] Vgl. v. a. Rücker: Les Gauches; Bozo: Mitterrand, S. 30–35; Miard-Delacroix: Willy Brandt, S. 240–243.
[76] Siehe Ph. Richer: Evolution de la situation depuis 1978, 18. 10. 1978, S. 1, CAS, 60 RI, (WB), 228; Voyage de M. Rocard à Bonn (hs.), undatiert, CAS, 405 RI, 3.
[77] Siehe À mon avis, dire 3 choses (rencontre avec M. Vogel), 13. 1. 1983, CAS, 405 RI, 6; Isenberg: Besuch von Dr. Hans-Jochen Vogel in Paris am 13. 1. 1983, 14. 01. 1983, AdsD, Bestand SPD-PV, Internationale Abteilung, 11647.
[78] Vgl. dazu ausführlich Miard-Delacroix: Kontinuität, S. 553.
[79] Abgedruckt in Verhandlungen des Deutschen Bundestages, Stenographische Berichte, 9. Wahlperiode, 142. Sitzung, Bonn 20. 1. 1983, S. 8978–8984, in Übersetzung S. 8985–8992, hier S. 8987f.
[80] Exemplarisch Gilbert Ziebura: In keinem Punkt mit der Bundesrepublik abgesprochen. Was das Bündnis Kohl-Mitterrand bedeutet, in: *Vorwärts*, 27. 1. 1983, S. 12; Gustave Stern: Frankreich: Welche Friedenspolitik?, in: *Die Neue Gesellschaft* 30 (1983), S. 778f.
[81] Dazu SI-Advisory Council on Disarmament and Arms Control (SIDAC), Paris, January 24, 1983, Minutes, undatiert, CAS, 60 RI, (WB), 229.

te, entstand die Idee, eine gemeinsame Arbeitsgruppe einzurichten, um die Kluft zu verkleinern.[82] Diese Arbeitsgruppe sollte zu einem wichtigen Ort werden, an dem die Deutschen und Franzosen über den Kalten Krieg und über Alternativen zu diesem Ordnungssystem nachdachten. Bereits am 6. September 1983 kam es zu einem ersten Treffen, also noch bevor sich die SPD endgültig gegen die Raketenstationierung aussprach,[83] am 26. November folgte eine zweite Besprechung in Paris.[84] Sich zu verständigen war aber ein mühsames Unterfangen. Wenn Axel Queval vom PSF fand, das Verhältnis der beiden Parteien sei so intensiv wie sonst nirgendwo innerhalb der Sozialistischen Internationale,[85] rückten die Franzosen von ihrer massiven Kritik an der SPD doch keinen Millimeter ab.[86]

Da die Kritik an der Sozialdemokratie von so vielen Seiten ertönte, musste die Parteizentrale versuchen, den Wandel der SPD zu erklären und den Kölner Beschluss in inhaltliche Übereinstimmung mit der Berliner Entscheidung zu bringen. Hierin sah sie 1983 ihre Hauptaufgabe. Erstens argumentierte der Parteivorstand, dass die SPD niemals einem Stationierungsautomatismus zugestimmt habe. Horst Ehmke empfahl seinen Kollegen im zuständigen Fraktionsarbeitskreis bereits 1982, offensiv zu betonen, dass die Politik der SPD mit früheren Beschlüssen übereinstimme.[87] Wenn man dies nur häufig genug wiederhole, würden die Zweifel geringer. Rainer Wagner, als ehemaliger Mitarbeiter Brandts und nunmehriger Referent des stellvertretenden Vorsitzenden Johannes Rau ein wichtiger Stichwortgeber in der SPD-Zentrale, schrieb in einem Vermerk, dass die Vorwürfe von CDU-Generalsekretär Heiner Geißler, die SPD verlasse den Boden des Doppelbeschlusses, durch vehemente öffentliche Hinweise gekontert werden müssten. Die SPD bleibe, „auch wenn sie die Nachrüstung ablehnen sollte, *im Rahmen* des Doppelbeschlusses", stellte er fest.[88] Das Kontinuitätsargument erschien auch in einer zweiten Form, wenn die SPD-Zentrale darauf verwies, dass Rüstungskontrolle und Abrüstung stets zu den herausragenden politischen Zielen ihrer Partei gehört hätten. In einem internen Argumentationspapier behauptete Wolfgang Biermann, ein junger Referent für Abrüstung und Rüstungskontrolle, dass die sozialdemokratische Politik schon allein deshalb ein stimmiges Gesamtbild ergebe, weil der Berliner Parteitagsbeschluss danach

---

[82] Siehe Hans-Eberhard Dingels an Wischnewski: Sitzungen des Büros der SI in Brüssel vom 23. bis 25. 11. 83 und Gespräch zu Fragen der Sicherheits- und Abrüstungspolitik mit der PSF in Paris am 26. 11. 1983, 21. 11. 1983, AdsD, 1/HWAK000440; zu den Verständigungsversuchen in der europäischen Sozialdemokratie Rother: Family Row.

[83] Siehe Isenberg: Gespräch mit einer Delegation der PSF unter Leitung von Jacques Huntzinger am 6. 9. 1983, 21. 9. 1983, AdsD, 1/HEAA000611; Rencontre PS/SPD de Bonn du 6 septembre 1983, undatiert, CAS, 405 RI, 6. – Eine zweite bilaterale Arbeitsgruppe zwischen SPD und PSF besprach wirtschaftspolitische Differenzen.

[84] Siehe Isenberg: Gespräch zwischen der SPD und der PSF über Sicherheitspolitik am 26. 11. 1983 in Paris, 30. 11. 1983, AdsD, WBA, A11.8, 41; „PS/SPD sécurité" (hs.), 26. 11. 1983, CAS, 405 RI, 15. – Weitere Treffen fanden in den nächsten Monaten und Jahren statt.

[85] Dazu Axel Queval an Louis Le Pensec: Objet: Relations bilatérales entre le Parti Socialiste et le SPD, 9. 5. 1986, CAS, 405 RI, 3.

[86] Vgl. dazu auch die Gemeinsame Erklärung der SPD und der Sozialistischen Partei Frankreichs [Vorlage für die Sitzung des Präsidiums am 14. 1. 1985], undatiert, S. 1, AdsD, Bestand SPD-PV, Vorstandssekretariat, ohne Signatur; Sécurité Déclaration commune PS/SPD, in: *P.S. Aujourd'hui*, 15. 1. 1985.

[87] So in Dieter Dettke: Ergebnisniederschrift über die Sitzung des Arbeitskreises I vom 23. 11. 1982 um 10.30 Uhr, in Raum F 12, 29. 11. 1982, AdsD, Bestand SPD-PV, Internationale Abteilung, 11649.

[88] Wagner an Rau, 23. 9. 1983, AdsD, 2/PVDF000207. Hervorhebung im Original (unterstrichen).

gestrebt habe, die Stationierung überhaupt zu verhindern. Für Biermann lag die Kontinuität darin, dass die SPD schon immer „ein Ende des Rüstungswahnsinns" gefordert habe.[89]

So schufen Sozialdemokraten verschiedener Couleur einen Beweisgang, nach dem sich die SPD gestern wie heute offensiv um Abrüstung bemüht habe und in dem der Doppelbeschluss lediglich ein Mittel zum Zweck gewesen sei, das sich angesichts der schwierigen internationalen Situation als unbrauchbar erwiesen habe. Wenn die Partei nun die Stationierung ablehne, dann spreche und handele sie so konsequent wie nur möglich. Obwohl das Forschungsinstitut der Friedrich-Ebert-Stiftung forderte, „mit der These einer beinahe ungebrochenen Kontinuität […] vorsichtiger" umzugehen,[90] erhoben sie SPD-Funktionäre in den Rang einer offiziös verordneten Wahrheit. Hans-Jochen Vogel verkündete seiner Partei, dass sich der Kölner Leitantrag innerhalb des Spielraums bewege, der von früheren Beschlüssen markiert werde. Er erläuterte umständlich, wie die SPD „das Ja oder Nein zur Stationierung […] an das Ende des durch die Beschlüsse eingeleiteten Abschnitts der Gesamtentwicklung gesetzt" habe „und nicht an seinen Anfang".[91] In seinen Worten hatte die SPD schon in Berlin „eine Entscheidung unter bestimmten Kriterien am Ende des Verhandlungsprozesses versprochen". Vogel weiter: „Dieses Versprechen halten wir." Die SPD-Führung setzte den Kölner Beschluss also in eine positive Beziehung zu dem, wie sich die Parteimehrheit bislang zur Nachrüstung verhalten hatte.[92] Sie versuchte damit, Angriffe durch den innenpolitischen Gegner und durch die marginalisierte innerparteiliche Opposition abzuwehren. Der Streit um die Atomraketen war somit innerparteilich ein Kampf um die Deutung der eigenen Beschlusslage und mithin ein Ringen um die Interpretation der Vergangenheit.

Auch zu anderen Zeiten hatte die Sozialdemokratie erbittert um inhaltliche Positionen gerungen. Aber im Streit um die Raketen ging es für die Mitglieder der Partei um ihr Selbstverständnis: um ihre Regierungsfähigkeit, ihr Ansehen beim politischen Gegner, nicht zuletzt auch um ihr Renommee in den Teilen der Gesellschaft, die sich von ihrer Politik losgesagt hatten und auf den Straßen gegen die Raketen protestierten. Kurz: Die Sozialdemokratie vergewisserte sich zwischen 1979 und 1983 als politisches Milieu ihrer Grundkoordinaten. Freilich ist es überraschend, wie intensiv sich das Erich-Ollenhauer-Haus 1983 mit dem Vorwurf auseinandersetzte, die Partei verlasse den Kurs ihrer bisherigen Politik. Es liegt nahe zu vermuten, dass die Angriffe auf die SPD einen neuralgischen Punkt trafen, von dessen Erklärungsbedürftigkeit die Parteispitze wusste. Nicht nur blendeten Sozialdemokraten programmatische Brüche ab und schrieben der eigenen Beschlusslage eine Geradlinigkeit zu, die in dieser Eindeutigkeit außerhalb der Partei selten nachvollzogen wurde. Sie bemühten sich auch, von Berlin nach Köln eine Kontinuitätslinie zu zeichnen, die aus Gründen der inneren Kohäsion wichtig war. Freilich vertiefte das den Graben, der sich durch die Partei zog.

---

[89] Biermann an Glotz, Argumentationshilfe zur aktuellen sicherheitspolitischen Diskussion, 25. 1. 1983, AdsD, WBA, A11.4, 110.
[90] Eckhard Lübkemeier an Michael Bertram, 28. 2. 1984, AdsD, Nachlass Stobbe, 191.
[91] Außerordentlicher SPD-Parteitag, Köln 1983, S. 129, 133. Ehmke hatte Vogel in einem Brief vom 4. 11. 1983 explizit auf diesen Punkt hingewiesen, AdsD, 1/HEAA001043; auch Wischnewski an Vogel, 10. 11. 1983, AdsD, 1/HWAK000750.
[92] Ebenda, S. 196. Diese Deutungen finden sich auch in der Memoirenliteratur, siehe als besonders hervorstechende Beispiele Vogel: Nachsichten, S. 186, 188; Bahr: Zeit, S. 510; Brandt: Erinnerungen, S. 365–367; Ehmke: Mittendrin, S. 318f.; dagegen Schmidt: Menschen, S. 334.

2. Darf der Friede militärisch erzwungen werden?

Der Nachrüstungsstreit brachte die SPD aus der Fassung, weil er ihr eine grundsätzlichere Frage stellte, auf die sie noch nie eine klare Antwort gefunden hatte. Er reaktivierte ein Spannungsfeld, das in ihren Ursprüngen angelegt war: das „In- und Gegeneinander von Isolierung und Integration".[93] Seit ihrer Gründung bestand die SPD aus zwei Strömungen, die unterschiedliche Ziele verfolgten. Einerseits strebten marxistische Traditionen auf die radikale Veränderung der Gesellschaft. Andererseits bemühten sich reformorientierte Kräfte, die bestehende Klassengesellschaft mit ihren eigenen Mitteln zu verändern. Es war der Gegensatz von Revolution und Reform, an dem sich die Geister schieden.[94]

Das betraf auch das politische Feld, auf dem sich der Nachrüstungskonflikt entfaltete. Schon in der Formierungsphase der Sozialdemokratie wollten die Arbeiter den Krieg zum Verschwinden bringen.[95] Ihr Argument lautete, dass die werktätige Bevölkerung den Krieg ablehnte, weil er ihr wirtschaftliche und soziale Nachteile bringe, der Zwischenmenschlichkeit widerspreche und die internationale Solidarität der Arbeiterklasse konterkariere. Gleichzeitig blieb die Sozialdemokratie seltsam unentschlossen, welche Mittel zur Durchsetzung dieser Position geeignet seien. Der „Friedenskongress der Zweiten Internationale", der am Vorabend des Ersten Weltkrieges in Basel stattfand, verabschiedete ein „Manifest gegen den Krieg", in dem es hieß, dass die „arbeitenden Klassen und deren parlamentarische Vertretungen [...] verpflichtet" seien, „den Ausbruch des Krieges zu verhindern".[96] Dennoch stimmte die SPD-Fraktion im Reichstag zwei Jahre später unter dem Eindruck der nationalen Hochstimmung für die „Kriegskredite", welche die finanziellen Ressourcen für den Ersten Weltkrieg mobilisieren sollten.[97] Seit jeher schwankte die SPD zwischen hehren Zielen und den Erfordernissen, die sie in ihrer praktischen Arbeit zu erkennen glaubte. Deshalb blieb die Friedensfrage in der Sozialdemokratie ein Diskussionsgegenstand von höchster Brisanz. In der Endphase des Ersten Weltkrieges führte das zu Differenzierungsprozessen und zur Spaltung der SPD in eine Mehrheits- und eine Unabhängige Sozialdemokratie (MSPD und USPD).[98]

In ihrem Selbstverständnis war der antimilitaristische Kampf ein Erkennungszeichen der Arbeiterbewegung. Doch war die SPD weder im 19. Jahrhundert noch am Vorabend des Ersten Weltkrieges eine „pazifistische" Partei – und ist es auch später nie geworden. Das wird deutlich, wenn man zwei frühe Programme der Partei liest, die in der Friedensfrage einen kollektiv verbindlichen Rahmen aufspannten. Das „Gothaer Programm" von 1875 und das „Erfurter Programm" von 1891 unterstrichen, dass die Arbeiterbewegung Krieg beseitigen und Frieden sichern wolle. Gleichzeitig bekannten sich beide Programme zur „allgemeinen Wehrhaftigkeit" des Staates.[99] Durfte der Friede mit militärischen Instrumenten

---

[93] Groh: Attentismus, S. 20.
[94] Dazu grundsätzlich ebenda, S. 36, 57; aber auch Grebing: Arbeiterbewegung, S. 15–22, 27f.; Klotzbach: Staatspartei, S. 25–31; Potthoff/Miller: SPD, S. 31–73, insb. S. 63–73.
[95] Vgl. Longerich: „Friedenspartei", S. 29–40.
[96] Ausserordentlicher Internationaler Sozialisten-Kongress zu Basel am 24. und 25.11.1912, Berlin 1912, S. 23–27; das Manifest ist abgedruckt in Degen u. a.: Gegen den Krieg, S. 176–182, hier S. 176. Alle Zitate nach dieser Ausgabe. Vgl. auch Polexe: Netzwerke, S. 83–87.
[97] Dazu Miller: Burgfrieden, S. 31–74.
[98] Dazu Winkler: Revolution, S. 34–67, 468–501; Schorske: Schism; Miller: Burgfrieden, S. 75–117.
[99] Protokoll des Vereinigungs-Congresses der Sozialdemokraten Deutschlands, abgehalten zu Gotha vom 22. bis 27.5.1875, S. 54f.; Protokoll über die Verhandlungen des Parteitages der Sozialdemokra-

herbeigeführt werden? Darüber wurde sich die sozialdemokratische Partei nie einig.[100] Der Versuch, zwei ihrem Prinzip nach widersprüchliche Anliegen zu synthetisieren, machte den Kern des Problems aus, das die SPD noch in den achtziger Jahren quälte. Selbst im „Godesberger Programm" von 1959 forderte die SPD „internationale Entspannung" und „kontrollierte Abrüstung", bekannte sich aber gleichzeitig zur „Landesverteidigung".[101] Die „größte und dringendste Aufgabe" sei es, so das Programm, „den Frieden zu bewahren und die Freiheit zu sichern". Ob das auch mit kriegerischen Mitteln erfolgen durfte, blieb in der Partei umstritten. Hatte noch der SPD-Vorsitzende Kurt Schumacher seine Partei in den fünfziger Jahren auf einen kompromisslosen Oppositionskurs gegen die Bundeswehr und die Integration der Bundesrepublik in die NATO verpflichtet, definierten das Godesberger Programm und die berühmte Rede Herbert Wehners am 30. Juni 1960 im Bundestag angepasste Leitvorstellungen.[102] Wehner erkannte an, dass sein Land in die NATO eingebunden war und wieder eine eigene Armee unterhielt.[103] Dennoch blieben Strömungen lebendig, die die NATO verdächtigten, die Friedenssicherung nicht ernsthaft zu verfolgen.[104]

Die Querelen um die Nachrüstung zwischen 1979 und 1983 kamen daher, dass die Sozialdemokraten sich nie endgültig darüber einig geworden waren, ob der Friede militärisch erzwungen werden durfte. In ihrer gesamten Geschichte hatte es die Partei nicht vermocht, eine verbindliche Sichtweise durchzusetzen. Für die einen führte der Weg zum Frieden über die Gleichgewichtspolitik der NATO und die Abschreckungsdoktrin, für die anderen über Entspannungspolitik und Abrüstung.[105] Jene Parteimitglieder, die Gleichgewicht und Abschreckung für unabdingbar hielten, akzentuierten eine andere Einstellung zur Gewalt als *ultima ratio* der Politik, als es diejenigen taten, die entspannungs- und abrüstungspolitische Maßnahmen präferierten. Der SPD-Vorsitzende Willy Brandt argumentierte wie die Mehrzahl der Parteifunktionäre, wenn er 1981 sagte, dass „Verteidigungsbereitschaft und Friedenswille […] keine Gegensätze" seien.[106] Doch allein die Tatsache, dass Brandt die Möglichkeit eines Gegensatzes sah, weist darauf hin, dass die Standpunkte zu den Atomraketen auf unterschiedlichen Denkstilen beruhten.[107] Diese Differenz war in der wechselvollen Vergangenheit der Partei angelegt und entlud sich in den frühen achtziger Jahren.[108]

---

tischen Partei Deutschlands, abgehalten zu Erfurt vom 14. bis 20.10.1891, Berlin 1891, S. 3. Das Gothaer Programm ist u. a. ediert bei Münkel: Programmgeschichte, S. 379–384, die Aussagen zur „allgemeinen Wehrhaftigkeit" auf S. 380. Das Erfurter Programm ist ediert ebenda, S. 371–374, insb. S. 373: „Erziehung zur allgemeinen Wehrhaftigkeit. Volkswehr an Stelle der stehenden Heere. Entscheidung über Krieg und Frieden durch die Volksvertretung. Schlichtung aller internationalen Streitigkeiten auf schiedsgerichtlichem Wege."
[100] Dazu auch Miller: Burgfrieden, S. 179–183.
[101] SPD-Parteivorstand: Godesberger Programm; zur ideellen Vorbereitung des Godesberger Programms durch die Erfahrung des Exils und transnationale Netzwerke Angster: Konsenskapitalismus.
[102] Dazu Longerich: „Friedenspartei", S. 73–115.
[103] Verhandlungen des Deutschen Bundestages, Stenographische Berichte, 3. Wahlperiode, 122. Sitzung, Bonn 30.6.1960, S. 7052–7061; dazu auch Ch. Meyer: Herbert Wehner, S. 231–236.
[104] Siehe z. B. Gerd Rauhaus: Nachdenkliches Verhältnis zur bewaffneten Macht. Pazifismus stand nie im Programm – Demokratisierung der Armee verlangt – Konflikt zwischen Links und Rechts ungelöst, in: *Nürnberger Nachrichten*, 23.2.1981.
[105] Vgl. Longerich: „Friedenspartei", S. 332.
[106] Brandt: Vorwort.
[107] Nach Fleck: Tatsache, S. 165–190.
[108] Zur Zeit der Vertragspolitik in den siebziger Jahren war der Konflikt nicht ausgebrochen, weil sich die SPD mit ihrer Agenda in Übereinstimmung zu den Großmächten bewegt hatte. Sturm: Uneinig, S. 41–54.

Im Nachrüstungsstreit wog die SPD das Für und Wider der Atomraketen ab. Sie besprach auch ihre eigene Geschichte. Dass Sozialdemokraten und Sozialdemokratinnen höchst unterschiedliche Lehren aus ihrer Vergangenheit ziehen konnten, lag an der Unentschiedenheit früherer Parteigenerationen gegenüber Krieg und Frieden. So entwickelte sich die Kontroverse um die Mittelstreckenwaffen für die SPD zu einem Selbstverständigungsdiskurs: Immer mehr Mitglieder und Sympathisanten sprachen neben der Verteidigungs- und Sicherheitspolitik auch über ihr Bild von der Geschichte. Nun war die Sozialdemokratie schon immer eine traditionsbewusste Partei gewesen, die gerne und häufig an die eigene Geschichte erinnerte und innerparteiliche Rituale pflegte.[109] Ihre eigene Geschichte war für sie von überragender Bedeutung, und geschichtspolitische Diskurse verliehen auch dem Nachrüstungsstreit Kontur. SPD-Mitglieder stritten auch deshalb über die Atomraketen, weil ihr historischer Denkhorizont gegensätzliche Standpunkte zuließ.

Auf der einen Seite legitimierten SPD-Mitglieder dadurch ihren Standpunkt. Wer die Stationierung ablehnte oder kritisch bewertete, erinnerte an den Kampf seiner sozialdemokratischen Vorfahren gegen Krieg und Unterdrückung.[110] Im Gegensatz dazu betonten diejenigen, die der NATO und dem Bündnis aufgeschlossen gegenüberstanden, die historische Verantwortung ihrer Partei, sich dem kommunistischen Totalitarismus so entschlossen entgegenzustellen wie dem Nationalsozialismus.[111] In beiden Fällen stritten Sozialdemokraten um die Interpretation ihrer Vergangenheit. Freilich überkamen geschichtspolitische Debatten in den achtziger Jahren auch die westdeutsche Gesellschaft, gründeten sich „Geschichtswerkstätten" und „Geschichtsvereine", erwachte ein neues Interesse am Mittelalter, an Preußen oder am Nationalsozialismus – und die SPD erwies sich als Produkt und Abbild soziokultureller Transformationsprozesse.[112] Der Konflikt in der SPD unterschied sich von den gesamtgesellschaftlichen Debatten der Bundesrepublik dadurch, dass er nicht nur um die deutsche Vergangenheit, sondern eben auch um die Geschichte der Partei kreiste.

Auf der anderen Seite beschworen SPD-Mitglieder, wenn sie in die Geschichte blickten, die Einigkeit ihrer Partei. Insbesondere die Erinnerung an die Spaltung der Arbeiterbewegung im Ersten Weltkrieg galt ihnen als Warnung, sich in der Frage von Krieg und Frieden nicht auseinanderdividieren zu lassen.[113] Schon einmal hatte sich die SPD heillos zerstritten, als sie das Problem der militärischen Friedenssicherung nicht lösen konnte. Aus ihrer Sicht durfte sich das nicht wiederholen. So waren die Debatten in den achtziger Jahren bei allen unterschiedlichen Folgerungen, die Sozialdemokraten aus ihrer Parteivergangenheit ziehen konnten, auch dazu angetan, die auseinanderstrebenden Flügel zu

---

[109] Vgl. dazu grundlegend Longerich: „Friedenspartei".
[110] Siehe exemplarisch Reinhard Schulz: Frieden ist der Vater aller Dinge [Manuskript], in: Für Frieden und Abrüstung. Fachkonferenz der Jungsozialisten am 25./26. 8. 1979 in Köln, 1979, S. 1, AdsD, Bestand SPD-PV, Referat Jungsozialisten, 7591; Karsten Voigt: Nie wieder Krieg!, ebenda; Hans Dieter Müller: Wettrüsten und Arbeiterbewegung. Zwei Lehren aus der Geschichte, in: *Die Neue Gesellschaft* 30 (1983), S. 143–149.
[111] Siehe grundsätzlich Schwan: Freiheit, S. 38; Renger: „Kampf dem Atomtod", „Friedensbewegung", SPD – Ein Lehrstück, in: *Die Neue Gesellschaft* 28 (1981), S. 704–709, hier S. 708.
[112] Vgl. Wolfrum: Geschichte, S. 123–131; Wirsching: Abschied, S. 471. Zu den gesellschaftlichen Debatten im engeren Kontext des Nachrüstungsstreits Gassert: Konsens, S. 509–512.
[113] So explizit Voigt: Friedenspolitik als Erbe und Auftrag, in: *Sozialdemokrat Magazin*, 1/1979, S. 19.

integrieren. Deshalb wurde das Erich-Ollenhauer-Haus nicht müde zu betonen, dass sich alle SPD-Mitglieder darin einig seien, für den Frieden zu arbeiten.[114]

Betrachtet man den Nachrüstungsdiskurs in der SPD in seinem chronologischen Verlauf, tritt auf der begrifflichen Ebene ein Wandel hervor, der beleuchtet, was in der SPD geschah. Während im Jahr 1979 der Begriff „Sicherheitspolitik" noch als Bezeichnung für jenen Bereich des Politischen dominiert hatte, der die Außen- und Verteidigungspolitik zusammenfasste und mit anderen Themen verband, trat parallel zur stärker werdenden Kritik am Doppelbeschluss der Begriff „Friedenspolitik". Die Bundesregierung machte kaum einen Gegensatz zwischen „Sicherheit" und „Frieden". Aber zahlreiche Aktivistinnen und Aktivisten in der SPD verstanden die beiden Begriffe als Gegensatzpaar.[115] Willy Brandt brachte den Gedanken zum Ausdruck, als er sagte, dass der Friede zwar „nicht alles" sei, aber betonte: „alles ist ohne den Frieden nichts".[116] Diese semantische Verschiebung war für das Bild, das die Sozialdemokratie von sich zeichnete, von großer Wichtigkeit.

Was aber verstand sie überhaupt unter „Friede"? Er war eine politische Utopie, die für die SPD notwendigerweise mit dem „demokratischen Sozialismus" einherging. In der Minimaldefinition beschrieb Friede einen zwischenstaatlichen Zustand, der nicht von Gewalt gekennzeichnet war. Er meinte die Abwesenheit von Krieg, die Überwindung von politischer Unterdrückung und die Realisierung von sozialer Gerechtigkeit.[117] Zahlreiche SPD-Mitglieder verschmolzen ab den späten siebziger Jahren die nukleare Friedensfrage mit der Bekämpfung des Hungers im „globalen Süden" und mit der Utopie eines gerechteren Weltwirtschaftssystems zu einem weit gefassten Friedensbegriff.[118] Der sozialdemokratische Gewerkschafter Ernst Breit analysierte 1983, es gebe „das unerträgliche Nebeneinander von Rüstungsexplosion und wirtschaftlicher Stagnation. Diesen Widersinn, daß die Produktion der Kriegsmittel floriert wie nie zuvor, während die Produktion der Lebensmittel darniederliegt wie seit langem nicht mehr, können vernünftige Menschen nicht auf sich beruhen lassen."[119] Deshalb sei, so schrieb Breit, ein Umdenken in der Sicherheits- wie auch in der Wirtschaftspolitik notwendig. Fast schien es so, als seien das wirtschaftliche Gewinnstreben der Unternehmen und die kapitalistische Verfasstheit der globalen Märkte das eigentliche Problem, wenn über Raketen gesprochen wurde.

Der Friede war so etwas wie eine Beschwörungsformel, mit der sich SPD-Mitglieder in ein vorgestelltes Ganzes integrierten.[120] Dass die SPD sich selbst als „Partei des Friedens" begriff, folgte einem alten Brauch.[121] Aber jetzt zeichneten Mitglieder so häufig wie nie zu-

---

[114] Parteitag der Sozialdemokratischen Partei Deutschlands vom 19. bis 23. April 1982 in München, 2. Bd.: Angenommene und überwiesene Anträge, Bonn [1982], S. 907; siehe auch Steuwer/Mittag: Friedenspartei, S. 207–218.
[115] So Friedenspolitik: Sicherheit und Entspannung, in: *Sozialdemokrat Magazin*, Extraausgabe/1980; Pawelczyk: Sicherheitspolitik im Rahmen der Friedenspolitik, in: *Die Neue Gesellschaft* 27 (1980), S. 41–46, hier S. 42; Mechtersheimer: Rüstung; zur Historisierung vgl. Wengeler: Sprache, S. 54.
[116] Brandt: Berliner Ausgabe, 5. Bd., S. 369.
[117] Siehe die Argumentation in Reinhard Schulz: Frieden ist der Vater aller Dinge, S. 1, AdsD, Bestand SPD-PV, Referat Jungsozialisten, 7591.
[118] Siehe Nehring/Ziemann: Wege, S. 88.
[119] Breit: Für einen Frieden ohne Waffen, ohne Hunger, ohne Arbeitslosigkeit, in: *Gewerkschaftliche Monatshefte* 34 (1983), S. 531–540, hier S. 532.
[120] Vgl. Doering-Manteuffel: Kampf, S. 30, 46f.
[121] Vgl. Wolfram Wette: Sozialdemokratische Sicherheitspolitik in historischer Perspektive, Oktober 1976, IfZ, Archiv, Nachlass Schubert, Bd. 95.

vor diese Verbindungen.[122] 1981 interpretierte eine vom SPD-Vorstand herausgegebene Broschüre die sozialdemokratische Geschichte als den zusammenhängenden Versuch, Frieden zu schaffen.[123] In eine ähnliche Richtung wies auch die Publikation „1863–1982. Der schwierige Weg zum Frieden. Sozialdemokraten gegen Krieg".[124] Sie untermauerte den Ansatz des Doppelbeschlusses, indem sie zu beweisen versuchte, dass die SPD in ihrer Geschichte stets nur daran interessiert gewesen sei, das friedenspolitisch Gebotene zu tun. Das „Sozialdemokrat Magazin" schließlich argumentierte, Rüstungskontrolle sei deshalb möglich, weil die Entspannungspolitik schon in der Vergangenheit erfolgreich gewesen sei.[125] Geschichte war ein Instrument, um jene zu beruhigen, die den Kurs der Parteiführung skeptisch sahen. Und sie war ein Mittel, um innerparteilich zu versöhnen. SPD-Bundesgeschäftsführer Peter Glotz hob 1981 hervor, dass die SPD stolz sein könne auf ihre Geschichte: „Und wir versuchen gegenwärtig, daß das gerade den eigenen Mitgliedern wieder bewußt wird."[126] Indem Sozialdemokraten und Sozialdemokratinnen sich mit der Geschichte ihrer Partei beschäftigten, sollten sie Trennendes überwinden. Der SPD-Vorstand richtete deshalb im Oktober 1981 eine „Historische Kommission" unter der Leitung der Bonner Historikerin Susanne Miller ein, die „die Tradition der Partei im Bewußtsein der Mitglieder" halten sollte.[127] Brandt empfahl, dass die Kommission „über das Geschichtsbild der Partei wachen" solle, „wenn es nach ihrer Meinung verfälscht oder in den Schmutz gezogen werde".[128] Denn „Geschichte präge Identität". So legitimierten SPD-Mitglieder, was sie im Nachrüstungsstreit für richtig hielten, indem sie auf die Geschichte ihrer Partei blickten.[129] Das diente der innerparteilichen Selbstverständigung durch Traditionsbildung.[130]

Der Parteivorsitzende Brandt sagte 1981 anlässlich des hundertjährigen Jubiläums des SPD-nahen Dietz-Verlages:

> „Sozialdemokratie ist Frieden: Friedenssehnsucht war der SPD, als Partei, war also der organisierten Sozialdemokratie gleichsam in die Wiege gelegt. So wie sie sich niemals für Unterdrückung und Unterjochung hergegeben hat, so wie sie niemals dafür verantwortlich war, daß Knechtschaft über das deutsche Volk kam: so hat sie sich auch nie am Kriegstreiben beteiligt, nie einen Zweifel gelassen, daß ein von Sozialdemokraten geführtes Deutschland keinen Krieg beginnen werde. Nie hat sie mit denen paktiert, die Krieg für ein Mittel der Politik hielten."[131]

---

[122] Im Programm zur Bundestagswahl 1983 hieß es, die SPD habe „Deutschland nie in einen Krieg geführt. […] Wer die SPD stärkt, stärkt die Friedenspolitik!" SPD-Parteivorstand: SPD-Regierungsprogramm 1983–1987, S. 53; dazu vor allem Longerich: „Friedenspartei", S. 322–451; Becht: SPD, S. 50; Leif: (Ohn-)Macht, S. 167–170; B. Meyer: Parteien, S. 27; Corterier: Regierung, S. 122–124.
[123] Vgl. SPD-Parteivorstand: Friedenspartei SPD.
[124] SPD-Parteivorstand: 1863–1982. Der schwierige Weg zum Frieden.
[125] Vgl. Friedenspolitik: Sicherheit und Entspannung, in: *Sozialdemokrat Magazin*, Extraausgabe/1980, S. 15.
[126] Glotz an Georg W. K., 21. 6. 1981, AdsD, 1/HWAA003114.
[127] SPD-Pressemitteilung Nr. 618/1981 vom 27. 10. 1981; Jahrbuch der Sozialdemokratischen Partei Deutschlands 1979–1981, Bonn [1982], S. 230; Jahrbuch der SPD 1982–83, S. 333; dazu Longerich: „Friedenspartei", S. 362.
[128] SPD-Pressemitteilung Nr. 53/1982 vom 5. 2. 1982.
[129] Vgl. Longerich: „Friedenspartei", S. 330.
[130] Dass die SPD eine „Friedenspartei" sei, blieb in der geschichtswissenschaftlichen Forschung lange unbestritten. Friedhelm Boll meinte 1988, dass die SPD „zweifellos als klassische deutsche Friedenspartei gelten" dürfe. Sie habe „sich selbst als antimilitaristische Partei seit ihren Anfängen" verstanden und sei „für präventive Antikriegspolitik" eingetreten. Auch für Michael Longerich war der Anspruch der „Friedenspartei" „mehr als nur Wahltaktik". Boll: Sozialdemokratie, S. 400; Longerich: „Friedenspartei", S. 451.
[131] Abgedruckt in Brandt: Berliner Ausgabe, 5. Bd., S. 364.

In kaum einem anderen Zitat wird deutlicher: Die Sozialdemokraten berauschten sich an ihrer eigenen Geschichte. Das kennzeichnete ihr Denken im Nachrüstungsstreit. Sie debattierten nicht nur eine sicherheitspolitische Entscheidung auf der internationalen Ebene, sondern versuchten sich auch darüber klar zu werden, welchen Auftrag sie aus ihrer eigenen Vergangenheit ableiten konnten. Dabei fiel das Urteil je nach Standpunkt des Betrachters unterschiedlich aus. Die SPD-Mitglieder der achtziger Jahre waren wohl über ihr gemeinsames Ziel – die Friedenssicherung – einig, nicht aber über den Weg, der sie dorthin brachte. Für den rechten Parteiflügel um Schmidt führte er über das Gleichgewicht und die Abschreckung, für die SPD-Linke um Bahr und Eppler über Entspannung und Abrüstung. Welche Lehren die jeweiligen Gruppen in dieser Streitfrage auch immer aus der Vergangenheit zogen, stets blieb unübersehbar, dass sich die SPD in den achtziger Jahren vermehrt mit ihrer Geschichte zu beschäftigen begann. Gleichwohl stritt sie nicht nur über die richtige Auslegung ihrer Parteigeschichte, sondern auch über die deutsche Vergangenheit.

3. Die sozialdemokratische Krisenerzählung

Neben der historisch offenen Frage, ob die Sicherheits- oder die Entspannungspolitik besser geeignet sei, den Frieden zu festigen, trieb auch eine pessimistische Gegenwartsdiagnose den Streit an. Sie überwölbte und strukturierte alles, was Sozialdemokraten und große Teile der Friedensbewegung in jenen Jahren äußerten. Die Nachrüstungsgegnerinnen und -gegner stellten sich die Weltlage um 1980 als bedrohlich dar, und ihr Blick nach außen war hoffnungslos: Die vormals geordneten Beziehungen zwischen den Vereinigten Staaten und der Sowjetunion zerfielen, und eine neue Phase der Konfrontation zog herauf. Es war ihre unmittelbare Lebensumgebung, die Bundesrepublik, die von dem internationalen Klimasturz besonders tangiert schien. Denn in den Augen der Friedensaktivisten steuerten die Supermächte ungebremst auf eine atomare Konfrontation zu, die Europa von der Landkarte auszuradieren drohte. Das entzog der Entspannungspolitik – ihrem ureigentlichen Anliegen – die Grundlage. Währenddessen konnten sie auch dem Kalten Krieg als solchem keinen Sinn mehr abgewinnen. Dass die Supermächte sich nicht nur als politische Gegner, sondern als ideologische Feinde gegenübertraten, verstanden sie nicht. Sie lehnten diese Konfrontation ab, fürchteten um ihr Überleben und wollten sie hinter sich lassen.

Untergangsvisionen waren kein Spezifikum der frühen achtziger Jahre. Sie hatten ihre Wurzeln im vorangehenden Jahrzehnt. Denn schon mit der Schlussakte der Konferenz über Sicherheit und Zusammenarbeit in Europa (KSZE) in Helsinki (1975) war für die Zeitgenossen der Zenit der Entspannungspolitik überschritten: US-Präsident Gerald Ford rückte öffentlich vom Begriff der „Détente" ab; sein Nachfolger im Weißen Haus Jimmy Carter initiierte eine in Westeuropa umstrittene Menschenrechtspolitik; der Konflikt zwischen Israel und den Palästinensern eskalierte; die Supermächte trugen ihre Gegensätze in „Stellvertreterkriegen" unter anderem in Afrika und in Lateinamerika aus; die Sowjetunion rüstete bei den taktischen Mittelstreckenwaffen auf; Verhandlungen im Bereich der strategischen und konventionellen Waffen traten auf der Stelle; die Vereinigten Staaten erlebten ein Debakel während der Geiselhaft ihrer Botschaftsangehörigen in Teheran – in einem Satz: Das Weltgeschehen schien von Problemen gebeutelt, und die Zeitgenossen hielten es nicht mehr für ausgeschlossen, dass die Konfliktherde in einen direkten atomaren Schlagabtausch der Supermächte münden würden.[132] Der Niedergang der Entspannungspolitik war Teil einer umfassenden Krisenerzählung, in der Sozialdemokraten aller Couleur Probleme in „Politik, Ökonomie, Bildung, Wissenschaft und Religion" wahrnahmen.[133] Anselm Doering-Manteuffel und Lutz Raphael haben darauf hingewiesen, dass zu Beginn der siebziger Jahre mit dem Zerfall des internationalen Währungssystems von Bretton Woods (1971/72) und dem ersten Ölpreisschock (1973/74) „ein grundlegender Wandel in der industriellen Produktion" einsetzte, „der sich alsbald auf die ökonomischen und sozialen Leitvorstellungen, die nationalen Wohlfahrtssysteme, den beruflichen Alltag und die Lebenswelt der westeuropäischen Arbeitsgesellschaften auswirkte".[134] Im Zuge dieses Wandels begannen die gesellschaftlichen Selbstbeschreibungen dem Krisenmotiv zu folgen, das neben der wirtschafts-, finanz- und sozialpolitischen Dimension auch eine außen- und verteidigungspolitische hatte. Hinzu kam ein wachsendes Problembewusstsein für ökologische Zusammenhänge und den Umgang mit endlichen Ressourcen.[135] Die Prämissen der klassischen Moderne wurden nun zunehmend infrage gestellt.

Nur weil der Friede für die SPD traditionell ein ultimatives politisches Ziel war, erzählte sie sich den Zerfall der Entspannungspolitik als eine Verlustgeschichte.[136] Das Problem bestand darin, dass ihr das Ordnungssystem Kalter Krieg zu einer Zeit fragwürdig geworden war, als es auf der internationalen Bühne noch einmal handlungsleitend werden sollte. Das bereitete ihr Schwierigkeiten. Schließlich stand mit der Entspannungspolitik eine „der großen geschichtlichen Leistungen der Sozialdemokratie auf dem Spiel".[137] Ein Antrag zum Bezirksparteitag der SPD Ostwestfalen-Lippe 1981 entfaltete dieses Argument musterhaft. Die Autoren zählten die sowjetische Intervention in Afghanistan, das mögliche Eingreifen Moskaus in Polen und die SS-20-Rüstung als Krisenherde auf. Aber auch die „Verhärtung der amerikanischen Außenpolitik" und „*Äußerungen amerikanischer Regierungsvertreter, erst aus einer Position der Überlegenheit verhandeln zu wollen*", ergaben „vielerlei Gefährdungen" für den Frieden.[138]

Sowohl die Befürworter einer Stationierung wie auch ihre Gegner wiesen mit einer vergangenheitspolitischen Geste auf die von Deutschland verursachten Kriege hin und unterstrichen, wie wichtig es sei, die Entspannungspolitik zu retten und den Kalten Krieg hinter sich zu lassen. Zum einen war es leichter, den Frieden zu fordern, wenn man selbst den Krieg erlebt hatte oder jemanden kannte, der in ihm gelitten hatte; denn so konnte man seine Forderung mit persönlichen Erinnerungen illustrieren. Zum anderen ließ sich das Argument einsetzen, um das eigene diskursive Kapital zu erhöhen. Das machten sich vor allem die Gegnerinnen und Gegner der Nachrüstung zunutze. Sie räsonierten über die Geschichte ihrer Partei und zogen aus der deutschen Vergangenheit bestimmte Lehren. Ihre Schlussfolgerung lautete: Weil die Deutschen zwei Kriege begonnen hätten, sei-

---

[132] Hierzu Conze: Suche, S. 517–538; Wirsching: Abschied, S. 79f., 500; Gassert: Lärm, S. 187–192.
[133] Doering-Manteuffel/Raphael: Boom, S. 12; Doering-Manteuffel/Raphael: Epochenbruch.
[134] Doering-Manteuffel/Raphael: Boom, S. 8; mit dieser These schon Hobsbawm: Age, S. 416–422; zur Bedeutung dieser Entwicklung für die SPD prägnant Walter: Vorwärts, S. 7–17; Süß: Traum.
[135] Auch Ch. Maier: Crisis; McNeill/Engelke: Anthropocene, S. 516–521; Seefried: Zukünfte, S. 255–292.
[136] Sehr klar in SPD-Ortsverein Aumühle: Resolution [2. 7. 1981], AdsD, 2/PVEH000266B.
[137] Referat 512 (BK-Amt) an Schmidt: Landesparteitag der SPD Schleswig-Holstein, 26./27. 9. 1981, 28. 9. 1981, AHS, Korrespondenz; auch Bahr an Schmidt, 2. 6. 1979, AdsD, 1/EBAA000953.
[138] Antrag zum Bezirksparteitag Ostwestfalen-Lippe am 13. 6. 1981, undatiert, AdsD, Bestand SPD-PV, Internationale Abteilung, 11175, Hervorhebung im Original (unterstrichen).

en sie in einer besonderen Weise befähigt, die Welt vor dem Ausbruch eines neuen Krieges zu warnen. So hieß es 1983 in einer Resolution des SPD-Kreisverbandes Steinburg in Schleswig-Holstein, dass zwei Weltkriege „unermeßliches Leid gebracht und Millionen von Opfern gefordert" hätten.[139] Ein Beschluss der „Sozialdemokratischen Gesellschaft für Kommunalpolitik" (SGK) spann diesen Gedanken fort und wies es als Anliegen von Kommunalpolitikern aus, angesichts „der Zerstörungen in unseren Städten und Gemeinden im Zweiten Weltkrieg […] auf die Gefahren des Hoch- und Wettrüstens hinzuweisen und ihnen entgegenzuwirken".[140] Die für den Nachrüstungsprotest charakteristische Wortprägung vom „nuklearen Holocaust" war ebenfalls ein vergangenheitspolitisches Argument, das innerhalb und außerhalb der Sozialdemokratie häufig gebraucht wurde.[141]

Auch individuelle Kriegserinnerungen waren ein Legitimationsreservoir für SPD-Mitglieder. Ein Arzt erzählte in einem auf Plattdeutsch verfassten Brief an Helmut Schmidt von seinen Erlebnissen als Soldat und warnte davor, es noch einmal zu einem Krieg kommen zu lassen.[142] In einer Ausgabe der westfälischen SPD-Zeitschrift „ASF Intern" berichtete mit Meta Rentzsch ebenfalls eine Kriegsüberlebende von ihren Erfahrungen im Weltkrieg: „Seit diesen Erlebnissen bin ich Pazifistin".[143] Insbesondere den am 1. September – dem Jahrestag des deutschen Überfalls auf Polen – begangenen Antikriegstag oder den Tag der deutschen Kapitulation am 8. Mai nahmen SPD-Mitglieder regelmäßig zum Anlass, um mit geschichtspolitischen Argumenten für Frieden und Abrüstung zu werben.[144] Im Aufruf der ASF zum 1. September 1982 hieß es, dieser Tag mahne die Deutschen, „daß wir der drohenden Kriegsgefahr entschiedener und entschlossener entgegentreten. Wir Deutschen tragen eine besondere Verantwortung; denn von unserem Boden gingen zwei Weltkriege aus."[145] Mit der in der SPD und ihren nachrüstungsskeptischen Kreisen verbreiteten Konstruktion einer spezifisch deutschen Verpflichtung zum Frieden wurden aus den einstmaligen Verantwortlichen für Krieg, Tod und Zerstörung diejenigen, die besser als andere einzuschätzen vermochten, wie wichtig die Entspannungspolitik war.[146] Dieses geschichtspolitische Narrativ fand sich auch häufig in der Friedensbewegung. Entscheidend war, dass die Sozialdemokratie und die von ihr geführte Bundesregierung keine Schuld daran trugen, dass der Krieg wieder drohte. Während sie am Entspannungsideal festhielten und mit eigenen geschichtlichen Erfahrungen betonten, wie wichtig Abrüstung und Verständigung seien, leiteten die Vereinigten Staaten und die Sowjetunion eine neue Phase der Konfron-

---

[139] Frigga Leuschner an Vogel: Resolution des SPD-Kreisverbandes Steinburg, 20.11.1983, AdsD, 1/HJVA103659.
[140] Beschluß der Bundesdelegiertenversammlung der SGK: Friedenspolitik in den Kommunen, undatiert, AdsD, 2/PVEH000267.
[141] Richard Buchner: Nachverhandeln statt Nachrüsten oder: In 8 Minuten zum nuklearen Holocaust? Entwurf für ein Sozialdemokratisches Friedensmanifest, undatiert, AdsD, Bestand SPD-PV, Internationale Abteilung, 10928; selbst Peter Glotz verwendete diese Figur in einem Brief an Ute P., 7.7.1982, ebenda; siehe auch prominent Guha: Nachrüstung.
[142] E. B. an Schmidt, 17.6.1981, und die Antwort vom 26.6.1981, AHS, Korrespondenz.
[143] ASF Westliches Westfalen: „Nie wieder Krieg! Nie wieder Faschismus!", in: *ASF intern*, Sonderausgabe Nr. 2, undatiert, AdsD, Bestand SPD-PV, Referat Frauen/ASF, 10469.
[144] Siehe Inge Wettig-Danielmeier: Aufruf zum 1. September (Antikriegstag), undatiert, AdsD, Bestand SPD-PV, Referat Frauen/ASF, 10469; Bundesvorstand der Arbeitsgemeinschaft Sozialdemokratischer Frauen (ASF): Presseerklärung, 8.5.1980, AdsD, Bestand SPD-PV, Referat Frauen/ASF, 8667.
[145] Bundesvorstand der Arbeitsgemeinschaft Sozialdemokratischer Frauen (ASF): Antikriegstag 1. September: Feindbilder abbauen – Frieden schaffen [1982], AdsD, Bestand SPD-PV, Referat Frauen/ASF, 9314.
[146] Vgl. Vor einem Jahr wurde dem Krieg der Krieg erklärt, in: *Die Kleine Zeitung*, Juni 1983, S. 5.

tation ein.[147] Deshalb benannten SPD-Mitglieder die amerikanische und sowjetische Politik mit Attributen wie „konfrontativ" oder „kriegerisch"; Egon Bahr insinuierte 1983 auf dem Höhepunkt des Nachrüstungsstreits, dass sie dem Frieden nicht diente.[148] Von dem so erzeugten Fremdbild grenzten sie sich ab. Handelten die Supermächte in den sozialdemokratischen Diskursen geschichtsvergessen, sahen sich nachrüstungskritische SPD-Mitglieder als historisch legitimierte Fürsprecher von Abrüstung und Frieden.

Niemand bestritt in der Sozialdemokratie, dass „[f]urchtbare Waffen, fast unvorstellbare Zerstörungsmaschinen […] die Menschheit" bedrohten.[149] Im Beschluss ihres Münchner Bundesparteitages hielt die SPD 1982 fest, dass die Supermächte ausreichend Waffen hätten, „um das menschliche Leben vielfach auszulöschen".[150] Warum sie nicht ihre Lehren aus der Geschichte gezogen hätten und ihre Vernichtungskapazität weiter verstärken wollten, konnten sich nachrüstungskritische Genossen nicht erklären.[151] Machten sie grundsätzlich beide Supermächte für den Rüstungswettlauf verantwortlich, adressierten sie ihre Kritik in erster Linie an die Präsidenten Carter und Reagan. Die US-Politik, beobachtete „Die Zeit", lag „vielen Genossen wie ein Stein im Magen".[152] In der Tat war es die von Reagan nach seiner Wahl 1980 angekündigte „Politik der Stärke", die bei vielen Westeuropäern existenzielle Ängste weckte. Die USA fühlten sich gedemütigt, nachdem 1979 ihre Botschaft in Teheran gestürmt und die Sowjetunion sich Afghanistan unterworfen habe, berichtete der stellvertretende SPD-Vorsitzende Hans-Jürgen Wischnewski aus Washington.[153] SPD-Mitglieder erklärten sich die Veränderungen in Washington mit „Frustration", die „erhebliche außenpolitische Veränderungen" zeitigen werde.[154] Die USA erschienen als ein geschichtsvergessenes, unzufriedenes Land, das hyperventilierte. Egon Bahr schrieb nach einer USA-Reise 1981 an Brandt, er habe seine „Gesprächspartner in einer Situation und Verfassung gefunden, wie ich sie in den mehr als zwanzig Jahren regelmäßiger Besuche in den USA noch nicht erlebt habe".[155] Auch habe er den Eindruck gewonnen, die USA befänden sich in einer „Psychose, die selbst normalerweise kühl und überlegene Menschen nicht unbeeinflußt läßt". Dass die US-Regierung sich entspannungskritisch umorientiere und den Kalten Krieg wiederbelebe, der doch eigentlich als schon überwunden galt, war für die sozialdemokratischen Untergangspropheten konstitutiv. Ein Papier der Herforder Jusos warnte 1980 davor, dass „Carters Abkehr von der Entspannungs-

---

[147] Vgl. Protokoll der Sitzung des Parteirates am 21.2.1980, AdsD, Bestand SPD-PV, Vorstandssekretariat, 337.
[148] So in Bahr: Die Priorität bleibt der Friede, in: *Vorwärts*, 20.10.1983, S. 14f.
[149] Brandt: Manuskript der Rede auf dem Bezirksparteitag der SPD Hessen-Süd am 18.4.1980 in Maintal-Bischofsheim, undatiert, AdsD, WBA, A11.5, 29.
[150] SPD-Parteitag, München 1982, 2. Bd.: Anträge, S. 907.
[151] Vgl. Eppler: Wege, S. 89.
[152] Rolf Zundel: Der schwere Gang der Linken. In der SPD wächst der Widerstand gegen neue Atomwaffen in Europa, in: *Die Zeit*, 3.4.1981; vgl. auch: In der SPD nimmt Kritik an USA zu. Auch Genscher wird attackiert/Hessen-Süd lehnt Nachrüstungsbeschluß der NATO ab, in: *Die Welt*, 15.6.1981.
[153] Hans-Jürgen Wischnewski: Bericht über USA-Reise vom 23.2. bis 1.3.1980, undatiert, S. 1, AdsD, 1/HWAK000425.
[154] Pawelczyk: Bericht über die Ergebnisse eines Besuchs in Washington vom 6. bis 10.1.1980, 15.1.1980, S. 1, AdsD, 1/EBAA000713; auch Bruno Friedrich: USA-Aufenthalt vom 9.2. bis 24.2.1980 in Washington und Cambridge/Mass., 26.2.1980, insb. S. 2, AdsD, 1/HEAA000458.
[155] Bahr an Brandt: Eindrücke aus den USA nach der Teilnahme an einer Tagung des Council on Foreign Relations mit dem Thema: „Western Alliance: Common Concerns Divergent Views" am 27. und 28.2.1981, 4.3.1981, S. 1, AdsD, 1/HSAA009412.

politik" ein „Zurück zum Kalten Krieg" bedeute.[156] Den Ost-West-Konflikt hielten die Jusos aber für ein Relikt der Vergangenheit. Ihr Vorsitzender Gerhard Schröder verurteilte zwar die Intervention der Sowjetunion in Afghanistan, bezeichnete aber die Reaktion der USA als „unangemessen" und „dilettantisch".[157] Nicht selten nahm die Kritik an der US-Regierung auch eine ausgesprochen polemische Form an. Der „Vorwärts" veröffentlichte 1980 einen Artikel, in dem Reagan als „ein Texas-Ranger mit der Cruise Missile am Halfter und dem Siegel des amerikanischen Präsidenten an der Stelle des Sheriff-Sterns" geschmäht wurde.[158] Reagan sei

> „davon überzeugt, dass ein archaischer Titanenkampf auszutragen ist zwischen den Kräften der Finsternis und den Heerscharen des Lichts, ein letztes großes Gefecht, in dem das Gute über das Böse triumphieren wird und nicht die bessere Armee über die schlechtere".

Reagan war für die Friedensbewegung in und außerhalb der SPD ein Feindbild, das Identität stiftete.[159] In seiner politischen Agenda kristallisierte sich, was Europäer an den USA auszusetzen hatten.[160] Für den Pastor und Friedensaktivisten Heinrich Albertz stand fest, dass „die totale Zerstörung der Schöpfung Gottes" durch die USA „vorbereitet und geplant" werde.[161] Sie sei „ein Verbrechen gegen Gott und die Menschen". Albertz' Beweisführung gipfelte in der These, dass die „Vorbereiter und Planer der Vernichtung der Welt" eine „Dimension des Bösen" verkörperten, „von dem nur das Alte und Neue Testament in seiner ganzen Schrecklichkeit weiß". Indem er die Kontroverse um die Mittelstreckenraketen mit religiösen Verweisen auflud, die Supermächte und speziell die USA in die Position des schlechthin Bösen versetzte und die Deutschen zu Opfern stilisierte, hob er seine Kritik in den Bereich des Unverhandelbaren und entzog sie einer tatsächlichen Diskussion.[162]

Die Sowjetunion thematisierten SPD-Mitglieder seltener. Es waren, so ihr Argument, schließlich die Vereinigten Staaten, die mit der Stationierung neuer Atomraketen drohten. Ob die sowjetische Politik offensiven Charakter hatte, ob der Kreml tatsächlich Westeuropa erobern wollte, ob die SS-20-Raketen wirklich eine Bedrohung seien, wie die NATO behauptete,[163] darüber schwiegen sich zumindest jene Sozialdemokraten aus, die die Stationierung westlicher Raketen ablehnten.[164] Für Bundeskanzler Schmidt und Verteidigungsminister Apel stand die Sowjetunion für ein Gesellschaftssystem, das unannehm-

---

[156] Jungsozialisten Unterbezirk Herford: Kein Zurück zum Kalten Krieg. Für Frieden und Völkerverständigung [März 1980], AdsD, HWA, 1/HWAA001784.
[157] Gerhard Schröder: [Rundbrief: Sozialdemokratische Positionsbestimmung], 25. 1. 1980, AdsD, 1/EEAC000051.
[158] Joachim Riedl: Er kommt aus der Tiefe der 50er Jahre. Die Philosophie des Kandidaten Ronald Reagan, in: Vorwärts, 16. 10. 1980, S. 13.
[159] Vgl. auch Arbeitskreis Frieden und Abrüstung der Arbeitsgemeinschaft Sozialdemokratischer Frauen im Unterbezirk Wiesbaden an Brandt/Schmidt: Gefährdung des Weltfriedens, 21. 8. 1981, sowie die Antwort Brandts vom 10. 9. 1981, AdsD, WBA, A11.6, 41; Regiert die NATO die BRD? Pressemitteilung Nr. 60/83, 27. 4. 1983, AGG, Bestand F.4.2, Pressemitteilung BT-Fraktion, 1.
[160] In einer Zuschrift an Bahr hieß es: „[M]an fühlt sich ja wie die Maus in der Falle, aus der es einfach kein Entrinnen mehr gibt. Man sieht keine Alternativen, wir sind dem Amerikaner auf Gedeih und Verderben ausgeliefert." H. an Bahr, 27. 10. 1983, S. 1, AdsD, 1/EBAA000575.
[161] Albertz: Nation, S. 141 f.
[162] Vgl. bereits Nehring: Sicherheitstherapien, S. 253; zu Vorläufern dieses Diskurses Ziemann: Code, S. 252–254.
[163] Vgl. Nation: Armageddon.
[164] Siehe dazu Wolf Graf von Baudissin: Bemerkungen zur Diskussion über den offensiven bzw. defensiven Charakter sowjetischer Politik und Streitkräfte, 7. 5. 1979, AdsD, 2/PVAD000016.

bar war.[165] Andere Vertreter der Sozialdemokratie wie der Gießener Politikwissenschaftler Reimund Seidelmann betonten eher das historische Sicherheitsbedürfnis Moskaus.[166] Niemand bestritt in der SPD, dass der Kreml von alten, dahinsiechenden Männern – der sowjetischen Gerontokratie – gesteuert werde, die kaum mehr Herr der Lage seien.[167] Die Führung der Roten Armee, so sah es die SPD, legte daher die Leitlinien der sowjetischen Außenpolitik fest. Sozialdemokraten und Sozialdemokratinnen konnten sich nicht vorstellen, dass Militärs eine friedliche Politik verfolgten. So traf auch den Kreml eine Verantwortung, wenn die Entspannungspolitik verfiel.[168]

Das Bild, das sich SPD-Mitglieder von der Sowjetunion machten, zeigte ihnen ein Land, dessen militärischer Komplex überdimensioniert war, während die einfachen Menschen Not litten.[169] Ein Land, das in seinem Inneren so krasse Gegensätze aushalten musste – auf der einen Seite ein aufgeblähter Verteidigungshaushalt, auf der anderen Seite das Elend der Bevölkerung –, würde im globalen Rüstungswettlauf mit den USA früher oder später den Kürzeren ziehen.[170] In den achtziger Jahren imaginierten die Nachrüstungsgegner in der SPD die Sowjetunion deshalb als Opfer der US-amerikanischen Politik. Weil mit den nuklearen Mittelstreckenwaffen, so die Annahme, der enthauptende Erstschlag auf die Sowjetunion gelingen könnte, bräuchten die USA keinen sowjetischen Zweitschlag mehr zu fürchten.[171] Daher ergab der mangelnde Verhandlungswille der Amerikaner und ihr Wunsch, um jeden Preis zu stationieren, plötzlich einen Sinn, und die Nachrüstung erschien als ein Element der US-Strategie, den Atomkrieg führen und gewinnen zu können.[172] Dass von deutschem Boden nie wieder Krieg ausgehen dürfe, war der geschichtspolitische Einwand gegen dieses Szenario. Die militärstrategische Gegenrede lautete, dass sich die Rote Armee zu einem präventiven Erstschlag auf die NATO-Raketen gezwungen sehen könnte – was die Zerstörung Mitteleuropas zur Folge haben würde.[173]

---

[165] Siehe „Ich glaube nicht, daß irgend jemand morgen Krieg anfängt …". Aber der Bundeskanzler fürchtet, eines Tages könnten sowjetische Machthaber sich verleiten lassen, Westeuropa zu nötigen [Interview], in: *Hannoversche Allgemeine Zeitung*, 7. 7. 1981.
[166] Seidelmann: Die Entspannungspolitik hat keine vernünftige Alternative, in: *Die Neue Gesellschaft* 27 (1980), S. 376–380, hier S. 376.
[167] Vgl. paradigmatisch Schmidt: Menschen, S. 125. In einem US-amerikanischen Bericht über eine Begegnung zwischen Johannes Rau und Leonid Breschnew hieß es: „The meeting opened with Brezhnev reading a statement. While Brezhnev seemed to be in good health, he had trouble articulating his words, and during the exchange with Rau that followed the prepared statement Brezhnev asked Aleksandrov-Agentuv to write out answers to Rau's questions, which Brezhnev then read to Rau. As in past meetings with foreign guests, after he had read the prepared statement Brezhnev turned to Aleksandrov and asked, in Russian, ‚How did I do?'" State Department an US-Botschaft Bonn: Brezhnev's Remarks to FRG Visitor Rau, 28. 10. 1981, RRL, Executive Secretariat, NSC: Country File, RAC b 14, f Germany, FRG (9/1/81–12/31/81) (4).
[168] Vgl. Historisch entwickelte Thesen zur Sicherheitspolitik von Sowjetunion und Bundesrepublik Deutschland [1979], AdsD, WBA, A10. 1 Rosen, 184.
[169] Siehe dazu Schluß mit der Rüstungsspirale. Antrag des Kreisverbandes Erlangen Stadt an den Landesparteitag der SPD Bayern [Januar 1982], AdsD, 1/BFAA000707.
[170] So exemplarisch Eppler: Utopie, S. 113.
[171] Vgl. SPD-Landesverband Saarland: Sozialdemokratische Friedenspolitik II, Mai 1981, AdsD, WBA, A11.5, 30.
[172] Dazu auch Thomas Löffelholz: Reagans Ungeschick und die Nato-Doktrin. Konfliktbegrenzung entspricht der geltenden Bündnisstrategie, in: *Stuttgarter Zeitung*, 21. 10. 1981.
[173] Selbst dann, wenn Sozialdemokraten einen präventiven Erstschlag der Sowjetunion für möglich hielten, richteten sie ihre Kritik aber gegen die Amerikaner. Der Titel von Oskar Lafontaines 1983 erschienenem Buch „Angst vor den Freunden" wurde unter Nachrüstungskritikern zum geflügelten Wort. Lafontaine: Angst.

Wenn Parteimitglieder betonten, es gebe einen Gegensatz zwischen ihrer historisch begründeten Friedenssehnsucht und dem geschichtsvergessenen Konfliktstreben der Supermächte, dann setzten sie eine für ihre Selbstbeschreibung wichtige Vorannahme. Denn die innerhalb der Partei kaum umstrittene Identifikation der Supermächte mit dem „Anderen" half ihnen, die Konturen der eigenen Identität zu definieren. So schwer es der SPD in ihrer Geschichte stets gefallen war, eine klare Position zur Frage von Krieg und Frieden einzunehmen, so leicht hatte sie es, sich selbst als Mahnerin für Frieden, Entspannung und Abrüstung zu präsentieren. Dabei folgte ihr Weltbild einer binären Sichtweise: Die Supermächte und vor allem die USA wollten den Streit, weil sie es versäumt hätten, ihre Lehren aus der Geschichte zu ziehen. Dagegen wirkte die SPD mit einem ausgeprägten historischen Bewusstsein auf den Frieden hin. Viel mehr als andere Parteien in der Bundesrepublik verstanden Sozialdemokraten es als ihre Aufgabe, die Entspannungspolitik zu retten, wie sie es als ihre Angelegenheit betrachteten, den Führern im Weißen Haus und im Kreml zu erklären, auf welchen Pfaden die Krise überwunden werden musste. Stets untermauerten sie ihre Forderungen mit geschichtspolitischen Argumenten. Sie begriffen die deutsche Vergangenheit als eine Hypothek, die auf den Frieden verpflichtete. Gleichwohl galt sie ihnen diskursstrategisch als Chance, weil erinnerungspolitische Begründungen aus ihrer Sichtweise schwerer zu entkräften waren. Dass die Sozialdemokraten innerparteilich übereinander herfielen und keinen Konsens erzielten, ob der Friede nun mit Abschreckung oder mit Abrüstung herzustellen sei, war also darauf zurückzuführen, dass sie es nicht vermochten, zwei Probleme zu lösen. Die eine Schwierigkeit betraf ihren widersprüchlichen Standpunkt zur militärischen Friedenssicherung, die andere resultierte daraus, dass die Voraussetzungen sich änderten, unter denen die Entspannungspolitik in den siebziger Jahren erfolgreich umgesetzt werden konnte. Auch wenn die Sozialdemokraten es anders sahen – der Kalte Krieg war noch nicht vorüber.

4. Angst vor dem Atomtod

Das Krisenempfinden in der Sozialdemokratie kam daher, dass ein Großteil der Mitglieder glaubte, nicht nur die Supermächte, sondern die gesamte Menschheit stehe tiefgreifenden Problemen gegenüber. Die Atombombe und die mit ihr assoziierte Zerstörungswirkung galten in der SPD als das dringendste Problem. Nachrüstungsgegnerinnen und -gegner argumentierten, dass die Atombombe eine Waffe sei, die die Existenz des Planeten zu vernichten drohte. Die Angst vor einem Atomkrieg war in den achtziger Jahren so verbreitet wie noch nie. Sie wurde zum Signum des Konflikts, weil sie der unter Zeitgenossen weitverbreiteten Endzeitstimmung Ausdruck gab – und weil sie die Modernitäts- und Zukunftsskepsis einer ganzen Generation transportierte. Die in ihrer Geschichte stets zukunftsgewisse Sozialdemokratie erschütterte es, wenn althergebrachte Fortschrittsmodelle auf den Prüfstand kamen.

Es ist notwendig, die Einstellung der Sozialdemokratie zur Atomenergie in größeren historischen Kontinuitätslinien zu sehen. Diese Linien führen von den „Kampf-dem-Atomtod"-Kampagnen der fünfziger Jahre über die Anti-Atomkraft-Demonstrationen der siebziger Jahre zur Nachrüstungskontroverse. Denn das gesellschaftliche Unbehagen an der nuklearen Technologie war kein Phänomen der achtziger Jahre; es reichte weit in die jüngere Vergangenheit zurück. Freilich waren viele prominente Sozialdemokraten noch in den fünfziger Jahren ausgesprochen positiv zur atomaren Bewaffnung eingestellt – die Rede Brandts auf dem Parteitag von 1954 ist ein beredtes Zeugnis dieser Atomeuphorie.[174] Parallel zu den Hoffnungen, die die westlichen Gesellschaften seit dem Ende des Zweiten Weltkrieges in die zivile oder militärische Nutzung der Atomenergie projiziert hatten, waren aber auch die Bedenken gewachsen.[175] Früh opponierten außerparlamentarische Friedensinitiativen gegen die Atomtechnologie.[176] Nachdem die USA 1945 Atombomben über den japanischen Städten Hiroshima und Nagasaki abgeworfen und die Sowjetunion 1949 ebenfalls eine solche Waffe gezündet hatte, war es für viele Menschen an der Zeit, darüber nachzudenken, ob Konflikte mit der Androhung eines Atomschlags gelöst werden sollten. Überall in Westeuropa bildeten sich Initiativen gegen Atomwaffen.[177] In Großbritannien rief der Philosoph Bertrand Russell 1955 dazu auf, einen möglichen künftigen Krieg zu ächten. Atomphysiker, die noch wenige Jahre zuvor an der Kernspaltung geforscht und ihre militärische Nutzung ermöglicht hatten, wandten sich entsetzt von ihr ab und malten aus, welche Folgen der Einsatz dieser Waffen hätte.[178] Als die westdeutsche Regierung ankündigte, die Bundeswehr mit taktischen Atomwaffen ausstatten zu wollen, veröffentlichten 18 Göttinger Naturwissenschaftler am 12. April 1957 einen Appell, der publikumswirksam auf die Folgen eines Atomkrieges hinwies.[179] Die hier ihren Ausgang nehmende „Kampf-dem-Atomtod"-Kampagne ging nicht zuletzt auf das Engagement von Sozialdemokraten zurück.[180] Aber auch Gewerkschafter, Protestanten und Linkskatholiken gaben dem Protest eine Stimme. Die Bewegung zerfiel wieder, als die NATO entschied, dass zwar Atomwaffen auf bundesdeutschem Boden stationiert werden, aber unter dem Kommando der US-amerikanischen Armee bleiben sollten. Gleichwohl legte die „Kampf-dem-Atomtod"-Bewegung offen, dass große Teile der westdeutschen Gesellschaft für atomkritische Einstellungen empfänglich waren.[181]

Um den Nachrüstungsstreit in der SPD zu verstehen, ist es hilfreich, den Blick auf diese Bewegung zu richten – und darauf, dass fünfzehn Jahre später viele Parteimitglieder gegen die zivile Nutzung der Kerntechnologie protestierten. Hervorgegangen aus den Studentenbewegungen um 1968, bildeten sich ab Anfang der siebziger Jahre lokal angesiedelte Bürgerinitiativen.[182] Sie fürchteten sich vor den Risiken der Kernkraft und davor, dass Atomkraftwerke (AKWs) ihre persönliche Lebensumgebung verändern oder gar zerstören könnten.[183] Was war mit der Strahlung, die Kraftwerke abgaben, was mit der Endlagerung von Atommüll? Diese Fragen ließen ihnen keine Ruhe.[184] Die Umwelt-

---

[174] Vgl. Protokoll der Verhandlungen des Parteitages der Sozialdemokratischen Partei Deutschlands vom 20. bis 24. 7. 1954 in Berlin, Bonn [1954], S. 89–91; kontextualisierend Carson: Heisenberg, S. 252.
[175] Vgl. Boyer: God; Heuser: Mentalities, S. 179–259; Heuser: Bomb.
[176] Vgl. die Beiträge in Bald/Wette: Friedensinitiativen; Horn: Fiktion, S. 47–52.
[177] Dazu Nehring: Proteste.
[178] Vgl. Metzler: Physiker, S. 238–242.
[179] Vgl. Carson: Heisenberg, S. 320–330.
[180] Vgl. Forschungsstelle für Zeitgeschichte Hamburg: Kampf dem Atomtod; Werner: „Ohne mich"-Bewegung; mit dem Fokus auf die Ikonographie der Bewegung Ziemann: Code, S. 242–247; daneben auch Conze: Suche, S. 293f.; Klotzbach: Staatspartei, S. 467–475.
[181] Vgl. Nehring: Stunde Null.
[182] Siehe die vielen instruktiven Beiträge in R. Roth/Rucht: Bewegungen.
[183] Grundlegend Engels: Naturpolitik, S. 322–399; Pettenkofer: Erwartung; Mende: Anti-Parteien-Partei, S. 278–283.
[184] Siehe beispielsweise [ohne Verfasser:] Gorleben-Frauen.

thematik, eng verbunden mit dem Protest gegen Atomkraftwerke, verschaffte den Bürgerinitiativen Zulauf und wirkte als Katalysator für die grüne Bewegung.[185] Für die SPD stellten die Anti-AKW-Bewegung und – zeitlich versetzt – die Grünen neue Konkurrenten dar, die tendenziell links von ihr standen, ein politisch mobilisierendes Thema besetzten und Sympathisanten anzogen – zunächst außerhalb des parlamentarischen Spektrums und mit dem Anspruch einer „Anti-Parteien-Partei".[186] Nun „begann die Welt der alten Sozialdemokratie unterzugehen", wie Franz Walter schreibt.[187] Bald taten sich Risse in der sozialdemokratischen Mitgliedschaft auf, denn während die Parteispitze an der friedlichen Nutzung der Atomkraft festhielt, forderten solche Jusos, die ihr Lebensgefühl in den „Alternativbewegungen" gespiegelt sahen, oder SPD-Mitglieder, die Kraftwerke vor ihrer Haustür als Bedrohung empfanden, sich von dieser Energiequelle abzuwenden.[188]

Ob die Kerntechnologie zivil genutzt werden sollte, erwies sich in den siebziger Jahren als eines der beherrschenden Streitthemen der Sozialdemokratie, und es bereitete die Nachrüstungskontroverse vor. Lange überließ es die SPD ihren außerparlamentarischen Kritikern, auf die Risiken der Atomkraft hinzuweisen.[189] Noch der 1977 abgehaltene Bundesparteitag in Hamburg stellte fest, dass „ein grundsätzlicher Verzicht auf die Verwendung von Kernenergie [...] gegenwärtig nicht vertretbar" sei.[190] Aber schon zwei Jahre später vermischte sich die Kernenergiefrage mit dem Doppelbeschluss, wodurch diejenigen in der Partei neue Argumente fanden, die Atomkraftwerke und Atomraketen ablehnten.[191] Die gedanklichen Grundmuster, mit denen sie die zivile und die militärische Nutzung der Kernkraft zurückwiesen, ähnelten sich verblüffend, und häufig waren es auch dieselben Parteimitglieder, die gegen den Bau von Kernkraftwerken und gegen die Stationierung auf die Straße zogen. Der Begriff „Atom" verband als Angstbegriff die Ökologie semantisch mit dem Frieden.[192] Will man die Narrative systematisieren, in denen die Raketengegner von ihrer „Atomangst" erzählten, ist zunächst wieder der Hinweis notwendig, dass Geschichte eine wichtige Rolle spielte. Bezüge zum Zweiten Weltkrieg, zum Nationalsozialismus im Allgemeinen und zum Holocaust im Besonderen waren verbreitet.[193] So verarbeitete ein Schwarz-Weiß-Plakat der SPD Stuttgart aus dem Jahr 1983 historische Erfahrungen mit dem Einsatz von Nuklearwaffen. Es bildete eine Brücke ab, die der Betrachter laut Überschrift in der japanischen Stadt Hiroshima lokalisieren sollte. Diese Brücke wies Körperschatten von Opfern der Atombombe auf, die dort einmal gelegen haben mussten (vgl. Abbildung 3). Dass das Schicksal Hiroshimas auch den Europäern drohte, brachte dieses Plakat visuell zum Ausdruck. Der Begriff „Euroshima" war in den zeitgenössischen Debatten bald ein geflügeltes und gefürchtetes Wort.

---

[185] Vgl. Mende: Gründungsgrüne, S. 39–44.
[186] Kelly: „Wir sind die Anti-Parteien-Partei", Spiegel-Gespräch, in: *Der Spiegel*, 14. 6. 1982, S. 47–56.
[187] Walter: Vorwärts, S. 7. Zum „Abschied von der alten Arbeiterbewegung" Grebing: Arbeiterbewegung, S. 89f.
[188] Vgl. Faulenbach: Jahrzehnt, S. 587–593; im größeren Kontext Seefried: Zukünfte, S. 452–489.
[189] So Weisker: Expertenvertrauen, S. 405–410.
[190] Parteitag der Sozialdemokratischen Partei Deutschlands vom 15. bis 19. 11. 1977 in Hamburg, Bonn [1977], S. 971f.
[191] Siehe dazu SPD-Parteitag, Berlin 1979, 2. Bd.: Anträge, S. 1306, 1319–1321.
[192] Vgl. Mende: Gründungsgrüne, S. 378.
[193] Vgl. zusammenfassend Arnold: Kassel, S. 466.

40 I. Der Streit um die Atomraketen

Abbildung 3: „Stationierung Nein". Anti-Nachrüstungsplakat der SPD in Stuttgart, 1983

Sollten SPD-Mitglieder erläutern, warum sie die neuen Raketen ablehnten, verwiesen sie darauf, dass sie sich vor ihnen fürchteten.[194] Sie sagten, sie empfänden Angst und fühlten sich ohnmächtig gegenüber der Bedrohung.[195] Häufig begründeten sie ihre Angst mit der besonderen geostrategischen Lage der Bundesrepublik im Kalten Krieg. In diesem Sinne wandelten die knapp 118 000 Teilnehmer des Evangelischen Kirchentages in Hamburg, der im Juni 1981 ein erster Kulminationspunkt der Friedensbewegung angesichts stockender Verhandlungen in Genf war, das biblische Motto der Veranstaltung „Fürchte Dich nicht!" in „Fürchtet Euch, der Atomtod bedroht uns alle!" ab und brachten

---

[194] So exemplarisch: Wir sind noch einmal davongekommen … doch wo soll das alles enden? Dokumentation über den Raketenunfall in Malsch-Waldprechtsweier am 2.11.1982, hrsg. v. DFG-VK Landesverband Baden-Württemberg, undatiert, AdsD, Bestand IFIAS, 77.
[195] In diesem Punkt unterschied sich ihr Diskurs kaum von dem, was in anderen Segmenten der Gesellschaft diskutiert wurde. Siehe dazu Biess: Sensibilisierung; Schregel: Angst; Michel: Angst; Weisker: Expertenvertrauen, S. 410–413; Brühöfener: Emotionalität; Gotto: Enttäuschung.

das Unbehagen auf den Punkt.[196] Auch Sozialdemokraten und Sozialdemokratinnen beteiligten sich an den Aktionen und diskutierten in Einzelveranstaltungen, Gottesdiensten und Podiumsdiskussionen über ihre „Atomangst",[197] denn der christlich motivierte Protest gegen Atomwaffen war eine gedankliche Schale, innerhalb derer viele in der SPD Kritik vorbrachten.[198] Darauf deutet schon hin, dass prominente Gegner der Stationierung sowohl SPD-Mitglieder als auch engagierte Protestanten waren – man denke nur an Eppler, Albertz oder Simon. Aber selbst Kanzler Schmidt begründete seine Position, indem er aus dem Fundus einer protestantischen Verantwortungsethik schöpfte.[199]

In Hamburg wimmelte es 1981 von prominenten und weniger prominenten SPD-Mitgliedern.[200] Wenn die Jusos und die ASF auf dem Kirchentagsgelände Informationsmaterialien verteilten, Buttons, Sticker oder Tücher am eigenen Körper trugen, oder wenn sie Lieder sangen, bekannten sie sich zur christlichen Nachrüstungskritik.[201] Doch auch die Stationierungsbefürworter reisten in die Hansestadt, wo sie beobachteten, dass die Friedensinitiativen auf der Suche nach neuen Ausdrucksweisen für ihre „Atomangst" fündig geworden waren. Als Hans Apel bei einer Veranstaltung zu einem Statement ansetzte, begannen die Zuhörer, Kirchenchoräle anzustimmen.[202] Das war für den Verteidigungsminister, der sich stets auch als gläubiger Christ zu erkennen gab, eine neue Erfahrung, die ihn noch lange beschäftigte.[203] Doch vor allem die vom Zweiten Deutschen Fernsehen (ZDF) live übertragene Diskussion zwischen Helmut Schmidt, Bischof Hans-Otto Wölber und besorgten Bürgerinnen und Bürgern in der Altonaer Trinitatis-Kirche war ein wichtiges Ereignis des Nachrüstungsstreits, in dem Befürworter und Gegner der Stationierung über ihre Angst sprachen.[204] Dabei prallten diametral entgegengesetzte Politik- und Geschichtsbilder aufeinander.

Schmidt tat sich nicht nur 1981 in Hamburg schwer damit, auf das Angstbekenntnis der Friedensbewegten eine Antwort zu geben, die seine Kritikerinnen und Kritiker zufrie-

---

[196] Dazu Luhmann/Neveling: Kirchentag 1981. Siehe ferner Jens Fischer: Fürchtet euch endlich einmal! Der Hamburger Evangelische Kirchentag und die Friedensbewegung, in: *Vorwärts*, 25.6.1981, S. 3; dazu auch Hans-Ulrich Klose: Daß Liebe auch in der Furcht ist, in: *Vorwärts*, 18.6.1981, S. 17.
[197] Siehe auch die Berichterstattung über sozialdemokratische Aktivitäten: SPD: Neue Vorstöße gegen die Nachrüstung, in: *Der Spiegel*, 22.6.1981; sowie AdsD, Bestand AGDF, 22-24; Im Geiste des Aufbruchs. „Christen in der SPD" – wo demokratischer Sozialismus und Protestantismus zusammengehen, in: *Vorwärts*, 18.6.1981, S. 18.
[198] Vgl. Heuser: Bomb, S. 166–173, insb. S. 168f.; zum Hintergrund Lösche/Walter: SPD, S. 332–336. Insbesondere der Protestantismus hatte einen überragenden Stellenwert für den Streit in der SPD, vgl. Jürgen Schmude: Fruchtbares Miteinander von Kirchen und SPD, in: *Informationen der sozialdemokratischen Bundestagsfraktion*, Nr. 1756, 31.10.1983; vgl. dazu weiter Wiechmann: Bergpredigt; Kunter: Religiöse Semantiken; Lepp: Konfrontation; D. Gerster: Friedensdialoge, S. 220–323.
[199] Siehe Schmidt: Bemerkungen zu Moral, Pflicht und Verantwortung des Politikers, in: *Merkur* 35 (1981), S. 449–465. Siehe auch seine Ausführungen in einem Podiumsgespräch „Wie christlich kann Politik sein?" während des Kirchentages, Luhmann/Neveling: Kirchentag 1981, S. 677–695, insb. S. 679f., 684f.; Hering: Religion, S. 95f., zusammenfassend S. 213–227; Soell: Helmut Schmidt, S. 812–818.
[200] Siehe exemplarisch die Veranstaltung „Frieden sichern – Frieden schaffen" mit Egon Bahr, Luhmann/Neveling: Kirchentag 1981, S. 460–475.
[201] Die Beteiligung der Jusos ist gut dokumentiert, vgl. ebenda, S. 528–546.
[202] Siehe Ex-Finanzminister Hans Apel, ein Mahner und Macher, in: *Hamburger Abendblatt*, 8.9.2011; zur Veranstaltung selbst Luhmann/Neveling: Kirchentag 1981, S. 279–297.
[203] Vgl. Apel: Abstieg, S. 181.
[204] Podiumsgespräch „Wie christlich kann Politik sein?" beim Deutschen Evangelischen Kirchentag am Freitag, 19.6.1981, in Hamburg (Textauszüge Bundeskanzler Helmut Schmidt), undatiert, AHS, Eigene Arbeiten.

den stellte. Nachdem ihn in der Trinitatis-Kirche ein junger Mann mit dem Satz „Ich habe Angst vor Ihrer Politik" konfrontiert hatte, war dem Kanzler, so berichten die Quellen, Betroffenheit anzumerken.[205] Und als eine junge Frau den Bundeskanzler um seine Meinung bat, wie er „entscheiden würde, wenn er wählen müßte zwischen den beiden Möglichkeiten des Spruches ‚Lieber rot als tot'", da negierte Schmidt diese Alternative und verteidigte seinen Kurs, indem er, wie die „Frankfurter Allgemeine Zeitung" berichtete, gekonnt stimmliche und gestische Mittel einsetzte.[206] Die ZDF-Diskussion glich einer Theateraufführung, in der die Beteiligten nach einem festen Skript verbal und nonverbal ihre je eigene Geschichte erzählten. Sie taten das entlang der politischen Leitvokabeln „Rationalität" und „Emotionalität". Verteidigte Schmidt die Prinzipien seiner Politik, indem er sich als umsichtiger, abwägender und pragmatischer Staatsmann inszenierte, stieß er dort an Grenzen, wo die Gegenseite ihr emotionales Angstbekenntnis in den Mittelpunkt rückte. Deshalb unterstrich Schmidt, dass auch er Angst um den Weltfrieden habe. Auffallend häufig belegte er diese Angst, indem er auf seine eigenen Erfahrungen als Soldat in der Wehrmacht hinwies. Daraus leitete er ab, dass *„von deutschem Boden nie wieder ein Krieg ausgehen"* dürfe.[207] Nur wenige hatten Schmidt, den Inbegriff des nüchternen Pragmatikers und Tatsachenmenschen, bislang über seine emotionale Verfasstheit sprechen hören. Dass er nun über seine Ängste Auskunft gab, war dem Zeitgeist der siebziger und achtziger Jahre geschuldet, der offenbar selbst den Kanzler nicht unberührt ließ.[208] Dennoch: Stellte er sich als Politiker vor, der mit einer großen Lebenserfahrung ausgestattet war und der beanspruchte, dass sein politischer Kurs rational und deshalb alternativlos sei,[209] zogen seine Kritiker grundsätzlich andere Lehren aus der Geschichte und hatten einen anderen Blick auf die bisherige Politik.[210] Diese unterschiedlichen Vorstellungen prallten im Juni 1981 auf dem Hamburger Kirchentag aufeinander.

Der Doppelbeschluss und die drohende Stationierung setzten in der bundesdeutschen Gesellschaft und auch in der Sozialdemokratie existentielle Ängste um das eigene Überleben frei, die narrativ oder performativ vorgebracht wurden.[211] Nirgends sonst waren sie so greifbar wie in den vielen Zuschriften an die Parteizentrale im Erich-Ollenhauer-Haus. Indem einfache Parteimitglieder von der Basis zu Stift und Papier griffen, ihre Gedanken formulierten und das Produkt ihrer Arbeit nach Bonn schickten, brachten sie ihre Furcht vor einer Katastrophe zur Geltung. Die Post von der Basis bestand keinesfalls nur aus klugen Abhandlungen.[212] Häufig handelte es sich um Postkarten mit einem schlichten Satz

---

[205] Siehe: Die Fragenden berufen sich auf ihre Angst, der Kanzler beruft sich auf sein Gewissen, in: *Frankfurter Allgemeine Zeitung*, 20.6.1981.
[206] Ebenda.
[207] Helmut Schmidt: Abschrift der Äußerungen vor der SPD-Fraktion am 26.6.1981, 1.7.1981, S. 3, AdsD, 1/HSAA006562, Hervorhebung im Original (unterstrichen).
[208] Vgl. dazu Reichardt: Authentizität, S. 699–711.
[209] Siehe dazu auch die Aufzeichnung des Treffens zwischen Schmidt und dem Philosophen Karl Popper, abgedruckt in AAPD 1980, II, Dok. 348; ferner Jochim Stoltenberg: Europa hat zuviel Angst. Interview mit dem Bundeskanzler, in: *Hamburger Abendblatt*, 31.8.1981.
[210] Dazu auch Peter R. Hofstätter: Das Massentreffen – Gefühlsseligkeit an sich, in: *Die Welt*, 14.10.1981.
[211] Es gab freilich auch andere Gefühle, von denen sich die Zeitgenossen leiten ließen, vgl. Gotto: Enttäuschung.
[212] So aber Friedensbüro Osthessen: Fulda-Gap. Hier könnte der dritte Weltkrieg beginnen, undatiert, AdsD, Bestand IFIAS, 146; Anton-Andreas Guha: „Der Dritte Weltkrieg findet in Europa statt", in: Ohne Rüstung leben, Dokumentation, undatiert, AdsD, Bestand IFIAS, 245.

in Großbuchstaben „Ich habe Angst vor dem Atomtod!" oder um Abbildungen von Menschenkörpern, die durch Atomstrahlen entstellt worden waren.[213] Die Form entsprach der Botschaft: Die Briefeschreiber bedienten sich einer verfremdeten Artikulation und setzten auf die Kürze des Ausdrucks, wodurch sie betonten, für wie dringlich sie ihr Anliegen hielten. In einer handschriftlichen Postkarte arbeitete ein Genosse mit der Figur des „Ernstfalls" und äußerte Angst „vor Menschen[,] die mir sagen, sie wollen mich ja nur im Ernstfall verteidigen. Ich mir aber heute schon sicher bin[,] das[s] ich den Ernstfall nicht überlebe."[214] Er unterstrich, dass der „Ernstfall" etwas beschrieb, das in seiner Antizipation nicht wichtig war, weil die tödlichen Folgen der Nachrüstungspolitik schon längst eingetreten sein würden. Häufig argumentierten die Petenten auch mit persönlicher Betroffenheit, um die Lebensferne und Unmenschlichkeit derjenigen auszuleuchten, die für die Raketenstationierung argumentierten:

> „Haben Sie sich nie über das Bett eines schlafenden Kindes gebeugt? Haben Sie nie zwei kleine Arme gespürt, die zart Ihren Hals umschlingen? Haben Sie überhaupt keine Erinnerung an die Zärtlichkeit Ihrer Mutter oder Ihres Vaters? Haben Sie nie ein Wesen so sehr geliebt, dass Sie um sein Leben zitterten? Denken Sie an ein einziges dieser Wesen, an seinen Tod und werden Sie wieder wirklich Mensch. Lassen Sie ab von Ihren kriegerischen Sicherheits- und Verteidigungs-Projekten und gesellen Sie sich zu jenen, die wie ich, [sic] ohne tägliche Angst und Bedrohung *leben* wollen."[215]

Die Nachrüstungsgegnerinnen behaupteten, wer die offizielle Politik der NATO unterstütze, handle unmenschlich. Sie bezeichneten die Gleichgewichtskonzeption als „kalt" und warfen den Vertretern der etablierten Politik vor, sie wären in ihrer Rationalität gefangen und emotional nicht ansprechbar; sie wären sozial isoliert, abnorm oder stünden außerhalb der emotional gesunden Gesellschaft.[216] Wieder strukturierte sich der politische Diskurs entlang des Gegensatzpaares rational/emotional und einer ausgeprägten kalt/warm-Metaphorik. Häufig handelte es sich überdies um einen feministischen Diskurs, denn es waren zu einem Großteil Frauen, die sich um 1983 mit der Frage befassten, woher die Gewaltbereitschaft kam. Die Antwort lag für sie nahe, denn Krieg resultierte aus den Dispositionen eines bestimmten Geschlechts.[217] Freilich problematisierten in den achtziger Jahren auch zunehmend Sozialdemokraten die Geschlechterordnung und wiesen auf einen angeblichen Zusammenhang von Gewalt und Männlichkeit hin. Doch waren es weibliche Mitglieder, die diese Kritik zu ihrem Erkennungszeichen machten. So konnte der Parteiapparat in den Zuschriften von Genossinnen immer wieder den Hinweis auf weiblich konnotierte Eigenschaften lesen, wie die Liebe zu Familienangehörigen eine war:

> „Was glaubt Ihr wohl, wie ich mich fühle, wenn ich meine Teenagertöchter lachen und erzählen höre oder wenn ich mit meinen Neffen spiele (drei und fünf Jahre alt) und mich der Gedanke überfällt, sie könnten demnächst bei 5000 Grad verdampfen? Wer hält denn eine solche Angst aus?"[218]

Friedensaktivistinnen – und nicht nur sie – moralisierten den politischen Diskurs. Sie kannten die Wahrheit und den rechten Weg zum Ziel. Ihre Botschaft war eindeutig: Wer keine Angst vor dem Atomtod hatte, war kein Mensch. Dabei reflektierten Sozialdemokra-

---

[213] Siehe AdsD, 2/PVAD000018.
[214] Klaus K. an SPD-Parteivorstand (hs.), undatiert, AdsD, 2/PVAD000018.
[215] Marie José H. an SPD-Parteivorstand (hs.), undatiert, AdsD, 2/PVAD000018. Hervorhebung im Original (unterstrichen).
[216] Dazu Reichardt: Authentizität, S. 186–200.
[217] So auch Kreis: Frauenfriedensbewegung, S. 294.
[218] Beate P. an Biermann, 3.6.1983, AdsD, Bestand SPD-PV, Internationale Abteilung, 11181.

tinnen durchaus über den Modus ihrer Argumentation. Sie schlossen an Überlegungen an, die der Psychoanalytiker Horst-Eberhard Richter entwickelt hatte.[219] Sich obsessiv zur eigenen Angst zu bekennen galt ihnen als Ausweg, um der Bedrohung zu entkommen.[220] Betroffenheit war ihnen ein „Erkenntnismodus".[221] Weibliche SPD-Mitglieder sprachen sich eine besondere Befähigung zum Frieden zu, denn Frauen stünden, wie sie argumentierten, für eine andere, friedliche und demilitarisierte Gesellschaft.[222] Eine Rednerin der ASF-Bundeskonferenz wies 1981 die Behauptung zurück, Frauen „würden sich besonders für die Friedenspolitik interessieren, weil das so schön emotional" sei.[223] Den traditionellen Gegensatz von rationalem Argument und emotionalem Angstbekenntnis umzudeuten – und damit eine von Männern konstruierte Unterscheidung einzureißen – war eine Besonderheit der feministischen Nachrüstungskritik. Die Delegierte Dagmar Luuk akzentuierte auf der ASF-Konferenz 1981, „daß Emotionalität und Rationalität sich bei diesen Themen nicht ausschließen".[224] Für sie war das Bekenntnis zur eigenen Angst überlebenswichtig. Ihre Genossin Ursula Beul erklärte, es gebe zwei Möglichkeiten der Angstbewältigung:

> „Wenn ich ein Problem so dunkel ahne oder wittere und gleichzeitig denke, ich habe nicht die Kraft, das anzugehen, dann fange ich an zu verdrängen. Ich glaube, daß das eine Situation gewesen ist, die ganz eindeutig und ganz überwiegend das Dritte Reich charakterisiert hat. Es kann aber auch die Angst so übermächtig werden, daß sie lebensbewahrende Energie produziert, und das nennt man dann Erkennen."[225]

Was Beul gegenüber ihren Parteifreundinnen zum Ausdruck brachte, zeigte einerseits, dass das Sprechen über Angst für Nachrüstungskritikerinnen ein Akt der Befreiung war, der den ersten Schritt bilden sollte, um sie zu überwinden.[226] Es waren Frauen, die in ihrem Selbstbild erkannt hatten, wie die Kategorien der Männerwelt nur dazu taugten, Krieg und Unterdrückung zu rechtfertigen, weil sie Kritik als „emotional" verunglimpften. So bringt das Zitat plastisch zum Vorschein, wie wichtig die Geschlechterdimension für die Friedensbewegung war. Der Redeausschnitt macht andererseits deutlich, dass stets geschichtspolitische Rekurse auf den Nationalsozialismus mitschwangen, wenn Stationierungsgegner ihre „Atomangst" begründeten. SPD-Mitglieder, die gegen neue Raketen und die Politik ihrer Führung protestierten, bezogen sich auf die deutsche Vergangenheit, um ihren Widerstand zu legitimieren. Aber selbst Nachrüstungsbefürworter wie Schmidt blickten in die Geschichte zurück, um die Alternativlosigkeit ihrer Politik zu beweisen und das Angstbekenntnis der Friedensbewegten zu entkräften. Sozialdemokraten und Sozialdemokratinnen sprachen über die Atomraketen und die vorgebliche Krise der Entspannungspolitik vor der Folie ihres Geschichtsverständnisses, und sie stritten darüber, wie sie sich die Zukunft vorstellten.

---

[219] Siehe H.-E. Richter: Psychologie, S. 74.
[220] Vgl. dazu auch Nehring: Sicherheitstherapien, S. 244f.
[221] Reichardt: Authentizität, S. 216.
[222] Siehe Randzio-Plath: Emanzipation; Randzio-Plath: Frauen; Sölle: Frauen.
[223] Beitrag der Präsidentin der SIW und Vizepräsidentin der SI Lydie Schmit anläßlich der Bundeskonferenz der Arbeitsgemeinschaft Sozialdemokratischer Frauen in Bonn-Bad Godesberg vom 15. bis 17.6.1981, undatiert, AdsD, Bestand SPD-PV, Referat Frauen/ASF, 9603.
[224] ASF-Bundeskonferenz in Bonn-Bad Godesberg vom 14. bis 17.6.1981, Bandabschrift, Bd. 19, S. 10f., undatiert, AdsD, Bestand SPD-PV, Referat Frauen/ASF, 8954.
[225] Ebenda, Bd. 20, S. 18.
[226] Siehe dazu Hentig: Befund.

5. Die Beharrungskraft der Fortschrittsidee

Der Kalte Krieg war ein Streit um die gültige Zukunftsvorstellung.[227] Reagan war bereit, den Gegensatz mit der Sowjetunion bis zum „Armageddon", dem eschatologischen Entscheidungskampf, auszutragen. Das sagte er bei zahlreichen Anlässen.[228] Seine Kritikerinnen und Kritiker fürchteten das Ende aller möglichen Zukünfte, wenn der US-Präsident seinen Plan umsetzte.[229] Wer in der SPD von einem drohenden und die Zukunft auslöschenden Atomkrieg sprach, der ging in den frühen achtziger Jahren davon aus, dass die Supermächte ihn wollten. Denn Washington und Moskau waren dabei, sich gegenseitig niederzuringen, und das, so nahmen die Nachrüstungskritiker an, um jeden Preis. Sie akzeptierten in diesem Beweisgang freilich implizit eine wesentliche Prämisse der Gleichgewichtstheorie: Die Beteiligten handelten rational und erlaubten sich keine Fehler.[230] Doch immer weniger Stationierungsgegner teilten diese Vorannahme. Eine zweite Version, in der sie von der drohenden Zerstörung erzählten, war deshalb der Atomkrieg, der einem menschlichen oder technischen Versehen geschuldet war.[231] Technik sei fehleranfällig – diese Erfahrung hatten in den achtziger Jahren bereits viele Menschen gemacht.[232] So hieß es in einer Zuschrift an Bundesgeschäftsführer Peter Glotz, dass „die ganz konkrete Gefahr der Auslösung eines Atomkrieges durch Computerfehler" drohe, über die der Verfasser „so beunruhigt" sei, gerade weil er „etwas von Computern" verstehe.[233] Der Friedensappell der Flörsbacher Frauen befürchtete, dass die Atomkriegsgefahr „aufgrund eines Mißverständnisses, eines technischen Fehlers, ja sogar aus Versehen […] unvergleichbar größer" werde.[234] Die Imagination eines menschlichen oder technischen Fehlers, der einen nuklearen Krieg auslösen könnte, war an der SPD-Basis verbreitet und ein entscheidendes Argument gegen die Stationierung der Mittelstreckenraketen.

Die Sorge, dass Technik sich selbständig machen und ihre Urheber bedrohen könnte, war allgegenwärtig im Nachrüstungsdiskurs. Sie war für Gegnerinnen und Gegner der Stationierung deshalb so furchteinflößend, weil der Schuldige nicht klar benennbar war und der Einzelne machtlos gegenüber einer anonymen technologischen Gefahr blieb. Es seien „nicht mehr die menschliche Vernunft, sondern die Produkte des menschlichen Geistes", denen die Entscheidung obliege, „ob die Menschheit sich ausrottet", schrieb Erhard Eppler, der zu diesem Zeitpunkt der SPD-Grundwertekommission vorsaß.[235] Den Gedanken verdeutlichte auch ein Plakat der Jusos aus dem Jahr 1983, das die gewaltige und gesichtslose Bedrohung durch Raketen zum Ausdruck brachte, indem es sie mit der Darstellung eines einzelnen schutzlosen Körpers kontrastierte. Während vom linken und

---

[227] So Connelly: Future Shock, S. 349.
[228] Siehe insb. Reagans „evil empire speech" vom 8. 3. 1983, dazu Rodgers: Age of Fracture, S. 26f.
[229] Diese Frage trieb auch die Zukunftsforscher um, vgl. Seefried: Zukünfte, S. 179–234.
[230] So bei Lafontaine: Angst, S. 17–19, 31; Eppler: Utopie, S. 70.
[231] Siehe exemplarisch Biermann an Glotz: Informationen zum Themenkomplex „Gefahr der Auslösung eines Atomkrieges durch technisches Versagen", 20. 1. 1983, AdsD, Bestand SPD-PV, Internationale Abteilung, 10927; Arbeitspapier [des Bundesvorstandes der Jungsozialisten zur Friedenspolitik, März 1982], AdsD, Bestand SPD-PV, Referat Jungsozialisten, 7624; Brauch: Raketen, S. 89f.
[232] Siehe dazu beispielsweise das Titelblatt „Die Computer-Revolution. Fortschritt macht arbeitslos", in: *Der Spiegel*, 17. 4. 1978.
[233] Rolf Sch. an Glotz, 4. 11. 1983, AdsD, 2/PVEH000309.
[234] Friedensappell der Flörsbacher Frauen, Jahreswechsel 1982/83, AdsD, 1/HJVA103672.
[235] Eppler: Neues Denken in der Sicherheitspolitik [Manuskript für die Gewerkschaftlichen Monatshefte], 13. 7. 1987, S. 3f., AdsD, 1/EEAC000018.

rechten Bildrand Raketen gegeneinander zielten, schien der individuelle Mensch, der auf hellem Bildhintergrund mit Schlagschatten gezeichnet war, der Gefahr hilflos ausgeliefert zu sein. Dieses Bild stellte Mensch und Maschine gegenüber und enthielt ein explizit technik- und fortschrittsskeptisches Moment (vgl. Abbildung 4).

Dass das gesellschaftliche Vertrauen in computergestützte Technik ab Mitte der siebziger Jahre dramatisch abnahm, ließ sich an der Diskussion in bestimmten sozialdemokratischen Gruppen geradezu paradigmatisch ablesen. In und außerhalb der SPD wurde das Fortschrittsparadigma relativiert, unter anderem, weil es verantwortlich für den Rüstungswettlauf gemacht und als Quelle von Unsicherheit wahrgenommen wurde.[236] Galt das Atom noch bis in die siebziger Jahre als Synonym für Wachstum, Fortschritt und Modernität, nahm der „Glaube an die Zukunft" gesamtgesellschaftlich und auch in der SPD zur Mitte des Jahrzehnts rasant ab. Eckart Conze analysiert diese veränderten Einstellungen in der Nachrüstungsdebatte. Er schreibt: „Nicht mehr Zukunftsgewissheit und soziale Machbarkeitsvorstellungen speisten die neuen Protestbewegungen, sondern Fortschrittsskepsis und zum Teil apokalyptische Zukunftsängste."[237] So äußerte sich im Protest gegen die zivile und militärische Nutzung der Kernenergie „ein massives kulturkritisches, ja kulturpessimistisches Unbehagen an Fortschritt und industriell-technischer Modernität".[238] Die Kritik am Fortschrittsparadigma verband sich mit Zukunftsangst und Skepsis gegenüber der Plan- und Gestaltbarkeit von Politik und Gesellschaft.[239] Mit dem Wachstumsglauben stellte die Kritik auch einen zentralen Pfeiler des Systems des Kalten Krieges infrage.[240] Eine spürbare Endzeitstimmung bemächtigte sich der Partei und amalgamierte zu einem diffusen Unbehagen am Bestehenden und der Forderung nach einer „Korrektur des Fortschritts".[241]

Die „Zweifel an der Zukunft"[242] wurden in der SPD manifest, als Egon Bahr im Sommer 1977 amerikanische Pläne zur Produktion und Stationierung der sogenannten „Neutronenwaffe" zurückwies, indem er den Materialismus kritisierte.[243] In einem aufsehenerregenden Artikel im „Vorwärts" bezeichnete er die *Enhanced Radiation Weapon* (ERW), wie sie offiziell genannt wurde, als „ein Symbol der Perversion des Denkens".[244] Er verortete diese Waffe in der zeitgenössischen Diskussion um qualitative Aspekte des technischen Fortschritts, dessen „Sinn" er in Abrede stellte, sofern „der materielle Erfolg zum Maßstab des Erfolges schlechthin" würde. Aufgrund ihrer technischen Eigenschaften erschien die „Neutronenbombe" dazu prädestiniert, den Menschen zu töten, aber Sachen zu schonen. Bahr befürchtete, dass „die Skala aller Werte auf den Kopf gestellt"

---

[236] Siehe zum Beispiel Voigt: Risiken neuer Waffentechnologien, in: *Die Neue Gesellschaft* 26 (1979), S. 98–102; Voigt: Wege, S. 42.
[237] Conze: Modernitätsskepsis, S. 238; aber auch H. Maier: Fortschrittsoptimismus; Esposito: No Future; Seefried: Zukünfte, S. 293f., S. 452–468.
[238] Conze: Modernitätsskepsis, S. 239.
[239] So Mende: Gründungsgrüne, S. 366.
[240] Vgl. McNeill: Under the Sun, S. 336; Kupper: Die „1970er Diagnose", S. 348.
[241] Eugen Kogon: Korrektur des Fortschritts, in: *Frankfurter Hefte* 32 (1977), S. 18–25; siehe dazu ferner Illich: Fortschrittsmythen, S. 111; Preuß: Zukunft; zur historischen Einordnung Faulenbach: Jahrzehnt, S. 421f.
[242] So formulierte es das *Kursbuch* 52 (1978).
[243] Zur Vorgeschichte der Debatte um die Neutronenwaffe, zu Bahrs Artikel und zum weiteren Verlauf siehe grundlegend Wiegrefe: Zerwürfnis, S. 180–206; Spohr Readman: Neutron Bomb.
[244] Egon Bahr: Ist die Menschheit dabei, verrückt zu werden? Die Neutronenbombe ist ein Symbol der Perversion des Denkens, in: *Vorwärts*, 21. 7. 1977, S. 4.

Abbildung 4: "Verhindern wir's. Gemeinsam." Anti-Nachrüstungsplakat der Jusos, 1983

werde, wenn „die Erhaltung alles Materiellen" wichtiger als das menschliche Leben werde. Bahrs „Vorwärts"-Artikel zeichnete aus, dass er „Materialismus" und „Leben" gegenüberstellte und dass er technologischen Fortschritt explizit negativ konnotierte. Gerade deshalb kam dem Text für das Verhältnis der SPD zur technischen Moderne eine katalytische Funktion zu.[245]

Auch der sozialdemokratische Widerstand gegen die 1983 vorgestellten und in den folgenden Jahren heiß diskutierten Pläne der amerikanischen Regierung, ein nukleares Raketenabfangsystem im Weltraum zu installieren, können unter den Vorzeichen dieser Technologiekritik gelesen werden.[246] Zunächst aktualisierte die Kritik an der *Strategic Defense Initiative* (SDI) die bereits im Nachrüstungsstreit verfestigten Argumentations-

---

[245] Siehe Bahr an Schmude, 28.9.1977, S. 2, AdsD, 1/EBAA000069. Auch in den USA war diese Waffe umstritten, dazu War Resisters League Executive Committee Minutes, 2.7.1980, S. 2, SCPC, War Resisters League Records (DG 040), s B/II, b 2, f Executive Committee Meetings, 1979–1980.
[246] Vgl. Walsh: Balance, S. 79–86; Prados: Initiative; Kalic: SDI Announcement; Gala: From INF to SDI.

muster.²⁴⁷ Eine Erklärung des Parteipräsidiums bezeichnete das SDI-Forschungsprogramm 1985 als „Anlass zu großer Sorge".²⁴⁸ Das Gleichgewicht zwischen den Supermächten würde „am Rande des nuklearen Holocaust [...] äußerst prekär und verletzlich". Sogar Altkanzler Schmidt schien diese Befürchtungen gegenüber Helmut Kohl zu teilen,²⁴⁹ was der Kritik weiteren Auftrieb gab.²⁵⁰ Wo SDI abgelehnt wurde, da kristallisierte sich ein tiefes Unbehagen gegenüber der Beherrschbarkeit und Rationalität dieser Technik heraus.²⁵¹ Die Sicherung des gemeinsamen Überlebens dürfe nicht technisch, sondern müsse politisch gelöst werden, argumentierten SPD-Mitglieder aller Richtungen. Auch der stellvertretende SPD-Fraktionsvorsitzende Horst Ehmke rückte SDI in ein kritisches Licht: Es sei eine „Binsenweisheit", so sagte er 1986, „daß technologische Entwicklung nicht immer mit Fortschritt gleichzusetzen" sei.²⁵² „Nicht alles, ja nicht einmal der überwiegende Teil dessen, was menschlicher Geist und Erfindungskraft geschaffen haben, hat die Menschheit wirklich weitergebracht." Neue Technologien dürften nicht dazu verleiten, „daß das Schicksal der Menschheit betreffende Entscheidungen komplexen und daher notwendigerweise anfälligen technischen Systemen überlassen werden".²⁵³

Etlichen Mitgliedern der SPD sagte die Zukunft nicht mehr das, was sie ihren Müttern und Vätern noch bedeutet hatte. Während die Überzeugung, dass das materielle Leben und die politischen Mitwirkungsrechte von Arbeitern und Arbeitnehmern durch technologischen Fortschritt prinzipiell besser werden würden, stets ein Kernpunkt des sozialdemokratischen Weltbildes gewesen war, gerieten in den siebziger und achtziger Jahren alte Gewissheiten auf den Prüfstand. Denn die neuen Denkfiguren griffen an das historisch gewachsene Selbstverständnis der SPD. Eppler war wohl der erste namhafte Funktionär, der den traditionellen Fortschrittsoptimismus seiner Partei 1975 infrage stellte.²⁵⁴ Doch auch die Jusos hatten bereits Ende der sechziger Jahre beanstandet, wie ihre Parteiführer das Wachstum fetischisierten.²⁵⁵ Erst im Nachrüstungsstreit erwies sich, dass die Skepsis gegenüber dem Fortschrittsparadigma ein fester Bestandteil der sozialdemokratischen Welt geworden war und dort mit der traditionellen Technikbegeisterung der Arbeiterbewegung kollidierte. Ehemals uneingeschränkt positive Sichtweisen auf die Machbarkeit

---

²⁴⁷ Siehe exemplarisch Biermann an Glotz: „Star Wars Programm" der Reagan-Administration und Bemühungen, die Westeuropäer dafür zu gewinnen, 11.4.1984, AdsD, WBA, A11.4, 111; Franz H. U. Borkenhagen an Glotz: SDI, 22.2.1985, AdsD, 2/PVEH000498; siehe auch die umfangreiche Berichterstattung des *Vorwärts* am 6.5.1985, 18.5.1985 und 30.11.1985.
²⁴⁸ SPD-Pressemitteilung, 110/1985, 26.2.1985, S. 1.
²⁴⁹ Schmidt an Kohl, 23.5.1985, und die Antwort vom 17.7.1985, AdsD, 1/EBAA000961; dazu die Diskussion im Vorstand: Protokoll der Sitzung des Vorstandes am 30.5.1985, AdsD, Bestand SPD-PV, Vorstandssekretariat, ohne Signatur.
²⁵⁰ Siehe Für eine neue Friedens- und Sicherheitspolitik der SPD, Oer-Erkenschwick/Bonn, 16./17.2.1986, AdsD, 1/HJVA101514.
²⁵¹ Siehe Voigt: Thesen zum SDI-Programm [Vorlage für die Sitzung des Präsidiums am 15.4.1985], AdsD, Bestand SPD-PV, Vorstandssekretariat, ohne Signatur; Protokoll der Sitzung des Präsidiums am 15.4.1985, AdsD, Bestand SPD-PV, Vorstandssekretariat, ohne Signatur.
²⁵² Ehmke: Die technologische Entwicklung: Auswirkungen auf Strategie und Abrüstung [Manuskript eines Vortrages auf der Wehrkundetagung in München], 1.3.1986, S. 2, AdsD, 1/HEAA000583; Ehmke an Franz Josef Strauß/Lothar Späth: Notiz zur SDI-Problematik, 10.4.1984, AdsD, 1/HEAA001044.
²⁵³ Ehmke: Die technologische Entwicklung, S. 9.
²⁵⁴ Eppler: Ende oder Wende, S. 9–63; Eppler: Wege, S. 11, 42–76.
²⁵⁵ Vgl. Süß: Enkel, S. 73–74.

von Fortschritt hatten sich in Teilen der SPD gewandelt.[256] So schlossen die Gegner der Atomraketen zu gesamtgesellschaftlichen Debatten auf.[257]

Doch in der SPD verflogen die „Zweifel an der Zukunft" wieder. In diesem Punkt muss Conzes Interpretament korrigiert werden. Denn „Fortschritt" und „Wachstum" waren für die Mitglieder zu wichtig, als dass sie von den Begriffen dauerhaft hätten abrücken können.[258] Im Sommer 1986, also deutlich nach dem Streit um die Atomraketen, griff „Die Neue Gesellschaft/Frankfurter Hefte" die Debatte auf und widmete ihr einen Themenschwerpunkt. Der Soziologe und Sozialdemokrat Dieter Otten umriss in seinem Leitaufsatz die Problemstellung:

> „Ist es vielleicht sogar so, dass sich das Fortschrittsdenken der Linken als falsch erwiesen hat, seit klargeworden ist, dass die wirtschaftliche und technologische Entwicklung des Kapitalismus in diesem Jahrhundert zumindest für Ökologie und Weltwirtschaftsordnung katastrophale Folgen gezeigt hat? Hat die ökologische Krise den Fortschrittsgedanken entlarvt und als unbrauchbar erwiesen? Ist das Fortschrittsdenken vielleicht sogar verantwortlich für eine hemmungslose Ausplünderung der Natur? Ist die Linke mitverantwortlich für diese Entwicklung, weil sie doch auch zu diesem Jahrhundert der Fortschrittsvergötzung beigetragen hat?"[259]

Machte der Glaube an die Verbesserbarkeit der sozialen und wirtschaftlichen Lebenssituation von Arbeitnehmern durch Wachstum und technische Neuerungen den Kernbestand der sozialdemokratischen Programmatik aus, war das Selbstbild der Partei herausgefordert, als die Voraussetzungen dieses Fortschritts in den siebziger und frühen achtziger Jahren zweifelhaft wurden.[260] Nun setzte in der Partei eine Selbstverständigung über Zukunftsvorstellungen ein – und es zeigte sich, dass große Segmente des SPD-Milieus an dem festhalten wollten, was sie seit langem kannten. Die gewerkschaftlich orientierte „Arbeitsgemeinschaft für Arbeitnehmerfragen" (AfA) war es, die darauf bestand, dass in technologischen Innovationen ein großes Potential lag.[261] Auch Otten empfahl eben nicht die Abkehr, sondern das Festhalten am „Fortschrittsgestus und Fortschrittsbegriff", weil beide „für die Linke konstitutiv" seien.[262] Zusammen mit anderen eher traditionell orientierten Mitgliedern des Arbeitnehmerflügels beharrte er auf den Parametern, die die sozialdemokratische Identität seit vielen Jahrzehnten strukturierten. So verblasste innerparteilich

---

[256] In der Zeitung der SPD Bergneustadt hieß es: „Ging es uns ‚damals' eigentlich schlechter als heute? Waren wir weniger glücklich und zufrieden? Wohl kaum. Deshalb sollte es uns auch nicht schrecken, wenn ‚schwere Zeiten' angekündigt werden, in denen wir alle (?) [sic] den Gürtel enger schnallen müssen." Das Erreichte bewahren. Ist es schlimm, wenn es nicht mehr so wie bisher „aufwärts" geht?, in: *Stadtwache. Zeitung der SPD Bergneustadt*, Oktober 1981, AdsD, Bestand AGDF, 1.
[257] Insbesondere im „grün-alternativen" Milieu war der Krisendiskurs allgegenwärtig, vgl. Mende: Gründungsgrüne, S. 365–406; Mende: Anti-Parteien-Partei, S. 290–296.
[258] Zur Geschichte des sozialdemokratischen Fortschrittsglaubens vgl. Ruck: Zukunftsvisionen; Hübner: Technikkritik; Walter: Biographie, S. 9, 18f.
[259] Otten: Kann und soll die Sozialdemokratie noch eine Partei des Fortschritts sein? Ein Essay über Fortschritt und Fortschrittsgestus der Linken, in: *Die Neue Gesellschaft/Frankfurter Hefte* 33 (1986), S. 503–513, hier S. 507.
[260] Dazu auch Michael Müller: Die Klassenwidersprüche verschärfen sich. Neue Technologien und Destabilisierung der Gesellschaft, in: *Die Neue Gesellschaft/Frankfurter Hefte* 33 (1986), S. 529–533.
[261] Siehe die Notiz über die Gespräche von Rudolf Dreßler, MdB, Vorsitzender der Arbeitsgemeinschaft für Arbeitnehmerfragen (AfA) in Moskau vom 26. bis 28. 4. 1984, undatiert, AdsD, Nachlass Selbmann, 171; Statt Waffen nützliche Dinge. Arbeiter planen alternative Produktion. Eine Informations- und Diskussionsveranstaltung der IG Druck und Papier, des Bundes Deutscher Pfadfinder und der JUSO-Hochschulgruppe Giessen – am Mittwoch, 21. Januar um 19.00 Uhr im DGB-Hochhaus, Walltorstrasse 17 [1980], AdsD, 5/IGMA100104.
[262] Otten: Partei des Fortschritts, S. 513 (s. Anm. 259).

die Fortschrittsskepsis, die sich kurz zuvor in den Köpfen der Sozialdemokraten festgesetzt hatte.

Ein Papier der SPD-Grundwertekommission, das unter der Leitung von Eppler – immerhin einer Galionsfigur der Nachrüstungskritiker – ausgearbeitet worden war, bekannte sich bereits 1982 wieder offensiv zum traditionellen Fortschrittsbegriff: Die SPD halte daran fest, „daß die Vernunft das eigentliche Wesen des Menschen ausmache und daher hierin ein allgemeingültiger Maßstab für Fortschritt enthalten sei".[263] Die Nachrüstungsgegner in der Sozialdemokratie waren fortschrittskritisch geworden, aber ihre Skepsis bezogen sie weniger auf das Prinzip des Fortschritts, als vielmehr darauf, was er kostete.[264] Auch wenn sie der Zukunft nicht mehr so offen gegenüberstanden wie noch in den sechziger Jahren, wollten sie nicht aufhören zu glauben, dass Fortschritt möglich sei.[265] Die Grundwertekommission unterstrich in ihrem Papier, dass „die traditionelle Kapitalismuskritik der Arbeiterbewegung nicht beiseitegeschoben" werden dürfe, sondern „um eine bislang vernachlässigte Dimension" zu erweitern sei.[266] Die SPD bleibe „ihrem Ursprung treu, wenn sie die ökologische Kritik an gravierenden, dem westlichen und dem östlichen Wirtschaftssystem gemeinsamen Fehlentwicklungen ernst" nehme. So dachten und sprachen selbst nachrüstungskritische SPD-Mitglieder weiterhin in den Mustern des klassischen Fortschrittsverständnisses, wenn es darum ging, Arbeitsplätze zu schaffen oder zu erhalten, Wirtschaftswachstum zu ermöglichen, die Produktionsprozesse mit neuen Technologien zu verbessern oder den Sozialstaat auszubauen.[267] Auf diesen Feldern war die SPD widerständig. Die „Geschichte des Fortschritts" habe „ihren eigenen Fortschritt", fasste Otten zusammen, was seine Partei bewegte.[268]

Im Nachrüstungsstreit ging es für die Sozialdemokraten um ihr Bild von der Zukunft, und nachdem der Konflikt um den Jahreswechsel 1983/84 abgeklungen war und die Gemüter sich beruhigt hatten, besannen sie sich wieder darauf, dass „Arbeiterbewegung" ohne „Fortschritt" nicht funktionierte.[269] Doch die Fortschrittskritik war in der Partei, und sie musste integriert werden. Hatte sich die SPD auf ihrem Hamburger Bundesparteitag 1977 noch als „die sozial fortschrittliche, reformerische und gesellschaftsgestaltende Kraft der deutschen Politik"[270] gefeiert und darauf hingewiesen, wie wichtig Wirtschaftswachstum für sozialen Fortschritt war,[271] betonte der „Irseer Programmentwurf", den eine Kommission als Vorschlag für ein neues Grundsatzprogramm 1986 erarbeitete, dass es entscheidend sei, vom Wachstumsdenken Abschied zu nehmen und auf „Nachhaltigkeit" zu

---

[263] SPD-Parteivorstand: Arbeiterbewegung, S. 4. Siehe dazu auch Arbeitskreis „Wirtschafts- und Gesellschaftspolitik" beim OV Wiesbaden-Mitte: Anmerkungen zu den Thesen über „Gleichheit, Leistung, Wachstum" im Diskussionspapier der Grundwerte-Kommission, 25. 2. 1983, AdsD, 1/HRAA000043.
[264] Siehe Berthold Leibinger: Technik ist kein gesellschaftliches Ziel, in: *Die Neue Gesellschaft/Frankfurter Hefte* 33 (1986), S. 519–524; Eppler: Wege, S. 47.
[265] So Franz Steinkühler: Technik, Fortschritt und soziale Gestaltung, in: *Die Neue Gesellschaft/Frankfurter Hefte* 33 (1986), S. 514–519.
[266] SPD-Parteivorstand: Arbeiterbewegung, S. 29.
[267] Vgl. hierzu Nawrat: Agenda, S. 32–42; Süß: Gewerkschaften, S. 265.
[268] Otten: Partei des Fortschritts, S. 513. Auch der Beschluss des Bundesparteitages 1986 in Nürnberg sprach ein, wenngleich eingeschränktes, „Ja zur Technik" aus, Protokoll vom Parteitag der SPD in Nürnberg, 25.–29. 8. 1986. Anhang: Angenommene und überwiesene Anträge, Bonn [1986], S. 678.
[269] Siehe Heinz Theisen: Vom Prinzip Hoffnung zum Happy-End. Optimismus als Politikum, in: *Die Neue Gesellschaft/Frankfurter Hefte* 33 (1986), S. 533–538; Walter: Vorwärts, S. 9f.
[270] SPD-Parteitag, Hamburg 1977, Protokoll, S. 826.
[271] Ebenda, S. 825.

setzen.²⁷² Das 1989 in Berlin beschlossene neue Grundsatzprogramm formulierte schließlich: „Wir wollen Fortschritt, der nicht auf Quantität, sondern auf Qualität, auf eine höhere Qualität menschlichen Lebens zielt. Er verlangt Umdenken, Umsteuern, Auswählen und Gestalten, vor allem in Technik und Wirtschaft."²⁷³ Die SPD gab ihren Fortschrittsoptimismus nicht auf, sondern absorbierte die Kritik an ihm.

Nicht mehr alles, was möglich war, musste auch gemacht werden, ließe sich der Zeitgeist der siebziger und achtziger Jahre beschreiben, in den sich das politische Denken der Sozialdemokratie einwebte. Es übernahm jedoch nicht einfach, was gesamtgesellschaftlich diskutiert wurde, sondern eignete es sich produktiv an. Auf der einen Seite waren auch SPD-Mitglieder nicht gegen die Angst vor dem Atom immun. Wie die Friedensbewegung, die sie durch ihr Engagement mittrugen, kritisierten sie die Nachrüstung. Technik und Fortschritt waren nicht mehr nur Verheißung, sondern auch Bedrohung. Auf der anderen Seite war die Sozialdemokratie eine traditionell fortschrittsgläubige Bewegung, die fest davon überzeugt blieb, dass sich die soziale Lage der Arbeiter und Arbeitnehmer zum Besseren wenden ließe. Sie konnte deshalb nicht wie die Grünen die Abkehr vom Fortschrittsparadigma vollziehen, so dachte sie selbst, ohne den Kern ihrer Identität preiszugeben. Deshalb waren und blieben die Widerstände gegen die Kritik an der technischen Moderne stark in der Partei. Selbst Eppler mahnte die Friedensbewegung, den „Mut zur Zukunft" nicht zu verlieren.²⁷⁴ Als Ganzes blieb die SPD eine optimistische Partei, die darauf vertraute, dass die Zukunft besser als die Gegenwart sein würde.

---

²⁷² Vgl. SPD-Parteivorstand: Irseer Entwurf, S. 7–9, 14–17; dazu angenehm kritisch Lösche/Walter: SPD, S. 125–131; historisierend Seefried: Progress, S. 390.
²⁷³ SPD-Parteivorstand: Berliner Grundsatzprogramm, S. 5.
²⁷⁴ Eppler: Wege, S. 11.

II. Der Kalte Krieg auf dem Prüfstand

1. Gemeinsam überleben: Ost-West und Nord-Süd

Das Ordnungssystem Kalter Krieg überzeugte in den frühen achtziger Jahren kaum noch jemanden in der SPD. Der Nachrüstungsstreit brachte an den Tag, wie das bipolare Denken schwand.[1] Große Teile der Sozialdemokratie nahmen, wie Claus Leggewie es so schön formuliert, „eine Art innere Kündigung bei ihren Schutzmächten" vor.[2] Zugleich befanden sich die maßgeblichen Akteure des Ost-West-Konflikts noch in einem nuklearen Kräftemessen. Sozialdemokraten und Sozialdemokratinnen begannen deshalb darüber nachzudenken, was die Prämissen des Kalten Krieges waren, und sie überlegten, ob sie ihnen noch etwas bedeuteten. Diese Entwicklung zeitlich einzugrenzen ist nicht leicht; sie begann in den späten siebziger Jahren, verdichtete sich in der Hochphase des Streits 1983, flaute auch nicht ab, als die Raketen stationiert waren, sondern kulminierte um 1984/85 zu einer deutlich vernehmbaren Grundforderung in der Sozialdemokratie.

Sicher ist: Wer in der SPD Kritik an Gleichgewicht und Abschreckung übte, der distanzierte sich zunächst von den eingespielten Wahrnehmungs- und Verhaltensmustern der Supermächte. Erhard Eppler war einer derjenigen, die mit der internationalen Sicherheitspolitik brechen wollten. Er kritisierte Gleichgewicht und Abschreckung, weil er sie für den Rüstungswettlauf verantwortlich machte. Während er die Abschreckung als „ein System von Drohung und Gegendrohung" begriff, in dem „jeder seine Sicherheit darin sucht, daß er die Bedrohung des andern steigert", machte er das Gleichgewichtsdenken dafür verantwortlich, dass beide Seiten in der Vergangenheit immer weiter aufgerüstet hätten, weil sie annahmen, dass die jeweils andere Seite das Gleichgewicht missachtete und vorrüstete.[3] Es gebe „keine sicherere Methode, sich und den andern umzubringen, als den Versuch, perfekte Sicherheit zu errüsten", schrieb Eppler 1983.[4] Weil SPD-Mitglieder das Gleichgewicht für suspekt und die Abschreckung für überwindungsbedürftig hielten, begannen sie, nach Alternativen und Wegen aus der „Sackgasse der Abschreckung" zu suchen.[5] So war bald nicht mehr der Doppelbeschluss als konkretes Ereignis der Gegenstand des Nachrüstungsstreits, sondern seine sicherheitspolitischen Prämissen.[6] Alle Versuche, die Beziehungen der Supermächte neu zu definieren und damit auch die etablierte Sicherheitspolitik zu verändern, wurden von der Überzeugung getragen, dass West und Ost im Atomzeitalter nur noch gemeinsam überleben konnten.[7] Was war damit gemeint?

---

[1] Vgl. Kaldor: Imaginary War, S. 165f.; das traf auch auf internationale Organisationen zu, vgl. Iriye: Community, S. 161–163.
[2] Claus Leggewie: Die Zeitenwende. Noch ein Gedenkjahr: 1979 prägt die Welt bis heute, in: *Süddeutsche Zeitung*, 21.1.2009.
[3] Eppler: Utopie, S. 25, 33; ähnlich bei Lafontaine: Angst, S. 92f.
[4] Eppler: Utopie, S. 28.
[5] Karl-Heinz Klär: Aus der Sackgasse der atomaren Abschreckung, in: *Die Neue Gesellschaft/Frankfurter Hefte* 34 (1987), S. 984–988; Th. Bender: SPD, S. 75.
[6] Vgl. Bahr: Sozialdemokratische Sicherheitspolitik, in: *Die Neue Gesellschaft* 30 (1983), S. 105–110.
[7] Dazu Rother: Security; vgl. grundlegend zum Konzept der „Gemeinsamen Sicherheit" F. Fischer: Interesse, S. 132–159; jüngst Herkendell: Deutschland, S. 86f.

Als Bundeskanzler Helmut Schmidt am 26. Mai 1978 zur 10. Sondergeneralversammlung der Vereinten Nationen zu Fragen der Abrüstung in New York City sprach, prägte er den Begriff der „Sicherheitspartnerschaft", der für die sozialdemokratische Debatte tonangebend werden sollte.[8] Zu diesem Zeitpunkt war der Doppelbeschluss noch nicht verabschiedet, und die SPD trat noch als geschlossene Regierungspartei auf – doch das Nachdenken über Alternativen zum „Abschreckungsfrieden" nahm schon Konturen an. Bereits einen Monat vor Schmidt hatte der Parteivorsitzende Brandt das Motiv der „Sicherheitspartnerschaft" verwendet, als er zu einer Konferenz der Sozialistischen Internationale in Helsinki sprach.[9] Ob sich Schmidt von dieser Rede inspirieren ließ, ist unklar; doch in einem Halbsatz, der nicht in seinem Manuskript stand, sprach er 1978 in New York City von der Sicherheit der Blocksysteme, die nur gemeinsam erreicht werden könne.[10] Es gebe „viel zu viele Feindschaften auf der Welt" sagte Schmidt. „Was wir statt dessen brauchen, ist Partnerschaft. Sie muss aus der Erkenntnis entspringen, daß keiner allein seine Sicherheit und seinen Frieden sichern kann."[11] Freilich war das Konzept der „Sicherheitspartnerschaft" alles andere als revolutionär.[12] Es dachte die Entspannungsidee weiter, indem es sie auf den militärischen Bereich ausdehnte. Dass Schmidt mit dem, was er „Sicherheitspartnerschaft" nannte, keine konkreten Forderungen verband, unterschied seine Idee vom Begriff der „Gemeinsamen Sicherheit", wie er ab 1982 in der SPD populär wurde.[13]

„Sicherheitspartnerschaft" war in der politischen Debatte der Bundesrepublik rasch ein feststehender Terminus. Sie gehörte auch zum Sprachschatz des Kanzlers, der sie nun bei zahlreichen Anlässen vorbrachte.[14] Schmidt rückte diesen Gedanken in die Nähe zur christlichen Ethik;[15] seinen Frieden mit dem Gegner zu suchen, entsprach einer Maxime der Bergpredigt.[16] Auch andere Sozialdemokraten griffen das Konzept auf und stellten es in den Kontext ihres christlichen Glaubens.[17] Freilich war sich die SPD einig, dass die Sorge vor einem Atomkrieg den ideologischen Gegensatz zur Sowjetunion nicht überwiegen durfte. Während die Unterstützer der „Sicherheitspartnerschaft" betonten, dass sie den kommunistischen Totalitarismus nicht akzeptierten, auch wenn sie sich um ein politisches und militärisches Arrangement mit ihm bemühten, stellten sie gleichzeitig heraus,

---

[8] Rede des Bundeskanzlers vor den Vereinten Nationen, in: *Bulletin* 55/1978, S. 529–535; Schmidt: Gleichgewicht ist eine ständige Aufgabe, in: *Die Neue Gesellschaft* 25 (1978), S. 668–674, hier S. 668.
[9] Brandt: Entspannung und Abrüstung. Rede auf der Abrüstungskonferenz der Sozialistischen Internationale in Helsinki am 26. April 1978, in: *Die Neue Gesellschaft* 25 (1978), S. 478–481.
[10] Rede des Bundeskanzlers vor den Vereinten Nationen, in: *Bulletin* 55/1978, S. 530.
[11] Ebenda, S. 535; Fünf Vorschläge für den Frieden, in: *Sozialdemokrat Magazin*, 7/1978, S. 16.
[12] Vgl. auch Bernhard Zepter: „Sicherheitspartnerschaft und partnerschaftliche Zusammenarbeit". Eine Dokumentation über Entstehung und Verwendung der Begriffe, 15. 12. 1986, AdsD, 1/HEAA000694.
[13] Siehe dazu auch den Leitartikel von Robert Held: Sicherheitspartnerschaft?, in: *Frankfurter Allgemeine Zeitung*, 20. 10. 1982.
[14] Exemplarisch seine Ausführungen in: European-American Workshop on Current Security Issues der Friedrich-Ebert-Stiftung in Bonn, Großer Sitzungssaal, Aussprache mit Bundeskanzler Helmut Schmidt am Freitag, 25. 6. 1982, 15.00–17.00 Uhr, 25. 6. 1982, AHS, Eigene Arbeiten.
[15] Siehe Helmut Schmidt: Rede zum Jahresempfang der Evangelischen Akademie Tutzing am 26. 1. 1982, 26. 1. 1982, S. 9, AdsD, 1/HSAA010437.
[16] Auch Wiechmann: Bergpredigt, S. 345.
[17] Dazu Roman Röhrig: Thesen zur Sicherheitspartnerschaft, 21. 7. 1983, AdsD, Bestand SPD-PV, Referat Jungsozialisten, 7618; Ehmke: Sicherheitspartnerschaft, in: *Die Neue Gesellschaft* 30 (1983), S. 110–114; Voigt: Die Funktionen von NATO und Warschauer Pakt auf dem Wege zur Sicherheitspartnerschaft, in: *Die Neue Gesellschaft/Frankfurter Hefte* 32 (1985), S. 134–139.

dass West und Ost bei allen ideologischen Gegensätzen durch ein gemeinsames Interesse verbunden waren: den Atomkrieg zu verhindern.[18] Was Schmidt „Sicherheitspartnerschaft" genannt hatte, fasste eine Kommission unter dem Vorsitz des ehemaligen schwedischen Ministerpräsidenten Olof Palme wenige Jahre später und mit einigen Nuancierungen als „Gemeinsame Sicherheit". 1980 hatte Palme von den Vereinten Nationen den Auftrag erhalten, eine „Unabhängige Kommission für Abrüstung und Sicherheit" zu gründen und zu leiten.[19] Ihr gehörten unter anderem Egon Bahr, die ehemaligen Außenminister der USA und Großbritanniens, Cyrus Vance und David Owen, sowie Georgi Arbatow von der sowjetischen Akademie der Wissenschaften an. Auf Anregung von Palme begann sich Bahr in diesem Gesprächsrahmen mit einem neuen sicherheitspolitischen Konzept zu beschäftigen.[20] Er war es, der „Gemeinsame Sicherheit" in die Kommissionsarbeit einspeiste.[21] Der 1982 vorgelegte Abschlussbericht formulierte den Gedanken noch etwas hölzern:

> „Sollte ein Atomkrieg ausbrechen, wäre allen Nationen das gemeinsame Schicksal der Vernichtung beschieden. Die Anerkennung dieser wechselseitigen Abhängigkeit bedeutet, daß die Nationen damit beginnen müssen, ihre Sicherheitspolitik in gemeinsamer Zusammenarbeit festzulegen."[22]

Weil ein Atomkrieg gleichermaßen das Ende von Ost und West bedeuten würde, mussten die Blöcke daran gehen, ihr Verhältnis neu zu ordnen. Das Konzept sollte, und dies ist der wesentliche Unterschied zur „Sicherheitspartnerschaft", die Abschreckungsstrategie nicht lediglich ergänzen, sondern langfristig ablösen.[23] Bahr dachte die „Gemeinsame Sicherheit" also selbst als eine sicherheitspolitische Strategie.[24]

Die SPD-Parteiorganisation nahm die Ergebnisse des Palme-Berichts interessiert auf.[25] Denn im sozialdemokratischen Diskurs spielte „Gemeinsame Sicherheit" längst eine Rolle. Bahr hatte das Konzept erstmals auf dem „Friedensforum" der SPD am 27. August 1981 vorgestellt. In seinem Referat, das in zehn Thesen gegliedert war, formulierte er „den Begriff des gemeinsamen Gleichgewichts", der auf der Überzeugung fußte, dass das Gleichgewicht „nicht eine Seite allein bestimmen" konnte.[26] Sicherheit sei „nicht mehr mi-

---

[18] Exemplarisch Ulrich Simon: Sicherheitspartnerschaft mit den Sowjets?, in: *Die Neue Gesellschaft* 30 (1983), S. 405–409.
[19] Siehe Palme: Einleitung; [Ohne Verfasser:] Palme-Bericht, Anhang III; dazu W. Schmidt: Euromissile Crisis.
[20] Vgl. Bahr an Palme, 18.4.1980, AdsD, 1/EBAA000097; Palme an Bahr [22.8.1980], AdsD, 1/EBAA000588; Dingels an Bahr: Olof Palme – Kommission für internationale Abrüstungsfragen, 24.4.1980, AdsD, 1/EBAA000588; Bahr: Zeit, S. 513–516.
[21] Egon Bahr: Mutual Security [Paper presented to the Palme Commission], November 1981, YUL, Vance Papers, s III, b 35, f 247; Hans Dahlgren: Independent Commission on Disarmament and Security Issues, Summary of Proceedings, Eighth Meeting, Tokyo, December 4–6, 1981, 16.12.1981, YUL, Vance Papers, s III, b 35, f 251.
[22] [Ohne Verfasser:] Palme-Bericht, S. 22.
[23] Ebenda, S. 156.
[24] Am Ende des Jahres 1982 fasste Vance den Grundgedanken des Palme-Berichts anschaulich in einer Rede zusammen. Vance: „Common Security: The Future of Arms Control", Remarks at Founder's Day Ceremony, Mount Holyoke College, South Hadley, Massachusetts, 7.11.1982, insb. S. 2f., GUL, Warnke Papers, b 11, f 9.
[25] Vgl. Palme-Kommission für atomwaffenfreie Zone, in: *Intern. Informationsdienst der Sozialdemokratischen Partei Deutschlands*, 18.6.1982, Nr. 10; Roland Krönke: Friedliche Koexistenz als Methode und Ziel. Rechtzeitig zur UN-Sondersitzung über Abrüstung legte die internationale Kommission Olof Palmes ihre Empfehlungen vor, in: *Vorwärts*, 3.6.1982, S. 16.
[26] Bahr: Thesen, S. 10.

litärisch zu gewinnen, sondern nur politisch zu erreichen, nicht gegeneinander, sondern miteinander".[27] Vertrauen in die Rationalität des Gegners war eine entscheidende Vorbedingung dafür, dass das Konzept funktionieren konnte. Die Supermächte sollten sich selbst als Partner in einer Rationalitätsgemeinschaft begreifen; sie sollten auf die Verlässlichkeit des anderen vertrauen.[28] Weil bei einem Atomkrieg die Existenz des Planeten auf dem Spiel stehe und die beiden Supermächte im Untergang vereint wären, müssten die verfeindeten Systeme ihre Sicherheit von nun an gemeinsam organisieren. Eine andere Option blieb ihnen im Atomzeitalter nicht mehr, sagte Bahr. Als ihm dann im Mai 1982 in Rastatt der Gustav-Heinemann-Bürgerpreis verliehen wurde, hielt er eine Rede, in der er „Gemeinsame Sicherheit" konkret ausbuchstabierte.[29] Nun machte er drei Vorschläge, die über das hinausgingen, was von seinen früheren Vorträgen und vom Palme-Bericht bekannt war.[30] Während das Abschlussdokument der Kommission eine 300 Kilometer breite „Zone ohne nukleare Gefechtsfeldwaffen in Europa" vorschlug,[31] sollten nach Bahr die Atomwaffen aus allen europäischen Staaten abgezogen werden, „die nicht über sie verfügen".[32] So entstehe „eine atomwaffenfreie Zone", argumentierte er, die in ihrer geographischen Ausdehnung deutlich über den Palme-Vorschlag hinausging.[33] Die Abschreckungsstrategie jedoch war für Bahr schon jetzt bloß noch „eine Übergangstheorie".[34] Wenige Tage, nachdem der Palme-Bericht veröffentlicht worden war, und anknüpfend an Bahrs Tutzinger Rede aus dem Jahr 1963, in der er die Grundlinien der Entspannungspolitik skizziert hatte, nannte „Die Neue Gesellschaft" die Rastatter Rede „Tutzing II".[35]

Was in Rastatt 1982 zur Sprache kam, war noch nicht der Abschied von der Grundprämisse des Kalten Krieges, dem ideologischen Gegensatz zwischen Demokratie und Diktatur, denn Bahr verstand sein Konzept als „Fortsetzung der Entspannungspolitik auf militärischem Sektor".[36] Es war auch nicht die kopernikanische Wende der Außen- und Sicherheitspolitik, denn die Kontinuitäten zu den fünfziger Jahren waren offensichtlich.[37] Seit den Anfängen des Atomzeitalters hatten sich die Supermächte bei allen Gegensätzen

---

[27] Ebenda, S. 11.
[28] Zur Bedeutung von Vertrauen in den internationalen Beziehungen siehe einführend Kreis: Arbeit; Gassert: Vertrauen, S. 25–27; kontextualisierend Aschmann: Gefühl; der große historische Rundumblick bei Frevert: Vertrauensfragen.
[29] Bahr: Neuer Ansatz der gemeinsamen Sicherheit, in: *Die Neue Gesellschaft* 29 (1982), S. 659–668, hier S. 659. Bahr hatte schon im Jahr zuvor in Rastatt eine Rede gehalten, in der sich Motive der „Gemeinsamen Sicherheit" fanden. F. Fischer: Interesse, S. 132.
[30] An Helmut Gollwitzer schrieb Bahr, dass er das Konzept bereits im Oktober 1981 fertig gestellt, dann aber eine günstige Gelegenheit für die Veröffentlichung abgewartet habe. Bahr an Gollwitzer, 7.6.1982, S. 2, AdsD, 1/EBAA000053.
[31] [Ohne Verfasser:] Palme-Bericht, S. 164.
[32] Bahr: Ansatz, S. 665.
[33] Zweitens müsste ein konventionelles Gleichgewicht zwischen NATO und Warschauer Pakt hergestellt werden, drittens schließlich sollten die „beiden Bündnisse mit ihren Verpflichtungen und Garantien […] unverändert" bleiben. Ebd.; Jens Fischer: Dann muss es Krach geben. Rastatter Tage der Gustav-Heinemann-Initiative: Dialog in Angst um den Frieden, in: *Vorwärts*, 28.5.1981, S. 19.
[34] Bahr: Ansatz, S. 660. Auch wenn „Gemeinsame Sicherheit" die „Abschreckung langfristig ersetzen" sollte, bleibe das etablierte Konzept, wie Bahr mehrmals betonte, weiterhin in Kraft. Ebenda, S. 662; vgl. im Detail auch Th. Bender: SPD, S. 76–84, 96–99.
[35] Bahr: Ansatz, S. 659 (s. Anm. 29).
[36] Bahr: Gemeinsame Sicherheit, S. 572.
[37] Vgl. F. Fischer: Interesse, S. 134–136.

und Konflikten stets als Partner begriffen, den Atomkrieg abzuwenden. Schon ein 1946 durch den US-amerikanischen Philanthropen und Diplomaten Bernard Baruch ausgearbeiteter Plan forderte, die Atomenergie einem internationalen Kontrollregime zu unterwerfen.[38] Vergleichbare Ideen waren ein wiederkehrendes Phänomen jener Epoche, die wir Kalter Krieg nennen. Wo Konfrontation vorherrschend war, gab es Ratschläge, wie die Konfliktursachen eingehegt werden könnten. In solchen Traditionslinien stand das Konzept der „Gemeinsamen Sicherheit".[39] Dennoch war es auf seine Weise revolutionär. Wenn es richtig ist, dass in der Logik des Kalten Krieges die Waffen nur so lange schwiegen, wie sich keine Seite einen militärischen Vorteil von einem Angriff versprach, dann rückte die SPD nun von diesem Prinzip ab. Mit der „Gemeinsamen Sicherheit" wollte sie die Konfrontation als Strukturmerkmal der Systemauseinandersetzung verabschieden und durch Kooperation ersetzen. Das sollte bedeuten, dass die Supermächte sich mehr Vorteile davon erhoffen durften, friedlich miteinander zu leben, als wenn sie sich atomar bedrohten. Gewissermaßen war dies für die SPD der Einstieg in den Ausstieg aus dem System des Kalten Krieges.

Zu Anfang war „Gemeinsame Sicherheit" in der SPD noch umstritten.[40] Doch bald schon und zuerst an der Parteibasis sammelten sich die Mitglieder hinter dem Konzept. Auf zahlreichen regionalen Parteiversammlungen wurde darüber diskutiert.[41] Auf ihrem Parteitag in München beschloss die SPD im April 1982, eine Arbeitsgruppe einzusetzen, die „Neue Strategien" definieren sollte.[42] Der 1983 vorgelegte Bericht begründete die Notwendigkeit von „Gemeinsamer Sicherheit" in einem großen politischen und historischen Bogen. Während die Arbeitsgruppenmitglieder das Konzept noch nicht als Ersatz für die Abschreckungsstrategie akzeptierten, eigneten sie sich den Vorschlag für eine „schrittweise Einrichtung einer von nuklearen Gefechtsfeldwaffen freien Zone in Europa" an.[43]

Nun war die atomwaffenfreie Zone eine Idee, die auch im sozialdemokratischen Forderungskatalog eine lange Geschichte hatte.[44] Dass es Korridore geben müsse, in denen keine Atomwaffen lagerten, wurde diskutiert, seitdem die Kernspaltung militärisch nutzbar geworden war.[45] In den fünfziger Jahren entwickelten Wissenschaftler, Politiker und Friedensaktivisten den Vorschlag, damit zur Entschärfung der Systemauseinandersetzung beizutragen. Mit dem Godesberger Programm von 1959 hielt die Idee Einzug in die SPD.[46] Doch bekanntlich wurde daraus nichts. In den achtziger Jahren aber, als der Atomkrieg wieder zu drohen schien, erlebte der Plan sein Comeback. Solange die SPD an der Regie-

---

[38] Baruch: Story, S. 388.
[39] Bahr arbeitete das Konzept in den folgenden Jahren weiter aus, insbesondere nachdem er 1984 Direktor des Hamburger Instituts für Friedensforschung und Sicherheitspolitik geworden war. Bahr: Gemeinsame Sicherheit.
[40] Siehe Biermann an Bahr: Verlaufsprotokoll der Sitzung der Kommission sicherheitspolitischer Antrag am 17.12.1981, 18.12.1981, S. 11f., AdsD, 1/EBAA000805.
[41] Exemplarisch: Friedens- und Sicherheitspolitik. Antrag des SPD-Unterbezirks Hof zum Landesparteitag der SPD Bayern [Januar 1982], AdsD, 1/BFAA000707; Fuchs: Frieden, S. 62–65.
[42] SPD-Parteitag, München 1982, 2. Bd.: Anträge, S. 914; vgl. auch F. Fischer: Interesse, S. 152; Enders: SPD, S. 195f.
[43] Kriegsverhinderung im Atomzeitalter. Bericht der Arbeitsgruppe „Neue Strategien" beim SPD-Parteivorstand, in: *Politik. Aktuelle Informationen der Sozialdemokratischen Partei Deutschlands* 9/1983, S. 5f.
[44] Dazu knapp Th. Bender: SPD, S. 81f.
[45] Vgl. die Analyse und die Belege in Kapitel II.2. „Wege aus der Blockkonfrontation".
[46] SPD-Parteivorstand: Godesberger Programm, S. 12.

rung war – also bis September 1982 –, hielt sie ihn freilich für „unrealistisch".[47] Aber schon das Regierungsprogramm der SPD zur Bundestagswahl 1983 sprach wieder von einem atomwaffenfreien Europa.[48] Der SPD-Bundesparteitag im Mai 1984 in Essen erklärte die „Gemeinsame Sicherheit" schließlich zum Ziel der Partei.[49] Erst nachdem die Nachrüstungskontroverse abgeklungen war und sich die Gemüter beruhigt hatten, fand die SPD die Kraft, das Ende des Abschreckungszeitalters auszurufen. In der Tat unterschied sich der Essener Beschluss von 1984 in einem wesentlichen Punkt vom Bericht der Arbeitsgruppe „Neue Strategien" aus dem Jahr davor, der die Grundlage für den Leitantrag zum Parteitag in Essen gebildet hatte: Denn „Gemeinsame Sicherheit" sollte die Abschreckungsstrategie ablösen.[50] Während die Frage, ob die Abschreckung so lange fortgelten müsse, bis „Gemeinsame Sicherheit" realisiert sei, die Sozialdemokraten noch einmal zerrüttete, als es um die Ausformulierung des Leitantrages zum Parteitag 1986 in Nürnberg ging,[51] wuchs selbst in den Unionsparteien die Zahl derer, die am Sinn von Gleichgewicht und Abschreckung zweifelten. So eignete Kurt Biedenkopf, der Vorsitzende der CDU Westfalen-Lippe, sich im Gespräch mit Bahr den Begriff der „Sicherheitspartnerschaft" an.[52] Selbst der ehemalige SPD-Verteidigungsminister Hans Apel, lange Zeit einer der klarsten Befürworter des Doppelbeschlusses, distanzierte sich 1986 von der Abschreckungsstrategie.[53]

Innerparteilich war „Gemeinsame Sicherheit" ein Instrument, mit dem sich die zerstrittene Mitgliedschaft wieder versöhnen ließ.[54] Freilich traten Kritiker des Konzepts auf den Plan und zeigten, wie isoliert die SPD auf der internationalen Bühne war. Der Ort, an dem die Beteiligten über „Gemeinsame Sicherheit" stritten, war die Palme-Kommission. In ihrem Abschlussbericht konnten sich die Mitglieder nämlich nicht durchringen, den Supermächten zu empfehlen, Atomwaffen nur dort zu stationieren, wo über sie entschieden wurde.[55] Dieser Vorschlag stammte von Bahr und war in der Kommissionsarbeit auf erheblichen Widerstand gestoßen.[56] Der ehemalige US-Außenminister Cyrus Vance gab

---

[47] Gode Japs/Roland Krönke: Keine Insel der Seligen. Hans Apel: Atomwaffenfreies Europa ist derzeit unrealistisch [Interview], in: *Vorwärts*, 3.12.1981, S. 2; Johann Jul: „Ausgaben für Verteidigung sofort einfrieren". SPD Schleswig-Holstein beschloss Leitlinien für den nächsten Landtagswahlkampf. Für atomwaffenfreie Zone, in: *Vorwärts*, 10.6.1982, S. 7.
[48] SPD-Parteivorstand: SPD-Regierungsprogramm 1983–1987, S. 56.
[49] Vgl. dazu überblicksartig F. Fischer: Interesse, S. 162–166.
[50] Der entscheidende Satz lautete: „Ein neues Sicherheitskonzept muß von der nuklearen Abschreckung wegführen und schrittweise eine defensive konventionelle Struktur herstellen, so daß langfristig eine strukturelle Nichtangriffsfähigkeit erreicht wird." Parteitag der Sozialdemokratischen Partei Deutschlands vom 17. bis 21.5.1984 in Essen. Anhang: Angenommene und überwiesene Anträge, Essen [1984], S. 745.
[51] Dazu die synoptische Übersicht über Ergänzungs- und Änderungsvorschläge; Vorlage für die Sitzung des Präsidiums am 7.4.1986, 13.3.1986, AdsD, Bestand SPD-PV, Vorstandssekretariat, ohne Signatur; dazu auch Protokoll der 9. Sitzung der Kommission Sicherheitspolitik der SPD am 22.11.1985, Erich-Ollenhauer-Haus, Bonn, undatiert, IfZ, Archiv, Nachlass Schubert, Bd. 89. – Im Nürnberger Beschluss fehlte dann eine entsprechende Passage, vgl. SPD-Parteitag, Nürnberg 1986, 2. Bd.: Anträge, S. 863, 865.
[52] „Sicherheitskonzepte nach der Nachrüstung". Abschrift der Diskussion zwischen Egon Bahr und Kurt Biedenkopf am 2.2.1984 in Bielefeld [16.2.1984], AdsD, WBA, A11.13, 82.
[53] Apel: Sicherheit, S. 35.
[54] Vgl. F. Fischer: Interesse, S. 154.
[55] Vgl. dazu Bahr: Vorwort, S. 8f.
[56] Egon Bahr: Mutual Security [Paper presented to the Palme Commission], November 1981, YUL, Vance Papers, s III, b 35, f 247. Während einer Sitzung in Ditchley Park in Oxfordshire kam es zum Showdown. Hans Dahlgren: Independent Commission on Disarmament and Security Issues, Summary

1982 zu bedenken, dass die NATO nukleare Waffen benötige, um den Gegner erfolgreich abzuschrecken.[57] Unterstützung erhielt er von dem Norweger Johan Holst, einem wissenschaftlichen Gutachter der Kommission, der einen Kompromissvorschlag unterbreitete, mit dem er die Streitfrage entschärfte: Statt alle Waffen aus den Nichtatomstaaten abzuziehen, sollten sie entlang des „Eisernen Vorhangs" zurückgezogen werden.[58] Der Streit, ob die atomwaffenfreie Zone in Europa durch einen Korridor oder einen Abzug der Sprengköpfe aus den Nichtnuklearstaaten realisiert werden sollte, trug sich mit verteilten Rollen 1983 auch in der Arbeitsgruppe „Neue Strategien" zu. Auf der einen Seite stand Bahr mit seinem aus der Palme-Kommission bekannten Entwurf. Dagegen plädierte Horst Ehmke wie Vance und Holst für die 300 Kilometer breite atomwaffenfreie Zone, die schrittweise zu einem atomwaffenfreien Europa ausgedehnt werden könnte.[59] Ehmke und Bahr konnten sich nicht einigen, und die divergierenden Auffassungen wurden als alternative Formulierungen in das Strategiepapier übernommen.[60]

Als Vance gemeinsam mit dem ehemaligen britischen Außenminister David Owen 1982 dazu ansetzte, in einem Brief an die Außenminister der NATO-Staaten sowie an NATO-Generalsekretär Joseph Luns für die Vorschläge der Kommission zu werben, mussten sie erfahren, dass es in den Regierungen kaum Bereitschaft gab, auf ihre Ideen einzugehen.[61] Auch Schmidt, der zu den Empfängern gehörte,[62] begrüßte zwar, was die Kommission vorschlug, unterstrich jedoch, „daß es für die überschaubare Zukunft kein besseres Konzept als unsere politische Strategie der Kriegsverhinderung durch Abschreckung" gebe.[63] In seiner ausführlichen Antwort erklärte er seine Zweifel, dass die Idee einer atomwaffenfreien Zone umgesetzt werden könnte:

„Meine Skepsis gründet sich zunächst auf die geostrategische und geopolitische Lage Europas. Die Sowjetunion könnte ihre Waffen hinter diese Linie problemlos zurückziehen und in einer Krisensituation in Kürze wieder zurückverlegen. [...] Ich darf zum zweiten daran erinnern, daß die Masse der Trägerwaffen der Nato dual capable sind. Die Rückverlegung der nuklearfähigen Rohrartillerie der NATO würde eine erhebliche Schwächung der Fähigkeit unserer Streitkräfte zur konventionellen Vorneverteidigung bewirken. Außerdem würden ganz erhebliche operative Erschwernisse dadurch

---

of Proceedings, Eleventh Meeting, Ditchley Park, Oxford, March 19–22, 1982, 22.3.1982, YUL, Vance Papers, s III, b 35, f 251.

[57] Vance: Arguments against Bahr Proposal [hs., Dezember 1981], S. 2, YUL, Vance Papers, s III, b 35, f 247.
[58] Holst an Palme/Bahr u. a.: Compromise Formula for how to deal with the issue of nuclear weapons in Europe in the Final Report, 20.3.1982, YUL, Vance Papers, s III, b 35, f 250; Bahr gab seinen erfolglosen Vorschlag in einem separaten Text zu Protokoll. [Ohne Verfasser:] Palme-Bericht, Anhang II, S. 199.
[59] Siehe Stehr: Protokoll der Sitzung der AG „Neue Strategie" vom 6.5.1983, 10.5.1983, S. 2f., IfZ, Archiv, Nachlass Schubert, Bd. 94.
[60] Kriegsverhinderung im Atomzeitalter, S. 7 (s. Anm. 43). Dazu auch Rapport du Groupe de Travail „Nouvelles Stratégies" auprès du Bureau Exécutif du SPD, undatiert, CAS, 70 RI, 7. – Auch längerfristig konnten sich Bahr und Ehmke nicht auf ein Verfahren einigen: Ehmke an Bahr, 6.1.1984, AdsD, 1/EBAA000640; Bahr an Ehmke, 11.1.1983, AdsD, WBA, A10.1 Rosen, 188; sowie Ehmke an Bahr, 17.1.1984, AdsD, 1/EBAA000640.
[61] Exemplarisch David Owen/Vance an George P. Shultz, 29.9.1982, YUL, Vance Papers, s III, b 36, f 262. – Siehe die Antworten: YUL, Vance Papers, s III, b 36, f 262. Insbesondere die französische Regierung lehnte die Vorschläge rigoros ab: Ministère des Affaires Étrangères de la France an L'Ambassade de Suède, 15.4.1983, CAS, 70 RI, 7.
[62] Owen/Vance an Schmidt, 29.9.1982, YUL, Vance Papers, s III, b 36, f 262.
[63] Schmidt an Vance/Owen, 9.12.1982, YUL, Vance Papers, s V, b 54, f 89; auch in AdsD, 1/EBAA000512; zur Position Schmidts ausführlicher F. Fischer: Interesse, S. 155–157.

eintreten, daß die östlich der 150-km-Linie stehenden Divisionen sich in ihrer Ausstattung wesentlich von den westlich davon stehenden Divisionen unterscheiden würden. [...] Zum dritten sehe ich die Verifizierungsschwierigkeit: Inspektionsteams vor Ort wären unabdingbar, eine Vorstellung, gegen die die Sowjetunion sich stets entschieden gewehrt hat. [...] Viertens schließlich sträubt sich mein politischer Instinkt dagegen, daß innerhalb der NATO ausschließlich mein Land eine besondere Behandlung erfahren soll. Jedes Singling out meines Landes begegnet erheblichen Bedenken – sie könnten lediglich in dem geografisch viel weitergreifenden MBFR-Raum minimisiert [sic] werden."[64]

Wie Schmidt reagierte die US-Regierung ablehnend auf das Konzept der „Gemeinsamen Sicherheit" und die Idee einer atomwaffenfreien Zone.[65] Als der stellvertretende US-Verteidigungsminister Richard Perle 1984 die Friedrich-Ebert-Stiftung in Bonn besuchte, um vor den Teilnehmern der deutsch-amerikanischen Konferenz zu Sicherheitsfragen zu sprechen, nutzte er „den Workshop, um scharfe Kritik an den sicherheitspolitischen Beschlüssen des Essener Parteitages der SPD zu üben".[66] Auch zwei Jahre später betonte er am selben Ort, dass die Sowjetunion „niemals ein Sicherheitspartner sein" könne, „denn sie definiere ihre eigene Sicherheit stets so, daß die Sicherheit der anderen gefährdet sei".[67] Die Divergenzen zwischen dem Erich-Ollenhauer-Haus und der Regierung in Washington waren gewaltig. Wer wie die US-Regierung

„die sowjetische Partei- und Staatsführung für unveränderlich orthodox hielt, sah keine Hoffnung für Abrüstung und Entspannung, aber auch keinen Sinn in den Vorschlägen der SPD, die auf ‚gemeinsame Sicherheit' als Grundlage für eine neue Regelung der Beziehungen oder auf ‚strukturelle Nichtangriffsfähigkeit' hinauslaufen",

wie die Sozialdemokraten selbst erkannten.[68] Nicht anders verhielt es sich mit der Reaktion der französischen Sozialisten auf die „Gemeinsame Sicherheit". Sie konnten kein gemeinsames Sicherheitsinteresse mit der Sowjetunion ausmachen.[69] So notierte der Internationale Sekretär des PSF Jacques Huntzinger 1985 auf einem Redemanuskript des niederländischen Sozialdemokraten Klaas de Vries bei dem Begriff „common security": Was habe Frankreich mit der Sowjetunion gemeinsam?[70] Das Ergebnis der Palme-Kommission sei „[p]as la position du PS".[71] Auch die atomwaffenfreie Zone lehnte er ab.

---

[64] Schmidt an Vance/Owen, 9. 12. 1982; MBFR steht für *Mutual and Balanced Force Reductions*. Als die SPD dann über das Papier „Neue Strategien" debattierte, erteilte Schmidt im SPD-Vorstand der atomwaffenfreien Zone auch parteiintern eine Absage. Protokoll der Sitzung des Vorstandes am 30. 1. 1984, S. 7, AdsD, Bestand SPD-PV, Vorstandssekretariat, ohne Signatur; auch Schmidt an Bahr, 1. 10. 1985, IfZ, Archiv, Nachlass Schubert, Bd. 92.
[65] Vgl. Stobbe an Vogel u. a.: Bericht über meinen Aufenthalt in Washington am 20. und 21. 10.; hier: Gespräche über die Grundsätze für eine nuklearwaffenfreie Zone, 23. 10. 1986, AdsD, Nachlass Stobbe, 77; Bericht über die USA-Reise von Oskar Lafontaine vom 21. 09. bis 30. 09. 1987, 7. 10. 1987, AdsD, 1/HEAA000615.
[66] So die Analyse von Wilhelm Bruns: Erste Auswertung unserer fünften europäisch-amerikanischen Konferenz über Sicherheit und Abrüstung am 28. und 29. 6. 1984 in der Friedrich-Ebert-Stiftung, 13. 7. 1984, S. 1, AdsD, Vorlass Voigt, H 133; dazu auch FRG: New Contours in the SPD Security Debate [1984], RRL, Donald R. Fortier Files, b 90736, f NATO (January 1984–03/20/1984).
[67] Friedrich-Ebert-Stiftung, Abteilung Außenpolitik- und DDR-Forschung: VII. Europäisch-Amerikanische Sicherheitskonferenz am 27. und 28. 5. 1986, 6. 6. 1986, S. 1, AdsD,1/HJVA101501.
[68] Ebenda, S. 8; vgl. auch F. Fischer: Interesse, S. 266–305.
[69] Siehe Boniface: Réunion PS/SPD, Bonn, 10/01/84, undatiert, CAS, 405 RI, 16; im Anhang befinden sich hs. Gesprächsnotizen; Veronika Isenberg: Aufzeichnung: Gespräch zwischen der SPD und der PSF über Sicherheitspolitik am 26. 11. 1983 in Paris, 30. 11. 1983, AdsD, WBA, A11.8, 41.
[70] Rencontre de Lisbonne des partis socialistes européens des pays membres de l'alliance atlantique 20–22 mars 1985, undatiert, CAS, 70 RI, 29.
[71] Palme Commission, undatiert, CAS, 60 RI, (WB), 229.

Trotz der massiven Kritik, die der SPD begegnete, suchten die Sozialdemokraten nach Wegen, wie „Gemeinsame Sicherheit" realisiert werden könnte. Ihre Sonderaußenpolitik, mit der sie Ende 1982 begannen und die zeitgenössisch „Zweite Ostpolitik" oder „Neben-Außenpolitik" genannt wurde, ist von Frank Fischer umfassend aufgearbeitet worden.[72] Sozialdemokraten wollten ihre Ostpolitik über die Phase erneuter Konfrontation zwischen den Supermächten hinwegretten, und es blieb ihnen, nahmen sie an, nichts anderes übrig, als selbst die Initiative zu ergreifen. Deshalb besannen sie sich auf ihre Kontakte zu den kommunistischen Staatsparteien im Machtbereich des Warschauer Paktes. Früh waren sich die Nachrüstungsgegner in der SPD mit Ost-Berlin einig, dass eine Sicherheitspartnerschaft zwischen der Bundesrepublik und der DDR erstrebenswert sei.[73] Flankiert von Initiativen regionaler SPD-Gliederungen – der Arbeitskreis „Kirche" der SPD Lüneburg forderte bereits 1983 eine atomwaffenfreie Zone für die Kreise Lüneburg, Hagenow und Ludwigslust, die beiden letzteren auf dem Territorium der DDR[74] – arbeiteten Sozialdemokraten um Egon Bahr mit der SED einen Vertrag zur Errichtung einer chemiewaffenfreien Zone aus, der im Juni 1985 der Presse vorgestellt wurde.[75] Ein Jahr später folgte die Vereinbarung über eine atomwaffenfreie Zone.[76] Auch zu anderen Staatsparteien in Osteuropa nahm die SPD den Gesprächsfaden auf.[77] Was versprach sich die SPD davon? Sie wollte sich selbst, der Bundesregierung, den westlichen Verbündeten und der Sowjetunion zeigen, dass das Konzept der „Gemeinsamen Sicherheit" realisierbar war.[78] Sie verstand ihre Sonderaußenpolitik aber „auch als nach innen gerichtete Außenpolitik – mit dem Ziel, die nächste Wahl in Bonn und damit das Mandat für die Außenpolitik zu gewinnen".[79] Die SED hatte indessen etwas anderes im Sinn, wenn sie sich mit der westdeutschen Sozialdemokratie an einen Tisch setzte. Dass sie die Einheit des Westens unterminieren und die Bundesrepublik aus der Allianz mit den Vereinigten Staaten lösen könnte – daran glaubten die Funktionäre in Ost-Berlin immer noch. Wenn sich ihre Standpunkte denjenigen der größten Oppositionspartei in der Bundesrepublik annäherten, war dies ein willkommener Nebeneffekt, der sie ihrem Ziel näher brachte.[80] Inner-

---

[72] F. Fischer: Interesse, S. 169–355; auch Sturm: Uneinig, S. 63–109.
[73] So Günther Jansen: Treffen von Vertretern des SPD-Landesverbandes Schleswig-Holstein und einer SED-Delegation vom 26. bis 28. 4. 1984 in der Gustav-Heinemann-Bildungsstätte, Malente, 30. 4. 1984, AdsD, 1/HEAA000587.
[74] SPD-Unterbezirk Lüneburg an Willi Stoph, 17. 8. 1983, SAPMO-BArch, DY 30/14606, Bl. 217f.
[75] Abgedruckt in *Vorwärts*, 22. 6. 1985, S. 10.
[76] Abgedruckt in *Vorwärts*, 25. 10. 1986, S. 34–37; siehe zur Ausarbeitung des Abkommens Axen an Erich Honecker: Information über das 1. Treffen der Arbeitsgruppen von SED und SPD zu Fragen der Bildung einer von atomaren Gefechtsfeldwaffen freien Zone in Europa am 6. 12. 1985 in Berlin, 18. 12. 1985, SAPMO-BArch, DY 30/IV 2/2.035/78, Bl. 107–118; Bericht über das 2. Treffen der Arbeitsgruppen von SED und SPD zu Fragen der Schaffung einer von atomaren Gefechtsfeldwaffen freien Zone in Europa am 14. und 15. 2. 1986 in Bonn, undatiert, SAPMO-BArch, DY 30/IV 2/2.035/78, Bl. 123–132; zur Rezeption in der SPD-Spitze Protokoll der Sitzung des Präsidiums am 29. 9. 1986, S. 4–6, AdsD, Bestand SPD-PV, Vorstandssekretariat, ohne Signatur; Protokoll der Sitzung des Präsidiums am 20. 10. 1986, S. 7, ebenda – zur historischen Einordnung vgl. Wentker: Außenpolitik, S. 512f.
[77] So vor allem mit der Polnischen Vereinigten Arbeiterpartei (PVAP): umfassend F. Fischer: Interesse, S. 217–222.
[78] Vgl. exemplarisch Hermann Scheer: SPD-Argumentationslinie Atomwaffenfreier Korridor, 29. 9. 1986, AdsD, 1/HEAA001044.
[79] F. Fischer: Interesse, S. 170; vgl. auch Sturm: Uneinig, S. 67.
[80] Erich Honecker schlug Brandt vor, die Bundesregierung gemeinsam aufzufordern, eine atomwaffenfreie Zone einzurichten. Honecker an Brandt, 14. 4. 1987, AdsD, 1/EBAA000959; dazu auch Non-

parteilich hatte die Sonderaußenpolitik für die SPD einen stabilisierenden Effekt.[81] Doch die Meinungen darüber, wie weit die Zusammenarbeit mit der SED gehen durfte, klafften auseinander.[82]

Mit dem Nachrüstungsstreit und der Neuvermessung der sozialdemokratischen Sicherheitspolitik – weg von der Abschreckung, hin zu „Gemeinsamer Sicherheit" – hielt aber ein neues Bewusstsein Einzug in große Teile der SPD, das sich mit der „Entdeckung von Interdependenz" und dem Denken in Netzwerkstrukturen beschreiben lässt.[83] Schon die Tatsache, dass sich Politiker aus Ost und West in einer gemeinsamen Kommission zusammenfanden, um Problemwahrnehmungen zu homogenisieren und Lösungskonzepte zu erarbeiten, weist auf eine wachsende Sensibilität dafür hin, wie verflochten die Welt war. Sicher waren diese Deutungsmuster älter, Akira Iriye hat wiederholt darauf hingewiesen.[84] Sie hatten sich schon in den sechziger Jahren durchgesetzt, als während der Mondlandung erste Bilder vom „Planeten Erde" zirkulierten.[85] Sie traten zunächst als Thema in transnationalen Elitenetzwerken wie der Trilateralen Kommission oder dem Club of Rome auf.[86] Bald begannen sie auch soziale Protestbewegungen zu motivieren.[87] In den späten siebziger und frühen achtziger Jahren erreichten sie endlich die Sozialdemokratie – zu einem Zeitpunkt, als der Interdependenzgedanke auf breiter Front in der Gesellschaft ankam.

Wenn die Supermächte miteinander sprachen, so formulierte Brandt 1984, müsse am „Anfang des Dialogs […] die auch innerlich akzeptierte Erkenntnis stehen, daß die Welt zwischen Ost und West unter dem Zwang zur Koexistenz steht, daß gemeinsame Sicherheit zu organisieren wichtiger ist als die unleugbaren ideologischen Unterschiede auszutragen".[88] Für Egon Bahr ging „Gemeinsame Sicherheit" von dem Grundgedanken aus, dass sich Probleme in einem Teil der Welt nicht mehr ohne die anderen lösen ließen.[89] Sie stellten sich umso dringender, lautete die apokalyptische Diagnose, als es um das Überleben des Planeten ging. „Gemeinsam überleben" war aber nicht nur die Maxime des Palme-Berichts von 1982,[90] sie kann für eine Denkfigur stehen, die das Sprechen und Handeln zahlreicher SPD-Mitglieder in den achtziger Jahren bestimmte. Sogar die Schmidt-Regierung verortete die Bundesrepublik „in einer interdependenten

---

Paper [der DDR]: Überlegungen für gemeinsame und parallele Schritte der DDR und der BRD, um dazu beizutragen, die Chancen zu einem gesonderten Abkommen zur Beseitigung der Mittelstreckenraketen in Europa zu nutzen, 2.4.1987, AdsD, 1/HEAA000809.

[81] Vgl. Andreas Borchers/Michael Scholing: Einig darüber, „mehr Frieden zu wagen". Zweite Phase der Entspannung ist nicht mehr umstritten, in: *Vorwärts*, 30.8.1986, S. 21f.; F. Fischer: Interesse, S. 332–338.

[82] Beinahe folgerichtig war es, dass die Bundesregierung die sozialdemokratischen Initiativen ablehnte. F. Fischer: Interesse, S. 339–355; vgl. auch ebenda, S. 295–299.

[83] Vgl. dazu Ch. Maier: Consigning, S. 823–825; ferner mit einem Schaubild Ch. Maier: Territoriality, S. 39; anregend auch Iriye: Making, S. 727–750.

[84] Iriye: Making, S. 727f.; Iriye: Community, S. 126–156.

[85] Vgl. Cosgrove: Contested Global Visions.

[86] Vgl. Seefried: Zukünfte, S. 235–254. Seefried betont allerdings, dass der Club of Rome ein „Träger westlichen Ordnungsdenkens" war.

[87] Vgl. Kuchenbuch: Globales Interdependenzbewusstsein.

[88] Brandt: Stand und Perspektiven der Ost-West-Beziehungen. Redeentwurf für den „Deutsch-Amerikanischen Workshop" der Friedrich-Ebert-Stiftung am 28./29.6.1984, undatiert, S. 10, AdsD, 1/EBAA000460.

[89] Siehe Bahr: Ansatz (s. Anm. 29).

[90] [Ohne Verfasser:] Palme-Bericht, S. 17.

Welt".[91] Diese Beobachtung, die Schmidt als ein Strukturmerkmal „unserer heutigen Welt" identifizierte,[92] war für die SPD wichtig, da sie die Aufmerksamkeit vom traditionellen Antagonismus des Kalten Krieges zu seinen ideologischen Voraussetzungen lenkte. Dass die Nationen der Erde aufeinander angewiesen seien und ihre Probleme nur kooperativ lösen konnten, begann den Kern dessen abzulösen, was spätestens seit dem Godesberger Programm von 1959 und der Bundestagsrede Herbert Wehners von 1960 als Grundkonsens der Sozialdemokratie definiert worden war. Wer über Politik, Wirtschaft, Kultur oder Gesellschaft in einem globalen Maßstab nachdachte, nahm in den achtziger Jahren seltener seine Zuflucht darin, sich vom kommunistischen Ostblock abzugrenzen. Vielmehr betonte er nun das Netzwerkartige einer „interdependenten Welt",[93] und schenkte auch einer anderen Gegend des Planeten seine verstärkte Aufmerksamkeit, die bis in die siebziger Jahre hinein vernachlässigt worden war.

Auch dort, wo SPD-Mitglieder für mehr Entwicklungshilfe plädierten, zeigte sich, dass sie von der Globalität der Problemstellungen sprachen. Die innerparteilichen Debatten in den frühen 1980er Jahren zeichneten sich dadurch aus, dass in ihnen verschiedene Themenkreise verschaltet wurden: Friede, Umwelt, Ungleichheit. Für fast alle Sozialdemokratinnen und Sozialdemokraten, die sich in der Debatte um die Nachrüstung zu Wort meldeten, war charakteristisch, dass sie nicht nur Abrüstung, sondern auch eine intensivierte Hilfe für den globalen Süden forderten.[94] Und der Gegensatz zwischen Norden und Süden wog für sie schwerer als die Differenz zwischen West und Ost. Als Kanzler Schmidt im Mai 1978 vor den Vereinten Nationen in New York City sprach und die „Sicherheitspartnerschaft" einführte, prangerte er selbst das Missverhältnis zwischen Rüstungsausgaben und Entwicklungshilfe an.[95] Stärker als andere Politiker verortete Willy Brandt die Stationierungsfrage in einer Wechselbeziehung mit dem globalen Hunger, mit weltweiten sozialen und ökonomischen Ungleichheiten.[96]

Dabei standen Brandt und andere SPD-Mitglieder unter dem Eindruck der „Dritte-Welt-Bewegung", die in Westeuropa und den USA zahlreiche Menschen elektrisierte und zu politischem Engagement führte.[97] Der direkte Kontext, aus dem heraus Brandt sich zum Anwalt des Nord-Süd-Dialogs aufschwang, war die „Unabhängige Kommission für Internationale Entwicklungsfragen", die 1977 auf Anregung des damaligen Präsidenten der Weltbank Robert McNamara eingerichtet worden war und deren Leitung Brandt übernommen hatte.[98] Wie sein persönlicher Mitarbeiter für die Kommissionsarbeit, Fritz Fischer, 1979 schrieb, war es Brandt wichtig, „wesentlich größere Anstrengungen zu unter-

---

[91] Antwort der Bundesregierung auf die Große Anfrage der Fraktionen der SPD und FDP (Drucksache 8/2195) sowie auf die Große Anfrage der Fraktion der CDU/CSU (Drucksache 8/2312), Drucksache 8/2587, Bonn 16.2.1979, S. 4.
[92] Schmidt: Strategie, S. 11.
[93] Baudissin: Zu den Thesen-Entwürfen zum „Papier" Kommission Sicherheitspolitik, 20.6.1985, AdsD, 2/PVDF000314.
[94] Vgl. Nehring/Ziemann: Wege, S. 88; Holmes Cooper: Paradoxes, S. 158–163; Finger: Movement.
[95] Schmidt: Gleichgewicht, S. 673–674 (s. Anm. 8).
[96] Vgl. Rother: Entwicklung; Rother: Between East and West; Albrecht: Entwicklung; umfassend Michel: Amerikabild, S. 427–454, hier v.a. S. 436–438; dagegen sehr knapp Faulenbach: Jahrzehnt, S. 562–565; überblicksartig Schöllgen: Willy Brandt, S. 238–242.
[97] Vgl. exemplarisch die Beiträge in den folgenden Sammelbänden: Baumann u.a.: Milieus; Reichardt/Siegfried: Milieu; R. Roth/Rucht: Bewegungen.
[98] Vgl. Michel: Amerikabild, S. 428; ferner auch Merseburger: Willy Brandt, S. 759f., 769; Schöllgen: Willy Brandt, S. 226f.

nehmen, um eine grundlegende Neugestaltung der Nord-Süd-Beziehungen zu ermöglichen".[99] Dabei maß er „dem Kampf gegen den Hunger und der Förderung der Landwirtschaft in den Entwicklungsländern besonderes Gewicht" bei. Nach über zwei Jahren Arbeit legte die Kommission 1980 ihren Bericht vor.[100] Von der Fülle an konkreten Vorschlägen zur Reform des Weltwirtschaftssystems abgesehen, war der Bericht wichtig, weil er die Situation der Entwicklungsländer auf die politische Agenda von internationalen Organisationen und nationalen Regierungen hob. Im Kern zielte er auf die Integration der Entwicklungsländer in die Weltwirtschaft. Davon versprach er sich die Verbesserung ihrer sozialen und wirtschaftlichen Situation. Als Brandt den Bericht 1980 vor der internationalen Presse vorstellte, fasste er das Ergebnis seiner Kommission folgendermaßen zusammen:

> „Wir sind übereinstimmend zu der Ansicht gelangt, daß dringende und weitreichende Maßnahmen getroffen werden müssen, um eine drohende Katastrophe abzuwenden. Immer mehr Menschen hungern nach Nahrung und Erziehung. Die bestehenden internationalen Wirtschaftsbeziehungen werden immer unsicherer. Das Waffenarsenal wird immer größer. Nach Hunger droht das Chaos, dem Chaos kann Krieg folgen. Doch sind wir der Überzeugung, daß der Norden und der Süden dieser Welt, daß die Industrie- und die Entwicklungsländer durch wesentlich mehr gemeinsame Interessen, als sie gemeinhin annehmen, verbunden sind, um zusammen eine wirtschaftliche Wiederbelebung zu erreichen."[101]

In diesem Absatz sind die wichtigsten Motive enthalten, wie sie die zeitgenössische Debatte in der SPD prägten. Denn Abrüstung und Entwicklungshilfe standen für die Sozialdemokratie in einem engen Zusammenhang. Brandt ging mit der ihm eigenen Emphase davon aus, dass das Überleben der Menschheit in zwei Dimensionen gefährdet war: durch nukleare Waffen und durch globale Ungleichheiten. In diesem Sinne bezeichnete er „Wettrüsten und Welthunger" gleichermaßen als einen „organisierte[n] Wahnsinn".[102] In seiner Argumentation drohte die nukleare Apokalypse, wobei sich die Menschheit auch selbst zugrunde richten konnte, wenn sie die Ressourcen weiterhin so ungleich verteilte.[103] Doch mehr als das: Sollten innerhalb der Entwicklungsländer Verteilungskämpfe ausbrechen oder der Süden gewaltsam gegen den Norden aufstehen, konnte die soziale Ungerechtigkeit zwischen Nord und Süd selbst Kriege hervorrufen, warnte Brandt.[104] Dass die Industriestaaten beinahe ungehindert Waffen in die Entwicklungsländer expor-

---

[99] Fritz Fischer: Aufzeichnung über den Stand der Arbeiten der „Brandt-Kommission", 6.11.1979, AdsD, 2/PVEK000077.
[100] Vgl. [ohne Verfasser:] Überleben. Eine Kurzfassung findet sich auch in: *Vorwärts*, 6.3.1980, S. 15–18; W. Schmidt: Governance. Ferner North-South, a programme for survival. Report of the Independent Commission on International Development Issues, Cambridge, Mass.1980, Press Release: The Independent Commission on Disarmament and Security Issues, 13.9.1980, YUL, Vance Papers, s III, b 36, f 257; Fritz Fischer: In erster Linie Friedenspolitik. Der Bericht der Brandt-Kommission bestimmt die entwicklungspolitische Diskussion, in: *Vorwärts*, 21.8.1980, S. 14; Jens Fischer: Vernunft und nicht Gewalt, in: *Vorwärts*, 14.2.1980, S. 15f.; Krönke: Bevor es zu spät sein wird, in: *Vorwärts*, 14.2.1980, S. 16f.
[101] Brandt: Berliner Ausgabe, 8. Bd., S. 289. Im *Vorwärts* wurde aber Kritik laut, dass der Bericht nicht offenlege, wer tatsächlich für das Wettrüsten verantwortlich sei, nämlich der „militärisch-industrielle Komplex". Mai Wolkow: Wer das Leben auf der Erde bedroht. Stärken und Schwächen des Berichts der Brandt-Kommission, in: *Vorwärts*, 15.5.1980, S. 14.
[102] Brandt: Wahnsinn.
[103] So Brandt: Berliner Ausgabe, 8. Bd., S. 234.
[104] Ebenda.

tierten, machte die Problematik in seinen Augen gerade so brisant.[105] Deshalb verlangte er, die Nord-Süd-Beziehungen als das zu sehen, „was sie sind, nämlich eine neue, geschichtliche Dimension für die aktive Sicherung des Friedens".[106]

Brandt zog eine Analogie zwischen dem Ost-West- und dem Nord-Süd-Konflikt. Im Vergleich zur Konfrontation zwischen den USA und der Sowjetunion standen sich beim Gegensatz zwischen Industrie- und Entwicklungsländern aber nicht konkurrierende Ideologien gegenüber, die sich gegenseitig das Existenzrecht absprachen, sondern soziale und ökonomische Ungleichheiten. Die Welt könne sich, schrieb Brandt 1985,

> „auch kaputtwirtschaften und zu Tode rüsten, ohne tatsächlich einen großen Krieg zu führen – wenn wir die Aufgaben der Gegenwart vernachlässigen und es versäumen, in die Zukunft zu investieren. Der Norden kann nur überleben, wenn man den Süden selbständig werden und anständig leben lässt."[107]

So waren der Nord-Süd- und der Ost-West-Konflikt nicht voneinander zu trennen, sondern „in komplizierter und unheilvoller Weise" verschränkt.[108] Für Brandt stand fest, dass die Menschheit ein Interesse daran hatte, gemeinsam zu überleben. Weder war es wünschenswert noch überhaupt realisierbar, dass eine Seite – Ost oder West, Nord oder Süd – als Sieger aus dem Rüstungswettlauf oder dem Ressourcenkampf hervorging: „Ost und West, Nord und Süd, die Menschen der ganzen Welt sind bedroht durch die wirtschaftliche Instabilität, welche ihrerseits politische Unsicherheit schafft", formulierte Brandt.[109] Wenn die Menschheit einen Planeten bewohne, dann folge daraus, dass sie ihr Überleben gemeinsam organisieren müsse. Diese Idee stammte aus dem gedanklichen Spektrum, aus dem auch die Palme-Kommission schöpfte. In der Tat bezog die Kommission in ihren Bericht auch den globalen Süden ein:

> „Das Prinzip der gemeinsamen Sicherheit gilt besonders zwingend für Länder der Dritten Welt. Gleich den Ländern, die mit Atomwaffen leben, können sie keine Sicherheit vor ihren Gegnern erlangen. Auch sie müssen politische und ökonomische Sicherheit anstreben, indem sie sich zu gemeinsamem Überleben verpflichten. Wir sind überzeugt, daß es durchaus erforderlich ist, die Sicherheitsbedürfnisse der Dritten Welt durch kollektive Verantwortung zu befriedigen."[110]

Dass die „wirtschaftlichen Nachteile des militärischen Wettlaufs" reduziert werden mussten, lag für Palme und die übrigen Kommissionsmitglieder im gemeinsamen Interesse von „Ost und West, Nord und Süd".[111] Damit intonierte die Palme- wie die Brandt-Kommission eine Melodie, in welche die Sozialdemokratie begeistert einstimmte. Quer durch die SPD fielen Brandts entwicklungspolitische Ideen auf einen fruchtbaren Boden. Das

---

[105] Vgl. auch SPD-Kreisverband Kiel: Waffenexporte und Arbeitsplätze. Kreisparteitagsbeschluß vom 2.3.1980, Kiel Januar 1982 [veröffentlicht im Selbstverlag, Bibliothek der FES]; Schluss mit dem Waffenhandel. Mehr Waffen machen die Menschheit nicht sicherer, nur ärmer. Offener Brief Marburger Jusos an die SPD-Bundestagsfraktion, Januar 1981, AGG, Bestand A – Klaus Timpe, 4; Voigt: Brennstoff für regionale Konfliktherde. Möglichkeiten zur Begrenzung der Rüstungsexporte in die Dritte Welt, in: *Vorwärts*, 26.7.1979, S. 11; Guha: Die Welt wird durchmilitarisiert. Der Waffenhandel und die Folgen, in: *Die Neue Gesellschaft* 28 (1981), S. 309–313; Krönke: „Solange wir die Dritte Welt aufrüsten …" Rainer Offergeld, Bundesminister für Entwicklung und Zusammenarbeit, über die Aufrüstung des Südens [Interview], in: *Vorwärts*, 13.5.1982, S. 14.
[106] Brandt: Wandel, S. 21.
[107] Brandt: Wahnsinn, S. 22.
[108] Brandt: Berliner Ausgabe, 8. Bd., S. 339; dazu auch Brandt: Wahnsinn, S. 25.
[109] Brandt: Berliner Ausgabe, 8. Bd., S. 290.
[110] Palme: Einleitung, S. 14.
[111] Ebenda, S. 15.

Ost-West-Verhältnis müsse im Kontext der Nord-Süd-Problematik gesehen und beurteilt werden, schrieb 1978 der sozialdemokratische Friedensforscher Ulrich Albrecht, der als Politologe an der Freien Universität Berlin lehrte.[112] Die ASF-Bundesvorsitzende Inge Wettig-Danielmeier betonte, dass die Ausgaben für die Nachrüstung „ein Ärgernis in einer Zeit" seien, „in der von den knapper werdenden Mitteln weltweit wachsende Gefahren für Frieden und soziale Entwicklung" ausgingen.[113] Frieden war auch für die Sozialdemokratie in Ostwestfalen-Lippe nur denkbar, wenn die Supermächte erkannten, „daß die friedliche, soziale und wirtschaftliche Entwicklung der Staaten der Dritten Welt in Selbstbestimmung in ihrem gemeinsamen Interesse liegt und aufhören, die Dritte Welt nur als Objekt im Kampf um Einflußzonen und Rohstoffe zu betrachten".[114] Selbst die Bundesregierung zeigte sich 1980 offen für die Vorschläge des Brandt-Berichts,[115] während die US-Regierung Skepsis gegenüber den Vorschlägen äußerte.[116] Obwohl Brandt stets betonte, dass es auch an der Sowjetunion sei, ihre Politik gegenüber dem globalen Süden zu modifizieren,[117] verfolgte Washington einen Kurs, in dem die Entwicklungspolitik der Sicherheitspolitik nachgeordnet war.[118]

Brandt setzte auf Verflechtung und Interdependenz. In „Der organisierte Wahnsinn" schrieb er 1985, dass es unter „aufgeklärten und aufgeschlossenen Menschen [...] keinen Zweifel geben" könne, „daß uns die Riesenaufgabe, die vom Überleben der Menschheit handelt, *miteinander* gestellt ist und nur im internationalen Zusammenwirken gemeistert werden kann".[119] Entscheidend für Brandts Denken war, dass er von einer weltumspannenden Gefährdung der Menschheit ausging, die sich als Repräsentation einer globalen Risikogemeinschaft beschreiben lässt.[120] Brandt fasste sein Anliegen pointiert zusammen, als er schrieb, dass die entwicklungspolitischen Probleme nur „im Wissen um ihre gegenseitige Abhängigkeit" lösbar seien.[121] Daraus leitete er die Notwendigkeit eines globalen Denkens ab. Brandt verlangte als Lösung eines Problems, von dem die ganze Menschheit betroffen schien, ein Mehr an Interdependenz und Zusammenarbeit.[122] Seine Antwort war nicht der Rückzug auf nationalstaatliches Handeln, sondern die Intensivierung von supra-

---

[112] Ulrich Albrecht: Abrüstung und Entwicklungspolitik, in: *Die Neue Gesellschaft* 25 (1978), S. 744–748; Lothar Schwartz: Hunger und Rüstung, in: *Die Neue Gesellschaft* 31 (1984), S. 1083–1087.

[113] Inge Wettig-Danielmeier: Aufruf zum 1. September (Antikriegstag), undatiert, AdsD, Bestand SPD-PV, Referat Frauen/ASF, 10469; auch in Bundesvorstand der Arbeitsgemeinschaft Sozialdemokratischer Frauen (ASF): Frauen in der SPD – Frauen für den Frieden [1981], AdsD, Bestand SPD-PV, Referat Frauen/ASF, 9622.

[114] Antrag zum Bezirksparteitag Ostwestfalen-Lippe am 13.6.1981, undatiert, AdsD, Bestand SPD-PV, Internationale Abteilung, 11175.

[115] Vgl. Genscher an Brandt, 21.2.1980, AdsD, 2/PVEK000083.

[116] Während die Carter-Regierung noch freundlich auf die Vorschläge reagiert hatte, unterstrichen die Berater Reagans die Gegensätze zur Politik der USA. Department of State Briefing Paper: The Brandt Commission Report on North-South Issues, 26.2.1980, S. 1–3, JCL, Brzezinski Material: VIP Visit File, b 5, f Germany, Chancellor Schmidt, 3/4–6/80: Briefing Book [I]; Allen an Reagan: Brandt Commission Report [9.3.1981], RRL, WHORM Subject File, C0054-02, f 000393; siehe auch Fritz Fischer an Schmidt: Kurzvermerk über Gespräche von Willy Brandt in Washington und New York (11.–15.2.1980), 19.2.1980, insb. S. 2, AdsD, 1/HSAA009410.

[117] So Brandt an Breschnew, 19.2.1980, AdsD, 1/EBAA000956; zum historischen Kontext Hilger: Sowjetunion.

[118] Vgl. Vance: Notepad, 5.12.1977, YUL, Vance Papers, s II, b 11, f 30.

[119] Brandt: Wahnsinn, S. 25. Hervorhebung im Original.

[120] Vgl. Conze: Modernitätsskepsis, S. 236f.

[121] Brandt: Berliner Ausgabe, 8. Bd., S. 340.

[122] Vgl. dazu pointiert W. Schmidt: Governance, S. 252, 265–269.

nationaler und internationaler Kooperation – denn „globale Probleme" erforderten „globale Lösungen; und Interdependenz erzeugende Probleme erfordern gemeinsame Lösungen".[123] Die weltgesellschaftlichen Ordnungsvorstellungen, die hier ihren Ausgang nahmen und für die siebziger und achtziger Jahre charakteristisch wurden, transzendierten den nationalen Raum vor dem Hintergrund ubiquitärer Unsicherheitswahrnehmungen.[124] Auch Brandt griff auf sie zurück, wenn er über eine „Welt-Innenpolitik" sinnierte, die ihm „nicht mehr überall als phantastisch" erschien.[125]

Die Idee, die Brandt ausmalte, ließ sich mit den Worten zusammenfassen, mit denen er die Mitglieder der Brandt- und der Palme-Kommission 1984 bei einer gemeinsamen Sitzung in Rom adressierte:

> „Our vision is of an international order where the ownership of nuclear weapons is not decisive in world politics, where peace and security could be maintained at much lower levels of conventional armaments, and where our common resources could be devoted to providing a life in dignity for all peoples and nations."[126]

Das Credo „Entwicklungspolitik ist Friedenspolitik"[127], das Brandt in vielen Variationen immer wieder anstimmte[128], entfaltete im Kontext seines politischen Wirkens und im Umfeld seiner Partei deshalb eine so nachhaltige Wirkung, weil es verschiedene Traditionsstränge der Sozialdemokratie, aber auch verschiedene biographische Themen Brandts geschickt bündelte. Hier traf sich zum einen der wohlfahrtstaatliche Impetus der Sozialdemokratie, für den die Sorge um die Schwachen zentrales Anliegen war, mit dem Internationalismus der Arbeiterbewegung, der die weltweiten Ungerechtigkeiten bekämpfen wollte. Hinzu trat der Antimilitarismus, mit dem sich Rüstung und Militärausgaben ablehnen ließen, um das globale humanitäre Engagement zu intensivieren. So verdichteten sich Antimilitarismus, Internationalismus und Solidarismus zu einem gedanklichen Grundmuster, das die Sorge um die Ärmsten in aller Welt und vor Ort in einen Zusammenhang mit Abrüstung brachte.[129]

Im Grunde teilten alle namhaften SPD-Funktionäre Brandts Ansicht, dass die Welt verflochten war. Ein „Zukunftsprogramm Dritte Welt", das die SPD auf Initiative ihres Fraktionsvorsitzenden Hans-Jochen Vogel ohne interne Kontroversen 1984 lancierte, wollte „die Entwicklungspolitik als globale, partnerschaftliche Zusammenarbeit zwischen Nord und Süd begreifen".[130] Ein „Überleben aller" sei „nur dauerhaft zu sichern, wenn alle begrei-

---

[123] Brandt: Berliner Ausgabe, 8. Bd., S. 342.
[124] Vgl. Iriye: Making, S. 737–750.
[125] Brandt: Berliner Ausgabe, 8. Bd., S. 243.
[126] Willy Brandt: Address at audience for members of the Independent Commissions on International Development and Security and Disarmament Issues, 21. 1. 1984, YUL, Vance Papers, s III, b 34, f 238.
[127] Brandt: Entwicklungspolitik.
[128] Vgl. die zahlreichen edierten Dokumente in Brandt: Berliner Ausgabe, 8. Bd.
[129] Im Entwurf zu einer Grundsatzerklärung der SI war zu lesen: „Socialism has always been internationalist. Each mother country is only a fraction of the whole of humanity, and all peoples and cultures have invaluable traditions. [...] The social and political problems of humanity can only be solved, today more than ever before, by giving up all pretensions of isolation, and overcoming national distrust and enmities." [Entwurf zu einer neuen Grundsatzerklärung der Sozialistischen Internationale, Madrid 1983], undatiert, CAS, 60 RI, (A), 6.
[130] Ingomar Hauchler: Ein Marshallplan ohne Systemzwang. Ein Separatfrieden mit dem Wohlstand ist nicht mehr möglich: SPD-Zukunftsprogramm Dritte Welt will einen Solidarpakt für Entwicklung, in: *Vorwärts*, 1. 9. 1984, S. 12; auch Dagmar Matejko: Gegen Nord-Süd-Politik im Schlepptau der USA. SPD-Nord-Süd-Forum, in: *Vorwärts*, 23. 2. 1984, S. 13.

fen, daß Süd und Nord, West und Ost Teil einer Welt sind". Klarer konnte nicht formuliert werden, von welchem Gedanken das Nachdenken über „Gemeinsame Sicherheit" und die Nord-Süd-Problematik ausging. Als sich die Mitglieder der Sozialistischen Internationale 1982 in Paris trafen, war es der 1. Sekretär des sonst so nachrüstungsfreundlichen PSF, Lionel Jospin, der mit großem Nachdruck betonte, „wie sehr die Interdependenz der Probleme und Fragestellungen aus dem Ost-West- und dem Nord-Süd-Bereich in den vergangenen Jahren zugenommen" habe.[131] Nun war es nicht die Interdependenz selbst, die sich vergrößert hatte, sondern die Resonanzfähigkeit der Zeitgenossen für derartige Zusammenhänge. So wie die Verflochtenheit der Welt in den Augen derjenigen wuchs, die sie bewohnten, so kristallisierte sich eine Bereitschaft heraus, gemeinsame Lösungswege zu sondieren. Sicherheits- und wirtschaftspolitische Kooperation waren zwei solche Konzepte. Wenngleich insbesondere die „Gemeinsame Sicherheit" mit ihren realpolitischen Konsequenzen – der atomwaffenfreien Zone – in und außerhalb der SPD umstritten blieb, waren beide das Ergebnis eines Denkstils, in dem Interdependenz in den Vordergrund rückte und die Binarität des Kalten Krieges ablöste. Und während die einen SPD-Mitglieder noch von der Verflochtenheit der Welt sprachen, begannen andere bereits, konkrete Wege aus der Blockkonfrontation zu suchen.

2. Wege aus der Blockkonfrontation

Die Nachrüstungsgegner in der SPD wollten den Ost-West-Konflikt überwinden, denn für sie zählte der ideologische Gegensatz nicht mehr. Als sie zu bemerken glaubten, wie die Supermächte auf einen „Zweiten Kalten Krieg" zusteuerten, machten sie deutlich, dass sie ihn längst für überwunden und überholt hielten. Daran richteten sie ihr Denken aus. Und weil die Bundesrepublik in ihren Augen an der Konfrontation selbst mitwirkte, setzten sie dort an, wo sie etwas verändern zu können glaubten. Der saarländische SPD-Vorsitzende Oskar Lafontaine verlangte im August 1983, die Bundesrepublik müsse nach dem Vorbild Frankreichs „aus der militärischen Integration der Nato ausscheiden".[132] Das SPD-Präsidium reagierte empört und versicherte, dass die Partei an der Bündniszugehörigkeit des Landes nicht rütteln wolle.[133] Trotzdem fühlten sich all jene bestärkt, die wie die Unionsparteien, die US-Regierung und die französischen Sozialisten an der Zuverlässigkeit der SPD zweifelten. Gerade der PSF sah sich in seinen Vorbehalten gegenüber der SPD ermutigt, auch wenn die Idee Lafontaines, wie die Parteizentrale in Paris erkannte, eigentlich sehr gaullistisch war.[134]

---

[131] Dingels: Sitzung des Büros der Sozialistischen Internationale am 24./25.9.1982 in Paris, 28.9. 1981, AdsD, 1/HWAK000440.
[132] Lafontaine: Angst, S. 81–84, hier S. 81; zeitgleich Lafontaine: „Den Austritt aus der NATO wagen", in: Der Spiegel, 29.8.1983, S. 44–56.
[133] Protokoll der Sitzung des Präsidiums am 29.8.1983, AdsD, Bestand SPD-PV, Vorstandssekretariat, 226; dazu Glotz an Brandt, 30.8.1983, AdsD, WBA, A11.3, 51; sowie SPD-Pressemitteilung, 515/83, 30.8.1983. Bereits im April des Jahres war es im Vorstand zu einer Diskussion gekommen, als Lafontaine auf einer Veranstaltung der Jusos gesagt hatte, „es könne keine weitere Zusammenarbeit geben", weil für die Vereinigten Staaten „ein Atomkrieg denkbar sei". Protokoll der Sitzung des Vorstandes am 25.4.1983, S. 8f., hier S. 8, AdsD, Bestand SPD-PV, Vorstandssekretariat, ohne Signatur; reflektiert auch Glotz: Arbeit, S. 98–100.
[134] So hieß es rückblickend in einer Notiz von Axel Queval an Lionel Jospin/Louis Le Pensec: Objet: visite en France de Oskar Lafontaine, 15.5.1987, CAS, 405 RI, 4.

Freilich teilten nur wenige SPD-Mitglieder Lafontaines Forderung in dieser Konsequenz.[135] Selbst die Parteilinke wollte die NATO-Mitgliedschaft der Bundesrepublik „kurzfristig nicht zur Disposition" stellen.[136] Für die Jusos, die während des Nachrüstungsstreits selten um radikale Äußerungen verlegen waren, blieb der NATO-Austritt allenfalls ein Fernziel.[137] Gleichwohl gab es unter den jüngeren und weiblichen Parteimitgliedern etliche Befürworter eines solchen Schrittes. Der stellvertretende Juso-Bundesvorsitzende Olaf Scholz vertrat im Dezember 1983 „die Meinung, daß man wegen der veränderten Position in Teilen der Friedensbewegung jetzt auch als Jusos [sic] das Thema NATO-Austritt diskutieren könne".[138] Christa Randzio-Plath von der ASF hielt es 1984 ebenfalls für „erforderlich", dass die Bundesrepublik ihre Mitgliedschaft im Bündnis beendete.[139] Und in einem Papier des SPD-Unterbezirks Bremen-Ost war zu lesen, dass „die weitere Mitgliedschaft der Bundesrepublik in der NATO für die bundesdeutsche Bevölkerung mehr Gefahr als Schutz" bedeute.[140] Es stelle sich deshalb „die Frage entweder einer grundlegenden Strukturreform des Nordatlantischen Bündnisses in Form einer Europäisierung der Sicherheitsinteressen der westeuropäischen Bündnispartner oder des Verbleibs der Bundesrepublik in der NATO überhaupt, mindestens ihres Verbleibs in der militärischen Infrastruktur". Nun wurde der Wunsch, die Bundesrepublik möge mit sofortiger Wirkung aus der NATO ausscheiden, allenfalls an den Rändern der Sozialdemokratie ernsthaft erwogen. Das Konzept der „Gemeinsamen Sicherheit" beinhaltete ja gerade, dass die Bündnisse auf kurze Sicht nicht angetastet werden sollten.[141] Doch war die Sozialdemokratie ein Sammelbecken für zum Teil höchst unterschiedliche Ansichten, und wenn gesellschaftliche Gruppen über Neutralismus, *Disengagement* und Blockfreiheit nachdachten, erreichten solche Ideen auch die SPD.[142]

Der Friedensforscher Ulrich Albrecht schlug 1983 vor, dass die Blöcke in Europa auseinanderrücken sollten. Ein neutrales Deutschland konnte seiner Ansicht nach eine Pufferzo-

---

[135] Lafontaine ging trotz harter Kritik nicht von seiner Forderung ab. Siehe seine Rede vor der National Defense University in Washington, DC am 23.9.1987, abgedruckt in Lafontaine: Europäische Sicherheitspolitik, in: *Die Neue Gesellschaft/Frankfurter Hefte* 34 (1987), S. 976–982, hier S. 982.
[136] [Ergebnisprotokoll der Sitzung der AG Frieden im Frankfurter Kreis am 16.4.1983 in Oer-Erkenschwick], undatiert, S.6, AdsD, 1/EEAC000126.
[137] Bundesvorstand der Arbeitsgemeinschaft der Jungsozialisten (Jusos): Bundeskongreß, 26.–27.3. 1983, Oberhausen, Antrag Nr. A1 (Bundesvorstand), AdsD, Bestand SPD-PV, Referat Jungsozialisten, 5957.
[138] Protokoll der Bundesvorstandssitzung vom 18.12.1983, AdsD, Bestand SPD-PV, Referat Jungsozialisten, 7607; dazu auch Bertram Sauer/Olaf Scholz: Aspekte sozialistischer Friedensarbeit, in: *Zeitschrift für sozialistische Politik und Wirtschaft* 7 (1984), H. 22, S. 85–89, hier S. 88.
[139] Christa Randzio-Plath: Unsere Haltung zur NATO, 6.1.1984, S.1, AdsD, Bestand SPD-PV, Referat Frauen/ASF, 9383.
[140] Positionspapier des SPD-Unterbezirks Bremen-Ost zur Friedenspolitik, Mai 1984, S.8, AdsD, 1/EBAA000511; dazu auch die Antwort von Bahr an Stefan Seifriz, 12.7.1984, ebenda.
[141] So Bahr an Roland R., 2.11.1981, AdsD, 1/EBAA000043; ähnlich Bahr an Gottfried J., 20.7.1983, AdsD, 1/EBAA000576.
[142] Exemplarisch zu diesem Forderungskatalog: Arbeitskreis Atomwaffenfreies Europa e.V.: Stationierung – und was dann? Rückfall in den Kalten Krieg oder Perspektiven einer neuen europäischen Friedensordnung, undatiert, BStU, MfS, BV Berlin XV, 156, Teil 1/2, Bl. 19f.; Wolfgang Wiemer an Horst Ehmke: Vermerk über eine „Denkschrift Friedensvertrag Deutsche Konföderation Europäisches Sicherheitssystem" aus dem Kreis um Dr. Peter Brandt und Herbert Ammon, 6.5.1985, AdsD, 1/HEAA000805; Schreiben von Prof. Havemann an Generalsekretär Breschnew, 8.10.1981, AdsD, 1/HSAA006833; Stichworte: Neutralismus – Blockfreiheit – Einseitige Abrüstung – „Lieber rot als tot", undatiert, AdsD, Vorlass Bülow, 124.

ne zwischen den rivalisierenden Weltmächten bilden.[143] Auch die Jusos diskutierten das Neutralitätskonzept 1983 auf ihrem Bundeskongress eingehend und offen.[144] Bereits 1981 hatten die Friedensaktivisten Heinrich Albertz, Peter Brandt und Ingeborg Drewitz einen offenen Brief an den sowjetischen Generalsekretär Leonid Breschnew geschrieben, in dem sie ihm „die Entmilitarisierung und Neutralisierung der beiden deutschen Staaten" vorschlugen.[145] Überhaupt trafen in den Jahren des Nachrüstungsstreits Briefe im Erich-Ollenhauer-Haus ein, in denen männliche und weibliche Mitglieder verlangten, die Bundesrepublik solle sich für neutral erklären.[146] Diese Ideen waren in der Gesamtpartei nicht mehrheitsfähig. Anders verhielt es sich aber mit dem Vorschlag, dass die Militärbündnisse aufgelöst werden sollten.[147] Eppler selbst lehnte das Denken von „Bündnisdogmatikern" ab und avisierte ein Ende der „gefährlichen" Blocklogik.[148] Hier betrat er wieder den Raum des Sagbaren. Denn entscheidend ist: Die langfristige Überwindung der Blocksysteme war in der SPD des Jahres 1984 eine auf breiter Basis akzeptierte Vorstellung, wie die internationale Staatenwelt zu organisieren sei – sie war eine Vision, die die SPD ohne erkennbaren innerparteilichen Konflikt sogar im Beschluss des Essener Parteitages verankerte.[149] Konkrete Ideen brachte die SPD 1984 in Essen zwar nicht vor. Doch allein die Tatsache, dass diese Aussage Eingang in den Beschluss eines Bundesparteitages fand, deutet darauf hin, wie tiefgreifend sich die Sozialdemokratie verändert hatte. Die Blockkonfrontation galt freilich in großen Teilen der politischen Linken als „Wahnsinn mit Methode".[150] Auch die Grünen diskutierten verschiedene Modelle, mit denen sich die Welt neu ordnen ließe.[151]

Europa war der Fluchtpunkt, auf den die Nachrüstungskritikerinnen und -kritiker in der SPD schauten. Dass die Entspannungspolitik gerettet werden müsse, galt in der SPD zuallererst als eine europäische Aufgabe. Indem Parteimitglieder der US-Regierung unterstellten, sie sei ein Agent von Militarisierung und Aufrüstung, konnten sie das Streben nach Frieden und Entspannung wirkungsvoll als europäische Eigenschaft abheben. So entwarfen sie einen Begriffskosmos, in dem sie die gegensätzlichen Termini Aufrüstung und Abrüstung, Konfrontation und Entspannung, Krieg und Frieden jeweils mit den Supermächten auf der einen und Europa auf der anderen Seite identifizierten.[152] Wenn Europa für

---

[143] Albrecht: Neutralismus. Egon Bahr lehnte solche Ideen im gleichen Buch vehement ab. Bahr: Entspannung, S. 82.
[144] Bundesvorstand der Arbeitsgemeinschaft der Jungsozialisten (Jusos): Bundeskongreß, 26.-27. 3. 1983, Oberhausen, Bericht des Arbeitskreises II: Alternative Sicherheitspolitik, AdsD, Bestand SPD-PV, Referat Jungsozialisten, 5957.
[145] Die Autoren sandten diesen Brief auch an Eppler und baten ihn um seine Unterschrift. Eppler lehnte jedoch ab. Albertz/Brandt/Drewitz an Eppler, undatiert, und die Antwort vom 16. 9. 1981, S. 2, AdsD, 1/EEAC000057.
[146] Siehe zwei exemplarische Briefe: Gottfried Sch. an Wischnewski, 6. 8. 1983, AdsD, 1/HWAK000042; Franz S. an Glotz, 6. 11. 1983, AdsD, Bestand SPD-PV, Internationale Abteilung, 10929.
[147] Siehe das unter anderen von Albertz, Eppler und Lafontaine unterzeichnete Mémorandum à la gauche française. Pour un débat sur la politique de paix en Europe, à l'occasion des secondes élections au Parlement européen du 17 juin 1984, Mai 1984, CAS, 70 RI, 38; deutsche Fassung in AdsD, Bestand SPD-PV, Internationale Abteilung, 10931; dazu Glotz an Rudolf Steinke, 9. 5. 1984, AdsD, Bestand SPD-PV, Internationale Abteilung, 11188.
[148] Eppler: Einsprüche, S. 212f.
[149] SPD-Parteitag, Essen 1984, Angenommene Anträge, S. 744; noch deutlicher schließlich in SPD-Parteitag, Nürnberg 1986, 2. Bd.: Anträge, S. 865.
[150] Bahro: Wahnsinn. Bahro war Mitglied der Grünen.
[151] Vgl. Mende: Gründungsgrüne, S. 344–352.
[152] Vgl. auch Davis: Europe.

sie ein Kontinent war, der Frieden und Kooperation suchte, stellten sie sich die Vereinigten Staaten als ein Land vor, das den Krieg und die Konfrontation wollte. Im sozialdemokratischen Weltbild galten „Europa" und „Krieg" als weit auseinander liegende Pole auf derselben diskursiven Achse – oder, wie Egon Bahr es formulierte: „So lange die Militarisierung des Denkens anhält, nimmt die Schwäche Europas zu."[153] Brandt transportierte seine Kritik an der US-Politik mit einem ganz ähnlichen Gedanken, wenn er feststellte, dass „die Verkrampfung der beiden Großen ebenso zugenommen" habe „wie das deutliche gemeinsame Interesse der Europäer, nicht alles kaputtgehen zu lassen".[154] Die europäischen Staaten waren bereit, mit der Sowjetunion zusammenzuarbeiten und sich untereinander zu einen, wohingegen die Supermächte und insbesondere die USA nur darauf schauten, den Blockgegensatz zu konservieren. Mit diesen Rahmensetzungen war es einfach, die Wiederherstellung der Entspannungspolitik als Anliegen der Europäer zu definieren.[155]

So meinte die zeitgenössische Formel von der „Europäisierung der Sicherheitspolitik"[156] im Kern nichts anderes, als den „Stellenwert der militärischen Machtfaktoren zurückzudrängen und sich der Polarisierung der Welt entgegenzustellen".[157] Thomas Enders hatte Recht, wenn er 1987 schrieb, dass Europa in der Konzeption der SPD „von den Spannungen im Rest der Welt abgeschottet, Entspannung also – im Gegensatz zu der amerikanischen Linkage-Konzeption – teilbar gemacht werden" sollte.[158] Die SPD wollte den Status quo verändern, indem die Bundesrepublik verstärkt mit ihren europäischen Nachbarstaaten kooperierte und sich Europa aus der Rivalität der Supermächte zurückzog.[159] Freilich bedeutete das selbst für die Jusos „nicht die Aufkündigung des NATO-Bündnisses" – aber „ein gemeinsames westeuropäisches Auftreten gegen den Führungsanspruch der USA".[160] Die konzeptionelle Schale, in welche die Sozialdemokraten ihren Europäisierungsdiskurs einpassten, war der Begriff „europäische Friedensordnung".[161] Willy Brandt hatte ihn am Ende der sechziger Jahre geprägt, als er die Langzeitperspektive der sozial-liberalen Entspannungspolitik formulierte.[162] Nach einem Dornröschenschlaf tauchte er 1982 im Münchner Parteitagsbeschluss wieder auf,[163] und Ende 1982 veröffentlichte die Ebert-Stiftung „Überlegungen zu einer Europäischen Friedensordnung".[164] Der Essener Parteitagsbeschluss bezeichnete es 1984 schließlich als das Ziel der SPD, „auf der Grundlage einer Sicherheitspartnerschaft der bestehenden Militärblöcke eine europäische Friedensordnung zu schaffen".[165]

---

[153] Bahr: Gemeinsame Sicherheit, S. 567.
[154] Ergebnisniederschrift über die Sitzung des Arbeitskreises I am Dienstag, den 11.6.1985 um 10.30 Uhr in Raum 2703 NH, undatiert, S. 1f., AdsD, Vorlass Voigt, Ordner „Arbeitskreis I Protokolle (Auswahl)", ohne Signatur.
[155] Vgl. auch Davis: Strength.
[156] Bahr: Gemeinsame Sicherheit, S. 568.
[157] Ebenda.
[158] Enders: SPD, S. 148.
[159] So Ferdinand Sch. an Brandt/Vogel, 10.11.1982, AdsD, Bestand SPD-PV, Internationale Abteilung, 11181.
[160] Bundesvorstand der Arbeitsgemeinschaft der Jungsozialisten (Jusos): Bundeskongreß, 26.–27.3. 1983, Oberhausen, Antrag Nr. A1 (Bundesvorstand), AdsD, Bestand SPD-PV, Referat Jungsozialisten, 5957.
[161] Vgl. Becht: SPD, S. 151–216; umfassend auch Th. Bender: SPD, S. 123–203.
[162] Vgl. Enders: SPD, S. 148.
[163] SPD-Parteitag, München 1982, 2. Bd.: Anträge, S. 908.
[164] Bruns/Krause: Friedensordnung.
[165] SPD-Parteitag, Essen 1984, Angenommene Anträge, S. 744.

Was mit der europäischen Friedensordnung konkret gemeint war, blieb vage.[166] Meist begnügten sich Sozialdemokratinnen und Sozialdemokraten des linken Flügels damit, einen „Zustand konflikt- und herrschaftsfreier Beziehungen auf zwischenstaatlicher und innerstaatlicher Ebene" zu entwerfen, wie es der Berliner August-Bebel-Kreis tat,[167] oder mit dem SPD-Abgeordneten Hajo Hoffmann schlicht mehr „Eigenständigkeit der paktgebundenen Mittel- und Kleinstaaten gegenüber den USA und der UdSSR" einzufordern.[168] Ob und auf welchem Weg Europa von den Supermächten unabhängig werden konnte, dominierte das Nachdenken in der SPD nicht nur unter den Gegnern der Atomraketen.[169] Die Ideen zu einer europäischen Friedensordnung nahmen verschiedene Formen an, doch war ihnen gemeinsam, dass sie „die Teilung des Kontinents in zwei sich gegenüberstehende militärische Blöcke überwinden" wollten.[170] Denn die SPD versuchte, eine „europäische Politik von Europa aus" zu gestalten, die nicht „bloß Resultat der Globalpolitik der Weltmächte sein" durfte. Auf diese Weise sollte „Europa dazu beitragen, das Verhältnis der Weltmächte in dieser Region zu befrieden und ihr Verhältnis zueinander zu stabilisieren".[171] Ein Positionspapier des parteilinken Frankfurter Kreises ging 1986 sogar so weit, die europäische Friedensordnung „als Baustein für eine waffenlose Welt" zu imaginieren.[172]

Die sozialdemokratischen Vorstellungen von Europa kamen aus der Vergangenheit. Es war der französische Staatspräsident Charles de Gaulle, der in den sechziger Jahren ein intergouvernemental organisiertes, aber „europäisches Europa" vorgeschlagen hatte und damit einen wichtigen Anstoß gab, wie die europäische Zusammenarbeit von den USA abzugrenzen war.[173] Einen Impuls hatte die Europakonzeption der SPD auch von Peter Bender empfangen, der 1981 ein Buch mit dem Untertitel „Die Europäisierung Europas" veröffentlichte.[174] Bender, seines Zeichens Historiker und der SPD nahestehender Publizist, diagnostizierte befriedigt, dass die „Bewohner der Alten Welt" entdeckten, wie sie alle in einem Boot saßen, während sich Washington und Moskau immer unversöhnlicher stritten.[175] Wenn es richtig sei, so argumentierte Bender, dass

> „die Ursache, aus der ein dritter Weltkrieg entstehen könnte, im Dualismus der Amerikaner und Russen zu suchen ist, dann geht es vor allem anderen darum, diesen Dualismus in seiner Wirksam-

---

[166] Vgl. auch Enders: SPD, S. 154.
[167] Zit. nach ebenda, S. 153.
[168] Hajo Hoffmann: Thesen zur Entwicklung Europas zwischen den Blöcken, April 1983, AdsD, Vorlass Voigt, H 178.
[169] Siehe Biermann an Voigt: Forum Europäische Friedensordnung, 24.6.1985, S. 2, AdsD, Vorlass Voigt, H 163; Frieden durch Abrüstung und Entspannung. Antrag der Kommission Friedenspolitik zum Juso-Bundeskongress 30.5.–1.6.1986 in Hagen, undatiert, AdsD, 2/PVEH000423; Hans Büchler: Thesen zur sozialdemokratischen Deutschlandpolitik, 5.9.1984, S. 1, AdsD, 1/HWAK000261.
[170] Antrag der Berliner SPD zur Sicherheits-, Deutschland- und Berlin-Politik, verabschiedet auf dem Landesparteitag vom 20./21.6.1986, undatiert, AdsD, Nachlass Stobbe, 41.
[171] Ebenda; ähnlich Hans Schumacher: Stichworte einer Realen Utopie für eine europäische Friedensordnung, in: *Die Neue Gesellschaft* 31 (1984), S. 221–226; Gerhard Heimann: Auf dem Wege zu einer europäischen Friedensordnung, in: *Zeitschrift für sozialistische Politik und Wirtschaft* 8 (1985), H. 28, S. 276–282.
[172] Für eine neue Friedens- und Sicherheitspolitik der SPD, Oer-Erkenschwick/Bonn, 16./17.2.1986, S. 9, IfZ, Archiv, Nachlass Schubert, Bd. 92.
[173] So auf einer Pressekonferenz am 23.7.1964, vgl. de Gaulle: Discours, S. 228; Ludlow: Words; Davidson: de Gaulle; zu dem Konflikt zwischen Atlantikern und Gaullisten auch Geiger: Atlantiker.
[174] P. Bender: Ende; Bahr: Sind die Großen auch so weit? Peter Benders Buch zur „Europäisierung Europas", in: *Vorwärts*, 30.4.1981, S. 26; Vogtmeier: Egon Bahr, S. 252–264.
[175] P. Bender: Ende, S. 14f.

keit einzuschränken. Möglichst große Teile der Welt sollten sich dem Konflikt entziehen oder ihm entzogen werden."[176]

Der Gedanke, der seinen Entwurf zusammenhielt, lautete, dass Europa die Entspannungspolitik gegen die Supermächte verteidigen und den Dualismus des Kalten Krieges überwinden müsse.[177] Zwar waren da namhafte Sozialdemokraten, die wie der ehemalige Regierende Bürgermeister von Berlin Dietrich Stobbe den Enthusiasmus Benders nicht teilten und auch sonst Widerspruch anmeldeten, wenn ihre Parteifreunde über Wege aus der Blockkonfrontation nachdachten.[178] Doch vielen anderen SPD-Mitgliedern gab die „Europäisierung Europas" eine Antwort auf die Rivalität der Supermächte. So machte sich Eppler die Begrifflichkeiten Benders zu eigen,[179] während Glotz „neue, unabweisbare Gründe für eine Europäisierung unserer Politik" ausmachte.[180] Er behauptete, „daß Europa […] nur von der Linken stabilisiert und auf eine einigermaßen gemeinsame Politik verpflichtet werden" könne; diesem Gedanken fügte er die Prognose hinzu, dass die „soziale Demokratie und erst recht der demokratische Sozialismus […] heute nur noch als europäische Konzepte realisierbar" seien.[181] Europa müsse sich, so schrieb 1982 Wilhelm Bruns von der Friedrich-Ebert-Stiftung,

> „von den vorgegebenen Sachzwängen befreien und den Mut entwickeln, neue Wege zu beschreiten. Die widernatürliche Spaltung Europas kann nur überwunden werden, wenn die Europäische Gemeinschaft als Kern eines künftigen geeinten Europas ihre aus ihrer Geschichte gewachsenen Erfahrungen und Erkenntnisse einsetzt, um einen von den Interessen der Supermächte unabhängigen Beitrag zu Entspannung und Frieden in der Welt zu leisten."[182]

Dass der europäische Einigungsprozess intensiviert werden müsse, war in den frühen achtziger Jahren eine populäre Forderung in der SPD.[183] In einer Zeit, in der die Supermächte auf eine neue Konfrontation zuzusteuern schienen und in der eine massive Raketenstationierung drohte, die einen Atomkrieg wahrscheinlicher machte, besannen sich viele SPD-Mitglieder auf Europa als Ausweg aus der von den Vereinigten Staaten und der Sowjetunion bestimmten internationalen Politik. Der stellvertretende Vorsitzende der SPD-Fraktion Horst Ehmke übersetzte Benders „Europäisierung Europas" in die sozialdemokratische Sprache. Am Anfang des Jahres 1984 legte er ein „Diskussionspapier" vor, das den Titel „Überlegungen zur Selbstbehauptung Europas" trug.[184] Interessanter als Ehm-

---

[176] Ebenda, S. 194.
[177] Die Europäer müssten „wieder Herren im eigenen Haus" sein. Ebenda, S. 264.
[178] Siehe dazu die Kontroverse zwischen Stobbe und Peter Bender. Stobbe: Entspannung durch stärkere Eigenständigkeit Europas. Ein Plädoyer für eine gemeinsame europäische Politik, in: *Vorwärts*, 2. 2. 1984, S. 15; ausführlicher in Stobbe: Außenpolitische Kontinuität – ein deutscher Wunschtraum?, in: *Die Neue Gesellschaft* 31 (1984), S. 102–109; P. Bender: Bevor eine Mittelmacht zum Satelliten wird. Europäische Politik: Antwort auf Stobbes Plädoyer, in: *Vorwärts*, 16. 2. 1984, S. 22.
[179] Eppler: Utopie, S. 191.
[180] Glotz: Die Linke und Europa: Thesen über die soziale Demokratie als europäische Idee. Vortrag vor dem Politischen Club der Friedrich-Ebert-Stiftung am 24. 6. 1985 in Bonn [12. 7. 1985], S. 1, AdsD, Nachlass Glotz, 708.
[181] Ebenda.
[182] Bruns: Europäische Sicherheitspolitik, in: *Die Neue Gesellschaft* 29 (1982), S. 654–658, hier S. 657.
[183] Siehe exemplarisch Borm: Europa, S. 22; Haungs: Europäisierung.
[184] Ehmke: Überlegungen zur Selbstbehauptung Europas. Ein Diskussionspapier, in: *Politik. Aktuelle Informationen der Sozialdemokratischen Partei Deutschlands*, 1/1984, IfZ, Archiv, Nachlass Schubert, Bd. 92; in einer überarbeiteten Fassung abgedruckt in Ehmke: Eine Politik zur Selbstbehauptung Europas. Überlegungen angesichts der Entfremdung zwischen Alter und Neuer Welt, in: *Europa-Archiv (Beiträge und Berichte)* 39 (1984), S. 195–204. Das Papier wurde von einer eigens eingerichteten Arbeitsgruppe

kes konkrete Vorschläge, mit denen er die sicherheitspolitische Eigenständigkeit des Kontinents voranzubringen hoffte,[185] war der Gedanke, der sich hinter der „Selbstbehauptung Europas" verbarg. Dass Europa sich von den Supermächten emanzipieren müsse, um in einer atomaren Auseinandersetzung nicht vernichtet zu werden, übertrug die zeitgenössische Vorstellung, bedroht zu werden, auf den Prozess der europäischen Integration, den die SPD seit jeher mit großen Hoffnungen befrachtet hatte.[186] Für Ehmke war die gegenwärtige Verfasstheit Europas eine „Krise der politischen Orientierung", die sich nur dadurch lösen ließe, dass die Europäer „mehr Gewicht im Bündnis" bekamen.[187] Weder wollte er die USA aus Europa zurückdrängen, noch den Kontinent von den Vereinigten Staaten abkoppeln. Sein Konzept zielte darauf, dass Westeuropa im Bündnis mit einer einheitlichen Stimme sprach.[188] Dieser Gedanke erfreute sich in der SPD einer großen Beliebtheit. Zum einen war er durchaus kompatibel mit Egon Bahrs „Gemeinsamer Sicherheit".[189] Zum anderen konnten ihn diejenigen SPD-Mitglieder zum Ausgangspunkt weitergehender Überlegungen machen, die auf die „Verselbständigung Europas"[190] oder die „eigenständige Wahrnehmung der europäischen Sicherheits- und Friedensinteressen durch die europäischen Staaten unabhängig und gegen die politischen Interessen der gegenwärtigen US-Regierung" setzten.[191]

Die Vision eines integrierten Europas machte auch vor dem östlichen Teil des Kontinents nicht halt. Wenn Europa sich einte, dann konnte und sollte das unter Einschluss der Staaten im Machtbereich des Warschauer Paktes geschehen.[192] So diskutierte die Fraktion über eine europäische Friedensordnung unter der Prämisse, dass diese „das Nebeneinander und Miteinander der Staaten in Ost- und Westeuropa beschreibt".[193] Die Jusos fanden, dass die „westeuropäischen und osteuropäischen Staaten" vermehrt zusammenarbeiten sollten, denn sie seien „Staaten einer besonderen Betroffenheit durch die neuen amerikanischen Mittelstreckenwaffensysteme und der dahinterstehenden amerika-

---

der Fraktion diskutiert. Die Arbeitsgruppe legte schließlich ein „Konzept für eine Selbstbehauptung Europas" vor. [Vorlage für die Sitzung des Präsidiums am 7.5.1984], 11.4.1984, AdsD, Bestand SPD-PV, Vorstandssekretariat, ohne Signatur. Die Fraktion nahm das Konzept zustimmend zur Kenntnis. Protokoll der Fraktionssitzung vom 10.4.1984, S. 3f. und Anlage, AdsD, 2/BTFJ000031; Krönke: SPD-Konzept „Selbstbehauptung Europas": Nationaler Egoismus trägt nicht weit. Die Supermacht-Konkurrenz erzwingt EG-Kompromiss, in: *Vorwärts*, 19.4.1984, S. 4.
[185] So pointiert in Ehmke: Selbstbehauptung, S. 199f. (s. Anm. 184).
[186] Vgl. etwa SPD-Parteivorstand: Godesberger Programm, S. 24.
[187] Ehmke: Sozialistische Politik für die Verteidigung Europas. Rede vor der Sozialistischen Fraktion der WEU-Versammlung in Paris am 28.11.1983, 28.11.1983, S. 2, AdsD, 1/HEAA000695; siehe auch Voigt: Europa muß sein Gewicht für eine Politik der Vernunft stärker zur Geltung bringen, in: *Informationen der sozialdemokratischen Bundestagsfraktion*, 28.11.1983.
[188] Siehe Ehmke: Die Sicherheitspolitik der SPD, 25.11.1986, S. 3, AdsD, 1/HEAA000623.
[189] Bahr: Von der deutschen Frage zum Europäischen Friedensvertrag, 26.2.1986, AdsD, 1/HWAK000049.
[190] Lafontaine: Sicherheitspolitik, S. 980 (s. Anm. 135).
[191] Roman Röhrig: Jungsozialisten Bundeskongreß Oberhausen 26.–27.3.83, Vorlage AK-III, „Europäische Sicherheitspolitik als Verselbständigung gegenüber den USA", undatiert, S. 7, AdsD, Bestand SPD-PV, Referat Jungsozialisten, 7623.
[192] So Th. Bender: SPD, S. 131.
[193] Biermann: Ergebnisprotokoll der Sitzung der Arbeitsgruppe Deutschlandpolitik am 30.1.1986, 31.1.1986, S. 1, AdsD, 1/HWAK000049. Dazu die Einwände Wischnewskis in Biermann: Ergebnisprotokoll der Sitzung der Arbeitsgruppe Deutschlandpolitik vom 27.2.1986, 4.3.1986, S. 1, AdsD, 1/HWAK000049.

nischen Politik".[194] Von der Sowjetunion war schon keine Rede mehr, und die Vorstellung von Staaten mit „einer besonderen Betroffenheit" ließ Europa als politisches Konstrukt vor den Augen des Lesers entstehen, das als Opfer der Supermächte auf sich selbst zurückgeworfen war. In dieser Denkrichtung schlug der SPD-Bundestagsabgeordnete Hans-Ulrich Klose 1984 eine sicherheitspolitische „Verantwortungsgemeinschaft" vor, welche die mitteleuropäischen Staaten umfassen, die Konfrontation zwischen den Blöcken mildern und den Dialog fördern sollte.[195] Die Zuschrift eines Genossen an Willy Brandt entfaltete 1983 ein kühnes Panorama für den gesamteuropäischen Einigungsprozess. Hier war die Rede von einem föderalistischen Bund aller europäischen Länder unter Einschluss der Staaten im Machtbereich des Warschauer Paktes, der die Chance bieten würde, „den eisernen Vorhang mitten durch Europa" zu überwinden.[196] Doch das war Zukunftsmusik.[197] Die Ideen der SPD-Führung waren zunächst darauf gerichtet, der 1954 gegründeten und in den achtziger Jahren vor sich hindarbenden Westeuropäischen Union (WEU) neues Leben einzuhauchen.[198] Denn Frankreich war Mitglied der WEU – aber nicht dem NATO-Oberkommando unterstellt, und die Beteiligung des Landes galt der SPD als der Kernpunkt des Problems. So sollte erst einmal im Rahmen der WEU die Sicherheitskooperation mit Frankreich gestärkt werden.[199] Eine intensivierte europäische Einigung stand indes kaum zur Debatte, weil die Außen- und Sicherheitspolitik nicht zu den vertraglich vereinbarten Aufgaben der Europäischen Gemeinschaft (EG) zählte.[200]

Das „couple franco-allemand" sollte den Motor der sicherheitspolitischen Verselbständigung Europas bilden.[201] Der britische Premierminister Winston Churchill hatte die Idee 1946 in die Diskussion getragen, als er in Zürich darüber nachdachte, dass ein Zusammengehen zwischen Frankreich und Deutschland der erste Schritt sein könne, um die europäische Familie neu zu bilden.[202] Helmut Schmidt machte 1984 in einer Bundestagsrede Vorschläge für eine engere französisch-deutsche Kooperation in der Verteidigungspolitik, die er selbst in die Tradition der Churchill-Rede stellte.[203] Rasch führten auch die Gespräche, zu denen sich Vertreter der SPD regelmäßig mit dem PSF trafen, auf diese Möglichkeit zu.[204] Gerade weil die französischen Sozialisten sich vor einer möglichen

---

[194] Röhrig: Europäische Sicherheitspolitik, S. 8 (s. Anm. 191).
[195] Klose: Sonderrolle heißt neues Misstrauen. Mitteleuropa: Verantwortungsgemeinschaft für mehr Sicherheit, in: *Vorwärts*, 2.8.1984, S. 22.
[196] Günter S. an Brandt, 16.10.1983, AdsD, 2/PVEH000308.
[197] Vgl. in größerer Perspektive Loth: Das neue Europa.
[198] Vogel an die Mitglieder der SPD-Bundestagsfraktion: „Kontinuität und Perspektive". Gedanken zur Arbeit der SPD-Bundestagsfraktion, 14.1.1984, AdsD, 1/ARAA000822.
[199] Sehr konkret wurden die Pläne der SPD freilich nie. Thomas Bender hat sie rekonstruiert, soweit dies möglich war. Th. Bender: SPD, S. 147–203.
[200] Zum historischen Kontext der Debatten auch Gassert: Transatlantic Drift, S. 168–171.
[201] Siehe in diesem Kontext auch die Überlegungen, was Großbritannien leisten könnte. Scheer: Die britische Rolle für eine Selbstbehauptung Europas, in: *Die Neue Gesellschaft/Frankfurter Hefte* 32 (1985), S. 856–858.
[202] Churchills Rede vom 19.9.1946 ist abrufbar unter <http://www.churchill-society-london.org.uk/astonish.html> [23.9.2015].
[203] Verhandlungen des Deutschen Bundestages, Stenographischer Bericht, 10. Wahlperiode, 77. Sitzung, Bonn 28.6.1984, S. 5596–5603, hier S. 5601–5603; dazu Glotz: Die französische Option. Eine Auseinandersetzung mit Helmut Schmidts „Strategie des Westens", in: *Die Neue Gesellschaft/Frankfurter Hefte* 34 (1987), S. 292–296; Th. Bender: SPD, S. 192.
[204] Siehe schließlich auch: Gemeinsame Erklärung der SPD und der Sozialistischen Partei Frankreichs [Vorlage für die Sitzung des Präsidiums am 14.1.1985], undatiert, S. 1, AdsD, Bestand SPD-PV,

deutschen Wiedervereinigung oder einer neutralisierten Bundesrepublik so sehr fürchteten, erschienen ihnen gemeinsame Europäisierungsinitiativen mit der SPD als lohnenswert.[205]

Der PSF begrüßte Schmidts Ideen in einem Positionspapier, denn sie würden in die richtige Richtung weisen,[206] und auch auf Ehmkes „Selbstbehauptung Europas" reagierte der Internationale Sekretär Huntzinger 1984 positiv.[207] Bei allen sicherheitspolitischen Unterschieden waren sich die Parteien einig, dass es „keine Abkoppelung innerhalb Europas, also zwischen der Bundesrepublik und Frankreich geben" dürfe.[208] Bahr erinnerte Huntzinger daran, dass sich Frankreich selbst im Krieg befinden würde, wenn die Sowjetunion die Bundesrepublik überfalle. Huntzinger betonte seinerseits, dass sein Land es nicht akzeptieren könne, wenn Europa militärisch von den USA abhängig bleibe.[209] Nun nahm Frankreich bereits seit 1966 nicht mehr an der militärischen Integration der NATO teil, und das Interesse an der WEU war in Paris traditionell groß.[210] Wenn die SPD ab 1983 vermehrt ihre Zuflucht in europäischen Verteidigungskonzepten suchte, dann fand sie bei ihrer französischen Schwester offene Türen vor.[211] Eine wiederbelebte WEU sollte keine Konkurrenz zur NATO sein, so weit wollten SPD und PSF nicht gehen. Der den französischen Sozialisten nahestehende Politikwissenschaftler Pascal Boniface unterstrich bei einer Zusammenkunft in Kopenhagen 1984, dass es „nicht um die Schaffung einer neuen Verteidigungsgemeinschaft" gehen könne, „sondern um politische Kooperation und Rüstungskooperation".[212] Bahr pflichtete ihm bei: „Das Maximum, das erreichbar sei, sei den europäischen Pfeiler der NATO zu stärken."[213]

Vorstandssekretariat, ohne Signatur; Sécurité Déclaration commune PS/SPD, in: P.S. Aujourd'hui, 15.01.1985, CAS, 70 RI, 9; [Entwürfe zu einer Gemeinsamen Erklärung PS/SPD], November/Dezember 1984, CAS, 70 RI, 7; Jacques Huntzinger an Lionel Jospin: [Gemeinsame Erklärung PS/SPD], 19.12.1984, CAS, 405 RI, 16.

[205] „Il faut un système de défense qui décourage le désir d'hégémonie." Denis Delbourg: Reflexions sur la crise de l'alliance, document de travail, confidentiel, undatiert, S. 16, CAS, 70 RI, 31; Luc Veron: Réunion Scandilux, Amsterdam le 25 mars 1984, 28.03.1984, CAS, 70 RI, 33; Visite en République Fédérale d'Allemagne d'une délégation du Bureau de l'Assemblée nationale, 2.4.1984, CAS, 405 RI, 6; auch Isenberg: Die Convention Nationale über außenpolitische Fragen der Sozialistischen Partei Frankreichs am 26./27.4.1980 in Paris, 29.4.1980, AdsD, Bestand SPD-PV, Internationale Abteilung, 10772.

[206] [Sicherheitspolitische Positionsbestimmung des PS], undatiert, S. 28, CAS, 405 RI, 15.

[207] Huntzinger an Isenberg, 24.4.1984, CAS, 405 RI, 1.

[208] Isenberg: Gespräch zwischen der SPD und der PSF über Sicherheitspolitik am 26.11.1983 in Paris, 30.11.1983, S. 1, AdsD, WBA, A11.8, 41.

[209] So ebenda, S. 3.

[210] Die Initiative, die WEU wiederzubeleben, kam vom PSF. Huntzinger: Das Bündnis und die Entwicklung einer europäischen Position, in: *Die Neue Gesellschaft/Frankfurter Hefte* 32 (1985), S. 398–404, hier S. 403.

[211] Siehe Huntzinger: Deuxième conférence des partis socialistes des pays européenns membres de l'alliance atlantique, Bonn 27–29 Novembre 1985, 27.9[!].1985, CAS, 70 RI, 29.

[212] Isenberg: Aufzeichnung Scandilux-Treffen am 1./2.7.1984 in Kopenhagen, 4.7.1984, AdsD, 2/PVDF000270.

[213] So hieß es im Protokoll, ebenda; dazu auch Isenberg: Sitzung der Arbeitsgruppe Sicherheitspolitik SPD/PSF am 7.5.1984 in Bonn, 9.5.1984, S. 3, AdsD, Vorlass Voigt, H 164. Als Katalysator für die Annäherung zwischen SPD und PSF erwiesen sich die Pläne der US-Regierung, ein weltraumgestütztes Abwehrsystem für Atomwaffen zu entwickeln. In beiden Parteien stieß die Ankündigung Washingtons auf einhellige Kritik. Biermann an Brandt: Stichworte für die Pressekonferenz [am 21.5.1985] in Paris zum Thema SDI [1985], AdsD, WBA, A19, 177; Gerd Walter: EUREKA – Die Position der SPD (Materialien und Argumente), November 1985, AdsD, Vorlass Voigt, H 142; Holger Franken:

Huntzinger sprach stets davon, dass Frankreich „nicht den amerikanischen Nuklearschirm ersetzen" könne, doch bot diese Frage ein Vehikel, welches das Nachdenken über die „Selbstbehauptung Europas" aktivierte.[214] Im Gespräch mit Bahr hatte Huntzinger schon 1982 unterstrichen, dass die französische Nuklearstreitmacht „die ‚vitalen Interessen Frankreichs' schützen" sollte, und zwar „nicht nur das französische Territorium".[215] Im Januar 1984 diskutierten Bahr und Huntzinger über Möglichkeiten, wie die Sicherheit Europas mit derjenigen Deutschlands zusammengedacht werden könnte.[216] Die europäische Verteidigungsgemeinschaft setze eine europäische Risikogemeinschaft voraus, waren sich die beiden Verteidigungsexperten einig. Frankreich müsse auch für die Sicherheit der Bundesrepublik aufkommen. Am besten wäre es, so notierte Boniface, wenn die französischen und britischen Atomwaffen so etwas wie eine europäische Abschreckungsgarantie für die Bundesrepublik bilden könnten.[217] Dieser Vorschlag entsprach dem, was im bilateralen Verhältnis zu jener Zeit diskutiert wurde. Nachdem der französische Staatspräsident François Mitterrand am 24. Mai 1984 in Straßburg eine verstärkte französisch-deutsche Kooperation angeregt hatte, unterbreitete Schmidt den Vorschlag, die *Force de frappe* „durch einseitige Erklärung […] auch auf den Schutz Deutschlands" auszudehnen.[218] In einem Vortrag in Lissabon, der 1985 als Gastbeitrag in „Die Neue Gesellschaft/Frankfurter Hefte" abgedruckt wurde, betonte Huntzinger, dass Frankreich bereit sei, seine Nuklearpolitik zu europäisieren.[219] Frankreich könnte langfristig die westeuropäische Abschreckung übernehmen.[220] Präsident Mitterrand hatte diesen Vorstellungen jedoch bereits im Frühsommer 1984 eine Absage erteilt.[221]

Während der PSF über die Verselbständigung Europas sinnierte und die Abschreckung durch französische Atomwaffen für zentral hielt, wollten Bahr und seine politischen Freundinnen und Freunde die „Selbstbehauptung Europas" nur, wenn gleichzeitig „Gemeinsame Sicherheit" implementiert würde.[222] Konflikte waren vorprogrammiert. Auch gab es in der SPD etliche Stimmen vom linken Flügel, die einer europäischen Sicherheits-

---

SPD und PS: Gemeinsam gegen SDI, in: *Vorwärts*, 25.5.1985, S. 4; Scheer: Eureka – eine Alternative zu SDI und EVI?, in: *Blätter für deutsche und internationale Politik* 30 (1985), S. 1339–1342.

[214] Isenberg: Sitzung der Arbeitsgruppe Sicherheitspolitik SPD/PSF am 7. Mai 1984 in Bonn, 9.5.1984, S. 2, AdsD, Vorlass Voigt, H 164.

[215] Isenberg: Gespräch zwischen Jacques Huntzinger und Egon Bahr am 18.6.1982, 21.6.1982, S. 3, AdsD, 1/EBAA000837.

[216] Siehe Boniface: Réunion PS/SPD, Bonn, 10/01/84, undatiert, CAS, 405 RI, 16; Isenberg: Gespräch über Sicherheitspolitik zwischen der SPD und der PSF am 10.1.1984 in Bonn, 11.1.1984, AdsD, 1/HEAA000479.

[217] Boniface: Réunion PS/SPD du 28/02/84 à Paris, undatiert, CAS, 405 RI, 16; Isenberg: Gespräch zwischen der SPD und der PSF am 28.2.1984 in Paris über Sicherheit und Abrüstung, 29.2.1984, AdsD, 1/HEAA000479.

[218] Der französische Staatspräsident „könnte deshalb zu dem Entschluß gelangen, daß die Aufgabenstellung der autonomen französischen Force de frappe durch einseitige Erklärung seinerseits auch auf den Schutz Deutschlands erstreckt wird. […] Eine Weltrolle Frankreichs an der Spitze eines französisch-deutschen Tandems ist möglich, jedenfalls würde ein solches Tandem de facto zugleich zur politischen Führung der Europäischen Gemeinschaft führen". Verhandlungen des Deutschen Bundestages, Stenographischer Bericht, 10. Wahlperiode, 77. Sitzung, Bonn 28.6.1984, S. 5596–5603, hier S. 5603.

[219] Huntzinger: Bündnis, S. 400.

[220] Siehe ebenda, S. 399.

[221] Vgl. Lappenküper: Mitterrand, S. 210.

[222] Siehe zeitgenössisch zu diesem Gegensatz Bourdet/Mechtersheimer: Europäisierung.

politik skeptisch gegenüberstanden.[223] Wie der Abgeordnete Gert Weisskirchen im Sommer 1985 bemerkte, würde eine solche Politik nur dazu führen, dass die Rüstungsspirale weiter angeschoben werde.[224] Auch sein Fraktionskollege Hermann Scheer befürchtete, dass die Bundesrepublik ihre „sicherheitspolitische Objektrolle" nicht loswerden könne, wenn Frankreich seinen Nuklearschirm auf die rechtsrheinischen Gebiete ausdehnen würde.[225] Viele SPD-Mitglieder sahen eine europäische Verteidigungspolitik kritisch, und sie standen der „Errichtung einer dritten Supermacht Europa, von der auch noch niemand weiß, ob [sie] sich tatsächlich friedenssichernd [aus]wirken würde", ablehnend gegenüber.[226] In einem Europa, in dem der französische Staatspräsident auf der Nachrüstung insistierte und die britische Premierministerin eine in den Augen der SPD neoliberale und gewerkschaftsfeindliche Politik verfolgte, konnten viele linke SPD-Mitglieder der Position ihrer Führung nichts mehr abgewinnen. „Als Sozialisten", so war in einem Juso-Papier zu lesen, stellten sie fest, „daß die EG in unserem Kampf für gesellschaftlichen Fortschritt ein entschiedener Gegner ist, zumindest in ihrer gegenwärtigen Verfassung".[227]

Die deutsche Frage war nicht fern, als die Nachrüstungskritikerinnen und -kritiker ab 1981/82 über Wege aus dem Kalten Krieg nachdachten. Dabei handelten sie sich den Vorwurf ein, sie huldigten einem revanchistischen Nationalismus.[228] Wo ein Sammelband aus dem sozialdemokratischen Umfeld 1983 mit „Amerikanische Raketen wider deutsche Interessen" überschrieben wurde, war es für die Kritiker der Friedensbewegung einfach, den Protest zu delegitimieren.[229] Als der sozialdemokratische Friedensaktivist Albertz auf dem Kirchentag 1981 in Hamburg von Deutschland als „dem besetzten Land" sprach, trat er eine Diskussion darüber los, wie es um den Spielraum der Bundesrepublik im Ost-West-Konflikt stehe. Albertz selbst skizzierte seine Antwort in einem Manuskript, das er unmittelbar nach der Diskussion schrieb, mit diesen Worten: Die „Interessen der Menschen im Herzen Europas, vor allem der jungen Menschen, die keinen Teil an der Schuld ihrer Väter und Großväter haben", dürften nicht „untergehen".[230]

Die meisten nachrüstungskritischen SPD-Mitglieder sahen dies ganz ähnlich. Über die atomare Gefahr zu sprechen bedeutete für den SPD-Parteivorstand sogar, eine nationale

---

[223] Vgl. Th. Bender: SPD, S. 200f.
[224] Weisskirchen: „Essentials" in der Friedenspolitik bis zum Ende der Legislaturperiode. Vorlage für die PL-Sitzung 2.9.85, 28.8.1985, S. 1, AdsD, Vorlass Voigt, H 101.
[225] Scheer: „Der Zerfall wäre programmiert". Bonn sollte in seiner künftigen Sicherheitspolitik eine künftige britische Option erwägen, in: *Der Spiegel*, 18.2.1985, S. 112f.; Scheer: Chancen und Klippen einer deutschfranzösischen Sicherheitskooperation, in: *Die Neue Gesellschaft/Frankfurter Hefte* 32 (1985), S. 732–736.
[226] Martin Wilke: Europa – Satellit der USA, dritte Supermacht oder Neutrale Zone? Vorlage für den Arbeitskreis Sicherheitspolitik beim Bundesvorstand der Jungsozialisten in der SPD, August 1983, S. 6, AdsD, Bestand SPD-PV, Referat Jungsozialisten, 7618.
[227] Ebenda.
[228] Vgl. Kapitel II.4. „Fragilität und Persistenz der binären Ordnungslogik". Zur zeitgenössischen Auseinandersetzung mit diesem Vorwurf siehe exemplarisch Glotz: Arbeit; Armin Hindrichs: Patriotismus, in: *Die Neue Gesellschaft* 29 (1982), S. 732–734; Wiemer: Neuer Patriotismus – Gefahr oder Chance?, in: *Die Neue Gesellschaft* 29 (1982), S. 454–456; Diner: Frage. Dazu auch den Abschnitt „Zwei deutsche Staaten – eine Nation. Die SPD und die nationale Frage in den achtziger Jahren" mit Statements von Bernd Faulenbach, Herbert Ammon, Wilfried von Bredow, Edelbert Richter und Hartmut Soell in Dowe: Ost- und Deutschlandpolitik, S. 95–126.
[229] Seeliger: Raketen.
[230] Albertz: Von der Nation – und von Wichtigerem [1981], S. 5, AdsD, 1/HAAA000046, abgedruckt in Albertz: Nation. Diesen Satz kleidete Albertz in die Form einer rhetorischen Frage.

Pflicht wahrzunehmen und vor dem Untergang des Landes zu warnen.[231] Sozialdemokratische Politik durfte, wie der bayerische SPD-Bundestagsabgeordnete Hans Büchler schrieb, „nicht darauf angelegt sein, den Partner und seine Ordnung zu destabilisieren".[232] Die SPD musste die bestehenden Grenzen akzeptieren, den Machtanspruch der Sowjetunion hinnehmen und sich mit der deutschen Teilung als Faktum abfinden.[233] Horst Ehmke notierte in seinem Beitrag für einen von Jürgen Habermas herausgegebenen Sammelband bereits 1979, dass die Wiedervereinigung Deutschlands „im Sinne einer Wiederherstellung des alten deutschen Nationalstaates" für die SPD „keine sehr realistische Perspektive" mehr sei.[234] In den achtziger Jahren glaubte die SPD nicht mehr an die Einheit.[235] Sie glaubte auch nicht mehr an die Idee des Nationalstaats.[236] Der Publizist Günter Gaus erklärte im Gespräch mit „Die Neue Gesellschaft" 1982, dass die Deutschen „von den hergebrachten nationalliberalen Vorstellungen über die Identität der Nation" Abschied nehmen müssten.[237] Das Bismarck'sche Einheitsreich lasse sich nicht wiederherstellen, es sei „für alle vorhersehbare Zeit verloren".[238] Und Dietrich Stobbe protokollierte 1984 in einem Brief an Ehmke, in dem er sich auf dessen Beitrag im Habermas-Sammelband bezog, „daß die National*staat*idee [sic] in Zentraleuropa als Folge der sozialen und politischen Fehlleistungen des Bürgertums gescheitert" sei.[239]

So zielte, was SPD-Mitglieder von der europäischen Friedensordnung bis zur Auflösung der Blockkonfrontation an konzeptionellen Perspektiven entwickelten, nicht darauf, den souveränen Nationalstaat wiederherzustellen.[240] Denn die Atombombe war „eine globale Bedrohung", und „die Idee des souveränen Staates" deshalb nicht mehr tragfähig.[241] Prominent war diese Wendung von Jonathan Schell, dem Kolumnisten des US-Magazins „The New Yorker", in seinem Bestseller „Das Schicksal der Erde" 1982 formuliert worden.[242] Viele, aber beileibe nicht alle Sozialdemokraten griffen sie auf. Lafontaine schrieb 1983, dass die Nationalstaatsidee obsolet geworden sei, weil sie die wesentliche Ursache für Kriege

---

[231] Die Argumente der SPD. Thema: Friedenspolitik/Friedensbewegung, in: *Intern. Informationsdienst der Sozialdemokratischen Partei Deutschlands*, November 1981, Nr. 21, S. 1; Herbert Ammon: „Linksnationalismus". Anmerkungen zu einem irreführenden Begriffsklischee, in: *Die Neue Gesellschaft* 29 (1982), S. 950–954.
[232] Büchler: Thesen, S. 5.
[233] Vgl. zur historischen Kontextualisierung Conze: Akzeptanz.
[234] Ehmke: Vaterland, S. 63. Für die Parteilinke war die „Wiederherstellung der staatlichen Einheit Deutschlands […] nur auf der Basis der dauerhaften Existenz zweier deutscher Staaten denkbar". Für eine neue Friedens- und Sicherheitspolitik der SPD, Oer-Erkenschwick/Bonn, 16./17.2.1986, S. 10, IfZ, Archiv, Nachlass Schubert, Bd. 92. Dies war der Zentralsatz des gesamten Dokuments. Er wurde von Klaus von Schubert wellenförmig unterstrichen. Vgl. zur historischen Kontextualisierung auch Sturm: Uneinig, S. 55–61.
[235] Willy Brandt nannte die Wiedervereinigung die „Lebenslüge der zweiten deutschen Republik". Zit. nach Sturm: Uneinig, S. 58; ferner Drögemöller: Schwestern, S. 294–314.
[236] Kontextualisierend vgl. Iriye: Making, S. 737–750; Hobsbawm: Age, S. 424f., 431.
[237] Gaus: „Wir dürfen an den Einflußsphären in Europa nicht rühren". Gespräch mit der Neuen Gesellschaft, in: *Die Neue Gesellschaft* 29 (1982), S. 712–721, hier S. 712; Glotz: Irrweg.
[238] Gaus: Einflußsphären, S. 713.
[239] Stobbe an Ehmke, 23.10.1984, AdsD, Nachlass Stobbe, 129. Hervorhebung im Original (unterstrichen).
[240] Ähnliche gedankliche Figuren in [Entwurf zu einer neuen Grundsatzerklärung der Sozialistischen Internationale, Madrid 1983], undatiert, S. 12, CAS, 60 RI, (A), 6.
[241] Lafontaine: Angst, S. 90.
[242] Schell: Schicksal, S. 249.

sei.²⁴³ Die Welt könne nur überleben, „wenn die Staaten auf Souveränitätsrechte verzichten, die sie nach geltender Rechtstradition erst zu Staaten machen", bemerkte Eppler.²⁴⁴ Der Nationalstaat sei „keineswegs jene notwendige Endstation aller Geschichte, als die er uns im 20. Jahrhundert präsentiert wurde".²⁴⁵ Egon Bahr fügte ein für den sozialdemokratischen Diskurs wichtiges Argument hinzu, wenn er die nationale Frage dem Frieden unterordnete. Es gebe „kein nationales Ziel, das es wert wäre, den Frieden zu gefährden [...]. Im Zeitalter der nuklearen Zerstörungsmittel ist es nicht mehr möglich, die Nation als ersten und einzigen Bezugswert zu haben".²⁴⁶ Der Friede in Europa rangierte für die SPD vor der Restitution von Nationalstaaten.²⁴⁷ Über diese Rangfolge war sie sich mit den französischen Sozialisten einig – nicht aber mit den Unionsparteien oder der US-Regierung.

Auf deutsche Fragen gaben die Nachrüstungsgegner in der SPD europäische Antworten.²⁴⁸ Sie hielten nichts mehr von einer deutschen Einheit, die auf den Grundrissen des Nationalstaates errichtet werden sollte.²⁴⁹ Ein wiedervereinigtes Deutschland konnten sie sich, wenn überhaupt, nur als Gliedstaat in einem föderalistisch verfassten Europa vorstellen.²⁵⁰ Nun suchten SPD-Mitglieder eine Lösung vor allem darin, dass sie die WEU reaktivieren oder den europäischen Einigungsprozess als Ganzes voranbringen wollten. Einzelne Nationalstaaten müssten ihre Souveränität an supranationale Instanzen abgeben, dann ließe sich das Zusammenleben friedlicher und gerechter organisieren.²⁵¹ Es war neben der WEU ein multipolares Sicherheitssystem unter dem Dach der Vereinten Nationen, das SPD-Mitglieder wie Eppler und Lafontaine als längerfristige Perspektive formulierten. Denn wenn die Atombombe eine weltumfassende Bedrohung war, konnte die Antwort nur global ausfallen.²⁵² Es müsse versucht werden, schrieb Lafontaine,

„im Rahmen der Vereinten Nationen ein international vereinbartes Sicherheitssystem zu schaffen. Nur ein internationales Sicherheitssystem, das sich auf die Einhaltung der Grundsätze der Charta der Vereinten Nationen und anderer universell anerkannter Instrumente des Völkerrechts stützt, kann die Alternative zu dem Blocksystem sein."²⁵³

---

²⁴³ Lafontaine: Angst, S. 89.
²⁴⁴ Eppler: Utopie, S. 153, ausführlicher unter der Überschrift „Den Nationalstaat aufheben" S. 192–196.
²⁴⁵ Ebenda, S. 194.
²⁴⁶ Bahr: Was wird?, S. 14; Bahr: Von der deutschen Frage zum Europäischen Friedensvertrag, 26. 2. 1986, AdsD, 1/HWAK000049; Bahr an Lafontaine, 9. 6. 1987, AdsD, 1/EBAA000681; Bahr: Frieden.
²⁴⁷ So Hindrichs: Nicht die Nation, der Frieden hat Priorität, in: *Die Neue Gesellschaft* 28 (1981), S. 341–343; so auch P. Bender: Ende, S. 236–245.
²⁴⁸ Albrecht u. a.: Fragen.
²⁴⁹ Auch die Grünen dachten so: Europäisierung der Abrüstung. Antwort auf Scheitern in Genf. Pressemitteilung Nr. 500/83, 25. 11. 1983, AGG, Bestand F.4.2, Pressemitteilung BT-Fraktion, 6.
²⁵⁰ Siehe Gaus: Einflußsphären, S. 719. Dass Gaus in diesem Interview das Blocksystem nicht infrage stellte, brachte ihm Kritik ein. Theodor Schweisfurth: Wir müssen an den Einflußsphären in Europa rühren. Anmerkungen zum NG-Gespräch mit Günter Gaus, in: *Die Neue Gesellschaft* 29 (1982), S. 943–949; einem anderen Autor ging Gaus viel zu weit. Wolfgang Leonhard: Was Günter Gaus übersieht, in: *Die Neue Gesellschaft* 29 (1982), S. 940–942.
²⁵¹ Darüber hinaus brachte Eppler auch den „Abbau der Souveränität [...] nach unten" ins Gespräch, die Subsidiarität. Eppler: Utopie, S. 194. Im Prinzip sei „alles gut, was Souveränitätsrechte – nach oben oder unten – abbaut. Dies bedeutet nach innen ein klares Ja zum Prinzip des – noch längst nicht konsequent durchgesetzten – Föderalismus. Nichts soll im Land entschieden werden, was in Teilgemeinde, Gemeinde oder Kreis geregelt werden kann, nichts soll der Bund an sich ziehen, was die Länder besser übersehen können." Ebenda, S. 195.
²⁵² Vgl. Conze: Modernitätsskepsis, S. 236f.
²⁵³ Lafontaine: Angst, S. 91.

Die „Stärkung der viel geschmähten Vereinten Nationen"[254] als Ausweg aus der Blockkonfrontation war die in den Reihen der Sozialdemokratie oft diskutierte, aber selten konkret ausbuchstabierte Vision, wie sich die Gegner der Raketen die Neuordnung der Welt vorstellten.[255] Für die Jusos ging es 1981 darum, „das bipolare Weltsystem durch ein multipolares Weltsystem abzulösen".[256] Die Westeuropäer sollten darin „als eine dritte Macht" fungieren. Nach Eppler war schließlich „alles gut, was die Blöcke auflockert, was Freiräume innerhalb der Blöcke nützt oder neu schafft, was gemeinsames Handeln über die Blöcke hinweg ermöglicht".[257] In einem Papier des Juso-Mitgliedes Roman Röhrig sollten die beiden Militärblöcke in „einer multipolaren Friedensordnung" aufgehen.[258] Lafontaine fasste diese Idee als Zwei-Stufen-Modell zusammen: „Die gegeneinander gerichteten Blöcke sollen nicht in Nationalstaaten aufgelöst werden, sondern in internationale Organisationen. Eine Verselbständigung Europas wäre ein erster wichtiger Schritt."[259]

Während die SPD als Gesamtpartei sich darauf konzentrierte, wie der westeuropäische Pfeiler in der NATO gestärkt werden könnte, spielten deutlich weniger Sozialdemokratinnen und Sozialdemokraten mit dem Gedanken, wie ein multipolares Sicherheitssystem auszusehen hätte – zu fern lag seine Realisierbarkeit.[260] Die Problemkonstruktion, welche die SPD ihrer Lösung zugrunde legte, ließ sich aber in beiden Fällen in einem simplen Satz ausdrücken: Die Partei litt daran, wie die Welt verfasst war – dass sie in Blöcke zerfiel, sich misstrauisch beäugte, mit Atomwaffen bedrohte. Ihr sagte die Binarität nichts mehr. Deshalb suchte sie nach Wegen aus der Konfrontation. Gerade zu Beginn der achtziger Jahre, als die Beziehung zwischen Washington und Moskau tiefgefroren und ein Atomkrieg nicht mehr undenkbar schien, stellte die SPD fest, dass der Gegensatz zwischen West und Ost nicht mehr dazu beitrug, die Probleme in der Welt zu lösen. Am deutlichsten wurde offenkundig, dass Teile der Sozialdemokratie dabei waren, vom System des Kalten Krieges abzurücken, als Oskar Lafontaine 1983 den Austritt der Bundesrepublik aus der militärischen Integration der NATO ins Gespräch brachte. Doch auch solche Parteimitglieder, die Lafontaines radikalen Schritt nicht mitgehen wollten, erkannten keinen Sinn mehr darin, dass sich die Menschheit in feindliche Blöcke sortierte. Sie forderten selbst nach Ende des eigentlichen Nachrüstungsstreits die Überwindung des Ost-West-Antagonismus durch eine europäische Friedensordnung. So uneinheitlich und vage die Konzepte auch ausfielen, an ihnen war abzulesen, dass für die Nachrüstungsgegner in der SPD der Kalte Krieg rasant an strukturierender Kraft verloren hatte. Das Paradigma der Systemauseinandersetzung wies ihnen keinen Ausweg mehr aus den als neu wahrgenommenen Problemen. Zwangsläufig musste dies auch ihre Antwort auf die Frage verändern, was „der Westen" war.[261]

---

[254] Eppler: Utopie, S. 196.
[255] Sie folgten dabei den Ideen, welche die Palme-Kommission diskutiert hatte. [Ohne Verfasser:] Palme-Bericht, S. 147f., 178–183; zur historischen Kontextualisierung vgl. Osterhammel: Weltordnungskonzepte.
[256] Bundesvorstand der Arbeitsgemeinschaft der Jungsozialisten (Jusos): Bundeskongreß, 26.–28. 6. 1981, Lahnstein, Antrag Nr. D1 (Bezirk Hessen-Süd), S. 5, AdsD, Bestand SPD-PV, Referat Jungsozialisten, 5958.
[257] Eppler: Utopie, S. 167.
[258] Röhrig: Europäische Sicherheitspolitik, S. 8. Im Original hervorgehoben.
[259] Lafontaine: Angst, S. 84.
[260] Die Weltgesellschaft blieb auch in den folgenden Jahrzehnten die Utopie der Linken. Vgl. exemplarisch Zürn: Regieren; Beck: Globalisierung; Beck/Grande: Europa.
[261] Der „Westen", die „westliche Wertegemeinschaft" und „westliche Werte" sind Quellenbegriffe. Um den Text lesbar zu halten, wird auf An- und Abführungszeichen von nun an verzichtet.

3. „Das Ost-West-Zeitalter ist zu Ende"

Als die SPD in den frühen achtziger Jahren diskutierte, ob atomare Mittelstreckenraketen auf dem Boden der Bundesrepublik stationiert werden sollten, und dabei auch über die Politik der US-Regierung verhandelte, da hörte sie aus den Unionsparteien, aus Paris und aus Washington einen Vorwurf: Sie zerstöre den sicherheitspolitischen „Konsens" der Nordatlantischen Allianz und verlasse die westliche Wertegemeinschaft.[262] Tatsächlich handelte es sich um eine effektive Delegitimierungsstrategie, die ins sozialdemokratische Mark traf. Spätestens seit 1959, als die SPD sich in Bad Godesberg ein neues Grundsatzprogramm gegeben hatte, spätestens seitdem Herbert Wehner 1960 im Bundestag explizit gemacht hatte, dass seine Partei die Westbindung der Bundesrepublik anerkannte, begriff sie sich selbst als westliche Partei. Julia Angster schreibt, dass die westdeutsche Arbeiterbewegung „zwischen Anfang der 1940er und Mitte der 1960er Jahre einen fundamentalen Wandel ihres politischen Denkens" durchlief, an dessen Ende sie „sich als legitimen Bestandteil der Gesellschaftsordnung und des politischen Systems der Bundesrepublik Deutschland betrachtete und entschlossen war, ihre Interessen innerhalb des parlamentarischen Systems zu vertreten".[263] Diesen Prozess, den Angster in das Forschungsparadigma der „Westernisierung" einordnet,[264] bestimmten Erfahrungen, die SPD-Mitglieder im Exil gemacht hatten. Auch das Engagement US-amerikanischer Gewerkschafter nach dem Krieg in Westeuropa war wichtig. An seinem Ende eignete sich die SPD in einem wechselseitigen Austauschprozess „atlantisch-westliche Wertvorstellungen" an.[265] Gleichzeitig gab sie „das langfristige Ziel einer sozialistischen Gesellschafts- und Wirtschaftsordnung" auf.[266] Hatte sie sich also seit den späten fünfziger Jahren im Westen verortet, wirkte der Vorwurf, sie stelle die Wertegemeinschaft infrage, als Katalysator für eine grundsätzliche Selbstverständigung über ihren Ort in der Welt. Am Ende dieses Prozesses forderte sie die Depolarisation der internationalen Beziehungen.

Die SPD als Gesamtpartei wies den Eindruck zurück, sie distanziere sich vom Westen, indem sie sich mantrahaft zu ihm bekannte. Als der Kölner Parteitag im November 1983 die Raketenstationierung ablehnte, da verband er dies mit der expliziten Aussage, dass die Bundesrepublik und die USA „durch die gemeinsamen Traditionen und Werte der Menschenrechte, des Rechtsstaates und der pluralistischen Demokratie miteinander verbunden" seien.[267] Die Frage, ob die NATO eine Werte- oder nur eine militärische Zweckgemeinschaft sei, führte aber zu innerparteilichen Konflikten. Während der linksorientierte Frankfurter Kreis auch 1986 noch erklärte, dass die NATO „keine Wertegemeinschaft, sondern ein Militärbündnis" sei,[268] bestand der SPD-Abgeordnete Karsten Voigt darauf, dass die Allianz mit den USA mehr sei als ein Verteidigungspakt.[269] Die meisten Sozialde-

---

[262] Dazu ausführlich Kapitel II.4. „Fragilität und Persistenz der binären Ordnungslogik".
[263] Angster: Konsenskapitalismus, S. 11, zusammenfassend S. 467–471.
[264] Zum Beispiel ebenda, S. 15.
[265] Ebenda, S. 467.
[266] Ebenda, S. 11.
[267] Außerordentlicher SPD-Parteitag, Köln 1983, S. 198.
[268] Für eine neue Friedens- und Sicherheitspolitik der SPD, Oer-Erkenschwick/Bonn, 16./17. 2. 1986, S. 4, IfZ, Archiv, Nachlass Schubert, Bd. 92. Klaus von Schubert versah diese Aussage am Rand mit einem Fragezeichen.
[269] Siehe die Entwürfe für den sicherheitspolitischen Leitantrag zum Nürnberger Bundesparteitag 1986, IfZ, Archiv, Nachlass Schubert, Bd. 91.

mokratinnen und Sozialdemokraten taten es ihm gleich. Sich offensiv zu den westlichen Werten zu bekennen zeichnete viele zeitgenössische Wortmeldungen in der SPD aus. Der Abgeordnete Peter Würtz nannte die NATO „bei zum Teil unterschiedlichen politischen Interessen eine *Wertegemeinschaft*".[270] Wie er notierte auch die Berliner SPD, es gebe „für Sozialdemokraten keinen Zweifel, daß die Bundesrepublik Deutschland – unbeschadet bestehender Unterschiede in den Grundwerten der sozialen Gerechtigkeit und der Solidarität – mit den demokratischen, freiheitlichen Traditionen der Vereinigten Staaten von Amerika verbunden ist".[271] Was diese westlichen Werte konkret ausmachte, darüber sprach die SPD kaum noch. Rhetorische Gemeinplätze wie jene von „den demokratischen, freiheitlichen Traditionen" verwiesen darauf, dass ihre Mitglieder durch knappe Formulierungen Einigkeit darüber herstellen konnten, was die Westlichkeit ausmachte.[272]

Soweit war, was die SPD als Gesamtpartei zu sagen wusste, nicht überraschend: Sie verortete sich selbst als Mitglied der Wertegemeinschaft und tat alles, um den Eindruck zu zerstreuen, sie stelle gemeinsame Werte infrage. Dennoch: So wie stationierungskritische Sozialdemokraten zunehmend erkannten, dass die verschiedenen Erdteile aufeinander angewiesen waren, so suchten sie nach neuen Ordnungssystemen, die der Entdeckung von Interdependenz Rechnung trugen. Sie diskutierten das Konzept der „Gemeinsamen Sicherheit", dachten über ein neues und gerechteres Weltwirtschaftssystem nach oder entwarfen konkrete Wege aus der Blockkonfrontation, die sie in einer intensivierten europäischen Integration oder einem multipolaren, internationalen Sicherheitssystem gefunden zu haben glaubten. Sie machten aber auch die Prämissen des Kalten Krieges selbst zum Gegenstand ihrer Diskussion. Denn der Unterschied zwischen West und Ost, Demokratie und Kommunismus, Freiheit und Unterdrückung war im Zeichen der ubiquitären nuklearen Bedrohung für zahlreiche SPD-Mitglieder nicht länger die primäre Streitfrage. Und in der Tat lässt sich der Nachrüstungsstreit auch als Indikator dafür lesen, dass ihnen das System des Kalten Krieges für neue Probleme keinen Referenz- und Orientierungsrahmen mehr bot. Im Gegenteil, der Kalte Krieg war für Sozialdemokraten und Sozialdemokratinnen selbst zum Problem geworden. Freilich gab es noch jene prominenten Mitglieder um Schmidt, Annemarie Renger und Apel, die sich eloquent zum Westen und zur Freundschaft mit den USA bekannten. Aber ein wachsender Kreis im linken Spektrum der SPD begann schon ab 1980 und dann verstärkt zur Mitte des Jahrzehnts hin umzudenken und wollte auf die Bedingungen selbst fokussieren, die die internationale Staatenwelt verregelten. Damit rückten sie auch das Konzept des Westens in den Raum des politisch Verhandelbaren. Im Kern war die Krise des Kalten Krieges eine Krise des Westens.

Der Westen war eine Erfindung des Kalten Krieges, zumindest gewann er im Zeichen der Blockkonfrontation seine politische Funktion.[273] Er war ein „ideengeschichtliches

---

[270] Peter Würtz: Überlegungen zur Strategie, 20.2.1984, S. 4, AdsD,1/HJVA104525. Hervorhebung im Original (unterstrichen); auch Eppler: Amerika und die Deutschen, in: *Die Neue Gesellschaft/Frankfurter Hefte* 33 (1986), S. 32–34, hier S. 33.
[271] Antrag der Berliner SPD zur Sicherheits-, Deutschland- und Berlin-Politik, verabschiedet auf dem Landesparteitag vom 20./21.6.1986, undatiert, AdsD, Nachlass Stobbe, 41.
[272] So beispielsweise Glotz: Über Antiamerikanismus und Antikommunismus. Plädoyer für eine offensive Außenpolitik im Bundestagswahlkampf 1986/87, in: *Die Neue Gesellschaft/Frankfurter Hefte* 33 (1986), S. 35–43, hier S. 38.
[273] Vgl. Hochgeschwender: Westen, S. 25f.; Schildt: Abendland, S. 191–194. Ideengeschichtlich wurzelte das Konzept aber im 18. Jahrhundert, vgl. Bavaj/Steber: Introduction, S. 8–11.

Mischprodukt", das in den fünfziger Jahren „liberaldemokratisch überformt" wurde.[274] Als die Bolschewiki im Jahre 1917 in Russland ihre Gewaltherrschaft errichteten, war den Vereinigten Staaten ein globaler Konkurrent erwachsen.[275] Noch während des Zweiten Weltkrieges kämpften amerikanische und sowjetische Soldaten gegen einen gemeinsamen Feind. Als es aber darum ging, die Macht- und Interessenssphären in Europa abzustecken, brachen sich die Konflikte Bahn. Rasch entdeckten die westlichen Alliierten, dass es keinen zuverlässigeren Kitt für den Zusammenhalt gegen die Sowjetunion gab als die Ideologie. So entwickelten sie das Theorem der westlichen Wertegemeinschaft, das seine Wurzeln in der europäischen Aufklärung des 18. Jahrhunderts hatte und die Staaten, die an den Nordatlantik grenzten, in einem gemeinsamen Wertekanon verband.

Der Westen war ein „Ausfluss des Aufklärungsliberalismus": „Ideale wie die Freiheit des Individuums, die Menschenrechte in einer antiegalitären, freiheitlichen Lesart, Demokratie, *rule of law*" standen im Mittelpunkt des Konzepts.[276] Es erhob den Anspruch, universell gültig und in jedem Land der Erde anwendbar zu sein. Dabei war seine Bindekraft ein gemeinsames Feindbild: der kommunistische Totalitarismus in seiner sowjetischen Spielart. Wenn es richtig ist, dass der Westen ein Konstrukt war, das seinen Siegeszug nur im Zeitalter der Ost-West-Konfrontation feiern konnte, dann begannen bestimmte Gruppen in der SPD während des Nachrüstungsstreits, von zwei zentralen Prämissen abzurücken. Erstens problematisierten sie das Feindbild als Herrschaftsinstrument, zweitens historisierten sie die Ideologie als solche. Dass sie so diskutierten, war Motor wie Ergebnis einer Entwicklung, an deren Ende das System Kalter Krieg seine Überzeugungskraft verlor. Freilich war schon mit der sozial-liberalen Entspannungspolitik der sechziger und frühen siebziger Jahre „das kohärenzstiftende Feindbild" in der Ost-West-Auseinandersetzung zerbröckelt.[277] Doch entsprach es noch der Konzeption dieser Politik, den politischen Wandel im Ostblock und nicht im Westen zu erwarten.[278] Insofern war sie „a conservative project [...] aimed at stabilizing a seemingly precarious situation".[279] Nirgendwo wird das deutlicher als in einer Parteitagsrede, die Brandt 1960 hielt. Damals sagte er:

> „Ich bin überzeugt, wir können die Herausforderung des Kommunismus annehmen. Wir müssen den Frieden sichern und die Spielregeln finden, um wirtschaftlich, politisch und geistig frei zu sein für das Ringen mit der anderen Welt, das man ‚friedliche Koexistenz' nennt. Diesen Kampf werden wir gewinnen!"[280]

Das konnte Brandt nur 1960 sagen. Im Klima des Nachrüstungsstreits hätten die Menschen aufgehorcht, denn diese Rede wäre seltsam aus der Zeit gefallen. So hatten sich die diskursiven Begrenzungen radikal verändert, zwischen denen über den Kalten Krieg gesprochen werden konnte. Dass eine Mehrheit der Sozialdemokratie das Paradigma Kalter Krieg durch ein anderes ersetzte, unterschied die achtziger Jahre von früheren Phasen.

Die Gegner der Atomraketen hielten Feindbilder für gefährlich. Denn sie sahen darin die eigentliche Ursache für das Ende der Entspannungspolitik, für den Rüstungswettlauf

---

[274] Hochgeschwender: Westen, S. 2f.
[275] Vgl. dazu Baberowski: Verbrannte Erde, S. 33–88.
[276] Hochgeschwender: Westen, S. 4f.; Doering-Manteuffel: Wie westlich sind die Deutschen?, S. 27.
[277] Hochgeschwender: Westen, S. 29; auch Stephanson: Cold War, S. 36–39.
[278] Vgl. A. Hofmann: Détente, S. 108–117; Bange/Niedhart: Introduction, S. 1f.; Kieninger: Transformation; Kieninger: Status quo.
[279] Hanhimäki: Détente, S. 145.
[280] Protokoll der Verhandlungen und Anträge vom Parteitag der Sozialdemokratischen Partei Deutschlands in Hannover, 21. bis 25. 11. 1960, Bonn [1960], S. 670.

und für die atomare Konfrontation. Feindbilder galten ihnen als etwas Irrationales und deshalb als etwas Überwindungsbedürftiges. In einem Diskussionspapier der SPD-Frauen hieß es 1982, dass Feindbilder die Funktion hätten, „innen- und außenpolitische Ziele durchzusetzen, die einer vernünftigen Begründung nicht mehr zugänglich sind".[281] Wenn Feindbilder entstünden, so argumentierte die Autorin, spiele „der Mangel an Information über den ins Auge gefaßten Feind [...] eine entscheidende Rolle". Es werde „ein Klima erzeugt, in dem einseitige Informationen, die Unterschlagung von Informationen und bewußte Falschinformation zum entscheidenden Mittel einer Informations- und Öffentlichkeitspolitik" würden. Traditionell spielte das Nachdenken über Feindbilder in der Frauenbewegung eine große Rolle. Im Nachrüstungsstreit wurde es nun auch in der SPD virulent, weil weibliche Mitglieder beklagten, dass die männlich geprägte öffentliche Meinung nur zur Kenntnis nehme, was in vorgerasterte Wahrnehmungsmuster passe. Also versuchten die Frauen in der SPD, männliche Feindbilder zu dekonstruieren. Damit ließen sie jene Politikfelder hinter sich, welche die Männer ihnen als „weiblich" zugedacht hatten. Als sie in den achtziger Jahren beanspruchten, über Fragen von Krieg und Frieden mitzureden, besetzten sie ein politisches Feld, das die Männer als ihre ureigentliche Domäne verstanden. Das war ein Novum der Geschichte der Frauenbewegung.[282] Wenn die Welt von Frauen regiert würde, so lautete das Argument, dann gäbe es den Krieg nicht mehr.[283] Männliche Feindbilder seien systemstabilisierend. Denn das von Männern erdachte Abschreckungssystem „zwingt zu einem unverrückbaren Feindbild, das auch ernstgemeinte Friedensgesten von der anderen Seite nicht zuläßt, sie als Trick, Irreführung, Manipulation ‚entlarvt'".[284] Wer in der Sowjetunion keinen Gegner, sondern einen ideologischen Feind sehe, der habe keine Möglichkeit zu erkennen, „daß der Gegner interessiert ist an Frieden, Koexistenz und Abrüstung". Feindbilder seien deshalb konstitutiv für den Kalten Krieg.

In dieser Argumentation musste jeder, der Frieden und Abrüstung suchte, sich zunächst von seinem Feindbild lösen.[285] Er musste Vertrauen zu seinem Gegner fassen. Auch männliche Sozialdemokraten bei den Jusos versuchten, Feindbilder zu überwinden.[286] Selbst Horst Ehmke schrieb, dass es stets „subjektive Wahrnehmungen" seien, „die Entscheidungen präjudizieren".[287] Dies führe „zu einem Teufelskreis, in dem Feindbilder Waffen und Waffen Feindbilder produzieren". Peter Glotz hielt es für gesichert, dass

---

[281] Uschi Pausch-Gruber: Feindbilder – ihre Funktion, ihre Entstehung, ihr Abbau [Vorlage zur Sitzung der AG Frieden der ASF am 12.6.1982], undatiert, S.1, AdsD, Bestand SPD-PV, Referat Frauen/ASF, 13172.
[282] Vgl. Heinsohn: Ambivalente Entwicklungen, S. 46f.
[283] „Männer haben in der Geschichte die Möglichkeit gehabt, eine friedliche Welt zu schaffen. Sie haben versagt; denn unsere Welt ist friedlos." Randzio-Plath: Arbeitsgemeinschaft, S. 173.
[284] Frau und Gesellschaft. Sozialdemokratischer Informationsdienst/Argumente Nr. 18, September 1982, S. 3, AdsD, Bestand SPD-PV, Referat Frauen/ASF, 9383.
[285] Siehe Karin Roth: Wenn der Wille zur Veränderung öffentlich sichtbar wird ..., in: *Blätter für deutsche und internationale Politik* 32 (1987), S. 746–748, hier S. 746.
[286] Siehe „Wir wollen das Denken in Feindbildern abbauen." Papier des Juso-Bundesvorstandes, in: *FR*, 10.7.1978; Bundesvorstand der Arbeitsgemeinschaft der Jungsozialisten (Jusos): Bundeskongreß, 10.–12.6.1982, Lahnstein, Antrag Nr. B1 (Friedenspolitik), S. 12, AdsD, Bestand SPD-PV, Referat Jungsozialisten, 7585.
[287] Ehmke: Feindbilder und politische Stabilität in Europa, in: *Die Neue Gesellschaft/Frankfurter Hefte* 34 (1987), S. 1073–1078, hier S. 1074; Volkmar Deile: Widerstehen zur rechten Zeit. Rede zum Gustav-Heinemann-Bürgerpreis an die Aktion Sühnezeichen, in: *Vorgänge* 22 (1983), S. 160–165, hier S. 162.

Feindbilder in „Friedensunfähigkeit" resultierten.[288] Ihr Abbau sei wesentlich, meinte Wilhelm Bruns von der Ebert-Stiftung 1981, damit die Entspannungspolitik weitergehen und die Abrüstung beginnen könne.[289] In dieser Logik rechnete es sich die SPD als Erfolg an, dass sie mit ihrer Ostpolitik bereits „zur Aufweichung der Feindbilder" beigetragen habe.[290] Indem sie das Feindbild als Denkmuster der ideologischen Abgrenzung des Westens vom Osten aufgeben wollte, strebte sie danach, ein konstitutives Merkmal des Kalten Krieges zu verabschieden.[291]

Die Gegner der Nachrüstung suchten auch nach Instrumenten, wie das bewerkstelligt werden konnte. Rasch erkannten insbesondere weibliche SPD-Mitglieder, dass der Friede nicht bei den Supermächten, sondern „bei uns selbst und im inneren Zustand unserer Gesellschaft" beginnen müsse.[292] Es waren Erziehung, Aufklärung und Information, die die ASF als Rezepte gegen das Denken in Feindbildern empfahl.[293] Ein gedeihliches Miteinander werde erst dann möglich, „wenn Solidarität statt Eigennutz, Rücksichtnahme statt Konkurrenz, Hoffnung statt Angst im Zusammenleben von Einzelnen, Gruppen und Völkern zur Grundhaltung und damit auch zum Maßstab für politisches Handeln werden".[294] Deshalb stellte die ASF „die Erziehung zum Frieden" in den Mittelpunkt ihrer Arbeit. Sie forderte nichts weniger als „eine allgemeine Veränderung des Bewußtseins, die nicht mehr auf ein Schema wie Sieg/Niederlage, Stärke/Schwäche fixiert ist". Wer Menschen zum Frieden erziehen wollte, der musste sie dazu anhalten, „Toleranz, Selbstachtung und gegenseitige Rücksichtnahme" zur Grundlage des gesellschaftlichen Zusammenlebens zu machen. Nach außen hin sollte Vertrauen das Verhältnis zum Gegner prägen. Nach innen hin verfolgte die ASF unmittelbarere Ziele. Denn die Friedenserziehung war darauf gerichtet, Gesellschaft zu gestalten.[295] Sie wollte eine Bewusstseinsveränderung. Friedenserziehung musste nach den Vorstellungen der Sozialdemokratinnen „schon in der frühkindlichen und kindlichen Erziehung" ansetzen. Die Kinder sollten ler-

---

[288] Glotz: Antiamerikanismus, S. 40.
[289] So Bruns: NATO-Doppelbeschluß und deutsch-deutsche Beziehungen, in: *Die Neue Gesellschaft* 28 (1981), S. 836–842.
[290] Wolfgang Biermann: Thesenpapier für die Loccumer Tagung am 16. und 17. 12. 1982, undatiert, S. 6, AdsD, WBA, A11.4, 109; Brandt: Ein Leben ohne Feindbilder, in: *Vorwärts*, 6. 6 1987, S. 16f.
[291] So Albertz an die Mitglieder des Komitees für Grundrechte und Demokratie, 13. 4. 1980, AdsD, 1/HAAA000073.
[292] Bundesvorstand der Arbeitsgemeinschaft Sozialdemokratischer Frauen (ASF): Antikriegstag 1. September: Feindbilder abbauen – Frieden schaffen [1982], AdsD, Bestand SPD-PV, Referat Frauen/ASF, 9314; der Aufruf in der Entwurfsfassung: Uschi Pausch-Gruber/Christa Randzio-Plath: Thesenpapier zum Thema Feindbilder, undatiert, AdsD, Bestand SPD-PV, Referat Frauen/ASF, 9314; Mechthild Jansen: 1. September Antikriegstag 1979. Zur Notwendigkeit von Entspannung und Abrüstung, in: *Zeitschrift für sozialistische Politik und Wirtschaft* 2 (1979), H. 4, S. 47–57.
[293] Bundesvorstand der Arbeitsgemeinschaft Sozialdemokratischer Frauen (ASF): Antikriegstag 1. September: Feindbilder abbauen – Frieden schaffen [1982]; Frau und Gesellschaft. Sozialdemokratischer Informationsdienst/Dokumente Nr. 20, Juli 1983, S. 10, AdsD, Bestand SPD-PV, Referat Frauen/ASF, 9383; ASF Hessen-Süd: Friedens- und Sicherheitspolitik – Frieden durch Abrüstung. Unterlagen zur ordentlichen Bezirkskonferenz der Arbeitsgemeinschaft sozialdemokratischer Frauen am 13. 3. 1982 in Frankfurt-Harheim, undatiert, AdsD, Bestand SPD-PV, Referat Frauen/ASF, 9934.
[294] Bundesvorstand der ASF: Antikriegstag 1. September: Feindbilder abbauen – Frieden schaffen.
[295] Deutlich bei Evelyne Neff: Erziehung zum Frieden im Kindergarten [1982], AdsD, Bestand SPD-PV, Referat Frauen/ASF, 9314; Roland Geitmann: Friedenssicherung: Auch eine Aufgabe der Städte und Gemeinden, in: *Vorwärts*, 10. 3. 1983, S. 14f.; Heinz Dedering: Bildungspolitik ist Friedenspolitik, in: *Die Neue Gesellschaft* 31 (1984), S. 852–855.

nen, anderen Kulturen mit Verständnis zu begegnen. Deshalb schlug die ASF bereits 1979 vor, dass der internationale Jugend- und Schüleraustausch intensiviert werden sollte, auch und gerade mit den Ländern des Warschauer Paktes sowie mit Entwicklungsländern, und dass es mehr Fremdsprachenunterricht an den Schulen geben müsste. Kriegsspielzeuge sollten verboten werden.[296] Die Utopie einer gewaltfreien Gesellschaft im Inneren und Äußeren leitete das politische Denken der ASF.[297] In einem Artikel in der Zeitschrift „spw" hieß es unmissverständlich: „Frauen werden den Frieden vorbereiten."[298] Auf diese Weise versuchten SPD-Mitglieder, durch die Konstruktion einer feindbildfreien Weltwahrnehmung bei sich selbst und bei anderen die Voraussetzung des Kalten Krieges überflüssig zu machen.

In den frühen achtziger Jahren riefen zahlreiche nachrüstungskritische SPD-Mitglieder auch das „Ende des ideologischen Zeitalters" aus.[299] Der Publizist Peter Bender hatte sie dazu inspiriert, als er 1981 ein Buch mit dem gleichnamigen Titel veröffentlichte, in dem er beschrieb, was er in den Beziehungen der Supermächte wahrzunehmen glaubte. Bender stellte seiner Gegenwart zwei Diagnosen aus: „eine Entideologisierung des Ostens und eine Entideologisierung des westlichen Bildes vom Osten".[300] Die Krise um die polnische Gewerkschaft Solidarność zeigte ihm, dass der Osten verloren habe, „was ihn einst von der übrigen Welt unterschied, seine Ideologie".[301] Sie „motiviert nicht mehr, sondern legitimiert nur noch". Dabei habe die Entideologisierung und Depolarisierung Folgen für Ost und West. Denn die „Staaten östlich der Elbe sind normale Staaten geworden, nur diktatorisch regiert und ideologisch verklärt".[302] Bender folgerte, dass Europa nur noch politisch ein geteilter Kontinent sei.[303] Die Staaten des Warschauer Paktes würden sich „nicht mehr aus dem geschichtsnotwendigen Konflikt mit der nichtkommunistischen Welt" definieren;[304] vielmehr seien sie bereit, eine „ideologische Koexistenz" hinzunehmen.[305] Den NATO-Staaten ihrerseits sei der Antikommunismus „außer für innenpolitische Zwecke entbehrlich geworden".[306] Gewissermaßen hätten sich die Europäer „aus den politischen Glaubensgemeinschaften" emanzipiert.[307]

Dazu passte, dass SPD-Mitglieder aller politischen Richtungen den Kalten Krieg bereits für überwunden hielten. Jedenfalls meinten sie in einer Zeit zu leben, die nicht mehr von der ideologischen Systemauseinandersetzung geprägt war. Im Wahlkampf zur Bundestagswahl 1980 veröffentlichte das Erich-Ollenhauer-Haus die am Anfang dieses Buches er-

---

[296] So Bundeskongress der Arbeitsgemeinschaft Sozialdemokratischer Frauen (ASF), Erlangen, Stadthalle, 18.–20. Mai 1979, Anträge, hier Antrag A0, AdsD, Bestand SPD-PV, Referat Frauen/ASF, 10367.
[297] Siehe Unkorrigiertes Beschlußprotokoll der Sitzung des ASF-Bundesvorstandes am 12.12.1980, Bonn, 16.00 Uhr Fraktion/13.12.1980, Bonn, 9.00 Uhr, Erich-Ollenhauer-Haus, undatiert, AdsD, Bestand SPD-PV, Referat Frauen/ASF, 8666; darin auch Ingrid Stange, Gewalt in der Gesellschaft. Entwurf zur ASF-Bundesvorstandssitzung, 12.12.1980. Auch Erhard Eppler sprach von der „Utopie der Gewaltlosigkeit". Eppler: Utopie, S. 154.
[298] Christa Randzio-Plath/Angela Kroll: Frieden – Brot – Rosen. Zur Friedenspolitik sozialdemokratischer Frauen, in: *Zeitschrift für sozialistische Politik und Wirtschaft* 4 (1981), H. 11, S. 33–39, hier S. 39.
[299] P. Bender: Ende.
[300] Ebenda, S. 99. Zum historischen Hintergrund vgl. Gould-Davies: Rethinking.
[301] P. Bender: Ende, S. 16.
[302] Ebenda, S. 17.
[303] Ebenda, S. 18.
[304] Ebenda, S. 116.
[305] Ebenda, S. 108.
[306] Ebenda, S. 116.
[307] Ebenda, S. 116f.

wähnte mehrteilige Anzeigenserie, in der Kanzler Schmidt vom Kalten Krieg sprach, als ob er schon vorüber wäre.[308] Auch die Jusos riefen im Spätsommer 1980 dazu auf, „eine Rückkehr zum ‚Kalten Krieg'" zu verhindern.[309] Und tatsächlich, „aus der Sicht von 1980 war der Kalte Krieg unendlich weit entfernt – eine andere Welt".[310] War der Kalte Krieg als Begriff in den fünfziger und frühen sechziger Jahren noch allgegenwärtig gewesen, verschwand er rasch aus dem öffentlichen Sprachgebrauch. Wie ein böser Geist längst vergangener Tage war er verpönt. Weil die internationale Entspannungspolitik der sechziger und siebziger Jahre die Konflikte zwischen den Supermächten reduziert hatte, periodisierten manche Zeitgenossen den Kalten Krieg im Nachrüstungsstreit als eine abgeschlossene Epoche. Bender fasste diesen auch in der SPD verbreiteten Gedanken 1981 in die prägnante These: „Das Ost-West-Zeitalter ist zu Ende".[311]

Nun war diese Behauptung nicht neu. Der US-amerikanische Soziologe Daniel Bell hatte schon 1960 eine Essaysammlung mit dem Titel „The End of Ideology" vorgelegt, die „The Times Literary Supplement" zu den hundert einflussreichsten Büchern nach 1945 zählte.[312] Darin konstatierte er, dass sich die weltanschaulichen Klassenideologien des 19. Jahrhunderts in den fünfziger Jahren erschöpft hätten. Sie hätten auch im Ost-West-Konflikt ihre Bindekraft verloren; der Weg stehe offen für eine neue, konsensorientierte Phase der internationalen Beziehungen.[313] Dieser Befund war freilich vermessen, und die „schönen Blütenträume einer ideologiefreien westlichen Zukunft" reiften nicht.[314] Dennoch griff Erhard Eppler Bells Gedanken auf, als er 1983 „Die tödliche Utopie der Sicherheit" publizierte. Er machte sich Benders These zu eigen, wandelte sie aber von einer Diagnose in eine Forderung ab. Das Ost-West-Zeitalter war für Eppler noch nicht beendet, aber es musste dringend seinem Ende zugeführt werden. Es sei gefährlich für das Überleben der Menschheit, schrieb er, wenn die „Hegemonialkonkurrenz" der Supermächte durch gegensätzliche Ideologien verschärft werde.[315] Ideologien neigten dazu, „sich zueinander […] wie Feuer und Wasser" zu verhalten.[316] Eppler schrieb weiter:

> „Daß man in verschiedenen Systemen lebt und anderen Werten den Vorzug gibt, hat es in der Geschichte immer gegeben, ohne daß dies zu Kriegen führen musste. […] Neu und gefährlich ist dies: daß beide Ideologien und Systeme den Anspruch erheben, allgemeingültig zu sein. Beide behaupten, dem Wohle der Menschheit sei am besten gedient, wenn sie schließlich überall gelten. […] Auch das westlich-kapitalistische System, politisch geprägt durch parlamentarische Demokratie, empfindet sich als gültiger Maßstab für die Welt. Wer die Welt ‚sicher für die Demokratie' machen will, meint doch wohl, dass unsere Form von Demokratie überall am Platze wäre, in Argentinien und Polen, in Zimbabwe und in der CSSR. […] Aus dem Anspruch auf Allgemeingültigkeit folgt nun aber – und dies vergiftet die Beziehungen bis in die Militärstrategie hinein –, daß beide Ideologien die Überzeugung einschließen, das andere System dürfe es eigentlich nicht geben. Den

---

[308] Helmut Schmidt: „Unser Volk darf nicht in fremde Konflikte hineingezogen werden.", 30.9.1980, AHS, Eigene Arbeiten; siehe auch Bange/Niedhart: Introduction, S. 7.
[309] Bundesvorstand der Arbeitsgemeinschaft der Jungsozialisten (Jusos): Gemeinsam für weltweites Abrüsten [Aufruf zur Bundestagswahl], AdsD, Bestand SPD-PV, Referat Jungsozialisten, 7817.
[310] Doering-Manteuffel: Kampf, S. 45.
[311] P. Bender: Ende, S. 117.
[312] So hieß es im Nachruf der *New York Times*. Michael T. Kaufman: Daniel Bell, Ardent Appraiser of Politics, Economics and Culture, Dies at 91, in: *The New York Times*, 25.1.2011.
[313] Bell: End; Waxman: End; siehe auch sein selbstkritisches Nachwort zur Neuauflage. Bell: Afterword; vgl. ferner Seefried: Zukünfte, S. 96–100.
[314] Hochgeschwender: Westen, S. 28.
[315] Eppler: Utopie, S. 115.
[316] Ebenda, S. 115 f.

Kommunismus, meint Reagan, dürfte es eigentlich gar nicht geben, den Kapitalismus, meint die Sowjet-Ideologie, dürfte es – bald – nicht mehr geben. […] Für Ronald Reagan ist der Bolschewismus ein Irrweg der Geschichte, für den es keinerlei Rechtfertigung gibt. Wenn die Geschichte einen Sinn haben soll, so muss irgendwann Schluss sein mit den ‚gottlosen Ungeheuern‘, von denen alle Übel der Welt ausgehen. Dazu muss eine seltsam verschmierte Seite aus dem Buch der Geschichte gerissen werden, je früher, desto besser."[317]

Dieses längere Zitat verdeutlicht den Gedankengang Epplers, der für den sozialdemokratischen Diskurs prägend werden sollte. Eppler definierte den Kalten Krieg aus einer weltanschaulichen Perspektive und argumentierte, dass der Anspruch der Supermächte auf Allgemeingültigkeit ihrer Ideologien etwas Gefährliches sei. Wer nämlich behaupte, sein Weltbild habe universelle Gültigkeit, verweise denjenigen, der ein anderes Weltbild vertrete, aus dem Raum des Sagbaren. Und von

„der Überzeugung, dass es das andere System eigentlich nicht geben dürfte, ist es nicht weit bis zum Kampf zwischen Gut und Böse, wobei jede Seite sich selbst mit dem Guten, die andere mit dem Bösen identifiziert. Denn das Gute ist das, was sein soll, das Böse ist das, was nicht sein soll."

Daraus konnte für Eppler nur eine Konsequenz folgen: Beide Weltmächte mussten ihren Anspruch auf allgemeine Gültigkeit relativieren und spiegelbildlich ihre Feindbilder begraben.[318] Es sei „der Offenheit der Geschichte" zu überlassen, ob beide Systeme friedlich nebeneinander bestehen könnten, ob langfristig „ein System das andere überwindet oder ob beide, wie dies in der Geschichte üblich ist, eines Tages an neuen Aufgaben scheitern und von neuen Kräften verwandelt oder abgelöst werden".[319] Die Beziehungen zwischen den Vereinigten Staaten und der Sowjetunion würden zu häufig von Ideologen bestimmt, meinten Sozialdemokraten quer durch die Partei. Denn Ideologie verklebe die Augen, wie „Die Neue Gesellschaft" den Ton 1983 vorgab.[320] Dabei seien die bestehenden ideologischen Systeme nicht die „Endprodukte der Geschichte".[321] Vielmehr müssten sie, „wie alles Geschichtliche, als Durchgangsstationen auf einem Weg" begriffen werden. Dann nämlich würden sie „jenes unerbittliche Entweder-Oder" verlieren, das die Menschheit in ihrer Existenz bedrohe.

Wer das Ende des ideologischen Zeitalters beschwor, der gruppierte auch die westlichen Werte um. Egon Bahr gab dieser Vorstellung eine neue Wendung. Denn für ihn rangierte der Friede am oberen Ende der Werteskala. Ohne den Frieden gebe es keine Freiheit, keine Demokratie, keinen Westen, schrieb Bahr 1986.[322] Für ihn war klar: „Die Priorität bleibt der Friede".[323] Nur im Frieden „ist ideologische Auseinandersetzung mit den Kommunisten möglich".[324] Ausschließlich im voratomaren Zeitalter sei es möglich gewesen, dem ideologischen Denken Priorität vor dem Streben nach Frieden einzuräumen.[325] Westliche Werte hätten nur dann eine Aussicht darauf, realisiert zu werden, wenn

---

[317] Ebenda, S. 116f.
[318] Ebenda, S. 122.
[319] Ebenda, S. 121; Bahr: Was wird?, S. 185, 187.
[320] Oswald Hirschfeld: Ideologie verklebt die Augen – Zum Stand der Genfer Raketenverhandlungen, in: *Die Neue Gesellschaft* 30 (1983), S. 399–404.
[321] Eppler: Utopie, S. 184.
[322] Bahr: Strategie, S. 95.
[323] Bahr: Die Priorität bleibt der Friede; Bahr: Sicherheitspolitik, S. 10.
[324] Bahr: Die Priorität bleibt der Friede.
[325] Siehe auch seinen Briefwechsel mit Gerhard Stuby. Bahr an Stuby, 22.12.1983 und 9.11.1983, AdsD, 1/EBAA000583; so auch Ehmke: Frieden, S. 282; Josef Leinen: Die Zukunft der Friedensbewegung, in: *Die Neue Gesellschaft* 31 (1984), S. 24–29.

die Menschheit überlebte. Während die Unionsparteien auf der traditionellen Reihenfolge der Wertbegriffe insistierten („Freiheit vor Frieden") und auch zahlreiche SPD-Mitglieder von Renger bis Schwan heftig widersprachen, nahm Bahr an, dass es sich durch die Abwesenheit des Wertes „Frieden" erübrige, von den anderen zu sprechen.[326] Der Friede sei erst die „Voraussetzung, um ideologische Unterschiede ohne das Risiko des gemeinsamen Untergangs austragen zu können".[327] Nur im Frieden könne sich zeigen, welches politische System dem anderen überlegen sei, hieß es auch 1986 in einem Antrag des Berliner Kreisverbandes Wedding.[328]

Die SPD wollte sich selbst und den Supermächten beweisen, dass Ideologien in den Hintergrund treten konnten, als eine dritte Arbeitsgruppe den Dialogfaden mit dem Osten zu spinnen begann. Unter der Leitung von Eppler traf sich die SPD-Grundwertekommission mit Vertretern der Akademie für Gesellschaftswissenschaften der SED und erarbeitete ein Papier, das unter dem Titel „Der Streit der Ideologien und die gemeinsame Sicherheit" im August 1987 für Aufsehen sorgte, als es auf zwei parallelen Pressekonferenzen in Bonn und in Ost-Berlin der Öffentlichkeit vorgestellt wurde.[329] Hatten die Diskussionen in der gemeinsamen Arbeitsgruppe vor allem einen introspektiven Charakter – die SPD führte mit der SED theoretische Debatten über den demokratischen Sozialismus und die gemeinsamen Wurzeln in der Arbeiterbewegung[330] –, so lautete die These des Papiers, der Wettstreit der Systeme sei nur noch friedlich möglich. Ideologische Gegensätze könnten, wenn überhaupt, nur mit der Voraussetzung ausgetragen werden, dass der Konflikt nicht in Gewalt eskaliere.[331] So umstritten das Papier innerparteilich und international war,[332] es demonstrierte aus Sicht der beteiligten Sozialdemokraten, dass die Geogra-

---

[326] „Wir sind immer dafür eingetreten, daß Freiheit vor Frieden, Freiheit auch vor deutscher Einheit gehen muß." So drückte es Egon Alfred Klepsch, der Vorsitzende der Fraktion der Christlichen Demokraten im Europäischen Parlament, 1979 auf dem Kieler Bundesparteitag der CDU aus, Protokoll des 27. Bundesparteitages der Christlich Demokratischen Union Deutschlands, Kiel, 25.–27.3.1979, Bonn [1979], S. 230; Rödder: Bündnissolidarität, S. 133f.

[327] Bahr: Sicherheitspolitik, S. 11; Bahr: Was wird?, S. 14f. Dazu auch Vermerk [über ein Treffen von Vertretern der Bundesrepublik, darunter Sozialdemokraten, mit Vertretern der UdSSR, 15.10.1984, SAPMO-BArch, DY 30/IV 2/2.035/65, Bl. 172–177.

[328] Anträge zum [Berliner] SPD-Landesparteitag am 20./21.6.1986, 31.5.1986, AdsD, Nachlass Stobbe, 41.

[329] Dazu Wentker: Außenpolitik, S. 513f.; Sturm: Uneinig, S. 93–103; F. Fischer: Interesse, S. 199–210; Reißig: Dialog, S. 72–106.

[330] Siehe Burkhard Reichert: Bericht über das Gespräch zwischen Mitgliedern der Grundwertekommission und Gesellschaftswissenschaftlern der SED, 1.3.1984, AdsD, Nachlass Selbmann, 171; Westabteilung: Information über den Aufenthalt einer Delegation der Kommission Grundwerte beim SPD-Parteivorstand [in der DDR], 27.2.1984, SAPMO-BArch, DY 30/14728, Bl. 67f.; Otto Reinhold: Bericht über das Gespräch mit Vertretern der Grundwertekommission (SPD) vom 15. bis 17.11.1984 in Freudenstadt, 21.11.1984, SAPMO-BArch, DY 30/14661, Bl. 64–77; Abteilung für Internationale Politik und Wirtschaft: Kurzinformation über den Aufenthalt einer Delegation der Kommission Grundwerte beim Parteivorstand der SPD, 17.6.1985, SAPMO-BArch, DY 30/14727, Bl. 96–100; Akademie für Gesellschaftswissenschaften beim ZK der SED: Bericht über die dritte Diskussion von Gesellschaftswissenschaftlern unserer Partei mit einer Delegation der Grundwertekommission der SPD, 18.6.1985, SAPMO-BArch, DY 30/14661, Bl. 108–118.

[331] Vgl.: Der Streit der Ideologien und die gemeinsame Sicherheit, in: *Vorwärts*, 29.8.1987, S. 31–34; auch in SAPMO-BArch, DY 30/IV 2/2.035/79, Bl. 3–19.

[332] Dazu Protokoll der Sitzung des Präsidiums am 22.6.1987, S. 13f., AdsD, Bestand SPD-PV, Vorstandssekretariat, ohne Signatur. Ein Funktionär des PSF notierte auf einer französischen Übersetzung des Papiers: „Cette acceptation du débat d'égal à égal (en valeur!) est stupéfiante!" Der Streit der Ideologien und die gemeinsame Sicherheit, 9.9.1987, CAS, 70 RI, 22.

phie zwischen Ost und West neu geordnet werden konnte.³³³ Dabei hatte die SPD die Rechnung aber ohne die SED gemacht. Eppler und den übrigen Mitgliedern der Grundwertekommission versicherten die SED-Funktionäre, dass es ihnen ernst sei mit dem Dialog.³³⁴ Aber zumindest in den internen Berichten ließ der SED-Verhandlungsführer Otto Reinhold keinen Zweifel daran, dass das Grundwertepapier nichts an der ideologischen Konfrontation ändere.³³⁵ Es bleibe „eine Grunderkenntnis des Marxismus-Leninismus", so hieß es in einem Bericht des Ministeriums für Staatssicherheit, „daß die Macht der Monopole untrennbar mit dem aggressiven Charakter des Imperialismus verbunden ist, ihn gesetzmäßig hervorbringt".³³⁶ Es gebe keine „friedliche Koexistenz auf ideologischem Gebiet und Konvergenz der Systeme". Die SED-Funktionäre hielten, wenn sie unter sich waren, an ihrem Feindbild fest.³³⁷ So haftete den Versuchen der SPD, ihr neues Denken in der Wirklichkeit zu erproben, eine gewisse Tragik an.

Einerseits wollten nachrüstungskritische Sozialdemokraten um Bahr, Eppler und Lafontaine also in ein neues, postideologisches Zeitalter eintreten, andererseits versuchten sie, den Westen als Ideologie zu historisieren. Sie waren es leid, dass die kollektive Beschwörung von Werten wie Freiheit, Demokratie und Menschenrechten das Reden und Handeln gegenüber der Sowjetunion dominierte. Denn diese westlichen Werte kamen für sie „irrationalen Emotionen, Vorurteilen, Klischees oder unbegründeten Erwartungen" gleich.³³⁸ Vielmehr hielten sie es für notwendig, dass das gemeinsame Streben nach Frieden an erster Stelle rangieren sollte. Geboten sei „wechselseitige Nüchternheit in der Einschätzung von Verhalten und Absichten" des Gegenübers. So war der Abbau der Feindbilder, den vor allem Sozialdemokratinnen propagierten, aufs Engste verbunden mit dem „Ende des ideologischen Zeitalters". Wenn die ideologische Einteilung der Welt für viele in der SPD ihre Geltung verloren hatte, dann ließ sie sich nur dadurch überwinden, dass West und Ost Vertrauen zueinander fassten.

Nachdem die Partei in den fünfziger Jahren noch über den Inhalt der westlichen Wertegemeinschaft gestritten hatte, war das, was Westlichkeit *per definitionem* ausmachte, für

---

³³³ So Erhard Eppler: Friedenspolitik durch systemöffnenden Dialog. Streitkultur als Friedenspolitik, in: SPD-Pressemitteilung, Nr. 705/87, 27. 8. 1987; Thomas Meyer: Ein neuer Rahmen für den Ost-West-Dialog. Das gemeinsame Grundsatzpapier von SED und SPD: Kein nationales Memorandum, in: *Die Neue Gesellschaft/Frankfurter Hefte* 34 (1987), S. 870–877; Dowe: Ost- und Deutschlandpolitik, S. 57–73.
³³⁴ Siehe Otto Reinhold an Honecker: Bericht über die gemeinsame Beratung zwischen Vertretern der Akademie für Gesellschaftswissenschaften beim ZK der SED und der Grundwertekommission der SPD vom 27. bis 29. 10. 1987 in Berlin, undatiert, SAPMO-BArch, DY 30/IV 2/2.035/79, Bl. 27–39, insb. Bl. 36.
³³⁵ Reinhold an Honecker, 16. 7. 1987, SAPMO-BArch, DY 30/IV 2/2.035/79, Bl. 1f.
³³⁶ BStU, MfS, SED-KL, 5350, Bl. 1–4, hier Bl. 1; Informationen, Nr. 234, 1987/88, BStU, MfS, HA IX, 13861, Bl. 124–132; Information zu Positionen der westeuropäischen Sozialdemokratie in Fragen des Friedens und der Abrüstung [15. 10. 1987], BStU, MfS, HA II, 28381, Bl. 2–4.
³³⁷ Siehe dazu auch Institut für Internationale Politik und Wirtschaft der DDR (IPW): Information über das Seminar „Friedliche Koexistenz und Sicherheitspartnerschaft" zwischen Gesellschaftswissenschaftlern der SED und Vertretern der SPD vom 12. bis 14. 12. 1984 in Bonn, 20. 12. 1984, SAPMO-BArch, DY 30/14661, Bl. 78–91, hier Bl. 84. Dagegen abgewogener: Information über Reaktionen in der SPD und in BRD-Regierungskreisen auf das gemeinsame Dokument von SED und SPD „Der Streit der Ideologien und die gemeinsame Sicherheit", 1. 10. 1987, SAPMO-BArch, DY 30/IV 2/2.035/79, Bl. 22–26; Stimmungen/Meinungen zum Dokument der SED und SPD „Der Streit der Ideologien und die gemeinsame Sicherheit", undatiert, BStU, MfS, HA II, 16600, Bl. 144–147.
³³⁸ Voigt: Von der Konfrontation zur Sicherheitspartnerschaft, in: *Die Neue Gesellschaft* 29 (1982), S. 310–315, hier S. 311.

sie in den achtziger Jahren kein Thema mehr. Die Sozialdemokratie verstand sich selbst als Partei, die die Grundsätze des Westens verinnerlicht hatte. Stattdessen nahmen ihre Mitglieder nun das Konstruktionsprinzip des Kalten Krieges selbst in den Blick: Ihnen war die Ideologie beziehungsweise ihre Allgemeingültigkeit fragwürdig geworden. Als ersten Schritt in das postideologische Zeitalter verlangten sie, dass die eigenen Werthaltungen nicht länger für universal gültig genommen werden dürften. Nur so ließe sich der Frieden dauerhaft erhalten. So rückten sie davon ab, was für sie noch in den fünfziger Jahren zentral gewesen war: die Allgemeingültigkeit der westlichen Werte.[339] Während die Grünen den „Bankrott der großen ideologischen Strömungen gegenüber der ökologischen Herausforderung" ausmachten und den traditionellen politischen Rechts-Links-Gegensatz für überholt erklärten,[340] richtete sich bei der SPD die Neuvermessung des ideologischen Raumes auf die Ost-West-Konfrontation und das System des Kalten Krieges. Ihre Mitglieder sahen den Bankrott des Universalismus angesichts der atomaren Bedrohung. Freilich war dieser sozialdemokratische Anspruch selbst nichts weiter als eine Weltanschauung. Er kam daher in der Gewissheit, allgemeingültig zu sein, und trug das Konstruktionsprinzip dessen, was er zu überwinden glaubte, in sich selbst. Der sozialdemokratische Relativismus blieb eine Denkfigur mit universalistischem Anspruch. Zwar konnte sich die SPD den Antagonismus zwischen Ost und West nicht mehr sinnvoll erklären, doch artikulierten die Sprecher in der Partei, die vom Ende des bipolaren Zeitalters kündeten, selbst nur ihre je eigene, binäre Deutung der Wirklichkeit.

4. Fragilität und Persistenz der binären Ordnungslogik

Der Kalte Krieg befand sich aus geschichtswissenschaftlicher Perspektive auf einem Höhepunkt – oder die Entspannungspolitik in der Krise[341] –, als die Sozialdemokraten bemerkten, dass der Gegensatz zwischen Ost und West nicht mehr taugte, um die Welt zu erklären. Das klingt paradox. Aber seit den siebziger Jahren hatte sich ein neues Denken der Partei bemächtigt, das in anderen Teilen der Gesellschaft – in sozialen Protestbewegungen und in transnationalen Elitenzirkeln – schon längst Fuß gefasst hatte. Die Probleme von Ost und West, Nord und Süd seien auf das Engste miteinander verbunden, hieß es nun allerorten. Die Welt müsse in einem Netzwerk gedacht werden. Wer in der SPD die Globalität der Probleme einsah, der machte sich auf die Suche nach Konzepten, die der Entdeckung von Interdependenz Rechnung trugen. Es war die Strategie der „Gemeinsamen Sicherheit" und die Suche nach gerechten Strukturen für die Weltwirtschaft, mit denen Parteimitglieder ihrer Überzeugung Ausdruck verliehen, dass die Menschheit nur gemeinsam überleben könne. Vertrauen in die Absichten des Gegners sollte von nun an das Miteinander der Staaten prägen. Sozialdemokraten hofften auf die Einsicht der Supermächte, dass sie in einer Rationalitätsgemeinschaft lebten, und diskutierten Konzepte von der „Selbstbehauptung Europas" bis zum multipolaren Sicherheitssystem unter dem Dach der Vereinten Nationen, die von der Annahme getragen wurden, dass das System des Kalten Krieges den neuen Problemlagen nicht mehr angemessen sei.

---

[339] Vgl. Angster: Konsenskapitalismus, S. 16.
[340] Mende: Gründungsgrüne, S. 413.
[341] Vgl. Nuti: Introduction, S. 7.

Gerade dort, wo die Auseinandersetzung zwischen den USA und der Sowjetunion in den frühen achtziger Jahren auf einen konfrontativen Höhepunkt zusteuerte, riefen SPD-Mitglieder nach alternativen Ordnungssystemen. Diesen neuen Ideen war gemeinsam, dass sie „nonviolent conceptions of statehood and government" zum Dreh- und Angelpunkt hatten.[342] Weibliche Mitglieder und Parteiintellektuelle wie Bahr, Eppler und Glotz forderten die Supermächte auf, Feindbilder zu überwinden und in ein postideologisches Zeitalter einzutreten. Wenn die Sozialdemokratie also über den Westen verhandelte, dann tat sie dies, indem sie das Strukturmerkmal der Systemauseinandersetzung ins Visier nahm. Die Ideologie vom Westen war ihr im Atomzeitalter überwindungsbedürftig. Und mehr als das: Sie sagte ihr nichts mehr. Der Essener Bundesparteitag statuierte 1984 das neue Denken, indem er die Überwindung der Blockkonfrontation zum Ziel der SPD erklärte. Doch wie wirkmächtig war der Substanzverlust des Kalte-Krieg-Denkens eigentlich? Wie reagierten die Gegner der SPD? War, was von den Sozialdemokraten zu hören war, wirklich so revolutionär?

Dem Abschied vom Kalten Krieg haftete etwas Eigentümliches an. Denn natürlich blieben die Grundlagen dieses Denksystems entscheidend für die Nachrüstungskritikerinnen und -kritiker – und sei es nur als das Unzeitgemäße, von dem sie sich lossagten. In gewisser Weise bewegten sich die zivilgesellschaftlichen Akteure bei aller Kritik weiterhin in den Mustern des Kalten Krieges. Sie waren ein Produkt seines Denkens. Das Interdependenzdenken, das zeitgenössisch so weit verbreitet war, brauchte den Kalten Krieg als Ausgangspunkt und negativen Spiegel für seinen Gegenentwurf. Ähnliches könnte für den Internationalismus und den Globalisierungsdiskurs gesagt werden, die zwar älteren Ursprungs sind und auf eine lange Tradition zurückschauen können, aber nicht zufällig im bipolaren Zeitalter eine bis dahin ungekannte Hochzeit erlebten. Kurz: Die Nachrüstungsgegner in der SPD entkamen dem Differenzdenken nicht. Sie organisierten ihre Weltwahrnehmung weiterhin nach dualistischen Gegensätzen und zementierten so die binäre Logik der Moderne.

Die Beharrungskraft des Kalten Krieges lässt sich aber noch anders bemessen. Früh wurde nämlich deutlich: Als die SPD den Kalten Krieg beseitigen wollte, manövrierte sie sich ins Aus. Denn dieses Ordnungssystem hatte für viele Nicht-Sozialdemokraten ungebrochene Geltungskraft. Um zu verstehen, wie eng umgrenzt die Neuvermessung des ideologischen Gegensatzes auf das Feld der Nachrüstungskritiker war, muss man gar nicht erst auf die Paradoxie der Abkehr vom Kalten Krieg schauen. Es genügt schon, die Antworten zu lesen, die die SPD ab 1980 auf ihre Forderungen erhielt, um einen Eindruck von der Persistenz des Kalten Krieges zu bekommen. Die Gegner der SPD – von der deutschen Christdemokratie über die französischen Sozialisten bis zur Reagan-Regierung – bemerkten rasch, wie die Partei das Muster nicht mehr mittrug, das die internationalen Beziehungen dominierte. Sie informierten die Welt, wie die SPD die „westliche Wertegemeinschaft" relativiere und einem ressentimentgeladenen „Anti-Amerikanismus", „Neutralismus" und „Pazifismus" huldige. Das war als massiver politischer Angriff auf die SPD gemeint. Der angeblich „zerfallende Konsens" des westlichen Bündnisses war die begriffliche Schale, in welche die Gegner der SPD ihre Denkformen einfügten. Die These vom Zerfall des Konsenses bedarf der Historisierung, denn sie hat sich bis in die geschichtswissenschaftliche Forschung unserer Tage gehalten.[343] Wo um den Konsens gestritten wurde,

---

[342] Nehring: Last Battle, S. 321.
[343] So bei Conze: Suche, S. 544; die entgegengesetzte These bei Gassert: Konsens, S. 493.

zeigte sich: Die Nachrüstungskontroverse war mehr als eine sicherheitspolitische Auseinandersetzung; sie war ein Selbstverständigungsdiskurs um das, was „den Westen" ausmachen sollte, und darum, wer sich innerhalb des Sagbaren bewegte.

Dass die Sozialdemokratie eine Ansammlung von „vaterlandslosen Gesellen" sei, riefen ihre Gegner, seitdem sich Arbeiter Mitte des 19. Jahrhunderts erstmals politisch zusammengeschlossen hatten.[344] An diesen Vorwurf knüpfte an, wer den „Konsens" des „Westens" zusammenbrechen sah, weil die SPD Nein zur Stationierung sagte. Jetzt war wieder die Rede von einem „Dolchstoß", den die SPD dem „Westen" versetze.[345] Dabei handelte es sich um eine transnationale Deutungsachse, die von der republikanischen Regierung Ronald Reagans und dem französischen Parti Socialiste bis in die christdemokratische Opposition der Bundesrepublik, die FDP und die Nachrüstungsbefürworter in der SPD reichte. Das Deutungsmuster war beliebt, weil es dazu taugte, verschiedene Bedeutungszuschreibungen zu absorbieren. Begriffe wie „Konsens", „westliche Wertegemeinschaft", „Anti-Amerikanismus", „Neutralismus" oder „Pazifismus" hatten für die Zeitgenossen einen festen Inhalt, auch wenn sie bei ihrer jeweiligen Verwendung nicht genau definiert wurden.

Die SPD zermürbte das Bündnis. Dies sagten zumindest jene, die andere politische Ziele verfolgten.[346] Richard Perle, Staatssekretär im US-Verteidigungsministerium, rügte 1984 die Partei, weil sie alternative Verteidigungsmodelle diskutierte.[347] Wenn sie über „Gemeinsame Sicherheit" und den atomwaffenfreien Korridor in Mitteleuropa nachdenke, dann vernachlässige sie, so Perle, die Sicherheitsinteressen der NATO. Auch für die CSU unternahmen die Sozialdemokraten eine „Flucht aus der Verantwortung" oder gar einen „Amoklauf gegen das Bündnis",[348] während konservative Zeitungen in der SPD ein „Sicherheitsrisiko für unser Land" sahen, weil sie „fahnenflüchtig" werde.[349] Immer dann, wenn die Wellen eines Streites hochschlugen, sahen Konservative in den Sozialdemokraten eine Gefahr für den Staat.[350] In ihrer Sichtweise wendeten SPD-Mitglieder sich „geradezu panisch" vom Bündnis ab: „Sie tun dies ohne Rücksicht auf Verluste, und jeder Winkelzug ist ihnen dabei recht."[351] So war die Rede, wie die SPD den „Konsens" des Bündnisses zerstöre, so etwas wie die überwölbende Meta-Deutung, mit der sich die Kritik an der SPD und der Friedensbewegung zusammenfassen ließ.[352] Wollte die SPD „zurück zu Ollenhauer", zurück zu ihren „antiwestlichen Haltungen der frühen 50er Jahre"?[353] Der US-ameri-

---

[344] Vgl. Groh/Brandt: „Vaterlandslose Gesellen".
[345] So in dem Artikel Amerikaner sprechen von Dolchstoß. Bahrs Vorstellungen von „Null-Lösung" stößt bei der NATO auf scharfe Ablehnung, in: *Die Welt*, 16. 2. 1982.
[346] Christoph Wiedmann: Das Bündnis zermürben, in: *Bayernkurier*, 4. 4. 1981.
[347] Statement by Richard Perle, The Friedrich Ebert Stiftung, 28. 6. 1984, S. 7, RRL, Tyrus Cobb Files, b 91096, f European Defense Issues [2 of 6]; Michael Bertram an Eckhard Lübkemeier: V. European-American Workshop am 28. und 29. 6. 1984, 22. 2. 1984, AdsD, Nachlass Stobbe, 180.
[348] Thomas Engel: SPD-Beschlüsse: Flucht aus der Verantwortung, in: *Bayernkurier*, 8. 10. 1983.
[349] Norbert A. Sklorz: Babylonisches Sprachgewirr. Die Krise der SPD wird zu einem Sicherheitsrisiko, in: *Rheinischer Merkur*, 3. 4. 1981; Einar Koch: Die Sozialdemokraten werden fahnenflüchtig. Es geht nicht mehr nur um die Nachrüstung, Fernziel ist die NATO, in: *Hamburger Abendblatt*, 31. 5. 1983.
[350] So Robert Held: Wer rettet die SPD?, in: *Frankfurter Allgemeine Zeitung*, 16. 10. 1982.
[351] Abschied der SPD von Nachrüstung und Verantwortung. Nach Helmut Schmidts Sturz zeichnet sich ein neuer Kurs ab, in: *Berliner Morgenpost*, 14. 11. 1982.
[352] Vgl. Kaiser: Zerfall, S. 484–488.
[353] Zurück zu Ollenhauer?, in: *Frankfurter Allgemeine Zeitung*, 2. 4. 1983; Protokoll des CDU-Parteitages 1983 in Köln, S. 99.

kanische Historiker Jeffrey Herf führte die Erosion des „Konsenses" 1984 tatsächlich auf „a deeper confusion concerning the moral order which supports West Germany's political institutions" zurück.[354] In seiner Argumentation strauchelte die SPD, weil sie nicht mehr sagen könne, was das moralische Fundament des „Westens" ausmache. Stand die Sozialdemokratie in den USA traditionell im Verdacht, eine nur schlecht kaschierte Nähe zum real existierenden Sozialismus zu pflegen,[355] beschwor auch die US-Regierung ein gemeinsames kulturelles Erbe, um die Auseinandersetzung mit der SPD in den Bereich des Grundsätzlichen zu überführen.[356] Die Sowjetunion war nicht nur ein politischer und militärischer, sondern auch ein ideologischer Konkurrent; dies machte das entscheidende funktionale Element der Systemauseinandersetzung aus.[357]

Die Gegner der SPD konnten auch dann hoffen, mit ihrem Anliegen durchzudringen, wenn sie die sozialdemokratische Kritik an den USA als „anti-amerikanisch" qualifizierten.[358] Innenpolitisch war der „Anti-Amerikanismus" eines der zentralen Argumente der Christdemokratie gegen SPD und Grüne. 1981 schrieb der Vorsitzende der CSU-Landesgruppe im Bundestag, Friedrich Zimmermann, im „Bayernkurier", die SPD befinde sich geradewegs „auf dem Marsch in die Arme der Sowjets".[359] In ihrem Widerstand gegen die Stationierung sehe sie „eine Chance zur Pflege des Antiamerikanismus" und schwäche damit „die geistige Widerstandskraft des Westens".[360] Als der Direktor des Aspen Institute Shepard Stone 1981 zu einer Konferenz nach Berlin einlud, die sich mit der Frage „How Significant is Anti-Americanism?" beschäftigen sollte, gab er die Antwort gleich mit: „During the past year, there has been increasing evidence of ‚anti-Americanism' in Europe, particularly in the Federal Republic of Germany."[361] Der Konferenzbericht verzeichnete Übereinstimmung darin, dass es solche „tendencies" gebe.[362] Sie bezögen sich teilweise auf historisch-kulturelle Ressentiments gegenüber den USA, teilweise auf die Politik der Reagan-Regierung. An der SPD übte der Bericht harsche Kritik. Denn was diese über die

---

[354] Jeffrey Herf: The Center Left Could Not Be Hold. National Identity And The Moral Order In West Germany [Working Draft for the Salzburg Seminar on American-European relations to be held in January, 1984], November 1983, S. 1, AdsD, Nachlass Stobbe, 181. Herf arbeitete diese Thesen in seinen monographischen Veröffentlichungen weiter aus, siehe vor allem Herf: War, S. 143f., 197–201.
[355] Dazu Brzezinski an Carter: NSC Weekly Report #20, 8.7.1977, S. 4, JCL, Zbigniew Brzezinski Collection, b 41, f Weekly Reports [to the President], 16–30: [6/77-9/77]; National Foreign Assessment Center (CIA): East-West German Relations. The Status of Deutschlandpolitik, August 1978, JCL, Staff Material: Office, CREST, NLC-17-131-7-5-6; auch Strauß: SPD stärkte Moskau, in: *Frankfurter Rundschau*, 27.4.1982.
[356] So Linas Kojelis: Speech to German-American Rally, Bridgeport, Connecticut – October 7, 1984, undatiert, RRL, Linas Kojelis Files, OA 11521, f Speech-German-American.
[357] Dazu Hochgeschwender: Westen, S. 25–29.
[358] So Arthur F. Burns: Stunden der Bewährung für die Demokratie in Deutschland und Amerika. Ansprache am 7.11.1983 vor der Gesellschaft für Auslandskunde e.V. in München, undatiert, AHS, Korrespondenz; vgl. zur historischen Einordnung Friedman: Rethinking; Hahn: Amerika; Pells: Europeans; Gassert: Amerika; Gassert: Antiamerikaner; McPherson: Yankee; Katzenstein/Keohane: Anti-Americanisms.
[359] Zimmermann: Krise der SPD: Der Riß ist offenbar, in: *Bayernkurier*, 5.9.1981.
[360] So auch CDU-Bundesvorstand: Frieden sichern. Argumente für eine Politik der aktiven Friedenssicherung [1983], AdsD, 1/HWAA002936.
[361] Stone an Albertz, 12.5.1981, AdsD, 1/HAAA000080.
[362] Jim Cooney: Germany, Europe and the United States – Is Anti-Americanism Significant? Report on a Conference held at the Aspen Institute Berlin, Juli 1981, S. 1, AdsD, Vorlass Voigt, H 3; siehe ferner Steering Committee Meeting on German-American Relations – American Council on Germany/Atlantik Bruecke, 14–15 May 1982, undatiert, S. 2, AdsD, Vorlass Voigt, H 94.

Sowjetunion sagte, sei von einer „de-demonization" des Kommunismus charakterisiert. Innerhalb der US-Regierung und im Kongress amalgamierte die Vorstellung, die SPD sei „anti-amerikanisch", mit der Sorge, sie laufe den Sowjets in die Arme. Von einer Deutschlandreise zurückkommend, berichtete der Kongressabgeordnete Philip Crane in Washington, er habe einen „growing influence of pacifist, terrorist, and pro-Soviet groups" beobachtet.[363] Er sei „increasingly alarmed at both the depth and breadth of pro-Soviet and anti-American sentiment which has recently manifested itself in a number of ugly incidents". Der Dreiklang von „pacifist, terrorist, and pro-Soviet"-Standpunkten brachte auf den Punkt, was manche ausländischen Beobachter für gefährlich hielten.[364] Weitaus gemäßigter berichtete Walter Raymond nach einer Reise durch Europa:

> „I talked to several people re the question of anti-Americanism in Europe. Ambassador Burns, for example, believes it is less a phenomenon of ‚anti-Americanism' but rather a rejection of Western values. […] Beata Lindemann, who is the Director of the Atlantik-Bruecke, translates anti-Americanism into anti-Reagan sentiment."[365]

Mit „anti-amerikanischen Einstellungen" konnte also mehrerlei gemeint sein: die Ablehnung der Politik der US-Regierung, die Aversion gegen die Person Reagan, historische und kulturelle Vorbehalte gegenüber den USA, die Zurückweisung westlicher Werte oder die Relativierung des sowjetischen Totalitarismus. Der Begriff „Anti-Amerikanismus" war so dehnbar, wie er verschiedene Diagnosen und Stereotypen aufnahm. Er war als politisches Argument weit verbreitet und ist es bis in unsere Tage geblieben.[366]

Wenn die SPD über den Kalten Krieg nachdachte, stand sie im Verdacht, den „Konsens" des Westens zu sprengen und „anti-amerikanischen" Stereotypen zu huldigen. Für viele propagierte sie auch „neutralistische" und „pazifistische" Ideen.[367] Die Berater von Präsident Carter notierten 1979, dass viele Deutsche erwarteten, die Sowjetunion werde ihnen in absehbarer Zukunft eine Wiedervereinigung vorschlagen, wenn die Bundesrepublik aus der NATO austrete und sich zu strikter Neutralität verpflichte: „This proposal would find support among liberals in the SPD and could not be easily dismissed. […] A German drift toward neutralism could materialize."[368] Der „Neutralismus" fungierte als Begriff, in dem sich das Unbehagen gegenüber der Friedensbewegung sammelte. Es war vor allem das politische Frankreich, das sich vor einem wiedervereinigten und nach dem finnischen Muster neutralen, aber doch der Sowjetunion ergebenen Deutschland fürchtete.[369] Bedenken wurden selbst dann noch formuliert, als PSF und SPD bereits über eine Intensivierung der europäischen Integration nachdachten. 1981 hieß es in einem Bericht

---

[363] Crane an Reagan, 16.9.1981, RRL, Executive Secretariat, NSC: Country File, RAC b 14, f Germany, FRG (9/1/81–12/31/81) (6).
[364] Dagegen besonnen Robert Gerald Livingston an Nitze, 20.10.1981, LoC, Nitze Papers, b 13, f 3.
[365] Walter Raymond, Jr. an Walter McFarlane: European Trip Report (31 March–7 April 1984), 20.4.1984, S. 3f., RRL, Walter Raymond Files, RAC b 8, f 71.
[366] Siehe beispielsweise Gress: Peace, S. 49, 163–167, 189–197; Garton Ash: Namen, S. 464f.; Schwan: Antikommunismus, S. 60; Diner: Feindbild, S. 147f. Bis heute kommen historiographische Untersuchungen zum Teil ohne die Historisierung dieses Deutungsmusters aus, exemplarisch: Wehler: Gesellschaftsgeschichte, 5. Bd., S. 250; Winkler: Weg, 2. Bd., S. 373.
[367] Siehe: A Background Paper On Theater Nuclear Forces, undatiert, S. 4, GUL, Warnke Papers, b 24, f 13; Brzezinski an Carter: NSC Weekly Report #46, 9.2.1978, S. 2, JCL, Zbigniew Brzezinski Collection, b 41, f Weekly Reports [to the President], 42–52: [1/78–3/78].
[368] Michael Nacht: German Views of SALT and Related Matters, 7.2.1979, S. 6, JCL, Brzezinski Material: Country File, b 24, f German Federal Republic, 2–4/79.
[369] Vgl. Bozo: Mitterrand, S. 30–35.

des SPD-Vorstandes über den Parteitag des Parti Socialiste in Valence, in den Beratungen sei gewarnt worden, die Deutschen könnten in den „Neutralismus" abgleiten.[370] Gegenüber dem US-Kabelsender ABC definierte Präsident François Mitterrand „Neutralismus" als Weigerung, im Ost-West-Konflikt Verantwortung zu übernehmen.[371] Er machte die sowjetische Propaganda verantwortlich dafür, dass viele Deutsche auf die Wiedervereinigung hofften.[372] Eine Analyse des französischen Außenministeriums am Quai d'Orsay kam 1981 zu dem Schluss, dass der „Neutralismus" der Westdeutschen auf einer Kombination von „pazifistischen" und „anti-amerikanischen" Vorstellungen beruhe.[373] Als sich Egon Bahr im Mai 1983 mit französischen Sozialisten traf, um über die Mittelstreckenwaffen und die Genfer Verhandlungen zu diskutieren, waren es die allseits bekannten Vorbehalte gegenüber einem wiedervereinigten und neutralen Deutschland, welche die Diskussion beherrschten.[374] Gisèle Charzat vom PSF fragte Bahr, wie er seine Hoffnung auf Wiedervereinigung damit in Einklang bringe, dass er sich gleichzeitig zur NATO bekenne, und ob die deutsche Vereinigung für ihn Vorrang vor der europäischen habe. Pierre Bernard wollte wissen, warum die Deutschen aus der *Appeasement*-Politik der Alliierten gegenüber Nazi-Deutschland nichts gelernt hätten. Auch wenn Bahr versuchte, die Befürchtungen zu zerstreuen – so bereits 1981 in einem mit „mes chers amis" überschriebenen Artikel im „Vorwärts"[375] –, behielt der „neutralisme" seinen Schrecken für viele Franzosen.[376]

Franzosen, Amerikaner und Deutsche speisten verschiedene Ideen in den gedanklichen Haushalt ein, den sie teilten. Sie beobachteten mit Argwohn, wie die Sozialdemokraten über den Kalten Krieg sprachen und waren sich einig, dass die SPD den „Konsens" des Bündnisses untergrabe und die „westliche Wertegemeinschaft" relativiere. Während die Debatte in den USA und im konservativen Spektrum der Bundesrepublik eher um „Anti-Amerikanismus" kreiste, warnte Paris vor „neutralisme", „pacifisme" und „réunification allemande". Schließlich bündelten sich diese verschiedenen Fäden zu einer Meistererzählung, die die SPD dazu zwang, sich auf der Metaebene zu rechtfertigen. So vertraut uns diese Deutungen auch heute noch vorkommen mögen – man muss versuchen, sie zu historisieren. Denn die Vorwürfe, die der SPD entgegenschlugen, verrieten mehr über diejenigen, die sie aussprachen, als über die Sozialdemokraten selbst. Wer davon redete, dass die SPD den „Konsens" des Westens sprenge, der zeigte nur, wie wichtig ihm dieser vorgestellte Konsens immer noch war. So kann man die Kritik an den Sozialdemokraten als einen Indi-

---

[370] Isenberg: Parteitag der Sozialistischen Partei Frankreichs (PSF) in Valence vom 23. bis 25. 10. 1981, 24. 11. 1981, S. 3f., AdsD, WBA, A11.13, 39.
[371] Interview accordée à la télévision américaine ABC, 18. 10. 1981, in: Thématique des interventions publiques de M. François Mitterrand, Président de la République. V.: Rélations extérieures et défense, ohne Seitenzahlen, CAS, Discours publics de François Mitterrand, 1981-1995; Lappenküper: Mitterrand, S. 154-199; Bariéty: François Mitterrand.
[372] So auch Ministère des Affaires Étrangères de la France: L'URSS et le neutralisme, 23. 7. 1981, CAS, 70 RI, 21; Ministère des Affaires Étrangères de la France: La tentation neutraliste en Europe: premières conclusions d'un colloque organisé par l'"Aspen Institute" à Berlin, 3. 7. 1981, CAS, 70 RI, 21.
[373] Ministère des Affaires Étrangères de la France: Note de Synthese [sur le „neutralisme"], 29. 7. 1981, S. 1, CAS, 70 RI, 21.
[374] Contribution du groupe SPD du Bundestag à la politique de l'Alliance occidentale au débat sur la stratégie et aux négociations de Genève, 31. 5. 1983, CAS, 405 RI, 15.
[375] Egon Bahr: Fürchtet Euch nicht, mes chers amis français! Offener Brief an die französischen Nachbarn, in: *Vorwärts*, 12. 11. 1981, S. 12.
[376] Dazu ferner Ministère des Affaires Étrangères de la France: Neutralisme et pacifisme dans l'Europe, 8. 5. 1981, CAS, 70 RI, 21; Jacques Huntzinger: Dissuasion et Pacifisme, 22. 11. 1983, CAS, 70 RI, 21.

kator dafür lesen, wie weit die Erosion des Ordnungssystems Kalter Krieg reichte. Mit anderen Worten: Auch wenn das sozialdemokratische Milieu in der westdeutschen Gesellschaft zusammen mit weiteren Nachrüstungskritikern vom Kalten Krieg abrücken wollte, hielten viele Menschen in den frühen achtziger Jahren das Ordnungssystem für weiterhin zentral. Griff die Binarität des ideologischen Denkens bei den Nachrüstungsgegnern nicht mehr, funktionierte sie in anderen gesellschaftlichen Segmenten ausgesprochen gut.

Auch wird man feststellen müssen, dass nur jene Teile der Sozialdemokratie den Kalten Krieg verabschieden wollten, die besonders nachrüstungskritisch eingestellt waren. Andere SPD-Mitglieder sahen keinen Grund, die Bipolarität aufzugeben, ganz im Gegenteil. In einer zweiteiligen Artikelserie für den „Vorwärts" aus dem Jahr 1983 griff der Politikwissenschaftler Karl Kaiser die Behauptung auf, die Nachrüstungsgegner wendeten sich vom „Westen" ab, und schleuste sie in den innerparteilichen Diskurs ein.[377] Mit ihm befürchtete eine Reihe anderer Mitglieder, die SPD relativiere das sowjetische Herrschaftssystem. Unter ihnen war Helmut Schmidt. Nun zeigte sich, dass der Kalte Krieg für ihn doch noch nicht vorüber war. Die Auflösung war alles andere als ein linearer Prozess, und das Ordnungssystem konnte, wenn sich die Bedingungen änderten, wieder Erklärungskraft gewinnen. Die veränderten Bedingungen waren der innerparteiliche und gesellschaftliche Druck, unter den Schmidts Politik geriet. In seiner letzten Rede als Kanzler vor dem Bundestag argumentierte er 1982 mit großer Verve, die NATO-Mitgliedsstaaten seien „von gemeinsamen Werten geprägt".[378] Er warnte davor, dass sich seine Partei und die Friedensbewegung vom Westen abwenden könnten.

Für Richard Löwenthal, den stellvertretenden Vorsitzenden der SPD-Grundwertekommission, war der Kalte Krieg „eben nicht nur ein Konflikt von Machtblöcken, in dem wir aus zufälligen, geographischen Gründen auf der westlichen Seite wären, sondern ein Konflikt entgegengesetzter Systeme, die auf verschiedenen Grundwerten beruhen".[379] Deutlicher konnte nicht gesagt werden, für wie prägend viele in der SPD das binäre Denken immer noch hielten. In der gleichen Richtung wertete die Berliner Professorin Gesine Schwan den Streit um den Doppelbeschluss als ein „Symptom für tiefgehende Risse und eine weitverbreitete Desorientierung in bezug auf das Zentrum des sozialdemokratischen Parteikonsenses. Die Auseinandersetzungen nämlich – dies ist meine Behauptung – zielen auf die Gretchenfrage an die SPD: Wie wichtig ist ihr die Erhaltung der westlichen Freiheit?"[380] Für Schwan und andere Befürworter des Doppelbeschlusses war die Nachrüstungsdebatte eine Verlustgeschichte. Denn das Ordnungsmuster, das ihre Welt über so viele Jahre strukturiert hatte, schien sich aufzulösen. Sie beklagten, dass es für die meisten

---

[377] Kaiser: Die SPD und ihre Glaubwürdigkeit. Die Diskussion um die Nachrüstung und die Prioritäten sozialdemokratischer Außen- und Sicherheitspolitik (Teil I), in: *Vorwärts*, 6.10.1983, S.14f.; Kaiser: Unangenehme Wahrheiten für die SPD. Friedenswille ist noch kein Konzept – Prioritäten sozialdemokratischer Außen- und Sicherheitspolitik (Teil II), in: *Vorwärts*, 13.10.1983, S.14f.; siehe die Erwiderung auf Kaiser: Bahr: Die Priorität bleibt der Friede.

[378] Verhandlungen des Deutschen Bundestages, Stenographische Berichte, 9. Wahlperiode, 118. Sitzung, Bonn 1.10.1982, S.7161.

[379] Löwenthal: Westbindung und Identität der Deutschen. Eine Antwort an Peter Glotz, in: *Die Neue Gesellschaft* 31 (1984), S.437–440, hier S.438.

[380] Schwan: Freiheit, S.38; zu Schwans Bemerkungen, die sie auch in den Jahren zuvor immer wieder vorgebracht hatte, kritisch Schumacher: Gesine Schwan und die Raketen, in: *Die Neue Gesellschaft* 30 (1983), S.935–941; und wiederum Schwan: Zur Bedeutung der westlichen Freiheit für die Friedenspolitik der SPD. Eine Antwort auf Hans Schumacher in NG 10/83, in: *Die Neue Gesellschaft* 31 (1984), S.82–86.

SPD-Mitglieder „keinen Ost-West-Konflikt als Systemkonflikt mehr" gebe, „sondern nur noch eine Konkurrenz der Supermächte".[381]

So eloquent Schwan ihre Argumente auch vortrug: Die SPD als Gesamtpartei wandte sich nicht vom Kalten Krieg ab. Dafür waren die Stimmen vom rechten Flügel der beste Beweis. Wortmächtige Gruppen blieben widerständig, und die Erosion stieß an Grenzen, wo die Sprecher Atomraketen nicht ablehnten. Überhaupt bestand ein Konnex zwischen dem Friedensprotest und dem Legitimationsverlust des Systems, gegen das die Kritik sich wandte. Nur wer den NATO-Doppelbeschluss für falsch und die Nachrüstung für gefährlich hielt, hatte einen Ansatzpunkt, über die ideologischen Grundlagen der Systemauseinandersetzung und über eine Neuordnung der internationalen Staatenwelt nachzudenken. Dieser Ausgangspunkt hatte sich den Sozialdemokraten in ihrer bisherigen Geschichte nicht gezeigt. Erst in den frühen achtziger Jahren war die Mehrheit der Partei in der Lage, das Ende des Kalten Krieges zu verkünden.

Die Sozialdemokratie nach 1945 war ein Produkt des Kalten Krieges. Ihre Ideenwelt war spätestens seit dem Godesberger Programm von der ideologischen Trennung der Welt strukturiert, und ihr Personal war durch das Exil in der angelsächsischen Welt sowie durch den Austausch mit US-Amerikanern sozialisiert worden. Nicht nur verortete sie sich im politischen System Westdeutschlands. Sie stand auch treu zum Westen, weil sie die alten Vorwürfe entkräften wollte, sie betreibe das Spiel des Gegners. Diese „Westernisierung" der SPD darf man sich nicht als Ankunft im Westen vorstellen, denn stets blieben die Stimmen vernehmlich, denen das binäre Denken nicht behagte. Trotzdem: Als Gesamtpartei war die SPD dem Ordnungssystem Kalter Krieg lange eng verpflichtet. Deshalb hinterfragte sie den Kalten Krieg sehr viel später als andere Akteure – aber früher wiederum als die Christdemokraten oder die Liberalen. Sie war schließlich keine internationale Organisation, die, wollte sie ihre Arbeit verrichten, den Blockgegensatz umgehen und Lücken im Eisernen Vorhang finden musste.[382] Ihr waren auch der globale Süden und die Dekolonisierung viel zu weit weg, um die in den fünfziger Jahren aufkommende Idee eines „Dritten Weges" zwischen Marktwirtschaft und Planwirtschaft, zwischen Demokratie und Diktatur produktiv aufzunehmen.[383] Sie war viel zu sehr Teil des „Establishments", um mit der *Counter Culture* der sechziger Jahre die Denklogik des Kalten Krieges transzendieren zu können.[384] Die Sozialdemokratie blieb in diesem Diskurs weitgehend außen vor und die Jusos entwickelten sich erst in den siebziger Jahren zu jener Parteijugend, die mit den neuen sozialen Bewegungen sympathisierte.[385] Erst im Nachrüstungsstreit sah sie sich

---

[381] Schwan: Freiheit, S. 39. Auch in einem persönlichen Brief an Hans-Jochen Vogel kritisierte die Berliner Politologin den Standpunkt der SPD: Schwan an Vogel, 19.3.1985, AdsD, 1/HJVA102577. 1984 wurde Schwan aus der Grundwertekommission der Partei abberufen, dazu kritisch Löwenthal an Glotz, 14.8.1984, AdsD, 2/PVDF000224.
[382] Sandrine Kott beleuchtet internationale Organisationen der Nachkriegszeit und das von ihnen hervorgebrachte Expertenwissen als einen Ort, an dem die Blocklogik nicht mehr zählte. Vgl. Kott: Guerre Froide; Iriye: Community, S. 60–95; die Gegenposition bei Mazower: World, S. 214–253.
[383] Vgl. Westad: Global Cold War, S. 99–103; Dinkel: Bewegung Bündnisfreier Staaten, S. 99–103, 107–111; Fraser: Decolonization.
[384] Jeremi Suri legt dar, wie die globale Studentenbewegung gleichermaßen ein „product of the Cold War" und ein „agent in its transformation" war. Suri: Counter-Cultures, S. 481; ausführlicher in Suri: Power; im Anschluss daran untersuchen James Mark und Anna von der Goltz persönliche Begegnungen von Aktivisten in Ost und West. Mark/Goltz: Encounters, S. 133–138; aber auch Iriye: Making, S. 728–730; zusammenfassend Klimke: Alliance, S. 236–241.
[385] Vgl. Süß: Enkel.

mit der Frage konfrontiert, ob ihr der Kalte Krieg noch etwas sagte. Selbst als die SPD 1966 an die Regierung kam und daran gehen konnte, das Verhältnis zur DDR zu normalisieren, verabschiedete diese Entspannungspolitik noch nicht den Kalten Krieg. Sie entzog ihm zwar den Nährboden, weil sie die Ideologie als politisches Gestaltungsprinzip zurückdrängte. Allerdings erwarteten SPD-Funktionäre wie Egon Bahr und Willy Brandt, dass der Osten sich ändern würde („Wandel durch Annäherung"), und nicht der Westen.

Erst als sich der Zeitgeist immer rasanter wandelte, erst als der Umwelt-, Menschenrechts- und Globalisierungsdiskurs seine Prägekraft entfaltete und die ideologische Trennung der Welt einer wachsenden Zahl von Menschen anachronistisch vorkam, hinterfragten die Sozialdemokraten den Kalten Krieg.[386] So erwiesen sie sich als Kinder ihrer Zeit. Es war eine Ironie der Geschichte: Dass sie ihren Abschied vom Kalten Krieg verkündeten, wies sie als ein Produkt dieser Ordnung aus, das seinen Koordinaten nur partiell entkam. Man kann diesen Prozess mit Daniel T. Rodgers als Ergebnis des „Age of Fracture" verstehen. Mit jener Fragmentierung und Individualisierung, die dem letzten Viertel des 20. Jahrhunderts seine Signatur aufdrückte, verloren auch die großen Sinnstiftungsangebote – wie der Kalte Krieg eines war – an Relevanz. Wenn also die Jahre um 1980 eine „era of disaggregation" und ein „great age of fracture"[387] waren, so erodierten die früher universell wirksamen Ordnungssysteme in bestimmten Milieus, ohne aber ganz zu verschwinden. Rodgers argumentiert, dass der Begriffskosmos des Kalten Krieges nach und nach selbst aus dem Sprachgebrauch der US-Präsidenten verschwand.[388] Mit Charles Maier und Akira Iriye kann man ergänzen, dass nun gleichfalls die Bedeutung von „Territorialität" als Strukturmuster schwand.[389] So galt der Nationalstaat mit seinen Grenzen den Sozialdemokraten immer weniger, und ein Bewusstsein für Interdependenz und Transnationalität gelangte in ihr Milieu. Tatsächlich war der Kalte Krieg in den achtziger Jahren für die Mehrheit der SPD-Mitglieder ein untergeordnetes Thema zu anderen Problemen wie Globalisierung und Internationalismus; er blieb aber tonangebend für ihre Weltsicht. Viele Anhänger der SPD kehrten dem Ost-West-Konflikt den Rücken, während eine Minderheit weiterhin in der Logik dieses Systems dachte und sprach. Es war diese Gleichzeitigkeit von Substanzverlust und Beharrung, die den sozialdemokratischen Diskurs ausmachte. Gegensätzliche Ordnungssysteme lösten sich nicht ab, sondern überlagerten sich wechselseitig.

---

[386] Vgl. zusammenfassend und thesenstark Iriye: Historicizing; aber auch McNeill: Under the Sun, S. 336–340; Eckel: Ambivalenz, S. 343–346; schon früh mit einer ähnlichen These Kaldor: Imaginary War, S. 163–181.
[387] Rodgers: Age of Fracture, S. 3.
[388] „Among the unexamined ironies of the last decades of the century is that it was in the speeches of the oldest of the Cold Warriors, Ronald Reagan, that the words and gestures of the Cold War gave way, so unexpectedly, to something new." Ebenda, S. 15–40, hier S. 17.
[389] Ch. Maier: Consigning; Iriye/Osterhammel: Interdependence.

III. Neue Denksysteme? Das Ringen um gültige Wissensbestände

1. „Alternative Clausewitze": Die Konstruktion und Darstellung von Gegenexpertise

Wer von den Sozialdemokraten meinte, der Kalte Krieg sei ein Relikt der Vergangenheit, der hielt auch die Wissensbestände dieses Ordnungssystems für nicht mehr gültig. Dass das Gleichgewicht den Frieden sichere, dass Atomwaffen den Gegner abschreckten, dass die Sowjets offensive Absichten hegten und dass der Sicherheitsbegriff der NATO alternativlos sei – diese zentralen Parameter des Ost-West-Konflikts verloren in den achtziger Jahren ihre Legitimität. Das Wissen des Kalten Krieges – verstanden als wissenschaftlich gerechtfertigte Einsicht in die Voraussetzungen des Konflikts und damit als Ermöglichung politischen Handelns[1] – galt vielen Nachrüstungskritikern als überwindungsbedürftig, weil es aufgehört hatte, bei der Erklärung der Welt adäquat zu funktionieren. Also hinterfragten sie, wie die NATO-Fürsprecher ihre politischen Ziele untermauerten, und sie begannen, ihren eigenen Sachverstand zu entwickeln. Sie machten sich auf die Suche nach einer neuen Expertise, mit der sie die Welt anders erklären konnten.[2] Blickt man darauf, wie SPD-Mitglieder und Sympathisanten zwischen etwa 1980 und 1983 dem Wissenssystem des Kalten Krieges den Rücken kehrten, wird auch deutlich, wie die SPD die Nachrüstungskontroverse austrug. Denn der Abschied vom Kalten Krieg, den große Teile der Sozialdemokratie vollzogen, strukturierte ihren innerparteilichen Streit um die Atomraketen. Früh war klar: Als die SPD so erbittert diskutierte, ging es darum, wer in ihren Reihen bestimmte, welchen Ideen Geltungskraft zukam. Das Chaos der innerparteilichen Machtkämpfe verdeckte zeitweilig, dass der Konflikt um die Raketen nichts anderes als ein Gefecht darum war, wer die Wirklichkeit definierte. Nur derjenige durfte darauf hoffen, sein Bild von der Welt durchzusetzen, der es vermochte, sie schlüssig zu erklären.

In den frühen achtziger Jahren fluteten „alternative Clausewitze" die Ortsvereinssitzungen der SPD.[3] Sie besetzten die Köpfe der Genossinnen und Genossen und definierten um, was als wirklich zu gelten hatte. Nun blieb nicht länger unhinterfragt, wenn Kanzler Helmut Schmidt für den Doppelbeschluss warb. Nachrüstungskritische Parteimitglieder schöpften aus dem gedanklichen Fundus derjenigen, für die es wissenschaftlich erwiesen war, dass es Alternativen zum Kurs der Bundesregierung gab. Dies brach die Grenze zwischen der „Elite" und der „Parteibasis" auf, die bislang durch eine ungleiche Verteilung der Ressource Wissen markiert gewesen war. Einfache Sozialdemokraten und Sozialdemokratinnen an der Basis eigneten sich Kenntnisse an, die es ihnen ermöglichten, mit der SPD-Spitze auf Augenhöhe zu streiten. Das war Teil einer gesamtgesellschaftlichen Entwicklung, die die Geschichtswissenschaft als „Verwissenschaftlichung der Politik" beschrieben hat.[4] Sie war, wie Lutz Raphael betont, einer „der Basisprozesse" im 19. und 20. Jahrhundert und schlug sich vor allem nieder in der „dauerhafte[n] Präsenz humanwissen-

---

[1] Vgl. Stehr/Ericson: Knowledge, S. 9–12.
[2] Vgl. Kuhn: Struktur, S. 104–106.
[3] Krönke: „Alternative Clausewitze". Für eine neue Strategie des Bündnisses, in: *Vorwärts*, 24. 5. 1984, S. 12.
[4] So bei Metzler: Konzeptionen, S. 151–259; siehe ferner Szöllösi-Janze: Wissensgesellschaft.

schaftlicher Experten, ihrer Argumente und Forschungsergebnisse in Verwaltungen und Betrieben, in Parteien und Parlamenten, bis hin zu den alltäglichen Sinnwelten sozialer Gruppen, Klassen oder Milieus".[5] Experten definierten, was als ein Problem und was als wissenschaftlich zu gelten hatte. Sie waren der Ansicht, dass Politik nicht in erster Linie auf Deliberation beruhen sollte. Vielmehr vertrauten sie auf ihr Wissen, von dessen Wahrheit und Objektivität sie überzeugt waren.[6]

Als die Stationierung drohte, betraten „Gegenexperten" die Bühne.[7] Und sie setzten „Expertenvertrauen gegen Zukunftsangst".[8] Meist waren es Naturwissenschaftler und „Friedensforscher", die sich in die Diskussion um den Doppelbeschluss einschalteten.[9] Sie gingen akademischen Berufen nach und waren an Hochschulen oder außeruniversitären Forschungsinstituten tätig. Bereits für die Debatte um die zivile Nutzung der Kernenergie in den siebziger Jahren waren wissenschaftliche Gegenentwürfe zu dem, was Regierung und Bürokratie für wahr hielten, elementar gewesen.[10] In der Nachrüstungskontroverse vollzog sich ein spiegelbildlicher Vorgang. Es trat, wie Corinna Hauswedell diese Entwicklung zusammenfasst, „eine Gruppe von Intellektuellen als ‚Gegenexperten' in Erscheinung, die sich auch auf Grund ihrer akademischen Herkunft nicht in einem prinzipiellen Widerspruch zur politisch-wissenschaftlichen Elite sahen".[11] Sie verstanden sich als „Interpretationsspezialisten"[12], die Wissensbestände öffentlich verbreiteten und die Alternativlosigkeit der etablierten Deutungsmuster untergruben. Sie befriedigten damit eine gesamtgesellschaftliche „Nachfrage nach wissenschaftlichen Untersuchungen über sicherheitspolitische und militärstrategische Problembereiche sowie nach Vermittlern, die im Rahmen politischer Bildung und friedenspolitischer Arbeit in der Lage waren, die Ergebnisse der wissenschaftlichen Analysen für Nicht-Wissenschaftler zu übersetzen".[13] In vielen zeitgenössischen und historiographischen Äußerungen wird dieser Vorgang etwas emphatisch als „Demokratisierung der Sicherheitspolitik" beschrieben.[14] Militärische Fragen seien, wie Ulrike Wasmuht hervorhebt, „bis in fachspezifische Einzelheiten ans Licht der Öffentlichkeit" gerückt.[15]

Eine Kritikerin von Atomwaffen war seit ihren Anfängen auch die Pugwash-Bewegung gewesen.[16] Sie ging auf ein von Bertrand Russell und Albert Einstein 1955 publiziertes Manifest zurück, das Naturwissenschaftler in aller Welt zum Kampf gegen den Atomkrieg

---

[5] Raphael: Verwissenschaftlichung, S. 165f.; Lipphardt/Patel: Neuverzauberung.
[6] Vgl. van den Daele: Wissen.
[7] Einführend Nehring: Friedensforschung; Köhl: Denkstilwandel; Wasmuht: Friedensforschung, S. 294–345; Hauswedell: Friedenswissenschaften, S. 123–190.
[8] Weisker: Expertenvertrauen, S. 418f.; Ch. Wehner: Versicherbarkeit, S. 590.
[9] Vgl. Rucht: Gegenöffentlichkeit. „Friedensforscher" sollen als akademisch tätige Wissenschaftler verstanden werden, „Gegenexperten" hingegen konnten auch einfache SPD-Sympathisanten sein, die beanspruchten, über Wissen zu verfügen, mit dem sie die Deutungen des „Establishments" entkräften konnten.
[10] Mit detaillierten Belegen Ch. Wehner: Versicherbarkeit, S. 590–604; Rusinek: Experten.
[11] Hauswedell: Friedenswissenschaften, S. 138.
[12] Ebenda, S. 17.
[13] Wasmuht: Friedensforschung, S. 294.
[14] Zeitgenössisch bei Andreas Zumach: Mit hartnäckiger Basisarbeit zum Frieden. Von den Universitäten ging die Anti-Vietnam-, von den Kirchen der USA die Friedensbewegung aus, in: *Vorwärts*, 20.5. 1982, S. 16f.; Leinen: Zukunft, S. 24; Bächler: Friedensfähigkeit; in der Forschungsliteratur unter anderem bei Stratmann: Rüstungskontrolle, S. 94; Volle: Debatte, S. 42–49; Risse-Kappen: Krise, S. 217f.; schließlich auch bei Naumann: Selbstanerkennung, S. 275.
[15] Wasmuht: Friedensforschung, S. 294; auch Guha: Tod, S. 16.
[16] Vgl. Wunderle: Experten; Wunderle: Atome; Neuneck/Schaaf: Geschichte und Zukunft; Evangelista: Unarmed Forces, S. 31f.

und die Verbreitung von Atomwaffen aufrief. Dieses internationale Netzwerk umfasste Experten aus Ost und West. Sie setzten ihr Wissen über die Atomtechnologie ein, um gegen die Proliferation zu kämpfen, und stellten damit früh das Erklärungsmonopol von Politik, Militär und Wirtschaft infrage.[17] Aber die Gegenexperten in der SPD – es waren überwiegend Männer – kamen eher aus der institutionalisierten Friedensforschung in Westdeutschland, die nach dem Zweiten Weltkrieg entstanden war und sich in den sechziger Jahren etablierte.[18] Unter den Vorzeichen des verbreiteten Glaubens an die Gestaltbarkeit und Planbarkeit von Politik förderte die Bundesregierung ab 1966 zahlreiche wissenschaftliche Initiativen und Institute.[19] Denn davon erwartete sie die entscheidende Hilfe bei der Lösung von Problemen. Die Friedensforschung war ein multidisziplinäres Forschungsfeld von Politologen, Soziologen und Historikern, das sich unter anderem in der auf Betreiben von Bundespräsident Gustav Heinemann 1970 gegründeten Deutschen Gesellschaft für Friedens- und Konfliktforschung (DGFK) sammelte.[20] Doch auch andere wichtige Forschungsstätten datieren ihre Gründung in die Jahre der sozial-liberalen Planungseuphorie: die Hessische Stiftung Friedens- und Konfliktforschung (HSFK, 1970), das Institut für Friedensforschung und Sicherheitspolitik an der Universität Hamburg (IFSH, 1971) oder das von Carl Friedrich von Weizsäcker initiierte Max-Planck-Institut zur Erforschung der Lebensbedingungen der wissenschaftlich-technischen Welt (MPI Starnberg oder „Starnberger Institut", 1970) – das bereits 1980 wieder schließen musste.[21]

Das Vertrauen darauf, dass Politik gestaltet werden konnte, war jedoch schon Mitte der siebziger Jahre weitgehend gebrochen. Eine wissenschaftlich fundierte Politik zu betreiben – dieser Anspruch hatte sich für die Zeitgenossen als Illusion erwiesen.[22] Trotzdem blühte die privat finanzierte und unabhängige Friedensforschung in den achtziger Jahren.[23] Die beteiligten Experten folgten nicht mehr dem Planungs- und Gestaltungsauftrag der Politik, sondern dem gesellschaftlichen Verlangen, die etablierte Sicherheitspolitik mit alternativen Wissensbeständen zu dekonstruieren. Sie begannen, bisher geltende Erklärungsmodelle zu verwerfen und durch andere zu ersetzen. Die Hoffnung auf eine wissensbasierte Politik lebte fort, obwohl der Glaube in die Planbarkeit von Gesellschaft gebrochen war. Unter der Leitung des CSU- und späteren Grünen-Mitglieds Alfred Mechtersheimer wurde 1981 das „Forschungsinstitut für Friedenspolitik e.V." ins Leben gerufen. Mechtersheimer brachte 1982 sein Buch „Rüstung und Frieden. Der Widersinn der Sicherheitspolitik" heraus und begründete darin seine Kritik an der Bundesregierung.[24] Der Frankfurter Politologe Egbert Jahn analysierte die militärischen Potentiale beider Supermächte und alternative Verteidigungskonzepte,[25] während Weizsäcker die Möglichkeiten einer „defensiven Verteidigung" erläuterte.[26] Zur gleichen Zeit bildete sich eine lebhafte „Friedensforschung ‚von unten'" heraus.[27]

---

[17] Vgl. auch Carson: Heisenberg, S. 161–176.
[18] Siehe Hauswedell: Friedenswissenschaften, S. 49–64; Wasmuht: Friedensforschung, S. 118–191.
[19] Umfassend bei Metzler: Konzeptionen, S. 164–207.
[20] Vgl. Wasmuht: Friedensforschung, S. 192–293. Auch zu den anderen genannten Institutionen finden sich bei Wasmuht sorgfältige Analysen.
[21] Vgl. auch Seefried: Zukünfte, S. 324–348.
[22] Vgl. Metzler: Konzeptionen, S. 404–418.
[23] Vgl. Wasmuht: Friedensforschung, S. 319–329.
[24] Vgl. Mechtersheimer: Rüstung.
[25] Vgl. Jahn: Sozialismus; Jahn: Verteidigungspolitik; Jahn: Aufgaben.
[26] Weizsäcker: Friede; Weizsäcker: Verteidigung.
[27] Wasmuht: Friedensforschung, S. 320.

Wichtig ist, dass nicht nur Wissenschaftler zur Nachrüstungsproblematik publizierten. „Frieden ist möglich", behauptete etwa der Journalist und Christdemokrat Franz Alt und lancierte das 1983 mit einer Auflage von 237 000 Exemplaren meistverkaufte Buch der Bundesrepublik.[28] Auch Gert Bastian veröffentlichte mit „Frieden schaffen!" 1983 eine für den Antiraketenprotest wichtige Streitschrift.[29] Bastian war im engeren Sinne kein Friedensforscher, aber als Bundeswehrgeneral, der eine öffentliche Kontroverse mit Verteidigungsminister Apel nicht scheute und daraufhin pensioniert wurde, ein „Kronzeuge" der Friedensbewegung.[30] Als ehemaligem Praktiker kam ihm eine besondere Autorität zu, die Politik der Bundesregierung kritisieren zu dürfen. Die Friedensforscher wirkten in die Sozialdemokratie hinein, denn SPD-Mitglieder lasen und diskutierten ihre Bücher.

Es gab auch eine Reihe von Friedensforschern, die sich selbst im Spektrum der SPD verorteten und explizit für ein sozialdemokratisches Publikum schrieben. Einer von ihnen war Ulrich Albrecht, der als Professor für Friedens- und Konfliktforschung an der Freien Universität Berlin lehrte. Sein 1982 erschienenes Buch mit dem programmatischen Titelaufruf „Kündigt den Nachrüstungsbeschluss!" zeigte auch deshalb eine große Wirkung unter Parteimitgliedern, weil der Saarbrücker Oberbürgermeister Oskar Lafontaine das Vorwort beisteuerte.[31] Das Schaffen des vergleichsweise jungen Friedensforschers Hans Günter Brauch hatte eine noch stärkere Stoßrichtung in die SPD hinein. Brauch, der bis 1981 wissenschaftlicher Mitarbeiter an der Universität Heidelberg und ab 1983 in Stuttgart war, arbeitete in verschiedenen Gremien der SPD mit. Unter anderem war er bis April 1982 Mitglied der Kommission für Sicherheitspolitik beim SPD-Vorstand und Geschäftsführer der baden-württembergischen „Initiative für Frieden, internationalen Ausgleich und Sicherheit".[32] Er reiste unermüdlich durch die Bundesrepublik, um Mitglieder in der Thematik des Doppelbeschlusses zu schulen. Sein Buch „Die Raketen kommen!" erläuterte akribisch, warum der Doppelbeschluss falsch war.[33] Die Liste der Friedensforscher aus dem sozialdemokratischen Spektrum ließe sich lange fortsetzen. Genannt seien hier nur Christian Krause, der während seiner beruflichen Laufbahn zuletzt Brigadegeneral der Bundeswehr gewesen war und nach seiner Pensionierung in den Dienst der Friedrich-Ebert-Stiftung trat,[34] Reimund Seidelmann, der als prominenter Friedensforscher von der Gießener Universität bis 1979 in der Kommission für Sicherheitspolitik mitarbeitete,[35] Lutz Unterseher, der eine „Studiengruppe Alternative Sicherheitspolitik" (SAS) leitete, die sich mit neuen Verteidigungskonzepten beschäftigte,[36] sowie schließlich Dieter Lutz,

---

[28] Vgl. Alt: Frieden.
[29] Vg. Bastian: Frieden.
[30] Am 16. 1. 1980 hatte Bastian in einem achtseitigen Schreiben an Apel begründet, warum er den NATO-Doppelbeschluss nicht mittragen könne, woraufhin er versetzt und schließlich im Sommer 1980 pensioniert worden war: Bastian: „Warum ich die Nachrüstung ablehne". Schreiben an Hans Apel vom 16. 1. 1980, in: *Blätter für deutsche und internationale Politik* 25 (1980), S. 246–249; vgl. dazu S. Richter: Protagonisten, S. 184–186. An der Pensionierung Bastians durch Apel übten zahlreiche SPD-Mitglieder massive Kritik. So nahm beispielsweise der Vorstand der Münsteraner Jusos Bastian in Schutz. Ludger Rosengarten an Apel, 30. 1. 1980, AdsD, Bestand SPD-PV, Referat Jungsozialisten, 7624; siehe auch das Schreiben an Gert Bastian vom 30. 1. 1980, ebenda.
[31] Vgl. Albrecht: Nachrüstungsbeschluß, S. 7–9; Albrecht u. a.: Stationierung.
[32] Vgl. Jahrbuch der SPD 1979–81, S. 367; Jahrbuch der SPD 1982–83, S. 332.
[33] Vgl. Brauch: Raketen; Brauch: Sicherheitspolitik.
[34] Vgl. Krause: Kräftegleichgewicht.
[35] Vgl. Seidelmann/Brandt: Sozialismus.
[36] Vgl. Unterseher: Für einen Strukturwandel unserer Verteidigung, in: *Die Neue Gesellschaft* 28 (1981), S. 1121–1125.

der als stellvertretender Direktor des IFSH und bekennendes SPD-Mitglied die Expertise dieses Instituts nutzte, um die Stationierungsgegner in der SPD zu stärken.[37]

Die Friedensforscher waren die ersten, welche die Wissensbestände reformulierten, die den Kalten Krieg begründeten.[38] Häufig arbeiteten sie in der Kommission für Sicherheitspolitik beim Parteivorstand oder bei den Landesverbänden mit, standen als Referenten für Veranstaltungen und Seminare in Ortsvereinen, Kreisverbänden oder Unterbezirken zur Verfügung und gaben den Stationierungskritikern in der SPD ihre Expertise weiter.[39] Von einem solchen Treffen zwischen Friedensforschern und Nachrüstungsgegnern in der SPD wusste im Juni 1981 der „Vorwärts" zu berichten.[40] In Bad Godesberg trafen sich Ulrich Albrecht, Dieter Senghaas, Gert Krell, Wolf-Dieter Narr, Volker Rittberger, Wolfram Wette, Herbert Wulf und Dieter Lutz mit Eppler, Lafontaine, dem Vorsitzenden der Jusos Willi Pieczyk und dem SPD-Parteiintellektuellen Johano Strasser. Die Gruppe habe sich, so war im „Vorwärts" zu lesen, über das Gleichgewichtsdenken Schmidts ausgetauscht und eine gemeinsame Erklärung verfasst, in der sie von diesem Prinzip Abschied nahm.

Friedensforscher und nachrüstungskritische SPD-Mitglieder sprachen also regelmäßig miteinander. Es entstand ein „Denkkollektiv", das seine eigenen Wirklichkeiten hervorbrachte.[41] Dies war die Bedingung dafür, dass der Typus des sozialdemokratischen Gegenexperten an der Parteibasis in Erscheinung treten konnte. Die beiden wichtigsten Protagonisten der Nachrüstungskritik in der SPD, Eppler und Lafontaine, waren im engeren Sinne keine Friedensforscher, aber als Gegenexperten Mittler zu den einfachen Parteimitgliedern. In ihren Büchern „Die tödliche Utopie der Sicherheit" und „Angst vor den Freunden" (beide 1983) äußerten sie sich kenntnisreich zum Gleichgewichtsdenken und zu der Abschreckungsstrategie, zum Rüstungsstand und zu den technischen Eigenschaften der neuen Raketen.[42] Mit einer Fülle von Details und den dazugehörenden Deutungen, die sie sich im Gespräch mit den Friedensforschern angeeignet hatten, versetzten sie ihre Leser in die Lage, die Sicherheitspolitik der Parteiführung kritisieren zu können.[43] Dass Eppler und Lafontaine fachkundig argumentierten, bestritt auch die Bundesregie-

---

[37] Lutz: Sicherheitspolitische Alternativen für die Bundesrepublik Deutschland? Rechtsfragen zur Souveränität der Bundesrepublik, in: *Frankfurter Hefte* 38 (1983), S. 15–23; Lutz: Wer rüstet eigentlich nach? Vergleich der euronuklearen Macht, in: *Vorwärts*, 22. 11. 1979, S. 10; Lutz: Weltkrieg. Das IFSH war zumindest in den Jahren des Nachrüstungsstreits ein sozialdemokratisch geprägtes Forschungszentrum. Dies zeigte sich daran, dass kein Geringerer als Egon Bahr 1984 die Nachfolge des Militärtheoretikers und Sozialdemokraten Wolf Graf von Baudissin als Direktor des IFSH antrat. Bahr blieb bis 1994 Direktor des IFSH, Lutz wurde sein Nachfolger. Vgl. Hauswedell: Friedenswissenschaften, S. 108.
[38] Vgl. auch Nehring: Friedensforschung, S. 435.
[39] Daran wirkten auch die hauptamtlichen Mitarbeiter im Erich-Ollenhauer-Haus und in der Bundestagsfraktion, insbesondere aber im Forschungszentrum der Friedrich-Ebert-Stiftung mit, siehe Biermann: Der „Nachrüstungsbeschluss" der NATO, die SPD und die „Sicherheit für die 80er Jahre", in: *Zeitschrift für sozialistische Politik und Wirtschaft* 3 (1980), H. 6, S. 78–93; Biermann: „Nachrüstung" als Übergang von der Strategie der atomaren Abschreckung zur Strategie der Führbarkeit des Atomkrieges, in: *Die Neue Gesellschaft* 28 (1981), S. 416–423; Bruns u. a.: Sicherheit.
[40] Vgl. jef [Jens Fischer]: Es droht der vorbeugende Schlag. Gemeinsame Erklärung von Friedensforschern und Politikern zur Sicherheitspolitik, in: *Vorwärts*, 18. 6. 1981, S. 6.
[41] Vgl. zum „Denkkollektiv" Fleck: Tatsache, S. 54. Dazu auch Epplers Kritik an „Expertokratie" und der „Ideologie vom Sachzwang". Eppler: Wege, S. 36–40.
[42] Vgl. Eppler: Utopie; Lafontaine: Angst.
[43] Vgl. die zahlreichen Zuschriften, die Eppler erhielt: AdsD, 1/EEAC000213; auch das MfS schrieb einen zustimmenden Vermerk [Zu „Die tödliche Utopie der Sicherheit" von Erhard Eppler], undatiert, BStU, MfS, ZAIG, 24072, Bl. 39–40.

rung nicht. Nach einem Artikel Lafontaines in der „Saarbrücker Zeitung"[44] urteilte das Kanzleramt, dass die Argumentation zwar ein „Ärgernis" sei, jedoch: „Mangelnde Sachkenntnis ist ihm nicht vorzuwerfen".[45]

In der Hauptsache verfolgten die Friedensforscher zwei Ziele. Erstens wollten sie die etablierte Sicherheitspolitik delegitimieren, zweitens alternative Konzepte ins Recht setzen. Indem sie neue Wissensbestände schufen, stellten sie infrage, dass der Kurs von Schmidt unvermeidlich war.[46] Sie zeigten, dass der Kalte Krieg im sozialdemokratischen Milieu kaum mehr etwas galt. Das konnte freilich nur aufgehen, wenn ihr Publikum – die Leser von Veröffentlichungen oder die Zuhörer von Vortragsreferaten – ihnen und dem, was sie schrieben oder sagten, „Tatsachenblick" und „Faktenorientierung" zuschrieben,[47] wenn also das Publikum den Sprecher für authentisch und den Inhalt des Gesprochenen für „wahr" hielt. Dafür situierten sie sich und ihren Vortrag in einer spezifischen Sprechsituation. Betrachtet man eine idealtypische und prinzipiell wiederholbare Veranstaltung, auf der ein Friedensforscher vor einem interessierten Publikum seine Thesen vortrug, so tritt eine ritualisierte Praxis zutage.[48] Diese Praxis näher zu untersuchen kann helfen, das zeitgenössische Phänomen der Gegenexpertise an der SPD-Basis fassbar zu machen.

Wer den Anspruch erheben wollte, dass das, was er sagte, wahr sei, der musste darauf achten, dass er selbst authentisch und glaubwürdig wirkte. Stimmte der erste Eindruck nicht, war es schwierig, dem Folgenden noch Geltungskraft zu verleihen. Deshalb mussten äußere Erscheinung und Habitus einem bestimmten Bild genügen: Friedensforscher erschienen auf ihren Veranstaltungen meist so gekleidet, wie das Publikum sich einen Akademiker vorstellte. Die unverzichtbaren Requisiten ihrer Professoralität waren Papiere. Sie bestanden idealtypischerweise aus einem Vortragsmanuskript, fotokopierten Aufsätzen, Stellungnahmen von Fachkollegen sowie Büchern, in denen sie nachschlugen, wenn sie eine Frage nicht beantworten konnten. Dazu gehörte auch der obligatorische Schreibblock, in den sie die Fragen des Publikums notierten, um diese dann systematisch durchzugehen. Sie achteten darauf, verständlich zu argumentieren, ohne auf ihre Fachsprache zu verzichten. Stets machten sie auch ihre akademischen Titel sichtbar.[49]

Damit das Publikum die Expertise als solche erkannte und sich dem, was Friedensforscher als Wahrheit bezeichneten, anschloss, war es elementar, dass ihre Autorität glaubhaft war. Deshalb verwendeten sie bestimmte Strategien darauf, ihre Beweisführung in den Augen des Publikums als rational zu präsentieren. Sie zerstreuten jeden Eindruck, dass die Warnung vor dem Atomtod aus einer emotionalen Disposition heraus kam, denn in ihrem Selbstverständnis sprachen sie im Rahmen einer ausschließlich wissenschaftlich fundierbaren Rationalität. Zunächst rezipierten Friedensforscher die Gleichgewichtsfor-

---

[44] Siehe Oskar Lafontaine: Die atomare Bedrohung, in: *Saarbrücker Zeitung*, 30.9.1981.
[45] Wilhelm Bruns an H. Wehner: Anzeige der SPD-Saar in der *Saarbrücker Zeitung*; Oskar Lafontaine: „Die atomare Bedrohung", 7.10.1981, AdsD, 1/HWAA002497.
[46] Dass dies auch zu Widersprüchen führte, hat Nehring gezeigt: Nehring: Friedensforschung, S. 427.
[47] Raphael: Verwissenschaftlichung, S. 171.
[48] Siehe beispielsweise die Presseberichte von zwei solchen Veranstaltungen: Manfred Fritz: Erhard Epplers gemischte „Friedenstruppe". Ex-General Bastian kämpft an der Seite der schwäbischen SPD-Linken gegen Sicherheitspolitik des Kanzlers, in: *Rhein-Neckar-Zeitung*, 10.4.1981; Eckhart Kauntz: Lafontaine – Reisender in Sachen Raketen. Ein Vortrag über Salt II, Nato und Schmidt, in: *Frankfurter Allgemeine Zeitung*, 24.9.1981.
[49] Siehe exemplarisch die Veranstaltungsberichte in: Beendet den Wahnsinn – Abrüstung jetzt! Die Friedensarbeit der SPD Stuttgart, Januar 1983, insb. S. 19–20, AdsD, Bestand SPD-PV, Internationale Abteilung, 11236; außerdem zur historischen Einordnung Engstrom u.a.: Figurationen, S. 8.

mel und arbeiteten heraus, was sie an ihr zu kritisieren hatten. Um das Wissenssystem des Kalten Krieges zu überwinden, mussten sie es verstehen. Lafontaine bezeichnete das Gleichgewichtsdenken als nachvollziehbar, wenn die Supermächte „über ein Atom-Arsenal von mehreren Hunderten verfügen würden. Da die Zahl der Atomwaffen der Weltmächte mittlerweile die 50 000er Grenze überschritten hat, ist die Gleichgewichtsformel – Grundlage der herrschenden Sicherheitspolitik – nicht mehr nachvollziehbar".[50] Kritik übten sie auch an der Art und Weise, wie die NATO das Gleichgewicht ermittelte. Für Christian Krause waren „Kräftevergleiche [...] eine zu unsichere und ungenaue Methode, um militärische Überlegenheit oder Unterlegenheit treffend vorauszusagen", weil die „Möglichkeit, Kräftevergleiche nach Bedarf zu frisieren, [...] fast unbegrenzt" sei.[51] Die Friedensforscher verhielten sich sehr geschickt: Sie näherten sich dem Gleichgewicht scheinbar vorurteilslos, um dann umso vehementer auf seine Defizite hinzuweisen. Dennoch lässt sich eine gewisse Spannung nicht leugnen, und die Kritik am Gleichgewicht, wie es die NATO errechnete, verschwamm mit der grundsätzlichen Akzeptanz dieser Theorie. Hier offenbart sich wieder, dass die Kritiker des Kalten Krieges dieser Ordnung nicht vollständig entkamen.

War das Gleichgewichtsprinzip erst einmal untergraben, wandten sich die Friedensforscher in einem zweiten Schritt den technischen Eigenschaften der neuen Atomraketen zu. Wer kenntnis- und detailreich über sie zu sprechen vermochte, der durfte den Anspruch erheben, wissenschaftliche Wahrheiten zu verkünden, und nirgendwo sonst ließ sich mit der Nennung von Zahlen und Daten so einfach der Eindruck von Expertenschaft erwecken. Die Friedensforscher kannten die Anzahl der Raketen auf beiden Seiten des „Eisernen Vorhangs" und ihren Stationierungsort; sie wussten, wann die jeweiligen Militärbündnisse begonnen hatten, sie zu entwickeln, und wann sie erstmals disloziert worden waren; ihnen war auch bekannt, wie weit sie fliegen konnten, welche Sprengkraft sie hatten und wie groß die Verwüstung auf dem Territorium des Gegners sein würde.[52] Das Sprechen über die Pershing-II- und SS-20-Raketen folgte einer einfachen Regel: Je detailreicher die Ausführungen waren, desto eher ging ihre Strategie auf. Die Pershing, so betonte beispielsweise Eppler, habe nur eine Reichweite von etwa 1800 km und könne deshalb zwar die sowjetische Hauptstadt Moskau, nicht aber die SS-20-Stellungen erreichen. Auch wenn die sowjetischen Raketen die dreifache Reichweite hätten, sei dies aus amerikanischer Perspektive kein Nachteil, denn die bereits einsatzbereiten US-Interkontinentalraketen würden alle SS-20-Raketen problemlos zerstören können. Warum, so fragte Eppler, fühlten sich die Amerikaner gegenüber den Sowjets unterlegen, „wenn auf ihren Interkontinentalraketen insgesamt 9268, auf den sowjetischen 7339 atomare Sprengköpfe montiert" seien?[53] Ulrich Albrecht konstatierte, dass die Pershing-Raketen zwar als „Waffensystem [...] für den technisch Interessierten eher eine Enttäuschung" seien.

> „Neu und entscheidend sind zweierlei: ein Trägheitsnavigationssystem, welches Martin [die mit der Produktion der Raketen beauftragte US-Rüstungsfirma] von der Firma Singer-Kearfott kauft, und ein neuer Wiedereintrittskörper in die Atmosphäre, den die Luftfahrttochter des Gummikonzerns Goodyear beisteuert."[54]

---

[50] Lafontaine: Angst, S. 93.
[51] Krause: Militärisches Gleichgewicht, in: *Die Neue Gesellschaft* 28 (1981), S. 621–626, hier S. 623.
[52] Siehe dazu exemplarisch die Darstellung bei Brauch: Raketen, S. 115–149. Abbildung einer Pershing im Längsschnitt bei ebenda, S. 133; Albrecht: Nachrüstungsbeschluß, S. 50–110.
[53] Eppler: Utopie, S. 38.
[54] Albrecht: Nachrüstungsbeschluß, S. 66.

Albrecht berechnete sogar einen „Tödlichkeitsindex", in dem er die „Zerstörungswirkung" von „Wurfspieß" oder „Pfeil und Bogen" mit den Mittelstreckenraketen kontrastierte.[55] Indem er seinen Zuhörern oder Lesern mit einer Fülle von Details imponierte, indem er sogar wusste, welche Rüstungskonzerne beauftragt worden waren, hatte er sich mit dem Anspruch des Faktischen gegen Zweifel immunisiert.[56] Beliebt waren auch Visualisierungen in Form von Tabellen, Schaubildern und Grafiken. Denn dadurch ließ sich eine bestimmte Interpretation der vorgetragenen Daten und Zahlen plausibel machen. Einerseits wurde so auch für unaufmerksame Leser und Zuhörer erkennbar, welche Botschaft die Friedensforscher überbrachten. Tabellarische Streitkräftevergleiche, die je nach Fragestellung beliebige Ergebnisse zutage förderten, waren ein gängiges Beweisinstrument der Friedensforscher.[57] Andererseits konnten sie die möglichen Kriegsführungsstrategien verständlich machen, wenn sie Truppenbewegungen, Raketenflugrouten oder den Standort von U-Booten auf Land- und Seekarten zeichneten.[58] Häufig reichten die Friedensforscher auch Bilder der Atomraketen herum, die als „Phallus-Symbole" eine feministisch motivierte Nachrüstungskritik stützten oder in ihrer schieren Größe einfach nur Schrecken verbreiteten.[59]

Wenn die Autorität der Friedensforscher erwiesen war, gingen sie in einem dritten Schritt dazu über, dem Publikum ihre Deutungen begreiflich zu machen. Diese liefen fast immer darauf hinaus, dass die Nachrüstung die USA in den Stand versetzte, die Sowjetunion zu besiegen.[60] Eppler schlussfolgerte, dass die Pershing-Rakete ein Element in der amerikanischen Strategie des führbaren und gewinnbaren Atomkrieges darstelle. Denn sie ergebe „nur als Erstschlagswaffe einen Sinn".[61] Für Albrecht stand fest, dass es der NATO mit der Pershing-Rakete gelingen würde, „den ungeliebten weltpolitischen Gegenspieler, mit einem ‚sauberen' Schlag vieler solcher Raketen von der Bildfläche zu schaffen, so dass er niemals mehr reagieren kann".[62] Lafontaine bot in seinem Buch „Angst vor den Freunden" ganz ähnliche Interpretationsmuster an. Auch für ihn war die Nachrüstung ein Versuch, die Sowjetunion durch einen Erstschlag niederzuringen. Dagegen war die SS-20-Rakete keine „zusätzliche Bedrohung für die Völker Europas".[63] Der „Propaganda-Aufwand der Nato" könne „noch so groß sein", das „Geschrei unserer Sicherheitspolitiker" sei „vom technischen Standpunkt geradezu absurd". Weil es die Nachrüstung wahrscheinlicher mache, dass die Sowjetunion enthauptet werden könne, wachse die Gefahr, dass die Rote Armee den Westen präventiv angreife. Friedensforscher veranschaulichten die drohende Gefahr, indem sie zeigten, welche Folgen ein solcher Angriff auf die Stadt oder Region haben würde, in der sie sich gerade befan-

---

[55] Ebenda, S. 33 f.
[56] Mit einem ähnlichen Beweisgang wie Albrecht auch Mechtersheimer: Rüstung, S. 119.
[57] Siehe Bülow: Unterlegenheit; Tabellarische Übersichten auch bei Brauch: Raketen, S. 222 f., 328–344; Lutz: Wer rüstet eigentlich nach? Vergleich der euronuklearen Macht; Albrecht: Nachrüstungsbeschluß, S. 98, 107.
[58] So bei Brauch: Raketen, S. 20, 91, 93.
[59] Vgl. exemplarisch Albrecht: Nachrüstungsbeschluß, S. 52, 54, 55.
[60] Vgl. Brauch: Raketen, S. 104–112, 147.
[61] Eppler: Utopie, S. 79.
[62] Albrecht: Nachrüstungsbeschluß, S. 65. Interpunktion im Original.
[63] Lafontaine: Angst, S. 31, 67. Dazu kritisch Berndt von Staden: Angst vor Freunden? Vortrag gehalten im Deutsch-Amerikanischen Institut in Saarbrücken am 27. 11. 1984, undatiert, AdsD, 1/HJVA104523. Der Vortrag ist veröffentlicht in Staden: Angst.

den.[64] Den „Atomkrieg vor der Wohnungstür"[65] zu situieren war das vielleicht eingängigste Mittel, um auf die Gefahren der nuklearen Apokalypse hinzuweisen. Denn wenn jeder einzelne Mensch sich in seinem persönlichen Lebensumfeld als bedroht wahrnahm, war eine bestimmte Einstellung gegenüber der Nachrüstung prädisponiert und die Friedensforscher als Warner vor der nuklearen Gefahr legitimiert. Hans Günter Brauch schilderte die zahlreichen Unfälle beim Transport von Nuklearraketen durch Württemberg, dem „Pershing-Land Schwaben".[66] Und Albrecht gab Hinweise, „[w]ie man sein lokales Kernwaffenlager findet".[67] Auch zeigten die Friedensforscher Karten, auf denen sie in konzentrischen Kreisen die Zerstörungsradien einer detonierten Atombombe darstellten.[68]

Schließlich erläuterten sie alternative Sicherheitskonzepte, die über das Wissenssystem des Kalten Krieges hinausführten. Sie reichten von der Gemeinsamen Sicherheit über das *Disengagement* bis zur sozialen Verteidigung. Entscheidend ist, dass diese Konzepte „notions of security from below that challenged the notions of security formulated by the governments" hervorbrachten.[69] So standen Sicherheitskonzepte gegeneinander, die ihren Ausgang bei völlig verschiedenen Prämissen nahmen und unterschiedliche Folgerungen für die Gültigkeit des Kalten Krieges erlaubten. Unter praxeologischen Gesichtspunkten galt auch jetzt: Was sich bei der Delegitimierung der etablierten Politik als hilfreich erwiesen hatte, konnte in den Augen der Friedensforscher nicht falsch sein, wenn sie auf neue Konzepte zu sprechen kamen. Für die Alternativtheorien zu werben war umso glaubhafter, je detailreicher die Friedensforscher in ihre Vorstellungswelten einführten.[70] Denn Detailreichtum signalisierte dem Publikum, dass sie Unwägbarkeiten und Risiken gedanklich minimiert hatten. Daneben erfüllten Schaubilder und Tabellen wiederum die Funktion, das Denken der SPD-Mitglieder zu verändern. In der sozialdemokratischen Diskussion spielte ab 1983 insbesondere das Konzept der „Strukturellen Nichtangriffsfähigkeit" eine Rolle, das der ehemalige Staatssekretär im Verteidigungsministerium Andreas von Bülow propagierte.[71] Sein Vorschlag sah vor, die Bundeswehr so umzurüsten, dass ein von ihr ausgehender Angriff unmöglich wäre. Obwohl diese Forderung selbst innerhalb der SPD und in der Friedensforschung umstritten war,[72] reiste Bülow unermüdlich durchs

---

[64] Albrecht erläuterte unter der Überschrift „Der Fluchtpunkt Krieg. Szenario: Atomkrieg in Hessen" die Auswirkungen eines solcherart lokalisierten Nuklearschlages, vgl. Albrecht: Nachrüstungsbeschluß, S. 111–125.
[65] Schregel: Atomkrieg; anregend auch Dies.: Nuclear War and the City.
[66] Brauch: Raketen, S. 114–118, hier S. 118.
[67] Albrecht: Nachrüstungsbeschluß, S. 169–175.
[68] Siehe dazu die Abbildungen Nr. 9 und 10 bei Schregel: Atomkrieg, S. 151, 153.
[69] Nehring: Last Battle, S. 323.
[70] Siehe exemplarisch wiederum Brauch: Raketen, S. 295–315. Systematisierung der Konzepte nach Wasmuht: Friedensforschung, S. 297–302.
[71] Vgl. Bülow: Skizzen einer Bundeswehrstruktur der 90er Jahre, in: *Politik. Aktuelle Informationen der Sozialdemokratischen Partei Deutschlands*, Nr. 21, Dezember 1984, PA-AvB; ausführlicher in Bülow: Bülow-Papier; Bülow: Unterlegenheit; dazu auch Hauswedell: Friedenswissenschaften, S. 110; Risse-Kappen: Krise, S. 315–327; Th. Bender: SPD, S. 85–95.
[72] Zusammenfassend: Andreas Zumach: Kommentar zur Auseinandersetzung um das „Bülow-Papier" zur Sicherheitspolitik der SPD, 12.9.1985, IfZ, Archiv, Nachlass Schubert, Bd. 92; ferner Krause an Bahr, 1.4.1987, und die Antwort, 23.4.1987, AdsD, 1/EBAA000680; Bülow: Anmerkungen zu Christian Krauses Kritik am Begriff der Strukturellen Nichtangriffsfähigkeit und den dazu vorgeschlagenen Verteidigungsmodellen, undatiert, PA-AvB.

Land und bestritt unzählige Vortragsabende.[73] Dabei arbeitete er mit handgeschriebenen Projektorfolien, die in seinem Aktenbestand im Archiv der sozialen Demokratie erhalten sind.[74]

Die Friedensforscher zerstörten eine Sprache, die sie für trügerisch hielten. Mindestens genauso häufig, wie sie visuelle Mittel einsetzten, problematisierten sie den Begriff „Nachrüstung" und wiesen darauf hin, dass er ein bestimmtes zeitliches „Vorher" und „Nachher" impliziere, das die Pershing-Raketen als Reaktion auf die SS-20-Raketen hinstelle.[75] Sie behaupteten dagegen, dass die NATO bereits Anfang der siebziger Jahre – die genauen Jahreszahlen variierten – mit der technischen Entwicklung der Pershings begonnen hätte, zu einer Zeit also, als die Sowjetunion angeblich noch keine SS-20-Raketen stationiert hatte.[76] Während die Sicherheitspolitiker der SPD den NATO-Beschluss als „Doppelbeschluss" bezeichneten, um darauf zu verweisen, dass er aus zwei Teilen bestand („Modernisierung und Rüstungskontrolle"[77]), untergruben die Friedensforscher seine Logik, indem sie die Sprache der Sicherheitspolitiker dekonstruierten: Nicht nur war der Begriff „Nachrüstung" nach ihrem Dafürhalten sachlich unangemessen und verharmlosend. Sie lehnten ihn vor allem ab, weil er einen bestimmten politischen Standpunkt sprachlich ins Recht setzte. Den NATO-Beschluss bezeichneten sie häufig als „Raketenbeschluß"[78], „Aufrüstungsbeschluß"[79] oder sogar als einen „getarnte[n] Aufrüstungsbeschluß mit einer Verhandlungsfußnote".[80] Sie verwendeten auch andere Strategien, wie die Distanz anzeigenden An- und Abführungszeichen oder das Attribut „sogenannt" („sogenannter ‚Doppel'-Beschluss"), um der Politik ihres Kanzlers die Grundlagen zu entziehen. Mit ihrer Gegenexpertise wollten die Friedensforscher also die etablierten Konzepte von Bundesregierung und SPD-Spitze durch eine alternative Konstruktion von Wirklichkeit unterminieren. Doch wie reagierte ihr Publikum darauf?

2. Von Schnellkursen, Arbeitskreisen und Veranstaltungen: Neues Wissen an der Parteibasis

Ende Juli 1981 schrieb der Geschäftsführer des SPD-Bezirks Westliches Westfalen einen Brief an Peter Glotz im Erich-Ollenhauer-Haus, in dem er von der Diskussion um den

---

[73] Siehe dazu exemplarisch ein mehrmals eingesetztes Vortragsmanuskript [Stichworte für einleitendes Referat], undatiert, AdsD, Vorlass Bülow, 124.
[74] Siehe AdsD, Vorlass Bülow, Stehsammler „Bedrohung Ost-West" und „BW Struktur", jeweils ohne Signatur.
[75] Vgl. Wengeler: Sprache, S. 243–263. Wengeler weist darauf hin, dass der Begriff „Nachrüstung" zu Beginn der achtziger Jahre neu ins Deutsche eingeführt wurde. Vgl. auch Seidel: Nachrüstung.
[76] Vgl. Brauch: Raketen, S. 16.
[77] Pawelczyk: Bericht über die Ergebnisse eines Besuchs in Washington vom 6. bis 10.1.1980, 15.1. 1980, S. 5, AdsD, 1/EBAA000713.
[78] „Für eine wirkliche Friedenspolitik – Den NATO-Raketenbeschluss verhindern". Antrag des Bundesvorstandes zum Bundeskongress der Jungsozialisten vom 26. bis 28.6.1981 in Lahnstein, undatiert, AdsD, 1/HSAA009499.
[79] Jungsozialisten Bezirk Rheinhessen: Den NATO-Aufrüstungsbeschluß verhindern – für eine breite Demo der Friedensbewegung in München. Resolution der Bezirkskonferenz [1982], AdsD, Bestand SPD-PV, Referat Jungsozialisten, 7847.
[80] Klaus Thüsing: Das Ende der Strategie des Gleichgewichts – Helmut Schmidt und der Doppelbeschluss, in: *Zeitschrift für sozialistische Politik und Wirtschaft* 5 (1982), H. 14, S. 45–48, hier S. 45.

NATO-Doppelbeschluss an der Parteibasis berichtete: Das Meinungsbild sei von Ortsverein zu Ortsverein sehr verschieden. Teilweise gebe es „breiteste Zustimmung zur Regierungspolitik, teilweise sehr festgefügte Lager Pro und Contra".[81] Die Kritikerinnen und Kritiker des Doppelbeschlusses seien aber „überwiegend differenzierter informiert". In den Diskussionen an der Basis seien „Aussagen im ‚Spiegel' und ‚Stern' beliebtes Beweismaterial. Wesentlich seltener" würden „Parteizeitungen und Parteiinformationen als Beweismaterial gebraucht". Der Geschäftsführer erzählte, worin sich der Nachrüstungsstreit für ihn auszeichnete: Die Gegnerinnen und Gegner der Atomraketen in der SPD verfügten über eine breite Expertise, und sie machten von ihr regen Gebrauch, wenn sie mit den Befürwortern von Doppelbeschluss und Nachrüstung stritten. Keineswegs alle regionalen Gliederungen der SPD waren stationierungskritisch eingestellt. Doch entdeckte die Parteibasis ab etwa 1980 ihr Interesse für Sicherheitspolitik und begann, sich unter der Anleitung von Friedensforschern damit auseinanderzusetzen, welches strategische Denken hinter dem Doppelbeschluss stand, über welche militärischen Möglichkeiten die Sowjetunion verfügte, wie die Pershing-Raketen und Marschflugkörper technisch ausgestattet waren und welche Alternativen es zur Stationierung, zum Gleichgewicht und zur Abschreckung gab. Auf diese Weise entwickelten sie Problemwahrnehmungen und formten Denkkategorien, die einmal mehr bewiesen, dass sie dem Ordnungsmuster Kalter Krieg absprachen, zeitgemäß zu sein.[82]

Das wäre nicht möglich gewesen, wenn sich die Partei zuvor nicht grundlegend gewandelt hätte. Denn in den beiden Jahrzehnten vor dem Nachrüstungsstreit verjüngte und akademisierte sich die Mitgliedschaft der SPD.[83] Tausende Schüler und Studenten, politisiert durch die Proteste um „1968", strömten in die Partei von Bundeskanzler Willy Brandt und speisten ihren Ideenhaushalt in die sozialdemokratischen Debatten ein. Allein im Jahr 1972 verzeichnete die SPD 156 000 Eintritte, 65,4 Prozent der Neumitglieder waren unter 35 Jahren.[84] Nicht nur waren die Siebziger für die SPD „die Jahre der großen innerparteilichen Theorieschlachten".[85] Auch was die kommunikative Praxis der Sozialdemokratie betraf, veränderte der „Einmarsch der langhaarigen Schüler und Studenten in die Partei der eher ein wenig kleinbürgerlichen Facharbeiter" die Sozialisationskultur der SPD.[86] Bis in die sechziger Jahre hinein waren die Ortsvereine von patriarchalischen Kommunikationsformen bestimmt gewesen.[87] Damals hatten die Ortsvereine noch nicht die Funktion eines Debattierclubs. Unter dem Zustrom der jüngeren Mitglieder entwickelten sie sich in diese Richtung. Während die Genossen der alten „Arbeiterpartei" – es waren

---

[81] Gerhard Kompe an Glotz [30. 7. 1981], AdsD, 2/PVEH000272.
[82] Konkrete Zahlenangaben über die Menge der Petitionen, Aufrufe und Briefe liegen nicht vor. Doch waren die verantwortlichen Mitarbeiter im Erich-Ollenhauer-Haus regelmäßig erstaunt, wie viele SPD-Mitglieder sich kritisch äußerten. Vgl. Biermann an Glotz: Stimmung in der Partei und wichtige Aspekte für die Bezirksvertreterkonferenz in Sachen Friedensdemonstration am 10. 10. 1982 [sic], 2. 10. 1981, AdsD, Bestand SPD-PV, Internationale Abteilung, 11174.
[83] Vgl. dazu die ausgezeichnete Analyse bei Süß: Enkel; Süß: Kumpel, S. 405–436; aber auch Walter: Biographie, S. 178–183; Faulenbach: Jahrzehnt, S. 274–280; Lösche/Walter: SPD, S. 152–157; allgemein zu den programmatischen Diskussionen der Jungsozialisten Krabbe: Parteijugend, S. 201–229; sowie die Analyse eines Zeitgenossen: Schonauer: Jungsozialisten, S. 391–437; auch die zeitgenössische Mikrostudie von Wettig: SPD-Bezirk, S. 146–149.
[84] Vgl. Süß: Enkel, S. 68. Weitere Zahlen ebenda.
[85] Ebenda, S. 67.
[86] Walter: Biographie, S. 182.
[87] Vgl. Süß: Kumpel, S. 235–267, insb. S. 252–258; Lösche/Walter: SPD, S. 140–149.

fast ausschließlich Männer – eine Atmosphäre der Geselligkeit gepflegt hatten und Sitzungen häufig „in trinkfreudiger Solidarität" endeten,[88] wurden die Diskussionen nun kontroverser und anspruchsvoller. Junge Parteimitglieder „traten an, das kommunikative Feld der Parteiöffentlichkeit neu zu bestellen".[89] Dies führte zu Konflikten:

> „Schon optisch hätten die Unterschiede zwischen den sozialdemokratischen Generationen nicht größer sein können. Trugen 1969 bei der ‚Linkswende' die vielen Juso-Delegierten das Haar noch kurzgeschoren und die Männer eine ordentlich gebundene Krawatte, so war der Scheitel wenige Jahre später nicht mehr ganz so gerade, die Haare waren länger geworden, die Krawatten verschwunden und statt des gebügelten Hemdes trugen die meisten nun Rollkragenpullover und Jeansjacken. Vor allem Schüler und Studenten (und weniger Lehrlinge) waren es, die das Bild der Ortsvereine in München, aber auch in anderen Städten und Gemeinden, und keineswegs nur an Universitätsstandorten, prägten und die dafür sorgten, dass sich vielerorts Ortsvereinssitzungen nicht nur thematisch, sondern auch zeitlich dem akademischen Lebensrhythmus anpassten und nunmehr bis tief in die Nacht dauerten. Entscheidungen fielen dann oft erst, als ein Gutteil der berufstätigen Angestellten, Facharbeiter und Beamten bereits nach Hause gegangen war."[90]

Wer als junger Mensch in die SPD eintrat, der tat dies nicht, um gegenüber älteren Männern seine Trinkfestigkeit unter Beweis zu stellen. Wer in die SPD ging, der wollte theoretisieren. Er oder sie wollte Papiere schreiben und diskutieren. Geselligkeit verlor an Bedeutung, und ideologisch aufgeladene Wortschlachten prägten zunehmend die Sitzungen. Nun überfluteten Anträge die Parteitage. Die Bochumer Historikerin Helga Grebing hat diesen Wandel der SPD als den „Abschied von der alten Arbeiterbewegung" charakterisiert.[91]

Als die Kontroverse um die Raketenstationierung aufbrach, war die Versammlungskultur indes kein drängendes innerparteiliches Konfliktfeld mehr.[92] Die Diskussionen in den Ortsvereinen hatten ihre ideologische Schärfe verloren, junge Parteimitglieder bekleideten inzwischen Ämter und Mandate; sie hatten sich entradikalisiert. Überhaupt war der Zustrom neuer und junger Mitglieder versiegt.[93] Denn die SPD wirkte auf Erstwählerinnen und -wähler längst nicht mehr attraktiv. Sie war die Partei von Kanzler Schmidt, der mit seiner Rhetorik des pragmatischen Krisenmanagements unter jungen Menschen keine Euphorie entfachte, wie dies noch Willy Brandt zu Beginn seiner Kanzlerzeit gelungen war. Und schließlich gab es am Ende der siebziger Jahre eine Alternative. Sich in den neuen sozialen Bewegungen oder bei den Grünen zu engagieren, entsprach dem Zeitgefühl. Das SPD-Parteibuch war nichts mehr, was junge Erwachsene gerne herumzeigten. Gleichwohl flackerten immer noch Konflikte auf. Während die SPD an der Basis langsam, aber unaufhaltsam ihr Gesicht verändert hatte, taten sich eher konservativ orientierte Mitglieder schwer, diese Entwicklungen zu akzeptieren. Selbst Helmut Schmidt meinte, er sehe die Lage seiner Partei „mit Betrübnis".[94] Die Facharbeiter und Betriebsräte würden von „jungen Intellektuellen weitestgehend überflügelt". Es ist nicht entscheidend, ob Schmidts Zeitdiagnose von statistischen Daten gedeckt wird. Vielmehr kommt es darauf an, dass sie den Blick von rechten und traditionalistischen Parteikreisen strukturierte, die sich von den Veränderungsprozessen in ihrer Partei überrollt fühlten.

---

[88] Walter: Biographie, S. 183.
[89] Süß: Enkel, S. 96.
[90] Ebenda, S. 82.
[91] Grebing: Arbeiterbewegung, S. 183.
[92] Vgl. dazu Lösche/Walter: SPD, S. 157–162.
[93] Zahlen bei ebenda, S. 159.
[94] Schmidt an Hellmut Kalbitzer, 15.11.1983, AHS, Korrespondenz.

Die Transformation der SPD seit den sechziger Jahren war der soziokulturelle Hintergrund, vor dem die SPD zwischen 1980 und 1983 über die Nachrüstung stritt. Die SPD-Mitgliedschaft hatte sich verjüngt und akademisiert und war weiblicher geworden, was wichtig für die Kontroverse um die Atomraketen war, weil nun die Bereitschaft gestiegen war, komplexe politische Sachfragen zu durchdringen. Und die Friedensforscher boten den Genossen und Genossinnen an der Basis ein Erklärungsmodell an, das sich von dem der Parteieliten unterschied. Dabei war allein die Tatsache, dass ihre Konzepte die verbreiteten Sorgen um den Frieden und die Entspannung berücksichtigten, also mit diskursiven Rahmensetzungen kompatibel waren, ein hinreichender Grund dafür, dass die Parteibasis sie sich aneignete. So entwickelte sich auch unter einfachen Sozialdemokraten der Typus des informierten Gegenexperten, der fachkundig argumentieren und das, was die Parteiführung für wahr hielt, mit einem Gegenentwurf entkräften konnte.

Eine wichtige Institution, die den Nachrüstungsstreit an der SPD-Parteibasis verwissenschaftlichte und professionalisierte, war die von dem Bundestagsabgeordneten Karsten Voigt 1978 ins Leben gerufene „Initiative für Frieden, internationalen Ausgleich und Sicherheit" (IFIAS). Sie richtete sich nicht nur an SPD-Mitglieder, sondern auch an die sozialdemokratischen Vorfeldorganisationen.[95] Ihre Aufgabe war es, bestimmte Sichtweisen zu erzeugen: So hieß es in ihrem Gründungsmanifest, die IFIAS wolle „die Friedens- und Entspannungspolitik öffentlich unterstützen und ihr zusätzliche Impulse geben".[96] Nicht zuletzt aus diesem Grund sah das Erich-Ollenhauer-Haus die Idee Voigts zunächst wohlwollend und begleitete sie über einen längeren Zeitraum hinweg finanziell.[97]

Die Aktivitäten der IFIAS lassen sich in zwei Kategorien einteilen. Erstens führte sie Diskussionsabende oder Seminare durch und gab Informationsmaterialien heraus.[98] Auf diesem Weg erreichte sie viele Parteimitglieder oder Sympathisanten. Ein Beispiel für diesen Vorgang ist das Informationsgespräch über die „Modernisierung der taktischen Nuklearwaffen", das am 14. Dezember 1978 in Bonn stattfand, also etwa ein halbes Jahr, nachdem die Initiative gegründet worden war, und immerhin ein Jahr, bevor der Doppelbeschluss in die Welt kam.[99] Kurzreferate des Friedensforschers Gert Krell, des Militärschriftstellers Hans Erich Seuberlich und der SPD-Experten Erwin Horn und Karsten Voigt standen im Mittelpunkt des Abends. Bemerkenswert war, dass die IFIAS die Nachrüstungsfrage zu einem Zeitpunkt thematisierte, als die innerparteiliche Kontroverse noch nicht einmal absehbar war. Damit präfigurierte sie eine kritische Einstellung gegenüber den neuen Atomraketen und gegenüber dem Kalten Krieg. Zweitens bediente sie sich aber auch indirekter Einflusskanäle: Sie gab mit Organisationsleitfäden, Themen-

---

[95] Vgl. Protokoll der 1. Sitzung des Kuratoriums der „Initiative für Frieden, internationalen Ausgleich und Sicherheit" am 11.4.1978 im Hotel im Tulpenfeld, Bonn, 21.4.1978, AdsD, Vorlass Voigt, 157.
[96] Plattform der Initiative für Frieden, internationalen Ausgleich und Sicherheit, Juli 1978, AdsD, WBA, A10.1 Rosen, 184; Japs: Gegen Trägheit und Resignation. Initiative für Frieden, internationalen Ausgleich und Sicherheit, in: *Vorwärts*, 8.6.1978, S. 2.
[97] Vgl. Protokoll der Sitzung des Präsidiums am 3.4.1978, AdsD, Bestand SPD-PV, Vorstandssekretariat, 81; [Konzept für die Initiative für Frieden, internationalen Ausgleich und Sicherheit, 1978], AdsD, 2/PVEK000242; zu ersten Vorüberlegungen Voigt an Brandt, 30.11.1977, AdsD, Vorlass Voigt, 157.
[98] Vgl. Initiative für Frieden, internationalen Ausgleich und Sicherheit: [Übersicht über Veranstaltungen und herausgegebene Informationsmaterialien, 1979], AdsD, Vorlass Voigt, 243.
[99] Vgl. Einladung zu einem Informationsgespräch „Modernisierung der taktischen Nuklearwaffen" [1978], AdsD, Vorlass Voigt, 243.

vorschlägen, Referentenhinweisen, Textbausteinen und Literaturlisten den Ortsvereinen und sicherheitspolitischen Arbeitskreisen die notwendige Hilfestellung, damit diese eine nachrüstungskritische Position einnehmen und weitervermitteln konnten.[100] Zu diesem Zweck hatte Voigt auch ein „Stichwortverzeichnis zur Friedens- und Sicherheits- und Abrüstungspolitik" konzipiert, das sich an Ortsvereine richtete und dort sehr beliebt war, weil es die Sprache der NATO entschlüsselte, die für die meisten Parteimitglieder unbekannt war.

Überhaupt organisierte die IFIAS ihre Arbeit dezentral. Nachdem sie sich auf Bundesebene konstituiert hatte, gründeten sich im März 1979 Ableger in Bremen,[101] im Juni in Hessen[102] und im September in Berlin.[103] Die Berliner Initiative war unter ihrem Frontmann Wolfgang Biermann sehr umtriebig.[104] Weitere regionale Initiativen folgten, so beispielsweise unter der Verantwortung des Friedensforschers Hans Günter Brauch in Baden-Württemberg.[105] Da die IFIAS vor Ort präsent und aktiv war, gelang es ihr, in die regionalen Gliederungen der SPD hineinzuwirken.[106] Eine ähnliche Zielsetzung wie die IFIAS verfolgte auch der Bundesvorstand der Jusos, als er 1978 den Auftrag gab, eine „Initiative für Frieden und Abrüstung der Jungsozialisten" zu gründen.[107] Die Initiative sah ihre Aufgabe darin, unter Jusos „eine qualifizierte Abrüstungsdiskussion anzuregen", mit „Veranstaltungen, Stellungnahmen usw. für eine Friedens- und Entspannungspolitik zu mobilisieren" sowie „Alternativen zur bisherigen Rüstungspolitik, der lustlosen Verwaltung der Entspannungspolitik und der Politik der Militärblöcke zu entwickeln und zu verankern".[108] Unter den Mitgliedern bestehe „ein großer Bedarf nach Seminaren, Diskussionspapieren usw.". So waren sich IFIAS und Jusos in ihren Zielen recht ähnlich: Beide arbeiteten daran, sicherheits- und friedenspolitisches Wissen hervorzubringen und es in der Partei durchzusetzen. Denn der Nachrüstungsstreit war ein Kampf um die Köpfe.

---

[100] Vgl. „Informationsblatt" der Initiative für Frieden, internationalen Ausgleich und Sicherheit [1979], AdsD, WBA, A10.1 Rosen, 184.

[101] Bremer Initiative für Frieden, internationalen Ausgleich und Sicherheit: [Informationsblatt], undatiert, AdsD, Vorlass Voigt, 243; Volker Kröning an Dörte Kett, 22.10.1979, AdsD, Vorlass Voigt, 224.

[102] Zu den Zielen einer „Hessischen Initiative für Frieden, internationalen Ausgleich und Sicherheit", undatiert, AdsD, Vorlass Voigt, 243.

[103] Berliner Initiative für Frieden, internationalen Ausgleich und Sicherheit: [Vorgeschichte, weitere Planungen und Organisation der Initiative], undatiert, BStU, MfS, BV Berlin XV, 156, Teil 1/2, Bl. 101.

[104] Vgl. Wolfgang Biermann an SPD-Landesverband Berlin: Gründung einer „Berliner Initiative für Frieden, internationalen Ausgleich und Sicherheit" als regionaler Teil der bundesweiten Initiative, 4.9.1979, AdsD, Vorlass Voigt, 231; siehe auch die Grundsatzerklärung der Berliner IFIAS, April 1980, AdsD, 1/HWAA001907.

[105] Vgl. Hans Günter Brauch: Rohentwurf: Ziele der baden-württembergischen Initiative für Frieden, internationalen Ausgleich und Sicherheit, 10.11.1980, AdsD, Vorlass Voigt, 226; zur Gründung eines Ablegers in Bayern Rainer Gränzer an Karsten D. Voigt, 30.9.1979, AdsD, Vorlass Voigt, 224.

[106] Vgl. Berliner Initiative für Frieden, internationalen Ausgleich und Sicherheit: Rundbrief an die Interessenten der Berliner Friedensinitiative, 9.9.1980, AdsD, Vorlass Voigt, 243.

[107] Dazu Bundesvorstand der Arbeitsgemeinschaft der Jungsozialisten (Jusos): Für eine aktive Friedenspolitik! Schluß mit dem Rüstungswettlauf! Initiative für Frieden und Abrüstung der Jungsozialisten in der SPD, undatiert [1979], S. 241–245, AdsD, Bestand SPD-PV, Referat Jungsozialisten, 9893; dazu auch Funktion und Perspektive der Juso-Initiative für Frieden und Abrüstung, undatiert, AdsD, Vorlass Voigt, 270. Das bestehende Konkurrenzverhältnis zur IFIAS versuchte das Manifest zu bereinigen, indem es hervorhob, dass es bei beiden Initiativen „nicht um ein Gegeneinander, sondern um ein Ansprechen unterschiedlicher Zielgruppen" gehe. Für eine aktive Friedenspolitik!, S. 243.

[108] Bundesvorstand der Jungsozialisten: Friedenspolitik, S. 241 f.

2. Von Schnellkursen, Arbeitskreisen und Veranstaltungen 115

Die Gegnerinnen und Gegner der Atomraketen an der SPD-Basis rezipierten und verbreiteten Expertise auf mindestens drei Wegen. Erstens besuchten sie Veranstaltungen, die Friedensforscher abhielten. Zweitens lasen sie ihre Veröffentlichungen – die zahllosen Bücher, Artikel und Aufsätze, Rundbriefe und Friedensgutachten. Sie nahmen auch nachrüstungskritische Periodika wie den „Spiegel" und den „Stern" zur Kenntnis. Drittens boten sie sich untereinander eine Vielzahl von innerparteilichen Schulungsseminaren an. Bei den letztgenannten Seminaren lassen sich drei Typen unterscheiden: sicherheits- oder friedenspolitische Schnellkurse, regelmäßig tagende Arbeitskreise oder nur ein oder zwei Stunden dauernde parteiöffentliche Veranstaltungen. Die Nachrüstungsgegner kamen dabei in einer räumlich separierten Umgebung zusammen, bildeten ein Publikum, aus dem spezifische Akteure heraustraten, und gaben sich, wenn sie eine Tagesordnung verabschiedeten oder ein Veranstaltungsprogramm anerkannten, ein festes Skript. Damit verdeutlichen sie sich selbst und der nicht anwesenden Parteiführung, dass sie gleichermaßen in der Lage waren, eine eigene Meinung zu vertreten – gestützt auf rationale, objektive und deshalb wahre Argumente.

Schnellkurse fanden meist in einer seminarähnlichen Atmosphäre als Kompaktveranstaltung mit einer Dauer von ein oder zwei Tagen statt. Ein typisches Beispiel ist das Seminar der SPD-Frauen in Erlangen, die sich am 24. Oktober 1981 im Kulturtreff in der Helmstraße mit der Frage „Abrüstung durch Aufrüstung? Droht ein Nuklearkrieg in Europa?" auseinandersetzten. In der Seminarankündigung skizzierten die Organisatorinnen das Erkenntnisinteresse: „Werden wir von den Russen bedroht? Gibt es ein militärisches Gleichgewicht? Wird ein 3. Weltkrieg durch die Neutronenbombe wahrscheinlicher oder unwahrscheinlicher?"[109] Der Bericht über das Seminar gibt Einblicke in die Praxis solcher Veranstaltungen:

> „Das gut besuchte Seminar der ASF begann mit dem englischen Film ‚War Game' (Kriegsspiel), der schon 1966 gedreht wurde, aber nie im englischen Fernsehen gezeigt werden durfte. Dieser Film zeigt sehr eindrucksvoll in realistisch gestellten Szenen die Auswirkung einer Atombombenexplosion. Die schockierenden Bilder bewirkten bei den Zuschauern eine heftige, wenngleich kaum artikulierbare Betroffenheit, die das Interesse am Thema des Seminars verstärkte. In einem Frage-Antwort-Dialog vermittelten dann die Genossen Thilo Castner und Karlheinz Jacobs Informationen zu häufig gestellten Fragen. Dabei machten die beiden Gesprächspartner sehr deutlich, daß im Kriegsfall auch der Einsatz konventioneller Waffen furchtbarste Auswirkungen für Europa haben würde. Die Bewohner unseres Kontinents hätten praktisch keine Überlebenschance. Schließlich ließen die Referenten keinen Zweifel daran, daß ein Atomkrieg auf europäischem Gebiet immer wahrscheinlicher wird, wobei sie als Kronzeugen Militärfachleute der USA, Großbritanniens und der Bundesrepublik zitierten (siehe das Buch ‚Generale für den Frieden'). […] Nach einer kurzen Mittagspause fanden sich die Teilnehmer des Seminars noch einmal in Arbeitskreisen zusammen. Der erste Arbeitskreis befaßte sich mit der Frage, ob die Sowjets einen Krieg wollen. […] Der zweite Arbeitskreis stellte sich die Frage, warum die Konfrontationspolitik der USA verstärkt worden sei. […] Der 3. Arbeitskreis versuchte Strategien gegen die Aufrüstung zu entwickeln. Dabei wurden Möglichkeiten erörtert, mit Jugendlichen ins Gespräch zu kommen, da das bestehende Bildungssystem den Promilitarismus verstärke. Schließlich wurde auf die geringe, jedoch wachsende Bedeutung der amerikanischen Friedensbewegung hingewiesen. Als Ab-

---

[109] ASF Erlangen: Abrüstung durch Aufrüstung? Droht ein Nuklearkrieg in Europa? Seminar der ASF [1981], AdsD, Bestand SPD-PV, Referat Frauen/ASF, 13127; siehe ferner die Einladung zu einem Wochenseminar „Alternative Sicherheits- und Verteidigungspolitik – Soziale und/oder militärische Verteidigung?" am 19./20. 9. 1981 in Kamp-Lintfort. Koordination der Landes-AG zu Friedenspolitik an alle Kreisverbände und örtliche Friedensinitiativen der Grünen: Landes-Arbeitsgemeinschaft Friedenspolitik [September 1981], AGG, Bestand A – Klaus Timpe, 6.

schluß sahen die Teilnehmer einen Film, in dem praktische Beispiele von Friedensaktivitäten gezeigt wurden."[110]

Dass sich ein Seminar der SPD-Frauenorganisation die Welt von Männern erklären ließ, ist bemerkenswert. Offenkundig ging mit den Gegenexperten ein bestimmtes Bild von Männlichkeit einher, das untrennbar an diskursive Überlegenheit und kognitive Dominanz gekoppelt war. Für die Verfasserin des Seminarberichts spielte diese Geschlechterdimension freilich keine erkennbare Rolle. An ihrem Bericht ist vielmehr zweierlei erwähnenswert. Erstens gibt der Text Hinweise auf den theatralen Charakter der Zusammenkunft: Was das Seminar prägte, war die Interaktion von männlichen Experten und Zuhörerinnen, denn schon der „Frage-Antwort-Dialog" schied die Anwesenden in zwei Akteursgruppen. Zweitens lief das Seminar nach einem feststehenden Programm ab, dessen Ziel allen Beteiligten vor Augen stand, als sie in den Kulturtreff kamen. Vor allem aber hinterließ der Film „The War Game", der einen hypothetischen nuklearen Angriff auf Großbritannien in den sechziger Jahren und vor allem den Zusammenbruch jeder gesellschaftlichen Ordnung zeigte, einen tiefen Eindruck im Publikum. Die Autorin schildert ihn als „heftige, wenngleich kaum artikulierbare Betroffenheit". Damit hatte die Filmvorführung, die aufgrund ihres standardisierten Inhalts beliebig wiederholbar war, einen wichtigen Zweck erreicht: Sie brachte in den Köpfen der Handelnden eine neue Wirklichkeit hervor, wobei das Ergebnis trotz der scheinbar offenen Fragen in der Seminarankündigung von Anfang an feststand. Die Gegnerinnen der Atomraketen in der SPD griffen nicht nur auf friedenswissenschaftliche Publikationen zurück, um Wissen weiterzugeben. Auch in der populärkulturellen Verarbeitung der atomaren Bedrohung fanden sie geeignetes Material, um eine bestimmte Sicht auf die Dinge zu erzeugen.

Neben diesen Schnellkursen konnten sich Sozialdemokraten auch durch Mitarbeit in sicherheitspolitischen Arbeitskreisen in den Stand versetzen, kenntnisreich diskutieren und mitdeuten zu können.[111] Arbeitskreise waren ein wöchentliches oder monatliches, auf jeden Fall regelmäßig stattfindendes Format, das einen festen Kreis von Parteimitgliedern ansprach.[112] Häufig tagten diese Arbeitskreise in den regionalen SPD-Geschäftsstellen. Es handelte sich um fast schon akademische Debattierclubs, in denen Mitglieder Referate hielten und sehr spezifische Sachfragen erörterten. Eine Dokumentation der SPD Stuttgart listete 1983 die Arbeitsgruppen auf, die in den örtlichen Gliederungen angeboten wurden: „Rüstung und Arbeitsplätze", „Erziehung zum Frieden", „Neue Wege der Friedenssicherung", „Innergesellschaftliche Feindbilder".[113] Zu diesen thematischen Bereichen gab es allein in der Stadt Stuttgart eine Reihe von parallel tagenden Arbeitskreisen. So zeugt auch das Protokoll einer im April 1981 abgehaltenen Sitzung des Ortsvereins Sindelfingen, welches die Standpunkte der Gegner und der Befürworter des Doppelbeschlusses mit Akribie systematisierte, von bemerkenswertem Sachverstand.[114] Dass die Argumente während einer einfachen Ortsvereinssitzung zusammengetragen wurden, wäre 15 Jahre früher undenkbar gewesen. Der Vorgang ist ein Beleg dafür, wie sich die

---

[110] ASF Erlangen: Abrüstung.
[111] Vgl. Helmut Rohde an Rüdiger Reitz, November 1980, AdsD, 2/PVAD000017.
[112] Dazu SPD-Ortsverein Neubiberg: Aufruf zum Mitmachen im Arbeitskreis „Friedenspolitik", 26.9.1979, IfZ, Archiv, Nachlass Schubert, Bd. 98.
[113] Beendet den Wahnsinn – Abrüstung jetzt! Die Friedensarbeit der SPD Stuttgart, Januar 1983, S. 17, AdsD, Bestand SPD-PV, Internationale Abteilung, 11236.
[114] Janos Trencseni: SPD-Ortsverein Sindelfingen: Bericht des Arbeitskreises für Politik (AK-Politik), für 1981 und 1982, undatiert, AdsD, 2/PVEH000299.

sozialdemokratische Mitgliedschaft im Gefolge der soziokulturellen Umwälzungen seit den sechziger Jahren akademisiert hatte und wie die Parteibasis mit einem fast schon wissenschaftlichen Anspruch über die Raketenstationierung diskutierte. Genauso ist er ein Beleg dafür, dass die Zeitgenossen „Rationalität" als komplementär zu „Emotionalität" und als überlegene diskursive Strategie dachten. Nicht selbstverständlich sind die intellektuelle Arbeit, die einfache SPD-Mitglieder in die Nachrüstungsthematik investierten, sowie das zeitliche Opfer, das sie ihrem Engagement brachten. Wie groß das Bedürfnis nach Informationen war, zeigt die Not, die der Bundesvorstand der Jusos damit hatte, den gewaltigen Zulauf zu seinen Arbeitskreisen zu reglementieren.[115]

Schließlich waren neben den Schnellkursen und Arbeitskreisen in den frühen achtziger Jahren öffentliche Veranstaltungen zu bestimmten Aspekten der Nachrüstungsthematik ein gerne genutztes Instrument, um Sachverstand und eine bestimmte Weltsicht hervorzubringen.[116] Diese Veranstaltungen hatten einen öffentlichen oder zumindest parteiöffentlichen Charakter und fanden meist in den Abendstunden statt. Ihr idealtypischer Ablauf ist weiter oben analysiert worden.[117] Häufig arbeiteten SPD-Ortsvereine mit lokalen Friedensinitiativen oder mit den Grünen zusammen. In der „Leutkircher Friedenszeitung" war 1983 von einer solchen Veranstaltung zu lesen. Die Arbeitsgruppe Friedenswoche Leutkirch, die Friedensgruppe des Bundes der Deutschen Katholischen Jugend (BDKJ), die Ortsgruppen von SPD und Grünen sowie der Arbeitskreis Dritte Welt luden gemeinsam zu einer Diskussionsrunde über die Atomraketen.[118] Nicht nur kam hier zum Vorschein, aus welchen gesellschaftlichen und politischen Gruppen sich die Friedensbewegung in Leutkirch zusammensetzte. Vor allem brachte die gemeinsame Veranstaltung zum Ausdruck, dass es neben der Sozialdemokratie andere Segmente in der Gesellschaft gab, die sich in den frühen achtziger Jahren sicherheitspolitische Kenntnisse aneigneten. Auch der SPD-Kreisverband Stuttgart, dessen Aktivitäten gut überliefert sind, lud am 17./18. Januar 1981 zu einem solchen Seminar mit etwa hundert Teilnehmerinnen und Teilnehmern „aus dem ganzen mittleren Neckarraum".[119] Referenten waren die Tübinger Friedensforscher Michael Strübel und Volker Rittberger sowie der Verteidigungsexperte des französischen Parti Socialiste, Jacques Huntzinger.[120] Die Stuttgarter Diskussion strahl-

---

[115] Reinhard Schultz an „verschiedene Genossen aus dem Arbeitskreis Sicherheitspolitik des Bundesvorstands der Jungsozialisten", undatiert, AdsD, Bestand SPD-PV, Referat Jungsozialisten, 7720.
[116] Siehe die Einladung zu einer Veranstaltung des SPD-Unterbezirks nach Bonn, Georg Kirchner an Albertz, 29.7.1983, AdsD, 1/HAAA000092.
[117] Siehe ergänzend die Veranstaltung, die im Kurpfälzischen Museum in Heidelberg stattfand. Auf dem Podium diskutierten Holger Heimann (Grüne), Hartmut Soell (SPD), Heinz Reutlinger (CDU) und John Williams (FDP). Moderiert wurde der Abend von Klaus Staeck, siehe: Alle waren für Frieden und Abrüstung. Kontroversen über die besten Wege zur Friedenssicherung – Veranstaltung der Künstlergruppe 79, in: *Rhein-Neckar-Zeitung*, 21.9.1981.
[118] Vgl. *Leutkircher Friedenszeitung*, Nr. 1, Dezember 1983. Die Zeitung erschien in einer Auflage von 6000 Stück. Sie hatte einen Umfang von vier Seiten und war auf DIN-A 3 gedruckt.
[119] Beendet den Wahnsinn – Abrüstung jetzt! Die Friedensarbeit der SPD Stuttgart, Januar 1983, S. 5.
[120] Dass Jacques Huntzinger als Vertreter der französischen Sozialisten anwesend war, deutet auf die besondere Nähe des baden-württembergischen Landesverbandes zu Frankreich hin, aber auch darauf, dass derartige Berichte stets nur ein selektives Bild der historischen Realität vermittelten. Denn der *Parti Socialiste* bezog in der Nachrüstungsfrage eine grundsätzlich andere Position als die SPD, und es ist wenig wahrscheinlich, dass der streitlustige Huntzinger diese Differenzen in Stuttgart nicht thematisiert hat. Da der Bericht hierzu keine Angaben machte, ist anzunehmen, dass dem Verfasser daran gelegen war, angesichts der Ubiquität der nuklearen Bedrohung eine deutsch-französische Einigkeit zu suggerieren, die von anderen Quellen relativiert wird.

te weit über das Spektrum der SPD hinaus. Sie bestätigte nicht die Weltsicht der Parteiführung, sondern präsentierte eine eingängige Alternative.[121]

Natürlich schrieben die Gegnerinnen und Gegner der Atomraketen auch eine Fülle von Positionspapieren im Umfeld dieser Weiterbildungsveranstaltungen.[122] Mit Papieren manifestierten sie, dass sie kompetent mitreden wollten, und bestritten die Geltung der Regeln, die das Erich-Ollenhauer-Haus errichtet hatte.[123] Nicht nur ihr oftmals komplexer und technischer Inhalt, sondern auch schon ihre Niederschrift und weite Verbreitung an der Parteibasis lassen sie als sinnstiftenden Akt erscheinen. So legte der Nürnberger Unterbezirk gegenüber Kanzler Schmidt in einem „Argumentationspapier" 1981 seine Bedenken dar und unterstrich, dass er den Anspruch erhob, den sozialdemokratischen Blick auf die Welt mitzubestimmen.[124] Eine Ausgabe der ASF-Zeitschrift „Frau und Gesellschaft" befasste sich 1982 mit „Argumenten für eine alternative Verteidigungspolitik".[125] Der erste Teil des Papiers analysierte den „Sicherheitsbegriff der NATO", die „Grundzüge der NATO-Militärstrategie" und die Nachrüstung „im Lichte der NATO-Strategie", während der zweite Teil über atomwaffenfreie, militärisch verdünnte und entmilitarisierte Zonen, konventionelle Defensivverteidigung, einseitige Abrüstung und soziale Verteidigung informierte. Damit verschoben die Autorinnen die Parameter, in denen die männliche Parteielite dachte, weg vom Ordnungssystem Kalter Krieg.

Wenn die Hamburger Sozialdemokratin Dorothee Stapelfeldt 1983 verlangte, dass ihre Partei sich intensiver mit der Friedenspolitik beschäftigen müsse, dann deckte sich dies kaum mit dem Stellenwert, den eine Mehrheit der SPD-Mitglieder diesem Politikfeld ohnehin beimaß.[126] Schnellkurse, Arbeitskreise und Veranstaltungen sind Indizien dafür, dass die nachrüstungskritischen Sozialdemokraten von der Parteilinken sich als Teil einer florierenden Schrift- und Diskussionskultur sahen. Sie besuchten in der Hochzeit des innerparteilichen Konflikts Veranstaltungsabende, die Friedensforscher anboten, oder sie organisierten eigenständig sicherheits- und friedenspolitische Weiterbildungsformate, wo sie ihre kognitiven Fähigkeiten und Kenntnisse inszenierten. Das Ergebnis war stets das gleiche: Ein beträchtlicher Teil der SPD-Basis entwickelte sich zu einem Nährboden für eloquent argumentierende „Raketenexperten", die dekonstruierten, was die SPD-Spitze um Kanzler Schmidt für wirklich hielt. Es war bald unübersehbar, dass die Sozialdemokratie im Nachrüstungsstreit nichts weniger als ihre kollektiv verbindliche Sicht auf die Wirklichkeit neubestimmen musste.

---

[121] Siehe auch die Einladung der Karlsruher SPD zu einer Friedenskundgebung mit Eppler am 12.11.1983, AdsD, 6/PLKA030434.
[122] Vgl. Reinhard Schulz, Frieden ist der Vater aller Dinge; Karsten Voigt, Nie wieder Krieg!; beide in: Für Frieden und Abrüstung. Fachkonferenz der Jungsozialisten am 25./26.8.1979 in Köln, 1979, AdsD, Bestand SPD-PV, Referat Jungsozialisten, 7591; ferner Bundesvorstand der Arbeitsgemeinschaft der Jungsozialisten (Jusos): Für Frieden und Abrüstung [„Argumenteheft"], undatiert, AdsD, Vorlass Voigt, 194.
[123] Dazu auch Die SPD im Kampf mit sich selbst. Papiere, Gegenpapiere, Thesen, Sondierungen, in: *Frankfurter Allgemeine Zeitung*, 30.1.1982.
[124] Vgl. SPD-Unterbezirk Nürnberg/FDP-Kreisverband Nürnberg an Schmidt, 15.7.1981, AdsD, 1/HSAA009425, das Argumentationspapier befindet sich ebd. im Anhang.
[125] Frau und Gesellschaft. Sozialdemokratischer Informationsdienst/Argumente Nr. 18, September 1982, AdsD, Bestand SPD-PV, Referat Frauen/ASF, 9383.
[126] Vgl. Stapelfeldt an Ortwin Runde u.a., 25.8.1983, AHS, Korrespondenz.

3. Abwehrreaktionen: Die SPD-Spitze kämpft um die Deutungshoheit

Nur wer sich mitzuteilen wusste, konnte darauf hoffen, seine Ideen durchzusetzen. Der Nachrüstungsstreit war ein Kampf um die Köpfe, und er war ein Feldzug um die Durchsetzung von Wissen. Die Parteibasis verstand dies rasch, und auch die SPD-Spitze handelte nach diesem Grundsatz. Während Nachrüstungskritikerinnen und -kritiker in den Ortsvereinen das Denken derer herausforderten, die sie mit Führungsaufgaben versehen hatten, ironisierte die SPD-Spitze zunächst, was sich dort abspielte. Der Politologe und Sozialdemokrat Klaus von Schubert bedauerte noch im Frühjahr 1979 in einem Brief an den Parteivorsitzenden Brandt, dass es zu wenige SPD-Mitglieder gebe, die sich kompetent in außen- und verteidigungspolitische Debatten einbringen könnten.[127] Drei Jahre später bezeichnete Bundeskanzler Helmut Schmidt die Diskussion dagegen als „Erbsenzählerei".[128] Die Gegner seiner Politik produzierten viel zu viele Papiere, meinte er. Der SPD-Verteidigungsexperte Karsten Voigt beschrieb das Phänomen gegenüber Gesprächspartnern in Washington 1983 mit der Formel, „[h]eute gebe es in der SPD ‚tausend Clausewitze'".[129] Dass der Streit um die Raketen aus vielen thematisch unbeschlagenen Parteimitgliedern binnen kurzer Zeit Kriegsführungsexperten gemacht hätte, die sich vom Kalten Krieg absetzen wollten, ordnete die Führungsriege als eine Entwicklung ein, die sie vor Probleme stellte. Wie ging sie damit um?

Die SPD-Vorstandsmitglieder waren genauso wenig eine Gruppe mit einem homogenen Standpunkt, wie die Basis durchgängig nachrüstungskritisch eingestellt war. Sie teilten aber die Vermutung, Nachrüstungskritik entspringe einem Mangel an Information oder Einsicht. Symptomatisch war eine Diskussion vom Mai 1981, in der sich der Vorstand einig war, dass es bisher „zuwenig Information" für die Mitglieder gegeben habe.[130] So sei der Berliner Beschluss von 1979 „weitgehend immer noch unbekannt". Wer die anschwellende Opposition gegen die Stationierung darauf zurückführte, dass Andersdenkende die richtigen Argumente nicht durchschauten, musste die Partei nur mit zusätzlichen Informationen fluten, um die Position der Regierung zu stärken. Verteidigungsminister Hans Apel erklärte sich bereit, „diese Lücke mit schließen zu helfen".[131] In einem persönlichen Brief an Eppler wies er 1981 darauf hin, dass dieser sich jederzeit der Expertise des Verteidigungsministeriums bedienen könne. Eppler spiele in der Debatte „eine aktive Rolle, die einen jederzeit aktuellen Wissensstand in Fragen der Sicherheits- und Verteidigungspolitik" voraussetze. Er, Apel, habe „ein natürliches Interesse daran, diesen Wissensstand auch von meiner Seite her zu untermauern und Dir Gelegenheit zu geben, Dich in all den Fragen, die möglicherweise bei Dir noch offen geblieben sind, zu informieren".[132] Doch der Versuch, Eppler als einen der schärfsten Kritiker an das rückzubinden, was das Erich-Ollenhauer-Haus für politisch angemessen hielt, scheiterte. In der Parteizentrale setzte sich die Überzeugung durch, dass mehr unternommen werden müsse, um die Kritik zu kontern.

---

[127] Vgl. Schubert an Brandt, 21. 3. 1979, IfZ, Archiv, Nachlass Schubert, Bd. 5.
[128] Dieter Dettke: Ergebnisniederschrift über die Sitzung des Arbeitskreises I vom 23. 11. 1982 um 10.30 Uhr, in Raum F 12, 29. 11. 1982, AdsD, Bestand SPD-PV, Internationale Abteilung, 11649.
[129] Botschaft Washington an das Auswärtige Amt: Besuch von MdB Karsten Voigt in Washington am 8., 9. und 12. 12. 83, 13. 12. 1983, AdsD, 1/HWAK000719.
[130] Rüdiger Reitz: Ergebnisprotokoll der Sicherheitspolitischen Klausur des Parteivorstandes am 18. Mai 1981, 20. 5. 1981, AdsD, 2/PVAD000005.
[131] Ebenda.
[132] Apel an Eppler, 22. 10. 1981, die Antwort vom 1. 12. 1981, AdsD, 1/EEAC000064.

Die SPD-Spitze erweckte gegenüber der Basis den Eindruck, sie verfüge über die notwendigen Kenntnisse, um zu einem begründeten Urteil zu gelangen. Sie schrieb Papier um Papier und kartographierte die Prämissen ihres Denkens.[133] Sie wollte zeigen, dass das Ordnungssystem des Kalten Krieges ungebrochene Erklärungskraft hatte und alternativlos war. Eine wichtige Funktion kam dabei der Kommission für Sicherheitspolitik beim Parteivorstand zu, die sich aus hochrangigen Funktionären sowie Persönlichkeiten aus dem Vorfeld der Partei zusammensetzte.[134] War sie zum Ende der siebziger Jahre noch ganz auf die Bundeswehr konzentriert, verschob sich ihr Arbeitsschwerpunkt sukzessive darauf, die von der Parteispitze verordnete Sicherheitspolitik zu begründen.[135] Ihr „Tätigkeitsbericht" hielt 1982 retrospektiv fest, dass die „Gleichrangigkeit von Rüstungskontrollpolitik und Verteidigungspolitik (,Doppelbeschluß')" in den letzten beiden Jahren „verdeutlicht werden" musste.[136] Schon 1980 aber sah die „Mehrzahl der Kommissionsmitglieder" die SPD „denkbar schlecht vorbereitet", kompetent mitdiskutieren zu können.[137] Sie wertete die Nachrüstungskritik als „Ausdruck einer sicherheitspolitischen Bewußtseinskrise in der SPD", deren Grund „eine chronische Verständigungsschwierigkeit über komplizierte Sachverhalte" sei. Für die SPD-Führung um Schmidt zeigte sich im Nachrüstungsstreit ein Mangel an Information, der durch ein intensiviertes Gespräch zwischen Verantwortungsträgern und Kritikern behoben werden konnte. Selbst diejenigen Vorstandsmitglieder, die wie Brandt, Bahr oder Ehmke den Kurs Schmidts kritisch sahen, teilten diese Einschätzung.[138]

Die Parteispitze dichtete ihre Welt gegen Angriffe ab. Sie standardisierte ihr Wissen und ihre Rhetorik.[139] Denn sie musste versuchen, die Meinungsführerschaft zu behaupten. Ein wichtiges Instrument war der „Sicherheitspolitische Informationsdienst", der „die rüstungskontrollpolitische mit der verteidigungspolitischen Komponente gleichgewichtig zum Gegenstand" hatte.[140] Der Informationsdienst sollte in regelmäßigem Abstand darlegen, „wo nach unserer Meinung die Schwerpunkte in der Diskussion liegen und wo unser gemeinsames Anliegen argumentativ angereichert werden" könnte.[141] Er sollte „Argumente

---

[133] Vgl. Koschnick u. a.: Grundpositionen; dazu Gunter Huonker an Schmidt: Sicherheitspolitische Klausur des Parteivorstandes am Montag, dem 18. Mai 1981, 18.00 Uhr; hier: Entschließungsantrag „Grundpositionen zur sozialdemokratischen Sicherheitspolitik", entworfen von Hans Koschnick, Wolf Graf von Baudissin, Klaus von Schubert – überarbeitet von Egon Bahr, 15. 5. 1981, AdsD, 1/HSAA006307.
[134] Vgl. Reitz an Bahr: Vorschlagsliste für die Kommission Sicherheitspolitik, 25. 2. 1980, AdsD, 2/PVAD000017.
[135] Vgl. Tätigkeitsbericht der Kommission Sicherheitspolitik [1977–1979; Vorlage für die Sitzung des Vorstandes am 10. 9. 1979], undatiert, AdsD, Bestand SPD-PV, Vorstandssekretariat, 328; auch Erwin Horn: Grundlinien sozialdemokratischer Sicherheitspolitik, undatiert, AdsD, 2/PVAD000021.
[136] Tätigkeitsbericht der Kommission Sicherheitspolitik von 1979 bis 1981, undatiert, AdsD, 2/PVAD000005.
[137] Rüdiger Reitz: Protokoll der Sitzung der Kommission Sicherheitspolitik vom 1. 7. 1980, 10. 7. 1980, AdsD, 2/PVAD000017.
[138] Vgl. Reitz: Ergebnisprotokoll der Sicherheitspolitischen Klausur des Parteivorstandes am 18. Mai 1981 (s. Anm. 130).
[139] Vgl. den Musterbrief zur Nachrüstung, 23. 11. 1983, AdsD, Vorlass Voigt, 365.
[140] Reitz: Konzeptionsvorschlag für einen Informationsdienst „Sozialdemokratische Sicherheitspolitik", 25. 11. 1981, AdsD, 2/PVAD000005; Reitz: Ergebnisprotokoll einer Besprechung über die Weiterführung eines Informationsdienstes „Sicherheitspolitik" am 20. 1. 1982, undatiert, AdsD, 2/PVAD000008.
[141] Koschnick: Entwurf „Zum Geleit des Informationsdienstes Sicherheitspolitik", undatiert, AdsD, 2/PVAD000021.

sozialdemokratischer Friedenspolitik [...] aufbauen helfen".[142] Die SPD-Spitze gab 1981 auch eine Argumentationshilfe für Mitglieder heraus, die auf drei Seiten die wichtigsten Einwände gegen den Kurs der Führung auflistete und systematisch zu entkräften beanspruchte.[143] In Antwort auf einen wichtigen Kritikpunkt der Stationierungsgegner unterstrich sie, dass der NATO-Doppelbeschluss „die Gefahr eines Atomkrieges" nicht größer machen würde. Denn er beinhalte einen Verhandlungsteil, mit dem es gelingen müsse, „durch annäherndes Gleichgewicht, Berechenbarkeit und Vertrauen" die Raketenstationierung überflüssig zu machen. Die Argumentation war verwirrend: Befürchteten SPD-Mitglieder, dass die Pershing-Raketen und Marschflugkörper das atomare Gleichgewicht destabilisierten, hielt ihnen die Parteiführung entgegen, dass es die Rüstungskontrollpolitik sei, die eine solche Katastrophe verhindern werde. Diese Logik war prekär, denn sie lebte davon, dass Rüstungskontrolle erfolgreich war – und das zweifelten ihre Kritikerinnen und Kritiker gerade an. Auch jenseits des Informationsdienstes oder der Argumentationshilfe gab das Erich-Ollenhauer-Haus eine Vielzahl von Materialien heraus. Eine Extraausgabe des „Sozialdemokrat Magazin" etwa erläuterte sicherheitspolitische Termini allgemeinverständlich („Friedenspolitik: Fachchinesisch übersetzt").[144]

Neben der SPD-Spitze kämpfte auch die sozialdemokratisch geführte Bundesregierung darum, die Meinungsführerschaft nicht zu verlieren.[145] Sie veröffentlichte eine Reihe von Broschüren, mit denen sie die Argumente der Friedensbewegung zu widerlegen hoffte. Neben dem 1980 erschienenen Heft „Es geht um unsere Sicherheit", das über die Bundes- und Landeszentralen für politische Bildung vertrieben und auch als Unterrichtsmaterial an den Schulen eingesetzt wurde, und dem ab 1982 jährlich vorgelegten Bericht „zum Stand der Bemühungen um Rüstungskontrolle und Abrüstung" war das schmale Büchlein „Aspekte der Friedenspolitik" von 1981 wichtig, weil es jedem Einwand gegen den Doppelbeschluss die regierungsoffizielle Sichtweise gegenüberstellte.[146] Es kontrastierte geltendes Wissen mit Alternativentwürfen, um Letztere zu zerlegen. Dass der ehemalige Bundeswehrgeneral Gert Bastian in den „Blättern für deutsche und internationale Politik" eine Erwiderung publizierte, die sich nicht minder sachkundig mit den Argumenten der Bundesregierung auseinandersetzte, verweist darauf, wie erbittert Experten und Gegenexperten um die Deutungshoheit rangen.[147]

---

[142] Die erste Ausgabe erschien Anfang 1983. Sozialdemokratischer Informationsdienst Sicherheitspolitik, 1/1983, AdsD, 2/PVAD000021.
[143] Vgl.: Die Argumente der SPD. Thema: Friedenspolitik/Friedensbewegung, in: *Intern. Informationsdienst der Sozialdemokratischen Partei Deutschlands*, November 1981.
[144] Friedenspolitik: Sicherheit und Entspannung, in: *Sozialdemokrat Magazin*, Extraausgabe/1980, S. 32.
[145] Siehe dazu Öffentlichkeitsarbeit im transatlantischen Austausch: AAPD 1981, II, Dok. 245; Der Bundesminister der Verteidigung: Kernwaffenfreie Zonen? Argumente zu einem aktuellen Thema, undatiert, AdsD, Bestand IFIAS, 77; Arndt: Alarmismus.
[146] Vgl. Auswärtiges Amt (Hrsg.): Es geht um unsere Sicherheit. Verteidigung im Bündnis und Rüstungskontrolle, Bonn 1980; Presse- und Informationsamt der Bundesregierung (Hrsg.): Bericht zum Stand der Bemühungen um Rüstungskontrolle und Abrüstung sowie der Veränderungen im militärischen Kräfteverhältnis 1982, Bonn 1982; Auswärtiges Amt (Hrsg.): Aspekte der Friedenspolitik. Argumente zum Doppelbeschluss des Nordatlantischen Bündnisses, Bonn 1981.
[147] Vgl. Bastian: „Aspekte der Friedenspolitik". Notwendige Anmerkungen zum NATO-Doppelbeschluss in der Darstellung der Bundesregierung, in: *Blätter für deutsche und internationale Politik* 26 (1981), S. 1033–1053. Vgl. auch: Wie das Verteidigungsministerium für die Raketenstationierung wirbt, 14. 6. 1983, AGG, Bestand F.4.2, Pressemitteilung BT-Fraktion, 2.

Regelmäßig richtete der Parteivorstand Veranstaltungen aus, um seine Politik zu erklären.[148] Auf einer Sondersitzung der SPD-Fraktion im Dezember 1981 buchstabierte der stellvertretende Parteivorsitzende Hans-Jürgen Wischnewski das Interpretament der Parteispitze durch, indem er darauf hinwies, dass die Sowjetunion bei den Atomraketen überlegen sei. Es bestehe die berechtigte Sorge, so sagte Wischnewski, dass

> „die Sowjets eine eurostrategische Option in dem Sinn erhalten könnten, daß sie uns mit einem Erstschlag bedrohen könnten, den wir nicht abschrecken könnten, weil bei Parität zwischen den Großmächten […] eine solche eurostrategische Option der Sowjetunion gegenüber Westeuropa zur Abkopplung der Vereinigten Staaten führen könnte".[149]

Dies sei, argumentierte er, das Kernproblem, um das es beim Doppelbeschluss gehe. Was die Genese der parteiinternen Meinungsbildung betraf, hatten solche Informationstagungen für die SPD einen großen Stellenwert. Indem die Abgeordneten sich ihrer Prinzipien vergewisserten, stellten sie einen Diskurs- und Wissensraum mit spezifischen Begrenzungen her. Insbesondere Kanzler Schmidt entwickelte sich zum Meister darin, die Prinzipien dieses Raumes zu erläutern.[150] Wenige Tage nach dem Gipfeltreffen auf Guadeloupe, wo die Vorentscheidung für den NATO-Doppelbeschluss gefallen war, wollte er am 6. Februar 1979 den SPD-Abgeordneten einen Überblick über die dort gefassten Beschlüsse geben.[151] Er wurde aber grundsätzlich. Der sicherheitspolitische Schnellkurs, den die Abgeordneten an jenem Nachmittag durchliefen, führte sie von den SALT-Verträgen über die Gleichgewichts- und Abschreckungsstrategie zum Begriff „TNF" (*Theater Nuclear Forces*), den Schmidt ausführlich erklärte. Auch die Eigenschaften der neuen Raketen auf beiden Seiten des „Eisernen Vorhangs" analysierte der Kanzler.[152] Er gab seinen Parteifreunden und vor allem seinen Kritikern bei dieser und anderen Gelegenheiten zu verstehen, dass er wusste, wovon er sprach. Das war der Hauptbestandteil seiner Strategie, mit der er sein politisches Koordinatensystem gegen Angriffe schützte. Er fand sogar die Zeit, in persönlichen Briefen an herausragende Protagonisten der Friedensbewegung sein Denken zu begründen.[153]

Das Erich-Ollenhauer-Haus initiierte auch Seminare, um die „Teilnehmer aus den Bezirken und Unterbezirken systematisch zu schulen", damit sie „auf Parteiveranstaltungen und bei Diskussionen sachkundig argumentieren" konnten.[154] Die Seminare erfüllten die Funktion, das Wissen des Kalten Krieges auf der regionalen Ebene bekannt zu machen.[155]

---

[148] Siehe SPD-Bundestagsfraktion (Hrsg.): Die SPD 10 Jahre in der Verantwortung. Für Sicherheit und Frieden. Sicherheitspolitische Informationstagung der SPD-Bundestagsfraktion am 19./20. Mai 1979 in Bremen, Bonn 1979; SPD-Bundestagsfraktion (Hrsg.): Sicherheit für die 80er Jahre. Sicherheitspolitische Informationstagung der SPD-Bundestagsfraktion am 19./20. April 1980 in Köln, Bonn 1980.
[149] Informationsgespräch der SPD-Bundestagsfraktion über „Sicherheits- und Friedenspolitik" am 16. und 17. 12. 1981, 17. 12. 1981, AdsD, Bestand SPD-BTF, IX. WP, 2/BTFI000039, S. 8, 10.
[150] Siehe Helmut Schmidt: Ansprache auf dem SPD-Landesparteitag Nordrhein-Westfalen am 2. 2. 1980 in Bochum, undatiert, AdsD, 1/HSAA010435.
[151] Zum Treffen auf Guadeloupe vgl. Geiger: Schmidt-Genscher, S. 107.
[152] Vgl. Schmidt: Abschrift der Äußerungen vor der SPD-Fraktion am 6. 2. 1979, 13. 2. 1979, S. 13, AdsD, 1/HSAA006524.
[153] Vgl. exemplarisch Schmidt an Ingeborg Drewitz, 22. 1. 1981, AdsD, 1/HSAA006816.
[154] Walter Edenhofer: Aktionen zum Thema Friedens- und Sicherheitspolitik (Ergebnis des Gesprächs mit Peter Glotz am 26. 5. 1981), 2. 6. 1981, AdsD, 2/PVAD000001.
[155] Vgl. Gebhard Hillmer: Glotz: Für die Partei gibt es kein Zurück. Ausweitung des Gesprächs der SPD mit Friedensbewegung angekündigt, in: *Weser Kurier Bremen*, 17. 10. 1981.

Deshalb unterschieden sie sich schon im Ansatz von den Veranstaltungen, die Friedensforscher als Gegenexperten abhielten. Nun zeigte sich, dass das Erich-Ollenhauer-Haus mit seiner bürokratisierten Arbeitsweise einen Startvorteil gegenüber den Nachrüstungsgegnern hatte, die Kommunikationsstrukturen erst herstellen mussten. Denn die SPD-Zentrale legte eine umfangreiche Kartei mit Referenten an, die sich innerhalb des hegemonialen Diskursraumes der Partei bewegten und von Ortsvereinen, Kreisverbänden oder Unterbezirken gebucht werden konnten.[156] Nicht anders lässt sich erklären, dass Egon Bahr auf dem „Forum Frieden" des besonders nachrüstungskritischen Bezirks Hessen-Süd im Februar 1982 – also deutlich vor dem Regierungswechsel im September und damit vor dem Stimmungsumschwung in der Partei – eine vielbeachtete Rede hielt, in welcher er den Doppelbeschluss verteidigte und die Gegner der Atomraketen bat, das Ergebnis der Rüstungskontrollpolitik in Genf abzuwarten.[157] Wenngleich Bahr kaum verbarg, dass er die Stationierung nach gescheiterten Verhandlungen im Gegensatz zu Schmidt ablehnte, waren große Teile der SPD und der Friedensbewegung kaum mehr bereit, den Supermächten in Genf Zeit zu gewähren, und so blieb der Versuch ergebnislos, die Alternativlosigkeit des Doppelbeschlusses aus der Logik des Beschlusses heraus zu bestimmen.[158] Dennoch sollte man den Nachrüstungsstreit in der SPD nicht als eine Geschichte erzählen, in der die etablierte Sicherheitspolitik zerfiel und durch alternative Konzepte ersetzt wurde. Denn dies wäre eine grobe Vereinfachung. Zwar geriet die Politik von Schmidt erheblich in die Defensive, doch sie konnte sich über Krisen hinweg behaupten. Auch der Kalte Krieg mit seinen epistemologischen Grundlagen behielt für viele Sozialdemokraten seine Plausibilität und Legitimation, wie die Abwehrreaktion im Erich-Ollenhauer-Haus zeigt.

---

[156] Unterlagen „Referentenvermittlung", 1978–1982, AdsD, 2/PVAD000012.
[157] Siehe Egon Bahr: Ausführungen beim Forum Frieden des SPD-Bezirksverbandes Hessen-Süd am 13. 2. 1982 [korrigierte Tonbandabschrift], undatiert, AdsD, 1/EBAA000460; Georg Paul Hefty: Genf als letzte Chance für die Deutschen? Bahr beim Forum Frieden der SPD Hessen Süd, in: *Frankfurter Allgemeine Zeitung*, 15. 2. 1982; auch Joachim Westhoff: Apel: Regierungsfähigkeit nicht verspielen. SPD setzt Forum Frieden fort – Sicherheitskonferenz in Dortmund, in: *Westfälische Rundschau*, 19. 10. 1981; Keine Garantie für die Zukunft. „Forum Frieden" der SPD mit Peter Glotz – Kritik am Doppelbeschluß, in: *Bremer Nachrichten*, 14. 10. 1981.
[158] Hierzu ist der Briefwechsel zwischen dem Friedensforscher Horst Afheldt und dem SPD-Bundesgeschäftsführer Peter Glotz paradigmatisch: „Raketenpartei oder Friedenspartei? Sozialdemokratie und Sicherheit", in: *Deutsches Allgemeines Sonntagsblatt*, 9. 8. 1981.

IV. Performative Diplomatie: Sozialdemokraten auf der internationalen Bühne

1. Weltpolitik in Hamburg-Langenhorn

Wer über die Welt Bescheid wusste, der wollte sie auch mitgestalten. Deshalb begriffen sich die Sozialdemokraten selbst als legitime außenpolitische Akteure. Es war nicht nur der Bundeskanzler, der die internationale Bühne als „Resonanzgebiet"[1] nutzte, um innenpolitische Legitimität zu generieren und darzustellen.[2] Auch seine mehr oder weniger prominenten Parteifreunde empfanden das Bedürfnis, den Supermächten Wege zu zeigen, wie diese sich in Genf doch noch einigen könnten. Das war Teil der Art und Weise, wie sie ihren Protest kommunizierten. Ob mit oder ohne Ämter – wen der Kalte Krieg nicht mehr überzeugte, der musste versuchen, Konflikte einzuhegen und Kooperationen zu stärken. Deshalb appellierten fast alle Sozialdemokraten an die Rationalität der Supermächte, die einsehen sollten, dass sie mehr Vorteile hätten, wenn sie friedlich zusammenarbeiteten, als wenn sie aufrüsteten. Während im Nachrüstungsstreit epistemologische Rahmensetzungen an Bedeutung verloren, wenn Gegenexperten neue Wissensbestände konstruierten, überschritten viele SPD-Funktionäre, die die Stationierung ablehnten, auch räumliche Grenzen. Um die Jahre 1982/83 herum kam es zu einer bemerkenswerten Intensivierung der Austauschbeziehungen zwischen SPD-Vertretern und Akteuren im Ausland. Entscheidend ist: Wenn Sozialdemokraten nach Washington oder Moskau flogen, um zu hören, was die Vertreter der Supermächte dachten, und um auf rüstungskontrollpolitische Optionen hinzuweisen, dann waren dies performative Akte, die erstens darauf angelegt waren, die Stationierung überflüssig zu machen, und die zweitens darauf zielten, ihr Prestige im Ausland, in der Bundesrepublik und vor allem in der SPD zu steigern. Bei keinem anderen SPD-Mitglied tritt dies so klar zutage wie bei Helmut Schmidt – zumindest so lange er Kanzler war.[3]

Je erfolgreicher Helmut Schmidt dabei war, die US-amerikanische Politik in einem düsteren Licht zu malen, desto eher konnte er hoffen, seinen Kritikern den Wind aus den Segeln zu nehmen.[4] Er verstand sich wie kaum ein anderer darauf, die „Krise der deutschamerikanischen Beziehungen"[5] zu beschwören. Sie rührte für ihn daher, dass die US-Regierung unstetig agierte und ihre Verbündeten im Unklaren ließ, welchen Kurs sie einschlagen wollte. Nun präsentierte sich Schmidt seiner Partei und der Öffentlichkeit als Gegenbild zu den Amerikanern. Er inszenierte sich während seiner Kanzlerschaft als Staatsmann, der einem festen Plan folgte, der die Prämissen seines politischen Denkens erläutern konnte, der verlässlich handelte und dafür einstand, dass die Konfrontation zwischen den Supermächten nicht eskalierte.[6] Gegenüber dem SPD-Fraktionsvorsitzenden

---

[1] Niclauß: Kanzlerdemokratie, S. 190.
[2] Zu diesem Prozess für das Alte Reich vgl. Stollberg-Rilinger: Symbolsprache, S. 299.
[3] In diesem Punkt gab es Ähnlichkeiten zur Strategie „Frieden durch Kommunikation" von Außenminister Hans-Dietrich Genscher, vgl. Bresselau von Bressensdorf: Frieden, pointiert S. 309–320.
[4] Über Schmidts Verhältnis zu Amerika wurde viel geforscht und geschrieben, siehe als Auswahl: Wiegrefe: Zerwürfnis; Geiger: Schmidt-Genscher; Scholtyseck: The United States; Schulz: Reluctant.
[5] Wiegrefe: Zerwürfnis.
[6] Vgl. Gespräch Bundeskanzler Helmut Schmidt mit Mrs. Flora Lewis und Mr. Vinocur von der „New York Times" am 7.7.1981 (Hintergrundgespräch), undatiert, insb. S. 21, AHS, Eigene Arbeiten.

Herbert Wehner nahm er eine Anleihe beim Sprachschatz der Nautik und einer berühmten Bismarck-Karikatur von 1890, als er sich mit einem Lotsen verglich: „Ein Lotse, der in schwierigen Stürmen von Bord ginge, wäre nichts wert und müßte sich vor sich selber schämen."[7] Jeder sollte versichert sein, dass es seinem Willen entspreche, „Kurs zu halten".

Nun gab sich Schmidt häufig als umsichtiger Lotse, der das Staatsschiff durch unruhige Gewässer leitete. Vielleicht lag es ihm als Hamburger nahe, seine politische Situation mit der Seefahrt in Beziehung zu setzen. Doch die Parallele, die Schmidt zwischen sich und einem Lotsen sah, verwies auch darauf, dass er beanspruchte, den besseren Weg zum Ziel zu kennen. Gegenüber einem anderen Briefeschreiber betonte er, dass er stets das sagen werde, „was ich für wahr und für notwendig halte".[8] Wenn Schmidt sich als Lotse gab, dann kann man das als seine Antwort auf die Probleme politischer Steuerung sehen, wie sie sich den Zeitgenossen seit Mitte der siebziger Jahre präsentierten.[9] Klar ist: Begriffe wie „Führungsfähigkeit", „Konsistenz" und „Verlässlichkeit" strukturierten die Welt von Schmidt. Er erzählte von ihr in der Sprache des prinzipientreuen Politikers, als welchen er sich so gerne sah. Sein Narrativ funktionierte nur, weil er etwas gefunden hatte, von dem er sich abgrenzen konnte, und das waren die Regierungen von Jimmy Carter und Ronald Reagan. Die Beziehungen zwischen Europa und den USA waren in einem schlechten Zustand, und das Führungsvakuum, das die US-Regierung hinterließ, eröffnete ihm Raum, um sein Ansehen zu potenzieren. Will man Schmidt als Politiker und als Person historisieren, muss man zusammendenken, wie er in den frühen achtziger Jahren von einer angeblichen Führungsschwäche der USA sprach und sich gleichzeitig als derjenige vorstellte, der das Vakuum zu füllen imstande war.[10] Er handelte in der Logik einer „Politik der Sichtbarkeit", die vom Bewusstsein ausging, dass sich nonverbal Sachverhalte ausdrücken ließen, die sich Worten entzogen.[11] Die Wirklichkeit, die Schmidt erzeugen wollte, war konkret: Man musste sie sehen und zumindest am Fernsehbildschirm erleben können.

Es ist bekannt, dass das persönliche und politische Verhältnis zwischen Schmidt und Carter belastet war,[12] was nicht nur daher rührte, dass Schmidt auf die Wiederwahl von Gerald Ford gesetzt hatte.[13] Das Verhältnis von Schmidt und Carter „war fast schon legendär schlecht".[14] Es ging darum, dass die Westeuropäer und insbesondere die Bundesrepublik an der Entspannung gegenüber dem Warschauer Pakt festhielten, während die US-Regierung ihren Kurs modifizierte. Schmidt sah die „Krise der deutsch-amerikanischen Beziehungen" als Ausdruck einer historischen Hypothek. Denn die Vereinigten Staaten waren nach dem Debakel in Vietnam und dem Watergate-Skandal in den frühen siebziger Jahren in eine Identitäts- und Legitimitätskrise geraten.[15] Hinzu kamen außenpolitische Demütigungen wie die Geiselnahme amerikanischer Staatsbürger in der US-Botschaft in Teheran 1979 oder der Einmarsch der Sowjetunion in Afghanistan an Weihnachten des

---

[7] Schmidt an H. Wehner, 21.10.1981, S.1, AdsD, HWA, 1/HWAA001795.
[8] Schmidt an Walter R., 12.8.1983, AHS Korrespondenz.
[9] Vgl. Böhm: Sicherheit, S. 215.
[10] Niclauß schätzt den Erfolg Schmidts skeptisch – vielleicht zu skeptisch – ein. Niclauß: Kanzlerdemokratie, S. 189f., 224f.
[11] Daum: Kennedy, S. 14.
[12] Grundlegend Wiegrefe: Zerwürfnis.
[13] Dazu auch Staden an Schmidt: Ihr Gespräch mit Präsident Carter am 5.3.1980, 5.3.1980, AdsD, 1/EBAA000832; auch in AAPD 1980, Dok. 71.
[14] Kreis: Nachfolgegeneration, S. 609.
[15] Dazu auch Staden: Referat in Düsseldorf vor einem privaten Kreis, 18.10.1983, S.1f., AdsD, 1/HEAA000458.

Jahres. Die einstmals so selbstgewisse Weltmacht befand sich in einer Phase der Verunsicherung, in der sie ihr Selbstverständnis als globale Führungsmacht neu bestimmte. Was Schmidt über die US-Politik sagte, entsprach zumindest partiell auch dem, was die SPD über die internationalen Beziehungen dachte. Stemmten sich Sozialdemokraten aber vorrangig gegen den drohenden Rüstungswettlauf, richtete Schmidt seine Kritik auf die angeblich fehlenden Führungsqualitäten der amerikanischen Präsidenten. Die SPD und ihr Kanzler fürchteten beide ein Ende der Entspannungspolitik und eine Rückkehr zum Kalten Krieg; sie unterschieden sich allenfalls darin, wie drastisch sie ihre Kritik in Worte kleideten. Es war indessen nicht nur die Sozialdemokratie, die die Carter-Regierung skeptisch wahrnahm. Die „Krise der deutsch-amerikanischen Beziehungen" nannten viele Beobachter in den siebziger und achtziger Jahren, wenn sie ihre Realität beschrieben,[16] und sie zieht sich wie ein roter Faden durch die historische Literatur.[17]

Die Europäer zweifelten massiv an der US-Regierung. Das blieb Washington nicht verborgen. Anthony Lake, der Leiter des Planungsstabes im State Department, berichtete 1978 von Gesprächen in Bonn, er habe zahlreiche „comments about uncertainties and lack of coherence in US policies" gehört.[18] Insbesondere Schmidt werde von Sorgen über „the destruction of détente and a revival of the Cold War" getrieben.[19] Eine Analyse für den Nationalen Sicherheitsberater Zbigniew Brzezinski sprach 1979 sogar von „the dangers of fragmentation".[20] Mit der Bundesrepublik umzugehen war aus US-amerikanischer Sicht schwierig, denn das Land und sein Kanzler waren „desperately frightened of losing the tangible day-to-day benefits of Ostpolitik, of again witnessing a widening divide between the German people".[21] Gleichzeitig arbeitete eine Analyse der Central Intelligence Agency (CIA) heraus, wie der amerikanische Einfluss in einer globalen Perspektive zurückging und die alliierten Partner an Macht gewannen.[22] Die US-Regierung sah als Grund für die Kritik Schmidts, dass dieser sich mit den Machtverschiebungen nicht abfinden wollte.[23] Schmidt und seine Regierung täten sich schwer damit, ihre gewachsene Verantwortung im Bündnis anzuerkennen. Die Deutschen hätten sich zu lange „comfortable with political limitations imposed by their unique history" gefühlt; sie seien „ambivalent about assuming leadership themselves".[24] Dennoch erkannte Washington, wie entschei-

---

[16] Vgl. exemplarisch Dönhoff an Schmidt, 4.3.1977 und 11.5.1977 sowie die Antwort vom 7.6.1977, AHS, Korrespondenz; Karl Kaiser: Carters außenpolitische Konzeptionen und Berater. Eindrücke nach Gesprächen mit Beteiligten in den USA [1976], AdsD, 1/HEAA000457; Staden an Schmidt: Vermerk über Ihr Gespräch mit PM Thatcher am 7. Mai 1980, 9.5.1980, AdsD, 1/HSAA006756; abgedruckt in AAPD 1980, I, Dok. 141, hier S. 738f.
[17] Vgl. paradigmatisch Wiegrefe: Zerwürfnis, S. 375f.
[18] Lake an Cyrus Vance: Policy Planning Talks in Europe, 12.7.1978, S. 1, NA, Lake Papers, b 13.
[19] Lake an Vance: Policy Planning Talks in Europe, 12.7.1978, S. 3; Allied Response to the Afghan Crisis: Overview of Country Assessments, undatiert, JCL, Brzezinski Material: Brzezinski Office File, b 1, f Afghanistan, 2/80.
[20] Steve Larrabee an Brzezinski: West Germany: Old Wine in New Bottles – But More Potent, 20.4.1979, S. 1, JCL, Staff Material: Europe, USSR, and East/West, b 3, f Chron, 4/18–25/79.
[21] Robert D. Blackwill an Brzezinski: Schmidt and the Afghanistan Crisis (S), 11.2.1980, S. 1, JCL, Zbigniew Brzezinski Collection, b 25, f Meetings-PRC 143: 6/2/80.
[22] National Foreign Assessment Center (CIA): Changing Power Relations among OECD States, 22.10.1979, JCL, Staff Material: Europe, USSR, and East/West, CREST, NLC-23-1-1-1-3.
[23] Grundlegend zu den historischen Wurzeln dieser Wahrnehmungsdisposition Wiegrefe: Zerwürfnis, S. 33–48.
[24] Brzezinski an Carter: Your Meeting with Chancellor Schmidt (U), 5.6.1979, S. 2, JCL, Brzezinski Material: VIP Visit File, b 4, f Germany, Chancellor Schmidt, 6/6/79.

dend es war, die Vorbehalte der Deutschen zu zerstreuen. Für Washington war Bonn „the hub of the Allied wheel"[25] und Schmidt der wichtigste Verbündete.[26] Deshalb bemühte sich Carter darum, die Beziehungen zu verbessern, indem er Schmidt seine politischen Ansichten und Ziele „systematically and comprehensively" darlegte[27] und eine gezielte Informationspolitik gegenüber deutschen Medienvertretern lancierte.[28]

Auch im inneramerikanischen Diskurs war die Kritik an Carters angeblicher Führungsschwäche ein zentrales Argument gegen die mögliche Wiederwahl des Präsidenten 1980. Ein kurz nach dem republikanischen Wahlsieg in den Reihen der konservativen Denkfabrik The Heritage Foundation abgefasstes Papier mit dem Titel „Restoring American Leadership" übte massive Kritik an der demokratischen Vorgängerregierung. Dabei war Schmidts Rede von einer Krise der transatlantischen Beziehungen der entscheidende Beleg, mit dem die Republikaner ihre Kritik begründeten.[29] Das Memorandum „The Atlantic Alliance", das der neue US-Außenminister Alexander Haig im Frühjahr 1981 an Präsident Reagan sandte, definierte es als vordringliches Ziel, das Vertrauen von Schmidt zurückzugewinnen.[30] So hatte der Kanzler allen Grund, darauf zu hoffen, dass die Beziehungen zu Reagan besser würden.[31] Dabei unterschätzte er jedoch, wie unterschiedlich die Ziele waren, die Bonn und Washington verfolgten. Denn für Reagan hatte die Wiedergewinnung von nationaler Stärke einen größeren Stellenwert als Rüstungskontrolle.[32] Der Kalte Krieg war für ihn nicht das Problem, für das ihn weite Teile der SPD mittlerweile hielten. Als der US-Präsident am 9. Juni 1982 in Bonn vor dem Bundestag sprach, verlangte er eine „strengthened Atlantic security" und eine verbesserte gemeinsame Verteidigung: „This depends in part on a strong America. A national effort [...] is now underway to make long-overdue improvements in our military posture."[33] Während Reagan die militärischen Potentiale aufstocken wollte, um den Frieden zu sichern, hielt er Rüstungskontrolle in seiner ersten Amtszeit allenfalls aus einer Position der Stärke heraus für denkbar.[34] Damit musste er zwangsläufig in Konflikt mit Schmidt und der SPD geraten.[35]

---

[25] Blackwill an Brzezinski: Schmidt and the Afghanistan Crisis (S), 11. 2. 1980, S. 1.
[26] So Jeffrey G. Barlow: Backgrounder „NATO: Restoring American Leadership", 11. 2. 1981, S. 2–4, RRL, Sven Kraemer Files, b 90103, f [NATO-American Leadership-Heritage Foundation]; dazu auch Wiegrefe: Zerwürfnis, S. 33; dagegen übertreibend Schwammel: Aufstieg; dazu Schulz: Reluctant.
[27] Brzezinski an Carter: Agenda for the Schmidt Visit, undatiert, S. 1, JCL, Brzezinski Material: VIP Visit File, b 4, f Germany, Chancellor Schmidt, 7/13–15/77: Cables and Memos.
[28] Dazu George S. Vest an Lake: Appointment Request: Dr. Theo Sommer (FRG) Chief Editor of Die Zeit, 11. 4. 1978, NA, Lake Papers, b 11; International Communication Agency: Foreign Media Reaction: Selected Foreign Affairs Issues, 21.–27. 4. 1978, JCL, Zbigniew Brzezinski Collection, b 41, f Weekly Reports [to the President], 53–60: [4/78–5/78].
[29] Vgl. Barlow: Backgrounder „NATO: Restoring American Leadership", 11. 2. 1981, S. 2–4.
[30] Haig an Reagan: The Atlantic Alliance, 29. 4. 1981, S. 1, RRL, Executive Secretariat, NSC: NSC Meeting Files, b 91282, f NSC 00008 30 Apr 81 (3).
[31] So in Protokoll der Fraktionssitzung am 5. 11. 1980, AdsD, Bestand SPD-BTF, IX. WP, 2/BTFI000001.
[32] Dazu AAPD 1981, II, Dok. 204.
[33] Reagan: Address Before the Bundestag in Bonn, Federal Republic of Germany, 9. 6. 1982, in: *The Public Papers of President Ronald W. Reagan*, <http://www.reagan.utexas.edu/archives/speeches/1982/60982b.htm> [23. 9. 2015].
[34] So in National Security Council Meeting, 30. 4. 1981, S. 2, RRL, Executive Secretariat, NSC: NSC Meeting Files, b 91282, f NSC 00008 30 Apr 81 (2).
[35] So schon hellsichtig Kaiser an Schmidt: Reagans wahrscheinliche Außen- und Sicherheitspolitik nach Gesprächen mit seinen Beratern, 9. 10. 1980, S. 1f., AdsD, 1/HSAA006843.

Bei seiner ersten Visite in Washington nach der Amtseinführung Reagans im Mai 1981 verlangte Schmidt Auskunft darüber, ob die USA bereit seien, beide Teile des Doppelbeschlusses zu implementieren.[36] Dass Reagans Antwort, er werde Gespräche mit der Sowjetunion aufnehmen, in der Folgezeit immer wieder durch hohe Regierungsbeamte infrage gestellt wurde, verfestigte Schmidts Eindruck, es mit einem inkonsistenten Partner zu tun zu haben. Deshalb begann er sich in den frühen achtziger Jahre zunehmend als „Dolmetscher" und „Vermittler" zwischen den Supermächten zu stilisieren, der dafür eintrat, dass Gesprächskanäle geöffnet und die Rationalitätsgemeinschaft erhalten blieben.[37] Er reiste zu Carter und Reagan und wies darauf hin, dass der Doppelbeschluss neben der Stationierungskomponente auch einen Verhandlungsteil beinhalte, den es ernstzunehmen gelte, und widersprach, wenn Amerikaner behaupteten, der Nachrüstungsteil des Allianzbeschlusses sei auf seinen Druck hin gefasst worden.[38] Ein wichtiger Gesprächspartner des Kanzlers war der US-Botschafter in Bonn, Arthur Burns. Es gebe, so sagte ihm Schmidt 1981, „a growing suspicion in this country, and in other European countries, helped along by certain voices from Washington, that the USA are not really interested in arms control negotiations".[39] Schmidt verlangte von der US-Regierung, „to reduce the amount of unhelpful public voices from some quarters in Washington undermining the position of those people over here who are prepared to stand up and fight for the agreed policies and, if unavoidable, fall with them".[40] Er sei verärgert über „‚belligerent and bellicose' speeches" der US-Regierung.[41] In Moskau hingegen forderte er mantrahaft, dass die Sowjetunion die SS-20-Raketen abbauen solle.[42] Ihr müsse klar sein, so sagte Schmidt, dass das westliche Bündnis nicht akzeptieren könne, wenn es durch Atomraketen mittlerer Reichweite bedroht werde. Er bat Generalsekretär Leonid Breschnew, das Angebot der NATO ernstzunehmen und in Verhandlungen einzutreten.

Dass sich die amerikanisch-europäischen Allianzbeziehungen in einer schweren Krise befanden, stand für Schmidt fest. Amerikaner und Westeuropäer müssten sich über ihr Wertefundament und ihre Zielvorstellungen aufs Neue verständigen, forderte er.[43] Eine „Grand Strategy" des Westens sei notwendig, wolle die Allianz die Herausforderungen be-

---

[36] Dazu US-Botschaft Bonn an State Department: Schmidt will sing worried song in Washington, 14.5.1981, RRL, Executive Secretariat, NSC: Country File, RAC b 14, f Germany, FRG (1/20/81-6/30/81) (1).
[37] Exemplarisch mit dieser Geste: Schmidt: Sprechzettel für die Fraktionssitzung am 15.1.1980, undatiert, AdsD, 1/HSAA010712; Schmidt: Auf der Seite der Freiheit, in: *Bergedorfer Zeitung*, 9./10.1.1982.
[38] So Schmidt an Arthur Burns, 1.6.1983, AHS, Korrespondenz.
[39] [Vermerk über den Antrittsbesuch des neuen US-Botschafters Arthur F. Burns am 2.6.1981 bei Bundeskanzler Helmut Schmidt; englisch], 2.6.1981, S.3, AdsD, 1/HSAA008960; Allen an Reagan: Ambassador Burns Meets With Chancellor Schmidt, 6.7.1981, RRL, Executive Secretariat, NSC: Country File, RAC b 14, f Germany, FRG (7/1/81-8/31/81) (4).
[40] In Washington war die Regierung nach dem Gespräch zwischen Schmidt und Burns besorgt über die Kritik des Kanzlers: Haig an Reagan: Letter to FRG Chancellor Helmut Schmidt, 15.7.1981, RRL, Executive Secretariat, NSC: Country File, RAC b 14, f Germany, FRG (7/1/81-8/31/81) (4).
[41] US-Botschaft Bonn an State Department: Schmidt on US-European relations and other political topics, 8.12.1981, RRL, Executive Secretariat, NSC: Country File, RAC b 14, f Germany, FRG (9/1/81-12/31/81) (3).
[42] Dazu exemplarisch Schmidt an Breschnew, 4.5.1981, AAPD 1981, II, Dok. 126; Gespräche Schmidt mit Breschnew am 23.11.1981 in Bonn, AAPD 1981, III, Dok. 334, 336.
[43] Dazu Mitschrift der Rede Helmut Schmidts bei der CSIS-Tagung „Future of NATO and Global Security" am 13.1.1984 in Brüssel, undatiert, AHS, Eigene Arbeiten; Former Government Leaders Call

stehen.⁴⁴ Wenn er von einer „Grand Strategy" sprach, dann meinte er, dass die Außenpolitik Washingtons von ihren Inkonsistenzen bereinigt werden müsse. Er öffnete damit aber auch eine Tür, die in ein Terrain führte, auf dem er als Staatsmann an Statur gewinnen und die Konsistenz und Konsequenz seiner Position beweisen konnte. Denn die Schwäche der US-Regierung war seine persönliche Chance als Staatsmann, und die außenpolitische Bühne der Ort, wo er seinen Herrschaftsanspruch generieren und repräsentieren konnte. Meisterhaft nutzte er Staatsbesuche, Gipfeltreffen und andere Auftritte im Gastland, um sich als Politiker von Weltrang zu zeigen.⁴⁵ Einerseits berichtete er davon, wie miserabel die US-Regierung die Allianz führte, andererseits setzte er sich selbst als derjenige in Szene, der informiert war, abgewogen argumentierte und umsichtig handelte. Damit versuchte er auf die Krise des Regierens zu antworten, die er mit vielen seiner Zeitgenossen als das allumfassende Problem der siebziger und achtziger Jahre wahrnahm.⁴⁶

Schmidt konnte sich nur dann als führungsstarker Staatsmann geben, wenn die Vertreter anderer Länder mitspielten – und wenn sein heimisches Publikum ihm abnahm, was er aufführte. Während es für Schmidt eine erhebliche Bürde war, was sich in der SPD ereignete, war die internationale Bühne für ihn eine Möglichkeit, sein Prestige zu konsolidieren. Er wollte Kritik zum Verstummen bringen, indem er sich als Politiker von Format präsentierte.⁴⁷ Das lässt sich anhand von Schmidts Zusammenkunft mit Carter, dem britischen Premierminister James Callaghan und dem französischen Staatspräsidenten Valérie Giscard d'Estaing kurz nach dem Jahreswechsel 1978/79 auf der französischen Karibikinsel Guadeloupe illustrieren, wo die Vorentscheidung für den Doppelbeschluss fiel.⁴⁸ Schmidt beschreibt dieses Treffen in seinen 1987 erschienenen Memoiren: „Wir trafen uns am Strand von Guadeloupe unter einem Sonnendach aus Palmwedel. Strahlende Sonne und ein milder Meereswind sorgten für gute Stimmung."⁴⁹ Schmidt erzählte anschaulich, und er regte die Phantasie von Zeitgenossen und Historikern an.⁵⁰ Seine Geschichte war so simpel wie eingängig: Kurz nach Neujahr trafen sich fernab der Hauptstädte an einem einsamen, idyllischen Strand vier Staatsmänner zu einem Gespräch, dessen Folgen den Ost-West-Konflikt dominieren und gesellschaftlichen Protest motivieren sollten. Auch wenn Schmidt seine Version der Geschichte erst Jahre später erzählte, deckte sie sich doch da-

---

For Management of East-West Conflict [Aspen Institute for Humanistic Studies Press Release], 26.11. 1984, YUL, Vance Papers, s III, b 17, f 43.

⁴⁴ Helmut Schmidt: Der Westen ist nicht schwach. Aber es fehlt ihm eine Gesamtstrategie für Sicherheit und Entspannung, in: *Die Zeit*, 6.5.1983.

⁴⁵ Simone Derix hat überzeugend herausgearbeitet, dass sich die „Aussagekraft von Staatsbesuchen […] nicht in der Darstellung nach außen" erschöpft, denn: „Staatsbesuche wirken auch nach innen." Derix: Politik, S. 11.

⁴⁶ Vgl. Böhm: Sicherheit, S. 215.

⁴⁷ Vgl. auch mit Perspektive auf die G7-Gipfel als Orte der Inszenierung ebenda, S. 216–270.

⁴⁸ Dazu AAPD 1979, I, Dok. 2, 3 und 5; Stu Eizenstat an Carter: Guadeloupe Summit, 4.1.1979, JCL, President's Files: Staff Secretary's File [Handwriting File], b 114, f 1/10/79 [1]; Vance an Carter: Guadeloupe Summit Meeting, January 5–6, 1979, 20.12.1978, JCL, Brzezinski Material: Brzezinski Office File, CREST, NLC-15-119-6-9-9; Spohr: Guadeloupe; Wiegrefe: Zerwürfnis, S. 262–264.

⁴⁹ Schmidt: Menschen, S. 231.

⁵⁰ „Die Hütte im Cabana-Stil war mit Stroh bedeckt. Zwei Seiten waren durch ein Palmengeflecht geschützt. Die beiden offenen Seiten ließen den Blick auf den Sandstrand und auf einen üppigen tropischen Garten mit Palmen, purpurnen Bougainvillea und auf rote und orangefarbene Hibiskus schweifen. In der Mitte stand ein runder Gartentisch mit vier einfachen hölzernen Campingsesseln. […] Die vier Gesprächspartner erörterten im Freizeitlook, in kurzen Hemden ohne Krawatte das neue strategische Gleichgewicht in der Welt". Brauch: Raketen, S. 9.

mit, wie die Zeitgenossen das Gipfeltreffen 1979 wahrnahmen.[51] Das in Guadeloupe aufgeführte „Staatstheater" situierte den komplexen politischen Aushandlungsprozess in einer Urlaubsidylle und verlieh ihm etwas Leichtes, Unbekümmertes. Gleichzeitig brachte es zur Vorstellung, dass Politik von großen, weißen und weisen Männern gemacht würde. Die Chiffre, zu der „Guadeloupe" sich entwickelte, stand aber vor allem für die Aufnahme der Bundesrepublik in den Kreis der Weltmächte.[52] Wenn Schmidt als gleichberechtigter Partner der Sieger im Zweiten Weltkrieg auftrat und Zugehörigkeit durch physische Präsenz herstellte, demonstrierte er der Welt, dass die Bundesrepublik und ihr Kanzler bei nuklearpolitischen Fragen mitreden durften. Dass er am Strand von Guadeloupe anwesend war, ließ sein Ansehen in die Höhe schnellen.[53] Vielleicht erreichte seine Kanzlerschaft hier ihren Höhepunkt. Auf diesem Wege kam der Eindruck eines weltweit in hohem Ansehen stehenden und selbstbewusst agierenden deutschen Regierungschefs auf.

Die Adressaten der Botschaft verstanden wohl, was Schmidt ihnen sagen wollte, denn Journalisten schrieben die Geschichten auf und Fotografen bebilderten sie, um sie den Zeitungslesern, Radiohörern und Fernsehzuschauern zu überbringen.[54] Die Massenmedien spielten als Agenturen der öffentlichen Aufmerksamkeit eine entscheidende Rolle, und Politik war, wie Thomas Macho es sagt, eine „Ordnung der Sichtbarkeitsverhältnisse".[55] Auch als Schmidt im Sommer 1980 in Venedig während eines Treffens der G7-Staats- und Regierungschefs mit Carter zusammentraf, gab er der Öffentlichkeit wichtige Hinweise, welches Bild sie sich von ihm machen sollte. Denn das ohnehin belastete persönliche Verhältnis zu Carter kulminierte in einem massiven Streit, weil Schmidt zuvor über ein Raketenmoratorium nachgedacht hatte.[56] Dieser Wortwechsel erzeugte und verfestigte in der Öffentlichkeit das Bild eines Kanzlers, der auch die verbale Konfrontation mit dem angeblich mächtigsten Mann der Welt nicht scheute – und erfolgreich bestand.

Schmidt zeigte seiner Partei und der Öffentlichkeit, wie nahe er den großen Figuren der Weltpolitik war, indem er sie nach Hamburg holte. Das Gespräch mit Staatsmännern und -frauen in seinem kleinbürgerlichen Haus im nördlichen Stadtteil Langenhorn entwickelte sich während seiner Kanzlerschaft zu einem beliebten Herrschaftsinstrument, mit dem er seine Macht darstellte.[57] Selbstverständlich existierte diese Aufführungs- und Herstellungspraxis nicht voraussetzungslos, war sie nicht ohne historische Vorbilder. Zunächst stand sie in der Tradition von „Pomp und Politik", die die Monarchenbegegnungen seit dem Ancien Régime begründet hatten.[58] Man muss sie aber auch mit jener „Kultur der Präsenz" zusammendenken, die Barbara Stollberg-Rilinger für das Alte Reich

---

[51] Siehe Kurt Becker: Die Vier im Dickicht, in: *Die Zeit*, 12.1.1979.
[52] Vgl. Spohr: Guadeloupe, S. 174.
[53] Vgl. Wiegrefe: Zerwürfnis, S. 262.
[54] Siehe den Bericht von Schmidts Pressekonferenz nach seiner Rückkehr aus Guadeloupe: Gunter Hoffmann: Bonner Bühne: Altdeutsches Schnupfen, in: *Die Zeit*, 19.1.1979; zur Transformation von Politik im Fernsehzeitalter vgl. Derix: Politik, S. 354–358; interessant auch Birkner: Mann; Scheurle: Kanzler.
[55] Macho: Elite, S. 762.
[56] Dazu Schmidt: Menschen, S. 156–162; Carter: Faith, S. 537f. Summary of Conversations [between President Carter and Chancellor Schmidt in Venice], 21.6.1980, JCL, Plains File, b 1, f Germany, Federal Republic of, 9/77–11/80; die deutsche Gesprächsaufzeichnung in AAPD 1980, I, Dok. 182. Zur Vorgeschichte und zum Treffen in Venedig siehe auch Böhm: Sicherheit, S. 160–163, 225–227; Wiegrefe: Zerwürfnis, S. 355–361.
[57] Vgl. dazu grundsätzlich Derix: Politik, S. 341f.
[58] Paulmann: Pomp, S. 401–416.

analysiert hat.⁵⁹ Denn Schmidt bewohnte am Neubergerweg ein eher bescheidenes Haus. Langenhorn war in den achtziger Jahren ein unauffälliger Ortsteil der Hansestadt, dessen Gesicht kleinbürgerliche Reihenhäuser prägten. Schmidts Wohnhaus machte hier keine Ausnahme – allenfalls die massive Front aus vier Garagen und einer Polizeiwache direkt neben der Hofeinfahrt wies darauf hin, dass dort der Kanzler der Bundesrepublik residierte. Das Haus selbst betrat man nach einem niedrigen hölzernen Tor über einen schmalen, mit Büschen zugewachsenen Weg. Schmidts Zuhause war von außen so durchschnittlich wie bieder. Freilich ergab dies einen wirkungsvollen Kontrast zu dem, was sich hier ereignete. Denn in dieses Haus reisten nach dem seit der Frühen Neuzeit erprobten Muster der Monarchenbegegnung von weit her Staatsmänner wie Breschnew, Giscard, Mitterrand, Henry Kissinger oder Edward Gierek, um mit seinem Bewohner Gespräche zu führen und an der „Logik der Präsenzkultur"⁶⁰ teilzuhaben. Sie trafen sich mit Schmidt in dessen Wohnzimmer, das dem bildungsbürgerlichen Habitus des Kanzlers entsprach, oder in der eingebauten Kellerbar des Hauses.

Diese Gespräche zwischen Staatsführern und politischen Freunden hatten auch ihr Vorbild in traditionellen Männlichkeitsritualen – wie dem selbstbewussten Auftritt im vertraulichen Zweiergespräch oder den abendlichen Gelagen, bei denen Schmidt und seine Besucher ihre Trinkfestigkeit unter Beweis stellten. Die mitreisenden Ehefrauen jedenfalls spielten nur im Damenprogramm ihre Rolle. Das Presse- und Informationsamt der Regierung sorgte dafür, dass Bild- und Tonaufnahmen der Treffen an die Öffentlichkeit gelangten. Doch auch sonst war die Botschaft klar: Die Staats- und Regierungschefs aus Ost und West räumten durch ihre körperliche Anwesenheit in Langenhorn ein, für wie bedeutend sie den Kanzler hielten. Sie stifteten eine Ordnung, die Schmidts Kanzlerschaft aufrechterhielt. Schmidt selber zeigte sich als Durchschnittsbürger und als mächtiger Staatsmann zugleich. Selbst die in Orten wie Langenhorn seltenen Straßensperrungen und vorbeirauschenden Wagenkolonnen waren Insignien moderner Herrschaft. Während die Friedensbewegung den „Atomkrieg vor der Wohnungstür" imaginierte,⁶¹ holte der Kanzler die Weltgeschichte in sein Wohnhaus.

Damit die Botschaft wirkte, mussten die Treffen mit Staats- und Regierungschefs aber nicht zwangsläufig in Langenhorn stattfinden. Auch wenn Schmidt verreiste, nutzte er diese Gelegenheiten, um das Bild zu zeichnen, das er von sich in die Welt setzen wollte. Stets verfolgte er eine simple Strategie: Er präsentierte seine angebliche politische und intellektuelle Überlegenheit und versuchte so durchzusetzen, was er für richtig hielt. Erstens betonte der Kanzler seine Expertenschaft auf dem Gebiet der Sicherheitspolitik, indem er durch ausschweifende und detailreiche Schilderungen seine Kenntnis illustrierte.⁶² Wie die Friedensforscher beeindruckte Schmidt seine Gesprächspartner, indem er die technischen Details, Reichweiten und Stationierungsorte unterschiedlicher Waffengattungen rekapitulierte. Auch gestandene Militärs hatten Mühe, das sicherheitspolitische Wissen des Kanzlers zu überbieten. Hinzu kam Schmidts Fähigkeit, eloquent über die Gleichgewichtstheorie zu dozieren – was er in beinahe jedem außenpolitischen Gespräch tat, um seine Expertenschaft auf der Metaebene zu grundieren.

---

⁵⁹ Stollberg-Rilinger: Symbolsprache, S. 299–305.
⁶⁰ Ebenda, S. 301.
⁶¹ Schregel: Atomkrieg.
⁶² Siehe die Gespräche Schmidts mit dem US-Verteidigungsminister Weinberger in AAPD 1981, II, Dok. 148; AAPD 1982, I, Dok. 5; auch Jürgen Brandt: Gespräch BK mit SecDef Brown am 5. 3. 1980, 10. 3. 1980, AdsD, 1/EBAA000832.

Er richtete seinen Blick zweitens aber auch auf die Geschichte, wenn er erläuterte, welchen Anteil er an der Genese des Doppelbeschlusses hatte. Er erinnerte an Gespräche mit US-Präsident Gerald Ford, seine Rede vor dem International Institute for Strategic Studies in London, das Treffen auf Guadeloupe und die Verhandlungen in den Allianzgremien während der Präsidentschaft Carters.[63] Schmidt machte auf zwei Dinge aufmerksam. Erstens informierte er über das Zustandekommen des Beschlusses und unterstrich so, dass die Allianzentscheidung neben dem Modernisierungsteil auch aus einer Verhandlungskomponente bestand. Dadurch malte er aus, wie inkonsistent die US-Regierung seiner Meinung nach handle. Zweitens betonte er seine eigene Zeitgenossenschaft, aus der er eine spezifische Berechtigung ableitete, über den Beschluss und seine Ausführung durch Washington zu urteilen. In einem Interview, das Schmidt gemeinsam mit Ford, Giscard, Callaghan und dem australischen Premierminister Malcolm Fraser nach dem Ende seiner Kanzlerschaft dem amerikanischen Kabelsender ABC gab, betonte er, dass er mit vier Präsidenten der USA zusammengearbeitet habe. Durch seine historische Erfahrung könne er mit Recht sagen, dass Carter und Reagan die „basic lines of American strategy" umgekehrt hätten.[64] Er, Schmidt, wisse dagegen, was zu tun sei, um die gegenwärtige Krise zu überwinden.

Schmidt ließ andere merken, dass er sich für intellektuell überlegen hielt, wenn er Kostproben seines Wissens und seiner Zeitgenossenschaft gab. Auch wenn er über seine persönlichen Kontakte zu Generalsekretär Breschnew berichtete, demonstrierte der Kanzler, dass er sich zutraute, die besseren Entscheidungen zu treffen. Gegenüber Reagan wusste er 1981 über Breschnew zu sagen, dass dieser „cruel, abrupt, a great host, and emotional" sei.[65] Breschnew habe neben ihm geweint, als die Militärkapelle bei seiner Ankunft in Moskau die deutsche Nationalhymne spielte. Vizepräsident George Bush berichtete er 1983, er habe Breschnew in den letzten acht Jahren sechs Mal getroffen und mit ihm über 60 Stunden gesprochen. Er kenne Breschnew, und Breschnew kenne ihn. Man wisse, „was man voneinander zu halten habe".[66] So signalisierte Schmidt dem Vizepräsidenten,

---

[63] Gegenüber Reagan sagte er im Mai 1981 ausweislich des US-amerikanischen Protokolls: „He then went into a detailed description of how he had been ‚rebuked by your predecessors,' noting that shortly after the Vladivostok Conference, he demanded that no SALT agreement which would leave out Europe and the Mediterranean or which would leave out SS-20s be achieved. He said, ‚No one would listen, and now we have this result.' He then said he had made a speech in October 1977, ‚going public,' which the United States government criticized. He indicated that by 1978 the administration decided to do something, and this led to the January 1979 meeting in Guadeloupe. At that point, he said President Carter had decided to do something about the SS-20s in Europe. He noted that Callaghan at that point was demanding that we negotiate with the Russians first and then do something, but that Giscard and Schmidt remained firm." Summary of the President's Meeting with Chancellor Helmut Schmidt of the Federal Republic of Germany [May 21, 1981], undatiert, RRL, Executive Secretariat, NSC: Country File, RAC b 14, f Germany, FRG (1/20/81–6/30/81) (4); das deutsche Protokoll in AAPD 1981, II, Dok. 146, hier S. 812, Dok. 151; auch AAPD 1980, I, Dok. 182, hier S. 950; AAPD 1982, I, Dok. 3, hier S. 15.
[64] [Ms. Abschrift eines Interviews von „ABC News – This Week With David Brinkley" mit Helmut Schmidt am 28. 8. 1983], undatiert, S. 7, AHS, ZdA. Sehr deutlich wird dies auch im Gespräch zwischen Schmidt und Reagan am 5. 1. 1982, AAPD 1982, I, Dok. 4.
[65] Summary of the President's Meeting with Chancellor Helmut Schmidt of the Federal Republic of Germany [May 21, 1981], undatiert, S. 4 (s. Anm. 63).
[66] Helmut Schmidt: Vermerk Gespräch mit Vicepräsident George Bush (und zwei Mitarbeitern) sowie Peter Corterier. Washington, Donnerstag, 7. 12. 1983, Gesprächsdauer 1 1/4 Stunde, undatiert, AdsD, 1/HJVA104523.

dass er Breschnew besser einschätzen konnte als Washington.⁶⁷ Seine Überlegenheitsgeste, in der wiederum ein traditionelles Bild von Männlichkeit zum Ausdruck kam, tritt umso deutlicher zutage, wenn man sie mit den kommunikativen Formen seiner Gesprächspartner abgleicht, die dem Kanzler meist wortlos zuhörten und keine eigenen Erfahrungsberichte beisteuerten.⁶⁸ Überhaupt erweckte Schmidt in diesen Gesprächen den Eindruck, dass er seinen Partnern an Wissen und Reflexion überlegen sei.⁶⁹ So belehrte er den Präsidenten auf dessen Frage nach der Größe des sowjetischen Verteidigungshaushaltes hin, Moskau veröffentliche solche Zahlen nicht. Als Reagan eine historische Anekdote über Mao Zedong wiedergab, die ihm Bush erzählt hatte, berichtete Schmidt ausführlich von seinen eigenen Erfahrungen mit Mao.⁷⁰ In einem Satz: Schmidt war ein Meister darin, seine eigene Bedeutsamkeit aufzuführen.

Welche Wirkung erzielte er aber bei denen, die er mit seinen Darbietungen erreichen wollte? Die „Logik des Präsenzkultur" war eine Logik des Ansehens. Bei seinen Kollegen auf dem internationalen Parkett war Schmidt in der Tat sehr angesehen. Der „Spiegel"-Herausgeber Rudolf Augstein berichtete 1977 von einer Amerikareise, Kissinger habe ihm gesagt, er halte den deutschen Kanzler „für den fähigsten Staatsmann der Welt, so wörtlich".⁷¹ George Shultz, der 1982 US-Außenminister werden sollte, gratulierte Schmidt 1980 überschwänglich zu seinem Sieg bei der Bundestagswahl, den er als „[t]ribute to your brilliance, your integrity, your boldness and commonsense" wertete.⁷² Botschafter Burns hielt Schmidt für die wichtigste und einflussreichste Führungspersönlichkeit der westlichen Welt.⁷³ Der ehemalige US-Senator und Initiator des gleichnamigen Austauschprogramms J. William Fulbright versicherte dem Kanzler, es gebe neben ihm keinen lebenden Politiker, für den er größeren Respekt habe.⁷⁴ Diese Äußerungen im privaten oder öffentlichen Raum – die über das in Schmidts Männerfreundschaften übliche *Understatement* hinausgingen – dürften ihre Wirkung nicht verfehlt haben. Sie waren Früchte seiner Strategie, sich zu einem Politiker von Weltrang zu stilisieren, und trieben diese weiter voran.

Auch in der SPD konnte Schmidt hoffen, damit erfolgreich zu sein. Denn Fernsehnachrichten und Zeitungsberichte spiegelten in die westdeutsche Gesellschaft zurück, wie der

---

⁶⁷ Auch gegenüber Thatcher: Vermerk über das Vier-Augen-Gespräch des Bundeskanzlers mit PM Thatcher am 18.11.1981 von 9.10 Uhr bis 10.15 Uhr, 19.11.1981, AdsD, 1/HSAA008968.
⁶⁸ Den verfügbaren Protokollen nach zu schließen war es meistens Schmidt, der sprach, exemplarisch: Helmut Schmidt: Vermerk Gespräch mit Vicepräsident George Bush (und zwei Mitarbeitern) sowie Peter Corterier.
⁶⁹ Exemplarisch: Memorandum of Telephone Conversation; Participants: President Ronald Reagan [and] Chancellor Helmut Schmidt of the Federal Republic of Germany (Calling from Bonn) [30.3.1981], RRL, Executive Secretariat, NSC: Country File, RAC b 14, f Germany, FRG (7/1/81-8/31/81) (4); auch in AAPD 1981, I, Dok. 89; dazu die Ausführungen Schmidts über die Geschichte des deutsch-russischen Verhältnisses seit dem Mittelalter im Gespräch mit Reagan am 9.6.1982 in Bonn: AAPD 1982, I, Dok. 177, insb. S. 927.
⁷⁰ Summary of the President's Luncheon Meeting with Chancellor Helmut Schmidt of the Federal Republic of Germany [January 5, 1982], 8.1.1982, S. 2, RRL, Douglas McMinn Files, b 13, f France-Germany (3); die deutsche Gesprächsaufzeichnung in AAPD 1982, I, Dok. 3, 4.
⁷¹ Augstein an Schmidt, 19.1.1977, und die Antwort vom 10.2.1977, AHS, Korrespondenz. Mit Kissinger verband Schmidt eine langjährige politische und persönliche Freundschaft, siehe dazu die umfangreiche Korrespondenz in AHS.
⁷² Shultz an Schmidt [Oktober 1980], AHS, Korrespondenz.
⁷³ Burns an Schmidt, 14.10.1983, AHS, Korrespondenz.
⁷⁴ Fulbright an Schmidt, 11.4.1980, AHS, Korrespondenz.

Kanzler auf der internationalen Bühne agierte. Während Schmidt berichtete, wie unbeständig die US-Regierung handle, stellte er sich vor dem bundesdeutschen und insbesondere dem sozialdemokratischen Publikum als Staatsmann dar, der mit seinem Ansehen dafür garantierte, dass beide Teile des Allianzbeschlusses umgesetzt würden.[75] So versuchte er, das verbreitete Unbehagen in der SPD gegenüber der US-Regierung in Hoffnungen umzuleiten, er könne seine Dolmetscherrolle zum Gewinn aller ausfüllen.[76] Lange ging diese Strategie auf, denn welcher kleine SPD-Ortsverein sollte schon einen so angesehenen Weltstaatsmann wie Schmidt stürzen wollen? Eine Reihe von Gliederungen der SPD schwächte ihre Kritik an der Nachrüstung tatsächlich ab, um die Vermittlungsversuche des Kanzlers nicht zu torpedieren.[77] Die Solidaritätserklärungen von der Basis waren zahlreich und füllen einen ganzen Ordner im Privatarchiv Schmidts.[78] Gerade nach Auslandsreisen schnellten die unterstützenden Briefe in die Höhe.[79] Sie rissen auch nach dem Ende seiner Kanzlerschaft 1982 nicht ab.[80] Schmidt tat alles dafür, um seiner Partei im Bewusstsein zu halten, wie wichtig er war, um ein Wiederaufflammen von Konflikten zu verhindern. Als die Sowjetunion im Sommer 1980 endlich in Verhandlungen über die Atomraketen einwilligte, schrieb er sich diese Entwicklung als persönlichen Erfolg auf die Fahnen.[81] Der Bundesregierung sei ein maßgeblicher Beitrag gelungen, „daß [der] Weg zu Verhandlungen endlich offen ist".[82] Seine „direkte Einwirkung" habe den Beginn der Rüstungskontrolle ermöglicht. Weil das SPD-Präsidium dem Kanzler dankte, dass er die Verständigung zwischen Ost und West wieder in Gang gebracht habe, konnte Schmidt als Bestätigung verbuchen, dass er seine Macht erfolgreich konsolidierte.[83] Schmidt inszenierte sich mithilfe der Medien lange Zeit erfolgreich als Vermittler zwischen den Supermächten und disziplinierte so seine innerparteilichen Kritiker.

---

[75] So Schmidt: Abschrift der Äußerungen vor der SPD-Fraktion am 26.6.1981, 1.7.1981, S. 3, AdsD, 1/HSAA006562.
[76] Vgl. Schmidt: Sprechzettel für die Fraktionssitzung am 12.1.1982 zu Gesprächen in Washington, 11.1.1982, AdsD, 1/HSAA010727.
[77] Vgl. exemplarisch AfA-Bezirksverband Weser-Ems an Schmidt: Arbeitnehmer für Helmut Schmidt. Sicherheit für die 80er Jahre, 30.6.1981, AdsD, 1/HSAA009394; mit der Bitte um Unterstützung für seine Vermittlungsversuche auch Schmidt: [Transkripte der Reden beim SPD-Bezirk Westliches Westfalen am 16.5.1981 in Recklinghausen, beim Landesparteitag der bayerischen SPD am 17.5.1981 in Wolfratshausen sowie bei der Parteiratssitzung am 19.5.1981 in Bonn], 22.5.1981, AHS, Eigene Arbeiten.
[78] AHS, Ordner „Sicherheitspolitik/NATO-Doppelbeschluß, Korr 1983".
[79] Vgl. exemplarisch Karl-Arnold E. an Schmidt, 14.11.1983, AHS, Korrespondenz.
[80] Vgl. Erwin Laube an Schmidt, 5.12.1983, AHS, Korrespondenz.
[81] Moskau-Reise: Verhandlungen auf dem festen Boden der Gemeinsamkeiten, in: *Sozialdemokrat Magazin*, 7/1980, S. 6–8; Moskau-Reise: Stagnation in Ost/West-Beziehungen überwunden, in: *Intern. Informationsdienst der Sozialdemokratischen Partei Deutschlands*, 9.7.1980, Nr. 13. Zu den Gesprächen in Moskau siehe die Protokolle der deutschen Seite: AAPD 1980, I, Dok. 192, II, Dok. 193-195; sowie Warren Christopher an Carter, 3.7.1980, JCL, Brzezinski Material: Subject File, CREST, NLC-7-23-5-1-3. In der US-Regierung hatte es im Vorfeld erhebliche Bedenken gegenüber dieser Reise und der Vermittlungstätigkeit Schmidts gegeben, siehe Carter an Warren: [Hs. Notiz zur Moskau-Reise von Schmidt], 26.4.1980, JCL, Plains File, b 1, f Germany, Federal Republic of, 9/77–11/80.
[82] Schmidt: Sprechzettel für die Fraktionssitzung am 6.10.1981 zum Treffen Haig/Gromyko, 1.10.1981, S. 2, AdsD, 1/HSAA010724; dazu Schmidt vor der amerikanischen Presse [Ms. Abschrift eines Interviews von „ABC News: Issues and Answers" mit Helmut Schmidt am 16.11.1980], 17.11.1980, AHS, Korrespondenz.
[83] Protokoll der Sitzung des Präsidiums am 11.1.1982, AdsD, Bestand SPD-PV, Vorstandssekretariat, 181.

Ab einem gewissen Punkt kippte die Stimmung jedoch. Den internationalen Gesprächspartnern des Kanzlers blieb nicht verborgen, dass seine regen Aktivitäten auch dazu dienten, innerparteiliche Abweichler zu beruhigen. Die Bonner US-Botschaft kabelte 1981 nach Washington, Schmidt reise in die USA, um seine Position in der Bundesrepublik zu festigen.[84] Er erwarte die Anerkennung seiner „unique role and position in Europe".[85] Ein anderer Bericht lobte, wie Schmidt sich innenpolitisches Kapital erwirtschaftete: „Casting himself in the role of ‚interpreter' between the superpowers, he has won credit".[86] Im Allgemeinen reagierten die Amerikaner aber überhaupt nicht begeistert, wenn Schmidt sich als Vermittler gab. Schon die Carter-Regierung bewertete sein Drängen, endlich mit Verhandlungen zu beginnen, als störend.[87] Der Kanzler sei „an aggressive and authoritative leader both at home and abroad", hieß es 1977 in einer Aufzeichnung für Carter.[88] Er repräsentierte für die US-Regierung einen „West German nationalism", der sich „in frustration and occasional churlishness at the inefficiency and faults of other Western partners" äußere.[89] Reagan und seine Berater waren schließlich erst recht nicht erfreut, dass Schmidt auf sie einwirken wollte. „Dealing with Schmidt is difficult und frustrating", fasste Außenminister Haig die verbreitete Einschätzung 1982 zusammen.[90] Beinahe erleichtert klang ein 1981 nach Washington telegrafierter Gesprächsbericht von Botschafter Burns, in dem dieser festhielt, Schmidt sei beim letzten Treffen besserer Dinge und in einer ruhigeren Stimmung („in a better mood and much calmer") als üblich gewesen.[91]

Gleichzeitig war sich Washington unsicher, wie es mit dem Drängen der Deutschen auf Rüstungskontrolle umgehen sollte, geriet der Kanzler doch in seiner eigenen Partei erkennbar in die Defensive. Ein *Briefing Paper* des State Departments von Dezember 1981 beschrieb die Situation in der Bundesrepublik:

> „Schmidt's Social Democratic Party (SPD) is under considerable and growing strain, a result of personal and policy divisions within the party and among the leadership (Schmidt vs. Brandt), a worsening economic situation, and tensions caused by the current debate over INF deployment in Europe. […] The survival of the SPD-FDP coalition depends upon the continuation of a pragmatic alliance between FDP leader (and Foreign Minister) Genscher and the more moderate wing of the SPD headed by Schmidt, against the SPD's left wing which is largely beyond Schmidt's control."[92]

---

[84] US-Botschaft Bonn an State Department: Schmidt will sing worried song in Washington, 14. 5. 1981, RRL, Executive Secretariat, NSC: Country File, RAC b 14, f Germany, FRG (1/20/81-6/30/81) (1).
[85] Haig an Reagan: Visit of Helmut Schmidt, Chancellor of the Federal Republic of Germany, January 5, 1982, undatiert, RRL, Douglas McMinn Files, b 13, f France-Germany (2).
[86] US-Botschaft Bonn an State Department: Schmidt January 5 Visit to Washington: General Objectives and Observations, 9. 12. 1981, RRL, Executive Secretariat, NSC: Country File, RAC b 14, f Germany, FRG (9/1/81–12/31/81) (1).
[87] So Special Coordination Committee Meeting; Subject: SALT and Afghanistan, 6. 6. 1980, JCL, Zbigniew Brzezinski Collection, b 33, f Meetings-SCC 319: 6/6/80.
[88] [Biographische Information zu Helmut Schmidt], 28. 6. 1977, JCL, White House Central File, Subject File, b CO-27, f CO 54-2 Executive 8/1/77–12/31/77.
[89] Phil Kaplan an Lake: Your Meeting with Karl Kaiser, 9. 3. 1977, S. 3, NA, Lake Papers, b 11.
[90] Haig an Reagan: Visit of Helmut Schmidt, Chancellor of the Federal Republic of Germany, January 5, 1982, undatiert, RRL, Douglas McMinn Files, b 13, f France-Germany (2).
[91] US-Botschaft Bonn an State Department: Chancellor Schmidt briefs Ambassador Nov. 15 on the Brezhnev visit, 16. 11. 1981, RRL, Executive Secretariat, NSC: Country File, RAC b 14, f Germany, FRG (9/1/81–12/31/81) (4).
[92] Department of State Briefing Paper [Visit of Chancellor Schmidt, January 5, 1982], 24. 12. 1981, RRL, Douglas McMinn Files, b 13, f France-Germany (2); Haig an Reagan: Your Meeting with Chancellor Schmidt, 4. 1. 1982, RRL, Douglas McMinn Files, b 13, f France-Germany (2).

Andere Vermerke sahen Schmidts Position unter dem Druck aus der SPD und seiner „increasing health problems" schwinden, „which culminated in his October pacemaker installation".[93] Dennoch sei Schmidts politisches Ansehen immer noch sehr hoch; genau genommen sei es in der Bevölkerung höher als in der SPD, die „in a spate of vitriolic internal dissension" auseinanderfalle[94] und den Eindruck erwecke, „at war with itself" zu sein.[95] Für manchen Kritiker Schmidts in der Washingtoner Regierung waren Schmidts Probleme ein willkommener Anlass, um den Kanzler auf den Boden der Tatsachen zurückzuholen. In handschriftlichen Notizen vermerkte der Nationale Sicherheitsberater Richard Allen 1981, dass es die US-Regierung nicht zu interessieren brauche, wenn Schmidt als Kanzler abgelöst wurde („who cares?").[96] Allen bemerkte, es sei der falsche Weg, die Vertrauenslücke zwischen den USA und Westeuropa zu schließen „by bowing before left wing of every Socialist Party in Europe". Auch wenn die Regierung gespalten blieb, wenn es um die Frage ging, wie sie mit dem Doppelbeschluss und den innenpolitischen Nöten von Schmidt umgehen sollte, setzten sich schließlich mit Allen diejenigen durch, die der Bundesregierung innenpolitische Schwierigkeiten nicht länger ersparen wollten. Am Horizont zeichneten sich das Ende der sozial-liberalen Koalition und eine neue Regierung unter Führung von Helmut Kohl ab.[97] Die amerikanische „Politik der Stärke" begünstigte in der Bundesrepublik den Siegeszug der konservativen Parteien, das Erstarken der außerparlamentarischen Friedensbewegung und den Niedergang der Sozialdemokratie.

Schmidt stieß bald an Grenzen, wenn er versuchte, seine Macht zu festigen, indem er sich als Weltstaatsmann gab. Er erzählte von der Krise der US-Politik und handelte wie jemand, der sich für überlegen hielt. Doch die Dinge änderten sich. Die SPD-Basis verlor das Vertrauen in seine Vermittlerrolle, und die Reagan-Regierung bemerkte, wie seine Macht in der Bundesrepublik schwand.[98] Als die sozial-liberale Koalition im September 1982 auseinanderbrach, war es für den Autor eines Vermerks an Reagan bemerkenswert, dass „the Schmidt government fell over domestic economic issues, rather than over the issue of relations with the United States, or INF".[99] Nun fanden Sozialdemokraten in Washington kaum noch Gesprächspartner vor, die sie ernst nahmen, wenn sie von Rüstungskontrolle sprachen. Schmidt selbst musste diese Erfahrung machen, als er im Frühjahr 1983 Washington besuchte. Denn weder Reagan noch seine Berater empfingen ihn.[100] Was das

---

[93] Haig an Reagan: Visit of Helmut Schmidt, Chancellor of the Federal Republic of Germany, January 5, 1982, undatiert, RRL, Douglas McMinn Files, b 13, f France-Germany (2).
[94] US-Botschaft Bonn an State Department: Genscher visit: FRG internal situation, 27.2.1981, RRL, Executive Secretariat, NSC: Country File, RAC b 14, f Germany, FRG (1/20/81–6/30/81) (2).
[95] James W. Nance an Reagan: Your Talks with FRG Chancellor Schmidt (Tuesday, January 5 – 11:00 a.m.) (U) [Januar 1982], RRL, Douglas McMinn Files, b 13, f France-Germany (2).
[96] Allen an Reagan: Secretary Haig and the Atlantic Alliance [mit hs. Notizen], 30.4.1981, RRL, Executive Secretariat, NSC: NSC Meeting Files, b 91282, f NSC 00008 30 Apr 81 (3).
[97] Vgl. dazu in größerer Perspektive Wirsching: Beziehungen; Fröhlich: USA-Politik.
[98] Siehe dazu auch: Ein guter Dolmetscher für die USA, aber ein schlechter Kanzler für die Bundesrepublik. Pressemitteilung, 26.11.1981, AGG, Bestand A – Klaus Timpe, 10; Erich J. Karl: Im Brandtschen Zwielicht. NATO-Doppelbeschluß soll gekippt werden, in: *Bayernkurier*, 2.4.1983.
[99] William P. Clark an Reagan: Developments in the Federal Republic of Germany [September 1982], RRL, Executive Secretariat, NSC: Country File, RAC b 14, f Germany, FRG (1/1/82–9/30/82) (5); dazu auch AL[exander Haig]: Report to the President, undatiert, RRL, Executive Secretariat, NSC: Country File, RAC b 14, f Germany, FRG (1/1/82–9/30/82) (11); siehe auch das Gespräch, das Schmidt mit Burns führte: AAPD 1982, II, Dok. 245.
[100] Ein Vermerk aus dem Frühjahr 1984 fasste die Gründe für die Absage zusammen: Peter R. Sommer an Robert M. Kimmitt: Possible Appointment for Helmut Schmidt with the President, 23.3.1984,

Weiße Haus dem Altkanzler nicht ins Gesicht sagen konnte, das vermittelte sie ihm indirekt: Sie ließ ihn vor der Türe stehen. In den Augen der US-Regierung gehörte Schmidt nicht mehr zu den entscheidenden westlichen Führungspersonen.[101] So gelangte an ein Ende, was für Schmidt verheißungsvoll begonnen hatte. Nachdem es ihm lange gelungen war, seine Macht diskursiv und performativ zu festigen, funktionierte das ab jenem Moment nicht mehr, als sich die internationale Bühne gegenüber seinem rüstungskontrollpolitischem Anliegen verschloss und die Kritik in seiner Partei ein Ausmaß erreichte, das sich nicht länger eindämmen ließ. Diesen Wendepunkt kann man auf den Herbst 1982 terminieren, als Schmidts Kanzlerschaft endete und er kein Funktionsträger mehr war. Nun konnte er sich nicht mehr daran aufrichten, dass er überall in der Welt Zuhörer und Zuschauer für seine Geschichte fand, während gleichzeitig seine politische Basis in der Bundesrepublik auseinanderbrach. Sowie Schmidt das Kanzleramt verlassen musste, entzauberte er sich vor den Augen seines Publikums als Weltstaatsmann. Die SPD sollte eine ganz ähnliche Erfahrung machen.

2. Emissäre der SPD reisen in die USA ...

Was die Rüstungsgegnerinnen und -gegner in der SPD sahen, wenn sie nach Amerika blickten, gefiel ihnen nicht. Sie sahen ein Land mit einer Regierung, die so gar nicht an der Überwindung des Kalten Krieges interessiert zu sein schien. Gleichwohl war ihnen klar, dass die USA der wichtigste Verbündete der Bundesrepublik waren, zu dem sie „ihr spezifisches Verhältnis finden" mussten.[102] Und die SPD konnte es sich nicht leisten, wie der Internationale Sekretär des Parteivorstandes Hans-Eberhard Dingels 1981 schrieb, ein „diffuses Bild ihrer Einstellung gegenüber den USA" zu bieten.[103] Machtvoll schob sich in den Vordergrund, was Deutsche und Amerikaner trennte, als der Nachrüstungsstreit offenbarte, wie unterschiedlich sie Probleme definierten und Lösungen suchten. Deshalb ging der SPD-Parteiapparat in den achtziger Jahren daran, seine transatlantischen Verbindungen zu stärken. Er betätigte sich in dem, was Markus Heintzen „private Außenpolitik" nennt.[104] Nun hatte es Beziehungen zwischen der SPD und den USA immer gegeben.[105] Besonders in jener Zeit, die Sozialdemokraten während des Nationalsozialismus im amerikanischen oder britischen Exil verbracht hatten und in der sie nach 1945 mit US-Einflüssen in Deutschland in Berührung gekommen waren, hatten sie die Werte und Normen ihres Gastlandes verinnerlicht.[106] Doch das Verhältnis war seitdem merklich abgekühlt.

RRL, Executive Secretariat, NSC: Country File, RAC b 14, f Germany, FRG (02/01/1984–04/02/1984); dazu auch Berthold K. Koester an Schmidt: Ihr Besuch in Arizona, 28. 7. 1983, AHS, Korrespondenz.
[101] 1984 kam es dann doch zu einem Gespräch zwischen Schmidt und Reagan, vgl. Schmidt: Vermerk über die Reise in die USA vom 27. 3. bis 5. 4. 1984, 31. 3. 1984, S. 22f., AdsD, 1/HWAK000719; Talking Points for Meeting with Helmut Schmidt, undatiert [März 1984], RRL, Executive Secretariat, NSC: Country File, RAC b 14, f Germany, FRG (02/01/1984–04/02/1984).
[102] Jahrbuch der SPD 1979–81, S. 287. – Die Beziehungen zwischen Sozialdemokraten und US-amerikanischen Akteuren sind für die frühen achtziger Jahre noch gänzlich unerforscht.
[103] Dingels an Glotz: SPD und USA, 16. 9. 1981, S. 1f., AdsD, WBA, A11.4, 133; ergänzend Ehmke: Mittendrin, S. 347.
[104] Heintzen: Außenpolitik, S. 13–15, auf Parteien bezogen S. 55–62.
[105] Vgl. Kremp/Schneider: Sternenbanner.
[106] Vgl. Angster: Konsenskapitalismus, S. 467.

Wenn die SPD ab etwa 1980 anfing, den Gesprächsfaden mit US-amerikanischen Akteuren wieder zu intensivieren, dann war das vor allem ein Projekt jener Funktionäre in der Parteielite, die stationierungskritisch eingestellt waren. Die SPD-Basis suchte vereinzelt den Kontakt zu US-Oppositionsbewegungen, doch war es die Parteiführung, die über Ressourcen verfügte, um transatlantische Beziehungen zu pflegen. Freilich trat sie nicht nur deshalb in verstärkten Austausch mit US-Amerikanern, um die Regierung in Washington davon zu überzeugen, wie wichtig Rüstungskontrolle und Entspannungspolitik seien. Auch innerparteilich wollten die Sozialdemokraten „neue Formen der Behandlung des Themas USA" finden, „damit die Probleme objektiviert werden und nicht Emotionen an die Stelle von Argumenten treten".[107] Ein geeignetes Forum war ihnen der Gesprächs- und Arbeitskreis „USA" der Bundestagsfraktion.[108] Die Partei hatte ihn 1976 ins Leben gerufen und den „Arbeitskreis Nordamerika" beim Parteivorstand aufgelöst, der die in ihn gesetzten Erwartungen nicht erfüllen konnte. Die AG „USA" sollte Informationen aus den USA in die Partei weitergeben und Reisen nach Nordamerika planen,[109] und sie sollte die amerikanische Diskussion mit Materialien aus der SPD beeinflussen.[110] Den Vorsitz übernahm der stellvertretende Fraktionsvorsitzende Horst Ehmke. Als Mitglieder gehörten ihr unter anderem die Abgeordneten Peter Corterier, Klaus von Dohnanyi, Alfons Pawelczyk, Heinz Rapp, Annemarie Renger, Ulrich Steger und Karsten Voigt an. Doch auch Vertreter des Parteivorstandes, der Friedrich-Ebert-Stiftung (FES) und des Presse- und Informationsamtes der Bundesregierung nahmen an den Sitzungen teil.[111]

Die SPD-Führung versuchte ihre transatlantischen Beziehungen auch deshalb anzukurbeln, weil die Christdemokratie ihr weit voraus war.[112] Mit der Konrad-Adenauer-Stiftung (KAS) war die CDU seit Jahren erfolgreich in den USA präsent. Deshalb eröffnete auch die Friedrich-Ebert-Stiftung ab 1977 Büros in New York und Washington und entsandte Repräsentanten in die USA.[113] Der prominenteste unter ihnen war der ehemalige Regierende Bürgermeister von Berlin, Dietrich Stobbe, der nach seiner Wahlniederlage gegen Richard von Weizsäcker 1981 nach New York ging.[114] 1985 begann die FES eine Kooperation mit Peter Schulze von der University of California in Berkeley.[115] Die Stiftungsbüros

---

[107] Dingels an die Mitglieder des Sechserkreises: Ergebnisprotokoll der Sitzung des Sechserkreises vom 1.10.1981, 11.11.1981, AdsD, Bestand SPD-PV, Internationale Abteilung, 10774.
[108] Dazu Ehmke: Schwerpunkte der Amerika-Arbeit der Arbeitsgruppe USA nach den Präsidentschaftswahlen in den USA, Oktober 1980, AdsD, 1/HEAA001042.
[109] Vgl. Übersicht über Vorhaben der Arbeitsgruppe USA im ersten Halbjahr 1979, undatiert, AdsD, Vorlass Voigt, 265.
[110] So Stobbe an Carl Levin, 14.5.1986, AdsD, Nachlass Stobbe, 193; zur Rezeption derartiger Papiere siehe Steve Steiner an Jack Matlock u.a.: Visit of Karsten Voigt, 12.12.1983, RRL, Tyrus Cobb Files, b 91096, f European Defense Issues [1 of 6].
[111] Vgl. Ehmke an die Mitglieder der Arbeitsgruppe USA: [Liste der AG-Mitglieder], 14.11.1979, AdsD, Vorlass Voigt, H 32.
[112] So Dingels an Wischnewski: Sitzung der Arbeitsgruppe USA heute Abend und TO 3 „USA-Parteiarbeit", 8.3.1981, AdsD, WBA, A11.13, 39.
[113] Zusammenfassend Siegfried Bangert: USA-Reise Alfred Nau und Siegfried Bangert vom 20. bis 29.4.1981; hier: Gespräch mit führenden Republikanern aus dem engsten persönlichen Freundeskreis von Präsident Reagan, 11.5.1981, AdsD, 1/HEAA000458.
[114] Nachdem er 1983 erfolgreich für den Bundestag kandidiert hatte, verließ er New York wieder, vgl. Stobbe an Cyrus Vance, 8.3.1983, und die Antwort vom 16.3.1983, YUL, Vance Papers, s V, b 55, f 99.
[115] Vgl. Stobbe an Horst Heidermann: Mein Aufenthalt in Kalifornien auf Einladung der FES vom 12. bis 19.2.1985, hier: Teilnahme an der Konferenz über „The Soviet Union in the Third World" und Beiprogramm, 27.2.1985, AdsD, Nachlass Stobbe, 192.

arbeiteten jedoch nur mit mäßigem Erfolg.[116] In New York veranstaltete das Büro im Jahr 1980 insgesamt zehn Veranstaltungen mit einer durchschnittlichen Teilnehmerzahl von 15 Personen.[117] Auch die sozialdemokratischen Gesprächskreise in New York und Washington, die die dort lebenden Parteimitglieder zusammenfassten, konnten daran kaum etwas ändern.[118] Die „Praesentation unserer spezifisch deutschen Interessen und Anliegen in der amerikanischen Oeffentlichkeit" sei „denkbar schwer", räumte Stobbe ein.[119]

Die SPD-Parlamentarier im Bundestag wollten ein funktionierendes Netzwerk mit US-amerikanischen Akteuren etablieren.[120] Doch wie stellten sie sich das vor? In einem Brief an seine Fraktionskollegin Helga Timm fasste der SPD-Abgeordnete Ulrich Steger seine persönlichen Erfahrungen 1982 zusammen. Er habe sich

> „eine Liste von mehr als 50 Namen (davon ca. 12 Parlamentskollegen, auch von republikanischer Seite) angelegt. Diese Personen, mit denen ich ein gemeinsames wirtschaftspolitisches Interesse teile und die trotz manchmal unterschiedlicher politischer Grundauffassung sympathische und interessante Diskussionspartner sind, versuche ich während eines jeden USA-Aufenthaltes zu erreichen (dabei mache ich von dem Angebot befreundeter Diplomaten und anderer Gebrauch, Einladungen zu Abendessen zu organisieren usw.). Fast allen – egal ob ich sie gesehen habe oder nicht – schreibe ich danach einen Brief und füge neuere Aufsätze von mir oder interessante Dokumente […] bei. Dies ist zwar zugegebenermaßen ein ziemlicher Aufwand, führt aber dazu, daß ich nie Schwierigkeiten habe, auch Termine mit einflußreichen Leuten zu bekommen."[121]

Die Emissäre der SPD – als „unofficial diplomats"[122] rekrutierten sie sich aus dem Bundestag, der Fraktion, den Länderregierungen, der Parteizentrale und der FES – trafen mit Regierungsvertretern und -mitarbeitern, mit Senatoren und Kongressabgeordneten, mit Journalisten, Wissenschaftlern und anderen Figuren des öffentlichen Lebens zusammen. Ihre Reisediplomatie hatte zwei Ziele: Erstens wollten sie ihre eigene Position erklären und auf diesem Weg eventuellen Missverständnissen vorbeugen oder Fehlinterpretationen korrigieren.[123] Deshalb drängten sie gegenüber den USA auf ernsthafte rüstungskontrollpolitische Bemühungen gegenüber der Sowjetunion.[124] Sie demonstrierten auf diese Weise zweitens, dass sie fähig waren, die Beziehungen zwischen den Supermächten kenntnisreich mitzugestalten.[125] Sie versuchten, als Mitspieler im Konzert der Supermächte wahrgenommen zu werden. Damit wollten sie ihr innenpolitisches Ansehen steigern. Wer aus der SPD in die USA reiste, dem war daran gelegen, ein bestimmtes Bild von sich zu erzeugen. Er wollte sich performativ als Diplomat in Sachen Rüstungskontrolle ausweisen, der in Ost und West Ansehen genoss, und diese Reputation dafür in die Waagschale werfen, dass die SS-20-Raketen abgebaut und die westliche Nachrüstung verhindert werden konnten. Die Abgesandten der SPD inszenierten sich deshalb als Vermittler zwischen den Su-

---

[116] Siehe dazu die Jahresberichte der FES-Büros in den USA, AdsD, Nachlass Stobbe, 191.
[117] So Hans d'Orville an Dingels, 19. 2. 1981, AdsD, Bestand SPD-PV, Internationale Abteilung, 11230.
[118] So referierte Karsten Voigt bereits 1977 auf einer Veranstaltung dieses Gesprächskreises in New York mit etwa 30 Teilnehmern. Voigt: Bericht über die USA-Reise vom 31. 10. 1977 bis 5. 11. 1977, 28. 11. 1977, AdsD, Vorlass Voigt, 147. Der Washingtoner Gesprächskreis wurde erst 1985 ins Leben gerufen, siehe Stobbe an Rapp, 28. 1. 1985, AdsD, Nachlass Stobbe, 169.
[119] Stobbe an Glotz, 14. 10. 1981, AdsD, 2/PVEH000308.
[120] Zum Netzwerkbegriff vgl. Schulz: Netzwerke; Lemercier: Analyse.
[121] Ulrich Steger an Helga Timm, 25. 6. 1982, S. 1–3, AdsD, Vorlass Voigt, H 2.
[122] Berman/Johnson: Diplomats.
[123] Siehe dazu exemplarisch Voigt: Hold Off on European Missiles, in: *The New York Times*, 9. 9. 1983.
[124] So Vogel an Reagan, 18. 2. 1983, S. 3, AdsD, WBA, A11.3, 52; auch Jahrbuch der SPD 1982–83, S. 240.
[125] Kritisch dazu Jürgen Offenbach: SPD konfus, in: *Stuttgarter Nachrichten*, 28. 2. 1983.

permächten, die für Frieden und Ausgleich kämpften und demonstrierten, dass es für sie eine Alternative zum Kalten Krieg gab.

Die Parlamentarier und Parteifunktionäre unterbreiteten höchst detailliert ausgearbeitete Vorschläge, wie eine Einigung in Genf doch noch zustande kommen könnte. Der SPD-Vorsitzende Brandt reiste im Sommer 1981 nach Moskau zu einem Gespräch mit dem sowjetischen Generalsekretär Leonid Breschnew.[126] Zurück in der Bundesrepublik, traf er sich mit US-Botschafter Arthur Burns, um ausführlich von seinen Eindrücken zu berichten und Washington aufzufordern, die sowjetischen Vorschläge zu prüfen.[127] Der SPD-Kanzlerkandidat Vogel bereiste im Januar 1983 die wichtigsten Hauptstädte in Ost und West, nicht zuletzt, um sich im Bundestagswahlkampf zu profilieren.[128] Egon Bahr, der zu diesem Zeitpunkt einem Unterausschuss des Bundestages vorsaß, kam mit seinen rüstungskontrollpolitischen Offerten mehrmals nach Genf, um mit den Verhandlungsführern Julij Kwizinski und Paul Nitze zu sprechen.[129] Die sozialdemokratische Reisediplomatie kulminierte schließlich im Herbst 1983, als sich das Nein des Kölner Parteitages abzeichnete. Das Erich-Ollenhauer-Haus und die Bundestagsfraktion schickten in einer konzertierten Aktion Vertreter in fast alle westeuropäischen Staaten, um ihre Positionen zu begründen.[130] Wiederum wurden diese Reisen von der Einsicht getragen, dass der Standpunkt der SPD erklärungsbedürftig war, und von dem Versuch, aus physischer Präsenz in den Hauptstädten Westeuropas innenpolitisches Kapital zu schlagen.[131] Dabei befanden sich Brandt, Vogel und Bahr kaum jemals in Übereinstimmung mit der Bundesregierung: Während es Schmidt zumeist ein Ärgernis war, wenn seine Parteifreunde mit ihm auf der internationalen Bühne konkurrierten,[132] reagierte nach dem Regierungswechsel auch Helmut Kohl gereizt, dass sich die Opposition zum außenpolitischen Akteur aufschwang.[133] Überblickt man das Echo der Presse, so wird man einräumen müssen, dass das Kalkül dieser Sonderaußenpolitik allzu leicht zu durchschauen war.[134]

Die Verständigungsprobleme zwischen den deutschen Sozialdemokraten und ihren US-amerikanischen Kontaktpersonen nahmen ihren Ausgang in einem diametral anderen Begriff von Politik. So waren die Funktionäre und Abgeordneten der SPD bei ihren Begegnungen mit Kollegen vom linken Flügel der Demokratischen Partei oder von den Ge-

---

[126] Siehe den Vermerk über das Gespräch Brandts mit Breschnew am 30.6.1981, abgedruckt in: Brandt: Berliner Ausgabe, 9. Bd., S. 319–326; Merseburger: Willy Brandt, S. 782f.
[127] US-Botschaft Bonn an State Department: Ambassador Burn's Call on Willy Brandt, 9.7.1981, RRL, Executive Secretariat, NSC: Country File, RAC b 14, f Germany, FRG (7/1/81–8/31/81) (1).
[128] Vgl. Peter Pragal/Ulrich Rosenbaum: Der lange Marsch des Genossen Vogel, in: *Stern*, 20.1.1983.
[129] Siehe Bahr: Gespräche in Genf am 29.6.1983, 5.7.1983, S. 1, AdsD, 1/EBAA000951; Bericht über die Reise des Unterausschusses für Abrüstung und Rüstungskontrolle nach Genf am 26.10.1983, 28.10.1983, AdsD, WBA, A10.1 Rosen, 187. Siehe auch das Gespräch, das Bahr und Nitze am 24.1.1983 geführt hatten, abgedruckt in AAPD 1983, I, Dok. 21.
[130] Siehe exemplarisch: Gespräch Hans-Jochen Vogel mit Ministerpräsident Bettino Craxi am 29.10.1983 im Palazzo Chigi, 31.10.1983, AdsD, Nachlass Selbmann, 61. – Vor SPD-Nein zur Nachrüstung. Vogel erklärt Wien seinen Kurs, in: *Die Presse*, 30.6.1983.
[131] Dazu Scheer: Bericht über die bisher erfolgten internationalen Delegationsreisen der SPD-Bundestagsfraktion zur Erläuterung der SPD-Haltung zu den Genfer Verhandlungen und zur Stationierungsfrage, 25.10.1983, AdsD, 1/HJVA102736.
[132] Vgl. Gespräch Bundeskanzler Helmut Schmidt mit Mrs. Flora Lewis und Mr. Vinocur (s. Anm. 6).
[133] Vgl. mit Belegen F. Fischer: Interesse, S. 347–354.
[134] Siehe v. a. Jérôme Dumoulin: Est-Ouest: l'enjeu allemand, in: *L'Express*, 21.1.1983; selbst der *Spiegel* reagierte skeptisch: Andere Hinterbacke. Die SPD-Spitze sorgt sich, die Partei gerate mit ihrem Jein zur Nachrüstung international in die Isolation, in: *Der Spiegel*, 11.4.1983.

werkschaften immer wieder verwundert, dass das politische Parteiensystem in den USA so grundsätzlich anders strukturiert war als in der Bundesrepublik.[135] Stobbe räumte 1985 ein, dass es schwierig sei, sich zu verstehen, weil westdeutsche Sozialdemokraten und Amerikaner von einem differierenden Politikbild ausgingen.[136] In der Tat: Die Mitglieder der SPD stritten für den Sozialstaat, Arbeitnehmerrechte und soziale Gerechtigkeit; dagegen war es den linksliberalen Segmenten in der US-amerikanischen Gesellschaft um individuelle Freiheitsrechte und darum zu tun, dass der Einzelne Verantwortung für sich selbst übernehmen musste.[137] Während die westeuropäische Linke in ihrer Geschichte oftmals in Fundamentalopposition zur herrschenden Ordnung getreten war, sah sich die amerikanische Linke als legitimer Teil der Gesellschaft und stellte diese nicht infrage.[138]

Wo die Funktionsträger und Parlamentarier der SPD in den USA auf andere Meinungen trafen, da sahen sie einen Mangel an Expertise. Der Abrüstungsreferent des Parteivorstandes Wolfgang Biermann reiste 1983 aus den USA zurück und fand, dass dort eine breite Unkenntnis vorherrsche, die entweder von Zerrbildern oder von falschen Informationen genährt werde.[139] Dies betraf den amerikanischen Blick auf die Diskussion in der SPD, die Ziele der Friedensbewegung und sogar die Argumente der Nachrüstungskritiker. Es sei von zentraler Bedeutung, so schrieb er, dass die SPD ihre Reisediplomatie verstärke, um in den USA Feindbilder abzubauen. Der Internationale Sekretär des SPD-Vorstandes Dingels machte 1981 ein „Überwertigkeitsempfinden", das „in der Psyche des Präsidenten begründet" lag, dafür verantwortlich, dass die US-Botschaften im Ausland keine „kritische[n] Strömungen objektiv analysierend den Vorgesetzten in Washington zur Kenntnis" brächten.[140] Es lag an der SPD selbst, „dieses psychische Loch in der Berichterstattung über den Atlantik hinweg auszufüllen".[141] Dingels fand, dass die „geistige Evolution" der Reagan-Regierung blockiert und von „einem enormen Realitätsverlust" befallen sei.[142] Wer andere Standpunkte als kognitive Fehlleistungen disqualifizierte, der konnte indessen kaum auf ein konstruktives Gespräch hoffen.

Die Begegnungen zwischen Deutschen und Amerikanern waren eine redundante Theateraufführung. Denn die Emissäre der SPD formulierten die immer gleichen Argumente, wenn sie ihre Gesprächspartner überzeugen wollten, und nahmen eine bestimmte Rolle ein. Doch auch ihre Gesprächspartner handelten nach festen Regeln. Ihre Antwort war stets vorhersehbar: Sie störten sich an der Form, wie Sozialdemokraten in Washington

---

[135] Dazu exemplarisch Thomas Mirow an Brandt: Begegnungen mit amerikanischen Sozialdemokraten in den USA [Vorlage für die Sitzung des Sechserkreises am 6.4.1977], 15.3.1977, AdsD, WBA, A11.8, 28; H. Benzing: Notiz zum Gespräch von Hans-Jürgen Wischnewski mit Michael Steed, Berater des Vorsitzenden der Demokratischen Partei der Vereinigten Staaten von Amerika, und George E. Agree, Vorsitzender der American Political Foundation, im Bundeshaus am 12.2.82, 18.3.1982, AdsD, Bestand SPD-PV, Internationale Abteilung, 11133.
[136] Stobbe an Rapp, 28.1.1985, AdsD, Nachlass Stobbe, 169.
[137] Grundlegend Angster: Konsenskapitalismus, S. 39.
[138] Ähnliche Beobachtungen bei Dieter Deiseroth: (Teil-)Bericht über die USA-Reise vom 17.10. bis 8.11.1980, undatiert, S. 5, AdsD, Bestand SPD-PV, Referat Jungsozialisten, 7773.
[139] Biermann: Vertraulicher Bericht über die USA-Reise vom 4.6. bis 13.6.1983, 15.6.1983, S. 3f., AdsD, WBA, A11.13, 80.
[140] Dingels an Wischnewski: Die Position des amerikanischen Präsidenten, 5.8.1981, S. 2, AdsD, WBA, A11.4, 133.
[141] Ebenda.
[142] Dingels an Vogel: Dein Gespräch mit dem Außenminister der Vereinigten Staaten von Amerika am 8.12.1982, 7.12.1982, AdsD, Bestand SPD-PV, Internationale Abteilung, 10933.

auftraten, und an dem Inhalt dessen, was sie sagten.[143] Sie hielten den Standpunkt ihrer Gäste für überheblich und falsch, ja sogar für schädlich. Ihre Gegenargumente brachte die US-Regierung standardisiert vor: Erstens unterlaufe die SPD mit ihrer Kritik die Erfolgsaussichten in Genf, zweitens sei eine Stationierung notwendig, um Verhandlungsdruck aufzubauen und um den Zusammenhalt des Bündnisses zu stärken.[144] Ein Vermerk aus dem Jahr 1982 für William P. Clark, Reagans Nationalen Sicherheitsberater, unterstrich:

> „The key to the success of these arms control negotiations is a strong Alliance, unified and possessing the political will to defend our security. You may wish to underscore the necessity of Alliance resolve to meet the Soviet threat and stress the point that, unless the Soviets are convinced that INF deployment will take place, the outlook for the Geneva talks is poor."[145]

Die US-Regierung wollte also erst aus einer Position der Stärke heraus darüber beraten, wie die Atomraketen abgebaut werden könnten. Wer als Sozialdemokrat in die USA reiste, sah dies diametral anders. So verdächtigten US-Regierung und SPD-Parteiapparat sich gegenseitig, den Boden der Allianzpolitik zu verlassen.[146] Während die US-Regierung der SPD unterstellte, die Erfolgsaussichten der Genfer Verhandlungen zu mindern und die Ziele der US-Politik zu verzerren, meinten die Gegnerinnen und Gegner der Stationierung, dass es Reagans Regierung sei, die nicht ernsthaft verhandle und die sowjetische Politik als eine Karikatur zeichne. Der Vorwurf lief auf beiden Seiten darauf hinaus, dass der jeweils andere aus dem Bündniskonsens ausschere. Über die Definition des Bündniskonsenses freilich bestand keine Einigkeit.

Zu den inhaltlichen Differenzen kamen atmosphärische Störungen. 1982 wusste Biermann aus den USA zu berichten, dass die Gäste dort als „belehrend" empfunden würden, weil sie „ihre Meinung als allgemeingültige Weisheit" darstellten.[147] Dies behagte der US-Regierung überhaupt nicht, schließlich war es ihre Weltsicht, für die sie Allgemeingültigkeit reklamierte. Sie griff deshalb noch zu einem anderen, performativen Mittel, um den transatlantischen Dissens zu inszenieren, und weigerte sich, hochrangige sozialdemokratische Besucher in Washington zu empfangen. Diese „Praxis der Nichtsichtbarkeit" traf vor allem diejenigen, mit denen sie Kontroversen erwartete oder die, wie im Falle Dohnanyis, „will have nothing of particular importance to say".[148] So galt Horst Ehmke in Washington als ein „chameleon – strong pro-U.S., pro TNF deployment one day, then nodding sagely in agreement with Egon Bahr's asininities the next".[149] Bahr verkörperte für die US-Regie-

---

[143] Das spießte die CDU/CSU auf. So Emil Mühlberger: Als die Maske gefallen war. Besorgnis über die Entwicklung der SPD, in: *Bayernkurier*, 15.10.1983.
[144] So berichtete Ehmke: Vermerk über meine US-Reise vom 26.6. bis 2.7.1983, 5.8.1983, S. 2, AdsD, 1/HEAA000795.
[145] Judge Clark's Meeting with FRG Minister for Transport Volker Hauff, 5.5.1982, RRL, Executive Secretariat, NSC: Country File, RAC b 14, f Germany, FRG (1/1/82-9/30/82) (9).
[146] Präzise Emil Mühlberger: Besorgnis über den Kurs der Genossen. Washington beobachtet Abrücken von NATO, in: *Bayernkurier*, 29.1.1983.
[147] Biermann: Ergänzung zum Bericht: USA-Reise vom 14.9. bis 22.10.1982, 18.11.1982, AdsD, WBA, A11.13, 80.
[148] Peter Tarnoff an Brzezinski: David Aaron's Meeting with Klaus von Dohnanyi, State Secretary in the FRG Foreign Office, May 2, 1979, at 9:30 a.m., 28.04.1979, JCL, Brzezinski Material: Brzezinski Office File, b 14, f Germany FR: 3-5/79.
[149] James M. Rentschler an Richard V. Allen: Your Meeting with SPDer Horst Ehmke (Wednesday, July 8 – 10:00 a.m.), 8.7.1981, RRL, Executive Secretariat, NSC: Country File, RAC b 14, f Germany, FRG (7/1/81-8/31/81) (3).

rungen von Carter und Reagan all das, was ihnen an den Sozialdemokraten nicht behagte.[150] Sie misstrauten ihm und sprachen ihm ab, charakterlich integer zu sein.[151]

Die Frage, ob und wenn ja wer sich mit SPD-Politikern in Washington traf, ist aus dem Blickwinkel der Performanztheorie ein Barometer, an dem sich ablesen lässt, wie es um das Ansehen der Partei auf der internationalen Bühne stand.[152] Und es sah nicht gut aus. Im Januar 1980 verweigerte Anthony Lake, der Direktor des Planungsstabs im State Department, dem SPD-Generalsekretär Bahr ein Treffen.[153] So wertete die US-Regierung ab, was Bahr sich als „roving emissary"[154] an Bedeutung zuschrieb. Das wiederholte sich in den Jahren des Nachrüstungsstreits noch mehrere Male.[155] Als Bahr im August 1981 mit einer Delegation des Bundestagsunterausschusses für Abrüstung und Rüstungskontrolle nach Washington reiste, empfahl ein Memo dem Nationalen Sicherheitsberater Allen, Bahr den amerikanischen Standpunkt klar zu machen.[156] Allen lehnte zunächst ab („Bahr will simply go out and say that he lectured us. I know this guy."[157]), überlegte es sich aber schließlich anders und bat für das Gespräch um intensive Vorbereitung, „to ‚read him the riot act.'"[158] Auch der Parteivorsitzende Brandt erlebte, was es hieß, wenn Washington politisch nicht mit ihm übereinstimmte. Schon 1977 schwankte das Weiße Haus hin und her, ob sich Carter mit ihm treffen sollte.[159] Im September des Jahres lehnte Brzezinski ein Gespräch ab, denn: „This is too marginal."[160] Auch eine Zusammenkunft mit Vizepräsident Walter Mondale kam 1980 nicht zustande, weil das Weiße Haus meinte, Brandt habe keinen Einfluss mehr in der Bundesrepublik, abgesehen von „leftist regions" in der SPD.[161] Dass sich die Amerikaner nicht mit Brandt treffen wollten, lag nur zum Teil daran, dass sie den SPD-Vorsitzenden für machtlos hielten. Sie waren auch von seinem Standpunkt nicht überzeugt:

---

[150] Biographic sketch, S. 1, George V. Vest an Anthony Lake: Appointment Request: Egon Bahr–Secretary General, West German Social Democratic Party, 20.12.1979, NA, Lake Papers, b 11.
[151] Dazu „I Am First German, Then A European". Excerpts from an interview by Egon Bahr published in Der Spiegel, Number 37/1978 (Informal Translation), undatiert, JCL, Brzezinski Material: Country File, b 24, f German Federal Republic, 7/78–1/79.
[152] Dieses Problem betraf nicht nur die SPD. So war in der Presse zu lesen, dass das US-Verteidigungsministerium eine Delegation der Labour Party eine halbe Stunde ohne Erklärung warten ließ, worauf die Briten auf ein Gespräch verzichtet hätten, vgl. Sozialistische Politiker im Pentagon brüskiert, in: Süddeutsche Zeitung, 6.11.1981.
[153] Vest an Lake: Appointment Request: Egon Bahr-Secretary General, West German Social Democratic Party, 20.12.1979, NA, Lake Papers, b 11.
[154] So hieß es wörtlich in [kein Verfasser] an Brzezinski: Your Meeting with SPD Secretary-General Egon Bahr on Wednesday, November 29 [1978], at 5:00 p.m., undatiert, JCL, Brzezinski Material: Brzezinski Office File, b 14, f Germany FR: 11/78-2/79.
[155] Siehe auch F. Fischer: Interesse, S. 271.
[156] Dennis Blair an Allen: Visit by Bundestag Subcommittee for Disarmament and Arms Control, 21.8.1981, RRL, Sven Kraemer Files, b 90100, f NATO-Countries-FRG-Bahr.
[157] Hs. Notiz Allens in ebenda.
[158] Blair/Rentschler an Allen: Meeting with Egon Bahr, 4.9.1981, RRL, Executive Secretariat, NSC: Country File, RAC b 14, f Germany, FRG (9/1/81–12/31/81) (8).
[159] Brzezinski an Carter: [Meeting with Willy Brandt], 1.3.1977, JCL, President's Files: Staff Secretary's File [Handwriting File], b 10, f 3/2/77.
[160] Tarnoff an Brzezinski: Request for Presidential Appointment by FRG Leader Willy Brandt, 20.9.1977, JCL, White House Central File, Subject File, b CO-26, f CO 54-2 Confidential 1/20/77–10/31/77.
[161] Christine Dodson an Denis Clift: Appointment Request for Willy Brandt to see the Vice President (C), 8.2.1980, S. 1, JCL, White House Central File, Subject File, b CO-26, f CO 54-2 Confidential 11/1/77–1/20/81.

„Brandt reportedly joins Egon Bahr in woeful ignorance about current East-West military realities and the solidity of our intelligence on them. He predicts that the TNF imbalance will disappear like the missile gap of the late 1950s. It's hard to believe he came through years as Foreign Minister and Chancellor without learning better."[162]

Zwar kamen immer wieder Treffen zwischen Brandt und hohen Vertretern der US-Regierung in Washington oder der Bundesrepublik zustande. Aber als der amerikanische Präsident Anfang Mai 1985 die Bundesrepublik besuchte, wollte er den ehemaligen Kanzler und Vorsitzenden der SPD wieder nicht sehen.[163] Dass Reagan Brandt zurückwies, war symbolträchtig. In einem persönlichen Brief an den Präsidenten machte Brandt seiner Enttäuschung Luft.[164] Sogar der österreichische Bundeskanzler Bruno Kreisky protestierte in Washington, Brandt sei „one of America's most reliable friends".[165] Die Suche nach den Gründen, warum Reagan Brandt nicht hatte sehen wollen, beschäftigte die SPD noch eine Weile.[166] Umso schmerzlicher war diese Begebenheit, weil Brandt und die SPD verstanden, wie sie gemeint war. Die Reagan-Regierung hatte statuiert, was sie von den deutschen Sozialdemokraten hielt – nämlich ziemlich wenig.[167] So war der Erfolg überraschend gering, als die Rüstungskritiker in der SPD-Spitze ihre Beziehungen mit US-amerikanischen Akteuren in den frühen achtziger Jahren intensivieren wollten. Weder gelang es ihnen, eine der christdemokratischen Konkurrenz vergleichbare Dichte an Kontakten aufzubauen, noch waren sie erfolgreich, ein Netzwerk zu etablieren, in dem die unterschiedlichen Politikvorstellungen ausgetauscht und angenähert werden konnten. Selbst wenn sie versuchten, sich als Mittler zwischen den Supermächten zu etablieren, erreichten sie ihr Ziel nicht ansatzweise. Das Verständnis der Amerikaner für die Kritik aus Deutschland tendierte gegen null, der Ärger über die Interventionen wuchs. So wie man die diplomatische Offensive von Brandt, Bahr und Ehmke als eine intendierte Praktik verstehen kann, so antwortete die US-Regierung, indem sie etwas unterließ: Sie weigerte sich, die Gäste zu empfangen. Aus Sicht der Überseereisenden erfüllten die Besuche dennoch eine Funktion. Denn sie demonstrierten einer zunehmend lauter werdenden innerparteilichen Kritik, dass die SPD-Führung alles unternahm, um die Stationierung abzuwenden. Freilich hing die Wirkung dieser Befriedungsgeste davon ab, mit welchen Erträgen die Parteispitze aus dem Ausland heimkehrte. Und wenn sich das Gespräch mit den Amerikanern problematisch gestaltete – waren die Sowjets dann aufgeschlossener, mit der SPD die Nachrüstung zu verhindern?

3. ... und in die Hauptstädte des Warschauer Paktes

Dass die diplomatischen Anstrengungen der SPD am Ende erfolglos blieben, kann auch für ihr Verhältnis zu den Staaten des Warschauer Paktes gesagt werden. So wie führende

---

[162] Defense Policy Coordination (NSC) an Brzezinski: Evening Report, 12.12.1979, S. 2, JCL, Brzezinski Material: Staff Evening Report Files, CREST, NLC-10-26-1-4-7.
[163] Dazu [Karl-Heinz Klär] an Brandt: Reagan-Besuch, 29.4.1985, AdsD, WBA, A11.15, 24; F. Fischer: Interesse, S. 274–275.
[164] Brandt an Reagan, 3.5.1985, AdsD, WBA, A11.15, 24.
[165] Kreisky an Reagan, 4.6.1985, S. 2, AdsD, WBA, A11.2, 169.
[166] Dazu das Gespräch zwischen Stobbe und Richard Burt: Stobbe: Meine Reise nach Washington und New York vom 18. bis 21.6.1985, 26.6.1985, insb. S. 7, AdsD, 1/EBAA000731.
[167] Zur Frage des Verhältnisses der SPD zur US-Regierung nach 1982/83 aus einer politik- und diplomatiegeschichtlichen Perspektive siehe F. Fischer: Interesse, S. 266–305.

Sozialdemokraten westwärts reisten, um sich zu erklären, auf ernsthafte Verhandlungen zu drängen und Sorgen über ihre Bündnistreue zu entkräften, so machten sie sich auch nach Moskau und Ost-Berlin auf. Ihr Kraftakt wäre unvollständig geblieben, wenn sie nur diejenige Weltmacht bedrängt hätten, die auf der einen Seite des Genfer Verhandlungstisches saß. Zwar waren es aus Sicht vieler SPD-Nachrüstungskritiker zweifelsohne die Vereinigten Staaten, welche die Hauptschuld daran trugen, dass sich die Fronten verhärteten. Doch in Genf verhandelten auch die Sowjets mit, und Kanzler Schmidt wies seine Partei immer wieder darauf hin, dass es deren SS-20-Raketen waren, die den Doppelbeschluss notwendig gemacht hätten. So gerieten bald auch die Sowjetunion und ihre Verhandlungsstrategie in den Fokus der „unofficial diplomats" aus der SPD.

Man kann diese Entwicklung nur verstehen, wenn man sie mit dem Schwinden des ideologischen Gegensatzes zwischen Ost und West erklärt. Weil die Sowjets nicht mehr der Feind der fünfziger Jahre waren, konnten SPD-Vertreter es überhaupt wagen, mit ihnen zu sprechen. Schon einige Jahre zuvor war den Beziehungen zwischen den Supermächten die ideologische Nährlösung abhandengekommen. In einem internationalen Umfeld, in dem die Zeichen auf politische und militärische Entspannung standen, ging auch die SPD/FDP-Koalition unter Kanzler Willy Brandt daran, das Verhältnis der Bundesrepublik zu ihren östlichen Nachbarn zu stabilisieren. Nun spann die SPD einen Gesprächsfaden zu den Staatsparteien des Warschauer Paktes.[168] SPD-Funktionäre oder Parlamentarier wie Herbert Wehner und Egon Bahr waren ab 1966 in das geteilte Berlin, nach Warschau, Prag und vor allem Moskau gereist und hatten sich dort mit Vertretern der Regime getroffen.[169] Offizielle Parteikontakte waren undenkbar, doch im Umfeld der Regierungsverhandlungen über die Ostverträge war es zu zahlreichen Begegnungen von Sozialdemokraten und Kommunisten gekommen.[170]

Auch in den frühen achtziger Jahren besuchten ungezählte SPD-Mitglieder die Hauptstädte des Warschauer Paktes, die die Stationierung ablehnten.[171] Sie warfen sich deshalb in eine Vermittlerrolle zwischen den Supermächten, weil sie meinten, die Entspannungspolitik retten und den wieder Gestalt annehmenden Kalten Krieg überwinden zu können. Die sozialdemokratischen Ostreisen florierten, während die Genfer Verhandlungen stagnierten.[172] So begab sich der SPD-Abgeordnete Karsten Voigt 1980 nach Moskau, um aus erster Hand Informationen über die Prioritäten der sowjetischen Außenpolitik zu sammeln.[173] Der sozialdemokratische Friedensaktivist Erhard Eppler machte sich 1981 auf den Weg nach Moskau und Nordkorea, um zu erfahren, was die kommunistischen Parteien an der US-Politik genau kritisierten.[174] Der Bremer Bürgermeister Hans Koschnick besuchte im gleichen Jahr Riga und die sowjetische Hauptstadt, um den wirtschaftlichen

---

[168] Grundlegend Potthoff: Dialog, S. 17–71; F. Fischer: Interesse, S. 29–97, 178, Anm. 71.
[169] Vgl. die zahlreichen Dokumente in Nakath/Stephan: Häber-Protokolle.
[170] Vgl. dazu kritisch Thomas Engel: Mit Moskau im Gleichklang, in: *Bayernkurier*, 2. 4. 1983.
[171] Ausführlich F. Fischer: Interesse, S. 169–265.
[172] Siehe auch den Besuch Breschnews im November 1981 in der Bundesrepublik, bei dem er neben Schmidt mit Brandt und anderen SPD-Vertretern zusammentraf. AAPD 1981, III, Dok. 334, 336, 340; Bonn weder überrascht noch überzeugt, in: *Frankfurter Allgemeine Zeitung*, 26. 11. 1981.
[173] Gespräche von MdB Voigt in Moskau, 6. 11. 1980, AdSD, 1/HSAA006910; Voigt: Bericht über Gespräche in Moskau vom 6. bis 9. 9. 1983, 13. 9. 1983, AdSD, 1/HEAA000435.
[174] Dingels bat Eppler eindringlich, sich bei seinen Gesprächen in Moskau vom deutschen Botschafter begleiten zu lassen – „aus vielerlei Gründen, auch zum Schutz von Interpretationen in Moskau wie auch hier". Dingels an Eppler, 7. 8. 1981, S. 2, AdSD, 1/EEAC000068.

Austausch zu intensivieren und um mit Vertretern der KPdSU ein Gespräch über Sicherheitspolitik zu führen.[175] 1982 flogen die Jusos Willi Pieczyk, Konrad Gilges, Renate Schmidt, Gerhard Schröder und Ottmar Schreiner in die Sowjetunion, und der „Vorwärts" berichtete ausführlich von ihren Eindrücken.[176] Demgegenüber waren Reisen in die Hauptstadt der DDR schon wegen der geringeren Entfernung und der fehlenden Sprachbarriere einfacher zu bewerkstelligen. Vor allem nachdem die SPD im Herbst 1982 in die Opposition gehen musste, entwickelte sich so geradezu ein sozialdemokratischer „Polittourismus" in die DDR, der die SED vor einige Probleme stellte.[177] Wer sich aus der SPD nach Ost-Berlin aufmachte, der tat dies nicht nur, um über die Nachrüstung zu sprechen – denn die beiden deutschen Staaten saßen ja nicht am Verhandlungstisch in Genf.[178] Vielmehr ging es bei diesen Reisen darum, Möglichkeiten auszuloten, wie die deutsch-deutsche Annäherung fortgesetzt werden könne.[179]

Durch ihre Gespräche in der Sowjetunion und der DDR versuchten die Parlamentarier und Funktionäre der SPD zwei Dinge zu erreichen. Erstens wollten sie sich ihren Parteifreunden als angesehene Politiker zeigen, die auch ohne Staatsamt Gehör bei den Machthabern des Warschauer Paktes fanden. Im Grunde funktionierte dieser Mechanismus nicht anders als bei den sozialdemokratischen Verbindungen in die USA. Hinzu kam, dass einige SPD-Politiker auch Kontakte zu zivilgesellschaftlichen Akteuren in den Ostblockstaaten suchten. Die evangelische Kirche in der DDR war ein bevorzugter Gesprächspartner der SPD. Hans-Jochen Vogel traf sich im Dezember 1982 unter den wachsamen Augen und Ohren des Ministeriums für Staatssicherheit mit Kirchenvertretern, um über die Lage von Christen in der DDR zu sprechen.[180] Helmut Schmidt suchte 1983 den Berliner Bischof Gottfried Forck auf.[181] Forck war jemand, der sich mit der unabhängigen Friedensbewegung in der DDR für alle sichtbar solidarisierte, indem er einen Aufnäher mit dem Motiv „Schwerter zu Pflugscharen" trug.[182] Wenn sich Schmidt mit Forck traf, sollte dies der SED-Führung signalisieren, dass er dem Friedenswillen der staatsunabhängigen Opposition mehr Glauben schenkte als den offiziellen Reden des Apparats. Und es sollte den Nachrüstungsgegnern in der SPD zeigen, dass er die unabhängigen Friedensgruppen stärkte.[183]

---

[175] Koschnick an Schmidt, 23.12.1981, AdsD, 1/HSAA009174; Manfred von Scheven: Reise von Bürgermeister Koschnick in die UdSSR – Aufenthalte in Riga und Moskau [9.2.1982], AdsD, WBA, A11.3, 50.

[176] Japs: Neue Moskauer Signale für Genf. Juso-Delegation in der UdSSR zu Gesprächen über Polen und über Abrüstungsfragen, in: Vorwärts, 11.2.1982, S. 12.

[177] Potthoff: Schatten, S. 233.

[178] Vgl. Institut für Internationale Politik und Wirtschaft der DDR: Bericht über den Besuch von Oskar Lafontaine, Vorsitzender des Landesverbandes Saar der SPD, und seines Stellvertreters Norbert Engel in der DDR, 26.3.1982, SAPMO-BArch, DY 30/14621, Bl. 43–56. – Und in der Tat war die DDR nicht immer einverstanden mit dem, was die Sowjetunion in Genf an Angeboten vorlegte. Wentker: Unterstützung.

[179] Dazu Voigt an Schmidt: Kurzfassung der Aussagen von Gesprächspartnern in Berlin (Ost) vom 27. bis 29.10.1979, 31.10.1979, AdsD, 1/HSAA006910; weitere Berichte in dieser Mappe.

[180] Siehe [Information] über Gespräche des SPD-Präsidiumsmitgliedes Vogel mit Vertretern der evangelischen Kirchen in der DDR am 9.12.1982, 10.12.1982, BStU, MfS, HA XX/AKG, 5905, Bl. 101–104.

[181] Information über den Besuch des Ex-Bundeskanzlers der BRD Schmidt vom 3. bis 5.9.1983 in der DDR, 6.9.1983, BStU, MfS, HA XX/AKG, 5905, Bl. 129–132.

[182] Vgl. dazu Silomon: Pflugscharen.

[183] Zum weiteren historischen Kontext Pollack: Friedensgruppen; Dowe: Ost- und Deutschlandpolitik, S. 75–93.

Auch sonst arrangierten Sozialdemokraten, die in die DDR reisten, Treffen mit oppositionellen Gruppen. So war es folgerichtig, dass der ASF-Bundesvorstand im Januar 1984 bei Erich Honecker gegen die Festnahme der Friedensaktivistinnen Bärbel Bohley und Ulrike Poppe intervenierte. In einem Brief konstatierte Inge Wettig-Danielmeier von der ASF, dass die SED elementare Freiheitsrechte beschneide.[184] Für sie lag „ein unausräumbarer Widerspruch in Ihrem [Honeckers] Eintreten für Frieden und Abrüstung und der Unterdrückung des Engagements einzelner DDR-Bürgerinnen und Bürger für die Friedenspolitik".[185] Diese Protestgeste sollte die Situation der Friedensgruppen in der DDR verbessern helfen; sie sollte aber auch die ASF im innerparteilichen Diskurs der SPD als eine Gruppierung ausweisen, die über jeden Verdacht erhaben war, der Friedenspropaganda von SED und KPdSU zu glauben.

Die Abgesandten der SPD wollten die Sowjetunion zu einer ernsthaften Rüstungskontrollpolitik animieren. Das war ihr zweites Ziel. Langfristig gesehen kam es ihnen darauf an, die Eskalation von Spannungen unmöglich und den ideologischen Gegensatz zum Merkmal einer vergangenen Zeit zu machen. Als der stellvertretende Fraktionsvorsitzende Horst Ehmke im August 1982 Moskau besuchte, tauschte er sich mit seinen Gesprächspartnern über die gegenseitige Bedrohungswahrnehmung aus und erörterte, welche Aussichten die Rüstungskontrolle noch hatte. In seinem Vermerk über die Reise hielt er fest, dass er in Moskau „keinen Zweifel daran gelassen" habe, „daß ich die sowjetische INF-Position für so einseitig hielte, daß sie für den Westen unannehmbar sei. Wenn sich an dieser Position im nächsten Jahr nichts ändere, würde nach meinem Urteil in West-Europa mit der Aufstellung neuer amerikanischer Systeme begonnen werden."[186] Dies war die Melodie, die Sozialdemokraten bei ihren Gesprächen anstimmten. In Ost-Berlin baute der SPD-Kanzlerkandidat Hans-Jochen Vogel im Dezember 1982 Druck auf seinen Gastgeber auf, indem er argumentierte, die Sowjetunion müsse sich in Genf bewegen, sonst werde „eine Stationierung neuer Raketen schließlich erforderlich".[187] Gegenüber Honecker betonte er, dass die NATO nicht akzeptieren könne, wenn sowjetische SS-20-Raketen Westeuropa bedrohten.[188] Während der Staats- und Parteichef der DDR über das „Bestreben der USA, militärische Überlegenheit zu erlangen", referierte und mit Gegenmaßnahmen drohte, bat Vogel darum, dass Honecker in Moskau größere Verhandlungsanstrengungen anmahnen möge; er wolle dies in Washington tun. Die Botschaft war deutlich: Die Gegnerinnen und Gegner der Atomraketen in der SPD fanden, dass es an der Sowjetunion lag, durch eine ernsthafte Rüstungskontrollpoli-

---

[184] Inge Wettig-Danielmeier an Honecker, 16. 1. 1984, SAPMO-BArch, DY 30/14621, Bl. 113 f., hier Bl. 113.
[185] Ebenda, Bl. 114; siehe auch den Brief der saarländischen ASF-Vorsitzenden Brunhilde Peter an Honecker, 11. 1. 1984, SAPMO-BArch, DY 30/14621, 112; und das Schreiben der Jungsozialisten Schleswig-Holstein. Günther Millauer an Honecker, 6. 1. 1984, SAPMO-BArch, DY 30/14621, Bl. 110 f.
[186] Ehmke: Vermerk über meine Gespräche in Moskau vom 17. bis 19. und am 28. 8. 1982, 30. 8. 1982, S. 6, AdsD, 1/HSAA006819.
[187] Gespräch von Hans-Jochen Vogel mit Joachim Herrmann am 9. 12. 1982 in Berlin (Ost), undatiert, S. 8, AdsD, WBA, A11.3, 50.
[188] Niederschrift über das Gespräch des Generalsekretärs des Zentralkomitees der SED und Vorsitzenden des Staatsrates der DDR, Erich Honecker, mit dem Vorsitzenden der SPD-Fraktion im Bundestag der BRD und Präsidiumsmitglied des SPD-Parteivorstandes, Hans-Jochen Vogel, am 28. Mai 1983 in Hubertusstock, 29. 5. 1983, SAPMO-BArch, DY 30/2412, Bl. 23–42, hier Bl. 35, das nächste Zitat Bl. 25; F. Fischer: Interesse, S. 179.

tik die Stationierung abzuwenden. Sie sahen sich in der Pflicht, Moskau darauf hinzuweisen.[189]

Zur gleichen Zeit trugen sie aus Moskau und Ost-Berlin in die Hauptstädte der NATO zurück, was die Partei- und Staatsführungen ihnen gesagt hatten. Einige Bekanntheit hat 1981 Brandts Äußerung im „Spiegel" gefunden, wo er nach einem Besuch in der Sowjetunion behauptete, Breschnew zittere um den Frieden.[190] Brandt präsentierte sich den sprachlosen Supermächten als „Dolmetscher".[191] Auch sein politischer Intimus Bahr wusste im gleichen Jahr nach Konsultationen in Moskau zu berichten, dass die sowjetische Führung „von einem tiefen Mißtrauen in die Verhandlungsbereitschaft der USA erfüllt" sei.[192] Gleichwohl habe er nach seiner Reise „nicht den geringsten Zweifel, daß die Sowjetunion zu ernsten Verhandlungen bereit ist, auch zu entsprechenden substantiellen Reduktionen ihrer SS 20". Ob Bahr in Moskau der sowjetischen Propaganda aufgesessen ist oder nicht, tut hier nichts zur Sache. Entscheidend ist vielmehr, dass SPD-Funktionäre bei ihren Besuchen in Moskau und Ost-Berlin den Eindruck gewannen, sie könnten durch ihre Reisen etwas bewegen.[193] Die Funktionäre des Warschauer Paktes gaben den SPD-Emissären das Gefühl, als Boten gebraucht zu werden. Das war für die sozialdemokratische Wahrnehmung der Wirklichkeit elementar.

Bahr berichtete in seiner Partei und gegenüber den westlichen Verbündeten von seinen Gesprächen in Moskau und Ost-Berlin. Im Dezember 1982 sagte er gegenüber Brandt und Vogel, mit ihrem neuen Vorschlag gebe die Sowjetunion ihre Position auf, wonach bereits ein Gleichgewicht bei den Mittelstreckenwaffen bestehe. Sie sei bereit, ihre SS-20-Raketen zu reduzieren. Für ihn sei „die Struktur des sowjetischen Vorschlags akzeptabel".[194] Wenige Wochen nach dem Jahreswechsel schrieb er einen Brief an den ehemaligen US-Außenminister Henry Kissinger, in dem er die Haltung der sowjetischen Führung zusammenfasste.[195] Sie sei „bereit, SS 20 auf ein Niveau zu reduzieren, das ausreicht, die bestehenden britischen und französischen Systeme zu balancieren". Dieses Verhandlungsangebot war Anfang 1983 längst nicht mehr neu. Die Sowjetunion hatte es bereits im Jahr zuvor in die Gespräche eingebracht, und die SPD hielt es für ausrei-

---

[189] Der Kreml durchschaute diese Taktik: Information über die Konsultation des Genossen H. Axen mit Genossen B. N. Ponomarjow, Kandidat des Politbüros und Sekretär des ZK der KPdSU, am 27. 7. 1983 in Moskau, undatiert, SAPMO-BArch, DY 30/J IV 2/2A/2583, Bl. 38–60, hier Bl. 51.
[190] „Breschnew zittert um den Frieden". Der SPD-Vorsitzende Willy Brandt über die Ergebnisse seiner Moskau-Reise, in: *Der Spiegel*, 6. 7. 1981, S. 23–29; F. Fischer: Interesse, S. 224.
[191] Siehe seinen schriftlichen Bericht über die Moskau-Reise an US-Außenminister Haig. US-Botschaft Bonn an State Department: Willy Brandt letter to Secretary Haig, Juli 1981, RRL, Executive Secretariat, NSC: Country File, RAC b 14, f Germany, FRG (7/1/81–8/31/81) (2); und das Treffen von Ehmke, der zu Informationszwecken über Brandts Besuch in Moskau in die USA gereist war. State Department an US-Botschaft Bonn: The Secretary's meeting with Horst Ehmke, 10. 7. 1981, RRL, Executive Secretariat, NSC: Country File, RAC b 14, f Germany, FRG (7/1/81–8/31/81) (3).
[192] Bahr: Gespräche in Moskau, 25. 6. 1981, AdsD, 1/EBAA000952; Uwe Engelbrecht: An einem dünnen Geduldsfaden. Egon Bahrs Konsultationen in Moskau, in: *Vorwärts*, 18. 6. 1981, S. 2.
[193] Dazu prominent: Vermerk über das Gespräch zwischen dem Generalsekretär des ZK der SED und Vorsitzenden des Staatsrates der DDR, Erich Honecker, mit dem Mitglied des Präsidiums der SPD und Vorsitzenden des Unterausschusses für Abrüstung und Rüstungskontrolle des BRD-Bundestages Egon Bahr, am 4. 9. 1981, 4. 9. 1981, SAPMO-BArch, DY 30/IV 2/1/592, Bl. 54–60, insb. Bl. 55; ediert bei Potthoff: Dialog, S. 599–605; dazu ausführlich F. Fischer: Interesse, S. 174–176; Vogtmeier: Egon Bahr, S. 274.
[194] Bahr an Brandt/Vogel, 23. 12. 1982, S. 1, AdsD, WBA, A11.3, 49.
[195] Bahr an Kissinger, 18. 1. 1983, S. 1, AdsD, 1/EBAA000576.

chend.[196] Bahr informierte Kissinger, dass Moskau „keine weiteren substantiellen Vorschläge machen" werde, „solange sich Washington nicht ebenfalls bewegt".[197] Die Reihe derjenigen SPD-Politiker, die so argumentierten, ist Legion.

Die Kontakte der SPD nach Moskau und Ost-Berlin wiesen somit Ähnlichkeiten zu ihren Verbindungen nach Amerika auf, denn in beiden Fällen versuchte sie, zwischen den Supermächten zu vermitteln. Stets verliefen die Begegnungen aufführungspraktisch nach einem festen Muster. Dennoch unterschieden sie sich in wichtigen Punkten. Wer in der SPD mit Amerikanern sprach, der trat mit Verbündeten in Kontakt, die an der politischen Zuverlässigkeit der Sozialdemokratie zweifelten. Er musste um Vertrauen werben. In Moskau oder Ost-Berlin hingegen sprach er mit einem Gegner, der zwar auch auf Rüstungskontrolle eingeschworen und von der Bedrohungswahrnehmung der Westdeutschen überzeugt werden musste, aber schlussendlich kein Verbündeter werden durfte – auch wenn die Ideologie zumindest für die sozialdemokratischen Nachrüstungsgegner nicht mehr zählte. In Washington und Moskau traten die Besucher fordernd auf, doch zumindest in den USA blieben sie die Bittsteller einer ausländischen Oppositionspartei. Und eigentlich wussten all jene, die nach Osten reisten, dass der Schlüssel zum Erfolg für die SPD in Washington lag. So verliefen die Kontakte der SPD mit Moskau und Ost-Berlin in nichtinstitutionalisierten Bahnen. Weder richtete die Friedrich-Ebert-Stiftung ein Büro in Moskau ein, wie sie es in den USA tat, noch bildete die Fraktion einen der „AG USA" nachempfundenen Gesprächskreis. Erst als die SPD im Herbst 1982 aus der Regierungsverantwortung ausgeschieden war und nach Wegen suchte, wie der Gesprächskanal zur SED offengehalten werden konnte, bemühten sich SPD-Vorstand und Fraktion, Beziehungen zur SED und zur Volkskammer zu initiieren.[198] 1986 beschickten SPD und SED die Parteitage der jeweils anderen Seite erstmals mit Delegationen.[199] Demgegenüber institutionalisierten SPD und KPdSU ihre Beziehungen nicht.[200]

Ein weiterer Unterschied zwischen den sozialdemokratischen Kontakten in die USA und in die UdSSR lag darin, dass die Staatsparteien in Moskau die Besucher aus Bonn nicht zurückstießen, wie dies die Washingtoner Regierung häufig tat, wenn die Abge-

---

[196] Vgl. Risse-Kappen: Null-Lösung, S. 107.
[197] Bahr an Kissinger, 18.1.1983, S. 2. Auch die Jusos machten bei einem Besuch in Moskau die Bereitschaft aus, „auf sozialdemokratische Lösungsvorschläge einzugehen". Rudolf Hartung: Bericht über die Gespräche des Bundesvorstandes der Jungsozialisten vom 8. bis 11.11.1983 in Moskau, 15.11.1983, S. 7, AdsD, WBA, A11.13, 81. Als Helmut Schmidt den Bericht der Jusos las, ließ er mitteilen, er sei „irritiert, daß der Juso-Vorsitzende sich hat zum Instrument sowjetischer Desinformation machen lassen". Jens Fischer an Glotz, 7.12.1983, AdsD, 2/PVDF000207.
[198] Siehe Dingels an Wischnewski: Sitzung des Sechserkreises am 26.10.1982 zum Thema Sozialistische Internationale und internationale Arbeit der SPD, 25.10.1982, S. 1f., AdsD, 1/HWAK000435; Gaus an Brandt, 14.11.1982, AdsD, 1/EBAA000951; Hans Büchler: Beschlußvorlage für den Fraktionsvorstand der SPD-Bundestagsfraktion, betr.: Parlamentarische Kontakte zwischen der Sozialdemokratischen Bundestagsfraktion und der Volkskammer der DDR, 9.11.1982, AdsD, Nachlass Selbmann, 88; Wentker: Außenpolitik, S. 511; F. Fischer: Interesse, S. 178. – Das Politbüro stimmte zu. Noch im Januar 1979 hatte Honecker offizielle Parteikontakte abgelehnt. Ebenda, S. 178, 199, Anm. 223.
[199] Vgl. Wentker: Außenpolitik, S. 511.
[200] Vgl. Schumacher/Selbmann/Dingels: Beziehungen zu regierenden kommunistischen Parteien, 1983, AdsD, 1/HEAA000436; frühere Entwürfe dieses Papiers in AdsD, Nachlass Selbmann, 171. – Eine gemeinsame Arbeitsgruppe zur Abrüstungspolitik nahm aber dennoch 1984 ihre Arbeit auf. Die Gespräche verliefen ergebnislos und wurden 1987 abgebrochen. Vgl. SPD-Pressemitteilung, Nr. 842/1987, 13.10.1987; F. Fischer: Interesse, S. 229–235.

sandten der SPD wieder einmal zu forsch aufgetreten waren. Im Gegenteil: Der Kreml versuchte, die deutsche Sozialdemokratie zu instrumentalisieren.[201] Dass Moskau und Ost-Berlin eine ausgeklügelte Strategie verfolgten, mit der sie die westliche Welt unterwandern und destabilisieren wollten, ist bekannt.[202] Das Ziel „der ideologischen und auslandspropagandistischen Arbeit" war „die beweiskräftige Darlegung der Rolle des Sozialismus als Hauptkraft des Friedens und des gesellschaftlichen Fortschritts", wie es in der Sprache der Bürokratie hieß.[203] Auch bekannt ist mittlerweile, dass die westeuropäischen Friedensbewegungen ein bevorzugtes Ziel waren, wenn es darum ging, Kommunisten in gesellschaftliche Schlüsselpositionen einzuschleusen.[204] Der Kreml suggerierte sich selbst, die Friedensbewegung sei ein Produkt kommunistischer Infiltration. Es waren die Deutsche Kommunistische Partei (DKP) und die Deutsche Friedensunion (DFU), die der SED in Ost-Berlin willig berichteten, welche Erfolge sie darin errangen, die SPD auf die Seite der Nachrüstungsgegner zu ziehen und die Friedensbewegung zu stärken.[205]

Dies war freilich ein großer Bluff. So wenig die Absicht in Moskau und Ost-Berlin zu leugnen ist, die westliche Welt zu destabilisieren, so schwierig bleibt es, den millionenfachen Protest gegen die Nachrüstung in der Bundesrepublik, Westeuropa und Nordamerika auf die Verschwörung kommunistischer Funktionäre im fernen Moskau zurückzuführen.[206] „Ferngelenkt" war die Friedensbewegung nicht.[207] Sicherlich aber verdankten einige Friedensgruppen in der Bundesrepublik ihre Kampagnenfähigkeit materiellen Zuwendungen aus Ost-Berlin.[208] Der „Krefelder Appell" vom Herbst 1980 ist das prominenteste Beispiel und vielleicht der größte Erfolg der DKP in Westdeutschland. Lanciert von der DFU und dem „Komitee für Frieden, Abrüstung und Zusammenarbeit" (KOFAZ), formulierte er den frühen Widerstand gegen den Doppelbeschluss in einem Appell, der rasante Verbreitung fand.[209] Auch etliche SPD-Mitglieder unterzeichneten den Aufruf,[210] was das Erich-Ollenhauer-Haus in Alarmbereitschaft versetzte.[211] Denn Sozialdemokraten

---

[201] Siehe dazu zeitgenössisch: Der Bundesminister des Innern: Instrumente und Wege kommunistischer Einwirkung auf die Protestbewegung in der Bundesrepublik Deutschland zur Verhinderung der NATO-Nachrüstung, undatiert, AdsD, Bestand IFIAS, 77.
[202] So explizit Bericht über die Beratung der Sekretäre für internationale und ideologische Fragen der Zentralkomitees kommunistischer und Arbeiterparteien sozialistischer Länder vom 3. bis 5. 7. 1979 in Berlin, undatiert, SAPMO-BArch, DY 30/IV 2/1/568, Bl. 22–41, hier Bl. 23.
[203] Ebenda, Bl. 29; prägnant auch Scholtyseck: Außenpolitik, S. 38f., 120.
[204] Vgl. Heidemeyer: NATO-Doppelbeschluss, S. 262–265.
[205] Westabteilung: Information zur Haltung der SPD und der Sozialistischen Internationale in der Frage der Raketenstationierung in Westeuropa, 28. 10. 1983, SAPMO-BArch, DY 30/14606, Bl. 219–229. – Grundlegend Roik: DKP, S. 253–366.
[206] So bereits Nehring/Ziemann: Wege, S. 83–87, 90f.; siehe zum Einfluss transnationaler Friedensbewegungen auf die sowjetische Militärpolitik die interessante Argumentation bei Evangelista: Unarmed Forces, S. 7f.
[207] So aber Ploetz/Müller: Friedensbewegung; sowie Wettig: Sowjetunion, S. 229–232; dazu die kluge Erwiderung Nehring/Ziemann: Wege.
[208] Vgl. unpolemisch und reflektiert Bredow/Brocke: Krise, S. 155f.
[209] „Der Atomtod bedroht uns alle". Erklärung des Krefelder Forums vom 15./16. 11. 1980, in: *Blätter für deutsche und internationale Politik* 25 (1980), S. 1513; van Hüllen: Krefelder Appell.
[210] Exemplarisch Jungsozialisten Bezirk Rheinhessen an den Bundesvorstand der Jungsozialisten, 13. 4. 1981, AdsD, Bestand SPD-PV, Referat Jungsozialisten, 7847.
[211] Siehe Protokoll der Sitzung des Präsidiums am 6. 4. 1981, 6. 4. 1981, S. 5, AdsD, Bestand SPD-PV, Vorstandssekretariat, Mappe 162; Glotz an die leitenden Landes- und Bezirksgeschäftsführer und die Unterbezirke: Krefelder Appell, 8. 4. 1981, AdsD, WBA, A11.5, 30.

durften keine „Aktionseinheit mit den Kommunisten" eingehen.[212] Peter Glotz bestritt „der DKP und ihr nahestehenden Organisationen" eine „moralische Glaubwürdigkeit des Engagements für den Frieden", weil für sie „die Rüstung des Warschauer Paktes friedensfördernd, die der NATO dagegen friedensschädigend ist".[213] Doch es fiel der SPD-Führung schwer, eine klare Trennlinie zu ziehen; nicht alle Parteimitglieder folgten dem Beispiel Epplers und verweigerten dem Appell ihre Unterschrift.[214]

Wo nachrüstungskritische Sozialdemokraten auf Tuchfühlung zu Kommunisten gingen, da taten sie dies aber nicht, um sich beeinflussen zu lassen, sondern um Moskau zu ernsthaften Verhandlungen in Genf zu bewegen. Denn daran ließ es die Sowjetunion aus ihrer Sicht ebenso fehlen wie die Vereinigten Staaten. Vor allem war ihnen daran gelegen, sich den Supermächten als eine Gruppe zu präsentieren, die willens und in der Lage war, die internationalen Beziehungen mitzugestalten, weil sie erkannt hatte, dass der Kalte Krieg nicht mehr funktionierte. Gleichzeitig wollte sich die SPD-Führung der eigenen Basis als globaler Vermittler in Sachen Rüstungskontrolle zeigen und damit ihre innerparteilichen Kritiker besänftigen. Die außenpolitischen Interventionen verliefen wie ein Theaterstück, in dem alle Beteiligten nach einem festen Skript handelten. Wenn die Emissäre der SPD in West und Ost immer wieder die gleichen detaillierten Vorschläge machten, antworteten die Supermächte, indem sie die Ideen in einer schablonenhaften Sprache zurückwiesen. So blieben die Erfolge dieser performativen Akte sehr begrenzt, und nur selten konnte die SPD aus dem Osten etwas Neues vermelden. Der Kreml ließ sich von seiner Verhandlungstaktik genauso wenig abbringen, wie das Weiße Haus bereit war, auf die innenpolitischen Nöte der SPD einzugehen. So ernüchternd dieses Fazit auch ist – eigentlich liefen alle Versuche, das Ausland zum Resonanzraum zu machen, ins Leere. Das trieb den innerparteilichen Streit seinem Höhepunkt zu und brachte die Routine der SPD zu Fall.

---

[212] Das forderte Horst Niggemeier von Glotz, 20.7.1981, AdsD, 2/PVEH000256; abgedruckt in Niggemeier: Krefelder Appell. Dies widersprach in der Tat einem Parteiratsbeschluss vom 26.2.1971 zum „Verhältnis von Sozialdemokratie und Kommunismus". Faulenbach: Jahrzehnt, S. 346f.; Roik: DKP, S. 138–153, insb. 139, auch 288–317.
[213] Glotz an Vorstand der Jungsozialisten im UB Hildesheim, 25.6.1981, AdsD, 2/PVEH000265; Jungsozialisten werben für „Krefelder Appell" gegen NATO-Rüstung, in: Die Welt, 29.4.1981.
[214] Dazu Josef Weber an Eppler, 30.5.1981, und die hs. Antwort vom 5.6.1981, AdsD, 1/EEAC000063.

V. Partei in Bewegung – die Praxis des Protests

1. Das Ende der innerparteilichen Routine

In der Atmosphäre des Nachrüstungsstreits brachen sich Widerspruch und Widerstand Bahn. Ein Grund dafür war, dass der Kalte Krieg viele in der SPD nicht mehr überzeugte. Schon im Laufe des Jahres 1981 war der Dissens zum Prinzip des Parteilebens geworden. Die Sozialdemokraten schalteten in den Krisenmodus, sie kultivierten den Streit, und sie gaben sich keine Mühe mehr, vor der Außenwelt zu verbergen, wie uneinig sie waren. Nach dem Regierungswechsel im Herbst 1982 und angesichts der mageren Aussichten für einen Verhandlungserfolg in Genf begann die Parteilinke, der Politik von Schmidt immer lauter zu widersprechen und dem Kurs ihrer Führung auch auf den Straßen zu widerstehen. Bald lockerten sich aber die starren Fronten auf. Die SPD-Spitze schwenkte im Sommer 1983 um und anerkannte, dass die Friedensbewegung legitime Vorschläge machte. Sie empfahl ihren Mitgliedern, sich in örtlichen Initiativen zu engagieren, und sie begrüßte es, wenn neue Aktionsweisen in die Partei kamen. Da der Kalte Krieg für viele Sozialdemokratinnen und Sozialdemokraten seine Kohäsion verlor, wurden Grenzen nicht nur auf einer epistemologischen und räumlichen Ebene, sondern auch gesellschaftlich durchlässiger. So bewirkte das Schwinden des ideologischen Gegensatzes, dass alte Gewissheiten aufweichten. Selbst in der Abgrenzung nach außen erfüllte das binäre Denken nicht mehr seinen Zweck: Was die Sozialdemokratie eigentlich war, wer dazugehörte, wo ihre inneren und äußeren Grenzen verliefen, rückte in den achtziger Jahren verstärkt in den Raum des politisch Verhandelbaren. Das Engagement von Parteimitgliedern in der außerparlamentarischen Bewegung stellte abstrakte und eindeutige formale Zugehörigkeitskriterien infrage.

In den frühen achtziger Jahren geriet die SPD in schwere Turbulenzen. Eine stetig größer werdende Zahl von Mitgliedern griff auf, was die Friedensforscher an Deutungsangeboten machten. Bald trennte eine tiefe Kluft, was Befürworter und Gegner der Nachrüstung dachten und sprachen, wie sie handelten. Widerspruch und Widerstand kamen nicht nur von der Parteibasis; Kritik gab es schon 1979 bis in die SPD-Fraktion, den Parteivorstand und das Präsidium. Aber in diesen Gremien überwog innerparteiliche Disziplin, die verhinderte, dass die SPD den Doppelbeschluss vor dem Regierungswechsel am 1. Oktober 1982 und auch vor Ende der Genfer Verhandlungen ernsthaft infrage stellte. Im Gegensatz dazu waren die unteren Gliederungen der SPD der Ort, an dem nachrüstungskritische Beschlüsse möglich waren – nicht zuletzt, weil der Boden für Gegenexpertisen dort fruchtbarer und weil die Logik des Allianzbeschlusses in der breiten Mitgliedschaft weniger präsent war als an der Spitze. Alles in allem war die Basis eher bereit, vom Wissen des Kalten Krieges abzurücken. So positionierten sich einzelne Ortsvereine und Unterbezirke bereits 1979 gegen die Atomraketen.[1] Die SPD in Südschwaben meldete Zweifel an, ob der Doppelbeschluss geeignet sei, „den Frieden zu sichern", und fragte, ob er nicht vielmehr „die Gefahr von weiteren Rüstungswettläufen" erhöhe. Solche Beschlüsse, Resolutionen und Anträge nahmen ab 1980 signifikant zu, als die internationalen Be-

---

[1] Exemplarisch NATO-Friedenssicherungspolitik auf dem Prüfstand [Antrag zur Kreiskonferenz der SPD Stuttgart am 10. 2. 1979], 7. 2. 1979, AdsD, 1/HWAA002852.

dingungen für Rüstungskontrolle schlechter wurden.[2] Sie waren performative Sinnstiftungsakte, denn im Vollzug der Abstimmung in einer Ortsvereins- oder Unterbezirkssitzung sprach sich eine Mehrheit gegen die Raketen oder gleich gegen den Allianzbeschluss aus. Indem die Anwesenden ihre Hände hoben oder Stimmzettel ausfüllten, brachten sie eine gegen die Parteispitze gewendete Aussage hervor.

Man kann den Konflikt in der SPD nicht nur von seinen Ursachen her verstehen, sondern muss auch auf die Dynamik schauen, die er entfaltete. Dies wird deutlicher, wenn man die konkrete Beweisführung der Texte untersucht, die aus einer Reihe von feststehenden und variabel zusammensetzbaren Argumentationsmustern bestanden. In einer Resolution des Ortsvereins Aumühle bei Hamburg, welche die Nachrüstungskritik repräsentativ entfaltete, hieß es im Juli 1981:

> „Immer offensichtlicher erweist sich der ‚Nach'rüstungsbeschluß der NATO vom 12. Dezember 1979 als verhängnisvolle Fehlentscheidung. Die Erwartung, wonach Vereinbarungen zwischen den USA und der UdSSR zur Begrenzung der eurostrategischen Atomwaffensysteme noch vor der Stationierung einer neuen Generation amerikanischer atomarer Mittelstreckenwaffen in Westeuropa erreicht werden könnten, scheint sich nicht zu erfüllen. Mit der Verweigerung der Ratifizierung des SALT II-Abkommens durch die US-Regierung ist die Aussicht auf erfolgreiche Verhandlungen zur Begrenzung der eurostrategischen Atomwaffen in weite Ferne gerückt. Zugleich entspricht damit die jetzige Lage nicht mehr der, die der Beschluß des Berliner Parteitages der SPD vom Dezember 1979 als Grundlage für den ‚Doppelbeschluß' vorsieht. Ein Berufen in der Frage der ‚Nach'rüstung auf den Berliner Parteitags-Beschluß widerspricht somit der Beschlußlage der SPD auf Bundesebene. Das Bestreben der US-Regierung, das Risiko und die Folgen atomarer kriegerischer Auseinandersetzungen auf Westeuropa und besonders auf die Bundesrepublik Deutschland zu konzentrieren, setzt die Bürger Westeuropas und speziell unseres Staates einem untragbaren Risiko aus. Der SPD-Ortsverein Aumühle appelliert daher an alle SPD-Entscheidungsträger – besonders jedoch an die Bundesregierung, [...] die Zustimmung zur Stationierung von Pershing II-Atomraketen und Atom-Marschflugkörpern in der Bundesrepublik Deutschland zurückzuziehen."[3]

Die Genossen in Aumühle sagten voraus, dass sich die im Allianzbeschluss ausgedrückte Hoffnung, durch Rüstungskontrolle die Stationierung verhindern zu können, nicht erfüllen werde. Das entscheidende Argument war, dass sich die US-Regierung außenpolitisch neu orientierte, was die Resolution exemplarisch daran festmachte, dass Washington das SALT-II-Abkommen nicht ratifizieren wollte. Damit seien jedoch die Voraussetzungen geändert worden, unter denen die SPD dem Doppelbeschluss zugestimmt habe. Neben dieser formalen Argumentation verwies die Resolution auf die wachsende Kriegsgefahr durch neue Nuklearwaffen in Europa. Dass sich die Ausgangsbedingungen verändert hätten, unter denen die SPD den Doppelbeschluss gebilligt habe, und dass die nukleare Apokalypse drohe, waren die beiden entscheidenden Denkfiguren an der SPD-Basis. Sie konnten einzeln oder in Kombination artikuliert, in abgestufter Ausführlichkeit vorgetragen und variantenreich miteinander verbunden werden. So verlangte ein Wolfsburger Ortsverein im Mai 1981, die Allianzentscheidung zurückzunehmen, wenn die US-Regierung in Genf nicht ernsthaft verhandle.[4] Auch ein Initiativantrag auf dem Bezirksparteitag Nord-Niedersachsen stellte im gleichen Jahr fest, dass „die 1979 getroffene Zustimmung der SPD zum Nachrüstungsbeschluß hinfällig" werde, wenn es „aufgrund des Widerstan-

---

[2] Zum Beispiel Beschluss des UB-Parteitages Südschwaben am 15.3.1980 für Frieden und Abrüstung, undatiert, AdsD, WBA, A11.6, 37.
[3] SPD-Ortsverein Aumühle: Resolution [2.7.1981], AdsD, 2/PVEH000266B.
[4] Antrag des SPD-Ortsvereins Wolfsburg-Westhagen zum Parteitag des SPD-Bezirks Braunschweig am 16.5.1981, undatiert, AdsD, Bestand SPD-PV, Internationale Abteilung, 11175.

des von Staaten des Westlichen Bündnisses zu keinen ernsthaften Verhandlungen über den Verzicht auf Mittelstreckenraketen" komme.[5] Die SPD-Frauen in Freudenstadt drängten „auf baldige, ernsthafte Abrüstungsgespräche" und schlugen vor, die Nachrüstung zurückzustellen, bis die US-Regierung den SALT-II-Vertrag ratifiziert habe.[6] Derartige konditionierte Absagen an die Raketenstationierung waren in der SPD schon vor dem Regierungswechsel 1982 weit verbreitet. Mit ihnen argumentierten SPD-Mitglieder aus der Logik des Doppelbeschlusses heraus gegen dessen Vollzug.[7]

Im Vergleich dazu richtete sich die inhaltlich begründete Kritik gegen die Logik der Entscheidung selbst und gegen das System des Kalten Krieges. Ein Antrag zur Nachrüstungsproblematik, der im nordrhein-westfälischen Ortsverein Hückelhoven 1982 zirkulierte, kehrte den Nachweis ins Prinzipielle: „Wir wehren uns grundsätzlich gegen neue Atomwaffen in Europa."[8] Denn die technischen Eigenschaften der Waffen („Punktzielgenauigkeit, kürzere Vorwarnzeiten") destabilisierten die Sicherheit und erhöhten die Kriegsgefahr. NATO und Warschauer Pakt hätten „seit mehr als 30 Jahren so viele Waffen angehäuft, daß jedes Leben auf der Erde mehrfach vernichtet werden könnte. Das Gebot der Stunde scheint daher nicht weitere Auf-, sondern Abrüstung."[9] Die Furcht vor einer nuklearen Eskalation durch den anhaltenden Rüstungswettlauf war kein systemimmanentes Argument. Vielmehr transportierte es Grundsatzkritik an den Prämissen der etablierten Sicherheitspolitik.[10]

Wenn ein Ortsverein die Nachrüstung ablehnte und dabei aus dem verbreiteten Reservoir an Argumentationsformen schöpfte, dann wohnte seiner Beschlussfassung häufig etwas Rituelles inne. Politische Rituale zielen darauf ab, ein Zusammengehörigkeitsgefühl zu erzeugen. So hatten auch die Anträge, Beschlüsse und Resolutionen eine gemeinschaftsstiftende Funktion. Denn sie konstruierten einen Gegensatz zwischen der als Einheit gedachten nachrüstungskritischen Basis und der Parteiführung. Neben ihrer oft stereotypisierten Argumentation erzeugte auch die bloße Niederschrift und Verabschiedung eine Botschaft: Ortsvereine und Unterbezirke brachten ihren Dissens zur Politik der SPD-Führung zur Aufführung; ihre Anträge, Beschlüsse und Resolutionen waren darauf ausgelegt, die Routine des innerparteilichen Konfliktaustrags zu stören. Deshalb ist die Dynamik des Streits wichtig. Wenn ein einzelner Ortsverein oder Unterbezirk gegen die Nachrüstung votierte, fiel das nicht weiter ins Gewicht. Die kritische Masse der SPD-Gliederungen, die ab 1980 Position gegen Schmidt bezogen, ergab jedoch ein Potential, das den sozialdemokratischen Alltag zu stören imstande war. Routiniert verlief der politische Aushandlungsprozess in einer Partei wie der SPD dann, wenn die Basis der Mitglieder den Kurs der Führung stützte, kritisch begleitete und innerhalb der Logik des vorgegebe-

---

[5] Initiativantrag zum Parteitag des SPD-Bezirks Nord-Niedersachsen am 16. Mai 1981 in Lamstedt, undatiert, AdsD, Bestand SPD-PV, Internationale Abteilung, 11175.
[6] ASF Freudenstadt: [Antrag zur ASF-Landeskonferenz am 28./29. 3. 1981 in Malsch], undatiert, AdsD, Bestand SPD-PV, Referat Frauen/ASF, 10333.
[7] Auch Antrag des SPD-Unterbezirks Frankfurt, undatiert, AdsD, Bestand SPD-PV, Internationale Abteilung, 11175.
[8] Antrag zur Ortsvereinsversammlung [Hückelhoven] am 6. 3. 1982, undatiert, AdsD, 2/PVEH000265.
[9] Mit ähnlicher Stoßrichtung Antrag des Bezirksvorstandes an den Parteitag des SPD-Bezirks Rheinland/Hessen-Nassau am 26. 9. 1981 in Wirges, undatiert, AdsD, Bestand SPD-PV, Internationale Abteilung, 11175.
[10] Das wird auch deutlich in Friedenspolitik. Antrag des SPD-Ortsvereins Murnau zum Landesparteitag der SPD Bayern in Wolfratshausen 1981 [Mai 1981], AdsD, 1/BFAA000731.

nen Kurses modifizierte – aber nicht grundsätzlich infrage stellte. Dann nämlich wurde aus politischer Eindeutigkeit innerparteiliche Ambivalenz, und nichts zog die Autorität und Legitimität der Parteiführung vor den Mitgliedern und vor den Wählern mehr in Zweifel.

Die sozialdemokratische Welt geriet aus den Fugen. Nachrüstungskritische Anträge, Beschlüsse und Resolutionen der SPD-Basis waren theatralische Inszenierungen, die der Parteiführung mitteilten, wie die einfachen Mitglieder über ihre Sicherheits- und Friedenspolitik dachten. Wenn die Jusos in Hessen-Süd in den Fußgängerzonen 1982 eine Mitgliederzeitschrift verteilten und darin ihre Expertise gegen den Doppelbeschluss entfalteten, brachten sie sich nonverbal gegen die Ordnungsmuster der Parteielite in Stellung.[11] Nicht anders verhielt es sich mit dem Beschluss der SPD Baden-Württemberg, die auf einem Landesparteitag im Mai 1981 empfahl, die Zustimmung zum Doppelbeschluss zu überprüfen.[12] Beobachter verstanden diese Handlungen als offensichtliches Zeichen, dass der Kurs von Schmidt in dessen Partei nicht mehr mehrheitsfähig war. Selbst der SPD-Zentrale galten sie als innerparteiliche Demonstrationen gegen ihren Kurs.[13] Natürlich gab es Gliederungen, die den politischen Kurs von Schmidt stützten.[14] Und führende Sozialdemokraten stemmten sich gegen die Beschlüsse der Basis, die den Doppelbeschluss aufkündigen wollten.[15] Aber die Tendenz wies in eine Richtung, die dem Erich-Ollenhauer-Haus nicht gefiel. Dass der „Wille zum Regieren schwindet", befand die „Frankfurter Allgemeine Zeitung" über die innerparteiliche Diskussionskultur der SPD schon Anfang Mai 1981.[16] Sie bezeichnete die Beschlüsse von Ortsvereinen und Unterbezirken als Ausdruck einer „mit Ignoranz gepaarten Arroganz einer Delegierten-‚Basis'".[17] Parteien seien der „Weg der Geschichte", so zitierte sie einen Funktionär, „um große Männer herumzukommen".

Die Parteiroutine geriet endgültig aus dem Tritt, als der baden-württembergische SPD-Vorsitzende Erhard Eppler am 10. Oktober 1981 zur großen Friedensdemonstration auf

---

[11] Bezirks-Forum. Informationen der Jusos in Hessen-Süd, Nr. 16, August 1982, AdsD, Bestand SPD-PV, Referat Jungsozialisten, 7845; dazu schon zeitgenössisch: Die Partei trifft sich auf zwei Ebenen, in: *Frankfurter Allgemeine Zeitung*, 19. 11. 1983.

[12] Dazu die Reaktionen der Parteispitze in Protokoll der Sitzung des Präsidiums am 11. Mai 1981, S. 7, AdsD, Bestand SPD-PV, Vorstandssekretariat, 164; Im Duett: Brandt und Erhard Eppler, in: *Bunte*, 14. 5. 1981.

[13] Siehe auch die Übersicht über die dem Parteivorstand – Referat Organisation – zugegangenen Entschließungen (Anträge) aus der Organisation für den Zeitraum 1. 4.–30. 6. 1981, undatiert, AdsD, WBA, A11.3, 46; Übersicht über die dem Parteivorstand – Referat Organisation – zugegangenen Anträge aus der Organisation für den Zeitraum vom 6. 7. bis 3. 8. 1981, undatiert, AdsD, 1/HSAA009805.

[14] So Antrag des Bezirksvorstandes zum Parteitag des SPD-Bezirks Weser-Ems am 5./6. 9. 81, undatiert, AdsD, Bestand SPD-PV, Internationale Abteilung, 11175; Sicherheitspolitischer Antrag des SPD-UB Fulda zum Parteitag des SPD-Bezirks Hessen-Nord am 8. Mai 1981, undatiert, AdsD, Bestand SPD-PV, Internationale Abteilung, 11175; Bo Frenkel: Für und gegen des Kanzlers Politik. Widersprüchliches auf SPD-Bezirksparteitagen – „Auf die Westfalen ist Verlaß", in: *Vorwärts*, 11. 2. 1982, S. 8; Jochen Loreck: Franken: Mehrheit für Doppelbeschluss. SPD-Bezirksparteitag bekräftigt Helmut Schmidts Sicherheitspolitik, in: *Vorwärts*, 21. 1. 1982, S. 10.

[15] Siehe Brandt: Manuskript der Rede auf dem Bezirksparteitag der SPD Hessen-Süd am 18. 4. 1980 in Maintal-Bischofsheim, undatiert, AdsD, WBA, A11.5, 29; Ehmke: Referat zum Thema „Sicherheitspolitik" auf dem Außerordentlichen Bezirksparteitag der SPD-Mittelrhein in Leverkusen am 6. 10. 1979, undatiert, AdsD, 1/HEAA000253; Renger: Rede am 7. Mai 1983 anläßlich der Bezirkskonferenz der Arbeiterwohlfahrt Nordwürttemberg in Fellbach, undatiert, AdsD, 1/ARAA000042.

[16] Der Wille zum Regieren schwindet, in: *Frankfurter Allgemeine Zeitung*, 7. 5. 1981.

[17] Immer nur die Delegierten, in: *Frankfurter Allgemeine Zeitung*, 23. 3. 1981.

der Hofgartenwiese in Bonn sprach.[18] Eppler, der die Galionsfigur der sozialdemokratischen Nachrüstungsgegner war, hatte bereits auf dem Berliner Parteitag im Dezember 1979 den sicherheitspolitischen Leitantrag abgelehnt.[19] Innerhalb der SPD-Führung war er dasjenige Mitglied, mit dem sich die kritischen Stimmen an der Parteibasis am ehesten identifizieren konnten. Bereits in der Auseinandersetzung um die Kernenergie in den späten siebziger Jahren hatte er sich in Konfrontation zum Kurs der Bundesregierung begeben. Ab diesem Zeitpunkt war er in der Parteispitze ein Außenseiter. Früh ging sein Widerstand gegen die Kernenergie über in die Kritik an den Atomraketen.[20] Zwar war Eppler bei weitem nicht der einzige sozialdemokratische Friedensaktivist, aber sicher der prominenteste. Deshalb wurden auf ihn Wünsche und Hoffnungen projiziert.[21] Der Karlsruher Verfassungsrichter Helmut Simon bezeichnete gegenüber Brandt „das persönliche Potential von Erhard Eppler" als „unverzichtbar" für die Partei.[22] Der Vorsitzende selbst wusste um die Bedeutung Epplers für die Fliehkräfte in der SPD.[23] Doch auf Brandt meinte sich Eppler bald nicht mehr verlassen zu können.[24] So war sein Auftritt im Bonner Hofgarten der Versuch, den stationierungskritischen Stimmen in der SPD Raum zu geben und einen Gegensatz zum Kanzler und seiner Politik zu markieren.[25] Schon zum Evangelischen Kirchentag 1981 in Hamburg war Eppler gereist, „um deutlich zu machen, daß er diese Leute nicht allein lasse".[26] Spätestens hier war unverkennbar geworden, dass in seiner Person Sozialdemokratie und Protestantismus zusammenfanden.[27] Was für Hamburg gesagt werden kann, gilt auch für Bonn: Sein Auftritt war selbst die Botschaft.[28]

Als die Veranstalter der Friedensdemonstration Eppler im Sommer 1981 einluden, vor den Demonstranten zu sprechen, zögerte er nicht, dieses Angebot anzunehmen.[29] Naturgemäß stieß Epplers Absicht im Kanzleramt auf vehemente Gegenwehr, das auf die Aufrechterhaltung der nach außen hin sichtbaren innerparteilichen Ordnung bedacht war.[30]

---

[18] Vgl. Aktionsgemeinschaft Dienst für den Frieden: Aufruf zur Demonstration und Kundgebung am 10.10.1981 in Bonn, undatiert, AdsD, 1/EEAC000064; abgedruckt in *Blätter für deutsche und internationale Politik* 26 (1981), S. 1023f.; zu Eppler vgl. Faerber-Husemann: Querdenker; Ch. Simon: Erhard Eppler.
[19] So Eppler an Karl Steier, 19.12.1979, AdsD, 1/EEAC000051; auch Eppler an Brauch (hs.), 26.11.1979, AdsD, 1/EEAC000042.
[20] Vgl. Eppler an Brandt, 11.12.1979, AdsD, WBA, A11.3, 42.
[21] Exemplarisch Ismail K. an Eppler, 9.2.1981, S. 1, AdsD, 1/EEAC000059; ferner Henning Scherf an Eppler, 21.3.1980, die Antwort 15.4.1980, AdsD, 1/EEAC000051; Fritz Sänger an Eppler, 14.2.1981, AdsD, 1/EEAC000062; William Borm an Eppler, 1.4.1981, AdsD, 1/EEAC000057.
[22] Helmut Simon an Brandt, 31.3.1980, AdsD, 1/EEAC000051.
[23] Brandt an H. Simon, 18.4.1980, AdsD, 1/EEAC000012; auch Brandt an Eppler, 22.3.1980, AdsD, WBA, A11.5, 29.
[24] Eppler an Albertz (hs.), 6.1.1980, AdsD, 1/HAAA000073.
[25] Siehe: Unbehagen in Bonn vor der großen „Friedenskundgebung". Eppler als Redner/Das „geringe Interesse" der Amerikaner an einer Abrüstung/Schmidts Warnungen, in: *Frankfurter Allgemeine Zeitung*, 22.9.1981.
[26] Protokoll der Sitzung des Präsidiums am 22.6.1981, S. 4, AdsD, Bestand SPD-PV, Vorstandssekretariat, 169.
[27] Vgl. apologetisch Faerber-Husemann: Querdenker, S. 206; S. Richter: Protagonisten, S. 189f.
[28] Vgl. auch Patricia Clough: Schmidt party hails peace rally, in: *The Times*, 12.10.1981.
[29] Deile an Eppler, 5.8.1981, AdsD, 1/EEAC000064; Rufus Flügge an Eppler, 27.7.1981, die Antwort vom 30.7.1981, ebenda.
[30] Lahnstein an Schmidt: Demonstration 10.10.1981; hier: Teilnahme von SPD-MdB's, 30.9.1981, S. 1, AdsD, 1/HSAA008001.

Bereits zwei Wochen zuvor hatte Schmidt einen persönlichen Brief an Brandt geschickt, in dem er die Friedensdemonstration eine „anti-amerikanische Aufputschung" genannt und dringend von einer Teilnahme Epplers abgeraten hatte.[31] Schmidt antizipierte gewaltsame Ausschreitungen im Anschluss an die Demonstration und warnte davor, dass SPD-Mitglieder darin verwickelt würden. Mit Gewalt war die innerparteiliche Routine am sichtbarsten gestört. Wer Gewalt anwandte oder mit ihr in Verbindung stand, verließ nach dem Dafürhalten der Parteispitze den kollektiv akzeptierten Diskursraum. Nun gab es selbst in den Reihen der Jusos kaum jemanden von Rang und Namen, der Gewalt für ein legitimes politisches Ausdrucksmittel hielt.[32] Beim SPD-Vorsitzenden hatte der Kanzler mit seinem Brief jedenfalls keinen Erfolg.[33] Während Brandt betonte, dass er den SPD-Mitgliedern ihr Demonstrationsrecht nicht nehmen könne, sprach Schmidt „die Befürchtung aus, daß der Handlungsspielraum der Regierung durch Demonstrationen dieser Art eingeschränkt" werde.[34] Eppler, der dem Kanzler entgegenhielt, sein „Auftreten auf der Veranstaltung werde in der Geschichte der Partei gut bestehen können",[35] blieb bei seiner Absicht und trat am 10. Oktober 1981 vor etwa 300 000 Demonstranten auf.[36] Das Großereignis, das unter dem Motto „Gegen die atomare Bedrohung gemeinsam vorgehen" stand, begann mit fünf Auftaktkundgebungen an der Bonner Nordbrücke, in Beuel, auf der Josefshöhe, am Schlachthof und am Südfriedhof mit anschließenden Sternmärschen zum Hofgarten.[37] An jenem denkwürdigen Samstag war Eppler der achte Redner, der auf einer improvisierten Bühne mit Zeltdach sprach. Andere prominente Redner waren Alfred Mechtersheimer, Robert Jungk, Petra Kelly, Gert Bastian und Uta Ranke-Heinemann. Die Hauptrede hielt Heinrich Böll.[38]

Epplers Auftritt im Hofgarten war symbolträchtig. Was seine inhaltliche Aussage betraf, war die Differenz zur Politik von Schmidt offensichtlich. Doch auch sein Erscheinungsbild und sein Sprachduktus generierten eine ganz eigene Aussage, die Epplers politische Botschaft stützte und nonverbal weiterspann.[39] Bereits habituell unterschied sich Eppler deutlich vom Bundeskanzler. An jenem Tag im Hofgarten trug er den für ihn typischen grauen Rollkragenpullover und ein dunkles Jackett. Seitdem er 1974 aus dem Bundeska-

---

[31] Schmidt an Brandt, 16.9.1981, AdsD, 1/EEAC000115. Eppler erhielt eine Kopie des Briefes, in der er die Wörter „anti-amerikanische Aufputschung" unterstrich, ebenda.
[32] Vgl. Rudolf Hartung an die Mitglieder und stellvertretenden Mitglieder des Bundesausschusses der Jungsozialisten: Demonstration am 10.10. von Aktion Sühnezeichen/Aktionsgemeinschaft Dienste für den Frieden, undatiert, AdsD, Bestand SPD-PV, Referat Jungsozialisten, 7790.
[33] Brandt an Schmidt, 21.9.1981, AdsD, WBA, A11.3, 46.
[34] Schmidt: Sprechzettel für die Fraktionssitzung am 6.10.1981 zur Bonner Friedensdemonstration, 5.10.1981, S.1, AdsD, 1/HSAA010724.
[35] Protokoll der Sitzung des Präsidiums am 28.9.1981, S.4, AdsD, 1/HSAA006324.
[36] Eppler: „Wir wollen diese Kette zerschlagen". Rede auf der Friedensdemonstration am 10.10.1981 in Bonn, in: SPD-Pressedienst, 12.10.1981, S.6–8; mit inhaltlichen und organisatorischen Instruktionen für die Rede: Deile an Eppler, 25.9.1981, AdsD, 1/EEAC000064; Gerhard Hirschfeld: Von der Friedensbewegung zur Politik. Eppler will konstruktive alternative Friedenspolitik, in: *Vorwärts*, 15.10. 1981, S.1.
[37] Vgl. John Vinocur: 250,000 at Bonn Rally Assail U.S. Arms Policy, in: *New York Times*, 11.10.1981; Hefty: Auf Wiedersehen in Brokdorf oder sonstwo. Beobachtungen am Rande der Demonstration, in: *Frankfurter Allgemeine Zeitung*, 12.10.1981.
[38] Bastian, Böll, Eppler und Kelly waren die „bundesweite RednerInnenprominenz" der Friedensbewegung, Balistier: Straßenprotest, S.36.
[39] Anregend zur theoretischen Einordnung vgl. Fahlenbrach: Protestinszenierungen, S.43–84, prägnant auch S.20f.

binett ausgeschieden war, hatte man ihn in der Öffentlichkeit kaum noch in Anzug mit Krawatte gesehen. Vielmehr entsprach sein Kleidungsstil dem eines Oberstudienrats, der er vor seiner politischen Karriere gewesen war. Während SPD-Spitzenpolitiker wie Schmidt und Brandt sich als Angehörige des politischen „Establishments" auswiesen, brachte Eppler durch sein bildungsbürgerliches Kleiderreservoir Abstand zur SPD-Spitze und politisches Pariatum zum Ausdruck. Auch seine schwer zähmbaren Haare, die er nicht wie Schmidt zu einem strengen Scheitel kämmte, bildeten seine politische Einstellung ab. Die fliehende Stirn und die große Hornbrille rundeten das Bild intellektueller Nachdenklichkeit ab, das Eppler gerne von sich zeichnete. Was seine „Körpersprache und nonverbale[n] Interaktionsroutinen"[40] anging, entsprach er den Anforderungen des Protestmilieus, während sich Schmidt als international angesehener Staatsmann gab.

Dieser Gegensatz blieb selbst auf der rhetorischen Ebene virulent. Schmidts norddeutscher Sprachduktus, der auf seine Zuhörer eloquent und souverän wirkte, stand in krassem Gegensatz zu Epplers melodischem württembergischem Akzent mit seinen weichen Betonungen. Eppler gab sich keine Mühe, hanseatische Weltläufigkeit zu simulieren. Er wollte als Mann von der Basis wahrgenommen werden, der die Sprache der Demonstranten sprach, ihre Ängste wahrnahm und im Kreis der Mächtigen zu Gehör brachte. Epplers Inszenierung entsprach genau diesem Anliegen. Wenn er vor großem Publikum auftrat, neigte er dazu, in den Ton eines Predigers zu verfallen. Er sammelte Legitimität, indem er seine Bodenhaftung, Basisnähe und Authentizität herausstellte. So bediente er anti-elitistische Deutungsmuster. Eppler gab sich als politischer *Underdog* und trat mit dieser Strategie gegen den Kanzler an. Dass Eppler den Großteil seiner Briefe persönlich per Hand schrieb, mag zuvorderst einer nur rudimentären Mitarbeiter- und Büroausstattung als Landtagsabgeordneter von Baden-Württemberg geschuldet gewesen sein. Sie fügte sich aber nahtlos ein in das Bild eines Politikers, der sich selbst als Vertreter des nachrüstungskritischen Protestmilieus sah, seine Basisnähe sehr bewusst hervorhob und dadurch den Anforderungen eben dieses Bewegungsspektrums entsprach. Eppler positionierte sich im Hofgarten nicht nur so, dass er als Gegenspieler des Kanzlers erschien. Er führte diese Differenz auch nonverbal auf. Das persönliche Verhältnis der beiden Sozialdemokraten jedenfalls galt als zerrüttet.[41] Sie unterschieden sich nicht nur in ihrem politischen Stil, in ihrer Sprache und ihrem Habitus. Sie unternahmen auch beide kaum Anstrengungen, die Gegensätze zu überbrücken.[42] Beide verkapselten sich in ihren Welten und hielten nur noch das für gültig, was ihren Denkrastern entsprach.

Entgegen mancher Befürchtung verlief die Demonstration am 10. Oktober 1981 gewaltfrei. Das registrierte der SPD-Vorstand mit großer Erleichterung.[43] Nun hieß es auch, die Partei dürfe „die Verbindung zu jenen Kräften in der Friedensbewegung, die ihr im Grundsatz nahestehen, nicht verlieren".[44] Hans-Jochen Vogel lobte die „Brückenfunktion, die Erhard Eppler zu Teilen der jungen Generation einnehme".[45] Horst Ehmke sagte

---

[40] Ebenda, S. 66.
[41] So Eppler an Harry P. (hs.), 4.10.1980, AdsD, 1/EEAC000055; Vogel an Eppler, 25.11.1980, AdsD, WBA, A11,3, 45.
[42] Siehe jedoch Schmidt an Eppler, 5.10.1979, AdsD, 1/EEAC000051.
[43] Protokoll der Sitzung des Vorstandes am 15.10.1981, S. 11, AdsD, Bestand SPD-PV, Vorstandssekretariat, 364.
[44] Protokoll der Sitzung des Vorstandes am 15.10.1981, S. 14, AdsD, Bestand SPD-PV, Vorstandssekretariat, 364.
[45] Ebenda.

dem „Vorwärts", er „habe die Friedensbewegung nie als unseren Gegner, sondern als einen wichtigen Diskussionspartner angesehen".[46] In der Tat wandelte sich das Verhältnis der SPD zur Friedensbewegung nach dem 10. Oktober 1981 langsam aber stetig.[47] Darauf deutete auch hin, dass eine beachtliche Anzahl von SPD-Gliederungen – allen voran die SPD-Frauenorganisation und die Jusos – zur Teilnahme an der Demonstration aufgerufen[48] und namhafte SPD-Abgeordnete die Demonstration „als sichtbares Zeichen für den Friedenswillen in unserem Volk" begrüßt hatten.[49] Wer im Hofgarten anwesend war und Parteifahnen schwenkte, wollte dies als Angriff auf die Ruhe der Partei verstanden wissen.[50] Durch ihre physische Präsenz in Bonn teilten Sozialdemokraten und Sozialdemokratinnen der SPD-Führung mit, dass sie mit den Prämissen und antizipierten Folgen ihrer Politik nicht länger übereinstimmten.[51] Immer häufiger zerbrach, was das Erich-Ollenhauer-Haus für richtig hielt, an dem, was die Basis dachte.

Als die so bezeichneten „Alternativbewegungen" aufkamen, rang die SPD um „die geistige Identität der Partei";[52] sie musste ihr Selbstbild im Spannungsfeld von gegensätzlichen lebensweltlichen Erfahrungsräumen und Zukunftsvorstellungen neubestimmen. Es ist weithin bekannt, dass sich Brandt – im Gegensatz etwa zu Schmidt – um die Integration der neuen sozialen Bewegungen in die SPD bemühte.[53] Schmidt und Brandt zerstritten sich über dem Auftritt Epplers im Hofgarten, was symptomatisch dafür war, wie unterschiedlich sie die Bewegung einschätzten. Andererseits: In den lokalen Lebensräumen waren Sozialdemokratie und Friedensbewegung häufig eins. Schon im Oktober 1981 war es kaum mehr möglich, die SPD als Gesamtpartei analytisch klar von der Friedensbewegung zu trennen – zu groß waren die personellen Überschneidungen, zu ähnlich waren die Ziele. In einem Brief schrieb der Vorstand des Unterbezirks Wiesbaden, dass die Rede Epplers vor der Friedensdemonstration für die Partei sehr wichtig gewesen sei:

> „Dialog heißt für uns, von der Friedensbewegung zu lernen. Wir sehen auch keinen Gegensatz von Friedensbewegung und Arbeiterbewegung. Friedenswillen und Friedenspolitik haben in der Arbeiterbewegung eine lange Tradition. Wir bitten den Bundesvorstand der Partei dringend, die Friedensbewegung nicht von der Arbeiterbewegung zu trennen[,] sondern alles zu tun, um beide zueinanderzuführen."[54]

---

[46] Japs: Führt ihr Weg in die SPD? Interview mit Horst Ehmke über die Friedensdemonstration in Bonn, in: *Vorwärts*, 15.10.1981, S. 2.
[47] Vgl. dazu den im Erich-Ollenhauer-Haus verblüfft zur Kenntnis genommenen Anstieg sicherheits- und friedenspolitischer Eingaben, in denen Mitglieder forderten, dass SPD und Friedensbewegung zusammengehen sollten: Posteingänge in der Briefbeantwortungsstelle der Fraktion im Monat Oktober 1981 – Inhaltsübersicht nach zwei Schwerpunktthemen, 2.11.1981, AdsD, 1/HWAA002940.
[48] Vgl. Inge Wettig-Danielmeier an die Bezirksvorsitzenden der ASF, 23.9.1981, AdsD, Bestand SPD-PV, Referat Frauen/ASF, 9389; Bundesvorstand der Arbeitsgemeinschaft der Jungsozialisten (Jusos): Bundeskongreß, 26.–28.6.1981, Lahnstein, Resolution: Aufruf zur Friedensdemonstration am 10.10.1981 in Bonn „Gegen die atomare Bedrohung gemeinsam vorgehen. Für Abrüstung und Entspannung in Europa" [1981], AdsD, Bestand SPD-PV, Referat Jungsozialisten, 5959.
[49] Erklärung von SPD-Bundestagsabgeordneten zur Friedensdemonstration am 10.10.1981 in Bonn, undatiert, AdsD, 1/HSAA006562.
[50] So Wolfgang Howald an Brandt, 27.9.1981, AdsD, 2/PVEH000250.
[51] Aus dieser Perspektive galt es zu verhindern, dass „führende Genossinnen und Genossen versuchen, unsere Partei in eine Kaderpartei umzufunktionieren, in der nur noch das Wort der Regierenden gilt". Matthias Weisheit an Eppler, 5.10.1981, S. 1, AdsD, 1/EEAC000063.
[52] So Brandt: Sozialdemokratische Identität, in: *Die Neue Gesellschaft* 28 (1981), S. 1065–1069, hier S. 1065; Faulenbach: Jahrzehnt, S. 609–615.
[53] Vgl. dazu Merseburger: Willy Brandt, S. 788–796.
[54] Vorstand des SPD-Unterbezirks Wiesbaden an Glotz, 21.10.1981, S. 2, AdsD, WBA, A11.6, 41.

Dass die SPD sich als Gesamtpartei der Friedensbewegung anschließen möge, war als Idee an der Basis schon vor dem Regierungswechsel im Herbst 1982 weitverbreitet. Und in zahlreichen Parteigliederungen war der Zusammenschluss längst Praxis. Ortsvereine, Jusos und ASF-Gruppen arbeiteten in lokalen Initiativen mit.[55] Vor allem stellten sie der Friedensbewegung ihr organisatorisches *Know-how* zur Verfügung. Denn Mitglieder der SPD wussten, wie Flugblätter geschrieben, gedruckt und verbreitet werden mussten, wie man Diskussionsveranstaltungen organisierte oder eine Friedensdemonstration auf die Beine stellte. Diese Organisationskenntnisse flossen gerade in den ersten Jahren des Nachrüstungsstreits von der SPD-Basis in die außerparlamentarische Bewegung.[56]

Ein Transfer in umgekehrter Richtung war es, als der Parteivorstand Wolfgang Biermann 1981 als Referent für Abrüstung und Rüstungskontrolle anstellte. Biermann war seit 1977 in der Berliner Szene aktiv. Er arbeitete bei den Jusos mit und baute die „Berliner Initiative für Frieden, internationalen Ausgleich und Sicherheit" auf, jenen Ableger also, der in Nachahmung von Voigts IFIAS auf Landesebene gegründet wurde.[57] Er initiierte im Mai 1980 einen offenen Brief an die Bundesregierung, in dem er mehr rüstungskontrollpolitische Anstrengungen verlangte, um die Raketenstationierung überflüssig zu machen.[58] Der Brief, der einen gemäßigten Ton anschlug und innerhalb von wenigen Wochen von rund 6000 Berlinern unterschrieben wurde, machte Biermann schlagartig bekannt.[59] Vor allem aber publizierte er 1981 in „Die Neue Gesellschaft" einen Artikel, der sich ebenso fundiert wie kritisch mit der Nachrüstung auseinandersetzte und in der SPD-Zentrale aufmerksam registriert wurde.[60] Als Biermann am 8. Mai 1981 öffentlich als Mitorganisator einer in der SPD umstrittenen Friedensdemonstration mit 50 000 Teilnehmern auftrat, hatte er sich endgültig als sozialdemokratischer Friedensaktivist einen Namen gemacht.[61] So war der Boden bereitet für die Störung der innerparteilichen Ordnung, als welche Biermanns Einstellung von vielen SPD-Funktionären empfunden wurde.[62]

---

[55] Anstatt vieler Einzelbeispiele verweise ich auf die „Reinickendorfer Friedensinitiative", in der die lokale SPD eine tragende Rolle spielte. Abrüstung in Ost u. West. Im steten Einsatz für den Frieden – die Reinickendorfer Friedensinitiative, in: *Die Kleine Zeitung*, 1/1983, S. 7.

[56] Siehe exemplarisch Friedensinitiative Münster an die Redaktion der Westfälischen Nachrichten: Offener Brief, undatiert, AGG, Bestand A – Klaus Timpe, 33; auch Schmitt: Friedensbewegung, S. 160.

[57] Biermann an die Berliner Abteilungsvorsitzenden und stellvertretenden Abteilungsvorsitzenden, 15. 6. 1980, BStU, MfS, BV Berlin XV, 156, Teil 1/2, Bl. 103 f.; Biermann: Berliner Initiative für Frieden, internationalen Ausgleich und Sicherheit, undatiert, AdsD, Vorlass Voigt, H 130.

[58] Biermann an Schmidt: [Offener Brief von rund 6000 Berlinern an die Bundesregierung], 26. 6. 1980, S. 1, AdsD, 1/HWAA001907.

[59] Auch mit der Organisation einer Reihe von gut besuchten Veranstaltungen erregte er Aufmerksamkeit, so beispielsweise mit einer Diskussion über den Zusammenhang von Rüstungsausgaben und Welthunger am 4. Mai 1981 in der Hasenheide, die Redner wie Anton-Andreas Guha, Gert Bastian, Klaus Staeck, William Borm und Rainer Thiem versammelte. Berliner Initiative für Frieden, internationalen Ausgleich und Sicherheit: Thema: SICHERHEIT. Der nächste Weltkrieg ist mit Sicherheit der letzte [Veranstaltungsflyer, 4. 5. 1981], AdsD, Vorlass Voigt, 243.

[60] Biermann: Nachrüstung.

[61] So Biermann rückblickend an Beate P., 11. 8. 1983, AdsD, Bestand SPD-PV, Internationale Abteilung, 11181.

[62] Vgl. „Wer ist denn eigentlich naiv oder gutgläubig?" Personalpolitik in der SPD-Baracke brüskiert den Kanzler, in: *Bonner Rundschau*, 9. 10. 1981; dazu Biermann, Kurze Stellungnahme zum Artikel in der „Bonner Rundschau" vom 9. 10. 1981, in: AdsD, 1/HSAA009879.

Tatsächlich wollte Bundesgeschäftsführer Glotz eine personelle Brücke zur außerparlamentarischen Bewegung schlagen, indem er Biermann einstellte.[63] Doch auch aus eigenem Antrieb trat Biermann in den Dienst der SPD, um die Partei mit der Friedensbewegung zu versöhnen.[64] Erstens war Biermann derjenige, der als Vertreter des Erich-Ollenhauer-Hauses in den Jahren ab 1981 zu Veranstaltungen, Diskussionsrunden und Gremiensitzungen der Protestbewegung ging und so die physische Präsenz der SPD-Führung in der Bewegung und ihrem Koordinationsausschuss sicherstellte.[65] Zweitens transferierte Biermann Wissensbestände aus der Friedensbewegung in die SPD-Parteizentrale. Regelmäßig referierte er gegenüber Glotz und Brandt die Kritik und skizzierte neue Verteidigungsmodelle.[66] Drittens versorgte er die Spitze der Sozialdemokratie mit Informationen aus der Friedensbewegung.[67] Denn er wusste über ihre Planungen Bescheid und verfügte über die notwendigen Kenntnisse, um Diskussionsprozesse oder Beschlüsse fachkundig deuten zu können.[68] Die außergewöhnlich große Menge an Papieren, an Vermerken, Aufzeichnungen, Korrespondenz und Notizen, die Biermanns Arbeit hinterlassen hat, verweist auf die Art und Weise, wie Biermann sich als Experte auswies und so seinen Standpunkt rechtfertigte.[69] Gleichzeitig half ihm sein Arbeitsplatz, in der Bewegung Prestige zu gewinnen. Er war nicht nur der Verbindungsmann der SPD zur Friedensbewegung, sondern selbst ein organisatorischer Stützpfeiler des außerparlamentarischen Protests.[70]

Biermanns Berichte an Bundesgeschäftsführer Glotz und andere Präsidiumsmitglieder durchzog ein großes Narrativ: Er unterstrich, dass Gruppen der Friedensbewegung immer deutlicher zur SPD tendierten. So beobachtete er im August 1982, dass Gert Bastian neuerdings auf Angriffe auf die SPD verzichte.[71] Die Position der „Generale für Frieden und Abrüstung" würde sich „im Prinzip sozialdemokratischen Vorstellungen der Friedens-

[63] Vgl. Glotz an die Mitglieder des Präsidiums, 9.10.1981, S. 1; ähnlich Stobbe an Brandt, 20.10.1981, AdsD, WBA, A11.2, 123.
[64] Vgl. Aufgabengebiete im Sekretariat Friedens- und Sicherheitspolitik Wolfgang Biermann, undatiert, AdsD, Bestand IFIAS, 1.
[65] Zur Mitarbeit Biermanns im Koordinationsausschuss siehe die Sammlungen in AdsD, Bestand IFIAS, 79–82.
[66] Exemplarisch Biermann an Vogel: Denkansätze zur deutschen Strategie gegenüber den Verhandlungspartnern in Genf (INF), 6.12.1982, AdsD, WBA, A11.4, 109; Biermann an Brandt: Stichwort: Weißbuch [6.11.1983], AdsD, WBA, A11.4, 110.
[67] Exemplarisch Biermann an Glotz: Planungen der Friedensbewegung zum Herbst 1983, 16.3.1983, AdsD, WBA, A11.4, 110.
[68] Exemplarisch Biermann an Glotz: Sitzung und Beschluß des Koordinierungsausschusses der Friedensbewegung vom 14.12.1984, 17.12.1984, AdsD, Bestand SPD-PV, 2/PVEH000477; Biermann an Glotz: Einschätzung der Aktionskonferenz der Friedensbewegung am 5./6.11.1983, 7.11.1983, AdsD, WBA, A11.4, 110.
[69] Siehe auch exemplarisch aus seinen zahlreichen Veröffentlichungen Biermann: Genfer INF-Verhandlungen und Friedensbewegung, in: *Die Neue Gesellschaft* 30 (1983), S. 854–858; Biermann/Egert: Thesen zur gegenwärtigen Kriegsgefahr, Stellenwert der „Nachrüstung" und Aufgaben der Friedensbewegung, in: *Zeitschrift für sozialistische Politik und Wirtschaft* 5 (1982), H. 14, S. 49–56.
[70] So reiste er 1984 als Angehöriger einer Delegation von wichtigen Akteuren der Friedensbewegung nach Moskau, der noch Andreas Buro, Jochen Dietrich, Volksmar Deile, Manfred Kühle und Josef Leinen angehörten. Biermann an Bahr: Moskau-Delegation der Friedensbewegung, 13.4.1984, S. 4, AdsD, WBA, A11.13, 82.
[71] Biermann an Glotz: Differenzierungsprozeß in der Friedensbewegung/Beispiel Gert Bastian, 18.8.1982, AdsD, Bestand SPD-PV, Internationale Abteilung, 11174; dazu Bastian an Biermann, 9.8.1982, AdsD, Bestand SPD-PV, Internationale Abteilung, 11168.

sicherung annähern".⁷² Auch eine Veranstaltung der Krefelder Initiative, in der sich viele Nachrüstungsgegnerinnen und -gegner institutionell vernetzten, habe sich 1981 „gewollt oder ungewollt auf die von der SPD und insbesondere von Egon Bahr formulierten Gleichgewichtsargumente eingelassen".⁷³ Im Frühjahr 1982 unterrichtete er Willy Brandt, dass die christlichen Gruppen in der Friedensbewegung „die SPD als potentiellen Bündnispartner" ansehen würden.⁷⁴ Biermann, der in den häufig widersprüchlichen Diskussionen der Bewegung einen dominierenden Strang ausmachte, welcher der SPD politisch in die Hände spielte, wenn sie sich nur auf ihn einließ, verwendete dieses Argument geschickt, um eine in seinen Augen unvermeidliche Entwicklung zu beschleunigen.

Zum wichtigsten Instrument seines Anliegens entwickelte Biermann aber die Initiative für Frieden, internationalen Ausgleich und Sicherheit (IFIAS). Die IFIAS, die 1978 von Karsten Voigt gegründet worden war, hielt in den ersten beiden Jahren ihres Bestehens eine Reihe von teilweise hochkarätig besetzten Veranstaltungen ab, gab Informationsmaterial heraus und gründete Ableger in Berlin, Bremen und Hessen.⁷⁵ Sie verlor aber paradoxerweise in dem Moment ihren Schwung, als die Nachrüstungskontroverse voll entbrannte. Voigt sagte retrospektiv, es habe „keine ausreichende Motivation innerhalb der Partei, auch innerhalb der Parteilinken" gegeben.⁷⁶ In einer Analyse, die Biermann im Mai 1981 anfertigte, beklagte er massive Versäumnisse. Die IFIAS sei „zwar durch mehrere interessante Veranstaltungen für ein auserwähltes Publikum" hervorgetreten, „war aber – so würde ich behaupten – nicht in der Lage, ernstzunehmendes Potential vom Friedens-,Bündnis'-spektrum der DKP abzuziehen".⁷⁷ Dass die IFIAS „im außerparteilichen und außerparlamentarischen Bereich" nur mangelhaft verankert sei, hatte für ihn zwei Ursachen: Erstens sei sie zu abhängig von der SPD gewesen. Zweitens habe es ihr an einem „organisatorischen Apparat" gefehlt. Biermann schlug dem SPD-Vorstand vor, die IFIAS wiederzubeleben.⁷⁸ Konfliktstoff barg eine konzeptionelle Grundentscheidung: Sollte die IFIAS, die beschränkten „Bewegungsspielraum" hatte, diese Restriktionen abstreifen? Biermann empfahl eine Initiative „mit stärker rüstungskritischem Ansatz". Die ungeklärte Frage sei dann, inwieweit sie „Dissidenten" innerhalb und außerhalb der SPD binden könne: „*Konkret*: Um Bastian oder freischwebende Sozialdemokraten […] aus dem engeren Grün- oder DKP-Bündnis herauszuholen, muß die Initiative *eigene kritische, wenn auch solidarische Akzente* setzen können." Das bedeutete nichts anderes, als dass sie einen Standpunkt beziehen können musste, der sich gegen die Nachrüstung richtete. Dies war, wie Biermann einräumte, „*konfliktträchtig*". Aber Vertreter der SPD würden in der Friedensbe-

---

⁷² Biermann an Glotz/Brandt: Memorandum der Gruppe Generale für Frieden und Abrüstung, unterbreitet für die 2. UN-Sondertagung für Abrüstung, 9.6.1982, S. 1f., AdsD, WBA, A11.4, 109, das Memorandum befindet sich im Anhang.
⁷³ Biermann an Glotz: Vermerk zum Zweiten Forum der Krefelder Initiative am 21. Nov. 1981 in Dortmund, 23.11.1981, AdsD, WBA, A11.4, 108.
⁷⁴ Biermann an Brandt: Entwicklungen innerhalb der Friedensbewegung, 2.2.1982, AdsD, WBA, A11.4, 108.
⁷⁵ Vgl. Kapitel III.2. „Von Schnellkursen und Arbeitskreisen: Neue Wissensbestände an der Parteibasis".
⁷⁶ Zit. nach Biermann an Bahr: Beiliegende Entwürfe in Sachen Initiative für Frieden/Deine Fragen, 28.10.1982, AdsD, Bestand SPD-PV, Internationale Abteilung, 11182.
⁷⁷ Biermann: Kritische Anmerkungen zum Verhältnis SPD-Friedensbewegung, 11.5.1981, S. 5, AdsD, Bestand SPD-PV, Internationale Abteilung, 11174.
⁷⁸ Biermann an Glotz: Aktivierung der Initiative für Frieden, internationalen Ausgleich und Sicherheit, 3.10.1981, AdsD, Bestand SPD-PV, Internationale Abteilung, 11237. Auch die folgenden Zitate aus diesem Vermerk. Alle Hervorhebungen im Original (unterstrichen).

wegung nur dann akzeptiert, „wenn sie den glaubhaften Eindruck vermitteln, sie stünden in Opposition zur ‚etablierten Politik'".[79] Die Frage rührte an den Kern dessen, was die politische Routine in der SPD ausmachte.

Im Frühsommer 1982 wurde Biermann parallel zu seiner Referententätigkeit als IFIAS-Geschäftsführer eingesetzt.[80] Zunächst veröffentlichte er in dieser Funktion lediglich einen Dokumentationsdienst „Frieden und Abrüstung".[81] Im September 1982 gestattete ihm die SPD-Spitze aber, mit der IFIAS „über Parteibeschlüsse hinausgehende Forderungen" zu vertreten[82] – just in jenem Monat also, als die sozial-liberale Koalition zerbrach. Das war ein wichtiger Einschnitt. Nachrüstungsgegnerinnen und -gegner in der SPD konnten nun mit Rückendeckung der Parteispitze an Aktionen der Friedensbewegung teilnehmen. Zwar sollte es noch bis zum Juni 1983 dauern, bis die SPD als Gesamtpartei den Schulterschluss mit den Protestierenden suchte. Doch bereits im Herbst 1982 duldete die SPD-Führung eine Vorfeldorganisation, welche die Nachrüstung ablehnte, bevor die Verhandlungen beendet waren. Politische Dissidenz war von nun an legitimiert, und die innerparteiliche Routine zerstört. Die Kernaussage der IFIAS-Plattform lautete folgerichtig: „Angesichts der generellen atomaren Überrüstung in Ost und West stellen wir fest: es darf keine Stationierung neuer atomarer Mittelstreckenwaffen geben, um den Teufelskreis des Wettrüstens endlich zu durchbrechen."[83] Damit befand sich die IFIAS tatsächlich kaum mehr in Einklang mit der Beschlusslage der SPD, die das Ende der Genfer Gespräche abwarten wollte. Während die Initiative zu Zeiten von Voigt darauf hinarbeitete, der Parteibasis alternatives Wissen bereitzustellen, wurde sie unter Biermann ein Teil der Friedensbewegung. Auch wenn die IFIAS darauf bedacht war, dass man sie als politisch unabhängig von der SPD wahrnahm,[84] blieb das Erich-Ollenhauer-Haus elementar für ihre Arbeitsfähigkeit. Wie eng IFIAS und Parteizentrale kooperierten, zeigte sich daran, dass der Aufkleber der Initiative, der ein senkrecht abgebildetes Maschinengewehr zeigte, das oben durch eine rote Nelke verschlossen wurde, wie andere Materialien ausschließlich im Referat Produktion und Vertrieb des Ollenhauer-Hauses bestellt werden konnte.[85] Trotz oder gerade weil sie von der SPD infrastrukturell unterstützt wurde, beschleunigte die IFIAS, dass sich immer mehr Gegner der Atomraketen in der SPD in der außerparlamentarischen Bewegung engagierten. Sie arbeitete aktiv im Koordinationsausschuss der Friedensbewegung mit,[86] wie dies aus dem sozialdemokrati-

---

[79] Biermann: Vorbemerkung zum beiliegenden Vorschlag zur Strategie und Taktik sowie Struktur der Initiative für Frieden, internationalen Ausgleich und Sicherheit (IFIAS), 3.9.1982, S.1, AdsD, WBA, A11.4, 109.

[80] Vgl. Glotz an die SPD-Bezirke und Unterbezirke [Entwurf], 5.7.1982, AdsD, Bestand SPD-PV, Internationale Abteilung, 10927.

[81] Exemplarisch: Frieden und Abrüstung. Informationen und Dokumente aus der internationalen Friedensdiskussion, Nr. 4, Februar 1983, AdsD, Bestand SPD-PV, Referat Frauen/ASF, 13135.

[82] Ergebnisprotokoll der Sitzung des Kuratoriums der Initiative für Frieden, Internationalen Ausgleich und Sicherheit (IFIAS), am 11.9.1982, undatiert, AdsD, Bestand SPD-PV, Internationale Abteilung, 11237.

[83] Ergebnisprotokoll der Sitzung des Kuratoriums am 11.9.1982.

[84] Siehe Stichworte zum Thema Struktur der Initiative (idealtypisches Netzwerk der Initiative unter Nutzung der Parteistrukturen), undatiert, AdsD, Bestand SPD-PV, Internationale Abteilung, 11237.

[85] „Den Frieden wählen. Die kalten Krieger stoppen. Initiative für den Frieden" [s/w-Aufkleber], undatiert, AdsD, Vorlass Voigt, 270.

[86] Vgl. Breyman: Movements, S.71; Holmes Cooper: Paradoxes; Wirsching: Abschied, S.87; grundsätzlich zum Koordinationsausschuss vgl. Becker-Schaum: Organisation.

schen Umfeld auch die Jusos, die ASF, die SDJ/Die Falken und die Gustav-Heinemann-Initiative (GHI) taten.[87]

Dass die SPD-Spitze im September 1982 ihre Vorbehalte aufgab, wenn sich Parteimitglieder über die IFIAS in die Friedensbewegung einbringen wollten, und sie gleichzeitig organisatorisch unterstützte, war das Eingeständnis, dass die Routine des innerparteilichen Konfliktaustrags nicht mehr so funktionierte, wie sie es wünschte. Hatte die Parteibasis seit 1979 signalisiert, dass sie vielerorts einen anderen Kurs präferierte, war es dem Vorstand noch eine Zeitlang gelungen, solche Beschlüsse und Resolutionen abzuwehren. Bereits im Laufe des Jahres 1981 konnte das Ollenhauer-Haus nicht mehr verbergen, dass es nachrüstungskritische Anträge von der Basis als Manifestationen gegen den Kurs der SPD-Spitze verstand. Und wenn sich immer mehr Mitglieder in jener Bewegung engagierten, die das Gegenteil zu dem verlangte, was Schmidt für richtig hielt, dann konnte kaum noch geleugnet werden, dass die Welt der Sozialdemokraten aus dem Lot geraten und die Parteiordnung zerstört war. So wie die Zahl der Nachrüstungsgegner an der Basis immer größer wurde, machte sich die SPD auf den Weg zum Nein des Kölner Parteitages im Spätherbst 1983. Dorthin unterwegs fand sie eine Verbündete im Geiste, die ihr half, die Kritik an ihren Wandlungen zu entkräften: nämlich die US-amerikanische Friedensbewegung.

2. SPD-Nachrüstungskritiker vernetzen sich mit US-Friedensaktivisten

Der Protest gegen die Atomraketen musste nicht zwangsläufig die innerparteiliche Routine beeinträchtigen – zumindest dann nicht, wenn er von außerhalb der Bundesrepublik kam. Im Gegensatz zur westdeutschen Friedensbewegung war die Nuclear Weapons Freeze Campaign (NWFC) in den Vereinigten Staaten für SPD-Mitglieder aller politischen Richtungen keine Herausforderung. Im Gegenteil: Sie war ein Legitimationsreservoir. Und mehr als das: Nachdem Schmidt bis zum Herbst 1982 seinen Machtanspruch diskursiv und performativ konsolidiert hatte und schließlich damit gescheitert war, entwickelte sich die NWFC für Gegnerinnen und Gegner der Atomraketen in der SPD spätestens im Jahr 1983 zu einem Projektionsraum, den sie mit verschiedenen Erwartungen füllten. So kommunizierten Nachrüstungsgegner in der SPD ihren Dissens zur offiziellen Sicherheitspolitik ab 1982 nicht nur, indem sie ihn durch Anträge, Beschlüsse und Resolutionen oder Aktionen mit der Friedensbewegung vorbrachten, sondern auch durch Kontakte mit Aktivistinnen und Aktivisten der NWFC. Scheiterten die Nachrüstungsgegner mit ihrem Versuch, die US-Regierung zu beeinflussen, gelang es ihnen, funktionierende Netzwerke mit zivilgesellschaftlichen Oppositionsbewegungen aufzubauen. In diesen Netzwerken inszenierten sie ihren Widerspruch.

Die NWFC war ein Teil der in sich widersprüchlichen US-Friedensbewegung.[88] Im Vergleich zu den zahlreichen Splittergruppen entfaltete sie die größte Wirkungskraft, denn

---

[87] Da die Aktion Sühnezeichen/Friedensdienste ebenfalls unter dem Kürzel ASF auftrat, bezeichnete sich die SPD-Frauenorganisation in der Friedensbewegung als „ASF – Frauen in der SPD". Im Übrigen nahm sie an den Sitzungen des Koordinationsausschusses nur mit einem Beobachterstatus teil. Bundesvorstand der Arbeitsgemeinschaft Sozialdemokratischer Frauen (ASF): Rundbrief zu den Friedensaktionen im Herbst 1983, Juli 1983, AdsD, Bestand SPD-PV, Referat Frauen/ASF, 13135.
[88] Vgl. dazu Harvey: Challenge; Nehring: Security Crisis, S. 188–198; Mausbach: Vereint; Wittner: Abolition, S. 170–197.

sie trat gemäßigt auf und setzte auf das parlamentarische Verfahren. Sie verlangte das Ende des nuklearen Wettrüstens, indem Entwicklung, Produktion und Stationierung von Atomwaffen eingefroren werden sollten – beiderseitig, verifizierbar und global. Der 1979 von der Abrüstungsexpertin Randall Forsberg veröffentlichte „Call to Halt the Nuclear Arms Race" definierte als Ziel der Bewegung:

> „To improve national and international security, the United States and the Soviet Union should stop the nuclear arms race. Specifically, they should adopt a mutual freeze on the testing, production and deployment of nuclear weapons and of missiles and new aircraft designed primarily to deliver nuclear weapons. This is an essential, verifiable first step toward lessening the risk of nuclear war and reducing the nuclear arsenals. The horror of a nuclear holocaust is universally acknowledged. [...] Unless we change this combination of trends, the danger of nuclear war will be greater in the late 1980s and 1990s than ever before. Rather than permit this dangerous future to evolve, the United States and the Soviet Union should stop the nuclear arms race. [...] A freeze would hold constant the existing nuclear parity between the United States and the Soviet Union."[89]

Wenn die NWFC einen *Freeze* ins Gespräch brachte, dann war das im Vergleich zu dem, was Friedensaktivisten in Westeuropa forderten, so bescheiden, wie die politischen Mittel zur Durchsetzung moderat waren. Die Idee lautete schlicht, dass die Supermächte ein Moratorium ankündigen sollten, das dann in einen Vertrag übergehen würde. Weder zielte sie auf die einseitige und sofortige Abrüstung von nuklearen Waffen, wie dies manche europäischen Initiativen als Ziel ausgaben, noch war die Rede von politischem Druck, den die Bewegung auf der Straße aufbauen wollte. Die im „Call to Halt the Nuclear Arms Race" genannten Maßnahmen setzten auf politisches Engagement an der Graswurzel, auf Petitionen und Resolutionen an den Kongress. Auch den Kalten Krieg problematisierte die NWFC nicht in dem Maße, wie es Sozialdemokraten taten.[90] Sie war eine bürgerliche und parlamentarische Bewegung, und ihre Sachwalter waren „polite protesters".[91] Sie symbolisierten einen in der amerikanischen Geschichte neuen Aktivistentypus, der sich weniger auf traditionelle Politikformen wie Demonstrationen und Kundgebungen verließ, sondern auf Medien, PR-Kampagnen und Fundraising setzte.[92] Dieser professionalisierte Aktivismus warb über Verbindungsleute im Kongress – die Senatoren Edward Kennedy und Mark Hatfield sowie den Abgeordneten Edward Markey – dafür, dass die finanziellen Mittel für das Wettrüsten suspendiert werden sollten.[93] Das rüstungskontrollpolitische Spektrum der US-Hauptstadt reichte aber weit über den Kongress hinaus.[94] Insbesondere in der Demokratischen Partei erfreute sich *Freeze* großer Zustimmung.[95]

Die NWFC wurde in der SPD euphorisch aufgenommen.[96] Selbst für Altkanzler Schmidt brachte die Kampagne 1983 zum Ausdruck, dass auch viele Menschen in den USA über

---

[89] Call To Halt The Nuclear Arms Race. Proposal for a Mutual US-Soviet Nuclear Weapons Freeze, April 1982, S. 1, WHMC, sl 454 NNWFC, b 7, f 197; auch abgedruckt in Fröhlich: Kampagne, S. 235f.
[90] Dazu knapp Nehring: Security Crisis, S. 193.
[91] Lofland: Protesters, S. 7.
[92] Vgl. Harvey: Challenge, S. 42f.
[93] Zum Beispiel in Kennedy/Hatfield: Freeze.
[94] Vgl. Kubbig: Rüstungskontrollpolitik, S. 79f.
[95] 1984 Democratic Platform: Arms Control and Disarmament, undatiert, WHMC, sl 454 NNWFC, b 2, f 38. Mausbach weist zurecht auf die Parallelen zwischen der *Freeze*-Idee und dem Ziel Reagans hin, Nuklearwaffen überflüssig zu machen, vgl. Mausbach: Vereint, S. 284f.; auch D. Meyer: Protest, S. 76; Lettow: Ronald Reagan, S. 85; dagegen Schweizer: War, S. 231–246, 282–285.
[96] So in Protokoll der Sitzung des Präsidiums am 6.12.1982, AdsD, Bestand SPD-PV, Vorstandssekretariat, 207.

den Rüstungswettlauf besorgt waren.[97] Die Jusos forderten im März 1982, das Wettrüsten einzufrieren, und lehnten sich explizit an die NWFC an.[98] Auch die SPD-Frauenorganisation machte sich dieses Ziel zu eigen.[99] Insbesondere das, was die Kirchen in den USA zu einem möglichen *Freeze* sagten, verfolgten Parteimitglieder sehr aufmerksam.[100] Es war Wolfgang Biermann, der Materialien sammelte und an die SPD-Führung berichtete.[101] Indem er Informationen über die NWFC verbreitete, wollte er eine transatlantische Deutungsgemeinschaft formen. Er war regelrecht elektrisiert von der *Freeze*-Resolution im Kongress und meinte eine sehr große Übereinstimmung mit SPD-Positionen festzustellen.[102] Andere Sozialdemokraten sahen die Erfolgsaussichten der Kampagne kritischer,[103] und in der Tat ließ die Enttäuschung nicht lange auf sich warten.[104] Erstens kam es immer wieder zu Verständigungsschwierigkeiten. Denn das Interesse der NWFC an der Raketenstationierung in Westeuropa hatte seine Grenzen, war sie doch vorrangig an einem globalen Einfrieren der Nuklearwaffen interessiert.[105] Bezeichnenderweise standen die US-Mittelstreckenraketen im Dezember 1983 nicht einmal auf der Agenda des Führungszirkels des National Committee for a Sane Nuclear Policy (SANE), einer der *Freeze*-Kampagne verwandten Initiative, die 1987 mit ihr fusionierte.[106] Zweitens scheiterte die *Freeze*-Resolution 1983, nachdem sie im Repräsentantenhaus verabschiedet und im parlamentarischen Aushandlungsprozess verwässert worden war,[107] an den Mehrheitsverhältnissen im Senat.[108] Auch wenn die Idee eines *Freeze* erst einmal in weite Ferne gerückt war, inkorporierte die SPD sie im Laufe des Jahres 1983 in ihren Forderungskatalog.[109] Im Kölner Parteitagsbe-

---

[97] [Ms. Abschrift eines Interviews von „ABC News – This Week With David Brinkley" mit Helmut Schmidt am 3. 4. 1983], undatiert, S. 13, AHS, Eigene Arbeiten.
[98] Erklärung des Bundesausschusses der Jungsozialisten [17. 3. 1982], AdsD, Bestand SPD-PV, Referat Jungsozialisten, 7789.
[99] Beschlüsse der Bundeskonferenz der Arbeitsgemeinschaft sozialdemokratischer Frauen (ASF), Bonn-Bad Godesberg vom 10. bis 12. 6. 1983, in: *Frau und Gesellschaft. Sozialdemokratischer Informationsdienst/Dokumente*, Nr. 20, Juli 1983, AdsD, Bestand SPD-PV, Referat Frauen/ASF, 9383.
[100] Zur Bedeutung der US-amerikanischen Kirchen für die Friedensbewegung siehe die umfangreiche Materialsammlung in AdsD, Bestand IFIAS, 59.
[101] So exemplarisch AdsD, Bestand SPD-PV, Internationale Abteilung, 11240 und 11241.
[102] Biermann: Freeze-Resolution/Abweichung der jüngsten Entschließung der Freeze-Campaign von der Vorlage im amerikanischen Repräsentantenhaus, 3. 3. 1983, S. 1, AdsD, WBA, A11.4, 110.
[103] So Stobbe an Ehmke: Vermerk von Wolfgang Biermann über die Freeze-Debatte im amerikanischen Repräsentantenhaus am 21. 4., 3. 5. 1983, AdsD, Nachlass Stobbe, 169; ähnlich kritisch Glotz an Friedrich Stephan, 16. 6. 1982, AdsD, 2/PVEH000308.
[104] Zum konzeptionellen Begriff der Enttäuschung in der Friedensbewegung vgl. anregend Gotto: Enttäuschung, S. 9–18.
[105] Vgl. Ed Glennon an Gail, Mike and Dave: European missiles, 4. 11. 1982, SCPC, SANE, Inc. (DG 58), s G, b 131, f NATO Project file, 1980–1982; Mausbach: Vereint, S. 299.
[106] Draft Minutes SANE National Board, Washington, D.C., 10. 12. 1983, SCPC, SANE, Inc. (DG 58), s G, b 5, f National Board and Executive Committee meetings, July 1983-March 1985.
[107] Kritisch dazu Lafontaine: Verwässerte Entschließung: Freeze-Resolution fällt hinter US-Hirtenbrief zurück, in: *Sozialdemokratischer Pressedienst*, 9. 5. 1983, S. 3; Gerd Lotze: Freeze-Entscheidung: Zwischen den Schleifsteinen. Eine Entspannungs-Initiative wird verwässert, in: *Vorwärts*, 28. 4. 1983, S. 4.
[108] Gründlich zu den Beratungen im Kongress Fröhlich: Kampagne, S. 178–192; Waller: Congress, S. 42–285.
[109] Die Fraktion unterstützte die *Freeze*-Resolution, wie sie im Repräsentantenhaus verabschiedet worden war: Protokoll der Sitzung der SPD-Bundestagsfraktion am Dienstag, dem 14. 6. 1983, 15.00 Uhr, AdsD, Bestand SPD-BTF, X. WP, 2/BTFJ000006.

schluss war sie 1983 dann ein zentraler Baustein, mit dem die SPD einen Beweisgang errichtete, um die Nachrüstung abzulehnen.[110]

Die Gegnerinnen und Gegner der Atomraketen in der SPD sammelten gewissenhaft Informationen über die *Freeze*-Kampagne.[111] Eine Ausgabe des IFIAS-Dokumentationsdienstes, den Biermann herausgab, entfaltete das Panorama dessen, was Parteimitglieder wissen mussten. Biermann schrieb über die Kritik an Reagans Politik in den USA, über die Argumente und Alternativvorschläge der NWFC sowie über die diversen Friedensinitiativen in der US-Gesellschaft. Der Dokumentationsdienst wollte die sozialdemokratische Nachrüstungskritik legitimieren, indem er zeigte, dass sie nicht singulär war. In der Tat las sich der Bericht für nachrüstungskritische Parteimitglieder ermutigend:

> „Unter den Aufruf der Freeze Campaign sind bis Mitte Juli 2 365 000 Unterschriften gesammelt worden, die Zahl der lokalen Kontaktadressen beträgt 158. Unterstützt wird der Aufruf bisher von 78 nationalen und internationalen Organisationen, von 140 katholischen Bischöfen sowie von 27 US-Senatoren und 179 Abgeordneten des Repräsentantenhauses, die sich für die Kennedy-Hatfield-Entschließung ausgesprochen haben. [...] Verabschiedet worden sind Freeze-Resolutionen bis Mitte Juli von 446 Städte-Versammlungen (davon 444 in Neuengland), von 191 Städteparlamenten, dem US-Städtetag (Juni 1982), 38 Parlamenten der Landkreise sowie von den Parlamenten der Bundesstaaten Massachusetts, Oregon, Connecticut, Maine, Vermont, Minnesota, Wisconsin, Delaware, Iowa, New York, Kansas, Alaska, Maryland und Illinois."[112]

Der „Vorwärts" berichtete über die Friedensdiskussion in den USA,[113] der Bundesvorstand der Jusos verschickte übersetzte Materialien an seine Mitglieder,[114] manche Funktionäre bereisten auf eigene Faust und Rechnung die USA,[115] andere erwarben Mitgliedschaften in US-Initiativen.[116] Zurück in Deutschland schrieben sie über ihre Eindrücke. Reinhold Kopp aus dem Saarland betonte in seinem zweiseitigen Reisebericht aus dem Juni 1982, dass es ihn überrascht habe, „bei den Bürgern, die man zufällig kennenlernt, im Flugzeug, an der Bar, der Taxifahrer", ein „Bewußtsein vom vielfachen nuklearen ‚Overkill'" festzustellen.[117] Freilich blieb die praktische transatlantische Vernetzung überwiegend eine Angelegenheit der männlichen Eliten, denn einfachen Sozialdemokratinnen mangelte es häufig an Möglichkeiten, um in die USA zu reisen. Dennoch: Die *Freeze*-Forderung fand sich bald auch in Beschlüssen und Resolutionen der SPD-Basis wie-

---

[110] Außerordentlicher SPD-Parteitag, Köln 1983, S. 199.
[111] Vgl. die Materialsammlungen zur US-Friedensbewegung in AdsD, Bestand IFIAS, 226–235.
[112] Initiative für Frieden, internationalen Ausgleich und Sicherheit: Frieden und Abrüstung. Informationen und Dokumente aus der internationalen Friedensdiskussion, Nr. 3, 1982, BStU, MfS, BV Berlin XV, 156, Teil 1/2, Bl. 28–72, hier Bl. 51.
[113] Siehe exemplarisch die *Vorwärts*-Ausgaben vom 18. 3. 1982, S. 1; 20. 5. 1982, S. 16f.; 17. 3. 1983, S. 10; 5. 5. 1983, S. 10.
[114] Rudolf Hartung an die Mitglieder des Arbeitskreises Sicherheitspolitik: [„aktuelles Material aus der amerikanischen Friedensbewegung"], 22. 6. 1982, AdsD, Bestand SPD-PV, Referat Jungsozialisten, 7624.
[115] Vgl. Erler an Glotz, 9. 7. 1982, AdsD, Bestand SPD-PV, Internationale Abteilung, 10928; dazu auch Berichte aus dem sozialdemokratischen Gesprächskreis in New York: Hans d'Orville/Doering/Werner Graf: Spannbreite der amerikanischen Friedensbewegung, 7. 5. 1982, AdsD, Bestand SPD-PV, Internationale Abteilung, 11133; Werner Graf: Die amerikanische Friedensbewegung – Analysen und Kommentare zu Entwicklungen der letzten Wochen, 7. 5. 1982, AdsD, Bestand SPD-PV, Internationale Abteilung, 11240.
[116] Zum Beispiel war Hans Günter Brauch Mitglied bei *SANE*. Dazu Margo Hill an Brauch, 17. 7. 1979, SCPC, SANE, Inc. (DG 58), s G, b 21, f Correspondence of M. Hill, 1978–1983.
[117] Kopp: US-Friedensbewegung im Aufbruch. Die „Basis" wehrt sich gegen Sozialabbau und Rüstungseskalation, in: *Sozialdemokratischer Pressedienst*, 16. 6. 1982, S. 7f.

der.¹¹⁸ Wenn Sozialdemokraten zu erkennen meinten, dass Amerikaner das Ost-West-Verhältnis ähnlich wie sie selbst wahrnehmen, dann eröffnete sich ihnen ein transnationaler Deutungsrahmen, mit dem sich Widerspruch kommunizieren ließ. So schlug Biermann vor, für die Kieler Konferenz der SPD, die im November 1982 den Verlust der Regierungsverantwortung verarbeiten sollte, einen Redner der NWFC einzuladen und für den Dortmunder Wahlparteitag im Januar 1983 den US-Senator Edward Kennedy zu gewinnen.¹¹⁹ Er avisierte sogar eine schließlich nicht verwirklichte Tagung mit Vertretern der NWFC in der Bundesrepublik, deren Zweck es sein sollte, „die auf wirksame Abrüstung und internationale Stabilität über Verhandlungen und Rüstungskontrolle ausgerichtete Politik der SPD als *Gemeinsamkeit mit der amerikanischen Freeze-Campaign* darzustellen".¹²⁰

Die SPD sah sich durch die inneramerikanische Kritik an der Stationierung ins Recht gesetzt. Dabei handelte es sich freilich um ein Missverständnis. Denn die Nachrüstungsgegnerinnen und -gegner in der SPD hielten die NWFC pars pro toto für die US-Friedensbewegung, die tatsächlich jedoch aus verschiedenen Gruppen bestand. Und sie blendeten völlig aus, dass die NWFC den Kalten Krieg nicht als Problem begriff. Wer die Diskussion in den USA nur selektiv wahrnahm, konnte umso begeisterter auf sie reagieren. Ulrich Wickert, zu dieser Zeit ARD-Korrespondent in New York, äußerte sich im SPD-Mitgliedermagazin 1982 euphorisch über die Friedensbewegung in seinem Gastland.¹²¹ Ein Artikel im SPD-nahen Periodikum „PPP", der mit „Friedensbewegung in den USA: ,Ein Streichholz, das die Nation entzündet'" überschrieben war, vermerkte im gleichen Jahr: „In den USA formiert sich eine Friedensbewegung, die an Umfang und moralischer Durchsetzungs- und Überzeugungskraft alles zu übertreffen verspricht, was jemals an Volksbewegungen entstanden ist."¹²² Die in der SPD kursierenden Berichte und Analysen über die NWFC vermittelten also kein realitätsgetreues Bild der Diskussion. Vielmehr war die NWFC für Sozialdemokraten ein Imaginationsraum, in den sie ihre Hoffnungen projizierten.¹²³

Zum einen erwarteten sie, dass durch die NWFC die Chancen steigen würden, die Nachrüstung doch noch zu verhindern. Wenn sich die Raketenstationierung stoppen ließe, könnte auch das Wettrüsten beendet, die Entspannungspolitik fortgesetzt und der Kalte Krieg überwunden werden. Deshalb konzipierten sie das Netzwerk mit der NWFC als eine den Atlantik übergreifende Gemeinschaft mit identischen Problemwahrnehmungen und Lösungsansätzen. Zum anderen hatte ihre Euphorie über die NWFC einen handfesten Grund. Denn sie gingen davon aus, dass sie nun den Vorwurf widerlegen könnten, sie

---

[118] Exemplarisch: SPD-Abteilung 8 – Ost Charlottenburg: Resolution [21.5.1982], AdsD, 2/PVEH000270.
[119] Biermann an Glotz: 1. Mögliches Auftreten eines Vertreters der Freeze Campaign auf dem „Kleinen Parteitag" in Kiel; 2. Mögliche Teilnahme Kennedys am SPD-Parteitag am 21.1.1983, 3.11.1982, AdsD, Bestand SPD-PV, Internationale Abteilung, 10927.
[120] Biermann: Konzept für Veranstaltung mit Abrüstungsexperten aus den USA und der Bundesrepubli[c]k in der ersten Hälfte Februar 1983, 23.12.1982, S. 2, AdsD, 1/EBAA000600; Hervorhebung im Original (unterstrichen).
[121] Ulrich Wickert: USA: Der Friedenshunger wächst, in: *Sozialdemokrat Magazin*, 5/1982, S. 21.
[122] *Parlamentarisch-Politischer Pressedienst*, 12.3.1982, AdsD, Bestand SPD-PV, Internationale Abteilung, 11240.
[123] Vgl. „Meine ganz große Hoffnung: Die amerikanische Friedensbewegung" [Interview mit Heinrich Albertz], in: *betrifft: erziehung*, Juli/August 1982, S. 56–63, 1982, AdsD, 1/HAAA000041; Eppler: Friedensbewegung 1984, in: *Frankfurter Hefte* 39 (1984), S. 23–30, hier S. 24f.; Eppler: Recht zum Widerstand – oder: Rastätter Anmerkungen, in: *Vorgänge* 22 (1983), S. 59–66, hier S. 60.

seien „anti-amerikanisch".[124] Für Nachrüstungsgegnerinnen und -gegner in der SPD lag es auf der Hand: Wenn Reagan aus der US-Gesellschaft heraus kritisiert wurde, dann konnten die gleichen Argumente, nur weil sie aus dem europäischen Ausland kamen, nicht „anti-amerikanisch" sein.[125] Deshalb betonten Sozialdemokraten das „Näherrücken von SPD und Friedensbewegung" in den USA, deshalb suchten sie offensiv den Schulterschluss mit inneramerikanischen Oppositionsgruppen.[126] Sie wiesen darauf hin, dass sich „unser Widerstand […] nicht gegen Amerika" richtete, „sondern gegen die *gegenwärtige amerikanische Rüstungs- und Nuklearpolitik*".[127] Indem SPD-Mitglieder hervorhoben, dass die US-Gesellschaft komplex und gegensätzlich war, meinten sie, ein brauchbares Argument gefunden zu haben, mit dem sie den Vorwurf des „Anti-Amerikanismus" entkräften konnten.[128] Schon die revoltierenden Studenten von „1968" hatten auf „the other America" hingewiesen und sich mit Aktivisten der US-amerikanischen Zivilgesellschaft vernetzt.[129] Das wiederholte sich in den frühen achtziger Jahren, als politischer Aktivismus erneut in den Verdacht geriet, die kulturelle Verfasstheit der amerikanischen Gesellschaft zu torpedieren.[130]

Der Freiburger SPD-Vorsitzende Gernot Erler riet dem Parteivorstand 1982, „den wiederkehrenden Vorwurf des Antiamerikanismus an unsere Adresse durch verstärkte Hinweise auf das andere Amerika zu unterlaufen".[131] Glotz unterstrich, die deutsche Sozialdemokratie befinde sich „auf der gleichen Seite im Kampf gegen das atomare Wettrüsten wie die inneramerikanische Opposition".[132] Sie könne deshalb gar nicht „anti-amerikanisch" sein.[133] Eppler betonte, dass von der Kritik an Personen und ihrer politischen Agenda nicht auf Einstellungen gegen Nationen geschlossen werden dürfe: „Wenn ein Franzose Franz Josef Strauß unheimlich findet, so ist er deshalb noch nicht antideutsch, und wenn ein Deutscher Reagan unheimlich findet, so ist er deshalb noch nicht antiamerikanisch."[134] Hier bezweifelten Sozialdemokraten nicht, *dass* es „Anti-Amerikanis-

---

[124] Vgl. Unter Druck, in: *Der Spiegel*, 30.8.1982.
[125] So auch: Grüne sind nicht antiamerikanisch, sondern antimilitaristisch. Pressemitteilung Nr. 259/83, 4.8.1983, AGG, Bestand F.4.2, Pressemitteilung BT-Fraktion, 2.
[126] Glotz an Bernd U., 20.8.1982, AdsD, 2/PVEH000299.
[127] [Ergebnisprotokoll der Sitzung der AG Frieden im Frankfurter Kreis am 16.4.1983 in Oer-Erkenschwick], undatiert, S. 6, AdsD, 1/EEAC000126. Hervorhebung im Original (unterstrichen).
[128] Explizit mit dem Hinweis auf den Pluralismus und die Komplexität der US-Gesellschaft, die er so nicht erwartet hätte: Biermann an John Kornblum, 8.1.1983, AdsD, Bestand SPD-PV, Internationale Abteilung, 11241.
[129] Vgl. pointiert Klimke: Alliance, S. 241; Gassert: Antiamerikaner; bereits Kraushaar: Protestkultur, S. 258.
[130] Vgl. Initiative „Zusammen mit dem anderen Amerika": Presseerklärung [September 1983], AdsD, Bestand SPD-PV, Referat Jungsozialisten, 7654; Sheila Cooper/Petra Kelly an die Mitglieder der War Resisters League, Juni 1982, SCPC, War Resisters League Records (DG 040), s B/III, b 4, f Releases, 1982; siehe auch: Das „Andere Amerika": Grüne fordern Bündnis mit den gewaltfreien Kräften in den USA, Pressemitteilung, 9.6.1982, AdsD, Nachlass Selbmann, 88.
[131] Erler an Glotz, 9.7.1982, AdsD, Bestand SPD-PV, Internationale Abteilung, 10928.
[132] Glotz an Angelika K., 18.4.1983, AdsD, 2/PVEH000305.
[133] Glotz an Gerda L., 13.9.1982, AdsD, 2/PVEH000294; auch Stobbe: Krefeld, 20.6.1983, AdsD, Nachlass Stobbe, 170.
[134] „Sind Sie ein Friedensguru, Herr Eppler?", in: *Quick*, 8.10.1981, S. 151; mit diesem Argument kurz zuvor Bastian an Eppler, 12.5.1981, AdsD, 1/EEAC000057; Voigt: Kommt alles Heil von jenseits des Atlantik? Die Unionsparteien und die Schlag-tot-Formel vom „Antiamerikanismus", in: *Vorwärts*, 16.7.1981, S. 18; ähnlich Ziebura: Das Totschlag-Wort „Antiamerikanismus". Warum ein alter Vorwurf angesichts der verschärften Ost-West-Konfrontation wieder neu in Mode kommt, in: *Vorwärts*, 27.8.1981, S. 15.

mus" gab und *dass* er ein Problem sei.¹³⁵ Sie versuchten aber zu zeigen, dass er gerade im Nachrüstungsstreit nicht virulent sei. Sie argumentierten mit demoskopischen Erhebungen: Brandt schrieb in einem Gastbeitrag für die „Washington Post" im August 1983, dass Umfrageergebnisse demonstrierten, dass „sich 90% unserer Bevölkerung zur NATO und zum Bündnis mit den Vereinigten Staaten" bekannten.¹³⁶ Es wäre „objektiv falsch und politisch ein Fehler, wenn man in Amerika die Anti-Raketen-Haltung mit einem europäischen Antiamerikanismus gleichsetzen oder verwechseln würde".¹³⁷ Diese Argumentationsmuster hatten vor allem eine innenpolitische Funktion. Biermann hob hervor, dass sich „Kohl/Strauß/Genscher" in einer „armseligen und peinlichen Situation" befinden würden, „wenn sich nunmehr in Amerika diejenigen Mehrheiten durchsetzen, die der Sicherheitspolitik der SPD sehr nahe stehen".¹³⁸ Wer in der SPD den Vorwurf des „Anti-Amerikanismus" zurückwies, der ging davon aus, dass er damit diejenigen bloßstellen konnte, die vom „Zerfall des sicherheitspolitischen Konsenses" sprachen.¹³⁹

Die Aktivistinnen und Aktivisten der NWFC verfolgten den Nachrüstungsprotest in Westeuropa mit großem Interesse. Es sei wichtig, hieß es in einem Aufruf, den eine aus verschiedenen US-Friedensinitiativen bestehende Arbeitsgruppe herausgab, dass sich die amerikanischen und die europäischen Bewegungen zusammentäten

> „as clear allies in opposition to the nuclear arms race in an international people's movement. And it is important to show the American people that the struggle is not the United States and its European allies against the Russians in a nuclear arms race, but the people of Europe and the United States together opposing both the United States and Russian nuclear arms policies, and demanding that they reverse their directions to one of mutual nuclear disarmament and peace."¹⁴⁰

Auch in den USA wollten die Aktivistinnen und Aktivisten ihre innenpolitische Legitimität steigern, indem sie sich über Grenzen hinweg vernetzten.¹⁴¹ Durch Kontakte und gemeinsame Appelle oder Aktionen wollten sie ihren Widerspruch zur Sicherheitspolitik der NATO anzeigen. Die NWFC tat sich jedoch schwer, wenn es darum ging, Gemeinsamkeiten mit der westdeutschen Friedensbewegung und den Grünen herauszuarbeiten.¹⁴²

---

¹³⁵ Lotze: Amerikas Belastbarkeit. Leben mit dem „Anti-Amerikanismus", in: *Vorwärts*, 24.9.1981, S. 1.
¹³⁶ Brandt: Manuskript des Beitrages in der Washington Post vom 7.8.1983, undatiert, AdsD, WBA, A10.1 Rosen, 188; abgedruckt in Brandt: Berliner Ausgabe, Bd. 10, S. 142–146. Ferner Peter Lösche: Antiamerikanismus in der Bundesrepublik? Stereotype über Ronald Reagan in der deutschen Presse, undatiert, AdsD, Nachlass Stobbe, 275. Der Beitrag Brandts wurde in der NWFC rezipiert: European Reactions to the Pershing II and Cruise Deployment, August 1983, WHMC, sl 454 NNWFC, b 2, f 51; Dettke: SINUS-Umfrage zum Thema Sicherheitspolitik, Bündnispolitik, Friedensbewegung im Auftrag der Friedrich-Ebert-Stiftung, 9.11.1983, AdsD, 1/HJVA102737.
¹³⁷ Demoskopische Ergebnisse sind stets Konstrukte und abhängig vom Fragesteller, dazu Ziemann: Sozialgeschichte; Kruke: Demoskopie, S. 11–17.
¹³⁸ Biermann an Vogel: Freeze-Entschließung des Komitees für auswärtige Angelegenheiten des amerikanischen Repräsentanten-Hauses; Hintergründe und Argumentationsvorschläge, 3.3.1983, S. 2, AdsD, WBA, A11.4, 110.
¹³⁹ Vgl. dazu auch Offener Brief von 59 Bundestagsabgeordneten an US-Präsident Ronald Reagan, 7.6.1982, S. 1, AdsD, 1/EBAA000745; abgedruckt in *Blätter* 28 (1983), S. 1391–1394; die Antwort von George Bush übermittelte Arthur F. Burns an Freimut Duve, 18.6.1982, AdsD, 1/EBAA000745.
¹⁴⁰ Stop the Cruise and Pershing II Missiles, undatiert, S. 2, SCPC, Women's International League for Peace and Freedom (WILPF) Records (DG 043), III/H,6, b 13, f Euromissiles Working Group, 1982–1984.
¹⁴¹ Siehe auch Melinda Fine: International Report for Freeze Focus International Issue, undatiert, WHMC, sl 454 NNWFC, b 4, f 89.
¹⁴² Zur Kontextualisierung vgl. Milder: Petra Kelly.

Dass sich in Westeuropa eine starke Friedensbewegung sammelte, notierte sie befriedigt. Zugleich bedauerte sie, dass die Westeuropäer außerhalb der SPD die *Freeze*-Forderung nicht enthusiastischer aufnähmen. Der Nationale Koordinator der NWFC Randy Kehler berichtete im September 1982 von einer Begegnung mit europäischen Friedensinitiativen:

> „Aside from the East-West problem, I think that many at the meeting had profound reservations about any disarmament process that hinges upon negotiations, bilateral or multilateral. There seemed to be a strong feeling that the negotiation process has consistently failed, leading only to new balances of terror at increasingly higher levels or armaments."[143]

Es war also der gegensätzliche Ansatz von NWFC und europäischen Bewegungen, der das Verständnis erschwerte. Er führte dazu, dass Ideen nicht ohne weiteres über den Atlantik hinweg „übersetzt" werden konnten.[144] Während die Amerikaner ein parlamentarisches Vorgehen befürworteten und die Rüstungskontrolle in den Mittelpunkt ihres Denkens rückten, war ihnen der außerparlamentarische Impuls der Europäer fremd.[145] Auch Eva Quistorp, eine Protagonistin der deutschen Frauenfriedensbewegung, räumte 1983 ein, dass sie sich schwer damit tue, das aus ihrer Sicht bescheidene Einfrieren der Atomraketen gutzuheißen. Sie verlangte das bedingungslose Nein zur Stationierung und einseitige Abrüstungsschritte.[146] In der Tat waren die Beziehungen zwischen der NWFC und der westdeutschen Friedensbewegung eher problembelastet.[147] Das Koordinationsbüro der Friedensbewegung unterstützte 1983 zwar offiziell das *Freeze*-Konzept.[148] Doch die Vorstellungen über Schritte, die darüber hinausgingen, klafften auseinander.[149] Eine amerikanische Analyse von November 1982 sezierte den Unterschied: „There is a nuclear disarmament movement in Europe, but, in America, there is a movement for a bilateral halt to the nuclear arms race".[150] Gingen NWFC und Gruppen der westdeutschen Friedensbewegung von den gleichen Problemen aus – Rüstungswettlauf, drohende nukleare Apokalypse –, präferierten sie unterschiedliche Lösungen aus der wahrgenommenen Krise. Als 1983 auf einer Konferenz in Paris die Diagnosen aufeinanderprallten, offenbarten sich auch Differenzen in den lebensweltlichen Erfahrungsräumen. Melinda Fine, die als Internationale Sekretärin für die NWFC an dem Treffen teilnahm, schrieb: „[W]hile the freeze has

---

[143] Randy Kehler an Executive Committee: International Disarmament Meeting in Paris, September 10–13, 1982, 27.9.1982, S. 3, SCPC, SANE, Inc. (DG 58), s G, b 152, f Minutes (Exec. Comm. & National Comm.), 1982, 1984; zu Kehler vgl. D. Meyer: Protest, S. 121.
[144] Lässig: Übersetzungen.
[145] So auch Mausbach: Vereint, S. 295f.
[146] Zit. nach Germany: A Declaration of Independence, in: *Nuclear Times*, October 1983, S. 24–25.
[147] Der Geschäftsführer von *SANE* David Cortright gab seine Pläne auf, an den Demonstrationen im Herbst 1983 in der Bundesrepublik teilzunehmen: „I had assumed, and been told by Petra Kelly, that the Green party wanted me to come and would pay my way. When I contacted their office, however, no one knew of my proposed visit and they did not seem interested. Thus, I decided not to take the trip." Cortright an Daniela Velte, 26.10.1983, SCPC, SANE, Inc. (DG 58), s H, b 15, f David Cortright Corresponence July 1983–Dec. 1984.
[148] Es ist an der Zeit: Sagt Nein! Keine neuen Atomraketen in unser Land! [1983], AdsD, Bestand SPD-PV, Referat Frauen/ASF, 13135.
[149] Ertragreicher gestalteten sich die Kontakte der bundesdeutschen Friedensbewegung mit anderen *peace groups* in den Vereinigten Staaten, die radikaler als die NWFC auftraten, so mit der *Women's International League for Peace and Freedom* und der *War Resisters League*, vgl. Fröhlich: Kampagne, S. 80–147.
[150] Bill Moyer: Keeping Cruise and Pershing II in America, November 1982, S. 1, WHMC, sl 454 NNWFC, b 7, f 199.

attempted to work simultaneously on both the grassroots and congressional level, much for the European action seems oriented toward the grassroots, alone."[151]

Die Schwierigkeiten, sich zu verständigen, rührten auch daher, dass Amerikaner und Europäer unterschiedliche Praktiken des politischen Konfliktaustrags bevorzugten. So äußerte sich Fine in ihrem Bericht besorgt über die Gewaltbereitschaft in Europa. In Deutschland meinte sie ein profundes Misstrauen gegenüber Parteien auszumachen, das parlamentarische Initiativen gegen die Nachrüstung verhinderte. Für die NWFC sei hingegen klar, dass Protestaktionen auf der Straße alleine keine Wirkung zeigten. Eine andere Aufzeichnung versuchte, die Handlungsformen der NWFC auf die westeuropäischen Bewegungen zu übertragen.[152] Der Vorschlag setzte auf das Graswurzelengagement in Städten und Gemeinden, nicht auf Massendemonstrationen und aufsehenerregende Protestaktionen. Er wollte die Netzwerke zu dramatischen Inszenierungen entwickeln, die bewiesen, dass Amerikaner und Europäer gemeinsam keine neuen Raketen wollten. Protestkulturen, die in den Vereinigten Staaten erfolgreich erprobt worden waren, seien auch in Westeuropa umsetzbar, nahm der Vermerk an.[153]

Der außerparlamentarische Handlungsansatz und die systemsprengenden Forderungen der westdeutschen Friedensbewegung gingen vielen Aktivisten und Aktivistinnen der NWFC zu weit – aber sie sahen inhaltliche Übereinstimmungen mit den Sozialdemokraten.[154] Denn mit der rüstungskontrollpolitischen und parlamentarischen Grundierung der SPD konnten sie sich identifizieren.[155] Das schlug sich allein in den Berichten über Europa nieder, in denen die SPD stets einen breiten Raum einnahm. Handschriftliche Notizen von Ed Glennon, der als Vertreter von SANE 1981 die Bundesrepublik bereiste, bringen ein intensives Interesse für die sozialdemokratische Position zum Vorschein. Glennon sammelte Informationen über SPD-Führungspersönlichkeiten der zweiten und dritten Reihe und exzerpierte aus deutschen Zeitungen; er trug alle Informationen zusammen, die er über Initiativen gewinnen konnte, die dazu geeignet waren, die Politik von Schmidt zu verändern.[156] Dies machte der NWFC Mut, sich um eine Zusammenarbeit mit der SPD zu bemühen. Deshalb interessierte sie sich für Schmidt-Gegner wie Erhard Eppler,[157] deshalb rezipierte sie das zentrale sozialdemokratische Argument:

„The SPD's endorsement of the ‚Doubletrack decision' was based on two important presumptions that are now no longer operative: that ratification of the SALT II agreement would be followed

---

[151] Melinda Fine: International Disarmament Meeting in Paris, June 9–11, 1983, undatiert, WHMC, sl 454 NNWFC, b 2, f 50.
[152] Siehe Moyer: Keeping Cruise and Pershing II in America, WHMC, sl 454 NNWFC, b 7, f 199.
[153] Ebenda.
[154] Dessen war sich auch die SPD bewusst. Glotz an Erler, 3.12.1982, AdsD, Bestand SPD-PV, Internationale Abteilung, 10928. Die Verbindungen zwischen der NWFC und der SPD riefen jedoch Eifersüchteleien unter anderen europäischen Friedensaktivisten hervor: Laurens Hogebrink an Forsberg/Kehler, 23.6.1983, WHMC, sl 454 NNWFC, b 2, f 50. Die SPD nutzte ihre Kontakte schließlich auch, um sich in der innenpolitischen Auseinandersetzung mit den Grünen zu profilieren. Biermann an Glotz u. a.: Strategie der SPD gegenüber der Friedensbewegung, 10.3.1983, S. 5, AdsD, Vorlass Voigt, H 120.
[155] Die sozialdemokratische Sonder-Außenpolitik verfolgte die NWFC gebannt. Hummel Walker an Randy Kehler: Translation of Andropov letter [hs. eingef.: in a publication of the Social Democratic Party of West Germany on September 22, '83–RK], 3.10.1983, WHMC, sl 454 NNWFC, b 7, f 206.
[156] Ed Glennon: [Hs. Notizen zu Entwicklungen und Diskussionen in der Bundesrepublik, 1981], SCPC, SANE, Inc. (DG 58), s G, b 133, f West German politics, 1981–1983.
[157] So in Quotable Quotes, undatiert, WHMC, sa1039 National Nuclear Weapons Freeze Campaign Addenda, Accession 10/9/98, b 10, f St. Louis Freeze-Euromissiles & European Responses.

promptly by SALT III negotiations incorporating both strategic and theater nuclear reductions; and that there would be a full four years to work out a new agreement. [...] Under these conditions, the SPD can plausibly defect from the December '79 decision without serious damage to its moderate social-democratic image."[158]

Wie die *Freeze*-Kampagne Einblick in die bundesdeutschen Verhältnisse gewann, lässt sich anschaulich dokumentieren anhand der Deutschlandreise des Aktivisten Mike Mawby im September und Oktober 1980.[159] Seine Reisemappe umfasst handschriftliche Notizen von Gesprächen mit SPD-Funktionären, die sich über den Kurs ihrer Partei und über den Standpunkt von Parteifreunden äußerten, sie enthält Visitenkarten, Adresslisten und Telefonnummern. Der Zweck der Reise war es, geeignete SPD-Vertreter für eine Konferenz über die „Euromissiles" im Dezember 1981 in Washington zu finden und „to show American politicians and citizens that prominent political leaders in Europe do not want this nuclear escalation policy and that it should be opposed".[160] In den Treffen mit den SPD-Abgeordneten und Nachrüstungsgegnern Karl-Heinz Hansen und Manfred Coppik, mit dem Verteidigungsfachmann Voigt und dem Fraktionsreferenten Johannes Altmeppen – außerhalb der SPD traf er sich lediglich mit dem ehemaligen Bundeswehrgeneral Gert Bastian – erhielt Mawby Einblick in das komplizierte Innenleben der Sozialdemokratie. Hansen sei der „biggest peacenik in SPD", notierte er, während sich der Fraktionsvorsitzende Herbert Wehner für die „most important figure for European détente" halte. Voigt hingegen sei „almost pragmatic to a fault". Mit Hansen und Coppik erzielte Mawby die größte inhaltliche Übereinstimmung. Doch handele es sich um innerparteiliche „paradise birds", die „colorful" und manchmal unberechenbar agierten. Ein Problem seien die Sprachkenntnisse vieler SPD-Funktionäre gewesen, notierte Mawby. Coppiks Englisch sei „not very good, almost non-existent".[161] Er komme als Ansprechpartner der NWFC kaum infrage. Die Nachrüstungsgegner aus NWFC und SPD redeten also nicht nur übereinander. Sie traten auch miteinander in Kontakt. Ihre Netzwerke waren Manifestationen des politischen Dissenses mit der Außen- und Verteidigungspolitik der NATO. Sie drückten etwas aus, das darüber hinausging, was sich verbal artikulieren ließ. Denn wenn US-amerikanische *Freeze*-Aktivisten und deutsche Sozialdemokraten miteinander in Kontakt kamen, wenn sie sich begegneten, dann traten auch die jeweiligen politischen Anliegen als Einheit auf. Und durch physische Nähe erhöhte sich ihre jeweilige politische Legitimität.

Reisten die Nachrüstungsgegner der SPD in die USA, um lokale Friedensgruppen zu besuchen oder um an öffentlichkeitswirksamen Konferenzen teilzunehmen, dann war das eine sinnstiftende Handlung, die ihnen innenpolitisch helfen sollte.[162] Und wenn Vertre-

---

[158] Christopher Paine: [SPD und TNF], undatiert, S. 2f., WHMC, sl 454 NNWFC, b 2, f 49.
[159] In SCPC, SANE, Inc. (DG 58), s G, b 131, f Mike Mawby's contacts in Europe, 1980–1981.
[160] So im Brief an Johannes Altmeppen, 8. 9. 1980, SCPC, SANE, Inc. (DG 58), s G, b 131, f Mike Mawby's contacts in Europe, 1980–1981.
[161] Mawby: Report on Visits in Europe with Leading Military Experts, 21. 10. 1980, S. 3, SCPC, SANE, Inc. (DG 58), s G, b 131, f Mawby's contacts in Europe, 1980–1981.
[162] Siehe die Konferenz der NWFC im Dezember 1981 in Washington, zu der aus der Bundesrepublik Karl-Heinz Hansen, Gert Bastian und Petra Kelly sowie aus Großbritannien Josephine Richardson anreisten: NATO Missiles – A European Perspective [2. 12. 1981], SCPC, SANE, Inc. (DG 58), s G, b 71, f Euromissiles conference, Dec. 2, 1981. Obwohl *SANE* eigens eine PR-Agentur angeheuert hatte, bewertete Ed Glennon die Konferenz als Misserfolg: Glennon an SANE Staff: NATO Conference, 15. 12. 1981, SCPC, SANE, Inc. (DG 58), s G, b 131, f NATO Project file, 1980–1982; Mausbach: Vereint, S. 293f.

ter der NWFC nach Europa flogen, um sich dort mit SPD-Mitgliedern zu treffen, zelebrierten sie den transatlantischen Schulterschluss durch körperliche Nähe. Es verwundert kaum, dass die beiden Galionsfiguren der sozialdemokratischen Nachrüstungskritik, Eppler und Lafontaine, bei ihren USA-Besuchen vor allem in den Jahren von 1981 bis 1983 nicht etwa Vertreter der Regierung in der Hauptstadt, sondern die Aktivisten der *Freeze*-Kampagne in der Provinz besuchten.[163] Dort wurden sie neugierig aufgenommen und traten als Redner bei öffentlichen Veranstaltungen auf.[164] Biermann nahm im Juni 1983 sogar an einer Sitzung des *Executive Committee* der NWFC im texanischen Fort Worth teil.[165] Auch als die Vereinigten Staaten und die Bundesrepublik am 6. Oktober 1983 in Philadelphia das 300-jährige Jubiläum der Ankunft von 13 Familien aus Krefeld – der ersten deutschen Einwanderung – feierten, reiste Eppler an die Ostküste, um die friedlichen Wurzeln der Einwanderer zu feiern; die Krefelder Familien waren in der Tat Mennoniten und Quäker gewesen.[166] Die Regierungen in Washington und Bonn inszenierten diesen Tag, zu dem Bundespräsident Karl Carstens nach Philadelphia kam und sich dort mit Vizepräsident Bush traf, als Fest der deutsch-amerikanischen Freundschaft und gemeinsamer Wertvorstellungen.[167] Dazu boten die Demonstrationen der Friedensgruppen eine konkurrierende Sichtweise an.[168]

Schließlich kam es auch zu Begegnungen auf höchster Ebene. Die NWFC entwickelte die Idee, im Spätsommer 1983 westeuropäische Stationierungsgegner nach Washington einzuladen, damit sie vor dem Kongress ihren Standpunkt erläutern könnten. Sie regte an, dass die Delegation den Aufschub der Stationierung um ein Jahr fordern sollte.[169] Um dieses Konzept unter den Europäern populär zu machen, das schließlich auch zur Hauptforderung der SPD wurde, reiste Randall Forsberg im Mai 1983 nach Westdeutsch-

---

[163] Vgl. Dingels an Lafontaine: Deine Reise in die USA, 15.6.1981, AdsD, WBA, A11.13, 38; Dingels an Müller-Osten: Erhard Eppler, 26.7.1982, AdsD, Bestand SPD-PV, Internationale Abteilung, 11133; Eppler: [Handschriftliche Notizen für Gespräche/Reden in den USA], 8.10.1982, AdsD, 1/EEAC000078; Programm der USA-Reise von Erhard Eppler, undatiert, AdsD, 1/EEAC000078.

[164] Eppler nahm 1983 an einer Veranstaltung der NWFC in Augusta, Maine, teil: Program The European Missile Crisis Forum, Sept. 30, 1983, Jewett Hall, Univ. of Maine at Augusta, undatiert, AdsD, 1/EEAC000187. Dort sollte er eine „Concluding Address" halten. Neben ihm war auch der SPD-Bundestagsabgeordnete Gert Weisskirchen für eine Panel-Diskussion eingeplant.

[165] Minutes National Committee Meeting June 10–12, 1983 FT. Worth, Texas, undatiert, WHMC, sl 454 NNWFC, b 5, f 126; dazu auch Biermann: Vertraulicher Bericht über die USA-Reise vom 4.6. bis 13.6.1983, 15.6.1983, AdsD, WBA, A11.13, 80.

[166] Auf Bitten von Samuel Caldwell schrieb Eppler einen „Letter to American Christians on the issue of Euromissiles". Eppler an amerikanische Christen, 20.8.1983, AdsD, 1/EEAC000187; Peace rally set for Oct. 6 visit by head of state, in: *Philadelphia Inquirer*, 28.6.1983.

[167] Siehe zur Vorbereitung Ron Mann an Bill Clark/Helene von Damm: Additional Background on 1983 U.S.-German Tricentennial Commission, 8.9.1982, RRL, Executive Secretariat, NSC: Country File, RAC b 14, f Germany, FRG (1/1/82-9/30/82) (6).

[168] Dazu auch Philadelphia Nuclear Freeze: October 6 Witness, undatiert, AdsD, Nachlass Stobbe, 183; 6. Oktober in Philadelphia: „Freundschaft ohne Raketen". Pressemitteilung Nr. 394/83, 5.10.1983, AGG, Bestand F.4.2, Pressemitteilung BT-Fraktion, 4; „Ist Partnerschaft die Begegnung zweier Präsidenten, ist es das Staatsbankett", fragte der Spiegel, „oder ist es der gemeinsame Protest von Eppler […] Petra Kelly und Gert Bastian, die zusammen mit rund 12 000 Amerikanern in den Straßen von Philadelphia gegen die Nachrüstung demonstrierten?". Klaus Wirtgen: Deutsche Eiche im Freundschaftsgarten, in: *Der Spiegel*, 10.10.1983, S. 26f.

[169] Vgl. Institute for Defense & Disarmament Studies: Euromissile Political Delegation Project, undatiert, WHMC, sl 454 NNWFC, b 2, f 52; für den Beschluss der NWFC siehe Minutes National Committee Meeting June 10–12, 1983 FT. Worth, Texas, undatiert, S. 6, WHMC, sl 454 NNWFC, b 5, f 126.

land. Dort traf sie Eppler, der nicht lange überzeugt werden musste.[170] An Brandt berichtete er, es könne „aus dem Dilemma unserer Partei (und nicht nur der SPD) im Herbst [...] einen Ausweg" geben.[171] „Die Sache" sei „nicht ohne Chance". In Bonn drängte Forsberg darauf, die SPD dürfe ihre endgültige Haltung zur Stationierung nicht erst im Spätherbst festlegen, wie es der Position der Parteiführung entsprach. Sie sollte sich sofort gegen die Nachrüstung aussprechen.[172] Gegenüber Vertretern von „Skandilux" in Luxemburg, einem Gesprächsforum von europäischen Parteien Westeuropas, bekannte Forsberg jedoch entwaffnend direkt, dass es kaum eine Chance gebe, die Stationierung hinauszuschieben. Dennoch sei es wichtig, dass „eine hochrangige Delegation aus verschiedenen europäischen Parteien" vor dem Kongress gegen die Nachrüstung aussage.[173] Während sie heftigen Widerspruch von Jacques Huntzinger hörte, der die Gegensätze zwischen dem Parti Socialiste und der *Freeze*-Kampagne betonte,[174] verlief das Gespräch mit dem SPD-Vorsitzenden besser.[175] Den persönlichen Aufzeichnungen der US-Abrüstungsexpertin nach zu schließen, waren sie und Brandt sich weitgehend einig, dass es nützlich sei, um ein Jahr verlängerte Gespräche zu fordern.[176] Doch wollte Brandt nicht als Teil einer größeren Delegation von Westeuropäern anreisen, sondern bestand auf einem Einzelauftritt.[177]

Am 29. September 1983 war es endlich so weit. Brandt sprach bei einem Hearing vor Abgeordneten und Senatoren des US-Kongresses gegen die Raketenstationierung.[178] Die Anhörung fand im Washingtoner Rayburn House Office Building unter dem Vorsitz von Edward Markey statt. Neben Brandt reisten aus der SPD noch Egon Bahr, Herta Däubler-Gmelin und Heidemarie Wieczorek-Zeul nach Washington.[179] Auch andere prominente Nachrüstungskritikerinnen und -kritiker aus Westeuropa hielten sich in der Hauptstadt

---

[170] Dazu: RF Talk on Freeze Strategy on Euromissiles at IDDS, May 19, 1983 – Notes from tape by EB, undatiert, WHMC, sl 454 NNWFC, b 3, f 67.
[171] Eppler an Brandt (hs.), 17.5.1983, S. 1, AdsD, WBA, A11.2, 144. Nachdem die *Freeze*-Resolution im Senat gescheitert war, äußerte sich Eppler gegenüber einem Briefpartner aus der NWFC nüchterner: Eppler an Pat Harman (hs.), WHMC, sa1039 NNWFC Addenda, Accession 8/3/94, b 2, f Correspondence from Europe.
[172] RF Talk on Freeze Strategy on Euromissiles; Biermann an Brandt: Wünsche der Freeze-Campaign zur Unterstützung ihrer Haltung in der Frage von Marschflugkörpern und Pershing II/Gespräch mit Randall Forsberg am Rande der Berliner Konferenz für atomare Abrüstung, 26.5.1983, S. 1, AdsD, WBA, A11.2, 144.
[173] Isenberg: Sitzung der Skandilux-Gruppe am 5./6.6.1983 in Luxemburg, 7.6.1983, S. 2, AdsD, 1/EBAA000599.
[174] Ebenda, S. 3. Auch Mitterrand lehnte einen *Freeze* ab, vgl. Abendessen der Regierungschefs beim ER in Luxemburg (29./30.6.1981), 30.6.1981, AdsD, 1/EBAA000763.
[175] Vgl. dazu Isenberg an Brandt: Ihr Gespräch heute um 15.00 Uhr mit Randall Forsberg, Vorsitzende des National Advisory Board der Freeze-Bewegung, 6.6.1983, S. 2, AdsD, WBA, A11.2, 144.
[176] Forsberg: First Exploratory Trip on Euromissile Political Delegation June 5–6, 1983, undatiert, AdsD, Bestand SPD-PV, Internationale Abteilung, 11252; Forsberg: [Hs. Notizen über Gespräche in Bonn], 9.6.[1983], WHMC, sl 454 NNWFC, b 3, f 67.
[177] Brandt: [Hs. Notiz zur Freeze-Initiative, 8.6.1983], AdsD, WBA, A11.13, 80. Zur Frage, ob die NWFC eine Delegation oder mehrere Einzelpersonen einladen sollte, siehe Ehmke: Vermerk über meine US-Reise vom 26.6. bis 2.7.1983, 5.8.1983, S. 7, AdsD, 1/HEAA000795.
[178] Brandt war von vier Kongressabgeordneten eingeladen worden, Edward J. Markey/Jim Leach/Thomas J. Downey/Stewart B. McKinney an Brandt, 10.8.1983, AdsD, WBA, A19, 240.
[179] Däubler-Gmelin war zu diesem Zeitpunkt Bundestags-, Wieczorek-Zeul Europaabgeordnete. Vgl. European Parliamentary Delegation, 1.8.[1983], WHMC, sl 454 NNWFC, b 2, f 51; das Statement Bahrs in AdsD, WBA, A19, 240; sowie in WHMC, sl 454 NNWFC, b 2, f 52.

auf.[180] Die Anhörung war Teil eines Aktionsmonats der NWFC, der am 12. September begann und am 7. Oktober endete. Auf dem Programm der Gäste standen Begegnungen mit Politikern, mit *Think Tanks* und Pressevertretern, mit Friedensgruppen und einfachen Amerikanern. Darüber hinaus nahm Brandt an einem Podiumsgespräch mit den demokratischen Präsidentschaftskandidaten im Bundesstaat Maine teil.[181] Die NWFC machte durch den Besuch der Europäer die Öffentlichkeit in Nordamerika und Westeuropa auf ihr Anliegen aufmerksam.[182] Gleichzeitig demonstrierte sie, wie einig sie sich mit den massenhaften Protestbewegungen in den Stationierungsländern war. Dass ihre Wahl für den Hauptredner auf Willy Brandt fiel, war gewiss kein Zufall. Denn Brandt entsprach viel eher den Sehgewohnheiten des amerikanischen Publikums als die meisten Protagonisten der Grünen. Er verlangte, dass die Verhandlungen über das im Doppelbeschluss vorgesehene Ende hinaus fortgesetzt und dass die britischen und französischen Drittstaatensysteme in die Berechnung des Gleichgewichts einbezogen werden müssten.[183] Außerdem legte er bei dieser Gelegenheit seinen sogenannten „4-Stufen-Plan" zur Realisierung eines *Freeze* dar, den er zwei Tage zuvor in Ohio vorgestellt hatte.[184] Aus Sicht der *Freeze*-Kampagne war Brandts Auftritt vor dem Kongress ein voller Erfolg, denn er hatte vorgetragen, was die NWFC hören wollte.[185] Randy Kehler schrieb, dass

> „Brandt's four points were very much in line with the positions the Freeze Campaign had already taken. Specifically, his call for an immediate bilateral halt on most aspects of testing and deployment, at the beginning of negotiations for a comprehensive freeze, was almost identical to our National Committee's call in June of 1982 for a ,negotiator's pause' at the beginning of freeze negotiations."[186]

In der Tat befanden sich NWFC und SPD im Herbst des Jahres 1983 in einer „Forderungsgemeinschaft". Sie nahmen die internationalen Beziehungen und den Stand der Rüstungskontrolle sehr ähnlich wahr und adressierten die Verhandlungen in der Schweiz mit drei identischen Kernforderungen: die Stationierung sollte um ein Jahr aufgeschoben, die Gespräche über die Mittelstreckenraketen (INF) mit denen über die strategischen Langstreckenwaffen (START) zusammengelegt und die Erprobung, Produktion und Stationierung neuer Nuklearwaffen eingefroren werden. Während es in der NWFC anfangs keineswegs unumstritten war, verlängerte Rüstungskontrollgespräche zu for-

---

[180] Unter ihnen Denis Healey (GB), Joop den Uyl (NL), Joet de Boor (NL), Judith Hart (GB), Irene Petry (B).
[181] Vgl. Biermann an Brandt/Bahr: Einladungen von Edward Markey zu Hearings im Amerikanischen Kongreß, 1.9.1983, AdsD, WBA, A19, 240.
[182] Siehe die Pressedokumentation in AdsD, WBA, A19, 240.
[183] Abgedruckt in Brandt: Berliner Ausgabe, Bd. 10, S. 157–171, hier S. 158, 162. Siehe auch SPD-Pressemitteilung 587/83, 30.9.1983; ein hs. Entwurf des Statements in AdsD, WBA, A19, 240; Exzerpte in WHMC, sl 454 NNWFC, b 6, f 167; Claudia Jensen: Willy Brandt in den USA: Werben für Kompromiss, in: *Vorwärts*, 6.10.1983, S. 4.
[184] Dazu Brandt Commission Research: Willy Brandt to make Global Policy Statement in Ohio [Press Release], 13.9.[1983], WHMC, sl 454 NNWFC, b 2, f 52; Botschaft Washington an das Auswärtige Amt, 4.10.1983, AdsD, WBA, A19, 240.
[185] Allerdings waren nur etwa 20 Abgeordnete und Senatoren zu der Anhörung erschienen, vgl. F. Fischer: Interesse, S. 309.
[186] Kehler an Local Freeze Organizers: Willy Brandt Appeal, 1.12.1983, AdsD, Bestand SPD-PV, Internationale Abteilung, 11241; bereits Kehler an Organizers of October Euromissile Demonstrations: Euromissile/Freeze Proposal by Willy Brandt, 12.10.1983, WHMC, sl 454 NNWFC, b 2, f 52; sowie Freeze Newsletter, Vol. 3, No. 7, Dezember 1983, WHMC, sa1039 NNWFC Addenda, Accession 10/9/98, b 14, f Armaments-Nuclear Freeze Campaign.

dern,[187] war die *Freeze*-Idee ein US-amerikanisches Konzept, das die SPD adaptierte.[188] Dabei handelte es sich nicht um einen Transfer im eigentlichen Sinne. Denn in der SPD hatte die Moratoriumsidee unabhängig von der NWFC zahlreiche Anhänger, und sie war seit 1979 eine beliebte Forderung gewesen, wenn Sozialdemokraten und Sozialdemokratinnen aller Couleur über die Stationierung sprachen. Aber so konsequent in einem globalen und beiderseitigen Rahmen wie die NWFC dachte sie in der SPD niemand – bis die Amerikaner der SPD nahelegten, sie aufzunehmen. Sie taten dies freilich aus dem Kalkül heraus, dass eine politische Forderung dringlicher wirkte, wenn sie unisono auf beiden Seiten des Atlantiks angestimmt wurde. Deshalb war die imaginierte Deutungsgemeinschaft in ihrem Kern ein Zweckbündnis. Der Kölner Parteitagsbeschluss lehnte die Nachrüstung schließlich ab und forderte stattdessen das „Einfrieren zunächst des Testens und Stationierens, dann aber auch der Produktion nuklearer Waffen und Trägersysteme von einem vereinbarten Zeitpunkt an".[189] So waren sowohl die sozialdemokratische als auch die US-amerikanische Nachrüstungskritik eingebunden in ein transatlantisches Geflecht von Gedanken und Motiven.

Wer sich in der SPD und der NWFC mit dem jeweiligen Gegenüber vernetzte, dem war daran gelegen, sich selbst als Teil einer Deutungsgemeinschaft zu imaginieren. Meist stellten Führungspersonen diese Kontakte her, doch auch die SPD-Basis erkannte die Chancen, die sich ihr boten. Sowohl Sozialdemokratie als auch *Freeze*-Kampagne meinten von den Netzwerken zu profitieren, mit denen sie sich in verschiedenen nationalen Kontexten legitimierten. Darüber hinaus machte die SPD im Umgang mit der NWFC die Erfahrung, dass außerparlamentarischer Protest nicht zwangsläufig belastend sein musste. Während große Teile der SPD die westdeutsche Friedensbewegung als Gefahr begriffen, galt ihnen die einflussreichste Protestgruppierung in den USA als ein Reservoir, aus dem sie Argumentationszusammenhänge schöpfen konnte, die ihren Standpunkt untermauerten. Was sich auf den ersten Blick paradox ausnimmt, war bei genauerem Hinsehen eine Konsequenz der diametral entgegengesetzten Präferenzen auf beiden Seiten des Atlantiks. Die SPD-Führung tat sich lange Zeit schwer mit den systemexternen Lösungsvorschlägen der westdeutschen Friedensbewegung; mit dem Ansatz der NWFC konnte sie sich hingegen identifizieren, denn diese vertrat eine sehr ähnliche Rüstungskontrollpolitik wie sie selbst.

3. Neue Protestformen und der Wandel der politischen Konfliktkultur

So wie sich der Streit um die Atomraketen immer weiter zuspitzte, die Stationierung näher rückte und die Einigkeit der SPD verging, so besann sich eine wachsende innerparteiliche Gruppe darauf, dass sie mit dem Protest mehr verband als trennte. Diejenigen SPD-Mitglieder, die zwischen 1981 und 1983 gegen die Nachrüstung auf die Straße gingen, lernten auch die Ausdrucksmittel der Friedensbewegung kennen und schätzen. Sie erprobten neue Möglichkeiten, politischen Widerstand zu artikulieren, und integrierten

---

[187] Dazu Barbara Roche an National Committee Members: Development of Euromissile Strategy, 3.6.1983, WHMC, sl 454 NNWFC, b 2, f 50. Der Beschluss, den Stationierungsaufschub zu fordern, fiel im Mai 1983: Minutes of the Executive Committee Meeting, 18.5.1983, WHMC, sl 454 NNWFC, b 2, f 55.
[188] Dazu der Briefwechsel zwischen Christopher Paine und Egon Bahr: Paine an Bahr u. a.: Memorandum: INF Negotiations, The Freeze, and the SPD Position, 16.5.1983, S. 3f., AdsD, WBA, A11.13, 80.
[189] Außerordentlicher SPD-Parteitag, Köln 1983, S. 199.

sie in ihr Handlungsrepertoire. Die neuen Protestformen zeichneten sich dadurch aus, dass mit ihnen Dissens spontan und aktionistisch, manchmal auch expressiv geäußert werden konnte. Sozialdemokraten und Sozialdemokratinnen eigneten sie sich in dem Maße an, wie sie sich in der Friedensbewegung engagierten. Einen Höhepunkt erreichte diese Entwicklung im Oktober 1983, als viele Parteimitglieder an der bundesweiten „Aktionswoche" der Friedensbewegung teilnahmen. Die Rede Willy Brandts auf der Bonner Hofgartenwiese symbolisierte die Annäherung zwischen Partei und Bewegung. Das Ausmaß, in dem insbesondere jüngere und weibliche SPD-Mitglieder die Handlungsweisen der Friedensbewegung zu ihren eigenen machten und in die Partei trugen, ist ein Indiz dafür, wie stark die SPD in ihrer Selbstgewissheit und innerparteilichen Tradition erschüttert wurde.

Den Streit um die Atomraketen muss man als Geschichte erzählen, wie sich SPD und Friedensbewegung schrittweise annäherten. Selbstverständlich oder gar unausweichlich war dieser Prozess nicht. Während viele Sozialdemokraten an der Parteibasis seit 1980/81 in der Bewegung mitwirkten, zog die SPD-Führung lange eine klare Grenze zum Protest.[190] Dass die Jusos zu einer gemeinsamen Demonstration mit Friedensgruppen aufriefen, galt noch 1982 als nicht akzeptabel.[191] Selbst Willy Brandt, der die neuen sozialen Bewegungen in die SPD integrieren wollte, um seiner Partei neue Wählergruppen zu erschließen, schrieb 1981, dass „Friedensbewegungen, die keine in Wahlen erworbene Legitimation haben", wohl „Anstöße geben" könnten, die „politische Verantwortung" jedoch „andere übernehmen" müssten.[192] Bis lange nach dem Regierungswechsel am 1. Oktober 1982 flüchtete sich die Parteiführung in Beschwichtigungen. Bundesgeschäftsführer Glotz setzte auf „Diskussion" mit der Friedensbewegung und „einen gegenseitigen Lernprozeß".[193] Aber selbst durch das Erich-Ollenhauer-Haus tönten die Stimmen, die die SPD mit der Friedensbewegung versöhnen wollten. Wolfgang Biermann arbeitete in der Bewegung mit; auch Rüdiger Reitz, Referent für die Kontakte zur evangelischen Kirche und zuständig für die Sicherheitspolitische Kommission, machte aus seiner Nachrüstungskritik keinen Hehl.[194] Dass der Münchner Parteitag im April 1982 beschlossen hatte, erst nach dem Ende der Verhandlungen über die Nachrüstung zu entscheiden, erwies sich als kaum mehr vermittelbar, nachdem die SPD im Herbst 1982 aus der Regierung ausgeschieden war.[195] Dennoch bekräftigte das Präsidium ein ums andere Mal, bei der in München festgelegten Linie bleiben zu wollen.[196] Die Parteibasis hatte es da einfacher. Immer mehr Ortsvereine, Unterbezirke und Bezirke lehnten die Raketenstationierung unabhängig davon ab, was die Genfer Gespräche brachten, und arbeiteten in der Friedensbewegung mit.[197]

---

[190] So Schubert an Koschnick, 12.1.1981, IfZ, Archiv, Nachlass Schubert, Bd. 7.
[191] Siehe Glotz an Brandt/Wischnewski: Demonstration der Friedensbewegung anläßlich des NATO-Gipfels, 6.4.1982, AdsD, WBA, A11.3, 49.
[192] Brandt: Vorwort.
[193] Glotz an Elly G., 16.11.1981, AdsD, 2/PVEH000304.
[194] Reitz: Grundpositionen für die Auseinandersetzung mit der außerparteilichen Friedensbewegung, auch in den Kirchen, undatiert, AdsD, 2/PVAD000026.
[195] Dazu kritisch Walter Greiner an Brandt, 18.8.1983, AdsD, Bestand SPD-PV, Internationale Abteilung, 10929; Rainer Trampert/Lukas Beckmann an Brandt, 13.10.1983, AdsD, Bestand AGDF, 9.
[196] Zum Beispiel Protokoll der Sitzung des Präsidiums am 8. Mai 1983, S. 3, AdsD, Bestand SPD-PV, Vorstandssekretariat, 219.
[197] Exemplarisch: „Wir, die Mitgliederversammlung des SPD-Ortsvereins Mönchweiler, vom 23.10.1981, zählen uns zur Friedensbewegung der Bundesrepublik Deutschland." Wolfgang Preuß an Brandt, 31.10.1981, AdsD, Bestand SPD-PV, Internationale Abteilung, 11236.

Schon 1981 hatte das Erich-Ollenhauer-Haus versucht, mit der Friedensbewegung ins Gespräch zu kommen – freilich noch aus einer paternalistischen Warte der Selbstgewissheit. Eine großangelegte Verständigungsoffensive war das „Forum Frieden", zu dem der Parteivorstand für den 27. August 1981 einlud. Es zielte auf „Kontaktaufnahme des PV mit Friedensgruppen und Abrüstungsinitiativen, ausgenommen kommunistisch gesteuerter Kampagnen."[198] Die SPD-Zentrale wollte über ihren Standpunkt informieren und „erfahren, welche Faktoren in der zurückliegenden Diskussionsphase das Auseinanderrücken von SPD und den verschiedenen Friedensgruppen verursacht haben". Sie wollte, wie es in einem anderen Schriftstück hieß, „die Friedensbewegung durch die Versachlichung strittiger Fragen […] stärken".[199] Gert Bastian, Petra Kelly, Josef Leinen, Rudolf Bahro und Carola Stern kamen deshalb in das Erich-Ollenhauer-Haus, um mit Vertretern des SPD-Vorstandes vor Publikum zu sprechen.[200] Zwar sagte Bundesgeschäftsführer Glotz wenige Tage später im Präsidium, das Forum sei insgesamt „gut gelaufen",[201] doch brachte es kaum inhaltliche Fortschritte.[202] Selbst das „Sozialdemokrat Magazin" räumte ein: „Standpunkte wurden vorgetragen, verändert wurden sie nicht."[203] Konnte die SPD-Führung im Sommer 1981 gar nicht anders, als auf gelingende rüstungskontrollpolitische Verhandlungen zu hoffen, war sich die Friedensbewegung ihrer Opposition gegenüber der Logik des Doppelbeschlusses sicher. Außerdem war sie zwar zum Dialog mit der SPD bereit, wollte aber ihre Unabhängigkeit wahren.[204] Einige ihrer Führungsfiguren arbeiteten bei den Grünen mit, und parteipolitische Rivalitäten behinderten den Dialog.[205] Durch die Sozialdemokratie selbst zog sich ein Riss.[206]

Nachdem der innerparteiliche Widerstand aber immer größer geworden war, die Koalition mit der FDP 1982 gescheitert und die SPD in die Opposition gegangen war, nach-

---

[198] Die Entspannungspolitik fortsetzen. Die SPD im Dialog mit Friedensinitiativen. Vorschlag für die Veranstaltung am 30. 6. 1981, undatiert, AdsD, 2/PVAD000005.
[199] Vorschlag für den Ablauf des Forums Frieden am 27. 8. 1981, undatiert, S. 1, AdsD, 2/PVAD000005.
[200] Vgl. Apel u. a.: Sicherheitspolitik; Forum Frieden: Es geht um mehr als den Doppelbeschluss, in: *Intern. Informationsdienst der Sozialdemokratischen Partei Deutschlands*, 16/1981.
[201] Protokoll der Sitzung des Präsidiums am 31. 8. 1981, S. 3, AdsD, Bestand SPD-PV, Vorstandssekretariat, 170.
[202] Dazu das Echo in der Presse: SPD-Dialog mit der „Friedensbewegung", in: *Neue Zürcher Zeitung*, 29. 8. 1981; Bernd C. Heßlein: Annäherung durch Wandel? Die SPD beginnt den Dialog mit der Friedensbewegung, in: *Deutsches Allgemeines Sonntagsblatt*, 6. 9. 1981.
[203] Forum Frieden: Mut zur Disharmonie, in: *Sozialdemokrat Magazin*, 9/1981, S. 16; Krönke: Suche nach der Strategie zum Frieden. „Forum Frieden" der SPD: Meinungsunterschiede wurden nicht verkleistert, in: *Vorwärts*, 3. 9. 1981, S. 6.
[204] Siehe dazu Volkmar Deile an Helmut Hild: Vorschlag für eine Dialogreihe Parteien – christliche Friedensbewegung, 22. 10. 1981, AdsD, 2/PVAD000026.
[205] So exemplarisch Kelly an Apel, 1. 9. 1981, AGG, Bestand A – Klaus Timpe, 6; Kelly/Lukas Beckmann an Glotz, 26. 4. 1982, AdsD, 2/PVEH000304; Günter Bannas: Die SPD und die Grünen: Miteinander gegeneinander, *Frankfurter Allgemeine Zeitung*, 11. 10. 1983.
[206] Als der Bonner Dietz-Verlag eine Mitschrift des „Friedensforums" veröffentlichen wollte, regte sich bei einigen Schmidt-Getreuen Widerstand gegen Titel und Form des Buches. Klaus von Schubert schrieb an den Verlagslektor: „Warum heißt der Band nicht wie die Veranstaltung, die er dokumentieren soll ‚Forum Frieden'? Der Titel ‚Sicherheitspolitik contra Frieden' entspricht der gängigen Unterstellung gegenüber der SPD als Regierungspartei, nicht aber der programmatischen Intention unserer politischen Arbeit. Obendrein wird das Fragezeichen hinter dem Titel durch das Bild einer Eisenbahnschiene, die auf einen Totenkopf zuführt, in ein Ausrufezeichen verwandelt. Der Titel in Verbindung mit diesem Bild hat die Wirkung eines Plakates gegen die Absicht, die wir mit dem Forum Frieden verfolgt haben." Schubert an Martin Lindner, 9. 12. 1981, und die Antwort vom 18. 12. 1981, IfZ, Archiv, Nachlass Schubert, Bd. 7.

dem Helmut Schmidt die politische Bühne verlassen und die Bundestagswahl im März 1983 für die Partei ein katastrophales Ergebnis gebracht hatte, nachdem schließlich die Genfer Rüstungskontrollpolitik immer aussichtsloser und die außerparlamentarische Bewegung immer mächtiger geworden war, vollzog die SPD-Führung ihren Schwenk: Sie forderte alle Mitglieder auf, sich in die Friedensbewegung einzureihen. Im „Beschluss zu friedenspolitischen Aktivitäten" vom Juni 1983 bezeichnete der SPD-Vorstand die Bewegung „als mitunter unbequemen, manchmal die Grenze zwischen Wunsch und Wirklichkeit überschreitenden Bundesgenossen im Ringen um die Fortsetzung der Entspannungspolitik, um das Anhalten der Rüstungsspirale und um Abrüstung".[207] Die SPD sei „bereit, sinnvolle Forderungen aus der Friedensbewegung in der parlamentarischen Arbeit aufzugreifen und einzubringen". Dieser Beschluss, den eine eigens zusammengerufene Arbeitsgruppe formulierte, verkündete den Schulterschluss von SPD und Friedensbewegung.[208] Alle Mitglieder sollten „Informationsveranstaltungen […] im Rahmen der Aktionswoche der Friedensbewegung vom 15. bis 22.10.1983" durchführen, „Diskussionsforen und Podiumsdiskussionen in der Trägerschaft von örtlichen Gruppen der Friedensbewegung" organisieren, „Unterschriftensammlungen für Petitionen an den Deutschen Bundestag" durchführen und „Sondersitzungen der örtlichen Gemeindevertretungen/Kreistage zu friedenspolitischen Themen" anstoßen sowie sich allgemein „an friedlichen Aktionen wie Friedensfesten, Demonstrationen und Kundgebungen auf regionaler und Bundesebene" beteiligen.[209] Die einstmals so säuberlich in Partei und Bewegung, in parlamentarische und außerparlamentarische Kraft geschiedene sozialdemokratische Welt war auf den Kopf gestellt.

Dass mittlerweile auch prominente SPD-Mitglieder in der Friedensbewegung mitarbeiteten, die sich vor nicht allzu langer Zeit abgegrenzt hatten, verdeutlichte Brandts Rede zur großen Bonner Demonstration am 22. Oktober 1983.[210] Während die Protagonisten der Friedensbewegung im August 1981 zum „Friedensforum" noch ins Erich-Ollenhauer-Haus gebeten worden waren, brachte seine Anwesenheit im Hofgarten zwei Jahre später zum Ausdruck, wie stark sich die SPD auf die Protestierenden zubewegt hatte. Brandt galt zu diesem Zeitpunkt neben Erhard Eppler längst als Symbolfigur der Nachrüstungsgegner.[211] Er machte keinen Hehl aus seiner Überzeugung, dass die SPD neue Wählergruppen dringend gebrauchen konnte. Aus der Bewegungsperspektive war er jedoch Vorsitzender der Partei, die den Doppelbeschluss lange mitgetragen hatte, und so blieb seine Rede im Hofgarten umstritten. Insbesondere den Grünen war ein Auftritt des SPD-Vorsitzenden nicht geheuer.[212] Sie wollten sich von der SPD nicht vereinnahmen lassen und

---

[207] Friedenspolitische Aktivitäten. Beschluß des SPD-Vorstandes vom 27.6.1983, S. 22.
[208] Biermann: Ergebnisprotokoll der Sitzung der Arbeitsgruppe „Friedensaktivitäten" vom 27.5.1983, undatiert, AdsD, Bestand SPD-PV, Internationale Abteilung, 11183; Glotz an die Mitglieder des Präsidiums, 8.6.1983, AdsD, WBA, A11.4, 213.
[209] Friedenspolitische Aktivitäten. Beschluß des SPD-Vorstandes vom 27.6.1983, S. 22.
[210] Brandt „als einfacher Bürger" zur Friedensdemonstration, in: *Frankfurter Allgemeine Zeitung*, 10.10.1983; Das Programm der Hauptkundgebung in Koordinationsausschuss der Friedensbewegung: Presseerklärung, 20.10.1983, AdsD, Bestand SPD-PV, Referat Jungsozialisten, 7642.
[211] Vor der Fraktion sagte er am 13.9.1983, dass er die Politik Schmidts seit 1979 nur aus Loyalität mitgetragen habe: Fraktionssitzung am Dienstag, dem 13.9.1983, AdsD, Bestand SPD-BTF, X. WP, 2/BTFJ000011.
[212] Dazu Biermann an Brandt: Zeitungsmeldungen, nach denen die Grünen „beraten, ob W.B. reden darf", 3.10.1983, AdsD, WBA, A11.13, 81; Brandt ungeeigneter Redner auf Friedenskundgebung, in: *die tageszeitung*, 10.10.1983; Koordinationstreffen Herbstaktionen am 13.7.1983 in Bonn zur Vor-

kritisierten Brandt, der sich nicht auf ein klares Nein zur Stationierung festlegte.²¹³ Manche warnten auch „vor einer schleichenden Verstaatlichung der Friedensbewegung".²¹⁴

Nichts lag Brandt ferner, als zum „Widerstand" aufzurufen.²¹⁵ Er sprach im Hofgarten gegen den atomaren Rüstungswettlauf – die Nachrüstung ablehnen wollte er nicht.²¹⁶ Dennoch wertete die Presse seinen Auftritt überwiegend als Zeichen, wie sich SPD und außerparlamentarische Bewegung annäherten.²¹⁷ Und so war er auch gemeint. Brandt suchte die Nähe zu den Demonstranten, um ihnen zu zeigen, dass die SPD ihre Sorgen ernst nehme. Die SPD habe, so erklärte Brandt am Montag nach der Kundgebung im Präsidium, „am letzten Wochenende die Chance wahrgenommen, daß sich nicht alles voll gegen sie entwickelt, was in der Friedensbewegung an positiver Linie steckt".²¹⁸ Dagegen argumentierte der stellvertretende SPD-Vorsitzende Hans-Jürgen Wischnewski, dass es nicht akzeptabel sei, wenn „mit der Friedensbewegung über einen Auftritt von Willy Brandt verhandelt werden müsse. Als unerträglich empfinde er den Versuch, Brandt auf bestimmte Redewendungen festzulegen."²¹⁹ Kritik kam auch von anderen Parteimitgliedern.²²⁰ Doch mehrheitlich unterstützte die SPD, dass Brandt im Hofgarten aufgetreten war.²²¹ Der Vorstand produzierte unter dem Titel „Der Frieden ist der Ernstfall" sogar einen knapp halbstündigen Dokumentarfilm über die Kundgebung.²²²

Als sich am Nachmittag des 22. Oktober 1983 zigtausende Demonstranten vor dem Hauptgebäude der Bonner Universität versammelten, war diese „Volksversammlung für

---

bereitung der Aktionswoche vom 15. bis 22. 10. und zur Volksversammlung für den Frieden in Bonn am 22. 10. Ein Diskussionsbeitrag von Lukas Beckmann (redigierte Tonbandabschrift), undatiert, AdsD, Bestand SPD-PV, Referat Jungsozialisten, 7642; Wirsching: Abschied, S. 104.

[213] Kritik an Brandts Auftritt äußerte im Nachhinein Volkmar Deile, denn der Koordinationsausschuss habe erwartet, „daß Sie ein klares Nein zur Stationierung sprechen würden". Deile an Brandt, 11. 11. 1983, AdsD, WBA, A11.2, 143; siehe aber auch Koordinationsausschuss der Friedensbewegung: Protokoll der Sitzung vom 8. 9. 1983, undatiert, AdsD, Bestand IFIAS, 79; Lukas Beckmann: Wer den Bogen überspannt, ... Keine Instruktionen für die Volksversammlungen für den Frieden am 22. 10. von der SPD. Ein halbherziges NEIN reicht nicht!, 7. 10. 1983, AdsD, Bestand AGDF, 9.

[214] Die Friedensbewegung darf nicht schleichend verstaatlicht werden. Erklärung von Rainer Trampert (Sprecher im Bundesvorstand der Grünen), 8. 9. 1983, S. 1, AdsD, Bestand AGDF, 9.

[215] So verlangte es aber Anne Liese Rauch von Brandt: Friedensbewegung, 18. 10. 1983, AdsD, Bestand SPD-PV, Internationale Abteilung, 10912.

[216] Brandt: Rede im Bonner Hofgarten am 22. 10. 1983 [24. 10. 1983], AdsD, Bestand SPD-PV, Referat Jungsozialisten, 7366.

[217] So Gunter Hofmann: Einer vom Stamme Zweifel. Der SPD-Parteivorsitzende zwischen Parteiräson und Kampfeslust, in: *Die Zeit*, 28. 10. 1983; aber K. Rüdiger Durth: Die Friedensbewegung fühlt sich hart getroffen. Nachwirkungen des Streits zwischen Brandt und Petra Kelly, in: *Bonner Rundschau*, 25. 10. 1983; Peter Kutschke: Die rechte Suche nach dem hässlichen Demonstranten. Willy Brandt spricht auf Friedenskundgebung, in: *Vorwärts*, 20. 10. 1983, S. 1.

[218] Protokoll der Sitzung des Präsidiums am 24. 10. 1983, S. 5, AdsD, Bestand SPD-PV, Vorstandssekretariat, 231; SPD-Präsidium stellt sich hinter Brandt, in: *Süddeutsche Zeitung*, 19. 10. 1983; Brandt als Gast der Friedensdemonstranten. Billigung durch das SPD-Präsidium, in: *Neue Zürcher Zeitung*, 21. 10. 1983.

[219] So hieß es in Protokoll der Sitzung des Präsidiums am 24. 10. 1983, S. 6, AdsD, Bestand SPD-PV, Vorstandssekretariat, 231.

[220] Siehe Ludwig Theis an den SPD-Parteivorstand: Rede des Parteivorsitzenden Willy Brandt am 22. Okt. 1983 anläßlich der Friedenskundgebung in Bonn, 9. 11. 1983, AdsD, 2/PVEH000459.

[221] So exemplarisch Beschluß des Juso-Bezirksvorstandes Rheinland/Hessen-Nassau, 25. 10. 1983, AdsD, Bestand SPD-PV, Referat Jungsozialisten, 7796; Schlußbemerkung von Hans-Jochen Vogel vor der Fraktion am 25. 10. 1983, in: *Informationen der sozialdemokratischen Bundestagsfraktion*, Nr. 1699, 26. 10. 1983.

[222] Vgl. Jahrbuch der SPD 1982–83, S. 207.

den Frieden" der Höhepunkt landesweiter Proteste.[223] Überall in der Republik fanden an jenem Samstag Aktionen statt, häufig getragen von SPD-Mitgliedern.[224] In Hamburg zogen Demonstranten von Stadtteilen, Straßen, Betrieben und Schulen, die sich atomwaffenfrei erklärt hatten, auf dezentralen Routen zum Rathausmarkt.[225] Vor dem Schöneberger Rathaus versammelten sich Berliner und skandierten „Nachverhandeln statt Nachrüsten". Zwischen Stuttgart und Ulm reichten sich Friedensaktivisten für eine 108 Kilometer lange Menschenkette die Hände.[226] Viele Sozialdemokraten und Sozialdemokratinnen folgten dem Aufruf der SPD-Spitze und reisten dorthin, wo Demonstrationen und Kundgebungen stattfanden.[227] Nach Bonn kamen sie aus der ganzen Republik, denn hier war das Epizentrum des Protests.[228] Sie bildeten eine Menschenkette um das Regierungsviertel,[229] formten einen „Menschenstern" zu den Botschaften der Atommächte[230] und riefen alle Einwohner der Bundeshauptstadt auf, Symbole an die Häuser oder in die Fenster zu hängen, durch die sie sich solidarisch mit dem Protest erklärten.[231] Über die gesamte Stadt verteilt organisierten sie phantasievolle Aktionen.[232] Da gab es ein „Forum der Christen und anderer Religionsgemeinschaften" auf dem Münsterplatz, ein „Forum der Schulen, Volkshochschulen und Hochschulen" auf dem Marktplatz, ein „Forum Antimilitarismus und internationale Solidarität" auf dem Friedensplatz und ein „Frauenforum" am Stadtgarten, wo Heidemarie Wieczorek-Zeul über „Kriegsgefahr in Europa und Mittelamerika" sprach.[233] Viele SPD-Mitglieder trafen sich auf der Poppelsdorfer Allee hinter dem Hauptbahnhof. Dort fand das „Forum der Arbeiter, Betriebe, Landwirte und sozialer Einrichtungen, der Parlamente, Stadträte, Verwaltungen und Parteigruppen" statt. Als erster Redner sprach hier Rudolf Maerker, der Vorsitzende der SPD Mittelrhein. Auch der Bremer Sena-

---

[223] Zur Vorbereitung siehe Protokoll, Sitzung des Koordinationsausschusses (KA) am Donnerstag, 4. 8. 83, 13:00 Uhr, Rheinterrassen Bonn, undatiert, AdsD, Bestand SPD-PV, Referat Jungsozialisten, 7642.
[224] So organisierte die SPD in Düsseldorf fast alle Aktionen gemeinsam mit lokalen Initiativen, siehe SPD-Unterbezirk Düsseldorf: Aufruf zur Friedenswoche an alle Mitglieder und Freunde der Sozialdemokratischen Partei Düsseldorfs [28. 9. 1983], AdsD, Bestand SPD-PV, Referat Frauen/ASF, 13135.
[225] Dazu Dorothee Stapelfeldt: Friedenspolitische Aktivitäten der Hamburger SPD im Herbst 1983, Vorlage für die Landesvorstandssitzung am 29. 8. 1983, 25. 08. 1983; AHS, Korrespondenz.
[226] Dazu Süddeutsche Herbstpost Nr. 6, 1983, AdsD, Bestand AGDF, 9; Protokoll der Aktionskonferenz der Friedensbewegung in Süddeutschland am Samstag/Sonntag, den 4./5. 6. 1983 in Ulm, undatiert, AdsD, Bestand SPD-PV, Referat Jungsozialisten, 7366.
[227] Siehe den Aufruf der SPD-Arbeitsgemeinschaft für Arbeitnehmerfragen im Münchner Gewerkschaftshaus, der nicht nur „alle Arbeiter, Angestellten und Beamten" zur Teilnahme an der Stuttgarter Friedensdemonstration am 22. 10. 1983 aufrief, sondern gleich eine Reisemöglichkeit ab München in dem eigens gemieteten Sonderzug anbot. Fahrkarten gab es für 24 DM zu kaufen, in: Biermann/Arbeitsgruppe Friedensaktivitäten: [Zusammenstellung von Aktionsbeispielen aus den verschiedenen Parteibezirken, sowie Diskussions- und Argumentationsmaterial], 14. 9. 1983, S. 16, AdsD, Bestand SPD-PV, Referat Frauen/ASF, 13135.
[228] Vgl. Bothien: Demo, S. 86–98.
[229] Dazu Biermann/Arbeitsgruppe Friedensaktivitäten: [Zusammenstellung von Aktionsbeispielen], 14. 9. 1983, S. 9–11, AdsD, Bestand SPD-PV, Referat Frauen/ASF, 13135.
[230] Dazu AG Volksversammlung Bonn 22. 10. 83/Unter-AG Menschenkette, Ergebnisprotokoll vom 17. 8. 1983, undatiert, AdsD, Bestand SPD-PV, Referat Jungsozialisten, 7642.
[231] Dazu Andreas Buro: Ziele und Formen der Herbstaktionen '83 der Friedensbewegung (Entwurf), 5. 3. 1983, AdsD, Bestand IFIAS, 1.
[232] Vgl. auch Fahlenbrach/Stapane: Strategien, S. 232; Wick: Bild.
[233] Pershing II Cruise Missiles Nein! Bonn, 22. 10. 1983, Volksversammlung für den Frieden, Programm, AdsD, Bestand SPD-PV, Referat Jungsozialisten, 7642; auch 1. Rundbrief zum Widerstandstag der Christen und anderer Religionsgemeinschaften [1983], AdsD, Bestand AGDF, 9.

tor Henning Scherf und andere Sozialdemokraten votierten auf der Poppelsdorfer Allee gegen die Atomraketen. Kinder, die mit ihren Eltern nach Bonn gekommen waren, konnten sich auf dem Marktplatz friedenspolitisch unterhalten lassen.[234]

In der „Volksversammlung" gipfelte die „Aktionswoche" der Friedensbewegung.[235] Sie war im Erich-Ollenhauer-Haus minutiös vorbereitet worden.[236] Der Parteivorstand schlug den Gliederungen diverse Aktionen, Flugblätter, Wandzeitungen, Stelltafeln und Infostände vor. Er richtete eigens einen Arbeitsstab ein, der Kontakt zum Koordinierungsbüro der Friedensbewegung hielt, und rief die Ortsvereine dazu auf, den verschiedenen Friedensinitiativen „im Rahmen ihrer technischen Möglichkeiten Kapazitäten zur Verfügung" zu stellen, damit diese „nicht zu sehr von anderen Gruppierungen abhängig werden".[237] Die SPD mobilisierte ihre Ressourcen, um die Protestbewegung zu stärken. Ortsvereine unterstützten lokale Friedensgruppen und stellten häufig überhaupt erst deren Schlagkraft und Kampagnenfähigkeit her.[238] Wie weit war doch der Weg gewesen, den die Sozialdemokratie zurücklegen musste, um dorthin zu gelangen, wo sie nun stand.

Dass die SPD-Frauen und die Jusos nicht erst seit 1983 in der Friedensbewegung mitarbeiteten, den Koordinationsausschuss in Bonn mit Vertretern bzw. Beobachtern beschickten und ihre organisatorischen Fähigkeiten in den Dienst der gemeinsamen Sache stellten, schlug sich auch darin nieder, dass sie jeweils einen Tag der Aktionswoche maßgeblich mitgestalteten. Die ASF war am Montag auf den Straßen und Plätzen der Republik präsent.[239] Dieser „Tag der Frauen" sollte illustrieren, dass die Abrüstungsforderung für sie untrennbar mit der Beseitigung von sozialen Unterschieden zwischen Frau und Mann verbunden sei.[240] Auch die Jusos sahen sich als integralen Bestandteil der Friedensbewegung.[241] Während der Aktionswoche traten sie vor allem am Mittwoch, dem „Tag der Arbeiter, Betriebe, Landwirte und sozialer Einrichtungen" hervor.[242] Mit der Gewerk-

---

[234] Zusammenfassend: Durchbruch für die internationale Friedensbewegung/Misstrauensvotum gegen Regierung. Pressemitteilung Nr. 438/83, 23.10.1983, AGG, Bestand F.4.2, Pressemitteilung BT-Fraktion, 1.
[235] Vgl.: Es ist an der Zeit: Sagt Nein! Keine neuen Atomraketen in unser Land! [1983], AdsD, Bestand SPD-PV, Referat Frauen/ASF, 13135; Beschluß der Aktionskonferenz der Friedensbewegung am 16./17.4.1983 (Aufruf für Herbstaktionen), (Mitschrift), undatiert, AdsD, Bestand SPD-PV, Referat Jungsozialisten, 7642.
[236] Siehe Organisatorische Hinweise für friedenspolitische Aktivitäten, in: *Intern. Informationsdienst der Sozialdemokratischen Partei Deutschlands*, 13/1983, S. 1f.
[237] Interne Hinweise für die Aktionswoche der Friedensbewegung vom 15. bis 22.10.1983, undatiert, S. 1, AdsD, Bestand SPD-PV, Vorstandssekretariat, 223.
[238] So zum Beispiel: Grundsatzerklärung der SPD Schöneberg zu den Herbstaktionen der deutschen Friedensbewegung 1983 (beschlossen auf der Kreisdelegiertenversammlung am 9.9.1983), in: *SPD. Mitteilungen des Kreises Schöneberg*, Oktober 1983, S. 1.
[239] Dazu Vorläufiges Protokoll der Bundesvorstandssitzung der ASF vom 27. Mai 1983, undatiert, AdsD, Bestand SPD-PV, Referat Frauen/ASF, 9609; Bundesvorstand der Arbeitsgemeinschaft Sozialdemokratischer Frauen (ASF): Rundbrief zu den Friedensaktionen im Herbst 1983, Juli 1983, AdsD, Bestand SPD-PV, Referat Frauen/ASF, 13135.
[240] Vgl. Bundesvorstand der Arbeitsgemeinschaft Sozialdemokratischer Frauen (ASF): Frauen in der SPD: Für Frieden und Abrüstung [1983], AdsD, Bestand SPD-PV, Referat Frauen/ASF, 13135.
[241] Vgl. Jungsozialisten Landesverband Baden-Württemberg: Interner Bericht über Vorbereitungstreffen zur süddeutschen Aktionskonferenz der Friedensbewegung, 15.5.1983, AdsD, Bestand SPD-PV, Referat Jungsozialisten, 7659; Jungsozialisten Landesverband Bremen: Rundbrief, Aktuelle Informationen zur Friedensfrage, 25.6.1983, AdsD, Bestand SPD-PV, Referat Jungsozialisten, 7622.
[242] Dazu Bundesvorstand der Arbeitsgemeinschaft der Jungsozialisten (Jusos): Rundbrief, Aktionswoche 15.–22.10.1983, 14.7.1983, AdsD, Bestand SPD-PV, Referat Jungsozialisten, 7642.

schaftsjugend, Betriebsgruppen und den Arbeitnehmern in der SPD (AfA) warben sie für Abrüstung. Daneben organisierten sie am Vorabend der „Volksversammlung" eine „Bonner Friedensnacht" mit bekannten Musikbands.[243] Wie eng sie mit der Bewegung zusammenarbeiteten, zeigte sich daran, dass das Juso-Bundessekretariat als eine der Koordinationsstellen für die Aktionswoche fungierte[244] und eine Ausfallbürgschaft in Höhe von 6000,– DM für Verbindlichkeiten übernahm, die dem Koordinationsausschuss am 22. Oktober 1983 entstanden.[245]

Sozialdemokratie und Friedensbewegung profitierten wechselseitig voneinander. Während Ortsvereine, ASF und Jusos mit ihrer Organisationsfähigkeit ein umfangreiches *Know-how* in die Bewegung einspeisten, waren sie auf Anregungen aus den Protestgruppen angewiesen, wenn es darum ging, den traditionsreichen sozialdemokratischen Handlungsraum zu erweitern.[246] Denn dieser Raum war durch enge Grenzen definiert. So alt und ehrwürdig die Arbeiterbewegung in ihrem Selbstverständnis war, so klar war festgelegt, wie ihre Angehörigen handeln durften.[247] Wenn sie ihren Forderungen nonverbal Ausdruck verleihen wollten, dann geschah stets etwas Vorhersehbares: Politisch und habituell relativ homogene, sozialdemokratische Arbeitertypen marschierten von einem Ausgangs- zu einem Endpunkt, beklatschten Reden und schwenkten Fahnen. Ihr Protest war ritualisiert und verlief meist sehr diszipliniert. Er bestand aus Demonstrationen, Ostermärschen, Kundgebungen und Diskussionsveranstaltungen und richtete sich auf einen Zweck: die machtvolle Artikulation der Gleichberechtigungsforderung. Hier war die Friedensbewegung einfallsreicher. Wer gegen die Nachrüstung protestierte, tat dies nicht nur, indem er sich auf die Straße stellte und Flugblätter verteilte. Aktivistinnen und Aktivisten formten symbolische Kollektivkörper: Sie bildeten Menschenketten, hielten Mahnwachen, trafen sich zu Schweigekreisen, besetzten öffentliche Räume, inszenierten das Massensterben bei einem Atomangriff mit *Die-ins* und „Menschenteppichen", führten ein Theaterstück auf oder verliehen ihrer Betroffenheit mit anderen kreativen Ideen Ausdruck.[248]

Gemeinsam war den Protesten, dass sie „den Körper als Instrument wie als Gegenstand des Politischen akzentuierten".[249] Dass der menschliche Körper im Zentrum der Aktionen stand, war elementar. Denn er transportierte eine Botschaft und war in seiner Sichtbarkeit selbst das Argument; er artikulierte Widerspruch gegen eine Entwicklung, als deren erstes Opfer er sich sah. Die Aktionen der Friedensbewegung „waren dabei in doppelter Hinsicht performativ: hier vereinten sich individueller und kollektiver Körpereinsatz als Protest im Vollzug".[250] Erst die Körperpraktiken der Nachrüstungsgegnerinnen und -gegner gaben ihrem Standpunkt seine volle Bedeutung. Sie waren nicht wie

---

[243] Vgl. Bundesvorstand der Arbeitsgemeinschaft der Jungsozialisten (Jusos): Aktionsinfo Frieden, Bonn 22.10. [1983], AdsD, Bestand SPD-PV, Referat Jungsozialisten, 7642.
[244] Ebenda, S. 3.
[245] Dazu Bundesvorstand der Arbeitsgemeinschaft der Jungsozialisten (Jusos) an den Koordinationsausschuss der Friedensbewegung, undatiert, AdsD, Bestand SPD-PV, Referat Jungsozialisten, 7622; Koordinationsausschuß der Friedensbewegung: Sitzung des KA am 8.9., 13 Uhr, Rheinterrassen, Protokoll – Teil 2, undatiert, AdsD, Bestand IFIAS, 79.
[246] 1980 galt eine „Fahrrad-Demo" noch als ausgefallene Aktionsidee, siehe Vorstand der Jungsozialisten im UB Aachen: Fahrrad-Demo gegen Militarismus [Aufruf], 7.9.1980, AdsD, 2/PVEK000056.
[247] Zur Geschichte dieser Protestformen Balistier: Straßenprotest, S. 28–33, zu ihrer Analyse S. 34–50; auch Reiss: Stage.
[248] Nach Balistier: Straßenprotest, S. 50–61.
[249] Schregel: Atomkrieg, S. 228; Pabst: Körper; Reichardt: Inszenierung; Warneke: Aktionsformen.
[250] Fahlenbrach/Stapane: Strategien, S. 236.

Demonstrationen und Kundgebungen eindrucksvolle Inszenierungen von Macht und Stärke. Im Gegenteil: Sie waren Ausdruck von physischer Ohnmacht und Schwäche angesichts der nuklearen Bedrohung, während sie gleichzeitig für die moralische Überlegenheit standen, die sich die Protestierenden selbst zuschrieben. In jedem Fall sollten sie Ausdruck der „Authentizität" und des persönlichen *Commitments* sein, nach der die Aktivistinnen und Aktivisten suchten.[251] Deshalb hatten sie mehr als nur symbolischen Charakter: Was Aktivisten taten, war ein kommunikativer Akt in der Auseinandersetzung mit den Befürwortern der Stationierung und dem Anspruch nach mithin die grundstürzende Veränderung von Wirklichkeit.

Die Ausdrucksmittel der Friedensbewegung gelangten auch in die SPD. Demonstrationen und Kundgebungen wurden nun Bestandteile eines komplexen Aktionsdesigns.[252] Langjährige SPD-Mitglieder zogen mit langhaarigen Friedensaktivisten durch die Straßen und erprobten neue Wege, Widerspruch zu artikulieren. Und Sozialdemokraten und Sozialdemokratinnen, die sich in örtlichen Friedensgruppen engagierten, trugen diese Praktiken in die Ortsvereine und Unterbezirke. Wurde in abendlichen Sitzungen darüber beraten, wie die örtliche SPD ihre Nachrüstungskritik äußern konnte, dann standen nicht mehr bloß Demonstrationen und Kundgebungen zur Auswahl, sondern auch *Die-ins*, Mahnwachen und Straßentheater. Das veränderte die Partei und ihr historisch gewachsenes Selbstverständnis. Einen anschaulichen Einblick in die Protestkulturen an der Parteibasis vermittelt ein 23-minütiger Film über einen Ortsverein in der Eifel.[253] Er zeigt, dass die Aktionen, welche die Genossinnen und Genossen in den frühen achtziger Jahren durchführten, ihre Vorbilder ganz ohne Zweifel in dem hatten, was örtliche Friedensgruppen veranstalteten. Bereits 1977 kamen Jusos in der Frankfurter Innenstadt zu einem symbolischen Massensterben zusammen, um gegen die Neutronenwaffe zu protestieren. Dabei hatten sie ihre Protestpraktik bei außerparlamentarischen Gruppen abgeschaut. In einem zeitgenössischen Bericht hieß es:

> „Unter Sirenengeheul aus einem Lautsprecherwagen ließen sich etwa 30 junge Leute auf der Frankfurter ‚Zeil' fallen und blieben etwa 5 Minuten ‚tot' liegen. Dazu Kommentar aus dem Lautsprecher: ‚Achtung, Achtung, hier spricht die Katastropheneinsatzleitung! – Stop der Neutronenbombe! Diese neue Massenvernichtungswaffe läßt Häuser stehen und die Menschen qualvoll und langsam sterben.' Anschließend diskutierten die Demonstranten mit den Passanten, von denen einige aggressiv reagierten."[254]

Während die Jusos und viele Ortsvereine für ihre Aktionen auf das Protestrepertoire der Friedensbewegung zurückgriffen, versuchte das Erich-Ollenhauer-Haus, eigene Ideen in der SPD-Mitgliedschaft zu popularisieren. Die Parteizentrale sammelte systematisch Aktionsideen, katalogisierte sie und bereitete sie übersichtlich in einer „Checkliste" auf, die in den Gliederungen der Partei herumgereicht wurde.[255] Für die SPD-Zentrale war sie ein geeignetes Mittel, Ortsvereine oder Unterbezirke mit einem homogenisierten Ideenpool zur Umsetzung von Aktionen zu befähigen.

---

[251] Vgl. Reichardt: Authentizität, S. 103 f., 177–180.
[252] Nach Balistier: Straßenprotest, S. 38–40.
[253] Vgl. Jahrbuch der SPD 1982–83, S. 207. Der Film wurde im Erich-Ollenhauer-Haus produziert. Es ging dem Parteivorstand um den „Aufbau einer parteieigenen Videothek". Ebenda, S. 206.
[254] Zit. nach Schregel: Atomkrieg, S. 237 f., Anm. 39.
[255] Vgl. Biermann/Arbeitsgruppe Friedensaktivitäten: [Zusammenstellung von Aktionsbeispielen], 14. 9. 1983, S. 8, 19–23, AdsD, Bestand SPD-PV, Referat Frauen/ASF, 13135; Biermann an die Verantwortlichen der Arbeitsgruppen Koordination Friedensaktivitäten, undatiert, AdsD, 1/HWAK000262.

Entscheidend ist: Diese Vorschläge waren weitaus moderater als jene der Friedensgruppen. Die Checkliste empfahl den Mitgliedern Stadtrundfahrten, Straßenumbenennungen, eine „Aktion Kriegsspielzeug", einen Malwettbewerb für Kinder und die Aktion „Es ist 5 vor 12!".[256] Jede dieser Aktionen sollte dem Nachrüstungsprotest einen bedeutungsgenerierenden Ausdruck geben. Die Stadtrundfahrt wollte nicht die Schönheit eines Ortes vorführen, sondern „historische Stätten des Widerstandes, des Faschismus, der Arbeiterbewegung" zeigen. Geschichte avancierte wieder einmal zur Folie, auf der die Stationierungskritiker ihre Argumente vortrugen. Die Aktion Kriegsspielzeug hatte dagegen ein pädagogisches Anliegen, denn Kriegsspielzeug war aus sozialdemokratischer Warte für Kinder nicht geeignet. Der Wettbewerb „Kinder malen für den Frieden" wollte Eltern erziehen, denn „Kinder zeichnen ‚Krieg' oft so, daß auch bei Erwachsenen Erkenntnisprozesse eingeleitet werden".[257] Die mit Abstand populärste Aktionsform war jedoch „Es ist 5 vor 12 Uhr!". Im Gegensatz zu Kampagnen wie der Stadtrundfahrt und der Straßenumbenennung handelte es sich dabei um einen Transfer aus der Friedensbewegung. Das Erich-Ollenhauer-Haus zitierte die Bonner „Bürgerinitiative für Abrüstung", welche den Vorschlag so begründete: „Schlagen Sie Alarm!!! Jede und jeder kann leicht mitmachen und täglich um 5 vor 12 Uhr mittags andere darauf aufmerksam machen, daß es für die Menschheit wirklich 5 vor 12 geschlagen hat."[258] Man könne einen Wecker ins Fenster stellen und klingeln lassen, eine Schweigeminute einlegen, Menschen ansprechen, laut die Uhrzeit sagen, „hupen, klingeln, Töpfe schlagen, schreien, rasseln…" oder „sich selbst für ‚5 vor 12' ganz viel einfallen lassen…".

Das Aktionsrepertoire der ASF, das sich von den Ideen des Erich-Ollenhauer-Hauses in einigen Punkten unterschied und ebenfalls in Übersichten aufbereitet unter den SPD-Frauen zirkulierte, knüpfte hier an. Die SPD-Frauenorganisation schlug Praktiken mit explizit weiblicher Konnotation vor, wie „Strassentheater mit Sketchen zum Thema Frieden", „Bäume und Sträucher für den Frieden pflanzen" oder „als ‚Marktschreierinnen' mit Glocken oder Pauken durch die Stadt ziehen".[259] Machte die Pflanzaktion deutlich, dass der (weibliche) Friedensprotest im Gegensatz zur (männlichen) Politik der Supermächte Leben erhalten wollte, zeigten die lärmenden Umzüge, für wie dringlich die ASF-Aktivistinnen die Gefahr hielten. Neu im Protestrepertoire der Frauen waren dabei auch akustische Ausdrucksmittel. Zwar hatten die Jusos Pfeifkonzerte schon in den sechziger und siebziger Jahren als Kommunikationsform etabliert. Doch kollektives Hupen und Trommeln und Klingeln kam erst in den achtziger Jahren auf. Alle diese Aktionen sollten, das war den Frauen wichtig, „bunt und phantasievoll sein, das Schwergewicht auf Informationen und Diskussionen legen und darauf bedacht sein, keine Aggressionen zu erzeugen".

Der ASF-Bundesvorstand und das Erich-Ollenhauer-Haus versahen ihre Ideen mit präzisen Leitfäden. Sie gerieten mitunter so detailliert, dass sie sich heute wie eine Persiflage lesen.[260] So einfallsreich Aktionen auch waren – die Leitfäden weisen sie als standardisier-

---

[256] Biermann/Arbeitsgruppe Friedensaktivitäten: [Zusammenstellung von Aktionsbeispielen], 14. 9. 1983, S. 19–23, AdsD, Bestand SPD-PV, Referat Frauen/ASF, 13135.
[257] Ebenda, S. 23.
[258] Ebenda, S. 8.
[259] Bundesvorstand der Arbeitsgemeinschaft Sozialdemokratischer Frauen (ASF): Rundbrief zu den Friedensaktionen im Herbst 1983, Juli 1983, AdsD, Bestand SPD-PV, Referat Frauen/ASF, 13135.
[260] Vgl. Biermann/Arbeitsgruppe Friedensaktivitäten: [Zusammenstellung von Aktionsbeispielen], 14. 9. 1983, insb. S. 19–23, AdsD, Bestand SPD-PV, Referat Frauen/ASF, 13135.

te und redundante Handlungen aus. Dazu stellte die SPD-Zentrale den Gliederungen auch umfangreiche Materialien zur Verfügung, die zum Einsatz kommen und sicherstellen sollten, dass die transportierte Botschaft stets die gleiche war. Sozialdemokratische Friedensaktivisten und -aktivistinnen handelten also in einem Spannungsfeld zwischen dem selbstgesetzten Anspruch des Protests, kreativ zu sein, und dem Versuch der Parteizentrale, die Aktionen von SPD-Mitgliedern wiedererkennbar zu machen. Denn das Organisationsprinzip der Sozialdemokratie, das auf Schlagkraft durch Homogenisierung und Planung setzte, befand sich nicht selten in einem Gegensatz zur Spontaneität der außerparlamentarischen Bewegung, die die Protestierenden sich selbst zuschrieben. Jedenfalls erfreuten sich zentral entworfene und geschriebene Boden- oder Wandzeitungen in der SPD-Organisation einer großen Beliebtheit.[261]

Auch wollte die SPD nicht vollständig in der Bewegung aufgehen, sondern achtete darauf, dass sie erkennbar blieb. In der Logik der „Politik der Sichtbarkeit" unterstrich das Erich-Ollenhauer-Haus, wie wichtig es sei, dass Sozialdemokraten und Sozialdemokratinnen ihre Parteizugehörigkeit offenbarten, wenn sie an Friedensaktionen teilnahmen.[262] Dafür bot es Plaketten und Anstecknadeln mit einem einheitlichen Friedenssymbol an, das auch als Aufkleber und Plakat erhältlich war (vgl. Abbildung 2, S. 21). Als die SPD im Bezirk Mittelrhein ihre Mitglieder bat, sich an der Aktionswoche und der Volksversammlung zu beteiligen,[263] da verband sie das mit der Erwartung, dass alle Aktivisten und Aktivistinnen „Parteifahnen und Transparente mit Friedenslosungen" mitführten.[264] Das Bekenntnis zur Sozialdemokratie sollte die Partei von anderen Initiativen und Gruppen unterscheidbar machen. Nachrüstungskritikerinnen und -kritiker in der SPD trugen das vom Parteivorstand herausgegebene Abzeichen „Vertragen statt rüsten – SPD", oder sie marschierten „als geschlossener Block von der Poppelsdorfer Allee zum Hofgarten", wie eine Aktionsanleitung vorschlug.[265] Auch die ASF wies ihre Frauen darauf hin, „als möglichst große AsF-Blöcke" aufzutreten: „angetan mit den jeweils in der Friedensbewegung üblichen Halstüchern, AsF-Buttons und/oder anderem AsF-Zubehör und ausgestattet mit eigenen Plakaten, Flugblättern usw."[266] Die Anstecker, Aufkleber oder Plakate konnten bei einer Mitarbeiterin der Juso-Geschäftsstelle im Erich-Ollenhauer-Haus erworben werden.[267] Für Friedensfeste und andere dezentrale Veranstaltungen bot die Geschäftsstelle schließlich ein „Aktionspaket mit 100 Luftballons, Bindfäden und Karten ‚Ich erkläre Dir den Frieden' an".[268] Ein solches Paket war schon für 18,– DM zu haben.

---

[261] Siehe die Wandzeitung „In Zeiten wie diesen – ehrliche Antworten. SPD", die neben einer Karikatur von Reagan und Breschnew Argumente für die Politik der SPD plakativ auflistete [1982], AdsD, Plakatsammlung, 6/PLKA013305.
[262] Vgl. Intern. Informationsdienst der Sozialdemokratischen Partei Deutschlands, Nr. 19, 11.10.1983, S. 4, AdsD, 1/HJVA102856.
[263] Siehe den Beschluss: SPD-Bezirk Mittelrhein: Außerordentlicher Bezirksparteitag am 1.10.1983 in Köln – Anträge, undatiert, AdsD, 1/HWAK000355.
[264] Vgl. SPD-Bezirk Mittelrhein: Volksversammlung Bonn 22.10.83, in: *Informationen des Bezirksvorstandes*, 6.10.1983, AdsD, Bestand SPD-PV, Referat Jungsozialisten, 7642.
[265] Siehe dazu auch SPD-Unterbezirk Bonn an die Mitglieder der SPD Bonn, 1.10.1983, S. 1, AdsD, 1/HEAA000875.
[266] Bundesvorstand der Arbeitsgemeinschaft Sozialdemokratischer Frauen (ASF): Rundbrief zu den Friedensaktionen im Herbst 1983, Juli 1983, AdsD, Bestand SPD-PV, Referat Frauen/ASF, 13135.
[267] Vgl. Bundesvorstand der Arbeitsgemeinschaft der Jungsozialisten (Jusos): Aktionsinfo Frieden, Bonn 22.10. [1983], S. 6, AdsD, Bestand SPD-PV, Referat Jungsozialisten, 7642.
[268] Ebenda.

Abbildung 5: „Nie wieder Krieg – DGB – Abrüsten statt Aufrüsten". Anstecker des Deutschen Gewerkschaftsbundes für die Friedensaktionen im Herbst 1983

Die Anstecker, Aufkleber und Plakate zeigten nicht mehr nur die klassischen sozialdemokratischen Protestsymbole wie die „Faust mit Rose" oder die rote Arbeiterfahne.[269] Nun hielten auch neue Symbol- und Zeichensysteme Einzug in die SPD.[270] Der Anstecker „Vertragen statt rüsten – SPD" amalgamierte die Raketen- mit der Sackgassensymbolik (vgl. erneut Abbildung 2, S. 21), während der vom DGB herausgegebene Anstecker „Nie wieder Krieg! Abrüsten statt Aufrüsten!" mit zerbrochenen Raketen und der daraus wachsenden Rose ein wichtiges Element aus der Formsprache der Arbeiterbewegung zitierte (vgl. Abbildung 5). Die Integration von friedensbewegten Zeichen war komplex. Denn Sozialdemokratinnen und Sozialdemokraten übernahmen die Bildcodes der nichtparteigebundenen Demonstranten und vermengten sie mit traditionellen Elementen aus der Arbeiterkultur. Wie dieser Prozess funktionierte, zeigt ein Blechbutton der Jusos, der zwischen dem Schriftzug „Jungsozialisten für den Frieden" Pablo Picassos Friedenstaube mit der in einer geballten Faust stehenden roten Rose kombinierte. Das Juso-Symbol erschien hier wie aufgeklebt, denn die Taube auf blauem Hintergrund dominierte den Button (vgl. Abbildung 6).[271] Die in der Friedensbewegung häufig anzutreffende „Do-it-yourself-Ästhetik"[272] war auch in der SPD verbreitet. Anstecker, Aufkleber und Plakate wirkten improvisiert, wenn sie nicht im Erich-Ollenhauer-Haus entworfen worden waren.

---

[269] Zu diesen älteren Symbolwelten vgl. Süß: Kumpel, S. 263–267.
[270] Zu den Zeichen und Symbolen der Friedensbewegung siehe Balister: Straßenprotest, S. 221f.; Fahlenbrach/Stapane: Strategien, S. 231; aber vor allem Ziemann: Code.
[271] Knapp aber präzise zur Geschichte der Friedenstaube als Emblem des Kalten Krieges Doering-Manteuffel: Kampf, S. 29f., 45f.
[272] Fahlenbrach/Stapane: Strategien, S. 232.

Abbildung 6: „Jungsozialisten für den Frieden". Button der Jusos für die Friedensaktionen im Herbst 1983

Wiederum stieß sich die von der Parteizentrale bevorzugte straffe und durchhierarchisierte Arbeits- und Organisationsweise mit den spontaneren und kreativen Aktionsideen der SPD-Basis.

Die Symbole und Praktiken der Friedensbewegung gelangten in die SPD, weil sich deren Aktivisten und Aktivistinnen in Friedensgruppen engagierten. Als Doppelmitglieder transferierten sie in ihre Partei, was sie im außerparteilichen Protest lernten. Keinesfalls jedoch darf man das Potential für die Integration der neuen Handlungsformen und Zeichen überschätzen. Denn die Beharrungskräfte blieben sehr groß. Wenn neue Praktiken auf die Lebenswelt der Sozialdemokraten trafen, zeigte sich nämlich häufig, wie sehr langjährige SPD-Mitglieder an das gewöhnt waren, was sie kannten. Sie begriffen sich als Verwalter einer reichhaltigen SPD-Geschichte, die nicht einfach aufgeben wollten, was Generationen vor ihnen geschaffen hatten. Häufig kam es zu erbitterten Konflikten, wenn sich Befürworter und Gegner der Stationierung uneinig blieben, ob und wie sie der Politik von NATO und Bundesregierung widersprechen sollten. Diese Konflikte bildeten den innerparteilichen Streit um die Nachrüstung ab, wie sie ihn weiter vertieften. Es gelang der SPD auch nicht, die Frage nach den angemessenen Ausdrucksmitteln für Dissens produktiv zu beantworten. Vielmehr hörte die spannungsvolle Gleichzeitigkeit von Handlungsformen nicht auf, den sozialdemokratischen Nachrüstungsstreit zu kennzeichnen. Solche älteren Mitglieder, die über viele Jahre in der SPD sozialisiert worden waren, äußerten zwar ihre Kritik an der Raketenstationierung, begegneten den Ausdrucksmitteln der Bewegung aber mit Reserve. Sie hielten an liebgewonnenen Parteiritualen fest und zeigten sich widerständig gegenüber spontaneren und aktionistischeren Handlungsweisen. Traf der typische Sozialdemokrat – er war in der Tat männlich – auf die Wählerin oder den Wähler, geschah das bei Infoständen, Hausbesuchen oder Kundgebungen. Es geschah seltener bei Menschenketten, Schweigekreisen oder gar Massensterben. Das änderte sich

3. Neue Protestformen und der Wandel der politischen Konfliktkultur **191**

auch während des Nachrüstungsstreits kaum. Die „Checkliste" des Parteivorstandes rief eben nicht zu Blockaden auf, sondern empfahl Stadtrundfahrten, Straßenumbenennungen und Tauschaktionen für Kriegsspielzeug. „Blutaktionen" oder „Selbsttötungen", die in der Friedensbewegung vereinzelt praktiziert wurden, spielten erst recht keine Rolle in der SPD.[273] So erwies sich die Sozialdemokratie nur in ihren besonders nachrüstungskritischen Segmenten als offen und adaptionswillig für neue Protestformen. Sicherlich gelangten diese in großer Zahl in die Partei. Dort hatten sie sich jedoch in erprobte Handlungsmuster einzuweben.

Wer die Atomraketen fürchtete, der bediente sich seines Körpers, um seiner Angst Ausdruck zu verleihen. Doch auch wer ein noch so kleines Gebiet zu einer „atomwaffenfreien Zone" erklärte, beanspruchte Raum für seine Ziele. Er wollte zeigen, dass umsetzbar war, was seinem Denken Struktur gab. In der SPD waren solche Praktiken spätestens 1983 sehr beliebt. Denn die Sozialdemokratie war in ihrem Selbstverständnis eine Kommunalpartei und wollte als solche den Straßenprotest zurück in die institutionalisierten Bahnen des kommunalen Parlamentarismus holen. Deshalb beantragten ihre Mandatsträger am Freitag vor der großen Volksversammlung – dem „Tag der Ministerien, Parlamente, Stadträte"[274] – in unzähligen Stadt- und Gemeinderäten eine Sondersitzung, und Bürgermeister boten Sondersprechstunden für Friedensinitiativen an.[275] Stark nachgefragt waren an diesem Tag Musteranträge, mit denen sich eine Gemeinde oder Stadt atomwaffenfrei erklären konnte.[276]

Wiederum hatte die Parteizentrale generalstabsmäßig vorbereitet, was die unteren Gliederungsebenen vollstrecken sollten. Eine „Checkliste Atomwaffenfreie Zone" listete auf, welche Punkte Ortsvereine zu beachten hatten, wenn sie ihre Kommune für atomwaffenfrei erklären wollten. Wichtig war: Sie brauchten einen juristisch korrekten Text, für den sie sich in einem Pool von Vorlagen bedienen konnten.[277] Als die Stadtverordnetenversammlung in Kassel mit den Stimmen von SPD und Grünen einen solchen Antrag annahm, erklärte sie, „im Rahmen des geltenden Rechts keine Maßnahmen" unterstützen zu wollen, „die der Stationierung oder Lagerung von Atomwaffen im Bereich der Stadt Kas-

---

[273] Schregel berichtet, wie Verteidigungsminister Hans Apel nach einer Diskussion auf dem Evangelischen Kirchentag 1981 in Hamburg mit tierischem Blut übergossen worden sei; vgl. Schregel: Atomkrieg, S. 250f. Zu diesen Aktionsformen ebenda, S. 248–253, 263f.

[274] Zur Vorbereitung des „Widerstandtages der Parteien, Parlamente, Ministerien" setzte der Koordinationsausschuss der Friedensbewegung eine Arbeitsgruppe ein. In einer Sitzung sammelten die Mitglieder Ideen für Aktionen der Friedensgruppen vor Ort. Dass das Protokoll der Arbeitsgruppe von Wolfgang Biermann verfasst wurde, verweist zum wiederholten Male auf die Stellung, die der Referent des SPD-Vorstandes in der Protestbewegung einnahm. Biermann: Protokoll der Arbeitsgruppe „Widerstandstag der Parteien, Parlamente, Ministerien" des Koordinationsausschusses der Friedensbewegung für die Herbstakti[i]onen; Sitzung vom 19.7.1983 in Bonn, undatiert, S. 1f., AdsD, Vorlass Voigt, H 31.

[275] Siehe Harald B. Schäfer an die Mitglieder der SPD-Bundestagsfraktion: [Beschluss des außerordentlichen Landesparteitages der SPD Baden-Württemberg vom 10.9.1983], 13.9.1983, AdsD, Bestand SPD-BTF, X. WP, 2/BTFJ000254; Organisatorische Hinweise für friedenspolitische Aktivitäten, in: *Intern. Informationsdienst der Sozialdemokratischen Partei Deutschlands*, 13/1983, S. 1f.

[276] Vgl. ebenda, S. 4; umfassend zu „atomwaffenfreien Zonen" Schregel: Atomkrieg, S. 267–328, insb. S. 287–305; siehe auch die kommunalpolitische Mikrostudie bei Kemper: Entrüstung.

[277] Erich Küchenhoff von der „Arbeitsgemeinschaft sozialdemokratischer Juristen" im Bezirk Westliches Westfalen arbeitete einen solchen Antrag aus: Musterentwurf für eine kommunale Entschließung, vorgelegt vom Bundesausschuß der Arbeitsgemeinschaft Sozialdemokratischer Juristen (ASJ), in: *Vorwärts*, 10.3.1983, S. 15.

sel" dienten.²⁷⁸ Solche Beschlüsse waren aber denkbar bescheiden. Denn Städte und Gemeinden hatten kaum den Handlungsspielraum, Atomwaffen tatsächlich von ihrem Gebiet fernzuhalten.²⁷⁹ Schließlich nahm die Bundesregierung die außen- und verteidigungspolitischen Hoheitsrechte wahr, schließlich lag die Verfügungsgewalt über Atomwaffen bei den Vereinigten Staaten. So zirkulierten in der SPD umfangreiche juristische Erörterungen, ob und inwieweit Gemeinden das Recht eingeräumt werden könne, sich atomwaffenfrei zu erklären.²⁸⁰ Dabei diskutierten Parteimitglieder nicht nur die Grenzen solcher Beschlüsse, sondern auch ihre Erfolgsaussichten. Der Bundestagsabgeordnete Karsten Voigt warnte vor einer Glaubwürdigkeitskrise des kommunalen Parlamentarismus, wenn Sozialdemokraten der Illusion erlägen, mit atomwaffenfreien Zonen ließe sich das Risiko eines Atomkrieges verringern.²⁸¹ Entwaffnend ehrlich räumte ein Argumentationspapier des Unterbezirks Köln den symbolischen Charakter dieser Beschlüsse ein.²⁸² Obwohl die praktischen Auswirkungen also gering waren, stellten sie für Friedensgruppen in und außerhalb der SPD ein Mittel dar, um ihre Abrüstungsforderung im kommunalen Umfeld zu praktizieren.²⁸³ Der Berliner Aufruf „Unsere Stadt gegen Atomwaffen", der von den Kreisvorständen der SPD Schöneberg und Zehlendorf, den Jusos und der SPD-nahen Gustav-Heinemann-Initiative unterzeichnet wurde, argumentierte 1984, dass ein atomwaffenfreies Berlin Anlass zur Hoffnung geben würde, dass dies auch mit Europa gelingen könne.²⁸⁴

Eine andere Aktionsform blieb in der SPD jedoch umstritten. Blockaden von militärischen Einrichtungen oder Ministerien waren – neben dem Generalstreik oder dem Steuerboykott²⁸⁵ – eine Form des zivilen Ungehorsams, die für Sozialdemokraten die Grenzen dessen infrage stellte, in dem kollektiv verbindlich gesprochen und gehandelt werden durfte.²⁸⁶ Häufig empfand die SPD-Spitze Blockaden als Angriff auf das Gewaltmonopol

---

[278] Beschlüsse der Stadtverordnetenversammlung der Stadt Kassel gegen die Stationierung und Lagerung von Atomwaffen auf dem Gebiet der Stadt Kassel, undatiert, AdsD, Bestand SPD-PV, Referat Jungsozialisten, 7642.
[279] So auch Glotz an Henning Voscherau, 31.8.1983, AdsD, 2/PVEH000267.
[280] Vgl. Arbeitskreis Recht der SPD-Landtagsfraktion Rheinland-Pfalz, Empfehlungen zum Problem „Atomwaffenfreie Zone", undatiert, AdsD, Bestand SPD-PV, Referat Jungsozialisten, 7642; Beschluß der Bundesdelegiertenversammlung der SGK: Friedenspolitik in den Kommunen, undatiert, AdsD, 2/PVEH000267; Küchenhoff: Weise Zurückhaltung: Das Bundesverfassungsgericht und die Gemeinderatsbeschlüsse über Atomwaffen, in: *Sozialdemokratischer Pressedienst*, 7.3.1983, S. 4f.
[281] Karsten D. Voigt: Diskussion zum Thema „Atomwaffenfreie Zonen" in Kommunalparlamenten. Vorlage für ASJ-Bundesausschuß am 10./11.12.1983, November 1983, AdsD, Bestand SPD-PV, Internationale Abteilung, 11649.
[282] „Atomwaffenfreie Zone". Argumentationspapier des Unterbezirks Köln, in: SPD-Bezirk Mittelrhein: [Materialien zur Vorbereitung und Durchführung von Friedensaktionen].
[283] Dazu ferner Arbeitsgemeinschaft der Jungsozialisten Bezirk Mittelrhein: Kampagne „Atomwaffenfreie Zone", undatiert, AdsD, Bestand SPD-PV, Referat Jungsozialisten, 7622; Jungsozialisten Schleswig-Holstein: [Broschüre zur Friedenspolitik, 1983], S. 46–50, AdsD, Bestand SPD-PV, Referat Jungsozialisten, 7605; Rainer Jogschies: Klein Pampau ist überall. Atomwaffenfreie Zonen in immer mehr Gemeinden, in: *Vorwärts*, 17.2.1983, S. 9.
[284] Für eine atomwaffenfreie Zone in Mitteleuropa! Keine Pershing II und Cruise Missiles! Mit der Abrüstung beginnen! [Aufruf der Initiative „Unsere Stadt gegen Atomwaffen", 1984], BStU, MfS, BV Berlin XV, 156, Teil 1/2, Bl. 10–13, hier Bl. 11.
[285] Dazu Däubler: Ungehorsam. Der Streik war „die klassische Kampfform der historischen Arbeiterbewegung", während der Boykott meist von neuen sozialen Bewegungen praktiziert wurde. Balistier: Straßenprotest, S. 62–65.
[286] Zu „Blockaden" als Aktionsform vgl. Balistier: Straßenprotest, S. 69–88; Crivellari: Blockade; Schregel: Atomkrieg, S. 242–247. Auch „Besetzungen" spielten eine Rolle, vgl. Balistier: Straßenprotest, S. 88–107.

des Staates. Für sie war das Gewaltmonopol unantastbar, wie auch außer Frage stand, dass Gewalt der Friedensbewegung schadete.[287] Wer zu Gewalt griff und „mit brennenden Barrikaden und Molotowcocktails gegen Polizisten Menschenleben" riskierte, konnte „kein Bestandteil der Friedensbewegung sein", wie selbst der Juso-Bundesvorstand mahnte.[288] Blockaden, die friedlich verliefen, galten in Teilen der SPD aber als legitimer Ausdruck von Protest. Der Unterbezirk Bonn rief seine Mitglieder 1983 auf, während der Aktionswoche das Verteidigungsministerium auf der Hardthöhe und das Entwicklungshilfeministerium friedlich zu blockieren.[289] Das letztgenannte Ministerium befand sich aber in direkter Nachbarschaft zum Erich-Ollenhauer-Haus. So machten in der SPD-Zentrale alarmierte Vermerke die Runde. Biermann befürchtete „die Gefahr einer unkontrollierten Eskalation, falls die Polizei mit einer Beseitigung der Blockade beginnen sollte".[290] Dass sich SPD-Mitglieder vor der Parteizentrale Straßenschlachten mit der Polizei lieferten, war für die SPD-Spitze ein Alptraum. Glotz empfahl dem SPD-Präsidium daher, den Mitarbeitern des Ollenhauer-Hauses freizugeben. Nur wenige, geschulte Referenten sollten „mit den Demonstranten vor dem Haus [...] diskutieren, um so möglichen Ausuferungen der Blockade entgegenzuwirken".[291] Auch Verteidigungsminister Manfred Wörner (CDU) protestierte scharf dagegen, dass die Bonner SPD die Hardthöhe blockieren wollte. Er sehe in dieser Aktion „einen Akt gegen das Verfassungsorgan Bundeswehr und gegen die Landesverteidigung".[292] Es kam weniger dramatisch. Die Blockaden blieben friedlich, gewalttätige Konfrontationen gab es nicht.[293] Daraufhin schrieb Brandt an Wörner, „der friedfertige Verlauf der sogenannten Aktionswoche" sei „nicht zuletzt darauf zurückzuführen, dass viele Sozialdemokraten den gewaltfreien Charakter des Protests zu ihrer Sache gemacht haben".[294]

Friedlicher Antinachrüstungsprotest war für die SPD-Spitze eine unterstützenswerte Sache, während Blockaden nur so weit im Ermessen der Mitglieder lagen, wie sie gewaltfrei blieben. Denn die Delegitimierung von Gewalt funktionierte in der Partei, und die Grenzen, in denen SPD-Mitglieder sprachen und handelten, blieben in dieser Frage unangetastet.[295] So verschickte die ASF umfangreiche Papiere, in denen sie die strafrechtlichen Grenzen dieser Aktionen erläuterte. Blockaden verstießen, so hieß es da, gegen den Nötigungsparagraphen des Strafgesetzbuches und seien nicht von dem im

---

[287] So sagte es Hans-Jochen Vogel in Protokoll der Sitzung des Parteirates am 4.10.1983, S. 10, AdsD, Bestand SPD-PV, Vorstandssekretariat, ohne Signatur.
[288] Bundesvorstand der Arbeitsgemeinschaft der Jungsozialisten (Jusos): Bundeskongreß, 10.–12.6.1982, Lahnstein, Resolution „Die Jungsozialisten verurteilen die Ausschreitungen in Berlin anläßlich des Reagan-Besuchs" [1982], AdsD, Bestand SPD-PV, Referat Jungsozialisten, 7586.
[289] Aufruf: Blockiert das Bundesministerium für wirtschaftliche Zusammenarbeit [1983], AdsD, Bestand AGDF, 9.
[290] Biermann an Glotz: Fragwürdige Aktionen am 21.10. in Bonn (Blockaden), 12.9.1983, AdsD, Bestand SPD-PV, Referat Jungsozialisten, 7366.
[291] Protokoll der Sitzung des Präsidiums am 17.10.1983, S. 4f., AdsD, Bestand SPD-PV, Vorstandssekretariat, 230.
[292] Wörner an Brandt, 19.10.1983, S. 1, AdsD, WBA, A11.2, 153.
[293] Vgl. Ministerien blieben „voll arbeitsfähig", in: Bonner General-Anzeiger, 22.10.1983; Wolfgang Michal: Formvollendeter könnte es keine Tanzschule. Die symbolische Blockade des Verteidigungsministeriums war ein Spiel mit einstudierten Rollen, in: Vorwärts, 27.10.1983, S. 7.
[294] Brandt an Wörner, 2.11.1983, S. 1, AdsD, WBA, A11.2, 153.
[295] Selbst die Jusos lehnten Gewalt als Kommunikationsmittel einmütig ab. Jungsozialisten Bundeskongreß Oberhausen 26.–27.3.83, Vorlage AK-IX „Perspektiven des Friedenskampfes 1983", undatiert, AdsD, Bestand SPD-PV, Referat Jungsozialisten, 7623.

Grundgesetz garantierten Demonstrationsrecht gedeckt.[296] Die Teilnehmerinnen müssten deshalb bedenken, dass sie mit Schadensersatzansprüchen konfrontiert würden und dass eine Verurteilung negative berufliche Folgen haben könnte. Doch von Blockaden abraten wollte die ASF auch nicht. So empfahl sie, bei Aktionen sicherzustellen, dass das Verlassen und Betreten der Einrichtung möglich blieb und dass keine Absperrungen oder Zäune beschädigt würden, dass niemand militärisches Gelände betrat und dass die Blockierer sich nicht unterhakten, wenn die Polizisten sie wegtrugen. Schließlich sollte auch „darauf geachtet werden, daß die Verantwortung kollektiv getragen wird". Dann nämlich sei die Blockade für den Einzelnen strafrechtlich nur eine Ordnungswidrigkeit und keine Nötigung. Die ASF schlug vor, ein „Netz von Rechtsanwältinnen" aufzubauen und einen „Rechtshilfefonds" zu bilden, aus dem Geldbußen bezahlt werden könnten.[297]

Das vielleicht bekannteste Protestereignis war neben der Bonner Volksversammlung die sogenannte „Prominentenblockade" des US-Stützpunkts in Mutlangen bei Schwäbisch Gmünd, wo die NATO die ersten Pershing-II-Raketen stationieren wollte. Die Blockade vom 1. bis 3. September 1983 war ein Medienereignis und ein Volksfest, das „aus dem schwäbischen Dörflein ein politisches Symbol werden ließ".[298] Mutlangen gilt bis heute als ein Code für den zivilen Ungehorsam gegen die Nachrüstung. Vorbereitet durch ein mehrwöchiges „Friedenscamp",[299] sollte die Blockade „symbolisch und mit Nachdruck" ein Zeichen gegen die geplante Stationierung setzen.[300] Der Aufruf, den aus den Reihen der SPD etwa Heinrich Albertz, Erhard Eppler, Günter Grass und Oskar Lafontaine unterschrieben, berief sich auf die US-Friedensbewegung und appellierte „an alle Arbeiter und Angestellten und ihre Gewerkschaften: Soziale Sicherheit und Wettrüsten sind unvereinbar".[301] An der Blockade teilzunehmen war in der SPD nun kaum noch umstritten.[302] Der Parteivorstand rief die Mitglieder zwar nicht auf, nach Mutlangen zu reisen, aber stellte es in das individuelle Ermessen und die Gewissensentscheidung jedes Einzelnen.[303] In der Tat kamen neben Eppler und Lafontaine viele prominente Sozialdemokratinnen und Sozialdemokraten auf die Schwäbische Alb, unter ihnen die Bundestagsabgeordneten Herta Däubler-Gmelin, Renate Schmidt, Heide Simonis, Hans-Ulrich Klose, Freimut Duve, Ott-

---

[296] Bundesvorstand der Arbeitsgemeinschaft Sozialdemokratischer Frauen (ASF): Rundbrief zu den Friedensaktionen im Herbst 1983, Juli 1983, AdsD, Bestand SPD-PV, Referat Frauen/ASF, 13135; auch Küchenhoff: Ziviler Ungehorsam als aktiver Verfassungsschutz. Sitzblockade und Nötigungsstrafe im „heißen Herbst", in: *Sozialdemokratischer Pressedienst*, 8.8.1983, S. 5–8; Emmerlich: Widerstand, S. 21 f.; Ebert: Widerstand, S. 212–216.
[297] ASF-Bundesvorstand: Rundbrief, Juli 1983.
[298] Tom Strohschneider: Mutlangen: So a Sauerei, di Demaschtranda, in: *Neues Deutschland*, 30./31.8. 2003; Michal: Mutlangen: In Watte gepackt. Bilder und Szenen aus einer sanften Republik, in: *Vorwärts*, 8.9.1983, S. 14f.; Günter Walter: Der Schatten von Sachalin. Kann das Modell Mutlangen die neue Wetterlage überleben?, in: *Vorwärts*, 8.9.1983, S. 15.
[299] Aufruf zum Friedenscamp in Schwäbisch Gmünd vom 6.8. bis 4.9.1983, undatiert, AdsD, 1/HJVA102579.
[300] Gruppe Friedens-Manifest '83: September-Blockade des Raketenstützpunktes Mutlangen bei Schwäbisch-Gmünd, 1.7.1983, S. 1, AdsD, 1/HJVA102579.
[301] Ebenda.
[302] Als Eppler die SPD-Spitze von seinen Plänen informierte, vermerkte das Sitzungsprotokoll keinen Widerspruch. Protokoll der Sitzung des Vorstandes und der Landes- und Bezirksvorsitzenden am 27.6.1983, S. 6, AdsD, Bestand SPD-PV, Vorstandssekretariat, ohne Signatur.
[303] So Schmude (hs.): [Teilnahme von SPD-MdBs an der Blockade in Mutlangen], undatiert, AdsD, 1/HJVA102579.

mar Schreiner und Robert Antretter.³⁰⁴ Ihr Fraktionskollege Ingomar Hauchler schrieb an Hans-Jochen Vogel, was viele SPD-Mitglieder bewogen haben dürfte, sich an der Blockade zu beteiligen:

> „Einmal Gewährleistungen des friedlichen Verlaufes der Demonstrationen, zum anderen ein Zeichen für viele junge Menschen, daß die SPD Verbindung hält zu jenen, die in der Friedensbewegung von ihrem Grundrecht auf Meinungsäußerung und Demonstration Gebrauch machen, wenn vitale Lebensfragen auf dem Spiel stehen."³⁰⁵

Dass die Blockade friedlich ablief, wertete die SPD-Spitze als Indiz, „daß dies ein akzeptables Modell für weitere friedenspolitische Diskussionen und Aktionen des Herbstes sein könnte".³⁰⁶

In Mutlangen trafen die Aktivistinnen und Aktivisten auch auf fünf Besucherinnen von der War Resisters League, die auf Einladung von Petra Kelly und den Grünen in Europa weilten.³⁰⁷ Für die Amerikanerinnen war die Friedensbewegung in Westdeutschland durch eine eigene Protestkultur charakterisiert. Ein Reisebericht von Mark Niedergang, der sich im Herbst 1983 ebenfalls in Europa aufhielt, konzedierte anerkennend, wie organisiert und strukturiert die Aktionen in Europa abliefen. Sie würden Elemente einer Gegenkultur widerspiegeln, die man so in den Vereinigten Staaten nicht finde. Auf den Protestmärschen werde Musik gespielt, die Demonstranten würden singen und gemeinsam Antikriegsfilme schauen; es gebe Essen und Bier. Jede Demonstration habe ihre eigenen Anstecker, Poster und Flugblätter.³⁰⁸ Niedergang beobachtete auch habituelle Unterschiede zwischen den Friedensbewegungen in Europa und Nordamerika: „Unlike the Freeze Campaign, the peace movement here seems distinctly longhair and young and counter-cultural. It is not only a political, but also a social protest movement."³⁰⁹

Damit bewies Niedergang das richtige Gespür: Die Friedensaktionen in Westdeutschland wurden von Protestkulturen und Lebensstilen getragen, die ihre eigenen rhetorischen Ankerpunkte, Kleidercodes und populärkulturellen Manifestationen hervorbrachten.³¹⁰ Häufig standen sie in einer Kontinuität zu den Protesten von „1968".³¹¹ Doch mehr als damals glichen die Friedensfeste des Jahres 1983 einem Protesthappening: Die Angst vor der atomaren Katastrophe war die Ursache, warum Menschen sich versammelten – doch die Zusammenkünfte selbst brachten eine ganz eigene soziale Kraft hervor. Sicherlich tritt man dem Anliegen der Bewegung nicht zu nahe, wenn man feststellt, dass die Friedensfeste im Herbst 1983 bei allen apokalyptischen Endzeitprognosen auch einem ureigenen menschlichen Bedürfnis dienten: dem Spaß und der Freude an Geselligkeit. Zwischen der ernsten Weltuntergangsstimmung und dem gelösten Volksfestcharakter lag

---

³⁰⁴ Siehe die zahlreichen Briefe an Hans-Jochen Vogel, in denen Abgeordnete vorwiegend der Parteilinken ankündigten, nach Mutlangen reisen zu wollen. AdsD, 1/HJVA102579.
³⁰⁵ Hauchler an Vogel, 30. 8. 1983, AdsD, 1/HJVA102579.
³⁰⁶ SPD-Pressemitteilung, Nr. 539/83, 7. 9. 1983; Protokoll der Fraktionssitzung am 6.9.1983, 22. 9. 1983, S. 9, AdsD, Bestand SPD-BTF, X. WP, 2/BTFJ000010; Protokoll der Sitzung des Präsidiums am 5. September 1983, S. 4, AdsD, Bestand SPD-PV, Vorstandssekretariat, 227.
³⁰⁷ Vgl. Dorie Wilsnack an die WRI West German Sections (hs.), 4. 8. 1983, SCPC, War Resisters League Records (DG 040), Acc. 10A-094, b 4, f Germany.
³⁰⁸ Mark Niedergang an Karin Fierke/Barbara Roche/Randy Kehler (hs.), 11. 4. [1983], S. 2; WHMC, sa1039 NNWFC Addenda, Accession 6/20/94, b 1, f European Movement.
³⁰⁹ Ebenda, S. 4.
³¹⁰ Dazu einführend Reichardt/Siegfried: Milieu.
³¹¹ Vgl. dazu Fahlenbrach: Protestinszenierungen; Kraus: Theaterproteste; Siegfried: Time Is on My Side.

eine seltsame Spannung. Was banal klingen mag, beschreibt einen gesellschaftlichen Zustand und eine Haltung, die keinesfalls auf eine Generation beschränkt blieb. Dieses Lebensgefühl der Protestgemeinschaft, das die Aktionen gegen die Nachrüstung prägte, gelangte auch in die Sozialdemokratie. Dort erfasste es insbesondere die Jusos, die ASF und viele Ortsvereine. Wer an Aktionen der Friedensbewegung teilnahm, konnte sich selten der soziokulturellen Dynamik entziehen, die den Protest trug.[312]

Inwieweit sich sozialdemokratische Protestformen von jenen der nicht parteigebundenen Friedensbewegung unterschieden, ist schwierig zu bemessen, suggeriert die Frage doch eine Trennung, die es zumindest an der Basis häufig nicht gab. Leichter fällt es dagegen, die Frage zu beantworten, was von den neuen Praktiken geblieben ist: Sozialdemokraten erweiterten ihr Handlungs- und Symbolrepertoire, aber sie taten dies innerhalb ihres in langjähriger Parteiarbeit geschulten Horizonts. Auch wenn sie sich in der Friedensbewegung engagierten, blieben Straßendemonstrationen, Kundgebungen und Diskussionsveranstaltungen der Weg, wie sie ihren Dissens bevorzugt äußerten. Eingeübte Handlungsmuster änderten sich nur langsam und nach konfliktträchtigen Aushandlungsprozessen, aber die Akzeptanz neuer Praktiken stieg in dem Maße, wie jüngere und weibliche Mitglieder den Schulterschluss mit der Bewegung suchten. Während neue Ideen in die SPD gelangten, speisten umgekehrt Ortsvereine, Jusos und die ASF die beachtliche Organisationsfähigkeit der Sozialdemokratie in die Friedensbewegung ein. So profitierten beide Seiten von dem Schulterschluss, den sie 1983 vollzogen. Die Nachrüstungsgegnerinnen und -gegner in der SPD sprengten die Grenzen auf, die ihre Partei von den außerparlamentarischen Initiativen trennten. „Partei" als Vergemeinschaftungs- und Lebensform funktionierte für sie kaum mehr, denn die Bewegung war viel attraktiver. Dabei hatte der Phantasiereichtum, der für die Aktionen und Embleme der Friedensaktivisten kennzeichnend war, seine Ursache im Konflikt selbst. Weil die atomare Bedrohung für die Zeitgenossen existentielle Dimensionen hatte, war auch die Art und Weise, wie sie politischen Dissens äußerten, in einem Maß originell, das andere Streitfragen in den Schatten stellte. Und dieser Einfallsreichtum war nur schwer wiederholbar. So singulär der Nachrüstungsstreit gesamtgesellschaftlich war, so einmalig waren die Formen, mit denen die Zeitgenossen ihn austrugen.

Im Streit um die Atomraketen machten Sozialdemokratinnen und Sozialdemokraten ihre Partei zur Gesellschaft hin durchlässiger, entfalteten eine rege Reisediplomatie nach Ost und West, die buchstäblich Grenzen überschritt, dezentralisierten das Wissensmonopol der Parteielite und pluralisierten ihre Ausdrucksweisen. Kurz, das binäre Denken verlor in ihrem Milieu an strukturbildender Kraft. Die Transzendierung von klaren Rahmensetzungen und der Formwandel von Politik, der damit einherging, waren Charakteristika des Nachrüstungsdiskurses in der SPD. Diese Prozesse resultierten daraus, dass der Kalte Krieg in weiten Teilen der Sozialdemokratie als Referenzrahmen ausgedient hatte. Seine Erosion war Ursache und Symptom eines tiefgreifenden Wandlungsprozesses der Partei, in dem Grenzen für individuelles und kollektives Handeln im Gefolge soziokultureller Transformationen an Bedeutung verloren. Das hatte auch Konsequenzen für die Frage, wie die SPD das Politische definierte.

---

[312] Dieser Vorgang wird als Habitualisierung von Protest bezeichnet, vgl. Fahlenbrach/Stapane: Strategien, S. 230.

VI. Unterwegs zu einem neuen Politikbegriff?

1. „Atomwaffen Nein – Volksbefragung Ja"

Der Streit um die Nachrüstung verwandelte die SPD. Er entfremdete die Mitglieder und stellte den innerparteilichen Zusammenhalt auf die Probe. Er transformierte das Denken derjenigen, die sich zur SPD bekannten, weil er ihre Vorstellungen auf den Kopf stellte, die aus der traditionsreichen Parteigeschichte kamen. Das betraf zunächst das Ordnungssystem des Kalten Krieges. Seine Erosion war der Grund, warum die Partei überhaupt mit der Nachrüstung haderte. Weil der Kalte Krieg als Erklärungsmodell ausgedient hatte, bestimmte die SPD auch ihren Begriff des Politischen neu. Denn nun ließ das Denken in binären Gegensätzen nach, verschwamm die Grenze zwischen Partei und Gesellschaft. Die SPD erschien selbst vielen ihrer Mitglieder als überkommen. Die neuen sozialen Bewegungen waren attraktiver. Mit ihrem amorphen Charakter, ihren unverbindlicheren Teilnahmemöglichkeiten und ihrem dezentralen Politikbegriff verschoben sie bald zentrale Achsen des sozialdemokratischen Weltbildes. Sollte die SPD ebenfalls die Demokratisierung des parlamentarisch-repräsentativen Systems fordern? Konnte sie sich für Plebiszite aussprechen? Darüber entbrannte von 1982 bis 1984 ein heftiger Konflikt in jener Partei, der Kurt Klotzbach den Namen „Staatspartei" gegeben hatte.[1] Wenn sich die „Staatspartei" über die Legitimität der staatlichen Institutionen zerstritt, dann musste dies Folgen für ihr Selbstbild haben.[2]

Für Sozialdemokraten und Sozialdemokratinnen, die sich in der Friedensbewegung engagierten, stand fest, dass der Bundestag mit seiner schwarz-gelben Koalitionsmehrheit den Bevölkerungswillen missachtete.[3] Als das Parlament am 21. und 22. November 1983 die Nachrüstung debattierte und ihr schließlich zustimmte, versammelten sich in Bonn Aktivisten, um mit Mahnwachen, Schweigekreisen, lautstarken Protestmärschen, Fackelzügen und Kundgebungen darauf aufmerksam zu machen, dass die Volksvertreter nicht im Sinne der Bevölkerung handelten.[4] Einfache SPD-Mitglieder beschuldigten die Abgeordneten der CDU/CSU und FDP, die Mehrheitsmeinung im Land zu übergehen. Damit radikalisierten sie die Art und Weise, wie ihre Fraktion gegen die Raketen argumentierte – sie widersprachen ihr aber nicht. Denn die Mehrzahl der SPD-Abgeordneten stimmte gegen die Nachrüstung und verlangte, dass die Koalition den Massenprotest ernst nahm. Die Demonstrationen überall im Land taugten für sie als Argument, das zeigen sollte, wie isoliert die Bundesregierung gesellschaftlich war.[5]

---

[1] Klotzbach: Staatspartei; bereits Narr u. a.: Staatspartei. Glotz schrieb dazu „Die Sozialdemokraten haben diesen Staat mitgeschaffen; sie haben gar nichts dagegen, als ‚Staatspartei' bezeichnet zu werden, wenn man ihnen nicht abspricht, auch Gesellschaftspartei zu sein". Glotz: Widerstand, S. 14.
[2] Vgl. zu diesen Debatten kontextualisierend Conway: Democracy.
[3] Dazu Wirsching: Abschied, S. 98–103.
[4] Vgl. Koordinationsausschuß der Friedensbewegung: Beschluß, 14. 11. 1983, AdsD, Bestand IFIAS, 81.
[5] Vgl. Koordinationsausschuß der Friedensbewegung: Presseerklärung: Bilanz der Aktionswoche: Der Bundesregierung bricht die Gesellschaft weg. Bundesregierung hält an undemokratischen Verhaltensweisen gegenüber der Friedensbewegung fest, 24. 10. 1983, AdsD, Bestand IFIAS, 79; auch B. Fischer: Bevölkerungsmehrheit, S. 83f.

Bereits am 20. November hatte in der Hauptstadt das sogenannte „Parlament der Mehrheit" getagt.[6] Die Friedensbewegung wollte mit dieser Aktion zeigen, dass „in einer zentralen Frage die ‚Volksvertretung' gegen das eigene Volk" entschied.[7] Auch Sozialdemokraten nahmen dort ihre Sitze ein, wo sich Vertreter aller Wahlkreise, Friedensgruppen und gesellschaftlichen Großorganisationen versammelten.[8] Die Demonstrationen der Friedensbewegung hätten eindrucksvoll gezeigt, begründete der Koordinationsausschuss die Aktion, „daß die große Mehrheit der Bevölkerung die Stationierung neuer amerikanischer Atomraketen in unserem Land ablehnt".[9] Die entscheidenden Sätze der Deklaration, auf die sich das „Parlament der Mehrheit" nach fünfstündiger Beratung einigte, lauteten:

> „Eine Mehrheit der Bevölkerung lehnt diese Stationierung ab. Gegen diese Mehrheit fällt der Bundestag mit dem Beschluß der Stationierung eine Fehlentscheidung von historischer Tragweite. […] Wir erkennen einen solchen Beschluß des Deutschen Bundestages nicht an. Wir bestreiten der Bundesregierung das Recht, in einer derart existentiellen Frage die Bevölkerungsmehrheit einfach zu übergehen."[10]

Das „Parlament der Mehrheit" hielt es also für gesichert, dass die Koalitionsfraktionen im Bundestag nicht die Meinung der Bevölkerung repräsentierten. In seiner Lesart bedeutete dies umgekehrt, dass in der Mehrheit war, wer auf der Straße protestierte. Schon auf dem Hamburger Kirchentag im Sommer 1981 hatten die Besucher skandiert: „Achtung, Achtung, hier sprechen die Massen – Schmidt und Apel sind entlassen".[11] Und als die Demonstranten auf der Bonner Hofgartenwiese ihre Kundgebung als „Volksversammlung" betitelten, war dies eine sprachpolitische Ausgrenzung von Andersdenkenden.[12] Hier traf sich „das Volk", während in Regierung und Parlament zwar demokratisch gewählte, aber nicht mehrheitlich legitimierte Politiker saßen.[13] Die Friedensbewegung sei „eine Konsequenz der Souveränität des Volkes über den Staat", schrieb Ulrich Frey von der Aktionsgemeinschaft Dienst für den Frieden in „Die Neue Gesellschaft".[14] Es gehe ihr darum, „Entscheidungsprozesse weiter zu demokratisieren".[15] Die Partizipationsforderung resultierte daraus, dass für etliche Zeitgenossen die Einteilung der Welt in polare Gegensätze nicht mehr gültig war. Politische Verantwortung an eine Seite zu delegieren, war ihnen nicht länger zeitgemäß. Gerade in den siebziger und achtziger Jahren wurde offenkundig, dass

---

[6] Koordinationsausschuß: Einladung zur konstituierenden Sitzung des „Parlaments der Mehrheit", am Sonntag, dem 20.11., von 14.00–18.00 Uhr in der Aula des Beethoven-Gymnasiums, Adenauerallee in Bonn, undatiert, AdsD, Bestand IFIAS, 80.
[7] Koordinationsausschuss der Friedensbewegung: [Rundbrief „Parlament der Mehrheit"], 11.11.1983, S. 1, AdsD, Bestand SPD-PV, Referat Frauen/ASF, 9609.
[8] Karin Junker, die für die ASF im Koordinationsausschuss mitarbeitete, hatte die SPD-Frauen explizit mit einem feministischen Argument nach Bonn eingeladen, „denn die Mehrheit der Bevölkerung besteht bekanntlich aus Frauen!". Karin Junker an den ASF-Bezirksvorstand Niederrhein, 15.11.1983, AdsD, Bestand SPD-PV, Referat Frauen/ASF, 9609.
[9] Koordinationsausschuss der Friedensbewegung: [Rundbrief „Parlament der Mehrheit"], 11.11.1983, S. 1, AdsD, Bestand SPD-PV, Referat Frauen/ASF, 9609.
[10] „Bonner Deklaration" des „Parlaments der Mehrheit", 20.11.1983, AdsD, Bestand IFIAS, 80.
[11] Zit. nach Balister: Straßenprotest, S. 141.
[12] Vgl. ebenda, S. 140.
[13] Vgl. auch: Wann wählt sich die Bundesregierung ein anderes Volk?/Jeden Tag neue Dreistigkeiten der Rechtskoalition im Umgang mit der Raketenstationierung. Pressemitteilung Nr. 454/83, 28.10.1983, AGG, Bestand F.4.2, Pressemitteilung BT-Fraktion, 5.
[14] Ulrich Frey: Erfahrungen der Friedensbewegung mit dem Staat Bundesrepublik Deutschland, in: *Die Neue Gesellschaft* 31 (1984), S. 30–38, hier S. 30.
[15] Ebenda, S. 37.

viele Menschen mitentscheiden wollten und das Entweder-Oder des binären Denkens für unangemessen hielten.

Auch SPD-Mitglieder eigneten sich, sofern sie nachrüstungskritisch eingestellt waren, diesen Denkstil an. Die Bundestagsabgeordnete Herta Däubler-Gmelin schrieb im Sommer 1983, dass „die Hälfte der Bevölkerung" gegen die Nachrüstung sei.[16] „Jede Regierung, jedes Parlament" müsse dem Rechnung tragen. Es „wäre mehr als problematisch, diese Raketen ohne Zustimmung der Bevölkerung, ja gegen ihren Willen zu stationieren". Däubler-Gmelin verneinte, dass die Volksvertreter für das Volk sprachen, und tat damit einen geschickten Schachzug in der Auseinandersetzung mit dem politischen Gegner. Es war nun an CDU/CSU und FDP, das Massenphänomen der Demonstranten schlüssig zu erklären. Das war eine systemimmanente Denkfigur. Däubler-Gmelin stellte nicht den Grundsatz der Mehrheitsentscheidung in Abrede; vielmehr bezweifelte sie ihre Angemessenheit in Grenzfällen, wenn die Folgen unumkehrbar seien. Ähnliche Äußerungen kamen aus der Friedensbewegung. Die Spitzenfrau der Grünen Petra Kelly behauptete, dass parlamentarische Mehrheiten „an moralische Grenzen" stießen.[17] Denn „staatliche Macht ist relativ", und Loyalität habe „dort ihre Grenze, wo die Gemeinschaft aufs Spiel gesetzt und gefährdet wird". Parlamentarische Entscheidungen, die nicht mehr rückgängig gemacht werden könnten, dürften nicht gefällt werden, indem die Abgeordneten das Volk überstimmten.[18] Bei Kelly war nicht nur die Rede davon, dass der Bundestag die Bevölkerung überging, sondern dass er ihre Existenz gefährdete. Sie argumentierte, dass das Parlament damit im Ergebnis auch das demokratische Gemeinwesen bedrohe. Die Friedensbewegung und die Kritik in der SPD waren der Ausdruck eines verlorengegangenen Vertrauens in die Sicherheitsfunktion des Staates.[19]

Nicht selten verband sich das Nachdenken darüber, ob eine Mehrheitsentscheidung in Fragen von Leben und Tod zu rechtfertigen war, mit dem Rückzug auf das persönliche Gewissen. Eine Friedensaktivistin verlangte in einer Zuschrift an alle Abgeordneten des Bundestages, die kurz vor der Stationierungsdebatte im November 1983 dort eintraf, dass über die Stationierung nur entschieden werden dürfe, nachdem alle Volksvertreter ihr Gewissen befragt hätten.[20] Dass jeder Mensch zur gleichen Einsicht kommen müsse, wenn er auf sein Gewissen höre und sich frei von äußeren Zwängen mache, behaupteten Friedensaktivisten und -aktivistinnen häufig. Sie essentialisierten damit eine politische Streitfrage, indem sie sie aus dem Bereich des politisch Verhandelbaren auf eine Ebene hoben, in der es nur noch richtig und falsch gab; aus Meinungen wurden so Gewissheiten und Ansichten entpuppten sich als Wahrheiten. Dem rechten Parteiflügel behagte dieser Gedanke nicht. Peter Glotz warnte „davor, zu schnell aus der Politik ins Gewissen zu retirieren und die Gewissensfreiheit als Grundrecht zu verstehen, das alle anderen Grundrechte aushebelt".[21]

Die Kritik an der parlamentarisch-repräsentativen Demokratie kann nur verstehen, wer sie in die zeitgenössische Krisenerfahrung einbettet.[22] Seit Mitte der siebziger Jahre

---

[16] Däubler-Gmelin: Volksbefragung, S. 18.
[17] Zit. nach Wirsching: Abschied, S. 99.
[18] So Guggenberger: Macht.
[19] Vgl. auch Metzler: Staatsversagen, S. 251.
[20] Katja L. an die Mitglieder des Deutschen Bundestages [22. 11. 1983], AdsD, Bestand SPD-PV, Internationale Abteilung, 11184.
[21] Glotz: Widerstand, S. 15.
[22] Dazu ausführlich Metzler: Krisenbewusstsein, S. 151 f., 154 f.; Mende: Parlamentarismuskritik, S. 31; Gassert: Lärm, S. 182–187.

war vielen Menschen der ökonomische und technologische Fortschritt zweifelhaft geworden. Angst vor der Zukunft griff um sich, und die westlichen Industriegesellschaften sahen sich selbst an die „Grenzen des Wachstums" stoßen.[23] Krisendiagnosen und -szenarien beherrschten die wissenschaftliche und politische Debatte und machten auch vor dem Politischen nicht Halt. Nachdem Vertreter des konservativen Spektrums schon in den frühen siebziger Jahren angenommen hatten, dass gesellschaftliche Entwicklungen nicht mehr steuerbar und staatliches Handeln nicht mehr planbar sei,[24] problematisierten nun auch die Regierten das System, in dem sie lebten.[25] Die zahllosen örtlichen Bürgerinitiativen, die sich ab 1974/75 gebildet hatten, übten meist Kritik an einer spezifischen Verwaltungsentscheidung.[26] Mehr noch als im Konflikt um die friedliche Nutzung der Kernenergie zielte diese Kritik in den achtziger Jahren nun auch auf das staatliche Handeln. Die Zielscheibe der Friedensbewegung war nicht der Staat an sich, sondern „das Repräsentativprinzip des Bonner Parlamentarismus, dessen Mehrheitsregel den zeitgenössischen Herausforderungen nicht mehr angemessen zu sein schien".[27] Der Physiker und Philosoph Carl Friedrich von Weizsäcker diagnostizierte bereits 1976 ein „Versagen der Demokratie",[28] der Jurist Rudolf Wassermann fragte 1983, ob „die klassische Demokratie überholt" sei,[29] und der Theologe Wolfgang Huber dachte im gleichen Jahr über die „Grenzen des Staats" nach.[30] Die Soziologen Bernd Guggenberger und Claus Offe veröffentlichten 1984 einen einflussreichen Sammelband über die „Grenzen der Mehrheitsdemokratie" und betonten darin, dass das Mehrheitsprinzip „eine notwendige, keineswegs jedoch bereits die hinreichende Bedingung für Demokratie" sei.[31] In dem Fall nämlich, wenn die „staatliche Überlebensgarantie" infrage gestellt werde, sei „gleichsam der *Hobbes'sche* Naturzustand wiederhergestellt".[32] Die Loyalitätspflicht des Bürgers gegenüber dem Gemeinwesen werde gelockert, wenn der staatliche Souverän den inneren und äußeren Frieden nicht mehr garantieren könne. Dass einen solchen Zustand festzustellen durchaus im subjektiven Ermessen des Bürgers lag – daran ließen sie keinen Zweifel. Man könne mit Recht fragen, so schrieb 1983 auch der Philosoph Jürgen Habermas, „ob sicherheitspolitische Grundsatzentscheidungen, die mit eminenten Risiken verbunden sind und tief in das Leben jedes einzelnen, sogar in die Überlebenschancen ganzer Völker eingreifen, von der dünnen Legitimationsdecke einer einfachen Bundestagsmehrheit" noch gedeckt seien.[33] Kurzum, die parlamentarisch-repräsentative Demokratie funktionierte für ihre Kritiker nur so lange, wie die Mehrheit keine „irreversiblen Entscheidungen" traf.[34]

Wenn die Abgeordneten der schwarz-gelben Koalition nicht mehr den Willen der Bevölkerung verkörperten, musste die Friedensbewegung gemeinsam mit SPD und Grünen nach anderen Wegen suchen, wie sie die Nachrüstung verhindern konnte. Als Ausweg

---

[23] Meadows: Limits; Hünemörder: Kassandra; Seefried: Zukünfte, S. 255–292.
[24] Vgl. Metzler: Konzeptionen; Metzler: Staatsversagen; Ruck: Sommer.
[25] Vgl. Mende: Gründungsgrüne, S. 352–363; auch Mende: Parlamentarismuskritik.
[26] Vgl. Mende: Parlamentarismuskritik, S. 32.
[27] Ebenda, S. 34; Ruck: Tanker, S. 258–260.
[28] Weizsäcker: Wege, S. 16.
[29] Wassermann: Demokratie.
[30] Huber: Grenzen.
[31] Guggenberger/Offe: Basis, S. 12; Offe: Legitimation; Guggenberger: Mehrheitsdemokratie.
[32] Guggenberger/Offe: Basis, S. 13. Hervorhebung im Original.
[33] Habermas: Ungehorsam, S. 47.
[34] Ebenda, S. 50.

schälte sich die Idee zu einer Volksabstimmung oder einem Referendum heraus.[35] Dieser Vorschlag, der innerhalb von christlichen Friedensgruppen im Herbst 1982 entwickelt worden war, gelangte rasch in die SPD. Es war Helmut Simon, sozialdemokratischer Richter beim Bundesverfassungsgericht in Karlsruhe und zugleich Mitglied des EKD-Präsidiums, der ihn in der Hauptstadt popularisierte.[36] Im Gespräch mit dem SPD-Abrüstungsspezialisten Egon Bahr nach dem Regierungswechsel 1982 lockte er die Sozialdemokraten, sich der Referendumsidee anzuschließen. Er bezeichnete es als möglich, dass das Bundesverfassungsgericht eine Volksbefragung unterstützen würde.[37] Damit rannte er offene Türen ein. Bahr erhoffte sich viel von der Idee, denn dass dem Plebiszit „von einem so hervorragenden Verfassungsjuristen Chancen eingeräumt werden, erscheint mir, nachdem ich zweimal darüber geschlafen habe, als eine große Erleichterung. Es könnte uns viel ersparen".[38] An eine solche Lösung des Raketenstreits habe er „nicht im Traum gedacht". Andere Sozialdemokraten reagierten nüchterner auf den Vorschlag, und der Parteivorstand lehnte es im November 1982 ab, sich der Forderung nach einem Referendum anzuschließen.[39]

Dass die SPD die Initiative zu einer Volksbefragung aus der Hand gab, brachte ihr Dilemma einmal mehr auf den Punkt. Als Partei, die ihren Aufstieg und ihre Erfolge bei den Reichstagswahlen Ende des 19. Jahrhunderts vor allem der parlamentarischen Demokratie verdankte und in der Weimarer und Bonner Republik über Jahre hinweg Regierungsverantwortung getragen hatte, als Partei also, die mit den Institutionen der Bundesrepublik personell verwoben war und sich als „Staatspartei" begriff, fiel es ihr erkennbar schwer, die Kritik an den parlamentarischen Mechanismen in ihre Gedankenwelt zu integrieren. Demgegenüber hatte sie sich historisch stets der Durchsetzung von Mitbestimmung und Partizipation verpflichtet gefühlt und war empfänglich für das Anliegen des Protests.[40] Weil nun in den achtziger Jahren eine außerparlamentarische Bewegung die Bühne betrat und am Politischen teilhaben wollte, befand sich die Sozialdemokratie in einer Zwickmühle. Sie ahnte, dass die Kritik auch auf sie zielte, und wusste gleichzeitig, wie verwandt die Teilhabeforderung ihrem eigenen ideellen Erbe war.[41]

In der Friedensbewegung wurde die Referendumsidee 1983 immer beliebter.[42] In einem Aufruf „Atomwaffen – Nein! Volksbefragung – JA!" vom Juli 1983 hieß es, Meinungsumfragen hätten gezeigt, „daß die Mehrheit der Bevölkerung gegen die Stationierung neuer Atomwaffen" sei.[43] Noch nie in der Geschichte der Bundesrepublik habe es „so

---

[35] Vgl. dazu Wirsching: Abschied, S. 99, Anm. 254.
[36] Exemplarisch H. Simon an Friedrich Vogel, 22.11.1982, S. 2, AdsD, WBA, A11.3, 49; H. Simon: Verfassungspolitik.
[37] So berichtete Bahr an Brandt, 23.11.1982, S. 3, AdsD, WBA, A11.3, 49.
[38] Ebenda.
[39] Vgl. Mirow an Brandt, 30.11.1982, S. 1, AdsD, WBA, A11.3, 49.
[40] Vgl. Glotz: Staat, S. 480f.
[41] Die SPD habe nun Gelegenheit zu zeigen, was von ihrem Anspruch „Mehr Demokratie wagen" übrig geblieben sei, hieß es in einem Aufruf. Prüfstein für's Parlament. Friedensbewegung legt Gesetzentwurf zur Volksbefragung vor, in: Kampagne Volksbefragung – Info Nr. 3, Oktober 1983, S. 3, AdsD, Bestand SPD-PV, Internationale Abteilung, 11255.
[42] Vgl. Friedensbewegung will nicht lockerlassen. Volksbefragung zur Raketenstationierung soll zur zentralen Forderung werden, in: *Süddeutsche Zeitung*, 25.10.1983.
[43] Koordinationsausschuss der Friedensbewegung: Rundbrief, Nr. 1, 1.7.1983, AdsD, Bestand SPD-PV, Referat Frauen/ASF, 13135.

klare Umfrageergebnisse" gegeben.⁴⁴ Es sei nicht zu leugnen, argumentierte der Koordinationsausschuss, dass die überwältigende Mehrheit der Deutschen die Raketen nicht wolle. Deshalb schlage die Friedensbewegung vor, „den Konflikt um die Raketenstationierung auf die einfachste, ur-demokratische Weise zu lösen: Es soll festgestellt werden, ob die Mehrheit dafür oder dagegen ist."⁴⁵ Die Argumentation des Koordinationsausschusses war demokratietheoretischer Natur. Eine Volksbefragung sei das notwendige Korrektiv zum Parlamentarismus, hieß es: „In den Überlebensfragen des Atomzeitalters müssen neue Formen demokratischer Entscheidungsprozesse gefunden und praktiziert werden." Eine Volksbefragung sei „die notwendige Ergänzung des bestehenden repräsentativen Systems".⁴⁶ Die Friedensbewegung forderte nicht, dass für die Gesetzgebung von nun an nicht mehr das Parlament, sondern das Volk zuständig sein sollte. Sie verlangte aber, in Fragen angehört zu werden, die sie als existenziell empfand. Denn die repräsentative Demokratie stoße im Atomzeitalter „an die Grenzen ihrer Legitimationsfähigkeit".⁴⁷

Zunächst konzentrierte sich die Friedensbewegung darauf, Unterschriften für ein Volksbefragungsgesetz zu sammeln.⁴⁸ Im September 1983 stellte der Koordinationsausschuss einen Gesetzentwurf vor.⁴⁹ Während Sozialdemokraten noch darüber stritten, ob sie ein eigenes Gesetz vorlegen sollten, schufen die Grünen Fakten.⁵⁰ Sie brachten den Entwurf der Friedensbewegung beinahe unverändert in das parlamentarische Verfahren ein, wo er an den Mehrheitsverhältnissen scheiterte.⁵¹ Daraufhin entschloss sich die Friedensbewegung, eine selbstorganisierte Volksbefragung durchzuführen.⁵² Die SPD war gespalten, ob sie den Gesetzentwurf der Grünen und das Referendum des Koordinationsausschusses unterstützen sollte.⁵³ Der SPD-Vorsitzende Brandt sagte, die SPD könne nicht kurzfristig über die Einführung zusätzlicher plebiszitärer Elemente in die Verfassung entscheiden.⁵⁴

---

⁴⁴ Die Mehrheit sind wir! Wir fordern eine Volksbefragung: Keine neuen Atomraketen in unser Land!, in: Kampagne Volksbefragung, Info Nr. 1, Juli 1983, S. 1, AdsD, Bestand AGDF, 9.
⁴⁵ Ebenda, S. 3.
⁴⁶ Ebenda.
⁴⁷ Ebenda, S. 12.
⁴⁸ Siehe Koordinationsausschuss der Friedensbewegung: Kampagne Volksbefragung – Grundsätze, undatiert, AdsD, Bestand SPD-PV, Referat Jungsozialisten, 7642. Die Volksbefragung sollte „auf der unmißverständlichen und klaren Fragestellung beruhen: ‚Ich lehne die Stationierung neuer atomarer Mittelstreckenraketen (Pershing II, Cruise Missiles) auf dem Boden der Bundesrepublik Deutschland ab Ja/Nein'". Koordinationsausschuss der Friedensbewegung: Kampagne Volksbefragung [1983], AdsD, Bestand SPD-PV, Referat Frauen/ASF, 9609.
⁴⁹ Koordinationsausschuss der Friedensbewegung/Kampagne Volksbefragung an die Mitglieder des Deutschen Bundestages, 29. 9. 1983, in: Kampagne Volksbefragung – Info Nr. 3, Oktober 1983, S. 4f., AdsD, Bestand SPD-PV, Internationale Abteilung, 11255.
⁵⁰ Protokoll der Fraktionssitzung vom 8. 11. 1983 in Bonn, 14. 11. 1983, S. 6, AdsD, 2/BTFJ000016; Die Grünen im Bundestag: Organklage gegen die Raketenstationierung, Pressemitteilung, 18. 11. 1983, AdsD, Bestand IFIAS, 80.
⁵¹ Gesetzentwurf der Grünen im Bundestag zu einer konsultativen Volksbefragung, Pressemitteilung Nr. 142/83, 8. 6. 1983, AGG, Bestand F.4.2, Pressemitteilung BT-Fraktion, 1; Wirsching: Abschied, S. 100.
⁵² Koordinationsausschuß der Friedensbewegung: Leitfaden zur Organisation der Kampagne Volksbefragung '84 [1984], AdsD, Bestand IFIAS, 146; Ja zum Frieden! Keine Pershing II und Cruise Missiles. Volksbefragungen am 17. 6. 1984, undatiert, AdsD, Bestand SPD-PV, Internationale Abteilung, 11174.
⁵³ Entsprechende Wünsche trug Josef Leinen an den Parteivorstand heran, dazu Glotz an Volker Riegger/Biermann, 30. 11. 1983, AdsD, 2/PVEH000477.
⁵⁴ In den Debatten um die Ausrüstung der Bundeswehr mit taktischen Atomwaffen in den späten fünfziger Jahren („Kampf-dem-Atomtod") hatte die SPD-Spitze das Instrument der Volksbefragung jedoch noch für sinnvoll gehalten.

Diese Fragen seien grundsätzlicher Natur und müssten „unabhängig vom aktuellen Fall beraten und entschieden werden".[55] Dagegen ermutigte der IFIAS-Geschäftsführer Biermann die Parteispitze, sich zur Volksbefragung zu bekennen.[56] Als der Koordinationsausschuss schließlich beschloss, das Referendum parallel zur Europawahl am 17. Juni 1984 abzuhalten, deutete Biermann an, dass die SPD eigene Wähler mobilisieren würde, wenn sie zu einer Beteiligung aufrufe.[57] Und in der Tat wuchs das Interesse vieler Ortsvereine an der Volksbefragung 1983 stetig: Etliche nachrüstungskritische SPD-Mitglieder machten sich die Referendumsidee zu eigen.[58] Selbst aus den Gewerkschaften kamen entsprechende Initiativen.[59] Hochrangige Protagonisten der Friedensbewegung wie Josef Leinen sahen sie nun fast schon als „sozialdemokratische Aktion".[60] Zwar erklärte Brandt seine persönlichen Sympathien für das Referendum,[61] aber das Präsidium blieb in zwei Lager geteilt.[62] Trotzdem erstellte das Erich-Ollenhauer-Haus umfangreiche Dossiers darüber, wie Gliederungen das Referendum unterstützen konnten.[63]

Für die SPD war die Volksbefragung vor allem ein Instrument in der Auseinandersetzung mit der Kohl-Regierung. Würde sich eine Mehrheit gegen die Stationierung aussprechen, geriete die Koalition in Rechtfertigungsnöte und müsse die schon hergeschafften Raketen wieder abziehen, hoffte die SPD.[64] Am 17. Juni 1984 votierten schließlich in den von Friedensinitiativen durchgeführten, nicht geheimen Befragungen vor den Europawahllokalen 87 Prozent gegen die Nachrüstung.[65] Dieses Ergebnis zeige, wie der „Vorwärts" jubelte, dass „eine deutliche Mehrheit" auch nach Stationierungsbeginn „die fortgesetzte atomare Aufrüstung" ablehne.[66] In einem Brief an Bundeskanzler Kohl wertete

---

[55] Vgl. Protokoll der Sitzung des Präsidiums am 7.11.1983, S. 2, AdsD, Bestand SPD-PV, Vorstandssekretariat, 232; auch Glotz: Widerstand, S. 15.
[56] Biermann an Brandt/Rau/Vogel: Voraussichtlich für den 17.6.1984 geplante „selbstorganisierte Volksbefragung" der Friedensbewegung zur Raketenrüstung, 1.12.1983, S. 1, AdsD, WBA, A11.4, 110; Biermann an Glotz: Volksbefragungskampagne der Friedensbewegung, 12.3.1984, AdsD, Bestand SPD-PV, Internationale Abteilung, 11174.
[57] Biermann an Glotz: Volksbefragungskampagne der Friedensbewegung, 17.2.1984, AdsD, Bestand SPD-PV, Internationale Abteilung, 11174.
[58] Vgl. Stand der Unterstützer der Kampagne Volksbefragung, große und kleine Prominente, 1.6.1984, AdsD, Bestand SPD-PV, Internationale Abteilung, 11255.
[59] In Regensburg forderten über 200 Gewerkschafter einen Gesetzentwurf der SPD zur Durchführung einer Volksbefragung. „Wir Gewerkschafter fordern: NEIN zu Atomraketen! Für die gesetzliche Verpflichtung der Regierung, das Volk zu befragen!", 29.9.1983, AdsD, Bestand SPD-PV, Referat Frauen/ASF, 13135.
[60] Leinen bat den Essener SPD-Bundesparteitag in einem offenen Brief um Unterstützung für das Referendum: Leinen an die Delegierten des SPD-Parteitages, 16.5.1984, AdsD, Bestand SPD-PV, Internationale Abteilung, 11255.
[61] So Glotz an Ehmke, 20.2.1984, AdsD, Bestand SPD-PV, Internationale Abteilung, 10930; Brandt bejaht Befragung zur Rüstung, in: *Kölner Stadt-Anzeiger*, 22.2.1984.
[62] Protokoll der Sitzung des Präsidiums am 2.4.1984, S. 9, AdsD, Bestand SPD-PV, Vorstandssekretariat, ohne Signatur.
[63] Rechtliche Fragen der Organisation von Volksbefragungen vor den Wahllokalen am 17.6.1984, undatiert, AdsD, Bestand SPD-PV, Internationale Abteilung, 11267.
[64] Vgl. Glotz: Widerstand, S. 14.
[65] Allerdings beteiligten sich nur 58 Prozent derjenigen an der Befragung, die an diesem Tag überhaupt abstimmten. Die Beteiligung an der Europawahl betrug 61 Prozent. Vgl. Koordinationsausschuß der Friedensbewegung: Presseerklärung: Volksbefragung: Erfolg für die Friedensbewegung, 18.6.1984, AdsD, Bestand IFIAS, 79.
[66] Klaus Scherenberg: Eindeutige Mehrheit gegen Raketen. Volksbefragung: Eine erfolgreiche Demonstration der Friedensbewegung, in: *Vorwärts*, 28.6.1984, S. 8; aber auch Scherenberg: Behörden-

Biermann die Volksbefragung als großen Erfolg.⁶⁷ Dass jedoch die Europawahl, die gleichzeitig stattfand, für die SPD so wenig erfreulich ausging, registrierte das Erich-Ollenhauer-Haus ratlos.⁶⁸ Offensichtlich konnte sie den geringen Zuspruch ihrer Wähler und die Nachrüstungskritik der Bevölkerung nicht zusammendenken. Für sie war die Frage nach der Repräsentativität einer selbstorganisierten Volksbefragung falsch gestellt, und auch für die „methodischen Fallstricke der Demoskopie" bestand kein Bewusstsein.⁶⁹

Einerseits erzählten Friedensaktivisten in und außerhalb der SPD eine Geschichte, in der die Bundestagsabgeordneten den Willen der Bevölkerung nicht repräsentierten. Andererseits berichteten sie davon, dass das Parlament und die Bundesregierung das Grundgesetz nicht ernst nähmen.⁷⁰ Die „Arbeitsgemeinschaft Sozialdemokratischer Juristen" (ASJ) war eine Gruppe in der SPD, die sich intensiv damit auseinandersetzte, ob Doppelbeschluss und Raketenstationierung verfassungsgemäß waren. Sie sah eine andere Welt als die Bundesregierung und versuchte, die etablierte Sicherheitspolitik juristisch zu delegitimieren.⁷¹ Das Grundgesetz schreibe die „Bewahrung des Friedens als Staatsziel" fest und die Bundesrepublik sei an das Völkerrecht gebunden, das einen Gewaltverzicht beinhalte, lauteten die beiden wichtigsten Argumente der ASJ. Die SPD-Juristen schrieben schon 1982, dass die „Stationierung von Waffen, die zum atomaren ‚Erstschlag' ohne Zweitschlagrisiko verwendet werden können, […] den objektiven Tatbestand einer verfassungswidrigen friedensstörenden Handlung" erfüllen würden.⁷² Die Nachrüstung widerspreche dem Grundgesetz, weil die Pershing-II-Raketen Erstschlagwaffen seien.⁷³

Die Thesen der ASJ hatten auf Parteimitglieder eine große Wirkung.⁷⁴ Denn die Rechtswissenschaft galt als Feld, in dem wahre von falschen Aussagen klar unterscheidbar waren, und Juristen hatten den Ruf von Experten, denen die Autorität zugeschrieben wurde, objektive Tatbestände zu benennen.⁷⁵ Auch dem Erich-Ollenhauer-Haus fiel es erkennbar schwer, die juristische Argumentation zu entkräften. Die Rechtsstelle der SPD-Zentrale trat daher den geordneten Rückzug an und bemerkte in einer Notiz, dass die Argumenta-

---

willkür gegen die Volksbefragung. Immer mehr Gemeinden verbieten Aktionen der Friedensbewegung am 17. Juni, in: *Vorwärts*, 14. 6. 1984, S. 7.
⁶⁷ Biermann/Leinen/Ernst-Christoph Stolper an Kohl, 24. 6. 1984, AdsD, Bestand SPD-PV, Internationale Abteilung, 11255.
⁶⁸ Die SPD erreichte 37,4 Prozent, während die Union auf 46 Prozent kam. Die Grünen erzielten aus dem Stand 8,2 Prozent. Dazu auch Biermann an Glotz: Volksbefragungsaktion der Friedensbewegung/mögliche Relation zu Wahlergebnissen, 22. 6. 1984, AdsD, WBA, A11.4, 111.
⁶⁹ Wirsching: Abschied, S. 98.
⁷⁰ Vgl. Schregel: Recht und Protest; Stolleis: Geschichte, S. 498.
⁷¹ Dazu Albert Klütsch an Rau: Der Friedensauftrag des Grundgesetzes, 26. 10. 1982, AdsD, 1/EBAA000043; Beschlüsse der Bundeskonferenz der Arbeitsgemeinschaft Sozialdemokratischer Juristen (ASJ) am 12. und 13. 6. 1982 in Kiel, undatiert, AdsD, 2/PVAD000025; veröffentlicht in SPD-Parteivorstand: ASJ-Beschlüsse.
⁷² Ebenda, S. 6. Im Original in Großbuchstaben; bereits Reinhard Voss: Stationierung rechtswidrig? SPD-Juristen verweisen auf Verbot der Kriegsvorbereitung, in: *Frankfurter Rundschau*, 28. 9. 1981.
⁷³ Vgl. dazu auch: Juristen sind aufgerufen, Perversion staatlichen Handelns entgegenzuwirken. Pressemitteilung Nr. 134/83, 2. 6. 1983, AGG, Bestand F.4.2, Pressemitteilung BT-Fraktion, 1.
⁷⁴ Siehe exemplarisch SPD-Fraktion im Stadtrat Isny/Allgäu an Bahr, 25. 3. 1985, AdsD, 1/EBAA000509.
⁷⁵ Auch Bundestagsabgeordnete wie Däubler-Gmelin beriefen sich explizit auf Verfassungsrichter Helmut Simon als Autoritätsquelle: Däubler-Gmelin: Volksbefragung, S. 19; Küchenhoff: Ziviler Ungehorsam: Probleme seiner Legalisierung gegen schwerwiegendes Unrecht, in: *Sozialdemokratischer Pressedienst*, 14. 12. 1983, S. 3–5.

tion der ASJ „ausgewogen und verfassungsrechtlich vertretbar" sei.[76] Egon Bahr ergänzte immerhin, dass das „unbezweifelbare Friedensgebot des Grundgesetzes […] keinen Verzicht auf das […] Recht auf Selbstverteidigung" beinhalte.[77] Die Argumentation der SPD-Juristen sei „gewissermaßen politischer Ermessensspielraum, auf welche Weise die Friedenspflicht am besten zu erfüllen ist". Den Ergebnissen der ASJ setzte Bahr positivistisch die geltende Rechtsprechung entgegen: Würde die Behauptung zutreffen, dass die NATO-Strategie verfassungswidrig sei, so wäre sie längst vom Bundesverfassungsgericht verworfen worden.

Will man die zahlreichen verfassungsrechtlichen Einwände gegen die Nachrüstung systematisieren, kann man grob drei Argumente unterscheiden. Zunächst betonten die Gegner des Doppelbeschlusses analog zum Thesenpapier der ASJ von 1982, dass die Stationierung dem im Grundgesetz festgeschriebenen Friedensgebot widerspreche und der im Völkerrecht untersagten Vorbereitung eines Angriffskrieges zuwiderlaufe.[78] Mitglieder der ASJ wie Helmut Simon wiesen zweitens darauf hin, dass aus ihrer Sicht die Souveränität der Bundesrepublik durch die Stationierung infrage gestellt werde.[79] Es war der Bremer Rechtsprofessor Wolfgang Däubler, der hier die Richtung vorgab. Wenn „die Letztentscheidung über den Einsatz dieser Waffen beim amerikanischen Präsidenten" liege, so argumentierte er, entscheide einzig er „über Leben und Tod der deutschen Bevölkerung; ob wir weiterleben oder ausgelöscht werden, hängt von seinem Knopfdruck ab".[80] Dies sei verfassungsrechtlich höchst problematisch, denn eine „derartige Preisgabe vitaler Souveränitätsrechte ist im Grundgesetz nicht vorgesehen". Besorgnisse über die Souveränität der Bundesrepublik waren in der gesamten SPD verbreitet.[81]

Wo Parteimitglieder über die Mitbestimmungsrechte der Bundesrepublik im Falle eines Atomkrieges nachdachten, diskutierten sie auch Möglichkeiten, wie ein Veto-Recht verfassungs- und völkerrechtlich verankert werden könnte.[82] Die Deutschen müssten über ihr Territorium mitbestimmen können – das war wichtig für nachrüstungsskeptische SPD-Mitglieder.[83] Drittens brachten sie verfahrensrechtliche Argumente vor. Die Nachrüstung stehe

---

[76] AL II Rechtsstelle an Glotz: ASJ-Bundeskonferenz, 14.6.1982, S.2, AdsD, 1/HJVA100305.
[77] Bahr an Rau, 3.12.1982, S.1, AdsD, 1/EBAA000043.
[78] Vgl. Däubler: Grundgesetz, S.39–78, 149–161; Däubler: Rechtswidrige Stationierung, in: *Blätter für deutsche und internationale Politik* 28 (1983), S.1180f.; Däubler: Friedensbewegung, Widerstand und Recht, in: *Zeitschrift für sozialistische Politik und Wirtschaft* 6 (1983), H. 20, S.323–328, hier S.324f.; Lutz: Sind erstschlagsfähige Nuklearwaffen verfassungswidrig?, in: *Frankfurter Hefte* 38 (1983), S.17–28, hier S. 28; Lutz: Alternativen, S.18. Jedoch auch Peter Glotz an Friedensinitiative co/tangens, 11.8.1983, und den ursprünglichen Brief an Brandt, 8.6.1983, AdsD, Bestand SPD-PV, Internationale Abteilung, 10928.
[79] Vgl. H. Simon an Wischnewski, undatiert, AdsD, 1/HWAK000038; Wirtschaftswoche-Gewerkschaftsgruppe der IG Druck und Papier an Wischnewski, 14.11.1983, AdsD, 1/HWAK000038; vor allem aber Däubler: Grundgesetz, S.111–121; Glotz: Arbeit, S.96–98. Dazu und zum Folgenden auch Küchenhoff: Widerstand.
[80] Däubler: Friedensbewegung, S.323; pointiert auch Däubler: Grundgesetz, S.121. Wolfgang Däubler war der Ehemann von Herta Däubler-Gmelin.
[81] Dazu ein entsprechendes Papier des SPD-Kreisverbandes Böblingen, Doris Odendahl an den SPD-Parteivorstand: Stationierung amerikanischer Atomwaffen in der Bundesrepublik, 9.11.1981, AdsD, 2/PVAD000025.
[82] Vgl. Karl-Heinz Klejdzinski: Was spricht gegen ein Veto über den Einsatz von Nuklear-Waffen von deutschem Boden aus?, 2.12.1983, AdsD, Nachlass Stobbe, 275; Krause: Atomares Veto für die Bundesrepublik?, in: *Die Neue Gesellschaft* 30 (1983), S.957–963.
[83] So auch Reitz: Schreiben an die Mahnwachen-Gruppe der Evangelischen Frauen in Bremen, 18.2.1983, AdsD, 2/PVAD000009.

unter dem Vorbehalt des Gesetzes, betonte Däubler, und eine Zweidrittelmehrheit des Bundestages sei notwendig, damit die Stationierung erfolgen dürfe.[84] Tatsächlich war diese Frage unter Juristen umstritten. Die Koalition von CDU/CSU und FDP weigerte sich lange Zeit, die Raketenstationierung im Parlament überhaupt zur Debatte zu stellen.[85] Deshalb argwöhnte der stellvertretende ASJ-Vorsitzende Horst Isola, die Bundesregierung plane den Bruch der Verfassung, wenn sie kein Votum des Bundestages einhole.[86] Auch der stellvertretende SPD-Fraktionsvorsitzende Horst Ehmke unterstrich, dass der Bundestag das letzte Wort habe. Dieses „Erstgeburtsrecht des Parlaments" dürfe nicht missachtet werden.[87] Doch nicht nur ausgebildete Juristen äußerten verfassungsrechtliche Bedenken gegen die Implementation des Doppelbeschlusses. Auch der Schriftsteller Günter Grass formulierte in einem offenen Brief an die Mitglieder des Bundestages 1983 juristische Einwände.[88]

Wer sich gegen die Stationierung wehrte, sah sich sprichwörtlich im Recht. Er meinte seinen Widerstand gegen die Raketen in einem besonderen Maße legitimiert, weil er das Grundgesetz verteidigte.[89] Und mehr als das: Wer gegen die Nachrüstung verfassungsrechtlich anging, zeigte, dass er bereit war, die Kontroverse systemimmanent auszutragen. Es lag in der Logik der Kritik, dass diejenigen, die sie vorbrachten, über eine Klage beim Bundesverfassungsgericht nachdachten.[90] Isola sammelte beim Bremer Senat und beim örtlichen SPD-Vorstand 1982 Unterstützer für einen solchen Schritt.[91] Auch um Martin Diem, einen Oberlandesanwalt, der eine Verfassungsklage vorbereitete, scharte sich 1983 ein Kern von Nachrüstungsgegnern.[92] In der Fraktion setzte sich 1984 nicht zuletzt Peter Paterna mit großer Hartnäckigkeit für den Weg nach Karlsruhe ein.[93] Doch die Parteiführung wollte von einem solchen Schritt nichts hören. Es sei falsch, so schrieb Bahr 1983, „eine eminent politische Frage auf Richter ‚abzuwälzen'".[94] Ehmke spitzte zu, dass die

---

[84] Däubler: Grundgesetz, S. 124–147.
[85] Hans A. Engelhard an die Mitglieder des Deutschen Bundestages: Verfassungsrechtliche und völkerrechtliche Fragen der Nachrüstung, 17.11.1983, AdsD, WBA, A10.1 Rosen, 188.
[86] Isola: Bundesregierung plant Bruch der Verfassung. Raketenstationierung bedarf einer Zweidrittelmehrheit, in: *Sozialdemokratischer Pressedienst*, 17.8.1983, S. 1–3.
[87] Horst Ehmke: [Interview mit der Nachrichtenagentur AP zur Verfassungsmäßigkeit der Raketenstationierung], August 1983, S. 1, AdsD, 1/HEAA000695.
[88] Grass an die Mitglieder des Deutschen Bundestages, November 1983, S. 1, AdsD, WBA, A10.1 Rosen, 188.
[89] So auch Däubler: [Statement vor der „Volksversammlung für den Frieden" am 22.10.1983 im Bonner Hofgarten], undatiert, AdsD, Bestand SPD-PV, Referat Jungsozialisten, 7622; dieser Gedanke findet sich ausführlicher in Däubler: Friedensbewegung, S. 325.
[90] Zu den gerichtlichen Verfahren um die Nachrüstung Offenloch: Recht; Böttcher: Nötigung.
[91] Isola an den Vorstand der SPD Bremen, 17.9.1982, AdsD, WBA, A10.1 Rosen, 187; dazu „Pershing II gesetzwidrig". Sozialdemokratische Juristen: Senat soll Bundesverfassungsgericht anrufen, in: *Bremer Nachrichten*, 23.9.1982.
[92] Diem an Albertz, 23.4.1983, und die Antwort vom 6.5.1983, AdsD, 1/HAAA000090; erneut Diem an Albertz, 21.7.1983, AdsD, 1/HAAA000092; schließlich Diem an das Bundesverfassungsgericht, Verfassungsbeschwerde gegen die Aufrüstung mit Raketen des Typs Pershing II und mit Marschflugkörpern (Cruise-Missiles), 13.7.1983, ebenda.
[93] Paterna an Ehmke, 24.1.1984, S. 2, AdsD, 1/HEAA000658. – Die Grünen im Bundestag reichten im Herbst 1983 Organklage in Karlsruhe ein. Organklage gegen die Raketenstationierung. Pressemitteilung Nr. 486/83, 18.11.1983, AGG, Bestand F.4.2, Pressemitteilung BT-Fraktion, 5. Erwartungsgemäß wiesen die Richter die Klage ab. Küchenhoff: Ziviler Ungehorsam ist möglich und geboten. Der Beschluss des Bundesverfassungsgerichts ist noch keine Feststellung über die Rechtmäßigkeit der Stationierung, in: *Vorwärts*, 8.3.1984, S. 21.
[94] Bahr an Wieland Hempel, 10.11.1983, AdsD, 1/EBAA000575.

Weltgeschichte kein Amtsgericht sei.[95] Selbst Biermann sah „wenig Zweck" darin, „sich allzusehr auf juristische Argumentationen einzulassen", denn es gebe „unter Juristen immer eine Minderheits- und Mehrheitsmeinung".[96]

In der Nachrüstungsdebatte sprachen SPD-Mitglieder darüber, wie parlamentarisches und staatliches Handeln im Atomzeitalter legitimiert werden konnte. Sie stritten darüber, ob die etablierten Mechanismen der politischen Entscheidungsfindung neuen Problemwahrnehmungen noch angemessen waren. Häufig diagnostizierten sie mit dem Soziologen Bernd Guggenberger eine „Krise der repräsentativen Demokratie"[97], die dadurch verursacht wurde, dass der Bundestag den Mehrheitswillen der Bevölkerung überging oder dass die Bundesregierung verfassungswidrig handelte. Ihre Kritik zielte nicht auf die Grundlagen des Staates und seiner Institutionen, sondern auf seine Funktionsprinzipien. Trotzdem hatte sie weitreichende Folgen. Denn SPD-Mitglieder, die bezweifelten, dass die Nachrüstung mit dem Grundgesetz oder dem Völkerrecht vereinbar sei, diskutierten auch darüber, ob es ein Recht auf Widerstand gebe.[98] Der Politikwissenschaftler Theodor Ebert stellte 1983 in Tutzing heraus, dass ziviler Ungehorsam in den USA „eine etablierte Methode zur Bearbeitung fundamentaler gesellschaftlicher Konflikte" sei.[99] Bundesgeschäftsführer Peter Glotz gab im gleichen Jahr bei Suhrkamp die Ergebnisse eines Symposiums des „Kulturforums der Sozialdemokratie" heraus, das sich mit dem Widerstandsrecht beschäftigt hatte.[100] Während der Vorsitzende der Polizeigewerkschaft Günter Schröder die Friedensbewegung auf dieser Veranstaltung davor warnte, sich der Staatsgewalt zu widersetzen,[101] legitimierte der Verfassungsrechtler Ralf Dreier den zivilen Ungehorsam.[102] Josef Leinen bezeichnete ihn am gleichen Ort als „eine fortgeschrittene Form der Demonstration", die viel mit „mehr Demokratie wagen" gemeinsam habe.[103] Jürgen Habermas schließlich wertete die Friedensbewegung als „Chance, auch in Deutschland zivilen Ungehorsam als Element einer reifen politischen Kultur begreiflich zu machen".[104] Regelverletzungen seien „moralisch begründete Experimente, ohne die sich eine vitale Republik weder ihre Innovationsfähigkeit noch den Legitimationsglauben ihrer Bürger erhalten" könne.[105]

---

[95] Zit. nach Äußerungen des SPD-Abgeordneten Gernot Fischer in Verhandlungen des Deutschen Bundestages, Stenographische Berichte, 10. Wahlperiode, 29. Sitzung, Bonn 14. 10. 1983, S. 1948; bereits Ehmke: Vaterland, S. 64.
[96] Biermann an Glotz: Unterlagen zur Souveränitätsfrage, 6. 12. 1983, AdsD, Bestand SPD-PV, Internationale Abteilung, 11188; auch: Vogel gegen Berufung auf Grundgesetz bei Protest, in: *Bonner Rundschau*, 8. 6. 1983.
[97] Guggenberger: Krise.
[98] Siehe dazu auch das Expertenhearing der ASJ am 9. 9. 1983, in dem über die verfassungsrechtliche Zulässigkeit der Raketenstationierung und Möglichkeiten politischer, rechtlicher und zivilgesellschaftlicher Maßnahmen gegen die Nachrüstung gesprochen werden sollte. Dazu Martin Hirsch an Wischnewski, 28. 7. 1983, AdsD, 1/HWAK000989; Rucht: Widerstand; Wirsching: Abschied, S. 100f.
[99] Ebert: Ungehorsam, S. 5; siehe auch die Beiträge in Ebert: Ungehorsam; Kriele: Ungehorsam; Kraushaar: Protestkultur, S. 281-284.
[100] Glotz: Ungehorsam.
[101] Schröder: Lösung.
[102] Dreier: Widerstandsrecht; siehe auch die Dissertation von Thomas Laker, die von Dreier betreut wurde, Laker: Ungehorsam.
[103] Leinen: Ungehorsam, S. 24.
[104] Habermas: Ungehorsam, S. 32.
[105] Ebenda, S. 40 f.; ferner Böhme: Ungehorsam.

Sicherlich gab es in der SPD eine Extremposition, die die Ausübung des Widerstandsrechts nach Art. 20 Abs. 4 des Grundgesetzes für vertretbar hielt.[106] Wenn der Leitantragsentwurf für den Parteitag der SPD in Bayern 1983 forderte, die Vereinbarkeit der Stationierung mit dem Grundgesetz richterlich prüfen zu lassen, und argwöhnte, dass die Bundesregierung über eine Entscheidung Karlsruhes hinweggehen würde, leitete er daraus das Recht zum Widerstand „nach dem Grundgesetz" ab.[107] Solche Rufe waren jedoch in der Minderzahl.[108] Denn es stehe, wie Isola betonte, „zumindest theoretisch noch der Weg zum Bundesverfassungsgericht" offen, und das Grundgesetz legitimiere den Widerstand nur dann, wenn es keine andere Möglichkeit mehr gebe.[109] Auch für Glotz konnte es keine Inanspruchnahme des Widerstandsrechts nach dem Grundgesetz geben. Widerstand sei für die Sozialdemokratie „mit dem Kampf gegen den Staat der Sozialistengesetze, die Nazi-Diktatur oder den Stalinismus verbunden".[110] Die SPD müsse darauf hinweisen, „daß die Auseinandersetzung mit ungerechten Sozialgesetzen oder falschen außenpolitischen Entscheidungen in der Bundesrepublik etwas anderes ist als beispielsweise der Existenzkampf der demokratischen Opposition gegen Hitler". Jene Sozialdemokraten, die das Widerstandsrecht in den Debatten um die Notstandsgesetze in das Grundgesetz hatten schreiben lassen, begriffen den Streit darum als Herausforderung an ihr historisches Bewusstsein.

Die SPD war eine durch und durch moderate Partei, und politische Ansichten, die aus dem gesellschaftlichen Konsens ausscherten, gab es nur an ihren Rändern. Der sozialdemokratische Friedensaktivist Erhard Eppler identifizierte 1981 ein „Recht zum Widerstand",[111] schränkte es aber sogleich ein, denn „Widerstand" wecke „Assoziationen zur Anwendung von Gewalt".[112] SPD-Gliederungen waren stets darum bemüht, die Unrechtmäßigkeit von Gewalt zu betonen, wenn sie über Widerstand sprachen.[113] So bekannte sich die baden-württembergische SPD zum „zivilen Ungehorsam und gewaltfreien Widerstand".[114] Sie kritisierte scharf „die Doppelzüngigkeit, die einerseits zivilen Ungehorsam und gewaltfreie Aktionen als ausserhalb unserer Verfassung stehend diffamiert, anderer-

---

[106] Vgl. exemplarisch Grass: SPD muß ihren Leuten Raketen-Widerstand zubilligen, in: *Süddeutsche Zeitung*, 27.5.1983.
[107] [Ungezeichneter Entwurf für einen Leitantrag zum Parteitag der SPD Bayern am 8.10.1983], undatiert, S. 4; IfZ, Archiv, Nachlass Schubert, Bd. 95.
[108] Nicht so aber bei den Grünen: Otto Schily: Recht auf Widerstand? Pressemitteilung 262/83, 5.8.1983, AGG, Bestand F.4.2, Pressemitteilung BT-Fraktion, 2; Alfred Schmidt: Das Widerstandsrecht nach Art. 20 Abs. 4 GG. Liegt der Widerstandsfall vor? [1983], AGG, Bestand A – Klaus Timpe, 31.
[109] Isola: Recht auf Widerstand gegen Raketenstationierung? Besser: Rigorose Wahrnehmung von Freiheitsrechten, in: *Sozialdemokratischer Pressedienst*, 13.7.1983, S. 6–8; Emmerlich: Widerstand, S. 20. Dazu auch Uwe Stehr an Vogel/Ehmke: Horner Thesen zur Nachrüstung von Horst Isola, 29.4.1983, AdsD, Vorlass Voigt, 359; Däubler: Widerstand heute, in: *Vorgänge* 24 (1985), S. 18–22, hier S. 20; Küchenhoff: Ziviler Ungehorsam als aktiver Verfassungsschutz. Sitzblockade und Nötigungsstrafe im „heißen Herbst"; Küchenhoff: Ziviler Ungehorsam als aktiver Verfassungsschutz (Teil II): Sitzblockade und Nötigungsstrafe im „heißen Herbst", in: *Sozialdemokratischer Pressedienst*, 9.8.1983, S. 4–8.
[110] Glotz: Widerstand, S. 16.
[111] Eppler: Widerstand.
[112] Ebenda; so auch Däubler: Friedensbewegung, S. 325.
[113] Exemplarisch Widerstand gegen Aufrüstung [Antrag zum Bezirksparteitag der SPD Hessen-Süd am 8.10.1983], undatiert, S. 1, AdsD, Vorlass Voigt, H 57; auch Koordinationsausschuß der Friedensbewegung: Pressemitteilung, 28.6.1983, AdsD, Bestand IFIAS, 246.
[114] Harald B. Schäfer an die Mitglieder der SPD-Bundestagsfraktion: [Beschluss des außerordentlichen Landesparteitages der SPD Baden-Württemberg vom 10.9.1983], 13.9.1983, AdsD, 2/BTF000254; Orthografie im Original; Engholm: Abrüstungsschritte, S. 31; Isola: Elf Gründe für den Widerstand. Plädoyer für die Einlösung der Verfassungsrechte in der Stationierungsfrage, in: *Vorwärts*, 2.6.1983, S. 14f.

seits aber keinerlei verfassungsrechtliche Bedenken äussert, wenn es um die Aufstellung neuer US-Atom-Raketen in der Bundesrepublik geht". Deshalb definierten Parteimitglieder wie der Jurist Däubler ihren Widerstand als einen „notwendige[n] Teil des demokratischen Prozesses".[115] Nein zu sagen, so formulierte es der Rechtsprofessor noch 1985, sei „selbstverständlicher Bestandteil jeder Demokratie".[116] Ob Widerstand legitim sei, blieb in der SPD aber umstritten, und der Parteivorstand warnte vor Aktionen, die das Gewaltmonopol des Staates unterliefen.[117] Für die Nachrüstungsgegner zeigte sich eine reife Demokratie hingegen da, wo Widerstand und Ungehorsam möglich waren. Niemals fochten sie – so sahen sie es selbst – die parlamentarische Demokratie als Prinzip an. Was sie erreichen wollten, waren verstärkte Mitsprachemöglichkeiten. Die Melodie, welche die Kritik an den Mechanismen des repräsentativen Parlamentarismus trug, intonierte die alte sozialdemokratische Forderung nach Partizipation.[118] Auch in solchen Fällen, in denen sie die Raketenstationierung juristisch angriffen, bewerteten sie ihren Protest als Verteidigung des Grundgesetzes. Sie sahen die Nachrüstungskontroverse nicht als „Streit um den Staat"[119], sondern als Auseinandersetzung um die Formen des Politischen.

2. Das Theorem der „Unregierbarkeit" in den achtziger Jahren

Die SPD war in den frühen achtziger Jahren in beinahe allen wichtigen politischen Fragen zerstritten. Stets gab es zu dem, was eine Mehrheit für richtig hielt, eine lautstarke Minderheit, die genau jenes nicht wollte. Dass die SPD weit davon entfernt war, geschlossen aufzutreten, war typisch für ihr Erscheinungsbild im Nachrüstungsstreit. Nicht anders verhielt es sich, als junge, weibliche und linke SPD-Mitglieder darüber nachzudenken begannen, ob eine parlamentarische Mehrheitsentscheidung demokratisch legitimiert war, wenn auf den Straßen viele tausende Menschen protestierten. Konservative Sozialdemokraten befürchteten, dass die staatlichen Institutionen nicht mehr effektiv arbeiten oder dass das Land „unregierbar" werden könnte. Diese Sorgen hatten ihre gedanklichen Wurzeln in den siebziger Jahren, als nicht nur Soziologen schon einmal „Unregierbarkeit" diagnostiziert hatten.

Richard Löwenthal veröffentlichte 1981 in „Die Neue Gesellschaft" einen Artikel über „Zukunft und Identität der SPD".[120] Damit löste er einen Sturm der Entrüstung aus. Denn er argumentierte, dass die SPD außerparlamentarische Bewegungen nur integrieren könne, wenn sie ihre Identität aufgebe. Die neuen sozialen Bewegungen propagierten den Rückzug aus der Industriegesellschaft, stellten den Staat infrage und lehnten die Mehr-

---

[115] Däubler: Friedensbewegung, S. 325.
[116] Däubler: Widerstand, S. 21.
[117] So Hans-Jochen Vogel in Protokoll der Sitzung des Parteirates am 31. Mai 1983, S. 7, AdsD, Bestand SPD-PV, Vorstandssekretariat, ohne Signatur; auch Jul: Prinzip der Gewaltfreiheit nicht verletzen. Gewerkschaftsrat und SPD-Präsidium gegen Widerstandsrecht und Generalstreik bei Raketenstationierung, in: *Vorwärts*, 16. 6. 1983, S. 6.
[118] Vgl. auch Fritz Klenner: Demokratie kann nicht konsumiert werden. Die Staatsgewalt muß Gewalt nach unten abgeben, in: *Sozialdemokratischer Pressedienst*, 3. 5. 1982, S. 6–8; anregend jüngst auch Nolte: Demokratie, S. 285.
[119] Geppert/Hacke: Streit.
[120] Löwenthal: Identität und Zukunft der SPD, in: *Die Neue Gesellschaft* 28 (1981), S. 1085–1089. Der Artikel war eine Reaktion auf die Rede Brandts zum zehnten Todestag Willi Eichlers, vgl. Rudolph: Einleitung, S. 51 f.; Faulenbach: Jahrzehnt, S. 613, 642–644.

heitsgesellschaft ab – in einem Satz: Sie kämpften gegen exakt jene Ziele, die den Kern der Sozialdemokratie ausmachten. Löwenthal betonte, dass es einen fundamentalen Unterschied zwischen der klassischen SPD-Klientel – den Facharbeitern – hier und den „alternative[n] Aussteiger[n]" dort gebe.[121] Die SPD dürfe keinesfalls das tun, was für „die grüne und alternative Jugend" typisch sei: sich von den Grundprinzipien der arbeitsteiligen Industriegesellschaft lossagen. Die Vorstellungswelt der „Aussteiger" sei nicht „partizipatorisch", sondern baue auf „eine Abkehr vom gesellschaftlichen Ganzen und damit auch von der Demokratie". Der heftige Konflikt um die Thesen Löwenthals drehte sich nicht nur um das Verhältnis der SPD zu den neuen sozialen Bewegungen und darum, dass sich eine etablierte Partei durch außerparlamentarischen Protest herausgefordert fühlte.[122] Im Kern war er ein Streit um unterschiedliche Politikvorstellungen *in der SPD*.[123]

Konservative Sozialdemokraten übten massive Kritik an den Partizipationsforderungen der neuen sozialen Bewegungen und den Teilen der SPD, die mit ihnen sympathisierten. Ihr Problem war es, dass sie im politischen Denken ihrer Parteifreunde kein konstruktives Argument finden konnten. Denn die Parteijugend wolle, wie Löwenthal behauptete, „unsere Gesellschaft nicht verändern, sondern sich aus der arbeitsteiligen Industriegesellschaft zurückziehen".[124] Die Sozialdemokratie war im Verständnis Löwenthals aber „ein Produkt der Industriegesellschaft", das „mit denen, die die moderne Welt für einen weltgeschichtlichen Irrweg halten, keinen Kompromiss schließen" könne.[125] Die neuen sozialen Bewegungen und viele SPD-Mitglieder artikulierten eine „reaktionäre Utopie" und eine „Illusion". Sie bedrohten den Staat und die Demokratie, schrieb Löwenthal, denn „Dissidenz der Hälfte der heranwachsenden Generation von den Grundlagen unserer Gesellschaft und unseres demokratischen Staates" laufe im Endeffekt „auf eine Art von Sezession" heraus.[126] Damit war das Problem aus Sicht der Befürworter des Doppelbeschlusses präzise beschrieben. In der Tradition von Daniel Bells 1976 erschienenem Buch „The Cultural Contradictions of Capitalism" schloss Löwenthal von einer antiindustriellen Weltanschauung auf die Abkehr von der modernen Zivilisation.[127] Wenn jemand das kapitalistische Wirtschaftssystem negierte und postmaterialistische, insbesondere hedonistische Werte proklamierte, dann bedrohte er für Löwenthal den Staat und das Gemeinwesen.

---

[121] Löwenthal an Brandt, 5.11.1981, S. 1, AdsD, WBA, A11.2, 118. Im Anhang übermittelte Löwenthal den Text seines Artikels in *Die Neue Gesellschaft*. Brandt antwortete ihm am 25.11.1981: „Deine wesentliche Prämisse, es handele sich bei den Grünen im wesentlichen um Aussteiger, die die Industriegesellschaft insgesamt ablehnen, halte ich für überholt."
[122] Selbst Helmut Schmidt kritisierte Löwenthal. Es sei notwendig, die Kluft zwischen Ökologie und Ökonomie zu schließen, denn die SPD brauche sowohl den Handarbeiter wie den Kopfarbeiter. Helmut Schmidt: Sprechzettel für die Fraktionssitzung am 8.12.1981 zur Kontroverse um die These von Richard Löwenthal, 7.12.1981, AdsD, 1/HSAA010726. Für den Juso-Bundessekretär Rudolf Hartung programmierte das Papier Löwenthals „die Rückentwicklung der SPD" und die „Spaltung [...] ihrer Wählerbasis". Rudolf Hartung an die Bezirks- und Landesvorsitzenden der Jungsozialisten, die Mitglieder und stellvertretenden Mitglieder des Bundesausschusses, 3.12.1981, AdsD, Bestand SPD-PV, Referat Jungsozialisten, 7607. Die Kontroverse wurde auch in den Vereinigten Staaten aufmerksam verfolgt. Serious Problems within the German Social Democratic Party: Brandt under Fire, undatiert, GUL, Warnke Papers, b 24, f 12.
[123] Dies zeigte sich sehr deutlich in Glotz: Beweglichkeit, S. 16–81.
[124] Löwenthal: Identität, S. 1086.
[125] Ebenda, S. 1087.
[126] Löwenthal: Dialog – aber mit Gegenkritik. Welchen Standpunkt braucht die SPD, um zu überzeugen?, in: *Vorwärts*, 10.12.1981, S. 15.
[127] Bell: Contradictions, S. XXX.

Insbesondere die Angehörigen des rechten Parteiflügels teilten die Ansichten des Berliner Politikwissenschaftlers. Zehn Professoren unterstrichen in einer Erklärung vom Mai 1983, dass die SPD gegen Versuche ankämpfen müsse, sich von der „arbeitsteiligen Industriegesellschaft loszusagen".[128] Auch sei es „falsch und gefährlich zu meinen, daß in einer Demokratie Volksvertretungen und Regierungen nichts gegen den Willen der unmittelbar Betroffenen entscheiden dürften". Nur die gegenwärtige politische Verfasstheit der Bundesrepublik könne „Interessengegensätze in einer für die Gesamtheit der Betroffenen zumutbaren Weise ausgleichen. Nur gewählte Volksvertretungen haben ein demokratisches Mandat, im Namen der Wähler zu entscheiden." Dass die Abkehr von der Industriegesellschaft eng verbunden war mit dem Unbehagen am Repräsentativprinzip, galt den Kritikern als erwiesen. Eine „Dauerkontrolle der Mandatsträger durch das Volk" sei, wie die Professoren betonten, „in einer arbeitsteiligen Gesellschaft unmöglich". Die jungen Erwachsenen, die dies forderten, seien „eine mit viel Freizeit ausgestattete und daher privilegierte Minderheit". Mit ihrem Protest gegen Mehrheitsentscheidungen provozierten sie „das Ende der Demokratie".

Nun trugen Sozialdemokratinnen und Sozialdemokraten die Frage, wie die Politik und das demokratische Verfahren gestaltet sein sollten, auf zwei Ebenen aus: Sie stritten darüber, was gesagt und wie gehandelt werden durfte. Die Verteidiger traditioneller Politikkonzeptionen wehrten sich gegen Grenzverschiebungen, die nachrüstungskritische Mitglieder austesteten. Der Konflikt brach offen aus, als einige Jusos im Mai 1980 gewalttätig gegen das Bremer Bundeswehrgelöbnis aus Anlass des 25-jährigen Bestehens der NATO protestierten. Nachdem schon der Demonstrationsaufruf und die Teilnahme des SPD-Unterbezirks Bremen-Ost, der Jusos, der ASF und der „Arbeitsgemeinschaft für Arbeitnehmerfragen" zu Verwerfungen in der Partei geführt hatten,[129] schwemmte der Verlauf jenes Tages an die Oberfläche, wie weit die Meinungen in der SPD auseinander gingen.[130] Der stellvertretende Juso-Vorsitzende Reinhard Schultz distanzierte sich von „Gewalttätigkeiten", kritisierte das Gelöbnis aber als „Massenvereidigung in Form eines Wilhelminischen Feldgottesdienstes" und als „Provokation für alle Antimilitaristen".[131] Wo die Jusos gegen die Bundesregierung und den Bremer Senat auf die Straße zogen, fiel es den Kritisierten leicht, darin einen Angriff auf den Staat zu sehen. Im Erich-Ollenhauer-Haus herrschte helle Aufregung, denn die Partei durfte „nicht identifiziert werden mit Störern der Bundeswehrveranstaltung".[132] Brandt formulierte, was für die SPD auf dem Spiel

---

[128] Erklärung: Zur Lage und Zukunft der Sozialdemokratie, 27.5.1983, AdsD, 1/HJVA102577.
[129] Vgl. Bundesvorstand der Arbeitsgemeinschaft der Jungsozialisten (Jusos): Für Frieden und Abrüstung. Gegen die Massenvereidigung im Weserstadion. Aufruf zur friedlichen Gegendemonstration, undatiert, AdsD, 2/PVEK000119; vgl. dazu auch den Rundbrief mit einem Aufruf zur Demonstration am 8.11.1980 anlässlich des 25.Jahrestages der Bundeswehr und des öffentlichen Gelöbnisses in Bonn („Gemeinsam für weltweites Abrüsten"), in: Rudolf Hartung: Rundbrief [1980], AdsD, Bestand SPD-PV, Referat Jungsozialisten, 7662.
[130] Vgl. Erklärung der Bundesregierung zu den Vorgängen in Bremen, in: Bulletin 7.5.1980, Nr. 119; Erklärung des Senats [der Hansestadt Bremen zu den Ausschreitungen bei Vereidigungsveranstaltungen der Bundeswehr in Bremen], undatiert, AdsD, 1/HSAA009176.
[131] Bundesvorstand der Arbeitsgemeinschaft der Jungsozialisten (Jusos): Presseerklärung, 7.5.1980, AdsD, 2/PVEK000098.
[132] Protokoll der Sitzung des Parteivorstandes am 25.4.1980, S. 3, AdsD, Bestand SPD-PV, Vorstandssekretariat, 342; Wolfgang Deuling an Wischnewski: Bremer Krawalle am 6.Mai 1980, 8.5.1980, AdsD, 2/PVEK000119. Zu den Abläufen aus Sicht des Bremer Bürgermeisters Hans Koschnick vgl. Protokoll der Sitzung des Parteivorstandes am 12. Mai 1980, S. 9f., AdsD, Bestand SPD-PV, Vorstands-

stand: nämlich ihr Verhältnis zur Staatsgewalt.[133] Auch die CDU schlug in diese Kerbe. In einem Flugblatt prangerte sie den sozialdemokratischen „Terror gegen Polizisten und Wehrpflichtige" an.[134] Die „Straßenschlachten in Bremen" hätten gezeigt: „Wo jahrelang an Schulen und Universitäten zum Klassenkampf aufgehetzt, wo der freiheitliche Rechtsstaat von Regierungsseite systematisch denunziert und wo die Polizei daran gehindert wird, ihren Pflichten nachzukommen, herrscht das Chaos."

Weder war der Konflikt um das Bremer Gelöbnis ein singuläres Ereignis, noch ging es bloß um die Missachtung erprobter innerparteilicher Verhaltensmuster. Stets schwelte eine andere ungeklärte Frage mit: Wie hielt es die SPD, so fragten Angehörige des konservativen Parteienspektrums, mit dem Staat? Wenn sich junge, weibliche und linke SPD-Mitglieder nicht an den Spielregeln orientierten, wenn sie gegen Entscheidungen der SPD-Führung, gegen staatliche Institutionen, gegen die Prinzipien des demokratischen Zusammenlebens auf die Straße gingen – wie ließ sich dann noch das Gemeinwesen zusammenhalten? Die SPD brachte nicht mehr die Kraft auf, eine einheitliche Haltung zu präsentieren. Als US-Außenminister Alexander Haig im Herbst 1981 Berlin besuchte und die Jusos zu friedlichen Demonstrationen aufriefen, die dann aber in Gewaltexzessen ausarteten, stellten diese Ereignisse wiederum den kollektiv akzeptierten Begriff des Politischen infrage.[135] Brandt insistierte, dass es einen Unterschied mache, ob jemand friedlich demonstrierte oder Gewalt anwendete;[136] dagegen übten Vertreter des rechten Parteiflügels heftige Kritik daran, dass die Jusos überhaupt auf die Straße gingen.[137] Bundestagsvizepräsidentin Annemarie Renger wertete die Demonstration als „Zeichen von Instinktlosigkeit und Unvermögen zu klarem politischen Urteil".[138] Der CDU-Generalsekretär Heiner Geißler beanstandete, dass SPD-Mitglieder „gegen den Vertreter einer der Schutzmächte" demonstriert hätten, „die die Freiheit West-Berlins garantieren".[139] Indem Geißler die Ereignisse explizit mit dem Status Berlins als „Frontstadt" verknüpfte, gab er dem sozialdemokratischen Protest eine historische und politisch-kulturelle Tiefendimension. Auch dass der Berliner SPD-Landesverband sich nicht dazu hatte durchringen können, den Jusos das Demonstrieren zu untersagen, schlachtete die Opposition

---

sekretariat, 344; auch Koschnick: Allgemeine Zusammenfassung der Berichte und Darstellungen über die Vorbereitung und Durchführung der Veranstaltung der Bundeswehr aus Anlass des 25. Jahrestages des Beitritts der Bundesrepublik Deutschland zur NATO, verbunden mit dem Gelöbnis von Wehrpflichtigen aus allen drei Truppengattungen, am 6. Mai 1980 im Weserstadion von Bremen, 11. 5. 1980, AdsD, 2/PVEK000098.

[133] Protokoll der Sitzung des Parteivorstandes am 12. Mai 1980, S. 11, AdsD, Bestand SPD-PV, Vorstandssekretariat, 344.

[134] „Kein zweites Bremen" [Flugblatt der CDU Nordrhein-Westfalen im Landtagswahlkampf, 1980], AdsD, 2/PVEK000098.

[135] Dazu die Debatten im Protokoll der Sitzung des Präsidiums am 31. 8. 1981, S. 4, AdsD, Bestand SPD-PV, Vorstandssekretariat, 170; und Protokoll der Sitzung des Präsidiums am 7. 9. 1981, S. 8, AdsD, Bestand SPD-PV, Vorstandssekretariat, 171; H. H. [für Horst Heinemann]: Juso-Demo gegen Haig: SPD rät ab, in: *Vorwärts*, 10. 9. 1981, S. 6; siehe auch den offenen Brief von Glotz/Vogel an Haig, 10. 9. 1981, AdsD, 2/PVEH000255.

[136] Brandt an Eberhard und Rosemarie S., 2. 10. 1981, WBA, A11.2, 123.

[137] So der ehemalige bayerische SPD-Landtagsabgeordnete Karl Weishäupl an Glotz, 21. 9. 1981, AdsD, WBA, A11.2, 126.

[138] Zit. nach [Vermerk an Annemarie Renger für ein Interview mit *Bild* am 14. 9. 1981, Haig-Besuch in Berlin], undatiert, AdsD, 1/ARAA000028; das Interview ist unter dem Titel „Schwerer Fehler, daß SPD/FDP-Mitglieder mitdemonstriert haben" am 15. 9. 1981 in *Bild* erschienen.

[139] Geißler an Brandt, 8. 9. 1981, AdsD, 2/PVEH000377; Geißler an Glotz, 4. 9. 1981, ebenda.

aus.[140] Schmidt appellierte an die Beteiligten, sich bewusst zu halten, dass alle Deutschen „gemeinsam im gleichen Boot einer latent gefährdeten demokratischen Rechtsordnung" säßen.[141] In diesem Text, den die „Bergedorfer Zeitung" unter dem Titel „Steine gegen andere Meinung sind Steine gegen die Demokratie" veröffentlichte, holte der Altkanzler zu einer Verteidigung der parlamentarisch-repräsentativen Demokratie aus, die aus seiner Sicht gefährdet war:

> „Jedermann muß wissen: verfassungsgemäße Mehrheitsentscheidungen setzen Recht. […] Gegen verfassungsgemäßes Handeln gibt es kein ‚Widerstandsrecht', auch kein Recht auf ‚zivilen Ungehorsam', sondern nur die Rechte auf andere Meinung, auf Demonstration und auf das Recht, in freier und geheimer Wahl eine andere Regierung ans Ruder zu bringen. […] Wer von der Demonstration zur Aktion übergeht, wer absichtlich Gesetze verletzt, der bricht eine Rechtsordnung, deren Schutz er doch für seine eigene Meinungsäußerung verlangt."[142]

Dass die staatliche Verfasstheit der Bundesrepublik in Not oder das Land unregierbar sei, stand im Mittelpunkt der Sorgen, die sich Vertreter des konservativen Spektrums in und außerhalb der SPD machten. Neu waren solche Befürchtungen nicht. Bereits die siebziger Jahre hatten eine intensive internationale Debatte über das politik- und sozialwissenschaftliche Theorem der „Unregierbarkeit" gesehen.[143] Gabriele Metzler hat herausgearbeitet, dass Unregierbarkeit in den siebziger Jahren ein politischer Schlüsselbegriff war.[144] Gewissermaßen war er die Antwort der Konservativen auf die sozial-liberale Planungseuphorie der sechziger Jahre.[145] Von der „Unregierbarkeit" zu sprechen bedeutete, darauf hinzuweisen, dass der Staat vorgeblich nicht mehr fähig war, effektiv zu handeln: Denn er hatte zu viele Aufgaben an sich gezogen, die er nicht mehr bewältigen konnte; „nicht nur die Probleme seien ihm über den Kopf gewachsen, sondern auch und vor allem die Erwartungen, die an ihn herangetragen würden".[146] Doch auch die politische Linke sah den Staat in einer Krise.[147] Das Manifest der Unregierbarkeits-Theoretiker legte 1975 die zwei Jahre zuvor gegründete und der Politikberatung verpflichtete Trilaterale Kommission vor: „The Crisis of Democracy", ein von den Soziologen und Politikwissenschaftlern Michel Crozier, Samuel P. Huntington und Joji Watanuki verfasstes schmales Büchlein.[148] Es beschrieb das „vague and persistent feeling that democracies have become ungovernable" in Westeuropa, Nordamerika und Japan.[149] Crozier identifizierte zwei Ursachen für diese Entwicklung. Einerseits: „The European political systems are overloaded with participants and demands, and they have increasing difficulty in mastering the very complexity which is the natural result of their economic growth and

---

[140] Die Konflikte zwischen SPD und Jusos verschärften sich noch, als Letztere zu Demonstrationen anlässlich des NATO-Gipfels am 10.6.1982 in Bonn aufriefen: „Aufstehen für den Frieden/Den Widerstand verstärken/Keine neuen Atomraketen in Europa", in: Glotz an die Vorsitzenden der Landesverbände und Bezirke, 4.5.1982, AdsD, Bestand SPD-PV, Referat Jungsozialisten, 8793.
[141] Schmidt: Steine gegen andere Meinung sind Steine gegen die Demokratie, in: *Bergedorfer Zeitung*, 2./3.7.1983.
[142] Ebenda.
[143] Metzler: Konzeptionen, S. 404–411; Metzler: Staatsversagen; auch Metzler: Krisenbewusstsein.
[144] Metzler: Staatsversagen, S. 243.
[145] Vgl. ebenda, S. 247, 251; Schildt: Gegenreform.
[146] Metzler: Konzeptionen, S. 405.
[147] So bei Offe: Unregierbarkeit; siehe die drei Beiträge in Greven u.a.: Krise; Metzler: Staatsversagen, S. 244–245.
[148] Crozier u.a.: Crisis; vgl. dazu Metzler: Staatsversagen, S. 245f.
[149] Crozier: Europe, S. 11; Crozier: Governability.

political development."¹⁵⁰ Andererseits: „The bureaucratic cohesiveness they have to sustain in order to maintain their capacity to decide and implement tends to foster irresponsibility and the breakdown of consensus, which increase in turn the difficulty of their task." Auch in der Bundesrepublik beschäftigten sich Sozialwissenschaftler, Historiker und Juristen in einer von der Thyssen-Stiftung geförderten Arbeitsgruppe mit der Frage, ob das Land noch gestaltet werden konnte.¹⁵¹

Dass der Staat nicht mehr handlungsfähig sei, weil zu viele Akteure Wünsche an ihn herantrugen und seine Handlungssouveränität in Zweifel zogen, machte den Kern dieser Diagnose aus. Zeitgenossen nahmen „Verflechtung, Komplexität und Kontingenz" als Symptom einer Krise wahr, die staatliches Handeln lähmte.¹⁵² Ein „excess of democracy" bedrohe den Fortbestand der Demokratie selbst.¹⁵³ Wo immer mehr Bürger mitentscheiden wollten und den staatlichen Repräsentanten somit Handlungsspielraum nähmen, seien es übersteigerte Partizipationsforderungen, die den Staat unregierbar machten.¹⁵⁴ „Sind", so fragte Peter Graf Kielmansegg, „die organisierten Partikularinteressen (oder doch einige unter ihnen) mächtiger als der Staat, so mächtig jedenfalls, daß der Staat seiner Bestimmung nicht mehr genügen kann, weil er sich im Konfliktfall nicht mehr gegen sie durchzusetzen vermag?"¹⁵⁵ Kielmansegg befürchtete, dass „staatliche Souveränität sich auch von innen her" auflöste. So wie die Protestierenden die Autorität der demokratisch gewählten Regierung anzweifelten, hätte der Staat selbst mit Legitimationsproblemen zu kämpfen. Demonstranten würden das Monopol auf die Anwendung von Gewalt bedrohen – sei es durch Aktionen des zivilen Ungehorsams, sei es durch direkte politische Gewalt.¹⁵⁶ Es waren Exponenten einer jüngeren Generation mit veränderten Werteinstellungen, die staatliche Macht untergruben.¹⁵⁷ Der „Wertewandel" war für viele Zeitgenossen eine Tatsache, die sich dort zeigte, wo Bürgerinitiativen politische Mitsprache einklagten und damit das staatliche Entscheidungsmonopol herausforderten.¹⁵⁸ Der Bundestag setzte 1981 sogar eine Enquête-Kommission „Jugendprotest im demokratischen Staat" ein, die den außerparlamentarischen Protest als Ergebnis eines „Wertewandels" deutete.¹⁵⁹

Die „Krise des Staates" verschwand aus der Diskussion genauso schnell, wie sie aufgekommen war. Metzler identifiziert vier Ursachen, warum in den achtziger Jahren kaum jemand noch von „Unregierbarkeit" sprach.¹⁶⁰ Zunächst war schlicht die Zeit der großen

---

[150] Crozier: Europe, S. 12.
[151] Dazu Hennis: Regierbarkeit; Hennis: Parteienstruktur; dazu Metzler: Staatsversagen, S. 246f.; Metzler: Konzeptionen, S. 405.
[152] Metzler: Konzeptionen, S. 406; Metzler: Staatsversagen, S. 246.
[153] Huntington: United States, S. 113.
[154] Vgl. Metzler: Konzeptionen, S. 406.
[155] Kielmansegg: Interessen, S. 140.
[156] So auch Metzler: Staatsversagen, S. 246.
[157] Explizit bei Crozier u. a.: Crisis, S. 7; Metzler: Staatsversagen, S. 246.
[158] Vgl. Inglehart: Revolution, S. 3; zur Historizität dieses Ordnungsmodells vgl. Graf/Priemel: Zeitgeschichte, S. 486–488; Ziemann: Quantum, S. 553–554; Ziemann: Sozialgeschichte, S. 134–139; siehe jedoch Dietz/Neumaier: Sozialwissenschaften; ebenso Rödder: Werte, S. 19; Rödder: Moderne, S. 193.
[159] Dazu Vogel an H. Wehner, 23. 3. 1981, AdsD, WBA, A11.3, 48; Protokoll der 4. Sitzung der Arbeitsgruppe „Enquête-Kommission Jugendprotest im demokratischen Staat" am 8. 12. 1981, undatiert, AdsD, 1/HJVA103194; H. Wehner an die Mitglieder der SPD-Bundestagsfraktion: Zwischenbericht der Enquête-Kommission „Jugendprotest im demokratischen Staat" – Zusammenfassung, 6. 5. 1982, AdsD, 1/HSAA010106.
[160] Vgl. Metzler: Staatsversagen, S. 253f.

Planungseuphorie vorüber: Staatliche Akteure begrenzten ihren Handlungsanspruch, indem sie nicht mehr Utopien entwarfen, wie die Gesellschaft aussehen sollte. Zweitens konzentrierten sie sich auf das, was sie als die Kernaufgaben von Staatlichkeit definierten und wo ihr Handlungsspielraum unangefochten blieb: die innere und äußere Sicherheit. Sie beanspruchten nicht länger, gesellschaftlich empfundene Unsicherheiten abzubauen, und ihr Handeln zielte nur mehr auf die Minimierung von Risiken. Drittens verschwand das Reden über Unregierbarkeit in der Bundesrepublik auch deswegen, weil Christdemokraten politisches Handeln stärker normativierten. Bundeskanzler Kohls „geistig-moralische Wende" war der Versuch, ein bestimmtes politisches Programm mit Argumenten zu begründen, die außerhalb seiner eigentlichen Reichweite lagen. Viertens setzte der Liberalismus zu seinem politischen Siegeszug an und formulierte eine eingängige Antwort auf die Krise des Staates: Weil der Staat überfordert war, musste er Aufgaben abgeben und seine Steuerungsansprüche zurückfahren. Ronald Reagan stand für diese Wende in den USA, Margret Thatcher in Großbritannien. Doch auch die SPD und mit ihr die politische Linke gab, so ließe sich Metzlers Analyse ergänzen, ihre Antwort auf die Diagnose von der Unregierbarkeit. Der 1975 verabschiedete „Orientierungsrahmen '85" setzte im Gegensatz zu den liberalen Ordnungsvorstellungen darauf, den staatlichen Dispositionsspielraum wieder zu erweitern, freilich mit der Prämisse, dass staatliches Handeln effektiver und bürokratische Verfahren effizienter werden müssten.[161]

Es ist richtig: In den achtziger Jahren sprachen nur noch wenige Sozialwissenschaftler, Historiker oder Juristen von „Unregierbarkeit". Aber das Problem blieb unter anderen Vorzeichen aktuell. Ein Literaturbericht, der auf das Jahr 1983 datiert war, identifizierte „Unregierbarkeit" als fortbestehendes Problem der bundesdeutschen Gesellschaft. Darin begriff der Politikwissenschaftler Lothar Waas das Phänomen als Folge eines politischen Strukturwandels einerseits, und als Ergebnis eines gesellschaftlichen Wertewandels andererseits.[162] Das Theorem der „Unregierbarkeit" lebte fort im konservativen Unbehagen gegenüber der Mitspracheforderung der neuen sozialen Bewegungen und vor allem gegenüber dem, was Zeitgenossen als die „Demokratisierung der Sicherheitspolitik" beschrieben. Wo die Friedensbewegung und mit ihr zahlreiche SPD-Mitglieder sicherheitspolitisches Wissen dezentralisierten und die etablierte Politik herausforderten, empfanden dies ihre Vertreter als Angriff auf den Staat. Fest steht, dass es eine verbreitete Befürchtung gab, das Land werde unregierbar, die freilich nur selten unter dem Rubrum „Unregierbarkeit" auftauchte. Sie unterschied sich dadurch von der Debatte in den siebziger Jahren. Man kann das Reden über Unregierbarkeit in den achtziger Jahren in zwei thematischen Kreisen verorten: der Kritik an den Protestformen der Friedensbewegung und ihrem Nachdenken über das Widerstandsrecht einerseits sowie der Debatte darüber, ob die parlamentarische Mehrheitsentscheidung angemessen war, wenn es um Leben und Tod ging, andererseits.

Wer in der SPD oder in den Unionsparteien beanstandete, dass Sozialdemokraten gegen die Raketenstationierung demonstrierten, tat dies häufig, indem er ihre Handlungs-

---

[161] Ökonomisch-politischer Orientierungsrahmen für die Jahre 1975–1985, in: Parteitag der Sozialdemokratischen Partei Deutschlands vom 11. bis 15.11.1975 in Mannheim. Protokoll der Verhandlungen, Anlagen, Bonn [1975], S. 1009–1103, hier S. 1032–1039; zur Einordnung Grebing: Ideengeschichte, S. 492–496; dazu zeitgenössisch Hennis: Sozialismus.
[162] Lothar Waas: Ein Literaturbericht zum Problem der politischen Legitimität und zum Theorem von der sog. Unregierbarkeit, Juli 1983, IfZ, Archiv, Nachlass Schubert, Bd. 122.

formen delegitimierte.[163] Selbst die *Freeze Campaign* beargwöhnte, wie ihr westdeutsches Pendant Dissens äußerte. Es gebe in der Friedensbewegung der Bundesrepublik eine weitreichende Übereinstimmung, dass „old forms of protest, like mass rallies and blockades of military installations, do not suffice anymore".[164] Weil diese Aktionsformen die Stationierung nicht verhindert hatten, richtete sich der Widerstand nun gegen „the normal functioning of the state". Der Verfasser des Berichts listete 1984 in der Rückschau auf, was die westdeutschen Friedensaktivisten sich überlegt hatten, um ihren Protest zu visualisieren, und es schwang ein besorgter Unterton mit: Aktivisten wollten Konsumgüter boykottieren, sie wollten den öffentlichen Verkehr lahmlegen, sie wollten eine Telefonblockade des Bundestages durchführen und konzertiert Geld bei Banken abheben. Die *Freeze*-Bewegung registrierte irritiert, wie die westdeutsche Friedensbewegung dem Gemeinwesen schaden wollte, in dem sie lebte. Beobachter in der Bundesrepublik mit konservativem und christlichem Hintergrund dachten ähnlich. In einem Diskussionspapier des Zentralkomitees der deutschen Katholiken, das von dem SPD-Abgeordneten Heinz Rapp miterarbeitet worden war, hieß es 1983 apodiktisch:

> „Widerstand richtet sich gegen den Staat, sei es, um ihn zu beseitigen, sei es, um staatliche Maßnahmen unmittelbar zu verhindern. Widerstand ist deshalb notwendigerweise unfriedlich, ganz gleich, ob er dabei gewalttätig wird oder nicht. Auch der ‚zivile Ungehorsam' ist Widerstand, wenn er die Beseitigung oder die Veränderung des demokratisch-freiheitlichen Systems oder die Nötigung verfassungsgemäß zustandegekommener Entscheidungsorgane erstrebt."[165]

Es erfülle das ZdK „mit Sorge, daß Anhänger der Friedensbewegung dem Staat mit Ablehnung" begegneten, schrieb Rapp. Man gewinne „den Eindruck, daß unseren Staat als ein menschenfeindliches Monster an den Pranger zu stellen, ihr eigentlicher Beweggrund ist".[166] Dass die Nachrüstungskritiker kein Einsehen „in den sittlichen Sinn des Staates" hätten, verwies auf die historischen Wurzeln von Rapps Staatsverständnis. Es war geprägt von der Überzeugung, dass der Staat eine Idee sei, die ihre Legitimität nicht allein aus der Zustimmung des Staatsvolks bezog. Schon für Georg Wilhelm Friedrich Hegel verkörperte der Staat einen objektiven Willen, der „das an sich in seinem Begriffe Vernünftige ist, ob es von Einzelnen erkannt und von ihrem Belieben gewollt werde oder nicht".[167] Wo von Unregierbarkeit gesprochen wurde, da war dieser Staatsbegriff nicht fern. Alfred Emmerlich, der Vorsitzende des Arbeitskreises „Rechtswesen" in der SPD-Fraktion, wandte sich mit just diesem Argument gegen den außerparlamentarischen Protest.[168] Er ging jedoch noch einen Schritt weiter und überlegte, ob es für den „gesellschaftlichen Frie-

---

[163] So exemplarisch der Vorsitzende der Polizeigewerkschaft Günter Schröder: Die Herausforderungen für die Rechtsstaatlichkeit und Liberalität in den 80-er Jahren. Referat anläßlich des SPD-Parteitages Baden-Württemberg am 18. 6. 1983 in Balingen, undatiert, AdsD, 1/HJVA102579.
[164] „From Protest to Resistance": Hot Autumn ushers in a Cold Winter: Perspectives of the West German peace movement, undatiert, WHMC, sl 454 NNWFC, b 2, f 53; veröffentlicht in *Freeze Newsletter*, Januar 1984.
[165] Widerstandsrecht im demokratischen Staat. Erklärung des Zentralkomitees der deutschen Katholiken, S. 1, im Anhang zu Rapp an Ehmke: Widerstandsrecht, 25. 10. 1983, AdsD, 1/HEAA000658.
[166] Ebenda, S. 3; auch Leber/Rapp an die Mitglieder der SPD-Bundestagsfraktion: [ZdK-Denkschrift: „Das Gemeinwohl und unsere Pflichten gegenüber dem Staat und unseren Mitmenschen"], 16. 4. 1982, AdsD, 1/HWAA001699; Zentralkomitee der deutschen Katholiken (ZdK): Zur Wahrung der Rechtsordnung in der Demokratie, 15./16. 5. 1981, AdsD, 1/HRAA000087.
[167] Hegel: Grundlinien, S. 203 (§ 258).
[168] Alfred Emmerlich: Rechtliche Probleme im Zusammenhang mit Aktionen gegen die Nachrüstung, undatiert [Juni 1983], S. 4, AdsD, 1/HJVA102579.

den" nicht schlichtweg notwendig sei, außerparlamentarischen Protest zu unterbinden, wenn er das Gemeinwesen auszuhöhlen drohte. Die „Verhinderung von bürgerkriegsähnlichen Situationen" durch das „staatliche Gewaltmonopol" sei in der Tat unerlässlich, schlussfolgerte Emmerlich. Jeder, der ein Widerstandsrecht für sich in Anspruch nehme, der müsse

„sich den Vorwurf gefallen lassen, daß er sich mit dieser Entscheidung an die Stelle der nach unserer Verfassung hierfür zuständigen Organe setzt und praktisch die verfassungsmäßige Ordnung damit nicht schützt, sondern gefährdet, weil er das Demokratieprinzip für diesen Bereich außer Kraft setzen will".[169]

Die Antwort konservativer Sozialdemokraten auf die Partizipationsforderung der Nachrüstungskritikerinnen und -kritiker lautete, dass Mehrheitsentscheidungen verbindlich bleiben müssten und ein wie auch immer gearteter Widerstand gegen sie nicht zu rechtfertigen war.[170]

Vom Nachdenken über den Widerstand war es nicht weit zur Diskussion über die Legitimität parlamentarischer Entscheidungen.[171] Und so changierte auch die Furcht vor politischer Unordnung zwischen diesen beiden Feldern. Häufig begründeten Rapp und seine Parteifreunde ihre Kritik an Denken und Handeln der Friedensbewegung historisch. Befragt über das „Parlament der Mehrheit", gab Bundestagsvizepräsidentin Renger im November 1983 offen zu, dass diese Aktion sie „außerordentlich erschrecken" würde.[172] Denn sie sei „ein gebranntes Kind aus der Zeit von Weimar". Sie fürchtete, dass sich die „jungen Menschen", die den Bundestag belagerten und „nötigende Mahnwachen aufziehen lassen", „über die schrecklichen Assoziationen […] überhaupt nicht im klaren sind". Für sie sei aber offensichtlich, dass „die Geschichte unseres Landes gegen solche Dinge spricht". Dabei bezog sie sich auch auf ihre Erinnerungen an die Studentenunruhen von „1968". Neben Renger setzte sich die Berliner Politologin Gesine Schwan sehr kritisch mit dem Verhältnis ihrer Partei zum Staat auseinander.[173] Sie beklagte, dass die SPD mit ihrem Godesberger Programm zwar in der Bundesrepublik angekommen sei, dem freiheitlichen Staat aber weiterhin mit Skepsis begegne.[174] Für Ernst Uhrlau, den stellvertretenden Leiter des Hamburger Verfassungsschutzes, stellte die Friedensbewegung „mit ihrem Absolutheitsanspruch das Funktionieren des parlamentarischen Systems in Frage".[175] Uhrlau sprach hier nicht nur als Vertreter eines staatlichen Organs, sondern auch als SPD-Mitglied. In einem Brief des Bremerhavener Unterbezirks an Willy Brandt war die Rede

---

[169] Ebenda, S. 19.
[170] Emmerlich: Mehrheitsentscheidungen müssen in der Politik verbindlich bleiben, in: *Frankfurter Rundschau*, 6. 7. 1983; siehe dazu auch Junge Union Deutschlands: Demokratie Ja – Widerstand Nein, Pressemitteilung, 18. 11. 1983.
[171] So explizit in Burkhard Reichert: Kommission Grundwerte beim SPD-Parteivorstand. Protokoll der Sitzung am 9. 7. 1981, 10.30 bis 17.00 Uhr in Bonn, undatiert, S. 4f., AdsD, 1/HRAA000036.
[172] BPA-Nachrichtenabteilung: Annemarie Renger zur bevorstehenden Bundestagsdebatte über die Nachrüstung, 12. 11. 1983, AdsD, 1/ARAA000046; auch Frau Renger warnt vor „Weimarer" Verhältnissen. Klare Absage an organisierten Druck auf das Parlament, in: *Flensburger Tageblatt*, 14. 11. 1983; Annemarie Renger: Ist unser Staat in der Krise? [Redemanuskript], 16. 3. 1979, AdsD, 1/ARAA001422.
[173] Exemplarisch Schwan an Vogel, 15. 12. 1984, AdsD, 1/HJVA102577.
[174] Schwan: Die ideologische Entwicklung der SPD am Beispiel ihres Verhältnisses zum Staat, undatiert [Dezember 1984], AdsD, 1/HJVA102577.
[175] Uhrlau: Neue soziale Bewegungen im parlamentarischen System der Bundesrepublik, 10. 9. 1982, S. 1, AdsD, WBA, A11.3, 49. Bezeichnenderweise versah Brandt diesen Satz am Rand mit einem großen Fragezeichen.

davon, wie notwendig es sei, „das System der repräsentativen Demokratie zu verteidigen gegen alle Bestrebungen, jede Entscheidung in Sachfragen zum Gegenstand von parteiinternen Diskussionen zu machen".[176] Die Genossen in der Arbeiterhochburg Bremerhaven waren traditionell konservativ und gewerkschaftlich orientiert; dies präfigurierte auch ihren Blickwinkel auf den Protest. Dass der Nachrüstungsstreit eine Belastungsprobe für die Demokratie war, entsprach einer verbreiteten Ansicht unter den Stationierungsbefürwortern in der SPD.[177]

Was für Mitglieder des rechten Parteiflügels gesagt werden kann, gilt auch für viele, die die Sozialdemokratie von außen beobachten. US-Botschafter Burns führte den „Anti-Amerikanismus", von dem bereits die Rede war, auf ein tieferes Problem zurück – die Ablehnung des Parlamentarismus.[178] Die Friedensbewegung sei so „anti-amerikanisch" eingestellt, wie sie etwas gegen das politische System „des Westens" habe. Zu vermuten, dass die Proteste den Staat und sein souveränes Handeln gefährdeten, fiel dem „Establishment" auf beiden Seiten des Atlantiks nicht schwer. Solche Einschätzungen waren eng verquickt mit der Rede vom „Zerfall des sicherheitspolitischen Konsenses". Gerade die Christdemokratie in der Bundesrepublik unternahm auf diesem Feld Angriffe auf die SPD und die Friedensbewegung. Wie in US-amerikanischen Diskursen war auch in der innenpolitischen Auseinandersetzung der Bundesrepublik die Furcht allgegenwärtig, das Land könnte unregierbar werden, wenn der Straßenprotest die demokratischen Institutionen lahmlegte.

Der bayerische Ministerpräsident Franz Josef Strauß (CSU), der ein Meister der politischen Zuspitzung war, brandmarkte die Nachrüstungskritik als „Sünde wider den Geist des inneren Friedens und wider die Funktionsfähigkeit unseres Staats- und Gemeinschaftswesens".[179] Die „Berliner Erklärung" der CDU/CSU vom Januar 1984 wandte sich in einem weiten historisch-politischen Bogen gegen die Friedensbewegung: „Unzulässig" sei „die Aufkündigung des demokratischen Verfassungskonsenses", urteilte sie.[180] Es war wieder der Verweis auf „das Schicksal der ersten deutschen Republik, die durch den Angriff der Gegner des parlamentarischen Systems geschwächt und schließlich zerstört wurde", mit dem Christdemokraten ihre Position begründeten.[181] Auch damals seien es „demagogische Parolen, Nichtbeachtung parlamentarischer Regeln, Nötigung und Verunglimpfung der frei gewählten Abgeordneten" gewesen, die „die Abwehrkräfte der Republik" untergruben. Für die CDU/CSU galt es, „den Anfängen zu wehren". Sie fundierte ihre Sorge vor der Unregierbarkeit nicht nur mit dem Protest gegen die Raketenstationierung. Auch zahlreiche andere Konfliktherde der Bundesrepublik dienten als Beleg für diese These.

---

[176] SPD-UB Bremerhaven an Willy Brandt, 29. 7. 1982, AdsD, 2/PVEH000266A.
[177] Die Friedrich-Ebert-Stiftung richtete gemeinsam mit der Philosophisch-Politischen Akademie Frankfurt im November 1983 eine Tagung über das „Widerstandsrecht in der Demokratie" aus. Jürgen Schmude hielt ein Referat über „Moral, Menschenrechte, Widerstandsrecht und die politischen Grundentscheidungen der Gegenwart". Auszüge in: Schmude: Nachrüstungsstreit – Belastungsprobe und Stärke der Demokratie, in: *Informationen der sozialdemokratischen Bundestagsfraktion*, Nr. 1772, 4. 11. 1983; das 44-seitige Redemanuskript befindet sich im Anhang.
[178] Arthur F. Burns: Stunden der Bewährung für die Demokratie in Deutschland und Amerika. Ansprache am 7. 11. 1983 vor der Gesellschaft für Auslandskunde e.V. in München, undatiert, S. 13 f., AHS, Korrespondenz.
[179] Franz Josef Strauß, Frieden in Freiheit. Ja zur Sicherheit, in: *Bayernkurier*, 22. 10. 1983.
[180] Fraktion der CDU/CSU im Deutschen Bundestag: Widerstand im demokratischen Rechtsstaat? Die Berliner Erklärung, 31. 1. 1984, AdsD, 1/HJVA102579.
[181] Ebenda.

Es waren die Demonstrationen gegen die friedliche Nutzung der Kernenergie, die Proteste von Bürgerinitiativen gegen Infrastrukturvorhaben, die Hausbesetzungen in westdeutschen Großstädten und anderes mehr, mit dem Vertreter des „Establishments" die Unregierbarkeitsthese präsentierten. Ein Antrag der CDU/CSU zu den Protesten gegen die Frankfurter Startbahn West vom November 1981 erzählte von einer umfassenden gesellschaftlichen Krise, die nicht nur das staatliche Handeln betraf.[182] Zum einen beschrieb er die Unterwanderung der Bundesrepublik durch Feinde der Verfassung, zum anderen die Auflösung der Rechtsordnung durch gezielte Angriffe auf das Gemeinwesen. Er bezog auch die Friedensbewegung in dieses Szenario mit ein.

Christdemokraten und Vertreter des rechten SPD-Parteiflügels sahen eine sehr ähnliche Welt. Ein SPD-Ortsverein schrieb bereits 1980 an den Parteivorstand:

> „Die junge Generation zweifelt immer mehr am derzeitigen parlamentarischen System, dem sie die Fähigkeit zur friedlichen Fortentwicklung, zur Erneuerung, zur Reform abspricht. Sie findet keinen Zugang mehr zu den traditionellen Parteien, – auch nicht zur SPD, die ja vor Jahren einmal die Hoffnung der Jugend war. Stattdessen sind etablierte Politiker in ihren Augen allzu oft bloße ‚Mängelverwalter', ‚Macher' und ‚Polit-Trickser', aber auf keinen Fall Sachwalter ihrer Bedürfnisse und Probleme. Die Jugend ist auf Distanz gegangen und auf sie trifft das Wort von der ‚Aussteigergeneration' nicht zu; sie steigt erst gar nicht ein."[183]

Für Sozialdemokraten war der Nachrüstungsstreit ein Generationenkonflikt, in dem junge Menschen das Welt- und Politikbild derjenigen untergruben, die aktuell Verantwortung hatten.[184] Die „Nachfolgegeneration" oder die „successor generation" der Untervierzigjährigen war es,[185] die nicht die Erfahrungen der Führungsschicht teilte und aus einem Mangel an historischer und politischer Bildung glaubte, dass das Repräsentativsystem nicht mehr funktionierte.[186] Den Protestierenden – und nicht nur ihnen – gehe etwas ab, hieß es: die Erfahrung des Krieges, eine Ahnung vom Leben im Kommunismus, die dankbare Erinnerung an die Aufbaujahre.[187] Wer den Protest als „Jugendphänomen" begriff, der klassifizierte ihn jedenfalls als etwas Altersspezifisches und Vorübergehendes.[188] SPD-Bundesgeschäftsführer Glotz schrieb, dass der jungen Generation „jegliche innere Bindung an die Art von Demokratie, die wir mit aufgebaut haben", fehle.[189] Sie stünde „in aggressiver Distanz zum Staat".[190] So wie das Gemeinwesen in großen Teilen der jüngeren Bevölkerung skeptisch beurteilt werde, hieß es in einem Vermerk für

---

[182] Gefährdung des inneren Friedens und der inneren Sicherheit, Antrag der CDU/CSU-Fraktion im Bundestag [Entwurf, 24.11.1981], AdsD, 2/BTFI000171.
[183] SPD-Ortsverein Vaterstetten an die Vorstandsmitglieder der SPD, 24.2.1980, AdsD, 2/PVEK000124.
[184] Vgl. exemplarisch Bernd Schoppe an Brandt: SPD und junge Generation, 22.1.1981, AdsD, 1/BFAA000867; Ehmke: Notizen zu „Jugend, Staat", Speyer, 15.1.1983, AdsD, 1/HEAA000695.
[185] The Atlantic Council of the United States: Policy Papers, The Successor Generation. Its Challenges and Responsibilities, Januar 1981, S. 11, LoC, Nitze Papers, b 56, f 6. Die Ausarbeitung war aus einer 1979 eingesetzten „Working Group on the Successor Generation" hervorgegangen, vgl. The Atlantic Council of the United States: Minutes Board of Directors Meeting, Washington, D.C., December 4, 1979, undatiert, S. 3, LoC, Nitze Papers, b 51, f 9; vgl. Kreis: Nachfolgegeneration, S. 611f.; Scott-Smith: Community.
[186] Vgl. FRG: The Successor Generation Security Agenda, undatiert, S. 3, RRL, Tyrus Cobb Files, b 91096, f European Defense Issues [1 of 6].
[187] Vgl. Kreis: Nachfolgegeneration.
[188] So beispielsweise: Bundeskanzler Helmut Schmidt zu Friedensdemonstrationen junger Menschen in der Bundesrepublik, 2.11.1981, AHS, Eigene Arbeiten.
[189] Glotz: Generation, S. 307.
[190] Ebenda.

Brandt, gerieten auch die Parteien in das Fadenkreuz der Kritik. Diese „Distanz gegenüber Parteien" äußere sich vornehmlich als „Gleichgültigkeit".[191] Die Jugend sei aber nicht unpolitisch, sondern habe „ein anderes Verständnis von Politik". Die „große Politik" sei ihr zu weit entfernt, stattdessen konzentriere sie sich auf das Lebensumfeld und versuche, dort Veränderungen zu bewirken. Die SPD müsse sich darauf einstellen, so resümierte der Verfasser, auf der kommunalen Ebene mit den Jugendlichen in Kontakt zu treten. Zugleich wollte er keine großen Erwartungen gelten lassen: „Auf der Tagesordnung steht nicht die Überzeugung junger Leute von der Richtigkeit sozialdemokratischer Positionen. Es wäre schon viel gewonnen, wenn der Versuch gelingen würde, *überhaupt erst einmal wieder eine Kommunikationsebene mit vielen Jugendlichen zu finden.*"[192] Gegenwärtig aber habe die SPD den Kontakt zur jungen Generation weitgehend verloren.[193]

Als die Friedensbewegung gegen die Raketenstationierung auf die Straße ging, da rannte sie, wie die Vertreter des „Establishments" meinten, gegen die Institutionen der Bonner Republik an.[194] Der Staat und seine Akteure waren in der Krise, da ihm von einem nennenswerten Teil der Bevölkerung die demokratische Legitimität abgesprochen wurde. Dass das Land unregierbar werde, weil eine außerparlamentarische Bewegung die erprobten Mechanismen des politischen Räderwerks überprüfte, stand für die meisten Vertreter des konservativen Spektrums auch in der SPD fest. Hatten sie einige Jahre zuvor noch argumentiert, dass der Staat zu viele Aufgaben an sich gezogen und Erwartungen geweckt hatte, die er nicht erfüllen konnte, war die neue Unregierbarkeits-Diagnose ein Weckruf, der verhindern sollte, dass das Widerstandsrecht angewendet und die demokratische Legitimität parlamentarischer Mehrheitsentscheidungen in Abrede gestellt werden konnte. Strukturell waren die Sorgen durchaus ähnlich. Hier wie dort war das Land unregierbar, hier wie dort waren die Kernfunktionen des Staates bedroht – wenn auch aus unterschiedlichen Richtungen. Derjenige, der von Unregierbarkeit redete, wollte ein funktionierendes Staatswesen, das nur so viele Aufgaben erfüllte, wie es auch bewältigen konnte; derjenige, der das Land im Zeichen von Massendemonstrationen für unregierbar hielt, wollte eine politische Ordnung, deren Institutionen unangefochten blieben. In gewisser Weise funktionierte das Unregierbarkeits-Theorem in den siebziger und achtziger Jahren spiegelbildlich. „Nach dem Boom" wollten Konservative und Liberale das staatliche Handeln auf seine Zentralaufgaben reduzieren. In den achtziger Jahren wehrten sie sich dagegen, dass ihm selbst diese Aufgaben verloren gingen. Mit anderen Worten: Zunächst war es den Unregierbarkeits-Theoretikern darum gegangen, einen Minimalstaat zu errichten; nun sahen sie diesen Minimalstaat in Gefahr. Bald jedoch zeigte sich, dass ihre Befürchtungen nicht eintraten – der Protest schickte sich an, selbst ein Teil des Parlamentarismus zu werden.

---

[191] Bernd Schoppe an Brandt: SPD und junge Generation, 22. 1. 1981, AdsD, 1/BFAA000867.
[192] Ebenda; Hervorhebung im Original (unterstrichen); siehe auch Schoppe an Schmidt: Einstellung und Erwartung der Jugend, 9. 10. 1980, AdsD, 1/EBAA000832.
[193] In diesem Sinne auch Arbeitsgruppe II: Technologische Entwicklung und gefährdete Umwelt sowie gewandelte Wertvorstellungen in der Jugend und in der Gesellschaft. Berichterstatter: Peter H. Niederelz, undatiert, AdsD, 1/HJVA103194; so auch in der zweiten Hälfte des Jahrzehnts die SPD-Abgeordnete Gerlinde Hämmerle: Die Rolle von Gruppen Jugendlicher und Gruppen junger Erwachsener in der Diskussion um Gewalt, 1. 9. 1987, S. 1, AdsD, Nachlass Glotz, 181.
[194] Dazu Schmidt: Sprechzettel für die Fraktionssitzung am 17. 3. 1981 zu den Ausschreitungen am Rande von Demonstrationen, undatiert, S. 2, AdsD, 1/HSAA010719.

3. Parlamentarisierung des Protests: Die SPD und die Grünen

Als die Grünen nach der Bundestagswahl 1983 mit 28 Abgeordneten in das Parlament am Rhein einzogen, parlamentarisierte sich der Protest. Er wurde langsam, aber unaufhaltsam ein Teil dessen, was er so vehement ablehnte. Wie anders sah die Szenerie noch aus, als der Bundestag zu seiner konstituierenden Sitzung zusammengetreten war: Denn am 29. März 1983 kamen die grünen Abgeordneten in „Schlabberpullis und mit Topfpflanzen" in den Plenarsaal; so präsentierten sie ihre Distanz zu den Anzugträgern des Bonner Politikbetriebes.[195] In der Tat hätten die habituellen Unterschiede zwischen den bärtigen und langhaarigen Neuparlamentariern und den arrivierten Abgeordneten kaum größer sein können. Denn die Grünen wollten sich von den etablierten Parteien unterscheiden. Sie folgten einem anderen Politikverständnis und zögerten lange, bis sie aus ihrer Bewegung eine Partei werden ließen. Ihre Wurzeln waren die „Welt der Bürger- und Basisinitiativen"[196], der Protest gegen Umweltzerstörung, große Infrastrukturvorhaben und Atomkraft.[197] Geißelten sie in den siebziger Jahren die zivile Nutzung dieser Technologie, protestierten sie kurz darauf mit häufig identischen Argumenten gegen die Pershing-II-Raketen und die Marschflugkörper.[198] Im Protest gegen die Nachrüstung konsolidierte sich die junge Partei.[199] Die Grünen lehnten die Raketenstationierung ab, indem sie sich mit systemexternen Argumenten von der Gleichgewichts- und Abschreckungstheorie distanzierten.[200] Das Gleichgewicht bedinge den Rüstungswettlauf, der unaufhaltsam zu einem atomaren Krieg führe, weshalb es notwendig sei, sofort und einseitig abzurüsten.[201] Weil die Grünen „gegen jede neue Atomwaffe in Europa" waren, verlangten sie auch von der Sowjetunion, diese Waffen zu beseitigen.[202] So imaginierten sie eine atomwaffen- und gewaltfreie Welt.[203]

Dass die Menschen sich entrüsten sollten, war die pointiert formulierte Grundidee der Grünen, in der ihr lebensweltliches und thematisches Selbstbild zusammenfanden.[204] Sie übten schrille Kritik an den „Konsensparteien", den „Wachstumsparteien" oder der „CDUCSUSPDFDP".[205] Sie distanzierten sich als „Anti-Parteien-Partei" vom Bonner „Establishment", weil sie auf beinahe jedem Feld politisch umzudenken beanspruchten.[206]

---

[195] Heidemeyer: Bewegung, S. 73; vgl. auch Mende: Anti-Parteien-Partei, S. 287f.; zur visuellen Selbstdarstellung der Grünen Fahlenbrach: Die Grünen, S. 477f.; Oberreuter: Institution, S. 662f.
[196] Mende: Gründungsgrüne, S. 39.
[197] Grundlegend ebenda, S. 289–321; zusammenfassend Mende: Anti-Parteien-Partei, S. 274–283; Wirsching: Abschied, S. 117–122; Heidemeyer: Bewegung.
[198] Vgl. Mende: Anti-Parteien-Partei, S. 277; ausführlich Mende: Gründungsgrüne, S. 72–277, prägnant S. 414–419.
[199] Vgl. dazu S. Richter: Protest, S. 231, 243–245; Mende: Gründungsgrüne, S. 330–352.
[200] Bundesvorstand Die Grünen (Hrsg.): Friedensmanifest, verabschiedet von der 4. Ordentlichen Bundesversammlung der Grünen vom 2. bis 4. Oktober 1981 in Offenbach, Bonn 1981; auch Lutz Arkenberg: Standpunkte der „Grünen" zur Außen- und Sicherheitspolitik, 6. 10. 1982, AdsD, Nachlass Selbmann, 88.
[201] Vgl. auch: Der Bundesvorstand der Grünen zur „Nachrüstung", 2. 3. 1983, AGG, Bestand A – Klaus Timpe, 29.
[202] Bundesvorstand Die Grünen: Friedensmanifest, S. 10; Friedensmanifest der Grünen verabschiedet. Pressemitteilung, 5. 10. 1981, AGG, Bestand A – Klaus Timpe, 8.
[203] So in Bundesprogramm der Grünen, beschlossen auf der Bundesversammlung vom 21. bis 23. März 1980 in Saarbrücken, Bonn 1980, S. 19; Kelly: Hoffnung, S. 43–52.
[204] Bundesvorstand Die Grünen (Hrsg.): Entrüstet Euch. Analysen zur atomaren Bedrohung [1983].
[205] Mende: Parlamentarismuskritik, S. 35, insb. S. 322–364.
[206] Mende: Anti-Parteien-Partei; zu Kelly S. Richter: Petra Kelly.

Denn sie wollten sich „nicht als Steigbügel für die Fortsetzung einer ökologisch, ökonomisch und friedenspolitisch unmenschlichen Politik hergeben", wie es 1982 hieß.[207] Die etablierte Politik führe durch Aufrüstung, Umweltzerstörung und „Mißachtung der Interessen der Bürger zu einer zunehmenden Gefährdung von Gesundheit und Leben der Menschen". Sie sei auch verantwortlich für die soziale Verelendung in der Bundesrepublik und den Entwicklungsländern. Die Grünen sahen „in dieser Politik, in Vorgehensweise und Zielsetzung, in Struktur und personeller Vertretung der Bonner Parteien" hinreichende Gründe, um mit ihr zu brechen. Sie wollten „eine radikale Systemveränderung und nicht eine Systemverbesserung", wie ihre Frontfrau Petra Kelly sagte.[208] In den ersten Jahren pflegten die Grünen eine ausgesprochene Parteienkritik.[209] Selbst als sie längst im Bundestag saßen, grenzten sie sich weiter von der SPD ab. Kelly argumentierte im März 1984 vor ihrer Fraktion:

> „Wir dürfen also nicht abhängig werden von dem, was die SPD immer noch will, und wir dürfen uns auch nicht bei der SPD anbiedern, nur um am Machterwerbsprozeß teilnehmen zu können. Wir müssen uns vielmehr fragen, ob wir nun staatstragend werden wollen, um gemeinsam mit dem etablierten und verbrauchten Krisenmanagement den Krisen hinterherzulaufen, oder ob wir nicht lieber Hoffnungsträger bleiben wollen. Wir haben immer abgelehnt, das sogenannte kleine Übel zu wählen; wir können jetzt nicht dazu übergehen, selbst das kleinere Übel zu werden."[210]

Anders sein zu wollen, eine der Form und dem Inhalt nach andere Politik zu betreiben – dies war für die Grünen Teil ihres Selbstverständnisses. Doch aus Sicht der Sozialdemokraten war es ebenfalls notwendig, sich von den Grünen abzugrenzen. Denn sie waren zumindest in Teilen „Fleisch vom Fleische" der SPD.[211] Sie waren „genauso ein Produkt sozialdemokratischer Versäumnisse und Fehler", wie sie aus dem gleichen Wählerreservoir schöpften.[212] In den Worten Willy Brandts ging es in den Bürgerinitiativen und bei den Grünen „um eigentlich sozialdemokratische Themen: Umweltschutz, Humanisierung der Arbeitswelt, Bürgerbeteiligung und Mitbestimmung".[213] Doch mehr als das: Nachdem der gesellschaftliche Reformaufbruch in den siebziger Jahren versandet und die SPD für junge Menschen zusehends unattraktiver geworden war, kristallisierten sich neue soziale Bewegungen heraus, aus denen die Grünen ihr Unterstützerpotential zogen. Selbst Parteimitglieder dachten darüber nach, ob sie nicht bei den Grünen besser aufgehoben wären,[214] und innerhalb der SPD-Fraktion stießen manche Anträge der Grünen auf Sympathie.[215] Spätestens nach der Bundestagswahl am 6. März 1983 war augenfällig, dass sich

---

[207] Stellungnahme des Bundesvorstandes der Grünen zur Zusammenarbeit mit den Bonner Parteien, 11.7.1982, AdsD, Nachlass Selbmann, 88.
[208] Zit. nach Boyer/Heidemeyer: Die Grünen, 2. Bd., S. 773 (Dok. 140).
[209] Vgl. Mende: Gründungsgrüne, S. 323–330, 352–362.
[210] Zit. nach Boyer/Heidemeyer: Die Grünen, 1. Bd., S. 446 (Dok. 70).
[211] So Heiner Geißler im Interview „Grüne – Volkssturm der SPD", in: *Der Spiegel*, 16.6.1986, S. 30f., hier S. 31; zum Verhältnis der SPD zu den Grünen vgl. Faulenbach: Jahrzehnt, S. 608–615, 640–645; Mende: Gründungsgrüne, S. 180–184.
[212] Martin Winter: Die SPD, das Dilemma der Grünen, in: *Die Neue Gesellschaft* 29 (1982), S. 1196–1199, hier S. 1197; Glotz: Beweglichkeit, S. 17.
[213] Zit. nach Protokoll der Sitzung des Parteirates am 27.6.1978, S. 5, AdsD, Bestand SPD-PV, Vorstandssekretariat, 308.
[214] So der Brief eines 21 Jahre jungen Genossen: Bernd U. an Glotz, 26.7.1982, AdsD, Bestand SPD-PV, Internationale Abteilung, 10928.
[215] So der Antrag der Grünen gegen die Raketenstationierung, über den am 22.11.1983 abgestimmt wurde: Protokoll der Fraktionssitzung am Sonntag, dem 20.11.1983 in Bonn, 24.11.1983, S. 6, AdsD, 2/BTFJ000017.

die Grünen für die SPD zu einem ernstzunehmenden politischen Konkurrenten entwickelt hatten. Während die SPD auf 38,2 Prozent abstürzte, erreichten die Grünen aus dem Stand 5,6 Prozent.[216] Wähler, die 1980 noch für die SPD votiert hatten, liefen scharenweise zu den Grünen über.

Sollte die SPD mit den Grünen koalieren? Auch an dieser Frage zerstritt sich die SPD.[217] Das Problem stellte sich umso dringender, als Sozialdemokraten davon ausgehen mussten, auf absehbare Zeit nur in einer Koalition mit den Grünen parlamentarisch mehrheitsfähig werden zu können.[218] SPD-Mitgliedern, die im Nachrüstungsstreit gemeinsam mit der Friedensbewegung und den Grünen gegen die Raketenstationierung protestiert hatten und das grüne Milieu also kannten, fiel es naturgemäß leichter, einer Koalition das Wort zu reden. Diejenigen aber, die Denken und Handeln der Nachrüstungskritiker ablehnten und in ihnen „alternative Aussteiger" sahen, hatten Probleme mit einer Zusammenarbeit. In der Frage, ob die SPD Koalitionen mit den Grünen eingehen sollte, bündelten sich die Konfliktlinien, die das Verhältnis der Partei zu den neuen sozialen Bewegungen bestimmten.[219] Die „Stuttgarter Nachrichten" veröffentlichten im Juni 1982 zwei Meinungsartikel, in denen der eben gewählte Juso-Bundesvorsitzende Rudolf Hartung und der stellvertretende SPD-Vorsitzende Johannes Rau ihre unterschiedlichen Sichtweisen auf eine Kooperation erläuterten.[220] Hartung argumentierte, dass es zwar eine Reihe von inhaltlichen Differenzen zwischen den Parteien gebe. Beide wollten aber verhindern, dass aus der Bundesrepublik ein „Atomstaat" werde. Außerdem würden „Grüne und Jungsozialisten […] in vielen Friedensinitiativen" gewinnbringend zusammenarbeiten. Wie Hartung forderten auch andere SPD-Mitglieder, ihre Partei möge mit den Grünen kooperieren.[221] Sollte die SPD die Themen der Grünen nicht aufnehmen, so lautete ein Argument, dann bestand die Gefahr, „daß die SPD manche Zeichen der Zeit verkennt".[222] Demgegenüber hielt Rau die Grünen für eine im Kern konservative Partei, deren Hauptanliegen im Bewahren liege. Mehr noch als Hartung befürchtete er „eine Belastungsprobe für unsere parlamentarische Demokratie", wenn die Grünen weiterhin „Fundamentalopposition" betreiben würden:

> „Die Stabilität einer parlamentarischen Demokratie gründet sich ja nicht zuletzt auf die Bereitschaft der von den Bürgern gewählten Parteien, auch Regierungsverantwortung für das zu übernehmen, was man politisch durchsetzen will. Den Grünen scheint es völlig gleichgültig zu sein, was aus ihrer Beteiligung an Wahlen und ihrem Verhalten in den Parlamenten folgt: Gebracht hat ihre Politik bisher eine politische Klimaveränderung nach rechts und Rückschritte in der Gesellschaftspolitik."[223]

---

[216] Für die SPD bedeutete dies Verluste von 4,7 Prozentpunkten. CDU/CSU erreichten gemeinsam 48,8 Prozent (plus 4,3 Prozentpunkte), die FDP kam auf 7 Prozent. Vgl. Wirsching: Abschied, S. 44–46.
[217] Vgl. knapp Walter: Biographie, S. 232 f.; zur historischen Verortung Lösche/Walter: SPD, S. 119–124.
[218] Vgl. auch: Konsequenzen für die SPD aus der Analyse der Grünen, 27. 12. 1982, AdsD, 1/BFAA000294; Die politischen Forderungen der Grünen als Ausdruck ihrer Grundwerte (Grundlage: Wahlplattform '82 für Bayern), 29. 11. 1982, AdsD, 1/BFAA000294.
[219] Siehe exemplarisch die Kontroverse zwischen Claus Offe: Die Logik des kleineren Übels, in: *Die Zeit*, 9. 11. 1979; und Karsten D. Voigt: Entgegnung auf Claus Offe, in: *die tageszeitung*, 15. 11. 1979.
[220] Mit den Grünen koalieren. Pro und Contra, in: *Stuttgarter Nachrichten*, 26. 6. 1982.
[221] So z. B. die SPD Münster: Die Grünen. Sozialdemokratie und Grüne Partei. Ein paar kritische Fragen ohne Antworten [1980], AGG, Bestand A – Klaus Timpe, 3.
[222] Konsequenzen für die SPD aus der Analyse der Grünen, 27. 12. 1982; so auch Reinhard Schultz: Jusos müssen Scharnier bleiben zwischen Arbeiterbewegung und Ökologiebewegung, undatiert, AGG, Bestand A – Klaus Timpe, 1.
[223] Mit den Grünen koalieren. Pro und Contra, in: *Stuttgarter Nachrichten*, 26. 6. 1982.

Die Widerstände gegen eine Zusammenarbeit blieben in der Tat gewaltig. Von Karsten Voigt über Egon Bahr bis zu Georg Leber und Helmut Schmidt lehnten SPD-Spitzenpolitiker eine Kooperation auf Bundesebene ab.[224] Sie brachten zwei Einwände vor: Zum einen sei die junge Partei „unberechenbar", zum anderen seien ihre Ziele nicht „politikfähig". Dass Sozialdemokraten eine Koalition mit denjenigen ablehnten, die schon habituell so gänzlich anders auftraten wie sie selbst, die anders dachten und sprachen, ist nicht verwunderlich. Dass sie die grünen Ziele für nicht realisierbar hielten, war dagegen Ausdruck eines in der SPD verbreiteten etatistischen Pragmatismus, der umsetzen wollte, was er für machbar hielt. In einem Strategiepapier von 1980 empfahl Bundesforschungsminister Volker Hauff seiner Partei, nicht darauf zu warten, bis die neue Partei von selbst zerfalle. Denn damit würden „nicht die kritischen Fragen vieler Menschen zur Erhaltung unserer Umwelt, zur Energie- und Rohstoffversorgung, zur humanen Gestaltung der Arbeitsplätze, zur Sicherung des Friedens in der Welt" verschwinden.[225] Hauff verlangte, dass die SPD eine Antwort auf das finden müsse, was die Grünen an Problemen aufzeigten; gleichwohl stand für ihn fest, dass die neue Partei keine politisch umsetzbaren Lösungen hatte. Er war der Ansicht, dass die soziale Frage bei den Grünen zu kurz käme. Und er meinte, dass ökologische Probleme im wirtschaftlichen Gesamtzusammenhang gesehen werden müssten.[226] Die Leitbilder der Grünen seien „nicht mit den Leitbildern der Arbeiterbewegung, der Gewerkschaften und der Sozialdemokratie, in Übereinstimmung zu bringen".[227] Die SPD sei die Interessensvertretung der Arbeitnehmer, die mit denjenigen, welche den Umweltschutz über den Erhalt von Arbeitsplätzen stellten, nicht zusammenarbeiten könne.

Auf diese Weise bestritt die Funktionärsebene der SPD die Auseinandersetzung mit den Grünen. Die soziale Frage galt ihr viel, und sie dem Schutz der Umwelt unterordnen wollte sie nicht. Doch auch was die Friedens- und Sicherheitspolitik anging, prallten für sie gegensätzliche Meinungen aufeinander. Das Spitzenpersonal der SPD kritisierte, dass die Grünen nicht einsähen, wie notwendig rüstungskontrollpolitische Verhandlungen seien. Der SPD-Fraktionsreferent Dieter Dettke fand 1983, dass sie die Gefahren der Nachrüstung überzeichneten, während sie die Chancen der Rüstungskontrollpolitik unterschätzten.[228] Für Karsten Voigt wiederbelebten sie „illusionäre [...] Konzeptionen einer vorwiegend nationalstaatlich orientierten Sicherheits- und Abrüstungspolitik".[229] Auch dass sie eine strikt gewaltfreie Politik anstrebten, erschwerte für Voigt den Dialog.[230] Kurz: Mit ihnen war kein Staat zu machen.

---

[224] Voigt: Die GRÜNEN nach Hannover oder Warum es zwischen ihnen und der SPD keine Koalition geben kann. Eine Polemik mit konstruktiver Absicht, in: *Die Neue Gesellschaft/Frankfurter Hefte* 33 (1986), S. 644–647. Egon Bahr: Streit über Haltung zu den Grünen lohnt nicht. Unfähigkeit der Grünen zur Übernahme politischer Verantwortung, in: *Vorwärts*, 26. 1. 1985, S. 4; für die Äußerungen Lebers siehe Protokoll der Sitzung des Vorstandes am 7. 3. 1983, AdsD, Bestand SPD-PV, Vorstandssekretariat, 389; Schmidt: Mit Grünen kann es für die SPD keine Koalition geben, in: *Hannoversche Allgemeine*, 16. 3. 1982; „Die Grünen sind nicht politikfähig". Interview mit dem SPD-Fraktionsvorsitzenden Hans-Jochen Vogel, in: *Münchner Merkur*, 15. 4. 1983.
[225] Hauff: SPD und die Grünen, September 1980, S. 1, AdsD, 1/HWAA001800.
[226] Ebenda, S. 2.
[227] Ebenda, S. 5.
[228] Dettke: Thesen des Bundesvorstandes der Grünen zur „Nachrüstung" vom 2. 3. 1983, 5. 4. 1983, S. 2, AdsD, Vorlass Voigt, H 48.
[229] Voigt: Friedenspolitik der Grünen – Versuch einer fairen Auseinandersetzung, in: *Die Neue Gesellschaft* 30 (1983), S. 317–326, hier S. 320.
[230] Voigt: Thesen zur sicherheitspolitischen Anhörung der Grünen am 16. 6. 1986 in Bonn, Juni 1986, AdsD, Vorlass Voigt, H 48; Voigt: SPD-Reformen und grüner Fundi-Anspruch, in: *Vorwärts*, 3. 1. 1987, S. 30f.

Die SPD nahm die Konfrontation mit den Grünen zum Anlass, um darüber nachzudenken, wie politisches Handeln und staatliche Institutionen beschaffen sein sollten. Egon Bahr nämlich fand an den neuen sozialen Bewegungen und den Grünen nicht so sehr bemerkenswert, dass sie neue Problem- und Themenfelder erschlossen, sondern dass sie die formalen Entscheidungsgewohnheiten der parlamentarischen Demokratie radikal bezweifelten.[231] Der SPD-Abgeordnete Bruno Friedrich warnte davor, „den Bürgerinitiativen Aufgaben zu übertragen oder zuzubilligen, die in unserem Staat eindeutig von den parlamentarischen Organen zu erfüllen sind".[232] Dagegen unterstrich der schleswig-holsteinische SPD-Oppositionsführer Klaus Matthiesen, dass die neuen sozialen Bewegungen ihre politische Kraft daraus zögen, dass viele Bürgerinnen und Bürger „mit unvernünftigen und ungerechten Entscheidungen in Parlamenten und Parteien" unzufrieden seien.[233] Weder wollte die SPD, wie Matthiesen sagte, an den etablierten Mechanismen der parlamentarisch-repräsentativen Demokratie etwas ändern, noch stand für sie das Gewaltmonopol des Staates infrage. Klaus von Dohnanyi, der 1981 die Möglichkeit hatte, in Hamburg eine rot-grüne Koalition zu bilden, aber keinen Gebrauch von dieser Option machte, betonte in einem Vermerk, dass „Gesetze [...] im Parlament gemacht" werden und das Parlament der „Anker der Demokratie" sei.[234] Die Grünen standen für ihn im Verdacht, an diesen Prinzipien rütteln zu wollen.

Weitaus schärfer formulierte 1983 Annemarie Renger das sozialdemokratische Unbehagen am Politikbegriff der Grünen. Für sie standen die Grünen für eine „massenhafte Aufkündigung der Staatsloyalität".[235] Die neue Partei drängte „in die Parlamente, ohne die besondere Verantwortung einer Mitgliedschaft im Parlament anzuerkennen".[236] Weil die Grünen sich weigerten, Regierungsverantwortung zu übernehmen, gefährdeten sie für Renger die „Funktionsfähigkeit des Parlamentarismus im demokratischen Staat". Ihre Parteiprogramme seien „Negativkataloge" und „überzeugt von der Nutzlosigkeit hergebrachter parlamentarischer Arbeit", ihre basisdemokratischen Vorstellungen wollten „unsere Demokratie an der Verfassung vorbei" manipulieren.[237] Während das „als Fortschritt der Demokratie gepriesene imperative Mandat [...] der überwundenen Geschichtsphase des feudalen Ständestaates zugerechnet werden" könne,[238] seien die parlamentarischen Rituale der Grünen („Blumen auf den eigenen Abgeordneten-Pulten, Kakteen für die Regierungsbank; Verkleidung mit Gasmasken, Mundschutz und weißen Kitteln im Frankfurter Römer") lediglich „Gags", mit denen sie „die Aufmerksamkeit der Öffentlichkeit" gewinnen wollten.[239] Nicht nur schlug Renger eine bildungspolitische Offensive vor, um das

---

[231] Bei den Grünen „artikuliere sich auch die Kritik bestimmter Gruppen in der Bevölkerung an den Entscheidungsabläufen in unserer staatlichen Ordnung", sagte er bereits 1978 im Präsidium. Protokoll der Sitzung des Parteivorstandes am 24.4.1978, S.15, AdsD, Bestand SPD-PV, Vorstandssekretariat, 305.
[232] Ebenda, S.16.
[233] Ebenda, S.16.
[234] Klaus von Dohnanyi: Zu Beginn der 10. Legislaturperiode der Hamburger Bürgerschaft. Die Gespräche SPD/GAL aus der Sicht des Bürgermeisters, undatiert, AdsD, Nachlass Selbmann, 88.
[235] „SPD darf Schmidt nicht verdrängen", in: *Augsburger Allgemeine Zeitung*, 19.10.1983.
[236] Renger: [Thesenpapier für ein Pressegespräch zum Thema „Die Grünen" am 29.4.1981], undatiert, AdsD, 1/ARAA000025; abgedruckt in *Frankfurter Rundschau*, 2.5.1981.
[237] Renger: [Thesenpapier zum Thema „Die Grünen" für ein Pressegespräch mit der *Rhein-Pfalz* am 3.2.1983], undatiert, AdsD, 1/ARAA000039; dazu „Renger: Verfassung bleibt Richtschnur", in: *Rhein-Pfalz*, 9.2.1983.
[238] Ebenda.
[239] Renger: [Thesenpapier für ein Pressegespräch zum Thema „Die Grünen" am 29.4.1981].

grüne Spektrum an das heranzuführen, was sie als den „Konsens" der etablierten Parteien verstand.[240] Sie kündigte auch an, dass das Parlament „in seiner Arbeit überzeugend nachweisen" werde, „daß es die einzige legitime demokratische Vertretung der Bevölkerung" sei. Für einen beträchtlichen Teil der zum konservativen Parteiflügel tendierenden SPD-Funktionäre waren die Grünen also eine Herausforderung. Sie stellten die parlamentarische Routine infrage.

Dass sich der außerparlamentarische Protest erfolgreich in das integrieren ließe, was zeitgenössisch als „Konsens" definiert wurde, war hingegen die ausdrückliche Erwartungshaltung jener Parteimitglieder, die den neuen sozialen Bewegungen nicht rundheraus ablehnend gegenüberstanden. Die SPD müsse die Friedensbewegung aufnehmen, um das Gemeinwesen zu stärken, hieß es 1982 in einem Sammelband, den Willy Brandt als Mitherausgeber verantwortete.[241] In seiner Rede anlässlich des zehnten Todestages des SPD-Vordenkers Willi Eichler formulierte Brandt 1981, die SPD sei eine „Integrationspartei", die „zur Bindung unterschiedlicher Menschen und Menschengruppen fähig bleiben" sollte.[242] Die Anliegen und Vorstellungen der „Jugend" seien nichts, „was den Zielen des demokratischen Sozialismus fremd sein müßte". Hinter den Integrationsbemühungen Brandts stand nicht zuletzt die Erinnerung an die Aufspaltungen, welche die Arbeiterbewegung während der ersten Jahrhunderthälfte geschwächt hatten. Bei den Sozialdemokraten lag nun „die Hauptverantwortung dafür, dass leidenschaftliches und kraftvolles Engagement in dauerhafte politische Handlungsfähigkeit übergeht, statt in Verbiesterung zu enden".[243] Hochrangige Vertreter der SPD hofften, dass die Nachrüstungsgegner abweichende Politikvorstellungen aufgeben würden, sobald die Stationierungsfrage von der Tagesordnung verschwunden war. Glotz riet seiner Partei, „die Friedensbewegung als Teil der Linken zu erhalten" und den Kontakt mit ihr zu suchen – damit die Aktivisten an das politische System der Bundesrepublik rückgebunden blieben.[244] Was die Grünen betraf, so erwartete das Spitzenpersonal der SPD, dass sie sich langfristig parlamentarisieren ließen. Glotz schrieb 1983, dass der Bundestag „sich als Forum der Nation" präsentieren und „die Grünen gerade durch die Auseinandersetzung mit ihrem Widerspruch" integrieren müsse.[245] Für Sozialdemokraten und Sozialdemokratinnen war es wichtig, den Protest – sei es in Form der Friedensbewegung oder der Grünen – an das Gemeinwesen und das politische System der Bundesrepublik heranzuführen.

Es ist eine Ironie der Geschichte, dass der Einzug der Grünen in den Bundestag im März 1983 der Anfang vom Ende der außerparlamentarischen Protestbewegung und der Beginn ihrer „Vollparlamentarisierung" war.[246] Von Anfang an hatte die grüne Bewegung die Diskussion darüber begleitet, ob sie sich in einer Partei zusammenschließen sollte.[247]

---

[240] Zum historischen Kontext siehe Kreis: Nachfolgegeneration.
[241] Strübel: Friedensbewegung, S. 64.
[242] Brandt: Identität, S. 1066; abgedruckt in Brandt: Berliner Ausgabe, 5. Bd., S. 354–363; Brandt: Erinnerungen, S. 344.
[243] Schmude: Nachrüstungsstreit – Belastungsprobe und Stärke der Demokratie, in: *Informationen der sozialdemokratischen Bundestagsfraktion*, Nr. 1772, 4.11.1983.
[244] Glotz: Die Linke und die Friedensbewegung, in: *Die Neue Gesellschaft* 31 (1984), S. 12–16, hier S. 13.
[245] Glotz: Widerstand, S. 15.
[246] Boyer/Heidemeyer: Die Grünen, 2. Bd., S. 773 (Dok. 140).
[247] Vgl. Mende: Gründungsgrüne, S. 44–60, 458–461; Mende: Anti-Parteien-Partei, S. 284–287, 314f.; Heidemeyer: Bewegung, S. 76; Peters: Arm; siehe dazu auch aus einer nicht minder aufschlussreichen Perspektive Nehring: Non-Violence.

Einmal im Bundestag angekommen, rückte nun die Frage in den Mittelpunkt, ob es nicht vielleicht doch klug sei, sich auf die Strukturen des Parlaments einzulassen.[248] Es dauerte lange und kostete viele Kämpfe, doch war der Prozess der Selbstparlamentarisierung der Grünen kaum aufzuhalten. Darauf deutete schon hin, dass die grüne Fraktion im Bundestag eine beachtliche parlamentarische Aktivität an den Tag legte. Helge Heidemeyer hat ausgerechnet, dass in der Legislaturperiode von 1983 bis 1987 80 Prozent der Kleinen und 50 Prozent der Großen Anfragen auf ihr Konto gingen.[249] Damit stärkten sie „die kontrollierenden und diskursiven Elemente des Parlaments signifikant".[250] Die Partei, die sich lange als „Anti-Parteien-Partei" verstand, machte sich die parlamentarischen Instrumente erfolgreich zu eigen. Schon wenige Monate, nachdem die grünen Abgeordneten ihre Büros im Bundestag bezogen hatten, zeigte diese Entwicklung ihre Folgen: Die Abgeordneten Joschka Fischer und Gert Bastian warnten ihre Fraktion davor, „durch eine ‚Radikalisierung des Widerstandes' eine ‚Funktionsstörung des Bundestages' zu verursachen".[251] Die Grünen würden damit ihren „Resonanzkasten" beschädigen, und eine „zu militante Formulierung unserer Widerstandsformen ‚droht uns das Wasser abzugraben'".[252]

Als Fischer 1985 zu seiner Vereidigung als hessischer Minister für Umwelt und Energie in Jeans und Turnschuhen antrat, prägte er ein Bild, das retrospektiv dafür steht, wie die neuen sozialen Bewegungen ihren „Marsch durch die Institutionen" begannen.[253] In der Forschung zur Geschichte der Grünen besteht Einigkeit darüber, dass sich die junge Partei nicht nur den parlamentarischen Gepflogenheiten angepasst, sondern in einem wechselseitigen Prozess auch selbst den Alltag im Bundestag und die Einstellungen der außerparlamentarischen Opposition verändert hat. Silke Mende spricht davon, dass die Grünen „auf den ‚Normalpfad' parlamentarischer Demokratie" einschwenkten,[254] während Heidemeyer unterstreicht, dass die Grünen für die bundesdeutsche Gesellschaft „pazifizierend" und „stabilisierend" gewirkt hätten, „weil sie Gesellschaftsgruppen an den Staat herangeführt haben, die ursprünglich bewußt abseits standen wie die Träger der neuen sozialen Bewegungen".[255] Klaus Naumann formuliert eine ähnliche These, wenn er von der „Selbstanerkennung" der neuen sozialen Bewegungen im Protest gegen die Nachrüstung spricht.[256] Jens Ivo Engels prägt das Begriffspaar „Normalisierung und Inkorporierung", das treffend „die institutionelle und verfahrenstechnische Ankunft von Protest in der Mehrheitsgesellschaft" beschreibt.[257] Einen Schritt weiter geht Philipp Gassert, der argumentiert, die „Nuklearkrise" habe auf die westdeutsche Gesellschaft „eher konsensbildend als konsenssprengend gewirkt".[258] Er bezieht seine These nicht nur auf den Einzug der Grünen in den Bundestag und darauf, dass „Parlamente und Gerichte"

---

[248] Vgl. Mende: Gründungsgrüne, S. 471–475.
[249] Heidemeyer: Bewegung, S. 93; Heidemeyer: Die Grünen, S. XI–XXXV, insb. XXXIV.
[250] Heidemeyer: Bewegung, S. 93.
[251] Ebenda, S. 79; Boyer/Heidemeyer: Die Grünen, 1. Bd., S. 340f. (Dok. 53).
[252] Boyer/Heidemeyer: Die Grünen, 1. Bd., S. 341 (Dok. 53).
[253] Lessinger/Holtz-Bacha: Turnschuh-Minister, S. 508f.
[254] Mende: Anti-Parteien-Partei, S. 314; Mende: Gründungsgrüne, S. 474, 491.
[255] Heidemeyer: Bewegung, S. 100.
[256] Naumann: Selbstanerkennung, S. 284f.
[257] Engels: Inkorporierung, S. 83f.
[258] Gassert: Lärm, S. 201; Gassert: Konsens, S. 493–495. Demgegenüber hat Silke Mende herausgearbeitet, dass die grüne Bewegung den „Abschied vom Konsens" markierte. Mende: Parlamentarismuskritik, S. 29.

die legitimen „Foren des politischen Streits" geblieben seien, sondern auch auf die Selbstverortung der Bundesrepublik im Westen und in ihrer eigenen Geschichte.[259] Es ist richtig, dass sich bei den Grünen langfristig jene Kräfte durchsetzten, welche die Fundamentalopposition ablehnten und die Reform wollten.[260] Doch dieser Prozess dauerte lange an, war widersprüchlich und führte selbst während der Regierungszeit der ersten rot-grünen Bundesregierung von 1998 bis 2005 zu erheblichen Konflikten. Die Frage jedoch, ob der Nachrüstungsstreit den „Konsens" nun geschwächt oder gestärkt hat, möchte dieses Buch nicht beantworten. Denn „der Konsens" ist ein viel zu fragiles Konstrukt der Zeitgenossen, als dass man seiner geschichtswissenschaftlich habhaft werden könnte.[261]

Die Antwort, welche die SPD auf die Grünen gab, war eine doppelte. Einerseits begegneten ihre Funktionäre der jungen Partei mit Spott, denn die habituellen Unterschiede zwischen den neuen sozialen Bewegungen und der traditionsreichen Sozialdemokratie waren nicht zu übersehen. Andererseits erkannten ihre nachrüstungskritischen Mitglieder aber rasch, dass die Grünen ein inhaltliches Profil entwickelten, welches eine Antwort auf die zeitgenössische Krisenperzeption bot, mit der sich die SPD so schwer tat. Da ehemalige Sympathisanten der SPD scharenweise zu den Grünen überliefen und die junge Partei attraktiver fanden, grenzten sich die sozialdemokratischen Funktionäre von ihr ab. Sie war ein politischer Konkurrent, mit dem vielleicht in der Zukunft einmal eine Koalition möglich werden könnte, aber in der Gegenwart Zusammenarbeit nicht vorstellbar schien. Denn ihr Politikverständnis war nicht das der SPD. Wo sich SPD-Mitglieder mit den Grünen auseinandersetzten, grenzten sie sich von deren Kritik an den Parteien, am Parlamentarismus und den Institutionen der Bonner Republik ab. Zugleich jedoch versuchten sie, die Friedensbewegung als eine gesellschaftliche Protestgruppierung, aus der die Grünen ihre Anhänger bezogen, an die westdeutsche „Mehrheitskultur"[262] heranzuführen. Die Grünen normalisierten und inkorporierten sich schließlich selbst, als sie sich im Bundestag zunehmend der Instrumente des Parlamentarismus bedienten.

4. Die Transformation der SPD und ihre Grenzen

Änderte die SPD selbst ihren Politikbegriff, als sie sich außerparlamentarisch herausgefordert sah? In der Tat definierten ihre nachrüstungskritischen Gruppen um das Jahr 1983 herum in drei Hinsichten neu, was Politik war. Erstens griffen sie Partizipationsforderungen auf und integrierten sie in ihre Ideenwelt, zweitens fassten sie ihr etabliertes Machtverständnis neu, drittens versuchten sie, in ihren Vergemeinschaftungsformen wieder attraktiver zu werden. Es war Peter Glotz, der in seinem 1982 erschienenen Buch „Die Beweglichkeit des Tankers" Wege aufzeigte, wie sich seine Partei reformieren könnte.[263] Sein Lösungsansatz formulierte symptomatisch das Dilemma, in dem sich die SPD zwischen alten und neuen sozialen Bewegungen befand.

---

[259] Gassert: Konsens, S. 493.
[260] Fahlenbrach schreibt, die Grünen seien „Bestandteil des etablierten Parteiensystems" geworden, müssten aber „in ihrer Zielsetzung, ihrer Programmatik und ihren symbolischen Repräsentationsformen trotzdem den oppositionellen Gestus aufrechterhalten". Fahlenbrach: Die Grünen, S. 477.
[261] Ebenfalls kritisch Gotto: Enttäuschung, S. 32.
[262] Glotz: Generation, S. 307.
[263] Glotz: Beweglichkeit.

Die Nachrüstungsgegnerinnen und -gegner in der SPD deuteten Protest als etwas Wünschenswertes, bald nachdem die Friedensbewegung mit Massendemonstrationen in Erscheinung getreten war. Für den SPD-Bundestagsabgeordneten Gerhard Schröder galt er bereits 1982 „als normal und als notwendig und positiv im Hinblick auf das Aufzeigen gesellschaftlicher Fehlentwicklungen".[264] Wenn die Protestaktivisten einen „Widerspruch zwischen dem demokratisch gewollten und grundrechtlich gesicherten Demonstrationsrecht und der Wirklichkeit" empfanden, müsse diesem Prozess entgegengesteuert werden. Schröder forderte, dass die Legalität politischer Diskussions- und Entscheidungsprozesse „nicht statisch verstanden werden" dürfe, „sondern als Prozeß, der stets neubegründet werden" müsse. Damit meinte er, dass neue Formen der Mitsprache zu finden seien, die sich im Rahmen der etablierten politischen und parlamentarischen Formen bewegten.[265] Die Unterscheidung von Legalität und Legitimität war beliebt, denn zwischen dem, was formal gesetzmäßig, und dem, was rechtmäßig war, ließ sich die Kritik der Friedensbewegung in rechtsphilosophischer Tradition nachvollziehen.[266] Sogar Horst Ehmke machte im Februar 1984 ein „wachsendes Spannungsverhältnis [...] zwischen einer *legalen* und einer *realen* Mehrheit" aus.[267] Dass die Nachrüstung in der Bundesrepublik „nur gegen den Willen einer breiten Bevölkerungsmehrheit durchsetzbar war", würden „nicht nur Umfragen" zeigen. In diesem Zusammenhang sprach Ehmke auch von einem „Spannungsverhältnis zwischen der repräsentativen und einer plebiszitären Mehrheit".[268] Die Sicherheitspolitik dürfe „kein obrigkeitsstaatliches Eigenleben führen" und „der innenpolitischen Auseinandersetzung nicht entzogen werden".[269]

Die naheliegende Antwort, welche Protagonisten des linken SPD-Flügels wie der bayerische Bundestagsabgeordnete Uwe Lambinus auf den Protest zu geben imstande waren, zielte auf das Versprechen von mehr Mitwirkungsmöglichkeiten für den Einzelnen und auf eine dezentralere und basisnähere Politik.[270] Partizipation war das Schlagwort, auf das viele Überlegungen in der SPD zuliefen. Das war folgerichtig, weil mit dem binären Denken auch die starre Frontstellung zwischen Partei und Bewegung aufgeweicht war. „Partizipation an der politischen Willensbildung" sei „das Lebenselement der Demokratie und die Sicherheitspolitik braucht nicht nur eine parlamentarische Mehrheit, sondern auch Zustimmung und Verwurzelung im Volk", formulierte Ehmke.[271] Er reihte sich damit ein in die Tradition derjenigen Sozialdemokraten, die für die Demokratisierung der Gesellschaft plädierten, seitdem Willy Brandt in seiner ersten Regierungserklärung als Kanzler 1969 versprochen hatte, „mehr Demokratie wagen" zu wollen.[272] Die Partizipationsforderung wurde in jenem Moment wieder aktuell, als sich außerparlamentarischer Protest for-

---

[264] Notiz über die Ergebnisse der Arbeitsgruppen des Seminars in Bergneustadt am 30. Jan. '82, undatiert, AdsD, 1/HJVA103194.
[265] So auch Emmerlich: Geltung und Grenzen des Mehrheitsprinzips – Minderheitenschutz, undatiert, AdsD, Nachlass Glotz, 181.
[266] Am prominentesten Schmitt: Legalität und Legitimität.
[267] Ehmke: Herausforderung an die Allianz – Sicherheitspolitik in der Demokratie. Referat auf der Internationalen Wehrkundetagung vom 10. bis 12. Februar 1984 in München, undatiert, S. 2, AdsD, 1/HEAA000623. Hervorhebung im Original (unterstrichen).
[268] Ebenda, S. 3.
[269] Ebenda, S. 2; auch Glotz an Albertz, 28.12.1983, AdsD, 1/HAAA000091.
[270] Lambinus: Die plebiszitäre Verfassungskomponente und ihre Erscheinungsformen, September 1987, AdsD, Nachlass Glotz, 181.
[271] Ehmke: Herausforderung an die Allianz, S. 2.
[272] Brandt: Berliner Ausgabe, 7. Bd., S. 218–224; überblicksartig Faulenbach: Jahrzehnt, S. 67–74.

mierte. Der stellvertretende SPD-Fraktionsvorsitzende Jürgen Schmude sagte, dass die Bonner Parteien mehr unternehmen müssten, um die „Kluft [...] zwischen der herrschenden Meinung und großen, engagierten Teilen der Bürgerschaft" zu schließen.[273] Dies konnte zuvorderst geschehen, indem die Bürgerschaft mehr Mitsprache erhielt. Der SPD-Abgeordnete Alfred Emmerlich verlangte, die Gesellschaft stärker zu demokratisieren und „die Mitwirkungs- und Mitbestimmungsmöglichkeiten des Einzelnen zu stärken".[274] Es sei erforderlich, „die Rigidität unseres Systems der repräsentativen Demokratie überall dort, wo das möglich ist und Sinn machen kann, durch Einbeziehung plebiszitärer Elemente" aufzulockern. Emmerlich schrieb, dass das politische System der Bundesrepublik daran krankte, dass „Parteien, Verbände, Staat und Medien" die Politik monopolisierten.[275] Diesem Prozess müsse entgegengewirkt werden, indem Betroffene ermutigt würden, sich in „Bürgerinitiativen und neuen sozialen Bewegungen" zu engagieren. Abgeordnete der SPD-Fraktion um Hans-Jochen Vogel schlugen 1983 vor, das Petitionswesen des Bundestages auszubauen, um die Stimmen in der politischen Arena zu pluralisieren, oder Plebiszite im Grundgesetz festzuschreiben, damit „das Spannungsverhältnis von Legalität und Legitimität" gelöst werden konnte.[276]

Sozialdemokraten zogen je nach ihrem Standpunkt ganz eigene Lehren aus der Vergangenheit. Dass es Erfahrungen mit Volksbefragungen in der Weimarer Republik gebe, die gegen ihre Einführung in der Bundesrepublik sprächen, rückte Eppler offensiv in den Mittelpunkt seiner Überlegungen. Doch heute bedrohe nicht mehr das Volk die Demokratie, sondern die verkrustete und schwerfällige politische Klasse:

> „Könnte es nicht sein, daß unsere Schwäche genau die umgekehrte ist: daß in unseren Parlamenten manches nicht mehr – oder nicht ausreichend – zur Sprache kommt, was einen beträchtlichen Teil demokratischer Bürger umtreibt, etwa die Skepsis gegenüber einem scheinbar autonomen, politisch ungesteuerten technisch-wirtschaftlichen Prozeß, wie er in Atomkraftwerken seinen einprägsamsten, keineswegs seinen einzigen Ausdruck findet? [...] Könnte es nicht sein, daß heute, im Gegensatz zu 1932, die Angst vor Extremisten mehr zur Erstarrung unseres politischen Lebens beiträgt, als Extremisten die Stabilität unserer Republik gefährden könnten? Kurz: Könnte unser Starren auf Weimar und seine besonderen Gefährdungen nicht dazu führen, daß wir blind werden für die Gefahren von heute und morgen?"[277]

Damit sich Bürgerinnen und Bürger in die politischen Prozesse einbrachten, musste der Staat ihnen, wie Eppler 1981 forderte, mehr Mitwirkungsmöglichkeiten geben. Insbesondere die politischen Verfahren sollten weiter demokratisiert werden.[278] Diesem emphatischen Politikverständnis, das an den sozial-liberalen Reformaufbruch von 1969 anzuknüpfen versuchte und sich stets am Scheitern der Weimarer Republik abarbeitete, war es wichtig, politische Beschlüsse auf Grundlage einer möglichst großen Mehrheit zu fällen. Solche Ideen standen in einer Kontinuität dazu, dass die SPD schon immer für die Demokratisierung von Politik, Gesellschaft und Wirtschaft gekämpft hatte. Als Erbin der Arbeiterbewegung war ihr das Kernanliegen der neuen sozialen Bewegungen – die Partizipation – vertraut.[279]

---

[273] Schmude: Moral, Menschenrechte, Widerstandsrecht und die politischen Grundentscheidungen der Gegenwart, in: *Die Neue Gesellschaft* 31 (1984), S. 16–23, hier S. 23.
[274] Emmerlich: Staat und Gesellschaft, undatiert, S. 2a, AdsD, Nachlass Glotz, 181.
[275] Ebenda, S. 9a.
[276] Vogel an Schwan/Kaiser/Winkler, 28.9.1983, AdsD, 1/HJVA102577.
[277] Eppler: Wege, S. 18.
[278] Mit „Bürgerinitiativen als Element einer Demokratisierung der Gesellschaft" befasste sich beispielsweise Scheer: SPD, S. 338; siehe auch Scheer: Parteien, S. 206–219.
[279] Siehe dazu Emmerlich: Zur Rolle des Staates, undatiert, S. 3, AdsD, Nachlass Glotz, 181.

Teilweise vermischte sich dieses Denken sogar mit Kritik am Parlamentarismus. Den Deutschen fehle das Vertrauen in den Bundestag, schrieb Eppler 1984, weil sie zweifelten, „daß im Hohen Hause auf einem höheren Niveau, mit mehr Sachverstand und weniger ideologischen Scheuklappen diskutiert werde als anderswo".[280] Strukturell stand die Parlamentarismuskritik, die auch in die SPD Einzug hielt, in einer Linie mit historischen Vorbehalten gegenüber den Institutionen der parlamentarisch-repräsentativen Demokratie. Konservative, die Parteien und Parlament ablehnten, sahen die Lösung in elitistischen Politikmodellen. Linke neigten traditionell dazu, ihr Heil in der Massendemokratie zu suchen. In diese Richtung tendierten auch Lösungsvorschläge, die Vertreter des linken SPD-Flügels im Nachrüstungsstreit unterbreiteten. Häufig argumentierten sie für die Durchführung von Volksbefragungen auf breiter Basis. Es sei nicht einzusehen, schrieb Eppler, „warum ein verfassungsrechtliches Instrument, das sich in Gemeinden und Ländern bewährt hat, im Bunde nur Unheil anrichten soll".[281] In der Bundesrepublik, wo „die neuen sozialen Bewegungen mehr Menschen aktivieren können, als alle politischen Parteien zusammengenommen", müsse „die Verweigerung des Plebiszits nur die Vertrauenswürdigkeit der parlamentarischen Demokratie untergraben".[282] Überhaupt war für das politische Denken Epplers die Basis sehr wichtig. Niemand dürfe „auf Erleuchtungen aus Ministerien und Parteizentralen warten", erklärte er 1981.[283] Notwendig sei „Druck auf Parlamente, Parteien, Regierungen". Der Kasseler SPD-Bundestagsabgeordnete Horst Peter ging noch einen Schritt weiter: Was repräsentative Demokratie genannt werde, sei

„in Wahrheit das Gegenteil von Demokratie, ist die Vorherrschaft wirtschaftlich übermächtiger Gruppen: Der Wähler soll durch seine Stimme nicht die für ihn erkennbaren Sachfragen selbst entscheiden, sondern ihm wird zugemutet, die gesellschaftlichen Machtverhältnisse zu bestätigen und sich seiner eigenen Mitbestimmung im Staat dadurch zu entäußern, daß er autoritäre Entscheidungen anderer im voraus gutheißt."[284]

Die Partizipationsforderung, die sich nur in den nachrüstungskritischen Segmenten der SPD durchsetzte, war auch ein Anliegen der Frauenbewegung. Wenn weibliche Parteimitglieder wie die ASF-Vorsitzende Elfriede Hoffmann die Emanzipation der Frau einklagten, dann schlugen sie vor, Mitbestimmung in allen Gesellschaftsbereichen durchzusetzen.[285] Dass Frauen „nicht an den Hebeln der politischen Macht" saßen, galt als eine Erklärung dafür, warum es immer noch Kriege gab: „Politik wird für uns und mit uns – aber nicht von uns gemacht. […] Und das ist auch ein Konflikt unserer Zeit, daß die eine Hälfte der Menschheit, die Männer, der anderen Hälfte, den Frauen, ihre Politik aufzwingt und Mitentscheidung und Mitverantwortung nicht zulässt", wie Anni Jansen, die ASF-Referentin im Erich-Ollenhauer-Haus, 1980 schrieb.[286] Es gebe „einen spezifischen Beitrag der Frauen zur Sicherung des Friedens", der darin bestand, „unbequem zu sein, Fragen zu stellen, Forderungen anzumelden", mit anderen Worten: teilzuhaben und mitzubestimmen in einer von den Männern dominierten Sphäre. Nicht nur stand in den essentialistischen Nar-

---

[280] Eppler: Friedensbewegung, S. 27.
[281] Ebenda, S. 28.
[282] Ebenda.
[283] Eppler: Wege, S. 224.
[284] Horst Peter: Von der Zuschauerdemokratie zur Beteiligungsgesellschaft, undatiert, S. 4, AdsD, Nachlass Glotz, 181.
[285] So Elfriede Hoffmann an Schmidt, 20. 10. 1980, AdsD, Bestand SPD-PV, Referat Frauen/ASF, 8752.
[286] Anni Jansen: Frauen für den Frieden. Rede zum Internationalen Frauentag der SPD, Bezirk Pfalz, in Eisenberg, undatiert [1980], AdsD, Bestand SPD-PV, Referat Frauen/ASF, 10469.

rativen der ASF weibliche Friedfertigkeit in Kontrast zur männlichen Aggressivität. Auch das Verlangen, Politik dezentraler und basisnäher zu organisieren, zu demokratisieren und zu enthierarchisieren, begriffen die SPD-Frauen als eine spezifisch weibliche Idee.[287]

Damit einher kam ein gewandeltes Verständnis von Macht.[288] Der Juso-Bundesvorstand umschrieb die Prinzipien seines Politikverständnisses in einem Manifest 1979 mit Vokabeln wie „gewaltfrei" und „friedfertig" und setzte der „innenpolitischen und ideologischen Militarisierung der Gesellschaft" einen neuen Machtbegriff entgegen.[289] Über die Definition von Macht nachzudenken trieb auch die Frauenbewegung und die ASF um.[290] Die in ihr aktiven weiblichen Mitglieder stellten sich eine grundsätzlich andere Welt vor, in der sie nicht mehr benachteiligt wurden, in der sich politische Gemeinschaften nahräumlich organisierten und in der Macht nicht mehr in der Fähigkeit bestand, „innerhalb einer sozialen Beziehung den eigenen Willen auch gegen Widerstreben durchzusetzen, gleichviel worauf diese Chance beruht".[291] Sie lösten „Macht" aus dem Zusammenhang mit „Zwang" und verstanden sie „weniger als Besitz denn als Beziehung".[292] Doch nicht nur die ASF dachte darüber nach, wie Macht anders definiert werden konnte. Auch Eppler bemerkte in seinem Buch „Wege aus der Gefahr" von 1981, dass Macht überall liege, „wo Bürger ihre Rechte wahrnehmen".[293] Macht entstehe, „wo Menschen sich zusammenschließen, um gemeinsam etwas zu erreichen". Mit diesem emphatischen Machtbegriff kehrte Eppler das in den neuen sozialen Bewegungen verbreitete Gefühl der Hilflosigkeit ins Positive. Ohnmacht war nun etwas Produktives, das die Tür aufstoßen konnte zu neuem Zusammenhalt. Das sich so herausbildende Bewusstsein war für Eppler und die ASF schließlich selbst ein „Machtfaktor", der „bei den etablierten Mächten" eine große „Verunsicherung" auslöse.[294] Wo sich viele Menschen in außerparlamentarischen Bewegungen zusammenschlössen, so sagte Eppler, entstünde eine „Gegenmacht zur Beharrungsmacht des Bestehenden", die schließlich zu einer Macht heranwachse, „neue Schneisen zu schlagen".[295] Nichts brachte diesen Machtbegriff klarer zum Ausdruck als das von dem Sozialdemokraten Diether Dehm geschriebene und von der niederländischen Gruppe „bots" vertonte Lied „Das weiche Wasser bricht den Stein".[296] Die ersten drei Strophen lauteten:

---

[287] Aber auch Brandt: „Es gibt viel Grund zur Unruhe." [Rede auf dem Evangelischen Kirchentag in Hannover am 9.6.1983], in: *Vorwärts*, 16.6.1983, S. I–IV.
[288] Vgl. dazu Schregel: Macht; Schregel: Atomkrieg, S. 337–340.
[289] Bundesvorstand der Arbeitsgemeinschaft der Jungsozialisten (Jusos): Für eine aktive Friedenspolitik! Schluß mit dem Rüstungswettlauf! Manifest der Initiative für Frieden und Abrüstung der Jungsozialisten in der SPD [1979], S. 13, AdsD, Vorlass Voigt, 270.
[290] Siehe exemplarisch Ingrid Stange: Gewalt in der Gesellschaft. Entwurf zur ASF-Bundesvorstandssitzung, 12.12.1980, AdsD, Bestand SPD-PV, Referat Frauen/ASF, 8666; ASF Gießen: Frauen für den Frieden. Gemeinsam für weltweite Abrüstung [Einladung zu einer Veranstaltung mit Marie Veit am 10.9.1981 in Gießen], undatiert, AdsD, Bestand SPD-PV, Referat Frauen/ASF, 10332; aber auch Gerd Wartenberg: Gewalt in der Gesellschaft, 13.10.1987, AdsD, Nachlass Glotz, 181.
[291] So hatte es Max Weber ausgedrückt. Weber: Wirtschaft und Gesellschaft. Kap. 1, §16.
[292] Schregel: Macht, S. 424.
[293] Eppler: Wege, S. 220.
[294] Ebenda. „Daß Menschen und Gruppen an der Basis den Schmerz der Machtlosigkeit erdulden müssen, ist nicht neu. Daß von diesem Schmerz auch jene immer weniger verschont bleiben, die sich über die – teilweise schon verrosteten – Schalthebel politischer, administrativer oder wirtschaftlicher Macht beugen, ist das Neue." Ebenda, S. 219.
[295] Ebenda, S. 221.
[296] Eine Aufnahme aus dem Jahr 1982 ist abrufbar unter <http://www.youtube.com/watch?v=G5Hlqjb26Ug> [23.9.2015].

„Europa hatte zweimal Krieg / der dritte wird der letzte sein. / Gib bloß nicht auf, gib nicht klein bei, / das weiche Wasser bricht den Stein. // Die Bombe, die kein Leben schont, / Maschinen nur und Stahlbeton. / Hat uns zu einem Lied vereint / das weiche Wasser bricht den Stein. // Es reißt die schwersten Mauern ein / und sind wir schwach und sind wir klein, / wir wollen wie das Wasser sein, / das weiche Wasser bricht den Stein."[297]

Über Macht zu sprechen bedeutete, an zeitgenössische Debatten in der Frauenfriedensbewegung, in Publizistik und Wissenschaft anzuschließen. Das gewandelte Machtverständnis war wichtig für den bewegungsinternen Diskurs, denn es trug dazu bei, eigenes Denken und Handeln besser verstehen und begründen zu können – für die männlich dominierte SPD-Spitze hatte es freilich kaum Konsequenzen. Das konnte man schon daran ablesen, dass es so gut wie keine Reaktion bei denjenigen heraufbeschwor, die über Unregierbarkeit sprachen. Über die Frage dagegen, ob die parlamentarisch-repräsentative Demokratie mit plebiszitären Elementen ergänzt werden müsse, stritten Sozialdemokraten erbittert.[298]

Auch der sozialdemokratische Staatsbegriff veränderte sich in der Diskussion um die Nachrüstung kaum.[299] Zwar traten Mitglieder der Parteilinken auf den Plan, die unter dem Schlagwort „Atomstaat"[300] darüber nachdachten, dass den liberal-demokratischen Gesellschaften des Westens der Rüstungswettlauf strukturell eingeschrieben sei.[301] Bei ihnen gewann die traditionell positive sozialdemokratische Staatsauffassung eine neue Dimension, die vom Bewusstsein getragen wurde, dass vom Staat auch Gefahren ausgingen.[302] Doch die Frage nach dem Staat wühlte die Partei nicht auf, wie es die neuen sozialen Bewegungen mit ihrer Partizipationsforderung taten. Die SPD stritt nicht über die Institutionen des staatlichen Zusammenlebens, sondern über seine Verfahren. Ihre Staatskonzeption blieb in den achtziger Jahren weitgehend konstant, denn ihr Staatsverständnis hatte sich schon in den sechziger Jahren verändert.[303] Damals waren angelsächsische Staatsvorstellungen in die Partei und die westdeutsche Gesellschaft gelangt. Dem Staat war „seine Dignität und seine herausgehobene Stellung" abhandengekommen.[304] Wer von „Staat" sprach, der redete nicht mehr von Herrschaft, sondern davon, dass er nicht von „Gesellschaft" zu trennen war.

Als Peter Glotz 1988 – also lange nach dem Nachrüstungsstreit – prägnant zusammenfasste, was seine Partei unter „Staat" verstand, zeigte sich, dass die SPD ihren Glauben an den Staat in den Debatten um mehr Volksbeteiligung nicht verloren hatte. In seinen Worten gründete der Staat in drei Teilsegmenten: „dem Infrastrukturstaat, dem Sozialstaat, dem Ordnungsstaat".[305] Weder verfolgten die Sozialdemokraten einen „zentralistischen Größenwahn, als könne der Staat die Wirtschaft effektiv steuern", noch wollten sie den

---

[297] Dehm: Gute Unterhaltung, S. 48.
[298] Siehe ergänzend Willfried Penner/Scheer: Mehr plebiszitäre Demokratie?, undatiert, AdsD, Nachlass Glotz, 181; Scheer: Der Volksentscheid muß die Ausnahme bleiben. Direkte Demokratie anstelle repräsentativer Demokratie zerstört die Demokratie, in: *Sozialdemokratischer Pressedienst*, 15. 9. 1983, S. 2-6.
[299] Zur Staatskonzeption der SPD die zeitgenössische Analyse Hennis: Sozialismus.
[300] Jungk: Atom-Staat; dazu Dannenbaum: Atom-Staat, S. 275, Anm. 14; siehe auch die Beiträge in Mez/Wilke: Atomfilz.
[301] Exemplarisch Weizsäcker: Wege, S. 109–139; dazu auch Gassert: Lärm, S. 185.
[302] Am Ende der achtziger Jahre gewann er eine weitere kritische Dimension, als unter dem Einfluss neuer Informationstechnologien über staatliche Überwachung debattiert wurde, vgl. Günter Graf: Anmerkungen zu der Entwurfsentschließung vom 24. 8. 1987 zum Thema Gewaltmonopol, 24. 10. 1987, S. 1, AdsD, Nachlass Glotz, 181.
[303] Dazu Metzler: Konzeptionen, S. 297–310.
[304] Metzler: Staatsversagen, S. 251.
[305] Glotz: „Staats"-Diskussion im Deutschen Bundestag, Herbst 1988, undatiert, S. 1, AdsD, Nachlass Glotz, 181.

Rückbau von Staatlichkeit. Für sie behielt der „Sozialstaat" seinen überragenden Stellenwert, den er für die Arbeiterbewegung traditionell hatte. Es waren die Unionsparteien, die nach Ansicht von Glotz den „Infrastrukturstaat und Sozialstaat demontieren, den Ordnungsstaat aber hypertrophieren" wollten, während die „Neo-Liberalen" zur „Unzahl (privater) Obrigkeiten des Mittelalters" zurückkehrten.[306] Während Glotz sich von Union und FDP abgrenzte, widersprach er auch dem Staatsbegriff der Grünen. Die „Abrüstung des Politischen" sei mit der Sozialdemokratie nicht zu machen. Gegen diese Pole definierte Glotz die Staatskonzeption der SPD: „Staat" sei „keine der Gesellschaft gegenüberstehende und übergeordnete Wesenheit, sondern ‚government' im angelsächsischen Sinn". Die Gemeinschaft müsse gerade „stark genug bleiben, um sich durchzusetzen – nicht nur gegen Rechtsbrecher, sondern auch gegenüber wirtschaftlichen Mächten".

Sozialdemokraten sprachen im Nachrüstungsstreit über die Verfasstheit ihres Landes – sie sprachen kaum über ihre Partei. Die Diskussion um die Raketen kreiste um das politische System der Bundesrepublik. Sie kreiste nicht um Aufbau, Statuten und Strukturen der SPD. Paradoxerweise verhandelten jene SPD-Mitglieder, die so eloquent Volksabstimmungen verlangten, nicht über ihre eigene Organisationsform; sie verlangten, dass Plebiszite auf Bundesebene eingeführt werden sollten, aber nicht, dass die SPD-Parteibasis mehr Macht bekommen sollte. Die SPD war eine durch und durch hierarchische Organisationseinheit. Ihr Gliederungsprinzip war den Mitgliedern tief ins Bewusstsein gesunken, und eine andere SPD konnten sie sich kaum vorstellen. Dass neue soziale Bewegungen aufkamen, beschrieben Sozialdemokraten aller Couleur als innerparteilichen Verlust. Denn sie empfanden den Protest als Zeichen, dass die alten sozialen Bewegungen an Integrationskraft verloren hatten. Gemeint war die Arbeiterbewegung, also Sozialdemokratie und Gewerkschaften. Die Umwelt- und die Friedensbewegung waren für SPD-Mitglieder der Beweis, dass ihr traditionelles Milieu erodierte. Dies hatte unmittelbare Auswirkungen für den sozialdemokratischen Politikbegriff. Henning Voscherau, der Vorsitzende der SPD-Fraktion in der Hamburger Bürgerschaft, beklagte 1983 in einem Brief an Glotz, dass sich die politische Arbeit an der SPD-Basis zunehmend aus der Partei in die Friedensbewegung verlagere. Eine solche „Umkehrung des politischen Wirkungszusammenhangs muß aus meiner Sicht Anlaß zu großer Sorge für die Partei sein".[307] Denn wenn sich „das Zentrum der Willensbildung mancher Sozialdemokraten aus der Partei auf eine heterogene (ebenfalls politische) Bewegung" verlagere, dann bedeute dies „ein Stück Selbstaufgabe der Partei". In dieser Lesart konnte es nicht hingenommen werden, dass die SPD als Partei gegenüber den neuen sozialen Bewegungen marginalisiert oder dass etablierte Formen des Politischen in der SPD verändert wurden. An ihrem Entscheidungsmonopol wollte sie nicht rütteln lassen.

Während es in der SPD kaum Streit um die Statuten gab, wurde doch auch innerparteilich gefragt, was Politik war. Denn die SPD geriet zur Zielscheibe einer profunden Parteienkritik, auf die sie reagieren musste. Ihr Kanzler hatte den Beschluss, der die Nachrüstungsdebatte einleitete, 1979 auf den Weg gebracht. Deshalb vermischte sich das Unbehagen am Repräsentativprinzip bei vielen Zeitgenossen mit Kritik an der Programmatik, den Entscheidungen und dem Parteileben der SPD.[308] Parallel zum Aufkommen der neuen sozialen Bewegungen griff in der Bundesrepublik Unzufriedenheit mit gesellschaftlichen

---

[306] Ebenda, S. 2.
[307] Voscherau an Glotz, 16. 8. 1983, AdsD, 2/PVEH000267, die Antwort vom 31. 8. 1983, ebenda.
[308] Siehe dazu Guggenberger: Mehrheitsdemokratie, S. 187; H.-E. Richter: Gotteskomplex, S. 205f.; zur historischen Einordnung Ruck: Tanker, S. 256–264.

Großorganisationen um sich, die Michael Ruck beschrieben hat.[309] Nun machte sich für die SPD bemerkbar, dass sie nach vielen Jahren an der Regierung ausgezehrt war. Die Partei Helmut Schmidts galt nicht nur in der Friedensbewegung als verkrustet, zerstritten und unfähig, auf neue Problemlagen zu reagieren. Ihre Strukturen, an denen sich Entscheidungsprozesse zu orientieren hatten, und ihr komplexer Funktionärskörper übten kaum mehr Faszination auf Bürgerinnen und Bürger aus, die sich politisch engagieren wollten. Auch die Art und Weise, wie sie sich organisierte, wie sie Probleme anging, wie sie sich vergemeinschaftete, lud kaum mehr zur Mitarbeit ein.[310] Die SPD hatte den neuen sozialen Bewegungen, so sahen es diese, nichts mehr anzubieten. In der Tat war die Eintrittswelle längst abgeklungen, die die SPD in den frühen siebziger Jahren rasant verändert hatte. Die Partei galt in nachrüstungskritischen Kreisen als männerbündisch verschlossen und als bieder. Es war aber nicht nur die SPD-Basis, die diesen Missstand empfand und ausdrückte.[311] Selbst Glotz machte 1982 eine tiefe Krise der „Massenorganisationen" aus.[312] Eppler, der Vordenker neuer sozialer Bewegungen in der SPD, identifizierte 1981 ein „Auswandern eines großen Teils der jungen Generation aus den Denkkategorien der großen politischen Parteien".[313] Dies war für ihn aber nicht der Fehler der „jungen Generation". Vielmehr gebe es „in allen großen Parteien schwerfällige Mechanismen", die nicht mehr zeitgemäß seien.[314] Die SPD sei „in Routine erstarrt, vertrocknet, sagen wir ruhig: faul".[315]

Wie sollte die SPD damit umgehen, dass große Teile jenes gesellschaftlichen Spektrums, das doch eigentlich zur Sozialdemokratie tendierte, ihr abzusprechen begannen, noch wählbar zu sein? Wie sollte sie reagieren, wenn neue soziale Bewegungen die „alten sozialen Bewegungen" ablösten und deren Denkkategorien radikal anzweifelten? Um es kurz zu machen: Sie fand keine Antwort, welche die Mitgliedschaft und die neuen sozialen Bewegungen gleichermaßen überzeugt hätte. Auf der einen Seite standen jene konservativen Sozialdemokraten, die mit Löwenthal und Renger darauf beharrten, dass die Partei sich von den Protestbewegungen abgrenzen müsse. Auf der anderen Seite suchten Mitglieder wie Eppler den Schulterschluss. Dass die SPD zerrissen war, brachte niemand so scharfsichtig zum Ausdruck wie Peter Glotz. In „Die Beweglichkeit des Tankers" verortete er die Sozialdemokratie „zwischen Staat und neuen sozialen Bewegungen".[316] Er warb um „Verständnis und Unterstützung für den etatistischen Krisenbewältigungspragmatismus der regierenden Sozialdemokraten"[317] und signalisierte gleichwohl Verständnis für

---

[309] Ruck: Tanker, S. 253.
[310] Hellsichtig erkannt von Schubert: Frieden und Bewegung, in: *Die Neue Gesellschaft* 29 (1982), S. 304–310.
[311] So SPD-Ortsverein Vaterstetten an die Vorstandsmitglieder der SPD, 24.2.1980, AdsD, 2/PVEK000124.
[312] Glotz: Beweglichkeit, S. 7.
[313] Eppler: Wege, S. 223.
[314] Ebenda, S. 224.
[315] Ebenda, S. 236.
[316] Glotz: Beweglichkeit; Dazu „Die Beweglichkeit des Tankwarts". Günther Nenning über Peter Glotz' Analyse der Sozialdemokratie, in: *Der Spiegel*, 10.5.1982, S. 218–223; Joachim Bruhn: Von der Liebenswürdigkeit einer Falltür. Anmerkungen zu Peter Glotz, in: *die tageszeitung*, 16.4.1982; Nicht minder wichtig Glotz: Staat; Glotz: Jugend und Gesellschaft. Die Herausforderungen der 80er Jahre, in: *Gewerkschaftliche Monatshefte* 31 (1980), S. 357–368; Glotz: Sozialdemokraten und Jugendprotest, in: *Aus Politik und Zeitgeschichte* 39/1981, S. 21–24.
[317] Ruck: Tanker, S. 262.

die Partizipationswünsche der neuen sozialen Bewegungen.[318] Der populären Kritik an Großorganisationen hielt Glotz entgegen, dass Parteien „in einer Phase der Segmentierung und Fragmentierung der Gesellschaft eine nicht zu unterschätzende Integrationsfunktion" hätten.[319] Gerade der SPD als „Volkspartei" kam in den Worten Glotz' die Aufgabe zu, die westdeutsche Gesellschaft zusammenzuhalten.[320] Die SPD sei ein „Tanker", der „seetüchtig gehalten" werden müsse. Deshalb sollte sie „viel von dem aufnehmen, was in den neuen sozialen Bewegungen der siebziger Jahre entstanden ist".[321] Sie würde „erstarren und in sich zusammenfallen, wenn sie sich von den Bedürfnissen und Sehnsüchten der Menschen abriegeln würde".[322] Freilich schickte Glotz diesem Zugeständnis sogleich einschränkend hinterher, dass jeder, der glaube, dass die Wünsche der neuen sozialen Bewegungen „umstandslos in Politik umgesetzt werden könnten, [...] die Macht des Staates im späten 20. Jahrhundert" überschätzte.[323]

Gleichwohl versuchten nachrüstungskritische SPD-Mitglieder, im Aufkommen der neuen sozialen Bewegungen eine Chance für die SPD zu sehen. Eppler wollte nicht gelten lassen, dass der Gegensatz zwischen Bürgerinitiativen und Parteien zwangsläufig war.[324] Er meinte, dass mit polaren Frontstellungen die Herausforderungen der Zeit nicht zu lösen waren. Die SPD müsse „sich neuem gewandeltem Bewußtsein öffnen", wenn sie „leben, nicht in gehorsamer Langeweile verrotten" wollte, empfahl er.[325] Bürgerinitiativen würden dazu beitragen, „das Geschehen in Parteien und Verbänden interessanter zu machen".[326] Sie gehörten „genauso zur Demokratie wie Parlamente, Parteien und Verbände".[327] Auch Voigt sah 1983 in der Friedensbewegung nicht nur „eine Chance für die parlamentarische Demokratie", sondern auch für das Binnenleben von Parteien wie der SPD.[328] Die Friedensbewegung könne für Außenstehende wieder attraktiver machen, wie Sozialdemokraten miteinander umgingen.[329] Diejenigen in der SPD, die die neuen sozialen Bewegungen nicht gänzlich ablehnten und von der Reformbedürftigkeit der SPD sprachen, sahen den außerparlamentarischen Protest als Chance. Denn die Aktivisten und Aktivistinnen auf der Straße, die sich nicht vor den Karren einer Partei spannen lassen wollten, wiesen auf etwas hin, das auch die Nachrüstungskritikerinnen und -kritiker in der SPD als richtig erkannten: Parteien mussten sich transparent organisieren und durften Entscheidungen nicht in Hinterzimmern treffen. Sie sollten auch dann zum Mitmachen einladen, wenn Bürgerinnen und Bürger nur eine konkrete Sachentscheidung beeinflussen und sich nicht langfristig binden wollten.[330]

---

[318] Glotz: Beweglichkeit, S. 33.
[319] Ebenda, S. 37.
[320] Ebenda, S. 68.
[321] Ebenda, S. 57.
[322] Ebenda.
[323] Ebenda, S. 49.
[324] Eppler: Bürgerinitiativen.
[325] Eppler: Wege, S. 236.
[326] Eppler: Bürgerinitiativen, S. 216.
[327] Glotz: Widerstand, S. 14; Glotz: Beweglichkeit, S. 77.
[328] Voigt: Chance.
[329] So hieß es in: Der Harrisleer Beschluss zu Frieden und Abrüstung, gefaßt auf dem Landesparteitag der SPD Schleswig-Holstein am 26. und 27. 9. 1981 in Harrislee, undatiert, AdsD, Bestand SPD-PV, Referat Jungsozialisten, 7605; hierzu weniger optimistisch Rapp an Friedrich, 23. 10. 1981, AdsD, 1/HWAA001796.
[330] Der SPD-Bundesparteitag in Essen verlangte 1984 eine dringende „Neubelebung der Parteiorganisation, verbunden mit einer Reform der Parteiarbeit". SPD-Parteitag, Essen 1984, Angenommene Anträge, S. 792.

Doch die Erneuerungsfähigkeit der Großorganisation „Sozialdemokratie" war beschränkt, und ihre Antwort auf die Protestbewegungen blieb gespalten: Wo sich Parteimitglieder nicht rundheraus von den „Aussteigern" abgrenzten, formulierten sie ein Sowohl-als-auch, das die neuen sozialen Bewegungen nur in ihrem Eindruck bestärkte, es mit einer veränderungsresistenten Partei zu tun zu haben. Die SPD fand nicht heraus aus ihrem Dilemma zwischen alter Traditionswählerschaft und neuen sozialen Bewegungen. Nachdem sich der „Irseer Entwurf" für ein neues Grundsatzprogramm der SPD 1986 dafür ausgesprochen hatte, dass die Partei die Anliegen der neuen sozialen Bewegungen inkorporierte, kam dieser Passus aufgrund interner Differenzen im Beschluss des Nürnberger Bundesparteitages schon nicht mehr vor.[331] Im 1989 verabschiedeten „Berliner Programm" war schließlich zu lesen, dass die SPD „ein Angebot für ein Reformbündnis der alten und neuen sozialen Bewegungen" sein wollte.[332] Vielleicht zeichnet Michael Ruck die Beharrungskräfte der etablierten Strukturen und Praktiken zu schwarz, doch in ihrem Kern legt seine Analyse das Dilemma der SPD offen:

> „Die überkommenen Organisationsstrukturen, Kommunikationsrituale und Willensbildungsprozesse widerstanden erst recht jenen ‚Modernisierungs'-Bestrebungen, die sich aufgeschlossener an zeitgemäßen Maximen wie Individualisierung und Selbstverwirklichung, Pluralisierung und Partizipation zu orientieren empfahlen. Das galt, allen Einzelinitiativen zum Trotz, weithin auch für das Verständnis der – im Kern noch spürbar milieugeprägten – Sozialdemokratie zu den zivilgesellschaftlichen Kräften jenseits des bisherigen Partei- und Verbandswesens."[333]

Zwar blieb die „unüberwindbar tiefe kulturelle Kluft zwischen der ‚Staatspartei' SPD und dem ‚harten Kern' des alternativen Milieus" bestehen,[334] doch veränderte der Nachrüstungsstreit die deutsche Sozialdemokratie tiefgreifend. Es war bemerkenswert, dass SPD-Mitglieder die Frage aufwarfen, was Politik im Angesicht der atomaren Bedrohung noch sein konnte. Sie fragten nach den Möglichkeiten und Grenzen staatlichen Handelns. Ihre Forderung, bei politischen Entscheidungen mitreden zu wollen, erwies sich als Katalysator, der das Nachdenken über das Politische vorantrieb. Da gab es Sozialdemokraten und Sozialdemokratinnen, die weitreichende Partizipationsansprüche stellten, die Volksbefragungen und Plebiszite verlangten oder das Grundgesetz mit anderen basisdemokratischen Regularien ergänzen wollten. Zugleich traten aber SPD-Mitglieder auf den Plan, die die Krise staatlichen Handelns und die Unregierbarkeit des Landes heraufdämmern sahen. Und als sich dann mit den Grünen eine politische Kraft formierte, die ihr Unterstützerpotential aus den neuen sozialen Bewegungen zog und beanspruchte, den traditionellen Rechts-Links-Gegensatz zu überwinden, bei Wahlen aber vor allem auf Kosten der Sozialdemokratie Erfolge feierte – da geriet die Auseinandersetzung mit dem Protest für die SPD vollends zu einem Konflikt über den Inhalt und die Grenzen dessen, was politisch war.

So bündelten sich die entscheidenden Konfliktlinien: Wie konnte sich die SPD vor ihren Anhängern noch legitimieren, wenn ihr Politikansatz von einer Bewegung infrage gestellt wurde, die dezidiert außerparlamentarisch auftrat? Wie konnte sie noch überzeugen, wenn selbst ihre eigenen Mitglieder laut darüber nachdachten, dass ihr Parteileben reformbedürftig war? Und mehr als das: Wie sollte sie noch mit einer Sprache sprechen,

---

[331] Vgl. SPD-Parteivorstand: Irseer Entwurf, S. 28; SPD-Parteitag, Nürnberg 1986, 2. Bd.: Anträge, S. 977.
[332] SPD-Parteivorstand: Berliner Grundsatzprogramm, S. 53.
[333] Ruck: Tanker, S. 262; Nolte: Demokratie, S. 286.
[334] Ruck: Tanker, S. 263f.

wenn andere Mitglieder in diesen Forderungen das Ende traditioneller Staatlichkeit erkannten? Die Antwort der Sozialdemokratie war ambivalent: Sie integrierte und stieß doch ab. Während die Mitspracheforderung in die Partei gelangte und sich im kollektiven Erwartungshorizont der Sozialdemokraten festsetzte, während auch ein neuer Machtbegriff in der SPD populär wurde, der auf Demokratisierung und Enthierarchisierung setzte, überlebte die traditionelle Definition von Staat und Politik bei jenen Mitgliedern, die den Kurs der SPD bestimmten. So widerständig war die Partei gegenüber Veränderungen. Dass sich die Sozialdemokratie neu erfunden hätte, als sie über die Nachrüstung stritt, wird deshalb kaum jemand behaupten können.

Schluss: Wie der Kalte Krieg endete und die SPD an Integrationskraft verlor

Der Kalte Krieg kam in den frühen achtziger Jahren an sein Ende – just in dem Moment, als der Ton zwischen Washington und Moskau immer schärfer wurde. Vielen Beobachtern erschien er als das Überbleibsel einer Vergangenheit, die sich die atomare Konfrontation noch leisten konnte. In einer Welt, die von Interdependenz, Globalisierung und Netzwerken geprägt schien, hatte er keine Erklärungskraft mehr. Der Kalte Krieg war aus den Köpfen vieler Menschen verschwunden, lange bevor die Supermächte ihn tatsächlich beilegten. Gleichzeitig behielt er großen Einfluss, weil ihn selbst seine schärfsten Gegner als Negativfolie brauchten und es nicht vermochten, die binäre Ordnungslogik zu überwinden. Das ist die These meines Buches. Kaum irgendwo sonst lassen sich die Erosion und ihre Grenzen so kondensiert studieren wie in der deutschen Sozialdemokratie. Denn ihr Streit um den Vollzug des Doppelbeschlusses war das Resultat davon, dass das Ordnungssystem aus der Zeit fiel. Unterdessen beschleunigte der Konflikt das Nachdenken darüber, wie die Blockkonfrontation überwunden werden könnte. Eine nennenswerte Anzahl von Parteimitgliedern beharrte jedoch auf den Koordinaten des Ost-West-Konflikts. So war es diese seltsame Spannung von Auflösung und Verfestigung, die den sozialdemokratischen Diskurs prägte. Die SPD blieb ein Kind der Ordnung, die sie hinter sich lassen wollte.

Als eine immer größer werdende Zahl von SPD-Mitgliedern ab 1980/81 die Stationierung neuer Atomraketen in der Bundesrepublik und in Westeuropa nicht akzeptierte und stattdessen den Konflikt mit ihrer Parteiführung suchte, ging es also nur vordergründig um Sicherheitspolitik. Zugegeben: Der Anlass, an dem der innerparteiliche Streit entbrannte, war die Frage, ob das westliche Bündnis neue Atomwaffen stationieren und damit riskieren sollte, dass der Gegner und das eigene Territorium ausgelöscht werden könnten. Die Angst vor einem Atomkrieg bewegte viele Menschen in der SPD und außerhalb, und sie war die entscheidende Triebkraft, die den Nachrüstungsgegnern Aufwind gab. Aber eigentlich stritten Sozialdemokraten und Sozialdemokratinnen darüber, ob das Ordnungssystem Kalter Krieg für sie noch Problemlösungspotential hatte. Sie waren gewiss nicht die Einzigen, die über die Bedingungen, die den Atomkrieg möglich machen konnten, diskutierten. Der Nachrüstungsstreit war ein gesellschaftliches Großereignis, und das weit über die Grenzen der Bundesrepublik hinaus. Aber die sozialdemokratische Debatte zeichnete sich dadurch aus, dass die meisten relevanten gesellschaftlichen Positionen in ihr vertreten waren und sie daher wie ein Spiegel abbildete, was in der Bundesrepublik und darüber hinaus vor sich ging.

Es war niemand anderes als Bundeskanzler Helmut Schmidt gewesen, der US-Regierung und NATO-Führung 1977/78 überhaupt auf das sogenannte „Grauzonenproblem" aufmerksam gemacht hatte. Und die Tatsache, dass er die SPD 1979 während des Berliner Parteitages auf seinen sicherheitspolitischen Kurs verpflichtete und auch in den Folgejahren vehement auf ihm bestand, machte die wachsende Kritik an der Parteibasis, in der Parteilinken, unter vielen weiblichen und jüngeren Mitgliedern sowie im protestantischen Milieu der SPD so brisant. Der Kanzler war ein überzeugter Gleichgewichtstheoretiker. Gleichgewicht in all jenen Bereichen, in denen die Supermächte konkurrierten, galt ihm als unverzichtbare Bedingung für politische Stabilität. Schmidt meinte, dass die Supermächte die Parität ihrer Waffen mithilfe von rüstungskontrollpolitischen Gesprächen herstellen könnten. Nur in dem Fall, dass dies scheitern sollte, müsste das westliche Bündnis das Gleichgewicht realisieren, indem es selbst „nachrüstete". Der NATO-Doppelbeschluss entsprach also exakt der politischen Philosophie, mit der Schmidt seine Agenda begründete. Und für viele seiner Zeitgenossen waren diese Grundsätze einleuchtend. Denn sie standen für das, was die Politik der NATO seit dem Harmel-Bericht von 1967 bestimmte. Schmidt behielt mit seinem Standpunkt zur Nachrüstungsfrage bis September 1982 Oberwasser, weil er sich seiner Partei als Garant präsentierte, der für einen Erfolg der Verhandlungen zwischen den Supermächten einstand. Er machte sich dabei elaborierte performative Strategien zunutze, um ein bestimmtes Bild von sich in die Welt zu setzen. Damit war er in der SPD erfolgreich, und die meisten SPD-Mitglieder waren bereit, das Ende der Rüstungskontrolle abzuwarten. Insbesondere die mittlere Funktionärsebene und die Spitze der SPD folgten dem Kurs von Schmidt.

Widerstand aber regte sich in Ortsvereinen und Unterbezirken. Hier bildete sich bereits früh der Typus des sozialdemokratischen Gegenexperten heraus, der das Wissen des Kalten Krieges überwinden wollte, indem er sich selbständig Kenntnisse über die komplexe Materie aneignete und diese in Schnellkursen, Arbeitskreisen und Veranstaltungen zur Geltung brachte. Dass nun sicherheitspolitische Alternativkonzepte in der SPD zirkulierten, in denen die Denkkategorien des Kalten Krieges nichts mehr galten, war neu in der Geschichte der Partei. Kritik wuchs in dem Maße, wie die Aussichten für einen Verhandlungserfolg schwanden. Die Parteibasis und der linke Frankfurter Kreis brachten ab 1980/81 die innerparteiliche Routine zu Fall, indem sie stationierungskritische Beschlüsse fassten und Kooperationen mit außerparlamentarischen Initiativen in der Bundesrepublik oder mit zivilgesellschaftlichen Protestgruppen in den USA eingingen. Als sich die amerikanischen und sowjetischen Unterhändler in Genf ineinander verhakten, wurde es Schmidt unmöglich, seine Kritiker weiter zu bändigen.

Der Konflikt kippte, als sich die Partei ab September 1982 in der Opposition wiederfand. Sofern die Regierungsbeteiligung auf viele von Schmidts Opponenten disziplinierend gewirkt hatte, war nun ein wichtiges Argument entfallen, das dafür sprach, an der Stationierung bis zum Abschluss der Verhandlungen festzuhalten. Immer mehr Sozialdemokratinnen und Sozialdemokraten suchten 1983 den Schulterschluss mit den Demonstranten auf der Straße. Oftmals speisten sie ihre Kenntnisse, wie Demonstrationen organisiert und Flugblätter gedruckt werden mussten, in lokale Friedensgruppen ein. Auch war es für sie wichtig, dass die SPD gegenüber neuen gesellschaftlichen Interessensgruppen offen blieb. Vor allem der Vorsitzende Willy Brandt betonte, dass die SPD eine „Integrationspartei" sei und das Gespräch mit der Friedensbewegung suchen müsse. Dies führte zu heftigen Auseinandersetzungen mit Schmidt – schon vor dem Bruch der Koalition. Lange Zeit litt die SPD daran, dass viele ihrer Mitglieder doppelten Loyalitäten folgten: Sie besaßen ein Parteibuch jener Vereinigung, der auch Schmidt angehörte, und sahen sich doch gleichwohl als Teil der Friedensbewegung, die bekämpfte, für was Schmidt in ihren Augen stand. Schließlich vollzog aber auch die Parteiführung einen Schwenk und ließ es zu, dass die SPD 1983 auf ihrem Kölner Parteitag die Raketenstationierung ablehnte. Nur Schmidt und 13 weitere Delegierte stimmten noch für die Nachrüstung. Selbst wenn die SPD nun ihren jahrelangen Streit beigelegt hatte, waren die Konflikte nicht ausgestanden. Denn für sie ging es um mehr als nur darum, ob zusätzliche Atomraketen in die Bundesrepublik kommen sollten.

Dieses Buch hat die Geschichte des sozialdemokratischen Nachrüstungsstreits hauptsächlich zwischen 1979 und 1983 erzählt. Ich habe argumentiert, dass die SPD eine internationale politische Entwicklung erörterte, dabei aber ihre eigene Identität neu vermaß, weil sie zu bemerken glaubte, dass die Ordnungsmuster brüchig wurden, die ihre Welt bislang strukturiert hatten. Das gilt vor allem für den Kalten Krieg, der in den frühen achtziger Jahren nur noch wenigen Sozialdemokraten etwas sagte. Es lässt sich aber auch auf anderen Ebenen beobachten. Zunächst einmal schwebte über allen Diskussionen in der SPD wie ein Damoklesschwert die Erinnerung an das große Schisma in der eigenen Parteigeschichte. Dass die Arbeiterbewegung während des Ersten Weltkrieges eine Spaltung erlebt hatte, von der sie sich lange nicht erholte, verstanden die Kritiker Schmidts als Warnung, die innerparteiliche Ordnung zu wahren. Gleichzeitig diente der Blick zurück aber auch dazu, den Widerstand gegen die Atomraketen zu rechtfertigen. Die SPD sah sich als „Friedenspartei", die seit ihren Anfängen gegen „Militarismus" und „Imperialismus" gekämpft hatte. Dieses Selbstverständnis belebten die Nachrüstungskritikerinnen und -kritiker in den achtziger Jahren neu. Ihre Forderung, die SPD müsse das entspannungspolitische Erbe bewahren und die Supermächte dazu bringen, weiterhin den Ausgleich zu suchen, begründeten sie vor allem mit geschichtspolitischen Argumenten.

Aber auch diejenigen in der Partei, die den NATO-Doppelbeschluss für unvermeidlich hielten, erläuterten ihren Standpunkt durch historische Anleihen. Sie bezogen sich auf reformistische Strömungen in der Parteigeschichte und stellten sich als pragmatische Verteidiger des Machbaren dar. Wer in die Vergangenheit blickte, der fand dort das, wonach er suchte. Es war allerdings einer historischen Hypothek geschuldet, dass es der SPD nicht gelang, eine klare Position zu den Atomraketen einzunehmen. Sie hatte es in ihrer Geschichte bislang nicht vermocht, die Frage verbindlich zu klären, ob der Friede auch mit kriegerischen Mitteln erzwungen werden durfte oder nicht. Dieses Versäumnis rächte sich in den achtziger Jahren. Doch auch Bilder von der deutschen Vergangenheit spielten eine wichtige Rolle. Und selbst hier blieb der geschichtspolitische Rekurs vom Standpunkt des Betrachters abhängig. SPD-Mitglieder zogen höchst unterschiedliche Lehren aus der Vergangenheit ihres Landes. Die einen nahmen die Schuld der Deutschen am Ausbruch des Zweiten Weltkrieges zum Anlass, um vor einer Stationierung von Atomraketen in der Bundesrepublik zu warnen, welche die Sowjetunion zu einem vorbeugenden Erstschlag herausfordern oder die Vereinigten Staaten darin bestärken könnten, dass ein Atomkrieg zu gewinnen sei. Die anderen sahen in den Erfahrungen mit der nationalsozialistischen Gewaltherrschaft einen Beleg, dass der sowjetische Totalitarismus eingedämmt und alles getan werden müsste, damit die Bundesrepublik die Widerstandskraft des westlichen Bündnisses nicht schwäche.

So wie der historische Rückblick dazu taugte, verschiedene Lehren aus der Geschichte abzuleiten, so gelangten die Mitglieder der SPD auch zu entgegengesetzten Einschätzungen, was die Zukunft bringen würde. Während die meisten Befürworter der Stationierung keinen Grund sahen, vom traditionsreichen Fortschrittsoptimismus der Arbeiterbewegung abzurücken, machten sich große Teile der nachrüstungskritischen SPD die Modernitätskritik und Fortschrittsskepsis zu eigen, die in der bundesdeutschen Gesellschaft grassierten. Am prägnantesten kamen diese Stimmungen in jenen gedanklichen Figuren zum Ausdruck, für welche die Zeitgenossen den Begriff „Atomangst" fanden: der Sorge vor einer nuklearen Selbstvernichtung des Planeten, hervorgerufen durch das Wettrüsten der Supermächte. Das Unbehagen gegenüber den Atomraketen speiste sich aus einer tiefverwurzelten zeitgenössischen Technologiekritik, die nicht mehr alles für sinnvoll hielt, was gemacht werden konnte. Stand die Atomkraft noch in den fünfziger und sechziger Jahren als Symbol für den Fortschritt und die Plan- und Gestaltbarkeit von Politik und Gesellschaft, setzte sich in den siebziger Jahren eine andere Sichtweise durch. Neue soziale Bewegungen betonten die Risiken und Gefahren, die von der Kernenergie ausgingen. Dabei dehnten sie ihre Kritik auch auf die Prinzipien der Arbeits- und Industriegesellschaft, auf den Massenkonsum und das Wachstumsparadigma aus. Dieses Denken gelangte in die SPD, wo es den alten zukunftsoptimistischen Konsens der Arbeiterbewegung unterspülte. Bis dahin war die Sozialdemokratie davon ausgegangen, dass sich die Lage der Arbeiter verbessern ließe. Während diese Einstellung vielen Parteimitgliedern spätestens im Nachrüstungsstreit fragwürdig wurde, inkorporierte die SPD das Unbehagen am Fortschritt in ihren traditionellen Glauben an die Verbesserbarkeit der Verhältnisse, als sie in ihrem Berliner Grundsatzprogramm von 1989 das Konstrukt des „qualitativen Wachstums" in ihren Deutungshorizont aufnahm.

Die Sozialdemokraten sprachen nicht nur über ihre Vorstellungen von der Vergangenheit und der Zukunft. Sie bestimmten auch neu, über was gesprochen und wie gehandelt werden durfte. So war die Raketenkontroverse zunächst ein Streit um die richtigen sicherheitspolitischen Konzepte. Als solche hatte sie eine unmittelbare Relevanz für die SPD, weil sie festlegte, was diese in ihren Partei- und Wahlprogrammen fordern und in einer neuen Regierungskoalition umsetzen konnte. Denn die SPD war wie andere Parteien auch die Schnittstelle zwischen einem bestimmten gesellschaftlichen Milieu und der Politik. Und etliche Parteimitglieder beanspruchten, bessere Verteidigungstheorien als ihre Spitze zu kennen, die nicht mehr auf den Voraussetzungen des ideologischen Ost-West-Konflikts beruhten. Die Spannbreite reichte hier von der „Gemeinsamen Sicherheit" über die „Strukturelle Nichtangriffsfähigkeit" bis zur „Sozialen Verteidigung".

Bald ging es aber auch um die legitimen Formen, in denen sie handeln konnten. Wie weit durften jene gehen, die ihren Widerstand gegen die Vertreter des offiziellen Kurses anzeigen wollten? Welche Praktiken waren akzeptabel? Der Streit um geeignete Aktionsformen erschütterte die SPD nachhaltig. Ein Grund dafür war, dass derjenige, der neue Wege austestete, um seinen Dissens kundzutun, dies häufig gemeinsam mit Friedensinitiativen tat. Auch transnationale Vernetzungen mit der *Freeze Campaign* in den USA gaben Konfliktstoff her, wenngleich die SPD als Gesamtpartei sich durch sie legitimiert sah. Aber der Nachrüstungsstreit war für die Sozialdemokratie die Gelegenheit, um über ihr Verhältnis zu außerparlamentarischen Bewegungen nachzudenken. Die Friedensbewegung, in der sich viele Parteimitglieder engagierten, trug die Forderung nach mehr politischer Mitsprache in die SPD, nach Plebisziten und einer flacheren innerparteilichen Hierarchie. In Verbindung mit den neuartigen Protestweisen störte dies die Routine des innerparteilichen Konfliktaustrags ganz empfindlich. Die Rituale des sozialdemokratischen Parteilebens gerieten auf den Prüfstand, und die Versammlungskultur der SPD wandelte sich. So wie die Praktiken der Nachrüstungskritiker den Streit um die Raketen katalysierten, so veränderte auch die SPD ihr Gesicht als Partei. Freilich rief das erhebliche Konflikte zwischen älteren Genossen und solchen hervor, die erst in den siebziger Jahren in die SPD eingetreten waren. Die Beharrungskräfte blieben groß, und die Neudefinition dessen, was politisch sagbar und was als Ausdrucksform von Protest akzeptabel war, blieb für die Sozialdemokratie eine Suchbewegung.

Neben der inneren Verfasstheit der Bundesrepublik ging es für die SPD auch darum, ihr Verhältnis zum Ort Deutschlands in der Welt zu finden. Der Streit über die Atomraketen kreiste um ein internationales Ereignis, das die meisten Gesellschaften westlich des

Eisernen Vorhangs aufwühlte. Fast alle Sozialdemokratinnen und Sozialdemokraten sorgten sich um die Entspannungspolitik und fürchteten einen Atomkrieg. Für sie war der Kalte Krieg längst vorüber, und sie konnten nicht verstehen, warum die Supermächte wieder auf die Konfrontation zusteuerten. Willy Brandt und andere Emissäre des Parteiapparats oder der Fraktion reisten in jenen Jahren nach Washington und Moskau, um die Supermächte zu ernsthaften Verhandlungen zu überreden. Nachdem die SPD 1982 auf den Oppositionsbänken Platz genommen hatte, spannen Sozialdemokraten um Egon Bahr und Erhard Eppler Gesprächsfäden zu den Machthabern in Ost-Berlin und Moskau. Damit verfolgten sie das Ziel, die Ergebnisse ihrer Entspannungspolitik aus den siebziger Jahren zu bewahren und zu vertiefen. Sie handelten mit der SED eine chemie- und atomwaffenfreie Zone durch Europa aus und scheuten sich auch nicht, den „Streit der Ideologien" in einem gleichnamigen Papier zu entschärfen, das 1987 Furore machte.

Dass die Werte des Westens allgemeingültig sein sollten, überzeugte jene SPD-Mitglieder nicht mehr, die laut darüber spekulierten, wie die Binarität des Ost-West-Konflikts durch politische Neuordnungskonzepte ersetzt werden könnte. Ein erster Schritt sollte sein, dass die Abschreckungsdoktrin der NATO durch „Gemeinsame Sicherheit" abgelöst wurde. Für viele Nachrüstungskritikerinnen und -kritiker in der SPD ging es darum, dass die Welt nicht mehr in Freund und Feind eingeteilt werden durfte, weil dieses Denken das Überleben der Menschheit gefährdete. Stattdessen betonten sie die Verflochtenheit und die Interdependenz der Probleme, mit denen in ihren Augen alle Nationen der Erde konfrontiert waren. Deshalb verlor der traditionelle Gegensatz von West und Ost rasant an Bedeutung. Noch in den fünfziger Jahren hatten sie sich unter dem Einfluss von Remigranten und solchen Amerikanern, die ihnen gewogen waren, dem Modell des liberalen Konsenses in seiner atlantischen Ausprägung genähert und sich seine Ideen produktiv angeeignet. Nicht zuletzt im Godesberger Programm von 1959 und der Bundestagsrede Herbert Wehners aus dem Jahr 1960 war diese „Westernisierung" der deutschen Arbeiterbewegung zu einem vorläufigen Abschluss gelangt. Doch schon in den sechziger und vor allem in den siebziger Jahren hatte sich gezeigt, dass die SPD an der Spaltung Europas litt. Wie mitten durch ihr eigenes Land ein Eiserner Vorhang fiel, behagte ihr nicht. Ihre Politik zielte noch während der Kanzlerschaft Brandts darauf ab, den Status quo in Europa zu stabilisieren; bald erhob sie aber weitergehende Forderungen. Als sich die Konfrontation der Supermächte ab Ende der siebziger Jahre wieder dramatisch verschärfte und viele Menschen einen Atomkrieg für denkbar hielten, forderten Sozialdemokraten offensiv, dass die Blockkonfrontation überwunden werden sollte. Freilich gab es auch beharrende Kräfte, die es notwendig fanden, sich von der Sowjetunion ideologisch abzugrenzen. Dass sie sich lautstark Gehör zu verschaffen wussten, sollte aber nicht darüber hinwegtäuschen, dass ihre Zahl schrumpfte. Wenn also der Kalte Krieg nicht mehr das Denken in der SPD strukturierte, verlor auch „der Westen" als politisch-ideelles Konstrukt um 1983 seine Überzeugungsfähigkeit.

Wie kann man also den innerparteilichen Konflikt um die Atomraketen in der SPD als Historiker erzählen? Niemand wird bestreiten wollen, dass die Sozialdemokraten den Doppelbeschluss auf ihrem Berliner Parteitag 1979 erst unterstützten und dann 1983 in Köln von den Konsequenzen abrückten, die in der Interpretation der NATO aus der Allianzentscheidung folgten. Während sich in der Retrospektive auf die achtziger Jahre und auch noch in der Forschungsliteratur zwei Narrative unterscheiden lassen, die entweder die Heimkehr der SPD zu ihren friedenspolitischen Wurzeln lobten oder den Zerfall des sicherheitspolitischen Konsenses beklagten und anti-amerikanische, neutralistische oder pazifistische Tendenzen auf dem Vormarsch sahen, schlage ich einen anderen Erklärungsansatz vor. Zunächst hat meine Untersuchung gezeigt, dass man die Geschichte der Sozialdemokratie nicht länger als Parteigeschichte im nationalen Rahmen schreiben kann. Stattdessen ist es notwendig, selbst auf die Logiken innerparteilicher Debatten durch eine gesellschafts-, kultur- und verflechtungsgeschichtliche Linse zu blicken. Außerdem kann nur derjenige entschieden historisieren, was Sozialdemokraten sprachen und wie sie handelten, der bereit ist, ihr Tun und Lassen aus einer Perspektive der Fremdheit zu beschreiben, die nichts für selbstverständlich nimmt und sich schon gar nicht wertend auf zeitgenössische Positionen einlässt.

Deshalb argumentiere ich, dass man den Nachrüstungsstreit in der SPD innerhalb einer längeren historischen Entwicklungslinie sehen sollte, in der die Partei von verschiedenen Seiten unter Druck geriet. Meine Studie legt frei, wie der wahrgenommene Bruch etablierter Ordnungen – darunter war der Verschleiß des Systems des Kalten Krieges sicherlich am folgenreichsten – die Partei vor schwere Herausforderungen stellte. Und sie offenbart, wie die Angehörigen des sozialdemokratischen Spektrums im Versuch, innerparteilichen Dissens zu bewältigen, weitere Rahmensetzungen sprengten: SPD-Mitglieder und Sympathisanten engagierten sich in der außerparlamentarischen Friedensbewegung und demonstrierten damit, dass die SPD als Partei für sie nicht mehr fähig war, auf die wahrgenommenen Probleme der Gegenwart zu reagieren. Sie vernetzten sich mit Aktivisten jenseits der bundesdeutschen Grenzen und machten deutlich, dass der nationalstaatliche Rahmen für ihr politisches Anliegen zu eng geworden war. Sie suchten nach Möglichkeiten, wie verstärkte Partizipationsmöglichkeiten in das politische System der Bundesrepublik integriert werden könnten und sprachen dem Repräsentativprinzip ihres Landes seine Funktionsfähigkeit ab. In all diesen Fällen wurde offenkundig, dass die nachrüstungskritischen SPD-Mitglieder und Sympathisanten ihr Denken und Handeln nicht vorrangig an binären Mustern ausrichteten. Sie akzeptierten die traditionelle Grenze zwischen Partei und Gesellschaft nicht mehr, sie relativierten das Nationale als internationales Strukturierungsprinzip und wollten das Politische dezentralisieren.

Das Zusammentreffen mit politischem Widerspruch stellte die Sozialdemokratie der achtziger Jahre also vor grundlegende Probleme, in deren Bewältigung sie ihre Identität im Sinne ihres Selbst- und Fremdbildes modifizierte. Dass die disziplinierende Wirkung des Kalten Krieges in der SPD nachließ, war zugleich Indikator und Motor tiefgreifender Wandlungsprozesse in der Partei. Betrachtet man sie als Teil eines größeren Ganzen, so lassen sich Anzeichen dafür ausmachen, dass es der Sozialdemokratie nicht gelingen wollte, ihre Erosion aufzuhalten. Insofern wäre der Konflikt um die Raketen in den achtziger Jahren ein Bestandteil unserer Gegenwart und nicht nur ihrer Vorgeschichte.

Den Nachrüstungsstreit in der SPD habe ich als eine Entwicklung beschrieben, die von Konflikten zwischen der Arbeiterbewegung als „alter sozialer Bewegung" und der Friedensbewegung als „neuer sozialer Bewegung" geprägt war. Die Fronten verliefen mitten durch die Partei, denn viele Mitglieder verorteten sich selbst im „alternativen Milieu"[1] der Bundesrepublik. Deshalb geriet die Sozialdemokratie unter massiven Rechtfertigungsdruck. Ihre programmatischen Zielsetzungen und ihre Vergemeinschaftungsformen, Bräuche und Symbole sagten vielen Mitgliedern und Sympathisanten nichts mehr. Auch rein quantitativ gab es immer weniger Arbeiter, denn das postindustrielle Dienstleistungszeitalter veränderte die Art und Weise, wie Menschen tätig waren und ihre Freizeit gestalteten.

---

[1] Reichardt/Siegfried: Milieu.

Gleichwohl pflegten viele traditionalistisch orientierte Ortsvereine liebgewonnene Rituale weiter. Dieser Gegensatz, der die SPD zerriss, wurzelte in den siebziger Jahren, als junge Akademiker in die Partei eingetreten waren. Aber erst unter dem Eindruck des Protests gegen die Atomwaffen entlud er sich mit voller Wucht. In jenen Jahren verlor die SPD tausende Mitglieder an die Grünen und an außerparlamentarische Initiativen.[2] Sie erwies sich für viele, die ihr einstmals wohlgesonnen waren, als zu verkrustet und veränderungsresistent, um auf neue Problemlagen zu reagieren. Nachdem die Grünen als vierte parlamentarische Kraft im Bundestag Fuß gefasst hatten und sich den Sozialdemokraten bald auch als möglicher Koalitionspartner präsentierten, zeigte sich, dass diese Entwicklung keine vorübergehende Erscheinung war. Der SPD war in ihrem eigenen politischen Segment eine Konkurrenz erwachsen.

Sieht man auf die Geschichte der Sozialdemokratie in den letzten vierzig Jahren, so kann man unschwer eine Tendenz zur Erosion ausmachen. Die ehemals so mächtige Arbeiterbewegung büßte im letzten Drittel des 20. Jahrhunderts dramatisch an Integrationskraft ein. Man muss diese Entwicklung im zeithistorischen Kontext sehen. In fast allen Industrienationen setzten ab den siebziger Jahren Transformationsprozesse von „revolutionärer Qualität"[3] ein, die neben ökonomischen und sozialen Auswirkungen auch das Bewusstsein vieler Menschen veränderten. Damit gewinnt man ein Erklärungsmodell, das die Schwierigkeit der SPD deuten hilft, den widerstreitenden Interessen gerecht zu werden. Denn so wie sich die Problemwahrnehmungen in der Partei vervielfachten, so nahmen auch die Lösungsvorschläge aus den verschiedenen Gruppen der Sozialdemokratie zu. Bald sahen sich die Zeitgenossen in einem „Age of Fracture".[4] Das führte zu Konflikten, zu Streit und zu Spaltungen.[5] Und es spricht einiges für die Annahme, dass sich die Parteienlandschaft der Bundesrepublik pluralisiert hat, weil auch die deutsche Gesellschaft heterogener geworden ist. Für SPD-Mitglieder kann gelten, was als ein Basisprozess der „Moderne" beschrieben worden ist: Sie lösten sich „aus rechtlichen und sozio-kulturell normierten Sozialbezügen".[6]

Dass diese Entwicklung auf ihr Ende als politische Volkspartei zuführen würde, haben manche Kommentatoren noch vor wenigen Jahren geunkt.[7] Nun ist der Blick in die Zukunft nicht das Geschäft des Historikers. An dieser Stelle ging es vielmehr darum, den sozialdemokratischen Nachrüstungsstreit in der Kultur- und Gesellschaftsgeschichte der Bundesrepublik zu verorten. Dabei ist klar geworden, dass der Konflikt Teil eines historischen Prozesses ist, der nicht abgeschlossen war, als die Raketen stationiert wurden. Er steht dafür, wie Sozialdemokraten politisch orientierungslos wurden, weil sich die Welt um sie herum veränderte.[8] Gleichzeitig ist er ein Indikator dafür, wie sich die Gesellschaft Westdeutschlands „nach dem Strukturbruch"[9] und den damit einhergehenden Unsicherheiten pluralisierte. Für die SPD brachte diese Entwicklung einen erheblichen Anpassungsdruck und innerparteiliche Schwierigkeiten mit sich, die sie nicht zu ihrem Vorteil auflösen konnte.

---

[2] Zahlen bei Lösche/Walter: SPD, S. 159.
[3] Doering-Manteuffel/Raphael: Boom, S. 28.
[4] Rodgers: Age of Fracture.
[5] Vgl. auch in europäischer Perspektive Walter: Vorwärts, S. 63–86.
[6] Dazu historisierend Wirsching: Preis, S. 23.
[7] Statt vieler Beispiele Volker Zastrow: Requiem für eine Volkspartei. SPD im Dauertief, in: *Frankfurter Allgemeine Zeitung*, 6. 9. 2009.
[8] Vgl. auch J.-W. Müller: Cold War, S. 12.
[9] Andresen u. a.: Strukturbruch.

Die Ergebnisse, die diese Studie zutage gefördert hat, reichen weit über das sozialdemokratische Segment in der westdeutschen Gesellschaft hinaus. Denn überall dort, wo Menschen gegen die Atomraketen protestierten, sprachen sie über mehr als über die Sicherheitspolitik. Es ging ihnen um die Wirkmächtigkeit des Ordnungssystems Kalter Krieg. Das neue Denken, das sich bald herausschälte, hatte weitreichende Folgen und ließ selbst jene nicht unberührt, für die der Kalte Krieg zentral war. Die Tatsache, dass Reagan nach seiner Wiederwahl 1984 einen anderen politischen Kurs einschlug, Atomwaffen generell beseitigen wollte und ein kooperatives Verhältnis zur Sowjetunion suchte, lässt sich nahtlos in dieses Narrativ einfügen: Für ihn und seine Berater verlor der Kalte Krieg ebenfalls an Sinn. Melvyn P. Leffler weist darauf hin, dass der Kalte Krieg in der Wahrnehmung Reagans schon ab 1985 zu Ende war.[10] Mit Jussi M. Hanhimäki könnte man auch argumentieren, dass bereits die Entspannungspolitik der sechziger und siebziger Jahre neue Formen und Regeln in die internationalen Beziehungen eingeführt hatte, die den Kalten Krieg langfristig destabilisierten.[11]

Das soll aber nicht heißen, dass der Nachrüstungsstreit das realpolitische Ende des Kalten Krieges einläutete – zu kontingent war die Situation 1983.[12] Mit Holger Nehring ließe sich gleichwohl sagen, dass die Friedensaktivistinnen und -aktivisten dauerhaft die politisch-kulturellen Normen veränderten, mit denen die Supermächte ihre Rivalität austragen konnten.[13] Es wäre deshalb noch genauer zu prüfen, inwiefern und ab wann der Kalte Krieg auch in anderen westeuropäischen Ländern fragwürdig wurde und ob er aus den Köpfen der Menschen verschwand, die im Machtbereich des Warschauer Paktes lebten.[14] Denn es spricht vieles dafür, dass in den siebziger und achtziger Jahren diskursive Ordnungen weit über die Sozialdemokratie hinaus zusammenbrachen. Und als gesichert kann gelten, dass es mit der Binarität internationaler Ordnungsvorstellungen nach 1989/90 erst einmal vorbei war.

---

[10] Leffler: Soul of Mankind, S. 338–341, 347–365.
[11] Hanhimäki: Détente, S. 150.
[12] Vgl. Patel/Weisbrode: Introduction, S. 2; Ziemann: Code, S. 260f.; neuerdings Lebow: Non-Linear Confluence.
[13] Nehring: Last Battle, S. 319.
[14] Als Anfang aus einer politikgeschichtlichen Perspektive: Kramer: The Demise.

Der Nachrüstungsstreit in der SPD: Eine Zeittafel

21.7.1977
Egon Bahr bezeichnet „Neutronenbombe" als „Symbol der Perversion des Denkens"

28.10.1977
Helmut Schmidt warnt in London vor entstehendem sowjetischen Übergewicht bei Mittelstreckenraketen

11.4.1978
Karsten D. Voigt gründet „Initiative für Frieden, internationalen Ausgleich und Sicherheit" (IFIAS)

26.5.1978
Schmidt erläutert in New York Konzept der „Sicherheitspartnerschaft"

10.7.1978
Jusos lehnen Stationierung neuer Atomwaffen in Bundesrepublik ab

5./6.1.1979
Schmidt trifft sich auf Guadeloupe mit Jimmy Carter, Valérie Giscard d'Estaing und James Callaghan; Vorentscheidung für Doppelbeschluss

16.5.1979
SPD-Spitze verständigt sich auf Unterstützung des doppelten Ansatzes der NATO

20.5.1979
SPD-Frauen wenden sich in Erlangen gegen weitere Aufrüstung

Ende 1979
Randall Forsberg legt mit „Call to Halt the Nuclear Arms Race" Grundstein für Freeze-Konzept

3.-6.12.1979
SPD-Bundesparteitag in Berlin; grundsätzliche Unterstützung für Doppelbeschluss

12.12.1979
Außen- und Verteidigungsminister der NATO verabschieden Doppelbeschluss

24.-27.12.1979
Sowjetische Invasion in Afghanistan

13.1.1980
Gründung der Bundespartei „Die Grünen" in Karlsruhe

12.2.1980
Brandt-Kommission legt Bericht „Das Überleben sichern" vor

5.10.1980
Bundestagswahlen; sozial-liberale Koalition wird bestätigt

17.10.1980
Verhandlungen über Mittelstreckenwaffen beginnen, werden kurz darauf aber wieder unterbrochen

4.11.1980
Ronald Reagan gewinnt Präsidentschaftswahlen in den USA gegen Jimmy Carter

15./16.11.1980
Krefelder Appell „Der Atomtod bedroht uns alle – keine Atomraketen in Europa!"; Erstunterzeichner u.a. Gert Bastian und Petra Kelly

10.12.1980
Bielefelder Appell „Mut für eine bessere Zukunft"; unterzeichnet von etwa 5000 SPD-Mitgliedern

3.5.1981
SPD Baden-Württemberg empfiehlt, Zustimmung zum Doppelbeschluss zu überprüfen

16./17.5.1981
Schmidt verknüpft auf SPD-Parteitreffen in Recklinghausen und Wolfratshausen politisches Schicksal mit NATO-Doppelbeschluss

12./13.6.1981
Treffen von SPD-Politikern mit Friedensforschern in Bonn; Transfer von Gegenexpertise in Partei

17.–21.6.1981
Evangelischer Kirchentag in Hamburg; erster Kulminationspunkt der Friedensbewegung

27.–28.6.1981
Jusos lehnen auf Bundeskongress in Lahnstein Stationierung ab

1.8.1981
Friedensaktivist Wolfgang Biermann beginnt Referententätigkeit im Erich-Ollenhauer-Haus

27.8.1981
„Friedensforum" der SPD in Bonn

10.10.1981
Friedensdemonstration in Bonn mit etwa 300 000 Teilnehmern; Erhard Eppler hält Rede

30.11.1981
Verhandlungen über Mittelstreckenraketen werden fortgesetzt, gestalten sich aber schwierig

2.12.1981
SANE-Konferenz in Washington u. a. mit SPD-Vertretern

19.–23.4.1982
SPD-Bundesparteitag in München; Entscheidung über Stationierung wird auf Verhandlungsende vertagt

25.4.1982
Palme-Kommission verabschiedet Bericht „Gemeinsame Sicherheit"

1.10.1982
Bundestag spricht Schmidt das Misstrauen aus und wählt Helmut Kohl zum Bundeskanzler; sozial-liberale Koalition endet

18./19.11.1982
Kleiner Parteitag der SPD in Kiel; Stationierungskritiker beginnen sich durchzusetzen

14.1.1983
Hans-Jochen Vogel kehrt von Auslandsreisen nach Washington und Moskau zurück; Reisediplomatie führender SPD-Politiker erreicht Höhepunkt

20.1.1983
François Mitterrand spricht im Bundestag und kritisiert SPD scharf

6.3.1983
Bundestagswahlen; Verluste für SPD, Grüne ziehen erstmals in Bundestag ein

8.3.1983
Reagan nennt Sowjetunion „Reich des Bösen"

23.3.1983
Reagan kündigt Strategic Defense Initiative (SDI) an

27.3.1983
Oskar Lafontaine fordert Austritt der Bundesrepublik aus militärischer Integration der NATO

4.5.1983
US-Repräsentantenhaus verabschiedet Freeze-Resolution; sie scheitert kurz darauf im Senat

1. 6. 1983
SPD-Fraktion votiert bei 8 Enthaltungen und 9 Gegenstimmen für „Handreichung zur Politik des westlichen Bündnisses, zur Strategie-Debatte und zu den Genfer Verhandlungen", die SPD-Mitgliedern empfiehlt, sich an Aktivitäten der Friedensbewegung zu beteiligen

8.–12. 6. 1983
Deutscher Evangelischer Kirchentag in Hannover

26. 6. 1983
Landesvorstand der baden-württembergischen SPD lehnt Stationierung ab; im Sommer und Herbst folgen weitere Landesvorstände und Landesparteitage, so u. a. Hamburg, Schleswig-Holstein und Rheinland-Pfalz. Bremen und das Saarland haben ihr Nein bereits gesprochen

27. 6. 1983
SPD-Vorstand unterstützt die Handreichung

1. 9. 1983
Antikriegstag; viele dezentrale SPD-Demonstrationen gegen Nachrüstung

1.–3. 9. 1983
Sitzblockade vor US-Militärdepot auf der Mutlanger Heide unter Beteiligung zahlreicher SPD-Mitglieder

29. 9. 1983
Willy Brandt spricht bei einem Hearing des US-Kongresses in Washington, DC

15.–22. 10. 1983
Aktionswoche der Friedensbewegung in Bonn

22. 10. 1983
Etwa eine Million Menschen beteiligen sich bundesweit an Demonstrationen; in Bonn nehmen 500 000 Menschen an großer Kundgebung teil („Volksversammlung") und hören Rede Brandts

18. 11. 1983
Außerordentlicher SPD-Parteitag in Köln; 386 von 400 Delegierten lehnen Stationierung ab

21./22. 11. 1983
Bundestagsdebatte über Stationierung und „Parlament der Mehrheit" in Bonn

24. 11. 1983
Sowjetunion bricht Verhandlungen über Mittelstreckenraketen ab

26./27. 11. 1983
Erste Pershing-II-Raketen erreichen Bundesrepublik

17.–21. 5. 1984
SPD-Bundesparteitag in Essen; Leitantrag erklärt „Gemeinsame Sicherheit" zum Ziel der Partei

17. 6. 1984
Konsultative Volksbefragung zur Stationierung am Tag der Wahlen zum Europaparlament

11. 3. 1985
Michail Gorbatschow wird Generalsekretär der KPdSU

8. 12. 1987
Reagan und Gorbatschow vereinbaren Abbau aller Mittelstreckenwaffen

Abbildungen

Abbildung 1: Helmut Schmidt (links) und Willy Brandt während des Außerordentlichen SPD-Bundesparteitags am 19. November 1983 in Köln. Quelle: Bundesarchiv, B 145 Bild-F066927-0015 / Fotograf: Ludwig Wegmann 14

Abbildung 2: „Vertragen statt rüsten SPD". Plakat zum Antikriegstag am 1. September 1983. Quelle: AdsD der Friedrich-Ebert-Stiftung, 6/PLKA027702 21

Abbildung 3: „Stationierung Nein". Anti-Nachrüstungsplakat der SPD in Stuttgart, 1983. Quelle: AdsD der Friedrich-Ebert-Stiftung, 6/PLKA038721 40

Abbildung 4: „Verhindern wir's. Gemeinsam." Anti-Nachrüstungsplakat der Jusos, 1983. Quelle: AdsD der Friedrich-Ebert-Stiftung, 6/PLKA038399 47

Abbildung 5: „Nie wieder Krieg – DGB – Abrüsten statt Aufrüsten". Anstecker des Deutschen Gewerkschaftsbundes für die Friedensaktionen im Herbst 1983. Quelle: AdsD der Friedrich-Ebert-Stiftung, 6/STICK00488 189

Abbildung 6: „Jungsozialisten für den Frieden". Button der Jusos für die Friedensaktionen im Herbst 1983. Quelle: AdsD der Friedrich-Ebert-Stiftung, 6/STICK00722 190

Abkürzungen

AA	Auswärtiges Amt
AAPD	Akten zur Auswärtigen Politik der Bundesrepublik Deutschland
AdsD	Archiv der sozialen Demokratie
AfA	Arbeitsgemeinschaft für Arbeitnehmerfragen
AG	Arbeitsgruppe
AGDF	Aktionsgemeinschaft Dienst für den Frieden
AGG	Archiv Grünes Gedächtnis
AHS	Privatarchiv Helmut Schmidt
AK	Arbeitskreis
AKW	Atomkraftwerk
AL	Abteilungsleiter
AP	Associated Press
APO	Außerparlamentarische Opposition
ARD	Arbeitsgemeinschaft der öffentlich-rechtlichen Rundfunkanstalten der Bundesrepublik Deutschland
ASF	Arbeitsgemeinschaft Sozialdemokratischer Frauen
ASJ	Arbeitsgemeinschaft Sozialdemokratischer Juristen
Abt.	Abteilung
b	Box
Bd.	Band
Bde.	Bände
BDKJ	Bund der Deutschen Katholischen Jugend
BK	Bundeskanzler / Bundeskanzleramt
BM	Bundesminister / Bundesministerium
BPA	Bundespresseamt
BRD	Bundesrepublik Deutschland
BStU	Der Bundesbeauftragte für die Unterlagen des Staatssicherheitsdienstes der ehemaligen Deutschen Demokratischen Republik
BT	Bundestag
BTF	Bundestagsfraktion
CAS	Centre d'Archives Socialistes, Fondation Jean Jaurès
CDU	Christlich Demokratische Union Deutschlands
CIA	Central Intelligence Agency
CSIS	Center for Strategic and International Studies
CSSR	Czecho-Slovak Socialist Republic
CSU	Christlich-Soziale Union Deutschlands
DFG-VK	Deutsche Friedensgesellschaft – Vereinigte KriegsdienstgegnerInnen
DDR	Deutsche Demokratische Republik

DFU	Deutsche Friedensunion
DGB	Deutscher Gewerkschaftsbund
DGFK	Deutsche Gesellschaft für Friedens- und Konfliktforschung
DKP	Deutsche Kommunistische Partei
DUD	Deutschland-Union-Dienst
EB	Egon Bahr
EG	Europäische Gemeinschaft
EKD	Evangelische Kirche in Deutschland
ER	Europäischer Rat
ERW	Enhanced Radiation Weapon
Eureka	Europäische Agentur für Forschungskoordination
EVI	Europäische Verteidigungsinitiative
f	Folder
FDP	Freie Demokratische Partei
FES	Friedrich-Ebert-Stiftung
FR	Federal Republic
FRG	Federal Republic of Germany
GAL	Grün-Alternative Liste
GG	Grundgesetz
GHI	Gustav-Heinemann-Initiative
GUL	Georgetown University Library
H.	Heft
hs.	handschriftlich
HSFK	Hessische Stiftung Friedens- und Konfliktforschung
IDDS	Institute for Defense & Disarmament
IFIAS	Initiative für Frieden, internationalen Ausgleich und Sicherheit
IFSH	Institut für Friedensforschung und Sicherheitspolitik an der Universität Hamburg
IfZ	Institut für Zeitgeschichte
IG	Industriegewerkschaft
IGMA	Industriegewerkschaft Metall
IISS	International Institute for Strategic Studies, London
INF	Intermediate-Range Nuclear Forces
IPW	Institut für Internationale Politik und Wirtschaft der DDR
JCL	Jimmy Carter Presidential Library
Jusos	Arbeitsgemeinschaft der Jungsozialistinnen und Jungsozialisten in der SPD
KA	Koordinationsausschuss
KAS	Konrad-Adenauer-Stiftung
KOFAZ	Komitee für Frieden, Abrüstung und Zusammenarbeit

KPD	Kommunistische Partei Deutschlands
KPdSU	Kommunistische Partei der Sowjetunion
KSZE	Konferenz über Sicherheit und Zusammenarbeit in Europa
LoC	Library of Congress
MBFR	Mutual and Balanced Force Reductions
MdB	Mitglied des Deutschen Bundestages
MfS	Ministerium für Staatssicherheit
MPI	Max-Planck-Institut
ms.	maschinenschriftlich
MSPD	Mehrheitssozialdemokratische Partei Deutschlands
NA	The National Archives
NATO	North Atlantic Treaty Organization
NG	Neue Gesellschaft
NNWFC	National Nuclear Weapons Freeze Campaign
NSB	Neue soziale Bewegungen
NSC	National Security Council
NWFC	Nuclear Weapons Freeze Campaign
OECD	Organization for Economic Co-operation and Development
o. O.	ohne Ort
OV	Ortsverein
PA-AvB	Privatarchiv Andreas von Bülow
PL	Parlamentarische Linke in der SPD-Bundestagsfraktion
PM	Premierminister(in)
PRC	People's Republic of China
PS	Parti Socialiste
PSF	Parti Socialiste France
PVAP	Polnische Vereinigte Arbeiterpartei
RF	Randall Forsberg
RRL	Ronald Reagan Presidential Library
SALT	Strategic Arms Limitation Talks
SAPMO-BArch	Stiftung Archiv der Parteien und Massenorganisationen der DDR im Bundesarchiv
SANE	National Committee for a Sane Nuclear Policy
SCPC	Swarthmore College Peace Collection
SDI	Strategic Defense Initiative
SDJ	Sozialistische Deutsche Jugend
SecDef	Secretary of Defense
SED	Sozialistische Einheitspartei Deutschlands
SGK	Sozialdemokratische Gesellschaft für Kommunalpolitik
SI	Sozialistische Internationale

SIW	Socialist International Women
SIDAC	SI-Advisory Council on Disarmament and Arms Control
SPD	Sozialdemokratische Partei Deutschlands
SPD-BTF	Bundestagsfraktion der Sozialdemokratischen Partei Deutschlands
SPD-PV	Parteivorstand der Sozialdemokratischen Partei Deutschlands
spw	Zeitschrift für Sozialistische Politik und Wirtschaft
START	Strategic Arms Reduction Treaty
TNF	Theater Nuclear Forces
TO	Tagesordnung
UB	Unterbezirk
UdSSR	Union der Sozialistischen Sowjetrepubliken
UN	United Nations
UNO	United Nations Organizations
US/USA	United States/United States of America
USPD	Unabhängige Sozialdemokratische Partei Deutschlands
USSR	Union of Soviet Socialist Republics
WBA	Willy-Brandt-Archiv
WHMC	Western Historical Manuscript Collection
WHORM	White House Office of Records Management
WILPF	Women's International League for Peace and Freedom
WP	Wahlperiode
WRI	War Resisters' International
WRL	War Resisters League
WEU	Westeuropäische Union
YUL	Yale University Library
ZdA	Zu den Akten
ZdK	Zentralkomitee der deutschen Katholiken
zit.	zitiert
ZK	Zentralkomitee

Quellen und Literatur

1. Archivalische Quellen

Archiv der sozialen Demokratie, Friedrich-Ebert-Stiftung, Bonn (AdsD)

Bestand SPD-Parteivorstand (SPD-PV)
   Vorstandssekretariat
   Büro des stellvertretenden Vorsitzenden Johannes Rau (2/PVDF)
   Büro des Bundesgeschäftsführers Egon Bahr (2/PVEK)
   Büro des Bundesgeschäftsführers Peter Glotz (2/PVEH)
   Internationale Abteilung
   Referat Friedens- und Sicherheitspolitik (2/PVEB)
   Kommission für Sicherheitspolitik (2/PVAD)
   Referat Jungsozialisten
   Referat Frauen/ASF
Bestand SPD-Bundestagsfraktion (SPD-BTF)
   Fraktionssitzungen (IX.–X. Wahlperiode)
   Fraktionsvorstand (IX.–X. Wahlperiode)
   Geschäftsführender Fraktionsvorstand (IX.–X. Wahlperiode)
Bestand Initiative für Frieden, internationalen Ausgleich und Sicherheit (IFIAS)
Bestand Aktionsgemeinschaft Dienst für den Frieden (AGDF)
IG Metall-Archiv (5/IGMA)
Willy-Brandt-Archiv (WBA)
Helmut-Schmidt-Archiv (1/HSA)
Herbert-Wehner-Archiv (1/HWA)
Vorlässe und Nachlässe:
   Heinrich Albertz (1/HA)
   Egon Bahr (1/EB)
   Andreas von Bülow
   Horst Ehmke (1/HE)
   Erhard Eppler (1/EE)
   Bruno Friedrich (1/BF)
   Peter Glotz
   Heinz Rapp (1/HR)
   Annemarie Renger (1/AR)
   Eugen Selbmann (1/ES)
   Dietrich Stobbe
   Hans-Jochen Vogel (1/HJV)
   Karsten D. Voigt
   Hans-Jürgen Wischnewski (1HW)
Sammlung „SPD-Stadtteilzeitungen und SPD-Betriebszeitungen"

Archiv Grünes Gedächtnis, Heinrich-Böll-Stiftung, Berlin (AGG)

Bestand A – Klaus Timpe
Bestand F.4.2 Pressemitteilungen der Bundestagsfraktion der Grünen 1983

Privatarchiv Helmut Schmidt, Hamburg (AHS)

Eigene Arbeiten
Korrespondenz

Tg (Tagesgeschäft)
ZdA (Zu den Akten)

Bundesbehörde für die Stasi-Unterlagen/Ministerium für Staatssicherheit, Berlin (BStU, MfS)

Centre d'Archives Socialistes, Fondation Jean Jaurès, Paris (CAS)

Bestand 405 RI
Bestand 60 RI
Bestand 70 RI
Bestand Discours publics de François Mitterrand, 1981–1995

Georgetown University Library, Special Collections Division, Washington, DC (GUL)

Paul Warnke Papers

Institut für Zeitgeschichte, Archiv, München (IfZ, Archiv)

Nachlass Klaus von Schubert (ED 437)

Jimmy Carter Presidential Library, Atlanta, GA (JCL)

Brzezinski Material: Agency File
Brzezinski Material: Brzezinski Office File
Brzezinski Material: Cables File
Brzezinski Material: Country File
Brzezinski Material: General Odom File
Brzezinski Material: Name File
Brzezinski Material: President's Correspondence with Foreign Leaders File
Brzezinski Material: President's Daily CIA Brief File
Brzezinski Material: President's Daily Report File
Brzezinski Material: Staff Evening Report Files
Brzezinski Material: Subject File
Brzezinski Material: Trip File
Brzezinski Material: VIP Visit File
NSC Institutional Files, 1977–81
Plains File
President's Files: Staff Secretary's File [Handwriting File]
Staff Material: Defense/Security
Staff Material: Europe, USSR, and East/West
Staff Material: Office
Staff Material: Staff Secretary
Walter Mondale Collection
White House Central File, Subject File
Zbigniew Brzezinski Collection

Library of Congress, Washington, D.C., Manuscript Division, Washington, DC (LoC)

Paul H. Nitze Papers

The National Archives, College Park, MD (NA)

Anthony Lake Papers
Records of the U.S. Arms Control and Disarmament Agency

Privatarchiv Andreas von Bülow, Bonn (PA-AvB)

Ronald Reagan Presidential Library, Simi Valley, CA (RRL)

Dennis Blair Files
Donald R. Fortier Files
Douglas McMinn Files
Executive Secretariat, NSC: Agency File
Executive Secretariat, NSC: Country File
Executive Secretariat, NSC: NSC Meeting Files
Executive Secretariat, NSC: Trip File
Jacqueline Tillman Files
Linas Kojelis Files
Sven Kraemer Files
Tyrus Cobb Files
Walter Raymond Files
WHORM Subject File

Stiftung Archiv der Parteien und Massenorganisationen der DDR im Bundesarchiv, Berlin (SAPMO-BArch)

Swarthmore College Peace Collection, Swarthmore College, Swarthmore, PA (SCPC)

David Cortright Papers (DG 101)
Freeze Campaign Collected Records
Institute for Defense and Disarmament Studies
Nuclear Weapons Freeze Campaign
SANE, Inc. (DG 58)
War Resisters League Records (DG 040)
Women's International League for Peace and Freedom (WILPF) Records (DG 043)

Western Historical Manuscript Collection, University of Missouri–St. Louis, St. Louis, MO (WHMC)

sa 1039 National Nuclear Weapons Freeze Campaign Addenda
sl 454 National Nuclear Weapons Freeze Campaign (NNWFC)

Yale University Library, New Haven, CT (YUL)

Cyrus R. Vance and Grace Sloane Vance Papers

2. Veröffentlichte Quellen und zitierte Literatur

Amtliche Periodika, Protokolle, Editionen und Werkausgaben

Akten zur Auswärtigen Politik der Bundesrepublik Deutschland (AAPD), hrsg. vom Institut für Zeitgeschichte im Auftrag des Auswärtigen Amts,
- 1979, 2 Bde., München 2010
- 1980, 2 Bde., München 2011
- 1981, 3 Bde., München 2012
- 1982, 2 Bde., München 2013
- 1983, 2 Bde., München 2014

Willy Brandt – Berliner Ausgabe,
- Bd. 5: Die Partei der Freiheit. Willy Brandt und die SPD 1972-1992, bearb. v. Rudolph, Karsten, Bonn 2002
- Bd. 7: Mehr Demokratie wagen. Innen- und Gesellschaftspolitik 1966-1974, bearb. v. Kieseritzky, Wolther von, Bonn 2001
- Bd. 8: Über Europa hinaus. Dritte Welt und Sozialistische Internationale, bearb. v. Rother, Bernd/Schmidt, Wolfgang, Bonn 2006
- Bd. 9: Die Entspannung unzerstörbar machen. Internationale Beziehungen und deutsche Frage 1974-1982, bearb. v. Fischer, Frank, Bonn 2003
- Bd. 10: Gemeinsame Sicherheit. Internationale Beziehungen und deutsche Frage 1982-1992, bearb. v. Mai, Uwe/Rother, Bernd/Schmidt, Wolfgang, Bonn 2009.

Bulletin der Bundesregierung, hrsg. v. Presse- und Informationsamt der Bundesregierung (Bulletin), Bonn 1967, 1977-1980.

Bundesparteitage der Christlich Demokratischen Union Deutschlands, hrsg. v. CDU-Bundesvorstand,
- 1979 (Köln), Bonn [1979]
- 1983 (Köln), Bonn [1983]

Jahrbücher der Sozialdemokratischen Partei Deutschlands, hrsg. v. SPD-Parteivorstand, Bonn 1979-1983.

Ordentliche und außerordentliche Bundesparteitage der Sozialdemokratischen Partei Deutschlands. Protokolle, Antragsbücher sowie Angenommene und überwiesene Anträge, hrsg. v. SPD-Parteivorstand,
- 1954 (Berlin), Bonn [1954]
- 1960 (Hannover), Bonn [1960]
- 1975 (Mannheim), Bonn [1975]
- 1977 (Hamburg), Bonn [1977]
- 1979 (Berlin), Bonn [1979]
- 1982 (München), Bonn [1982]
- 1983 (Köln), Bonn [1983]
- 1984 (Essen), Bonn [1984]
- 1986 (Nürnberg), Bonn [1986]

The Public Papers of President Ronald Reagan, hrsg. v. Office of the Federal Register, National Archives, Washington DC 1982.

Verhandlungen des Deutschen Bundestages. Stenographische Berichte, hrsg. v. Deutschen Bundestag, 3., 9.-10. Wahlperiode, Bonn 1960, 1982-1984.

Zeitungen und Zeitschriften

Bayernkurier
Blätter für deutsche und internationale Politik
CDU-Dokumentation
Deutschland-Union Dienst
Frankfurter Hefte
Gewerkschaftliche Monatshefte
Informationen der sozialdemokratischen Bundestagsfraktion
Intern. Informationsdienst der Sozialdemokratischen Partei Deutschlands
konkret
Die Neue Gesellschaft
Die Neue Gesellschaft/Frankfurter Hefte
Parlamentarisch-Politischer-Pressedienst
Politik. Aktuelle Informationen der Sozialdemokratischen Partei Deutschlands
Service der SPD für Presse, Funk, TV
Sozialdemokrat Magazin
Sozialdemokraten. Service, Presse, Funk, TV
Sozialdemokratischer Pressedienst
spw. Zeitschrift für Sozialistische Politik und Wirtschaft
Union in Deutschland. CDU-Dokumentation
Vorgänge. Zeitschrift für Gesellschaftspolitik
Vorwärts

Presseausschnittsammlung des Deutschen Bundestages, Berlin

Sonstige gedruckte Quellen und Literatur

[ohne Verfasser:] Das Überleben sichern. Gemeinsame Interessen der Industrie- und Entwicklungsländer. Bericht der Nord-Süd-Kommission, Köln 1980.
[ohne Verfasser:] Dat Ding kumt hier nich her … Gorleben-Frauen setzen sich zur Wehr, in: Quistorp, Eva (Hrsg.): Handbuch Leben. Frauen wehren sich gegen Umweltzerstörung, Gelnhausen 1981, S. 78–92.
[ohne Verfasser:] Der Palme-Bericht. Bericht der Unabhängigen Kommission für Abrüstung und Sicherheit. „Common Security", Berlin 1982.

Albertz, Heinrich: Von der Nation – und von Wichtigerem, in: Jens, Walter (Hrsg.): In letzter Stunde. Aufruf zum Frieden, München 1982, S. 135–142.
Albrecht, Ulrich: Kündigt den Nachrüstungsbeschluß! Argumente für die Friedensbewegung. Mit einem Vorwort von Oskar Lafontaine, Frankfurt a. M. 1982.
Ders.: Neutralismus und Disengagement: Ist Blockfreiheit eine Alternative für die Bundesrepublik?, in: Albrecht, Ulrich/Graalfs, Jürgen/Lehnert, Detlef/Steinke, Rudolf (Hrsg.): Deutsche Fragen – Europäische Antworten, Berlin 1983, S. 97–120.
Ders.: Willy Brandts Verständnis von Entwicklung, in: Nuscheler, Franz (Hrsg.): Entwicklung und Frieden im 21. Jahrhundert. Zur Wirkungsgeschichte des Brandtberichts, Bonn 2000, S. 62–75.
Albrecht, Ulrich/Galtung, Johan/Gumert, Michael/Stuckenbrock, Reimar (Hrsg.): Stationierung – und was dann? Friedensbewegung gegen Apokalypse, Berlin 1983.
Albrecht, Ulrich/Graalfs, Jürgen/Lehnert, Detlef/Steinke, Rudolf (Hrsg.): Deutsche Fragen – Europäische Antworten, Berlin 1983.
Alt, Franz: Frieden ist möglich. Die Politik der Bergpredigt, München 1983.
Althoff, Gerd/Stollberg-Rilinger, Barbara: Spektakel der Macht? Einleitung, in: Stollberg-Rilinger, Barbara/Puhle, Matthias/Götzmann, Jutta/Althoff, Gerd (Hrsg.): Spektakel der Macht. Rituale im Alten Europa 800–1800, Darmstadt 2008, S. 15–19.
Andresen, Knud/Bitzegeio, Ursula/Mittag, Jürgen (Hrsg.): „Nach dem Strukturbruch"? Kontinuität und Wandel von Arbeitsbeziehungen und Arbeitswelt(en) seit den 1970er-Jahren, Bonn 2011.
Angster, Julia: Konsenskapitalismus und Sozialdemokratie. Die Westernisierung von SPD und DGB, München 2003.

Apel, Hans: Sicherheit ohne Abschreckung?, in: Ehmke, Horst/Koppe, Karlheinz/Wehner, Herbert (Hrsg.): Zwanzig Jahre Ostpolitik. Bilanz und Perspektiven, Bonn 1986, S. 31–36.
Ders.: Der Abstieg. Politisches Tagebuch 1978–1988, Stuttgart 1990.
Ders./Bahr, Egon/Brandt, Willy/Lafontaine, Oskar (Hrsg.): Sicherheitspolitik contra Frieden? Ein Forum zur Friedensbewegung, Bonn 1981.
Arndt, Dieter: Zwischen Alarmismus und Argumentation. Die sicherheitspolitische Öffentlichkeitsarbeit der Bundesregierung zur innenpolitischen Durchsetzung des NATO-Doppelbeschlusses, München 1988.
Arnold, Jörg: „Kassel 1943 mahnt …". Zur Genealogie der Angst im Kalten Krieg, in: Greiner, Bernd/Müller, Christian Th./Walter, Dierk (Hrsg.): Angst im Kalten Krieg, Hamburg 2009, S. 465–494.
Aschmann, Birgit (Hrsg.): Gefühl und Kalkül. Der Einfluss von Emotionen auf die Politik des 19. und 20. Jahrhunderts, Stuttgart 2005.
Auswärtiges Amt (Hrsg.): Es geht um unsere Sicherheit. Verteidigung im Bündnis und Rüstungskontrolle, Bonn 1980.
Auswärtiges Amt (Hrsg.): Aspekte der Friedenspolitik. Argumente zum Doppelbeschluss des Nordatlantischen Bündnisses, Bonn 1981.

Baberowski, Jörg: Gibt es eine historische Wirklichkeit und wie können Historiker von ihr erzählen? Überlegungen zum Verhältnis von Geschichte und Ethnologie, in: Hacke, Jens/Pohlig, Matthias (Hrsg.): Theorie in der Geschichtswissenschaft. Einblicke in die Praxis des historischen Forschens, Frankfurt a. M. 2008, S. 93–107.
Ders.: Verbrannte Erde. Stalins Herrschaft der Gewalt, München 2012.
Bächler, Günther: Friedensfähigkeit von Demokratien, Demokratisierung der Sicherheitspolitik und strukturelle Angriffsunfähigkeit. Ein Beitrag zur Demokratieproblematik in der Sicherheitspolitik, Hamburg 1988.
Bahr, Egon: Zehn Thesen über Frieden und Abrüstung, in: Apel, Hans/Bahr, Egon/Bahro, Rudolf (Hrsg.): Sicherheitspolitik contra Frieden? Ein Forum zur Friedensbewegung, Bonn 1981, S. 10–17.
Ders.: Vorwort zur deutschen Ausgabe, Der Palme-Bericht. Bericht der Unabhängigen Kommission für Abrüstung und Sicherheit. „Common Security", Berlin 1982, S. 7–9.
Ders.: Was wird aus den Deutschen? Fragen und Antworten, Reinbek bei Hamburg 1982.
Ders.: Entspannung ist unsere einzige Chance, in: Albrecht, Ulrich/Graalfs, Jürgen/Lehnert, Detlef/Steinke, Rudolf (Hrsg.): Deutsche Fragen – Europäische Antworten, Berlin 1983, S. 76–84.
Ders.: Gemeinsame Sicherheit – Perspektiven europäischer Sicherheitspolitik, in: Deutsche Gesellschaft für Friedens- und Konfliktforschung (Hrsg.): Zur Lage Europas im globalen Spannungsfeld. Jahrbuch 1982/1983, Baden-Baden 1983, S. 567–574.
Ders.: Sozialdemokratische Sicherheitspolitik ist ein Teil der Entspannungspolitik, in: Seeliger, Rolf (Hrsg.): Amerikanische Raketen wider deutsche Interessen. Argumente gegen die Stationierung neuer atomarer Mittelstreckenwaffen mit einer Dokumentation, München 1983, S. 7–17.
Ders.: Gemeinsame Sicherheit: Einführende Überlegungen, in: Bahr, Egon/Lutz, Dieter S. (Hrsg.): Gemeinsame Sicherheit. Idee und Konzept: Zu den Ausgangsüberlegungen, Grundlagen und Strukturmerkmalen gemeinsamer Sicherheit, Baden-Baden 1986, S. 15–27.
Ders.: Von der Strategie der Abschreckung zur gemeinsamen Sicherheit, in: Ehmke, Horst/Koppe, Karlheinz/Wehner, Herbert (Hrsg.): Zwanzig Jahre Ostpolitik. Bilanz und Perspektiven, Bonn 1986, S. 95–101.
Ders.: Zum europäischen Frieden. Eine Antwort auf Gorbatschow, Berlin 1988.
Ders.: Zu meiner Zeit, München 1996.
Bahro, Rudolf: Wahnsinn mit Methode. Über die Logik der Blockkonfrontation, die Friedensbewegung, die Sowjetunion und die DKP, Berlin 1982.
Bald, Detlef/Wette, Wolfram (Hrsg.): Friedensinitiativen in der Frühzeit des Kalten Krieges 1945–1955, Essen 2010.
Balistier, Thomas: Straßenprotest. Formen oppositioneller Politik in der Bundesrepublik Deutschland zwischen 1979 und 1989, Münster 1996.
Bange, Oliver/Niedhart, Gottfried: Introduction, in: Bange, Oliver/Niedhart, Gottfried (Hrsg.): Helsinki 1975 and the Transformation of Europe, New York/Oxford 2008, S. 1–21.
Bariéty, Jacques: François Mitterrand, Willy Brandt et la réunification de l'Allemagne (1981-1990), in: Möller, Horst/Vaïsse, Maurice (Hrsg.): Willy Brandt und Frankreich, München 2005, S. 247–255.
Baruch, Bernard: My Own Story, 2. Bd.: The Public Years, New York 1960.

Bastian, Gert: Frieden schaffen! Gedanken zur Sicherheitspolitik, München 1983.
Bauman, Zygmunt, Modernity and Ambivalence, in: *Culture & Society* 7 (1990), S. 143–169.
Baumann, Cordia/Gehrig, Stefan/Büchse, Nicolas (Hrsg.): Linksalternative Milieus und Neue Soziale Bewegungen in den 1970er Jahren, Heidelberg 2011.
Baur, Philipp: Nukleare Untergangsszenarien in Kunst und Kultur, in: Becker-Schaum, Christoph/Gassert, Philipp/Klimke, Martin/Mausbach, Wilfried/Zepp, Marianne (Hrsg.): „Entrüstet Euch!" Nuklearkrise, NATO-Doppelbeschluss und Friedensbewegung, Paderborn 2012, S. 325–338.
Bavaj, Riccardo/Steber, Martina: Introduction: Germany and „The West". The Vagaries of a Modern Relationship, in: Bavaj, Riccardo/Steber, Martina (Hrsg.): Germany and „The West". The History of a Modern Concept, New York 2015, S. 1–37.
Becht, Manfred: SPD, Ost-West-Konflikt und europäische Sicherheit. Sozialdemokraten und sicherheitspolitische Zusammenarbeit in Westeuropa, Aachen 1997.
Beck, Ulrich (Hrsg.): Politik der Globalisierung, Frankfurt a. M. 1998.
Beck, Ulrich/Grande, Edgar: Das kosmopolitische Europa. Gesellschaft und Politik in der Zweiten Moderne, Frankfurt a. M. 2004.
Becker-Schaum, Christoph: Die institutionelle Organisation der Friedensbewegung, in: Becker-Schaum, Christoph/Gassert, Philipp/Klimke, Martin/Mausbach, Wilfried/Zepp, Marianne (Hrsg.): „Entrüstet Euch!" Nuklearkrise, NATO-Doppelbeschluss und Friedensbewegung, Paderborn 2012, S. 151–168.
Becker-Schaum, Christoph/Gassert, Philipp/Klimke, Martin/Mausbach, Wilfried/Zepp, Marianne (Hrsg.): „Entrüstet Euch!" Nuklearkrise, NATO-Doppelbeschluss und Friedensbewegung, Paderborn 2012.
Bell, Daniel: The End of Ideology. On the Exhaustion of Political Ideas in the Fifties, New York 1960.
Ders.: The Cultural Contradictions of Capitalism. Twentieth Anniversary Edition, New York 1996.
Ders.: Afterword, 1988. The End of Ideology Revisited, in: Bell, Daniel (Hrsg.): The End of Ideology. On the Exhaustion of Political Ideas in the Fifties, Cambridge 2000, S. 409–447.
Bender, Peter: Das Ende des ideologischen Zeitalters. Die Europäisierung Europas, Berlin 1981.
Bender, Thomas: SPD und europäische Sicherheit. Sicherheitskonzept und Struktur des Sicherheitssystems in den achtziger Jahren, München 1991.
Berman, Maureen R./Johnson, Joseph E. (Hrsg.): Unofficial Diplomats, New York 1977.
Bernhard, Patrick/Nehring, Holger/Rohstock, Anne: Der Kalte Krieg im langen 20. Jahrhundert. Neue Ansätze, Befunde und Perspektiven, in: Bernhard, Patrick/Nehring, Holger (Hrsg.): Den Kalten Krieg denken. Beiträge zur sozialen Ideengeschichte, Essen 2014, S. 11–39.
Biess, Frank: Die Sensibilisierung des Subjekts. Angst und „neue Subjektivität" in den 1970er Jahren, in: *Werkstatt Geschichte* 49 (2008), S. 51–72.
Birkner, Thomas: Mann des gedruckten Wortes. Helmut Schmidt und die Medien, Bremen 2014.
Böhm, Enrico: Die Sicherheit des Westens. Entstehung und Funktion der G7-Gipfel (1975–1981), München 2014.
Böhme, Wolfgang (Hrsg.): Ziviler Ungehorsam? Vom Widerstandsrecht in der Demokratie, Karlsruhe 1984.
Boll, Friedhelm: Sozialdemokratie und Friedensbewegung, in: Meyer, Thomas/Miller, Susanne/Rohlfes, Joachim (Hrsg.): Lern- und Arbeitsbuch deutsche Arbeiterbewegung. Darstellung, Chroniken, Dokumente, Bonn 1988, S. 399–438.
Born, William: Europa am Scheideweg. Über die Notwendigkeit einer eigenständigen westeuropäischen Sicherheitspolitik und die Perspektiven der Friedensbewegung, in: Seeliger, Rolf (Hrsg.): Amerikanische Raketen wider deutsche Interessen. Argumente gegen die Stationierung neuer atomarer Mittelstreckenwaffen mit einer Dokumentation, München 1983, S. 18–29.
Bothien, Horst-Pierre: Auf zur Demo! Straßenprotest in der ehemaligen Bundeshauptstadt Bonn 1949–1999. Eine Dokumentation, Essen 2009.
Böttcher, Hans-Ernst: Strafbare Nötigung oder Ausübung von Grundrechten? Die gerichtliche Auseinandersetzung mit den Sitzblockaden gegen den NATO-Doppelbeschluß, in: Kramer, Helmut/Wette, Wolfram (Hrsg.): Recht ist, was den Waffen nützt. Justiz und Pazifismus im 20. Jahrhundert, Berlin 2004, S. 295–320.
Bourdet, Claude/Mechtersheimer, Alfred (Hrsg.): Europäisierung Europas: Zwischen französischem Nuklearnationalismus und deutschem Nuklearpazifismus. Materialienband, Berlin 1984.
Boyer, Josef/Heidemeyer, Helge (Hrsg.): Die Grünen im Bundestag. Sitzungsprotokolle und Anlagen 1983–1987, 2. Bde., Düsseldorf 2008.

Boyer, Paul S.: God, the Bomb, and the Cold War: The Religious and Ethical Debate over Nuclear Weapons, 1945-1990, in: Isaac, Joel/Bell, Duncan (Hrsg.): Uncertain Empire: American History and the Idea of the Cold War, Oxford 2012, S. 165-194.

Bozo, Frédéric: Mitterrand, la fin de la guerre froide et l'unification allemande. De Yalta à Maastricht, Paris 2005.

Ders.: France, the Euromissiles, and the End of the Cold War, in: Nuti, Leopoldo/Bozo, Frédéric/Rey, Marie-Pierre/Rother, Bernd (Hrsg.): The Euromissile Crisis and the End of the Cold War, Washington, DC 2015, S. 196-212.

Brand, Karl-Werner/Büsser, Detlef/Rucht, Dieter (Hrsg.): Aufbruch in eine andere Gesellschaft. Neue soziale Bewegungen in der Bundesrepublik, Frankfurt a. M. 1983.

Brandt, Willy: Wandel tut not: Frieden, Ausgleich, Arbeitsplätze, Das Überleben sichern. Gemeinsame Interessen der Industrie- und Entwicklungsländer. Bericht der Nord-Süd-Kommission, Köln 1980, S. 11-40.

Ders.: Vorwort, in: SPD-Parteivorstand (Hrsg.): Die Friedenspartei SPD. Argumente, Grundpositionen und Stellungnahmen zur deutschen Friedenspolitik 1981 (Forum Frieden), Bonn 1981, S. 3.

Ders.: Der organisierte Wahnsinn. Wettrüsten und Welthunger, Köln 1985.

Ders.: Entwicklungspolitik ist Friedenspolitik, in: Ehmke, Horst/Koppe, Karlheinz/Wehner, Herbert (Hrsg.): Zwanzig Jahre Ostpolitik. Bilanz und Perspektiven, Bonn 1986, S. 249-258.

Ders.: Erinnerungen. Mit den „Notizen zum Fall G", München 2003.

Brauch, Hans Günter: Die Raketen kommen! Vom NATO-Doppelbeschluss bis zur Stationierung, Köln 1983.

Ders. (Hrsg.): Sicherheitspolitik am Ende? Eine Bestandsaufnahme, Perspektiven und neue Ansätze, Gerlingen 1984.

Bredow, Wilfried von/Brocke, Rudolf H.: Krise und Protest. Ursprünge und Elemente der Friedensbewegung in Westeuropa, Opladen 1987.

Bressensdorf, Agnes Bresselau von: Frieden durch Kommunikation. Das System Genscher und die Entspannungspolitik im Zweiten Kalten Krieg 1979-1982/83, Berlin/Boston 2015.

Breyman, Steve: Why Movements Matter. The West German Peace Movement and U.S. Arms Control Policy, Albany, NY 2001.

Brühöfener, Friederike: „Angst vor dem Atom". Emotionalität und Politik im Spiegel bundesdeutscher Zeitungen 1979-1984, in: Bernhard, Patrick/Nehring, Holger (Hrsg.): Den Kalten Krieg denken. Beiträge zur sozialen Ideengeschichte seit 1945, Essen 2014, S. 285-306.

Bruns, Wilhelm/Krause, Christian (Hrsg.): Überlegungen zu einer europäischen Friedensordnung, Bonn 1982.

Bruns, Wilhelm/Krause, Christian/Lübkemeier, Eckhard: Sicherheit durch Abrüstung. Orientierende Beiträge zum Imperativ unserer Zeit, Bonn 1984.

Buffotot, Patrice: Le socialisme français et la guerre. Du soldat-citoyen à l'armée professionnelle (1871-1998), Brüssel 1998.

Bülow, Andreas von: Das Bülow-Papier. Strategie vertrauenschaffender Sicherheits-Strukturen in Europa – Wege zur Sicherheitspartnerschaft, Frankfurt a. M. 1985.

Ders.: Die eingebildete Unterlegenheit. Das Kräfteverhältnis West-Ost, wie es wirklich ist. Mit einer Kontroverse zwischen Heinz Rühle und Andreas von Bülow, München 1985.

Carson, Cathryn: Heisenberg in the Atomic Age. Science and the Public Sphere, Cambridge 2010.

Carter, Jimmy: Keeping Faith. Memoirs of a President, Fayetteville 1995.

Chartier, Roger: Die unvollendete Vergangenheit. Geschichte und die Macht der Weltauslegung, Berlin 1989.

Clavin, Patricia: Defining Transnationalism, in: *Contemporary European History* 14 (2004), S. 421-439.

Connelly, Matthew: Future Shock: The End of the World as They Knew It, in: Ferguson, Niall/Maier, Charles S./Manela, Erez/Sargent, Daniel J. (Hrsg.): The Shock of the Global. The 1970s in Perspective, Cambridge 2010, S. 337-350.

Conrad, Christoph/Kessel, Martina: Blickwechsel: Moderne, Kultur, Geschichte, in: Conrad, Christoph/Kessel, Martina (Hrsg.): Kultur & Geschichte. Neue Einblicke in eine alte Beziehung, Stuttgart 1998, S. 9-40.

Conrad, Sebastian/Eckert, Andreas: Globalgeschichte, Globalisierung, multiple Modernen. Zur Geschichtsschreibung der modernen Welt, in: Conrad, Sebastian/Eckert, Andreas/Freitag, Ulrike (Hrsg.): Globalgeschichte. Theorien, Ansätze, Themen, Frankfurt a. M. 2007, S. 7-49.

Conway, Martin: Democracy in Postwar Western Europe: The Triumph of a Political Model, in: *European History Quarterly* 32 (2002), S. 59–84.
Conze, Eckart: „Moderne Politikgeschichte". Aporien einer Kontroverse, in: Müller, Guido (Hrsg.): Deutschland und der Westen. Internationale Beziehungen im 20. Jahrhundert. Festschrift für Klaus Schwabe, Stuttgart 1998, S. 19–30.
Ders.: Zwischen Staatenwelt und Gesellschaftswelt. Die gesellschaftliche Dimension in der internationalen Geschichte, in: Loth, Wilfried/Osterhammel, Jürgen (Hrsg.): Internationale Geschichte. Themen – Ergebnisse – Aussichten, München 2000, S. 117–140.
Ders.: Die Suche nach Sicherheit: Eine Geschichte der Bundesrepublik Deutschland von 1949 bis in die Gegenwart, München 2009.
Ders.: Modernitätsskepsis und die Utopie der Sicherheit. NATO-Nachrüstung und Friedensbewegung in der Geschichte der Bundesrepublik, in: *Zeithistorische Forschungen/Studies in Contemporary History* 7 (2010), S. 220–239.
Ders.: Akzeptanz der Teilung oder Weg zur deutschen Einheit? Motive, Ziele und Wirkungen der Ost- und Deutschlandpolitik der sozialliberalen Koalition, in: Rother, Bernd (Hrsg.): Willy Brandt: Neue Fragen, neue Erkenntnisse, Bonn 2011, S. 99–113.
Cooper, Alice Holmes: Paradoxes of Peace. German Peace Movements since 1945, Ann Arbor 1995.
Corterier, Peter: Die Regierung Schmidt und der NATO-Doppelbeschluss, in: Maruhn, Jürgen/Wilke, Manfred (Hrsg.): Raketenpoker um Europa. Das sowjetische SS 20-Abenteuer und die Friedensbewegung, München 2001, S. 118–125.
Cosgrove, Denis: Contested Global Visions: One-World, Whole-Earth, and the Apollo Space Photographs, in: *Annals of the Association of American Geographers* 84 (1994), S. 270–294.
Crivellari, Fabio: Blockade. Friedensbewegung zwischen Melancholie und Ironie, in: Paul, Gerhard (Hrsg.): Das Jahrhundert der Bilder. 1949 bis heute, Göttingen 2008, S. 482–489.
Crozier, Michel: Western Europe, in: Crozier, Michel/Huntington, Samuel P./Watanuki, Joji (Hrsg.): The Crisis of Democracy. Report on the Governability of Democracies to the Trilateral Commission, New York 1975, S. 11–57.
Ders.: The Governability of West European Societies, Colchester 1977.
Ders./Huntington, Samuel P./Watanuki, Joji: The Crisis of Democracy. Report on the Governability of Democracies to the Trilateral Commission, New York 1975.

Dannenbaum, Thomas: „Atom-Staat" oder „Unregierbarkeit"? Wahrnehmungsmuster im westdeutschen Atomkonflikt der siebziger Jahre, in: Brüggemeier, Franz-Josef/Engels, Jens Ivo (Hrsg.): Natur- und Umweltschutz nach 1945. Konzepte, Konflikte, Kompetenzen, Frankfurt a. M. 2005, S. 268–286.
Däubler-Gmelin, Herta: Konsultative Volksbefragung zur Raketenstationierung?, in: SPD-Parteivorstand (Hrsg.): Vor der Genfer Entscheidung. Friedenspolitische Aktivitäten der SPD im Herbst 1983. Materialien Friedenspolitik, Bonn [1983], S. 18–20.
Däubler, Wolfgang: Stationierung und Grundgesetz. Was sagen Völkerrecht und Verfassungsrecht zu neuen Massenvernichtungswaffen (ABC-Waffen) in der Bundesrepublik?, Reinbek bei Hamburg 1982.
Ders.: Ziviler Ungehorsam im Betrieb?, in: Glotz, Peter (Hrsg.): Ziviler Ungehorsam im Rechtsstaat, Frankfurt a. M. 1983, S. 127–134.
Daum, Andreas W.: Kennedy in Berlin. Politik, Kultur und Emotionen im Kalten Krieg, Paderborn 2003.
Davidson, Carolyne: Dealing with de Gaulle: The United States and France, in: Nünlist, Christian/Locher, Anna/Garret, Martin (Hrsg.): Globalizing de Gaulle. International Perspectives on French Foreign Policies 1958–1969, Lanham 2010, S. 111–134.
Davis, Belinda: „Women's Strength against Crazy Male Power". Gendered Language in the West German Peace Movement of the 1980s, in: Davy, Jennifer A./Hagemann, Karen/Kätzel, Ute (Hrsg.): Frieden, Gewalt, Geschlecht. Friedens- und Konfliktforschung als Geschlechterforschung, Essen 2005, S. 244–265.
Dies.: Europe is a Peaceful Woman, America is a War-Mongering Man? The 1980s Peace Movement in NATO-Allied Europe, in: *Themenportal Europäische Geschichte*, <http://www.europa.clio-online.de/2009/Article=409> [23. 9. 2015].
de Gaulle, Charles: Discours et messages, Pour l'Effort, août 1962-décembre 1965, [Paris] 1970.
Defrasne, Jean: Le pacifisme en France, Paris 1994.

Degen, Bernard/Haumann, Heiko/Mäder, Ueli/Mayoraz, Sandrine/Polexe, Laura/Schenk, Frithjof Benjamin (Hrsg.): Gegen den Krieg. Der Basler Friedenskongress 1912 und seine Aktualität, Basel 2012.

Dehm, Diether: Gute Unterhaltung. Lyrics, Dortmund 1986.

Derix, Simone: Bebilderte Politik. Staatsbesuche in der Bundesrepublik Deutschland 1949-1990, Göttingen 2009.

Dietz, Bernhard/Neumaier, Christopher: Vom Nutzen der Sozialwissenschaften für die Zeitgeschichte. Werte und Wertewandel als Gegenstand historischer Forschung, in: *Vierteljahrshefte für Zeitgeschichte* 60 (2012), S. 293-304.

Diner, Dan: Die „nationale Frage" in der Friedensbewegung. Ursprünge und Tendenzen, in: Steinweg, Reiner (Hrsg.): Die neue Friedensbewegung. Analysen aus der Friedensforschung, Frankfurt a. M. 1982, S. 86-112.

Ders.: Feindbild Amerika: Über die Beständigkeit eines Ressentiments, München 2002.

Dinkel, Jürgen: Die Bewegung Bündnisfreier Staaten. Genese, Organisation und Politik 1927-1992, Berlin 2015.

Doering-Manteuffel, Anselm: Wie westlich sind die Deutschen? Amerikanisierung und Westernisierung im 20. Jahrhundert, Göttingen 1999.

Ders.: Im Kampf um „Frieden" und „Freiheit". Über den Zusammenhang von Ideologie und Sozialkultur im Ost-West-Konflikt, in: Hockerts, Hans Günter (Hrsg.): Koordinaten deutscher Geschichte in der Epoche des Ost-West-Konflikts, München 2004, S. 29-47.

Doering-Manteuffel, Anselm/Raphael, Lutz: Nach dem Boom: Perspektiven auf die Zeitgeschichte seit 1970, Göttingen 2010.

Ders.: Der Epochenbruch in den 1970er-Jahren: Thesen zur Phänomenologie und den Wirkungen des Strukturwandels „nach dem Boom", in: Andresen, Knud/Bitzegeio, Ursula/Mittag, Jürgen (Hrsg.): Nach dem Strukturbruch? Kontinuität und Wandel von Arbeitswelten, Bonn 2011, S. 25-40.

Dowe, Dieter: Die Ost- und Deutschlandpolitik der SPD in der Opposition 1982-1989. Papiere eines Kongresses der Friedrich-Ebert-Stiftung am 14. und 15. September 1993 in Bonn, Bonn 1993.

Dreier, Ralf: Widerstandsrecht und ziviler Ungehorsam im Rechtsstaat, in: Glotz, Peter (Hrsg.): Ziviler Ungehorsam im Rechtsstaat, Frankfurt a. M. 1983.

Drögemöller, Marc: Zwei Schwestern in Europa. Deutsche und niederländische Sozialdemokratie 1945-1990, Berlin 2008.

Ebert, Theodor: Ziviler Ungehorsam – eine soziale Erfindung der Demokratie. Referate, gehalten anläßlich der Herbsttagung des Politischen Clubs der Evangelischen Akademie Tutzing „Widerstand als erste Bürgerpflicht?" vom 4. bis 6. November 1983, Tutzing 1983.

Ders.: Ziviler Ungehorsam. Von der APO zur Friedensbewegung, Waldkirch 1984.

Ders.: Ziviler Widerstand gegen Raketenbasen. Lehren der 60er Jahre – Aktionsformen für 1983, in: Ebert, Theodor (Hrsg.): Ziviler Ungehorsam. Von der APO zur Friedensbewegung, Waldkirch 1984, S. 204-216.

Eckel, Jan: Die Ambivalenz des Guten. Menschenrechte in der internationalen Politik seit den 1940ern, Göttingen 2014.

Ehmke, Horst: Was ist des Deutschen Vaterland?, in: Habermas, Jürgen (Hrsg.): Stichworte zur „Geistigen Situation der Zeit", 1. Bd.: Nation und Republik, Frankfurt a. M. 1979, S. 51-76.

Ders.: Frieden und Freiheit als Ziele der Entspannungspolitik, in: Ehmke, Horst/Koppe, Karlheinz/Wehner, Herbert (Hrsg.): Zwanzig Jahre Ostpolitik. Bilanz und Perspektiven, Bonn 1986, S. 279-291.

Ders.: Mittendrin. Von der Großen Koalition zur Deutschen Einheit, Berlin 1994.

Eilers, Silke: „Sie kommen". Selbst- und Fremdbilder der Neuen Frauenbewegung, in: Paul, Gerhard (Hrsg.): Das Jahrhundert der Bilder. 1949 bis heute, Göttingen 2008, S. 458-465.

Emmerlich, Alfred: Widerstand und Bürgerprotest, in: SPD-Parteivorstand (Hrsg.): Vor der Genfer Entscheidung. Friedenspolitische Aktivitäten der SPD im Herbst 1983. Materialien Friedenspolitik, Bonn [1983], S. 20-22.

Enders, Thomas: Die SPD und die äußere Sicherheit. Zum Wandel der sicherheitspolitischen Konzeption der Partei in der Zeit der Regierungsverantwortung (1966-1982), Melle 1987.

Engels, Jens Ivo: Naturpolitik in der Bundesrepublik. Ideenwelt und politische Verhaltensstile in Naturschutz und Umweltbewegung 1950-1980, Paderborn 2006.

Ders.: „Inkorporierung" und „Normalisierung" einer Protestbewegung am Beispiel der westdeutschen Umweltproteste in den 1980er Jahren, in: *Mitteilungsblatt des Instituts für soziale Bewegungen* 40 (2008), S. 81–100.

Engholm, Björn: Einseitige Abrüstungsschritte als Elemente einer neuen sozialdemokratischen Friedenspolitik?, in: Seeliger, Rolf (Hrsg.): Amerikanische Raketen wider deutsche Interessen. Argumente gegen die Stationierung neuer atomarer Mittelstreckenwaffen mit einer Dokumentation, München 1983, S. 30–40.

Engstrom, Eric J./Hess, Volker/Thoms, Ulrike: Figurationen des Experten. Ambivalenzen der wissenschaftlichen Expertise im ausgehenden 18. und frühen 19. Jahrhundert, in: Engstrom, Eric J./Hess, Volker/Thoms, Ulrike (Hrsg.): Figurationen des Experten. Ambivalenzen der wissenschaftlichen Expertise im ausgehenden 18. und frühen 19. Jahrhundert, Frankfurt a. M. 2005, S. 7–18.

Eppler, Erhard: Ende oder Wende. Von der Machbarkeit des Notwendigen, Stuttgart 1975.

Ders.: Wege aus der Gefahr, Reinbek bei Hamburg 1981.

Ders.: Die tödliche Utopie der Sicherheit, Reinbek bei Hamburg 1983.

Ders.: Bürgerinitiativen kontra Parteipolitik?, in: Guggenberger, Bernd/Kempf, Udo (Hrsg.): Bürgerinitiativen und repräsentatives System, Opladen 1984, S. 213–216.

Ders.: Einsprüche. Zeugnisse einer politischen Biographie, (bearb. v. Bregenzer, Albrecht/Brinkel, Wolfgang/Erler, Gernot), Freiburg 1986.

Esposito, Fernando: No Future – Symptome eines Zeit-Geists im Wandel, in: Reitmayer, Morten/Schlemmer, Thomas (Hrsg.): Die Anfänge der Gegenwart. Umbrüche in Westeuropa nach dem Boom, München 2014, S. 95–108.

Eßlinger, Eva/Schlechtriemen, Tobias/Schweitzer, Doris/Zons, Alexander (Hrsg.): Die Figur des Dritten. Ein kulturwissenschaftliches Paradigma, Frankfurt a. M. 2010.

Eugster, David/Marti, Sibylle (Hrsg.): Das Imaginäre des Kalten Krieges. Beiträge zu einer Kulturgeschichte des Ost-West-Konfliktes in Europa, Essen 2015.

Evangelista, Matthew: Unarmed Forces. The Transnational Movement to End the Cold War, Ithaca 1999.

Evans, Richard J.: Fakten und Fiktionen. Über die Grundlagen historischer Erkenntnis, Frankfurt a. M. 1998.

Faerber-Husemann, Renate: Der Querdenker. Erhard Eppler. Eine Biographie, Bonn 2010.

Fahlenbrach, Kathrin: Protestinszenierungen. Visuelle Kommunikation und kollektive Identitäten in Protestbewegungen, Wiesbaden 2002.

Dies.: Die Grünen. Neue Farbenlehre der Politik, in: Paul, Gerhard (Hrsg.): Das Jahrhundert der Bilder. 1949 bis heute, Göttingen 2008, S. 474–481.

Dies./Stapane, Laura: Mediale und visuelle Strategien der Friedensbewegung, in: Becker-Schaum, Christoph/Gassert, Philipp/Klimke, Martin/Mausbach, Wilfried/Zepp, Marianne (Hrsg.): „Entrüstet Euch!" Nuklearkrise, NATO-Doppelbeschluss und Friedensbewegung, Paderborn 2012, S. 229–246.

Faulenbach, Bernd: Das sozialdemokratische Jahrzehnt. Von der Reformeuphorie zur Neuen Unübersichtlichkeit. Die SPD 1969–1982, Bonn 2011.

Fest, Joachim C.: Die deutsche Frage: Das offene Dilemma, in: Jäger, Wolfgang/Link, Werner (Hrsg.): Republik im Wandel – 1974–1982, Stuttgart 1987, S. 433–446.

Finger, Matthias: The New Peace Movement and Its Conception of Political Commitment, in: Kodama, Katsuya/Vesa, Unto (Hrsg.): Towards a Comparative Analysis of Peace Movements, Aldershot 1990, S. 217–234.

Fischer, Berthold: Bevölkerungsmehrheit gegen Raketenstationierung. Möglichkeiten für Kompromisse und konkrete Verhandlungsergebnisse in Genf, in: Seeliger, Rolf (Hrsg.): Amerikanische Raketen wider deutsche Interessen. Argumente gegen die Stationierung neuer atomarer Mittelstreckenwaffen mit einer Dokumentation, München 1983, S. 78–84.

Fischer, Frank: „Im deutschen Interesse". Die Ostpolitik der SPD von 1969 bis 1989, Husum 2001.

Fischer-Lichte, Erika: Performance, Inszenierung, Ritual. Zur Klärung kulturwissenschaftlicher Schlüsselbegriffe, in: Martschukat, Jürgen/Patzold, Steffen (Hrsg.): Geschichtswissenschaft und „performative turn". Ritual, Inszenierung und Performanz vom Mittelalter bis zur Neuzeit, Köln 2003, S. 33–54.

Fleck, Ludwik: Entstehung und Entwicklung einer wissenschaftlichen Tatsache. Einführung in die Lehre vom Denkstil und Denkkollektiv, Frankfurt a. M. 1980.

Forschungsstelle für Zeitgeschichte Hamburg (Hrsg.): „Kampf dem Atomtod!". Die Protestbewegung 1957/58 in zeithistorischer und gegenwärtiger Perspektive, München 2009.
Foucault, Michel: Die Ordnung des Diskurses. Inauguralvorlesung am College de France, 2. Dezember 1970, Frankfurt a. M. 1991.
Fraser, Cary: Decolonization and the Cold War, in: Immerman, Richard H./Goedde, Petra (Hrsg.): The Oxford Handbook of the Cold War, Oxford 2013, S. 469–485.
Frevert, Ute: Neue Politikgeschichte: Konzepte und Herausforderungen, in: Frevert, Ute/Haupt, Heinz-Gerhard (Hrsg.): Neue Politikgeschichte. Perspektiven einer historischen Politikforschung, Frankfurt a. M. 2005, S. 7–26.
Dies: Vertrauensfragen. Eine Obsession der Moderne, München 2013.
Friedman, Max Paul: Rethinking Anti-Americanism. The History of an Exceptional Concept in American Foreign Relations, Cambridge 2012.
Fröhlich, Stefan: Nuclear Freeze Campaign. Die Kampagne für das Einfrieren der Nuklearwaffen unter der Reagan-Administration, Opladen 1990.
Ders.: Die USA-Politik aus amerikanischer Perspektive in der Ära Kohl, in: *Historisch-Politische Mitteilungen* 14 (2007), S. 263–271.
Fuchs, Katrin: Frieden ist möglich – durch Abrüstung und Entspannung, in: Fuchs, Katrin/Hoffmann, Hajo/Klaus, Horst (Hrsg.): Konzepte zum Frieden. Vorschläge für eine neue Abrüstungs- und Entspannungspolitik der SPD, Berlin 1985, S. 52–74.

Gala, Marilena: From INF to SDI. How Helsinki reshaped the transatlantic dimension of European security, in: Nuti, Leopoldo (Hrsg.): The Crisis of Détente in Europe. From Helsinki to Gorbachev, 1975–1985, London 2006, S. 111–123.
Garton Ash, Timothy: Im Namen Europas. Deutschland und der geteilte Kontinent, München 1993.
Gassert, Philipp: Mit Amerika gegen Amerika: Antiamerikanismus in Westdeutschland, in: Junker, Detlef (Hrsg.): Die USA und Deutschland im Zeitalter des Kalten Krieges 1945–1990: Ein Handbuch, 2. Bd.: 1968–1990, Stuttgart 2001, S. 750–760.
Ders.: Antiamerikaner? Die deutsche Neue Linke und die USA, in: Behrends, Jan C./Klimo, Árpád von/Poutrus, Patrice G. (Hrsg.): Antiamerikanismus im 20. Jahrhundert. Studien zu Ost- und Westeuropa, Bonn 2005, S. 250–269.
Ders.: Viel Lärm um Nichts? Der NATO-Doppelbeschluss als Katalysator gesellschaftlicher Selbstverständigung in der Bundesrepublik, in: Gassert, Philipp/Geiger, Tim/Wentker, Hermann (Hrsg.): Zweiter Kalter Krieg und Friedensbewegung: Der NATO-Doppelbeschluss in deutsch-deutscher und internationaler Perspektive, München 2011, S. 175–202.
Ders.: Arbeit am Konsens im Streit um den Frieden. Die Nuklearkrise der 1980er Jahre als Medium gesellschaftlicher Selbstverständigung, in: *Archiv für Sozialgeschichte* 52 (2012), S. 491–516.
Ders.: Did Transatlantic Drift Help European Integration? The Euromissiles Crisis, the Strategic Defense Initiative, and the Quest for Political Cooperation, in: Patel, Kiran Klaus/Weisbrode, Kenneth (Hrsg.): European Integration and the Atlantic Community in the 1980s, Cambridge 2013, S. 154–176.
Ders.: „Vertrauen, Einsicht und guten Willen zu wecken". Überlegungen zu einem Zentralbegriff westdeutscher Außenpolitik, in: Kreis, Reinhild (Hrsg.): Diplomatie mit Gefühl. Vertrauen, Misstrauen und die Außenpolitik der Bundesrepublik Deutschland, München 2014, S. 17–32.
Ders./Geiger, Tim/Wentker, Hermann (Hrsg.): Zweiter Kalter Krieg und Friedensbewegung: Der NATO-Doppelbeschluss in deutsch-deutscher und internationaler Perspektive, München 2011.
Gavin, Francis J.: Wrestling with Parity. The Nuclear Revolution Revisited, in: Ferguson, Niall/Maier, Charles S./Manela, Erez/Sargent, Daniel J. (Hrsg.): The Shock of the Global. The 1970s in Perspective, Cambridge 2011, S. 189–204.
Geertz, Clifford: Dichte Beschreibung. Beiträge zum Verstehen kultureller Systeme, Frankfurt a. M. 1983.
Geiger, Tim: Atlantiker gegen Gaullisten. Außenpolitischer Konflikt und innerparteilicher Machtkampf in der CDU/CSU 1958–1969, München 2008.
Ders.: Die Regierung Schmidt-Genscher und der NATO-Doppelbeschluss, in: Gassert, Philipp/Geiger, Tim/Wentker, Hermann (Hrsg.): Zweiter Kalter Krieg und Friedensbewegung: Der NATO-Doppelbeschluss in deutsch-deutscher und internationaler Perspektive, München 2011, S. 95–122.
Geppert, Dominik/Hacke, Jens (Hrsg.): Streit um den Staat. Intellektuelle Debatten in der Bundesrepublik 1960–1980, Göttingen 2008.

Gerster, Daniel: Friedensdialoge im Kalten Krieg. Eine Geschichte der Katholiken in der Bundesrepublik 1957–1983, Frankfurt a. M. 2012.
Gerster, Florian: Zwischen Pazifismus und Verteidigung. Die Sicherheitspolitik der SPD, Baden-Baden 1994.
Gestwa, Klaus/Rohdewald, Stefan: Verflechtungsstudien. Naturwissenschaft und Technik im Kalten Krieg, in: *Osteuropa* 59 (2009), S. 5–14.
Geyer, Michael: Der kriegerische Blick. Rückblick auf einen noch zu beendenden Krieg, in: *Sozialwissenschaftliche Informationen* 1984 (1990), S. 111–117.
Glotz, Peter: Staat und alternative Bewegungen, in: Habermas, Jürgen (Hrsg.): Stichworte zur „Geistigen Situation der Zeit", 2. Bd.: Politik und Kultur, Frankfurt a. M. 1979, S. 474–488.
Ders.: Junge Generation, alternative Bewegungen und die Aufgaben der Sozialdemokratie, in: Meyer, Thomas (Hrsg.): Demokratischer Sozialismus – Geistige Grundlagen und Wege in die Zukunft, München 1980, S. 307–315.
Ders.: Die Beweglichkeit des Tankers. Die Sozialdemokratie zwischen Staat und neuen sozialen Bewegungen, München 1982.
Ders.: Am Widerstand scheiden sich die Geister, in: SPD-Parteivorstand (Hrsg.): Vor der Genfer Entscheidung. Friedenspolitische Aktivitäten der SPD im Herbst 1983. Materialien Friedenspolitik, Bonn [1983], S. 14–16.
Ders. (Hrsg.): Ziviler Ungehorsam im Rechtsstaat, Frankfurt a. M. 1983.
Ders.: Die Arbeit der Zuspitzung. Über die Organisation einer regierungsfähigen Linken, Berlin 1984.
Ders.: Der Irrweg des Nationalstaates. Europäische Reden an ein deutsches Publikum, Stuttgart 1990.
Gotto, Bernhard: Enttäuschung als Politikressource. Zur Kohäsion der westdeutschen Friedensbewegung in den 1980er Jahren, in: *Vierteljahrshefte für Zeitgeschichte* 62 (2014), S. 1–33.
Gould-Davies, Nigel: Rethinking the Role of Ideology in International Politics during the Cold War, in: Bogle, Lori Lyn (Hrsg.): The Cold War, 5. Bd.: Cold War Culture and Society, New York 2001, S. 18–37.
Graf, Rüdiger/Priemel, Kim Christian: Zeitgeschichte in der Welt der Sozialwissenschaften. Legitimität und Originalität einer Disziplin, in: *Vierteljahrshefte für Zeitgeschichte* 59 (2011), S. 479–508.
Grebing, Helga: Die deutsche Arbeiterbewegung zwischen Revolution, Reform und Etatismus, Mannheim 1993.
Dies.: Ideengeschichte des Sozialismus in Deutschland, Teil II, in: Euchner, Walter/Grebing, Helga (Hrsg.): Geschichte der sozialen Ideen in Deutschland. Sozialismus – katholische Soziallehre – protestantische Sozialethik. Ein Handbuch, Essen 2005, S. 353–595.
Dies.: Geschichte der deutschen Arbeiterbewegung. Von der Revolution 1848 bis ins 21. Jahrhundert, Berlin 2007.
Greiner, Bernd/Müller, Christian Th./Walter, Dierk (Hrsg.): Krisen im Kalten Krieg, Hamburg 2008.
Dies. (Hrsg.): Angst im Kalten Krieg, Hamburg 2009.
Gress, David R.: Peace and Survival. West Germany, the Peace Movement, and European Security, Stanford 1985.
Greven, Michael Th./Guggenberger, Bernd/Strasser, Johano (Hrsg.): Krise des Staates? Zur Funktionsbestimmung des Staates im Spätkapitalismus, Darmstadt 1975.
Griffith, Robert: The Cultural Turn in Cold War Studies, in: *Reviews in American History* 29 (2001), S. 150–157.
Groh, Dieter: Negative Integration und revolutionärer Attentismus. Die deutsche Sozialdemokratie am Vorabend des Ersten Weltkrieges, Berlin 1973.
Groh, Dieter/Brandt, Peter: „Vaterlandslose Gesellen". Sozialdemokratie und Nation 1860–1990, München 1992.
Guggenberger, Bernd: An den Grenzen der Mehrheitsdemokratie, in: Guggenberger, Bernd/Offe, Claus (Hrsg.): An den Grenzen der Mehrheitsdemokratie. Politik und Soziologie der Mehrheitsregel, Opladen 1984, S. 184–195.
Ders.: Grenzen der Mehrheitsdemokratie. Politik und Soziologie der Mehrheitsregel, Opladen 1984, S. 207–223.
Ders.: Krise der repräsentativen Demokratie? Die Legitimität der Bürgerinitiativen und das Prinzip der Mehrheitsentscheidung, in: Guggenberger, Bernd/Kempf, Udo (Hrsg.): Bürgerinitiativen und repräsentatives System, Opladen 1984, S. 23–56.

Ders./Offe, Claus: Politik aus der Basis – Herausforderung der parlamentarischen Mehrheitsdemokratie, in: Guggenberger, Bernd/Offe, Claus (Hrsg.): An den Grenzen der Mehrheitsdemokratie. Politik und Soziologie der Mehrheitsregel, Opladen 1984, S. 8–19.

Guha, Anton-Andreas: Die Nachrüstung. Der Holocaust Europas. Thesen und Argumente, Freiburg 1981.

Ders.: Der Tod in der Grauzone. Ist Europa noch zu verteidigen?, Frankfurt a. M. 1981.

Habermas, Jürgen: Ziviler Ungehorsam – Testfall für den demokratischen Rechtsstaat. Wider den autoritären Legalismus in der Bundesrepublik, in: Glotz, Peter (Hrsg.): Ziviler Ungehorsam im Rechtsstaat, Frankfurt a. M. 1983, S. 29–53.

Haftendorn, Helga: Das doppelte Mißverständnis, in: *Vierteljahrshefte für Zeitgeschichte* 33 (1985), S. 244–287.

Hahn, Michael (Hrsg.): Nichts gegen Amerika. Linker Antiamerikanismus und seine lange Geschichte, Hamburg 2003.

Halliday, Fred: The Making of the Second Cold War, London 1983.

Hanhimäki, Jussi M.: The Rise and Fall of Détente. American Foreign Policy and the Transformation of the Cold War, Oxford 2013.

Hansen, Jan, Parteien: in: Becker-Schaum, Christoph/Gassert, Philipp/Klimke, Martin/Mausbach, Wilfried/Zepp, Marianne (Hrsg.): „Entrüstet Euch!": Nuklearkrise, NATO-Doppelbeschluss und Friedensbewegung, Paderborn 2012, S. 103–117.

Ders.: Zwischen Staat und Straße. Der Nachrüstungsstreit in der deutschen Sozialdemokratie (1979–1983), in: *Archiv für Sozialgeschichte* 52 (2012), S. 517–553.

Hansen, Jan/Helm, Christian/Reichherzer, Frank (Hrsg.): Making Sense of the Americas. How Protest Related to America in the 1980s and Beyond, Frankfurt a. M. 2015.

Harvey, Kyle: American Anti-Nuclear Activism, 1975–1990: The Challenge of Peace, Basingstoke 2014.

Haungs, Peter (Hrsg.): Europäisierung Europas?, Baden-Baden 1989.

Hauswedell, Corinna: Friedenswissenschaften im Kalten Krieg. Friedensforschung und friedenswissenschaftliche Initiativen in der Bundesrepublik Deutschland in den achtziger Jahren, Baden-Baden 1997.

Hegel, Georg Wilhelm Friedrich: Grundlinien der Philosophie des Rechts (Gesammelte Werke, Bd. 14,1, bearb. v. Grotsch, Klaus/Weisser-Lohmann, Elisabeth), Hamburg 2009.

Heidemeyer, Helge: Die Grünen im Bundestag 1983–1987, in: Boyer, Josef/Heidemeyer, Helge (Hrsg.): Die Grünen im Bundestag. Sitzungsprotokolle und Anlagen 1983–1987, 1. Bd., Düsseldorf 2008, S. XI–LI.

Ders.: (Grüne) Bewegung im Parlament. Der Einzug der Grünen in den Deutschen Bundestag und die Veränderungen in Partei und Parlament, in: *Historische Zeitschrift* 291 (2010), S. 71–102.

Ders.: NATO-Doppelbeschluss, westdeutsche Friedensbewegung und der Einfluss der DDR, in: Gassert, Philipp/Geiger, Tim/Wentker, Hermann (Hrsg.): Zweiter Kalter Krieg und Friedensbewegung: Der NATO-Doppelbeschluss in deutsch-deutscher und internationaler Perspektive, München 2011, S. 247–267.

Heinsohn, Kirsten: Ambivalente Entwicklungen. 150 Jahre Frauenbewegung, Politik und Parteien, in: *Ariadne. Forum für Frauen- und Geschlechtergeschichte* (2015), H. 67/68, S. 40–48.

Heintzen, Markus: Private Außenpolitik. Eine Typologie der grenzüberschreitenden Aktivitäten gesellschaftlicher Kräfte und ihres Verhältnisses zur staatlichen Außenpolitik, Baden-Baden 1989.

Hennis, Wilhelm: Organisierter Sozialismus. Zum „strategischen" Staats- und Politikverständnis der Sozialdemokratie, Stuttgart 1977.

Ders.: Parteienstruktur und Regierbarkeit, in: Hennis, Wilhelm/Kielmansegg, Peter Graf/Matz, Ulrich (Hrsg.): Regierbarkeit. Studien zu ihrer Problematisierung, 1. Bd., Stuttgart 1977, S. 150–195.

Ders.: Regierbarkeit. Zur Begründung der Fragestellung, in: Hennis, Wilhelm/Kielmansegg, Peter Graf/Matz, Ulrich (Hrsg.): Regierbarkeit. Studien zu ihrer Problematisierung, 1. Bd., Stuttgart 1977, S. 9–21.

Hentig, Hartmut von: Befund und Befinden – Oder: Über den rationalen Umgang mit dem Irrationalen, in: Meyer-Abich, Klaus Michael (Hrsg.): Physik, Philosophie und Politik: Festschrift für Carl Friedrich von Weizsäcker zum 70. Geburtstag, München 1982, S. 65–88.

Herf, Jeffrey: War by other Means. Soviet Power, West German Resistance, and the Battle of the Euromissiles, New York 1991.

Hering, Rainer: „Aber ich brauche die Gebote ...". Helmut Schmidt, die Kirchen und die Religion, Bremen 2012.
Herkendell, Michael: Deutschland Zivil- oder Friedensmacht? Außen- und sicherheitspolitische Orientierung der SPD im Wandel (1982-2007), Bonn 2012.
Heuser, Beatrice: Nuclear Mentalities? Strategies and Beliefs in Britain, France and the FRG, London 1998.
Dies.: The Bomb. Nuclear Weapons in Their Historical, Strategic and Ethical Context, London 2000.
Hilger, Andreas (Hrsg.): Die Sowjetunion und die Dritte Welt. UdSSR, Staatssozialismus und Antikolonialismus im Kalten Krieg 1945-1991, München 2009.
Hobsbawm, Eric: Age of Extremes. The Short Twentieth Century 1914-1991, London 1995.
Hochgeschwender, Michael: Was ist der Westen? Zur Ideengeschichte eines politischen Konstrukts, in: *Historisch-Politische Mitteilungen* 11 (2004), S. 1-30.
Hofmann, Arne: The Emergence of Détente in Europe. Brandt, Kennedy and the Formation of Ostpolitik, London 2007.
Hofmann, Robert: Die Sicherheitspolitik der SPD 1966-1977. Innerparteiliche Willensbildung und praktizierte Regierungspolitik im nationalen und internationalen Bezugsrahmen, München 1987.
Horn, Eva: Die apokalyptische Fiktion. Weltende und Zukunftsmodellierung im Kalten Krieg, in: Bernhard, Patrick/Nehring, Holger (Hrsg.): Den Kalten Krieg denken. Beiträge zur sozialen Ideengeschichte, Essen 2014, S. 43-61.
Hörning, Karl H.: Kultur als Praxis, in: Jaeger, Friedrich/Liebsch, Burkhard (Hrsg.): Handbuch der Kulturwissenschaften, 1. Bd., Stuttgart 2004, S. 139-151.
Huber, Wolfgang: Die Grenzen des Staats und die Pflicht zum Ungehorsam, in: Glotz, Peter (Hrsg.): Ziviler Ungehorsam im Rechtsstaat, Frankfurt a.M. 1983, S. 108-126.
Hübner, Peter: Arbeiterbewegung und Technikkritik in Deutschland. Aspekte einer Beziehungsgeschichte in: *Jahrbuch für Forschungen zur Geschichte der Arbeiterbewegung* 12 (2013), S. 68-89.
Hünemörder, Kai F.: Kassandra in modernem Gewand. Die umweltapokalyptischen Mahnrufe der frühen 1970er Jahre, in: Uekötter, Frank/Hohensee, Jens (Hrsg.): Wird Kassandra heiser? Die Geschichte falscher Ökoalarme, Stuttgart 2004, S. 78-97.
Hunt, Lynn: Introduction: History, Culture, and Text, in: Hunt, Lynn (Hrsg.): The New Cultural History, Berkeley 1989, S. 1-22.
Huntington, Samuel P.: The United States, in: Crozier, Michel/Huntington, Samuel P./Watanuki, Joji (Hrsg.): The Crisis of Democracy. Report on the Governability of Democracies to the Trilateral Commission, New York 1975, S. 59-118.

Illich, Ivan: Fortschrittsmythen, Reinbek bei Hamburg 1978.
Imhof, Kurt: Das Böse. Zur Weltordnung des Kalten Krieges in der Schweiz, in: Albrecht, Jürg/Kohler, Georg/Maurer, Bruno (Hrsg.): Expansion der Moderne. Wirtschaftswunder – Kalter Krieg – Avantgarde – Populärkultur, Zürich 2010, S. 81-104.
Immerman, Richard H./Goedde, Petra (Hrsg.): The Oxford Handbook of the Cold War, Oxford 2013.
Inglehart, Ronald: The Silent Revolution. Changing Values and Political Styles among Western Publics, Princeton, NJ 1977.
Iriye, Akira: Global Community. The Role of International Organizations in the Making of the Contemporary World, Berkeley 2004.
Ders.: Transnational History, in: *Contemporary European History* 13 (2004), S. 211-222.
Ders.: Historicizing the Cold War, in: Immerman, Richard H./Goedde, Petra (Hrsg.): The Oxford Handbook of the Cold War, Oxford 2013, S. 15-31.
Ders.: The Making of a Transnational World, in: Iriye, Akira (Hrsg.): Global Interdependence. The World after 1945, Cambridge 2014, S. 681-847.
Ders./Osterhammel, Jürgen: Global Interdependence. The World after 1945, Cambridge 2014.
Isaac, Joel/Bell, Duncan: Introduction, in: Isaac, Joel/Bell, Duncan (Hrsg.): Uncertain Empire. American History and the Idea of the Cold War, Oxford 2012, S. 3-16.

Jahn, Egbert: Zivile Verteidigungspolitik in der Bundesrepublik Deutschland, Frankfurt a.M. 1981.
Ders.: Aufgaben der neuen Friedensbewegung, Lübeck 1982.
Ders.: Bürokratischer Sozialismus: Chancen der Demokratisierung? Einführung in die politischen Systeme kommunistischer Länder, Frankfurt a.M. 1982.

Jungk, Robert: Der Atom-Staat. Vom Fortschritt in die Unmenschlichkeit, München 1977.

Kaiser, Karl: Der Zerfall des sicherheitspolitischen Konsenses in der Bundesrepublik Deutschland. Die Entwicklung der Diskussion in den achtziger Jahren, in: Funke, Manfred/Jacobsen, Hans-Adolf (Hrsg.): Demokratie und Diktatur. Geist und Gestalt politischer Herrschaft in Deutschland und Europa. Festschrift für Karl Dietrich Bracher, Düsseldorf 1987, S. 476–491.

Kaiser, Wolfram: Transnationale Weltgeschichte im Zeichen der Globalisierung, in: Conze, Eckart/Lappenküper, Ulrich/Müller, Guido (Hrsg.): Geschichte der internationalen Beziehungen. Erneuerung und Erweiterung einer historischen Diszplin, Köln 2004, S. 65–92.

Kaldor, Mary: The Imaginary War: Understanding the East-West Conflict, Cambridge 1990.

Kalic, Sean N.: Reagan's SDI Announcement and the European Reaction: Diplomacy in the Last Decade of the Cold War, in: Nuti, Leopoldo (Hrsg.): The Crisis of Détente in Europe. From Helsinki to Gorbachev, 1975-1985, London 2006, S. 99–110.

Katzenstein, Peter J./Keohane, Robert O. (Hrsg.): Anti-Americanisms in World Politics, Ithaca 2007.

Kelly, Petra: Um Hoffnung kämpfen. Gewaltfrei in eine grüne Zukunft, Bornheim-Merten 1983.

Kemper, Claudia: Als die Entrüstung begann. Bürgerprotest, atomwaffenfreie Zonen und große Politik in Hamburg in den 1980er Jahren, in: Forschungsstelle für Zeitgeschichte Hamburg (Hrsg.): 19 Tage Hamburg. Ereignisse und Entwicklungen der Stadtgeschichte seit den fünfziger Jahren, München 2012, S. 233–247.

Kennedy, Edward M./Hatfield, Mark O.: Freeze! How You Can Help Prevent Nuclear War, Toronto 1982.

Kielmansegg, Peter Graf: Organisierte Interessen als „Gegenregierungen"?, in: Hennis, Wilhelm/Kielmansegg, Peter Graf/Matz, Ulrich (Hrsg.): Regierbarkeit. Studien zu ihrer Problematisierung, 2 Bde., Stuttgart 1979, S. 139–176.

Kieninger, Stephan: Transformation versus Status Quo: The Survival of the Transformation Strategy during the Nixon Years, in: Villaume, Poul/Westad, Odd Arne: Perforating the Iron Curtain. European Détente, Transatlantic Relations, and the Cold War, 1965-1985, Kopenhagen 2010, S. 101–122.

Ders.: Den Status quo aufrechterhalten oder ihn langfristig überwinden? Der Wettkampf westlicher Entspannungsstrategien in den Siebzigerjahren, in: Bange, Oliver/Lehmke, Bernd: Wege zur Wiedervereinigung. Die beiden deutschen Staaten in ihren Bündnissen 1970 bis 1990, München 2013, S. 67–85.

Kießling, Friedrich: Der „Dialog der Taubstummen" ist vorbei. Neue Ansätze in der Geschichte der internationalen Beziehungen des 19. und 20. Jahrhunderts, in: *Historische Zeitschrift* 275 (2002), S. 651–680.

Klein, Gabriele: Die Theatralität des Politischen, in: Nassehi, Armin/Schroer, Markus (Hrsg.): Der Begriff des Politischen, Baden-Baden 2003, S. 607–618.

Klimke, Martin: The Other Alliance. Student Protest in West Germany and the United States in the Global Sixties, Princeton, NJ 2010.

Klotzbach, Kurt: Der Weg zur Staatspartei. Programmatik, praktische Politik und Organisation der deutschen Sozialdemokratie 1945-1965, Berlin 1982.

Köhl, Katrin: Denkstilwandel im Kalten Krieg. Nachdenken über Krieg und Frieden und die Entstehung von Friedens- und Konfliktforschung in den amerikanischen und westdeutschen Sozialwissenschaften, Baden-Baden 2005.

Koschnick, Hans/Schubert, Klaus von/Baudissin, Wolf Graf von: Grundpositionen Sozialdemokratischer Sicherheitspolitik, in: SPD-Parteivorstand (Hrsg.): Die Friedenspartei SPD. Argumente, Grundpositionen und Stellungnahmen zur deutschen Friedenspolitik 1981 (Forum Frieden), Bonn 1981, S. 5–8.

Kott, Sandrine: Par-Delà la Guerre Froide. Les organisations internationales et les circulations Est-Ouest (1947-1973), in: *Vingtième Siècle. Revue d'histoire* 109 (2011), S. 142–154.

Krabbe, Wolfgang R.: Parteijugend in Deutschland. Junge Union, Jungsozialisten und Jungdemokraten 1945–1980, Wiesbaden 2002.

Kramer, Mark: The Demise of the Soviet Bloc, in: Kramer, Mark/Smetana, Vít (Hrsg.): Imposing, Maintaining, and Tearing Open the Iron Curtain. The Cold War and East-Central Europe, 1945-1989, Lanham 2014, S. 369–433.

Kraus, Dorothea: Theaterproteste. Zur Politisierung von Straße und Bühne in den 1960er Jahren, Frankfurt a. M. 2007.

Krause, Christian: Das konventionelle Kräftegleichgewicht zwischen Ost und West in Europa, Wien 1982.
Kraushaar, Wolfgang: Die transatlantische Protestkultur. Der zivile Ungehorsam als amerikanisches Exempel und als bundesdeutsche Adaption, in: Bude, Heinz/Greiner, Bernd (Hrsg.): Westbindungen. Amerika in der Bundesrepublik, Hamburg 1999, S. 257–284.
Kreis, Reinhild: Bündnis ohne Nachwuchs? Die „Nachfolgegeneration" und die deutsch-amerikanischen Beziehungen in den 1980er Jahren, in: *Archiv für Sozialgeschichte* 52 (2012), S. 607–631.
Dies.: „Männer bauen Raketen". Frauenfriedensbewegung und Geschlechterdimensionen, in: Becker-Schaum, Christoph/Gassert, Philipp/Klimke, Martin/Mausbach, Wilfried/Zepp, Marianne (Hrsg.): „Entrüstet Euch!" Nuklearkrise, NATO-Doppelbeschluss und Friedensbewegung, Paderborn 2012, S. 294–308.
Dies.: Arbeit am Beziehungsstatus. Vertrauen und Misstrauen in den außenpolitischen Beziehungen der Bundesrepublik Deutschland, in: Kreis, Reinhild (Hrsg.): Diplomatie mit Gefühl. Vertrauen, Misstrauen und die Außenpolitik der Bundesrepublik Deutschland, München 2014, S. 7–16.
Kremp, Werner/Schneider, Michael (Hrsg.): Am Sternenbanner das Geschick der Arbeiterklasse. 150 Jahre Beziehungen zwischen deutscher Sozialdemokratie und den USA, Trier 2013.
Kriele, Martin: Ziviler Ungehorsam in den USA und bei uns in der Bundesrepublik Deutschland, in: Böhme, Wolfgang (Hrsg.): Ziviler Ungehorsam? Vom Widerstandsrecht in der Demokratie, Karlsruhe 1984, S. 9–15.
Kruke, Anja: Demoskopie in der Bundesrepublik Deutschland. Meinungsforschung, Parteien und Medien 1949–1990, Düsseldorf 2007.
Kubbig, Bernd W.: Amerikanische Rüstungskontrollpolitik. Die innergesellschaftlichen Kräfteverhältnisse in der ersten Amtszeit Reagans (1981–1985), Frankfurt a. M. 1988.
Kuchenbuch, David: Globales Interdependenzbewusstsein und die Moralisierung des Alltags in den 1970er und 1980er Jahren, in: *Geschichte und Gesellschaft* 38 (2012), S. 158–184.
Küchenhoff, Erich: Recht auf Widerstand gegen die Vorbereitung eines Atomkrieges, in: Seeliger, Rolf (Hrsg.): Amerikanische Raketen wider deutsche Interessen. Argumente gegen die Stationierung neuer atomarer Mittelstreckenwaffen mit einer Dokumentation, München 1983, S. 89–95.
Kuhn, Thomas S.: Die Struktur wissenschaftlicher Revolutionen, Frankfurt a. M. 1976.
Kühne, Thomas: Staatspolitik, Frauenpolitik, Männerpolitik: Politikgeschichte als Geschlechtergeschichte, in: Medick, Hans/Trepp, Anne-Charlott (Hrsg.): Geschlechtergeschichte und Allgemeine Geschichte. Herausforderungen und Perspektiven, Göttingen 1998, S. 171–231.
Kunter, Katharina: „... daß die Welt zähneknirschend das Wort vom Frieden vernehmen muß". Protestantische Kontroversen zur europäischen Entspannungspolitik in den beiden deutschen Staaten, in den Niederlanden und im Ökumenischen Rat der Kirchen in den achtziger Jahren, in: Stadtland, Helke (Hrsg.): „Friede auf Erden". Religiöse Semantiken und Konzepte des Friedens im 20. Jahrhundert, Essen 2009, S. 275–289.
Kupper, Patrick: Die „1970er Diagnose". Grundsätzliche Überlegungen zu einem Wendepunkt in der Umweltgeschichte, in: *Archiv für Sozialgeschichte* 43 (2003), S. 325–348.

Lafontaine, Oskar: Angst vor den Freunden: Die Atomwaffenstrategie der Supermächte zerstört die Bündnisse, Reinbek bei Hamburg 1983.
Laker, Thomas: Ziviler Ungehorsam. Geschichte – Begriff – Rechtfertigung, Baden-Baden 1986.
Landwehr, Achim: Geschichte des Sagbaren. Einführung in die historische Diskursanalyse, Tübingen 2001.
Ders.: Historische Diskursanalyse, Frankfurt a. M. 2008.
Lappenküper, Ulrich: Mitterrand und Deutschland. Die enträtselte Sphinx, München 2011.
Lässig, Simone: Übersetzungen in der Geschichte – Geschichte als Übersetzung? Überlegungen zu einem analytischen Konzept und Forschungsgegenstand für die Geschichtswissenschaft, in: *Geschichte und Gesellschaft* 38 (2012), S. 189–216.
Lebow, Richard Ned: The End of Cold War as a Non-Linear Confluence, in: Kramer, Mark/Smetana, Vít (Hrsg.): Imposing, Maintaining, and Tearing Open the Iron Curtain. The Cold War and East-Central Europe, 1945–1989, Lanham 2014, S. 479–499.
Leffler, Melvyn P.: For the Soul of Mankind. The United States, the Soviet Union, and the Cold War, New York 2007.
Leffler, Melvyn P./Westad, Odd Arne (Hrsg.): The Cambridge History of the Cold War, 1. Bd.: Origins, Cambridge 2010.

Dies.: The Cambridge History of the Cold War, 2. Bd.: Crises and Détente, Cambridge 2010.
Dies.: The Cambridge History of the Cold War, 3. Bd.: Endings, Cambridge 2010.
Leif, Thomas: Die strategische (Ohn-)Macht der Friedensbewegung. Kommunikations- und Entscheidungsstrukturen in den achtziger Jahren, Opladen 1990.
Leinen, Josef: Ziviler Ungehorsam als fortgeschrittene Form der Demonstration, in: Glotz, Peter (Hrsg.): Ziviler Ungehorsam im Rechtsstaat, Frankfurt a. M. 1983, S. 23–28.
Lemercier, Claire: Analyse de réseaux et histoire, in: *Revue d'Histoire Moderne et Contemporaine* 52 (2005), S. 88–112.
Lepp, Claudia: Zwischen Konfrontation und Kooperation: Kirchen und soziale Bewegungen in der Bundesrepublik (1950–1983), in: *Zeitgeschichtliche Forschungen* 7 (2010), S. 364–385.
Lessinger, Eva-Maria/Holtz-Bacha, Christina: Turnschuh-Minister. Die Physiognomie der Macht, in: Paul, Gerhard (Hrsg.): Das Jahrhundert der Bilder. 1949 bis heute, Göttingen 2008, S. 506–515.
Lettow, Paul: Ronald Reagan and His Quest to Abolish Nuclear Weapons, New York 2003.
Lipphardt, Veronika/Patel, Kiran Klaus: Neuverzauberung im Gestus der Wissenschaftlichkeit. Wissenspraktiken im 20. Jahrhundert am Beispiel menschlicher Diversität, in: *Geschichte und Gesellschaft* 34 (2008), S. 425–454.
Lippmann, Walter: The Cold War. A Study in U.S. Foreign Policy, New York 1947.
Lofland, John: Polite Protesters. The American Peace Movement of the 1980s, Syracuse 1993.
Longerich, Michael: Die SPD als „Friedenspartei" – mehr als nur Wahltaktik? Auswirkungen sozialdemokratischer Traditionen auf die friedenspolitischen Diskussionen 1959–1983, Frankfurt a. M. 1990.
Lösche, Peter/Walter, Franz: Die SPD. Klassenpartei – Volkspartei – Quotenpartei, Darmstadt 1992.
Loth, Wilfried: Willy Brandt, Michail Gorbatschow und das neue Europa, in: Wilkens, Andreas (Hrsg.): Wir sind auf dem richtigen Weg. Willy Brandt und die europäische Einigung, Bonn 2010, S. 413–432.
Ludlow, N. Piers: From Words to Actions: Reinterpreting de Gaulle's European Policy, in: Nünlist, Christian/Locher, Anna/Garret, Martin (Hrsg.): Globalizing de Gaulle. International Perspectives on French Foreign Policies, 1958–1969, Lanham 2010, S. 63–82.
Luhmann, Hans-Jochen/Neveling, Gundel (Hrsg.): Deutscher Evangelischer Kirchentag Hamburg 1981. Dokumente, Stuttgart 1981.
Lutz, Dieter S.: Weltkrieg wider Willen? Die Nuklearwaffen in und für Europa, Reinbek bei Hamburg 1982.

Macho, Thomas: Von der Elite zur Prominenz. Zum Strukturwandel politischer Herrschaft, in: *Merkur* 47 (1993), S. 762–769.
Maier, Charles S.: Consigning the Twentieth Century to History. Alternative Narratives for the Modern Era, in: *American Historical Review* 105 (2000), S. 807–831.
Ders.: Two Sorts of Crisis? The „long" 1970s in the West and the East, in: Hockerts, Hans Günter (Hrsg.): Koordinaten deutscher Geschichte in der Epoche des Ost-West-Konflikts, München 2004, S. 49–62.
Ders.: Transformations of Territoriality 1600–2000, in: Budde, Gunilla/Conrad, Sebastian/Janz, Oliver (Hrsg.): Transnationale Geschichte: Themen, Tendenzen und Theorien, Göttingen 2006, S. 32–55.
Maier, Hans: Fortschrittsoptimismus oder Kulturpessimismus? Die Bundesrepublik in den 70er und 80er Jahren, in: *Vierteljahrshefte für Zeitgeschichte* 56 (2008), S. 1–17.
Maltry, Karola: Die neue Frauenfriedensbewegung. Entstehung, Entwicklung, Bedeutung, Frankfurt a. M. 1993.
Mark, James/Goltz, Anna von der: Encounters, in: Gildea, Robert/Mark, James/Warring, Anette (Hrsg.): Europe's 1968. Voices of Revolt, Oxford 2013, S. 131–163.
Martschukat, Jürgen/Patzold, Steffen: Geschichtswissenschaft und „performative turn". Eine Einführung in Fragestellungen, Konzepte und Literatur, in: Martschukat, Jürgen/Patzold, Steffen (Hrsg.): Geschichtswissenschaft und „performative turn". Ritual, Inszenierung und Performanz vom Mittelalter bis zur Neuzeit, Köln 2003, S. 1–31.
Maruhn, Jürgen/Wilke, Manfred (Hrsg.): Wohin treibt die SPD? Wende und Kontinuität sozialdemokratischer Sicherheitspolitik, München 1984.
Mausbach, Wilfried: Vereint marschieren, getrennt schlagen? Die amerikanische Friedensbewegung und der Widerstand gegen den NATO-Doppelbeschluss, in: Gassert, Philipp/Geiger, Tim/Wentker,

Hermann (Hrsg.): Zweiter Kalter Krieg und Friedensbewegung: Der NATO-Doppelbeschluss in deutsch-deutscher und internationaler Perspektive, München 2011, S. 283–304.
Mazower, Mark: Governing the World. The History of an Idea, London 2013.
McNeill, John R.: Something New Under the Sun. An Environmental History of the Twentieth-Century World, New York 2000.
McNeill, John R./Engelke, Peter: Into the Anthropocene: People and Their Planet, in: Iriye, Akira (Hrsg.): Global Interdependence. The World after 1945, Cambridge 2013, S. 365–533.
McPherson, Alan: Yankee No! Anti-Americanism in U.S.-Latin American Relations, Cambridge, MA 2003.
Meadows, Dennis L.: The Limits to Growth. A Report for the Club of Rome's Project on the Predicament of Mankind, New York 1972.
Mechtersheimer, Alfred: Rüstung und Frieden. Der Widersinn der Sicherheitspolitik, München 1982.
Mende, Silke: „Die Alternative zu den herkömmlichen Parteien": Parlamentarismuskritik und Demokratiekonzepte der „Gründungsgrünen" in den siebziger und frühen achtziger Jahren, in: Bedorf, Thomas/Heidenreich, Felix/Obrecht, Marcus (Hrsg.): Die Zukunft der Demokratie, Berlin 2009, S. 28–50.
Dies.: „Nicht rechts, nicht links, sondern vorn". Eine Geschichte der Gründungsgrünen, München 2011.
Dies.: Von der „Anti-Parteien-Partei" zur „ökologischen Reformpartei". Die Grünen und der Wandel des Politischen, in: *Archiv für Sozialgeschichte* 52 (2012), S. 273–315.
Meng, Richard: Die sozialdemokratische Wende. Außenbild und innerer Prozeß der SPD 1981–1984, Gießen 1985.
Mergel, Thomas: Überlegungen zu einer Kulturgeschichte der Politik, in: *Geschichte und Gesellschaft* 28 (2002), S. 574–606.
Merseburger, Peter: Willy Brandt (1913–1992). Visionär und Realist, München 2002.
Metzler, Gabriele: Internationale Wissenschaft und nationale Kultur. Deutsche Physiker in der internationalen Community 1900–1960, Göttingen 2000.
Dies.: Konzeptionen politischen Handelns von Adenauer bis Brandt. Politische Planung in der pluralistischen Gesellschaft, Paderborn 2005.
Dies.: Krisenbewusstsein, Krisendiskurse und Krisenbewältigung. Die Frage der „Unregierbarkeit" in Ost und West nach 1972/73, in: *Zeitgeschichte* 34 (2007), S. 151–161.
Dies.: Staatsversagen und Unregierbarkeit in den siebziger Jahren?, in: Jarausch, Konrad Hugo (Hrsg.): Das Ende der Zuversicht? Die siebziger Jahre als Geschichte, Göttingen 2008, S. 243–260.
Meyer, Berthold: Die Parteien in der Bundesrepublik Deutschland und die sicherheitspolitische Zusammenarbeit in Westeuropa. HSFK-Report 2/1987, Frankfurt a. M. 1987.
Meyer, Christoph: Herbert Wehner. Biographie, München 2006.
Meyer, David S.: The Politics of Protest. Social Movements in America, New York 2007.
Mez, Lutz/Wilke, Manfred (Hrsg.): Der Atomfilz. Gewerkschaften und Atomkraft, Berlin 1977.
Miard-Delacroix, Hélène: Ungebrochene Kontinuität. François Mitterrand und die deutschen Kanzler Helmut Schmidt und Helmut Kohl, 1981–1984, in: *Vierteljahrshefte für Zeitgeschichte* 44 (1999), S. 539–558.
Dies.: Willy Brandt, Helmut Schmidt und François Mitterrand. Vom Komitee gegen „Berufsverbote" 1976 bis zum Streit um die Mittelstreckenwaffen 1983, in: Möller, Horst/Vaïsse, Maurice (Hrsg.): Willy Brandt und Frankreich, München 2005, S. 231–245.
Dies.: Reflexionen über die Vorgeschichte unserer Gegenwart. 25 Jahre „Akten zur Auswärtigen Politik der Bundesrepublik Deutschland", in: *Vierteljahrshefte für Zeitgeschichte* 63 (2015), S. 307–317.
Michel, Judith: „Richtige" und „falsche" Angst in der westdeutschen Debatte um den Nato-Doppelbeschluss, in: Bormann, Patrick/Freiberger, Thomas/Michel, Judith (Hrsg.): Angst in den Internationalen Beziehungen, Göttingen 2010, S. 251–272.
Dies.: Willy Brandts Amerikabild und -politik 1933–1992, Göttingen 2010.
Milder, Stephen: Thinking Globally, Acting (Trans-)Locally: Petra Kelly and the Transnational Roots of West German Green Politics, in: *Central European History* 43 (2010), S. 301–326.
Miller, Susanne: Burgfrieden und Klassenkampf. Die deutsche Sozialdemokratie im Ersten Weltkrieg, Düsseldorf 1974.
Mitter, Rana/Major, Patrick (Hrsg.): Across the Blocs. Cold War Cultural and Social History, London 2004.

Möllers, Heiner: Sicherheitspolitik in der Krise. NATO-Doppelbeschluss, parlamentarische Debatte und mediale Berichterstattung in der Bundesrepublik Deutschland, in: Bange, Oliver/Lehmke, Bernd: Wege zur Wiedervereinigung. Die beiden deutschen Staaten in ihren Bündnissen 1970 bis 1990, München 2013, S. 203–220.

Müller, Jan-Werner: The Cold War and the Intellectual History of the Late Twentieth Century, in: Leffler, Melvyn P./Westad, Odd Arne (Hrsg.): The Cambridge History of the Cold War, 3. Bd.: Endings, Cambridge 2010, S. 1–22.

Münkel, Daniela (Hrsg.): „Freiheit, Gerechtigkeit und Solidarität". Die Programmgeschichte der Sozialdemokratischen Partei Deutschlands, Berlin 2007.

Nakath, Detlef/Stephan, Gerd-Rüdiger (Hrsg.): Die Häber-Protokolle. Schlaglichter der SED-Westpolitik 1973–1985, Berlin 1999.

Narr, Wolf-Dieter/Scheer, Hermann/Spöri, Dieter: SPD, Staatspartei oder Reformpartei?, München 1976.

Nation, Craig R.: Programming Armageddon: Warsaw Pact War Planning, 1969–1985, in: Nuti, Leopoldo (Hrsg.): The Crisis of Détente in Europe. From Helsinki to Gorbachev, 1975–1985, London 2006, S. 124–136.

Naumann, Klaus: Nachrüstung und Selbstanerkennung. Staatsfragen im politisch-intellektuellen Milieu der „Blätter für deutsche und internationale Politik", in: Geppert, Dominik/Hacke, Jens (Hrsg.): Streit um den Staat. Intellektuelle Debatten in der Bundesrepublik 1960–1980, Göttingen 2008, S. 269–289.

Nawrat, Sebastian: Agenda 2010 – ein Überraschungscoup? Kontinuität und Wandel in den wirtschafts- und sozialpolitischen Programmdebatten der SPD seit 1982, Bonn 2012.

Nehring, Holger: Die Proteste gegen Atomwaffen in der Bundesrepublik und Großbritannien, 1957–1964 – ein Vergleich zweier sozialer Bewegungen, in: *Mitteilungsblatt des Instituts für soziale Bewegungen* 31 (2004), S. 81–108.

Ders.: The Era of Non-Violence: „Terrorism" and the Emergence of Conceptions of Non-Violent Statehood in Western Europe, 1967–1983, in: *European Review of History* 14 (2007), S. 343–371.

Ders.: Die nachgeholte Stunde Null. Intellektuelle Debatten um die Atombewaffnung der Bundeswehr 1958–1960, in: Geppert, Dominik/Hacke, Jens (Hrsg.): Streit um den Staat. Intellektuelle Debatten in der Bundesrepublik 1960–1980, Göttingen 2008, S. 229–250.

Ders.: Sicherheitstherapien. Religiöse und moralische Semantiken des Friedens in den britischen und westdeutschen Protesten gegen Atomwaffen, 1957–1983, in: Stadtland, Helke (Hrsg.): „Friede auf Erden". Religiöse Semantiken und Konzepte des Friedens im 20. Jahrhundert, Essen 2009, S. 231–254.

Ders.: Frieden durch Friedensforschung?, in: Greiner, Bernd/Müller, Tim B./Weber, Claudia (Hrsg.): Macht und Geist im Kalten Krieg, Hamburg 2011, S. 417–436.

Ders.: Transnationale soziale Bewegungen, in: Dülffer, Jost/Loth, Wilfried (Hrsg.): Dimensionen internationaler Geschichte, München 2012, S. 129–149.

Ders.: Creating Security from Below: Peace Movements in East and West Germany in the 1980s, in: McDermott, Kevin/Stibbe, Matthew (Hrsg.): The 1989 Revolutions in Central and Eastern Europe. From Communism to Pluralism, Manchester 2013, S. 126–153.

Ders.: A Transatlantic Security Crisis? Transnational Relations between the West German and the U.S. Peace Movements, 1977–1985, in: Patel, Kiran Klaus/Weisbrode, Kenneth (Hrsg.): European Integration and the Atlantic Community in the 1980s, Cambridge 2013, S. 177–200.

Ders.: The Last Battle of the Cold War: Peace Movements and German Politics in the 1980s, in: Nuti, Leopoldo/Bozo, Frédéric/Rey, Marie-Pierre/Rother, Bernd (Hrsg.): The Euromissile Crisis and the End of the Cold War, Washington, DC 2015, S. 309–330.

Ders./Ziemann, Benjamin: Führen alle Wege nach Moskau? Der NATO-Doppelbeschluss und die Friedensbewegung – eine Kritik, in: *Vierteljahrshefte für Zeitgeschichte* 59 (2011), S. 81–100.

Neuneck, Götz/Schaaf, Michael: Geschichte und Zukunft der Pugwash-Bewegung in Deutschland, in: Neuneck, Götz/Schaaf, Michael (Hrsg.): Zur Geschichte der Pugwash-Bewegung in Deutschland. Symposium der Deutschen Pugwash-Gruppe im Harnack-Haus Berlin, 24. Februar 2006, Berlin 2007, S. 31–37.

Niclauß, Karlheinz: Kanzlerdemokratie. Regierungsführung von Konrad Adenauer bis Gerhard Schröder, Paderborn 2004.

Niggemeier, Horst: „Krefelder Appell". Brief des SPD-Unterbezirksvorsitzenden von Recklinghausen, Horst Niggemeier, an SPD-Bundesgeschäftsführer Peter Glotz vom 20. Juli 1983, in: Maruhn, Jürgen/Wilke, Manfred (Hrsg.): Wohin treibt die SPD? Wende und Kontinuität sozialdemokratischer Sicherheitspolitik, München 1984, S. 168–170.

Nolte, Paul: Jenseits des Westens? Überlegungen zu einer Zeitgeschichte der Demokratie, in: *Vierteljahrshefte für Zeitgeschichte* 61 (2013), S. 275–301.

Notz, Anton: Die SPD und der NATO-Doppelbeschluß. Abkehr von einer Sicherheitspolitik der Vernunft, Baden-Baden 1990.

Nuti, Leopoldo: Introduction, in: Nuti, Leopoldo (Hrsg.): The Crisis of Détente in Europe. From Helsinki to Gorbachev, 1975-1985, London 2006, S. 1–8.

Ders.: The Origins of the 1979 Dual Track Decision – a Survey, in: Nuti, Leopoldo (Hrsg.): The Crisis of Détente in Europe. From Helsinki to Gorbachev, 1975-1985, London 2006, S. 57–71.

Ders./Bozo, Frédéric/Rey, Marie-Pierre/Rother, Bernd (Hrsg.): The Euromissile Crisis and the End of the Cold War, Washington, DC 2015.

Obermeyer, Ute: Das Nein der SPD – Eine neue Ära? SPD und Raketen 1977-1983. Mit einem Vorwort von Karl Heinz Hansen, Marburg 1985.

Oberreuter, Heinrich: Institution und Inszenierung. Parlamente im Symbolgebrauch der Mediengesellschaft, in: Melville, Gert (Hrsg.): Institutionalität und Symbolisierung. Verstetigungen kultureller Ordnungsmuster in Vergangenheit und Gegenwart, Köln 2002, S. 659–670.

Offe, Claus: „Unregierbarkeit." Zur Renaissance konservativer Krisentheorien, in: Habermas, Jürgen (Hrsg.): Stichworte zur „Geistigen Situation der Zeit", 1. Bd.: Nation und Republik, Frankfurt a. M. 1979, S. 294–318.

Ders.: Politische Legitimation durch Mehrheitsentscheidung?, in: Guggenberger, Bernd/Offe, Claus (Hrsg.): An den Grenzen der Mehrheitsdemokratie. Politik und Soziologie der Mehrheitsregel, Opladen 1984, S. 150–183.

Offenloch, Werner: Erinnerung an das Recht. Der Streit um die Nachrüstung auf den Straßen und vor den Gerichten, Tübingen 2005.

Osterhammel, Jürgen: Weltordnungskonzepte, in: Dülffer, Jost/Loth, Wilfried (Hrsg.): Dimensionen internationaler Geschichte, München 2012, S. 409–427.

Pabst, Andrea: Body politics. Körper und Straßenprotest, in: *Forschungsjournal neue soziale Bewegungen* 20 (2007), S. 94–98.

Palme, Olof: Einleitung. Der Palme-Bericht. Bericht der Unabhängigen Kommission für Abrüstung und Sicherheit. „Common Security", Berlin 1982, S. 10–16.

Patel, Kiran Klaus: Überlegungen zu einer transnationalen Geschichte, in: *Zeitschrift für Geschichtswissenschaft* 52 (2004), S. 626–645.

Patel, Kiran Klaus/Weisbrode, Kenneth: Introduction: Old Barriers, New Openings, in: Patel, Kiran Klaus/Weisbrode, Kenneth (Hrsg.): European Integration and the Atlantic Community in the 1980s, Cambridge 2013, S. 1–16.

Paulmann, Johannes: Pomp und Politik. Monarchenbegegnungen in Europa zwischen Ancien Régime und Erstem Weltkrieg, Paderborn 2000.

Ders.: Grenzüberschreitungen und Grenzräume: Überlegungen zur Geschichte transnationaler Beziehungen von der Mitte des 19. Jahrhunderts bis in die Zeitgeschichte, in: Conze, Eckart/Lappenküper, Ulrich/Müller, Guido (Hrsg.): Geschichte der internationalen Beziehungen. Erneuerung und Erweiterung einer historischen Disziplin, Köln 2004, S. 169–196.

Pells, Richard: Not like us. How Europeans have loved, hated, and transformed American culture since World War II, New York 1997.

Peters, Tim B.: Der parlamentarische Arm der Friedens- und Umweltbewegung. Die Grünen im Deutschen Bundestag 1983-1987, in: *Grünes Gedächtnis* 2007, S. 77–82.

Pettenkofer, Andreas: Erwartung der Katastrophe, Erinnerung der Katastrophe. Die apokalyptische Kosmologie der westdeutschen Umweltbewegung und die Besonderheiten des deutschen Risikodiskurses, in: Clausen, Lars/Geenen, Elke M./Macamo, Elísio (Hrsg.): Entsetzliche soziale Prozesse. Theorie und Empirie der Katastrophen, Münster 2003, S. 185–204.

Ploetz, Michael/Müller, Hans-Peter: Ferngelenkte Friedensbewegung? DDR und UdSSR im Kampf gegen den NATO-Doppelbeschluss, Münster 2004.

Polexe, Laura: Netzwerke und Freundschaft. Sozialdemokraten in Rumänien, Russland und der Schweiz an der Schwelle zum 20. Jahrhundert, Göttingen 2011.
Pollack, Detlef: Zwischen Ost und West, zwischen Staat und Kirche: Die Friedensgruppen in der DDR, in: Gassert, Philipp/Geiger, Tim/Wentker, Hermann (Hrsg.): Zweiter Kalter Krieg und Friedensbewegung: Der NATO-Doppelbeschluss in deutsch-deutscher und internationaler Perspektive, München 2011, S. 269–282.
Potthoff, Heinrich: Bonn und Ost-Berlin 1969–1982. Dialog auf höchster Ebene und vertrauliche Kanäle. Darstellung und Dokumente, Bonn 1997.
Ders.: Im Schatten der Mauer. Deutschlandpolitik 1961 bis 1990, Berlin 1999.
Ders./Miller, Susanne: Kleine Geschichte der SPD 1848–2002, Bonn 2002.
Prados, John: The Strategic Defense Initiative. Between Strategy, Diplomacy and US Intelligence Estimates, in: Nuti, Leopoldo (Hrsg.): The Crisis of Détente in Europe. From Helsinki to Gorbachev, 1975–1985, London 2006, S. 86–98.
Presse- und Informationsamt der Bundesregierung (Hrsg.): Bericht zum Stand der Bemühungen um Rüstungskontrolle und Abrüstung sowie der Veränderungen im militärischen Kräfteverhältnis 1982, Bonn 1982.
Preuß, Ulrich K.: Die Zukunft: Müllhalde der Gegenwart, in: Guggenberger, Bernd/Offe, Claus (Hrsg.): An den Grenzen der Mehrheitsdemokratie. Politik und Soziologie der Mehrheitsregel, Opladen 1984, S. 224–239.

Randzio-Plath, Christa: Frauen wehren sich. Zur Notwendigkeit einer Frauenfriedensbewegung, in: Randzio-Plath, Christa (Hrsg.): Was geht uns Frauen der Krieg an?, Reinbek bei Hamburg 1982, S. 128–151.
Dies.: Ist Frieden wichtiger als Emanzipation?, in: Randzio-Plath, Christa (Hrsg.): Was geht uns Frauen der Krieg an?, Reinbek bei Hamburg 1982, S. 9–11.
Dies.: Die Arbeitsgemeinschaft sozialdemokratischer Frauen – Frauen für den Frieden, in: Fuchs, Katrin/Hoffmann, Hajo/Klaus, Horst (Hrsg.): Konzepte zum Frieden. Vorschläge für eine neue Abrüstungs- und Entspannungspolitik der SPD, Berlin 1985, S. 169–178.
Raphael, Lutz: Die Verwissenschaftlichung des Sozialen als methodische und konzeptionelle Herausforderung für eine Sozialgeschichte des 20. Jahrhunderts, in: *Geschichte und Gesellschaft* 22 (1996), S. 165–193.
Reichardt, Sven: Inszenierung und Authentizität. Zirkulation visueller Vorstellungen über den Typus des linksalternativen Körpers, in: Knoch, Habbo (Hrsg.): Bürgersinn mit Weltgefühl. Politische Moral und solidarischer Protest in den sechziger und siebziger Jahren, Göttingen 2007, S. 225–250.
Ders.: Praxeologische Geschichtswissenschaft. Eine Diskussionsanregung, in: *Sozial.Geschichte* 22 (2007), S. 43–65.
Ders.: Authentizität und Gemeinschaft. Linksalternatives Leben in den siebziger und frühen achtziger Jahren, Berlin 2014.
Ders./Siegfried, Detlef (Hrsg.): Das Alternative Milieu. Antibürgerlicher Lebensstil und linke Politik in der Bundesrepublik Deutschland und Europa 1968–1983, Göttingen 2010.
Dies. (Hrsg.): Das Alternative Milieu. Konturen einer Lebensform, in: Reichardt, Sven/Siegfried, Detlef (Hrsg.): Das Alternative Milieu. Antibürgerlicher Lebensstil und linke Politik in der Bundesrepublik Deutschland und Europa 1968–1983, Göttingen 2010.
Reichherzer, Frank: Zwischen Atomgewittern und Stadtguerilla. Gedanken zum Kriegsbild westdeutscher Wehrexperten von den 1950er Jahren bis zum NATO-Doppelbeschluss, in: Bernhard, Patrick/Nehring, Holger (Hrsg.): Den Kalten Krieg denken. Beiträge zur sozialen Ideengeschichte seit 1945, Essen 2014, S. 131–160.
Reiss, Matthias (Hrsg.): The Street as Stage. Protest Marches and Public Rallies since the Nineteenth Century, Oxford 2007.
Reißig, Rolf: Dialog durch die Mauer. Die umstrittene Annäherung von SPD und SED. Mit einem Nachwort von Erhard Eppler, Frankfurt a. M. 2002.
Reulecke, Jürgen (Hrsg.): Fabrik, Familie, Feierabend. Beiträge zur Sozialgeschichte des Alltags im Industriezeitalter, Wuppertal 1978.
Richter, Horst-Eberhard: Der Gotteskomplex. Die Geburt und die Krise des Glaubens an die Allmacht des Menschen, Hamburg 1979.
Ders.: Zur Psychologie des Friedens, Reinbek bei Hamburg 1982.
Richter, Saskia: Die Aktivistin: Das Leben der Petra Kelly, München 2010.

Dies.: Der Protest gegen den NATO-Doppelbeschluss und die Konsolidierung der Partei Die Grünen zwischen 1979 und 1983, in: Gassert, Philipp/Geiger, Tim/Wentker, Hermann (Hrsg.): Zweiter Kalter Krieg und Friedensbewegung. Der NATO-Doppelbeschluss in deutsch-deutscher und internationaler Perspektive, München 2011, S. 229–245.
Dies.: Die Protagonisten der Friedensbewegung, in: Becker-Schaum, Christoph/Gassert, Philipp/Klimke, Martin/Mausbach, Wilfried/Zepp, Marianne (Hrsg.): „Entrüstet Euch!" Nuklearkrise, NATO-Doppelbeschluss und Friedensbewegung, Paderborn 2012, S. 184–199.
Risse-Kappen, Thomas: Die Krise der Sicherheitspolitik. Neuorientierungen und Entscheidungsprozesse im politischen System der Bundesrepublik Deutschland 1977–1984, Mainz 1988.
Ders.: Null-Lösung. Entscheidungsprozesse zu den Mittelstreckenwaffen 1970–1987, Frankfurt a. M. 1988.
Robin, Ron: The Making of the Cold War Enemy. Culture and Politics in the Military-Intellectual Complex, Princeton 2001.
Rödder, Andreas: Klios neue Kleider. Theoriedebatten um eine Kulturgeschichte der Politik in der Moderne, in: *Historische Zeitschrift* 283 (2006), S. 657–688.
Ders.: Sicherheitspolitik und Sozialkultur. Überlegungen zum Gegenstandsbereich der Geschichtsschreibung des Politischen, in: Kraus, Hans-Christof/Nicklas, Thomas (Hrsg.): Geschichte der Politik. Alte und Neue Wege, München 2007, S. 95–125.
Ders.: Werte und Wertewandel: Historisch-politische Perspektiven, in: Rödder, Andreas/Elz, Wolfgang (Hrsg.): Alte Werte – Neue Werte. Schlaglichter des Wertewandels, Göttingen 2008, S. 9–25.
Ders.: Moderne – Postmoderne – Zweite Moderne. Deutungskategorien für die Geschichte der Bundesrepublik in den siebziger und achtziger Jahren, in: Raithel, Thomas/Rödder, Andreas/Wirsching, Andreas (Hrsg.): Auf dem Weg in eine neue Moderne? Die Bundesrepublik Deutschland in den siebziger und achtziger Jahren, München 2009, S. 181–201.
Ders.: Bündnissolidarität und Rüstungskontrollpolitik. Die Regierung Kohl-Genscher, der NATO-Doppelbeschluss und die Innenseite der Außenpolitik, in: Gassert, Philipp/Geiger, Tim/Wentker, Hermann (Hrsg.): Zweiter Kalter Krieg und Friedensbewegung. Der NATO-Doppelbeschluss in deutsch-deutscher und internationaler Perspektive, München 2011, S. 123–136.
Rodgers, Daniel T.: Age of Fracture, Cambridge, MA 2011.
Rohe, Karl: Wahlen und Wählertradition in Deutschland. Kulturelle Grundlagen deutscher Parteien und Parteiensysteme im 19. und 20. Jahrhundert, Frankfurt a. M. 1992.
Roik, Michael: Die DKP und die demokratischen Parteien 1968–1984, Paderborn 2006.
Röse, Almut/Röse, Wolf: Helmut Simon – Recht bändigt Gewalt. Eine autorisierte Biografie, Berlin 2011.
Roth, Roland/Rucht, Dieter (Hrsg.): Die sozialen Bewegungen in Deutschland seit 1945. Ein Handbuch, Frankfurt a. M. 2008.
Rother, Bernd: Between East and West – Social Democracy as an Alternative to Communism and Capitalism: Willy Brandt's Strategy as President of the Socialist International, in: Nuti, Leopoldo (Hrsg.): The Crisis of Détente in Europe. From Helsinki to Gorbachev, 1975–1985, London 2006, S. 217–229.
Ders.: „Entwicklung ist ein anderes Wort für Frieden". Willy Brandt und der Nord-Süd-Konflikt von den 1960er bis zu den 1980er Jahren, in: Dülffer, Jost/Niedhart, Gottfried (Hrsg.): Frieden durch Demokratie? Genese, Wirkung und Kritik eines Deutungsmusters, Essen 2011, S. 257–269.
Ders.: Common Security as a Way to Overcome the (Second) Cold War? Willy Brandt's Strategy for Peace in the 1980s, in: Bozo, Frédéric/Rey, Marie-Pierre/Ludlow, N. Piers/Rother, Bernd (Hrsg.): Visions of the End of the Cold War in Europe, 1945–1990, New York 2012, S. 239–252.
Ders.: Family Row: The Dual-Track Decision and Its Consequences for European Social Democratic Cooperation, in: Nuti, Leopoldo/Bozo, Frédéric/Rey, Marie-Pierre/Rother, Bernd (Hrsg.): The Euromissile Crisis and the End of the Cold War, Washington, DC 2015, S. 331–347.
Rucht, Dieter: Recht auf Widerstand? Aktualität, Legitimität und Grenzen „zivilen Ungehorsams", in: Guggenberger, Bernd/Offe, Claus (Hrsg.): An den Grenzen der Mehrheitsdemokratie. Politik und Soziologie der Mehrheitsregel, Opladen 1984, S. 254–281.
Ders.: Gegenöffentlichkeit und Gegenexperten. Zur Institutionalisierung des Widerspruchs in Politik und Recht, in: *Zeitschrift für Rechtssoziologie* 9 (1988), S. 290–305.
Ders.: Das alternative Milieu in der Bundesrepublik. Ursprünge, Infrastruktur und Nachwirkungen, in: Reichardt, Sven/Siegfried, Detlef (Hrsg.): Das Alternative Milieu. Antibürgerlicher Lebensstil und linke Politik in der Bundesrepublik Deutschland und Europa 1968–1983, Göttingen 2010, S. 61–86.

Ruck, Michael: Ein kurzer Sommer der konkreten Utopie – Zur westdeutschen Planungsgeschichte der langen 60er Jahre, in: Schildt, Axel/Siegfried, Detlef/Lammers, Karl C. (Hrsg.): Dynamische Zeiten. Die 60er Jahre in den beiden deutschen Staaten, Hamburg 2000, S. 362–401.

Ders.: Von der Utopie zur Planung. Sozialdemokratische Zukunftsvisionen und Gestaltungsentwürfe vom 19. Jahrhundert bis in die 1970er Jahre, in: Ruck, Michael/Dauderstädt, Michael (Hrsg.): Zur Geschichte der Zukunft. Sozialdemokratische Utopien und ihre gesellschaftliche Relevanz, Bonn 2011, S. 7–77.

Ders.: Tanker in der rauen See des Struktur- und Wertewandels. Repräsentation, Partizipation und Administration während der 1980er Jahre – eine Problemskizze, in: *Archiv für Sozialgeschichte* 52 (2012), S. 253–271.

Rücker, Katrin: Les gauches française et allemande dans la „guerre froide" des euromissiles et la course au pacifisme: entre malentendu et „sonderweg", in: *Revue d'histoire diplomatique* 117 (2003), S. 35–62.

Rudolph, Karsten: Einleitung, in: Brandt, Willy: Die Partei der Freiheit. Willy Brandt und die SPD 1972–1992 (Berliner Ausgabe, 5. Bd., bearb. v. Rudolph, Karsten), Bonn 2002, S. 15–72.

Rusinek, Bernd-A.: Die Rolle der Experten in der Atompolitik am Beispiel der Deutschen Atomkommission, in: Fisch, Stefan/Rudloff, Wilfried (Hrsg.): Experten und Politik. Wissenschaftliche Politikberatung in geschichtlicher Perspektive, Berlin 2004, S. 189–210.

Santamaria, Yves: Le pacifisme, une passion française, Paris 2005.
Sarasin, Philipp: Geschichtswissenschaft und Diskursanalyse, Frankfurt a. M. 2003.
Ders.: Die Grenze des „Abendlandes" als Diskursmuster im Kalten Krieg. Eine Skizze, in: Eugster, David/Marti, Sibylle (Hrsg.): Das Imaginäre des Kalten Krieges. Beiträge zu einer Kulturgeschichte des Ost-West-Konfliktes in Europa, Essen 2015, S. 19–43.

Scheer, Hermann: Parteien kontra Bürger? Die Zukunft der Parteiendemokratie, München 1979.
Ders.: Die SPD als Volkspartei und die Bürgerinitiativen, in: Meyer, Thomas (Hrsg.): Demokratischer Sozialismus – Geistige Grundlagen und Wege in die Zukunft, München 1980, S. 331–342.

Schell, Jonathan: Das Schicksal der Erde, München 1982.
Scheurle, Christoph: Die deutschen Kanzler im Fernsehen. Theatrale Darstellungsstrategien von Politikern im Schlüsselmedium der Nachkriegsgeschichte, Bielefeld 2009.

Schildt, Axel: Zwischen Abendland und Amerika. Studien zur westdeutschen Ideenlandschaft der 50er Jahre, München 1999.
Ders.: „Die Kräfte der Gegenreform sind auf breiter Front angetreten". Zur konservativen Tendenzwende in den Siebzigerjahren, in: *Archiv für Sozialgeschichte* 44 (2004), S. 449–478.
Ders.: Das letzte Jahrzehnt der Bonner Republik. Überlegungen zur Erforschung der 1980er Jahre, in: *Archiv für Sozialgeschichte* 52 (2012), S. 21–46.

Schmidt, Helmut: Strategie des Gleichgewichts: Deutsche Friedenspolitik und die Weltmächte, Stuttgart 1970.
Ders.: Eine Strategie für den Westen, Berlin 1986.
Ders.: Menschen und Mächte, Berlin 1987.
Schmidt, Wolfgang: Ein Modell für Global Governance? Die Vorschläge der Nord-Süd-Kommission 1977–1983, in: Rother, Bernd (Hrsg.): Willy Brandt: Neue Fragen, neue Erkenntnisse, Bonn 2011, S. 249–269.

Ders.: The Euromissile Crisis, the Palme Commission, and the Search for a New Security Model, in: Nuti, Leopoldo/Bozo, Frédéric/Rey, Marie-Pierre/Rother, Bernd (Hrsg.): The Euromissile Crisis and the End of the Cold War, Washington, DC 2015, S. 348–365.

Schmitt, Carl: Legalität und Legitimität, Berlin 1980.
Schmitt, Rüdiger: Die Friedensbewegung in der Bundesrepublik Deutschland. Ursachen und Bedingungen der Mobilisierung einer neuen sozialen Bewegung, Opladen 1990.
Schöllgen, Gregor: Willy Brandt. Die Biographie, Berlin 2001.
Scholtyseck, Joachim: Die Außenpolitik der DDR, München 2003.
Ders.: The United States, Europe, and the NATO Dual-Track Decision, in: Schulz, Matthias/Schwartz, Thomas A. (Hrsg.): The Strained Alliance. U.S.-European Relations from Nixon to Carter, Cambridge, MA 2010, S. 333–352.

Schonauer, Karlheinz: Geschichte und Politik der Jungsozialisten in der SPD 1946–1973. Der Wandel der SPD-Jugendorganisation von der braven Parteijugend zur innerparteilichen Opposition, Berlin 1980.

Schorske, Carl E.: German Social Democracy, 1905–1917. The Development of the Great Schism, Cambridge, MA 1955.
Schregel, Susanne: Konjunktur der Angst: „Politik der Subjektivität" und „neue Friedensbewegung", 1979–1983, in: Greiner, Bernd/Müller, Christian Th./Walter, Dierk (Hrsg.): Angst im Kalten Krieg, Hamburg 2009, S. 495–520.
Dies.: Der Atomkrieg vor der Wohnungstür. Eine Politikgeschichte der neuen Friedensbewegung in der Bundesrepublik 1970–1985, Frankfurt a. M. 2011.
Dies.: Die „Macht der Mächtigen" und die Macht der „Machtlosen". Rekonfigurationen des Machtdenkens in den 1980er Jahren, in: *Archiv für Sozialgeschichte* 52 (2012), S. 403–428.
Dies.: „Dann sage ich, brich das Gesetz" – Recht und Protest im Streit um den NATO-Doppelbeschluss, in: Löhnig, Martin/Preisner, Mareike/Schlemmer, Thomas (Hrsg.): Ordnung und Protest. Eine gesamtdeutsche Protestgeschichte von 1949 bis heute, Tübingen 2015, S. 133–147.
Dies.: Nuclear War and the City: Perspectives on Municipal Interventions in Defence (Great Britain, New Zealand, West Germany, USA, 1980–1985), in: *Urban History* 42 (2015), S. 564–583.
Schröder, Günter: Für eine politische Lösung, in: Glotz, Peter (Hrsg.): Ziviler Ungehorsam im Rechtsstaat, Frankfurt a. M. 1983, S. 17–24.
Schulz, Matthias: Netzwerke und Normen in der internationalen Geschichte: Überlegungen zur Einführung, in: *Historische Mitteilungen* 17 (2004), S. 1–14.
Ders.: The Reluctant European: Helmut Schmidt, the European Community, and Transatlantic Relations, in: Schulz, Matthias/Schwartz, Thomas A. (Hrsg.): The Strained Alliance. U.S.-European Relations from Nixon to Carter, Cambridge, MA 2010, S. 279–307.
Schuster, Jacques: Heinrich Albertz – der Mann, der mehrere Leben lebte. Eine Biographie, Berlin 1997.
Schwabe, Klaus: Verhandlung und Stationierung: Die USA und die Implementierung des NATO-Doppelbeschlusses 1981–1987, in: Gassert, Philipp/Geiger, Tim/Wentker, Hermann (Hrsg.): Zweiter Kalter Krieg und Friedensbewegung: Der NATO-Doppelbeschluss in deutsch-deutscher und internationaler Perspektive, München 2011, S. 65–93.
Schwammel, Inge: Deutschlands Aufstieg zur Großmacht. Die Instrumentalisierung der europäischen Integration 1974–1994, Frankfurt a. M. 1997.
Schwan, Gesine: Die SPD und die westliche Freiheit, in: Maruhn, Jürgen/Wilke, Manfred (Hrsg.): Wohin treibt die SPD? Wende und Kontinuität sozialdemokratischer Sicherheitspolitik, München 1984, S. 38–52.
Dies.: Antikommunismus und Antiamerikanismus in Deutschland. Kontinuität und Wandel nach 1945, Baden-Baden 1999.
Schweizer, Peter: Reagan's War. The Epic Story of his Forty-Year Struggle and Final Triumph over Communism, New York 2003.
Scott-Smith, Giles: Reviving the Transatlantic Community? The Successor Generation Concept in U.S. Foreign Affairs, 1960s–1980s, in: Patel, Kiran Klaus/Weisbrode, Kenneth (Hrsg.): European Integration and the Atlantic Community in the 1980s, Cambridge 2013, S. 201–225.
Seefried, Elke: Rethinking Progress. On the Origin of the Modern Sustainability Discourse, 1970–2000, in: *Journal of Modern European History* 13 (2015), S. 377–400.
Dies.: Zukünfte. Aufstieg und Krise der Zukunftsforschung 1945–1980, Berlin/Boston 2015.
Seeliger, Rolf (Hrsg.): Amerikanische Raketen wider deutsche Interessen. Argumente gegen die Stationierung neuer atomarer Mittelstreckenwaffen mit einer Dokumentation, München 1983.
Seelow, Gunnar: Strategische Rüstungskontrolle und deutsche Außenpolitik in der Ära Helmut Schmidt, Baden-Baden 2013.
Seidel, Peter: Nachrüstung oder Modernisierung? Die wissenschaftliche Diskussion um die kontinentalstrategischen Nuklearwaffen in Europa 1979–1983, Oldenburg 1986.
Seidelmann, Reimund/Brandt, Willy (Hrsg.): Der Demokratische Sozialismus als Friedensbewegung, Essen 1982.
Siegfried, Detlef: Time Is on My Side: Konsum und Politik in der westdeutschen Jugendkultur der 60er Jahre, Göttingen 2006.
Silomon, Anke: „Schwerter zu Pflugscharen" und die DDR. Die Friedensarbeit der evangelischen Kirchen in der DDR im Rahmen der Friedensdekaden 1980 bis 1982, Göttingen 1999.
Simon, Christine: Erhard Epplers Deutschland- und Ostpolitik, Bonn 2004.
Simon, Helmut: Fragen der Verfassungspolitik, in: Glotz, Peter (Hrsg.): Ziviler Ungehorsam im Rechtsstaat, Frankfurt a. M. 1983, S. 99–107.

Soell, Hartmut: Helmut Schmidt. 1969 bis heute. Macht und Verantwortung, München 2008.
Sölle, Dorothee: Der Frieden braucht die Frauen, in: Randzio-Plath, Christa (Hrsg.): Was geht uns Frauen der Krieg an?, Reinbek bei Hamburg 1982, S. 64–75.
Soutou, Georges-Henri: Mitläufer der Allianz? Frankreich und der NATO-Doppelbeschluss, in: Gassert, Philipp/Geiger, Tim/Wentker, Hermann (Hrsg.): Zweiter Kalter Krieg und Friedensbewegung: Der NATO-Doppelbeschluss in deutsch-deutscher und internationaler Perspektive, München 2011, S. 363–376.
SPD-Bundestagsfraktion (Hrsg.): Die SPD 10 Jahre in der Verantwortung. Für Sicherheit und Frieden. Sicherheitspolitische Informationstagung der SPD-Bundestagsfraktion am 19./20. Mai 1979 in Bremen, Bonn 1979.
SPD-Bundestagsfraktion (Hrsg.): Sicherheit für die 80er Jahre. Sicherheitspolitische Informationstagung der SPD-Bundestagsfraktion am 19./20. April 1980 in Köln, Bonn 1980.
SPD-Parteivorstand (Hrsg.): Grundsatzprogramm der Sozialdemokratischen Partei Deutschlands. Beschlossen vom Außerordentlichen Parteitag der Sozialdemokratischen Partei Deutschlands in Bad Godesberg vom 13. bis 15. November 1959 [Godesberger Programm], Bonn [1959].
Ders. (Hrsg.): Die Friedenspartei SPD. Argumente, Grundpositionen und Stellungnahmen zur deutschen Friedenspolitik 1981, Bonn 1981.
Ders.: Die Arbeiterbewegung und der Wandel gesellschaftlichen Bewußtseins und Verhaltens. Ein Diskussionspapier der Kommission Grundwerte beim SPD-Parteivorstand, o. O. Februar 1982.
Ders. (Hrsg.): 1863–1982. Der schwierige Weg zum Frieden. Sozialdemokraten gegen Krieg, Bonn 1982.
Ders. (Hrsg.): Beschlüsse der Bundeskonferenz der Arbeitsgemeinschaft Sozialdemokratischer Juristen (ASJ) am 12. und 13. Juni 1982 in Kiel, Bonn [1982].
Ders.: Friedenspolitische Aktivitäten. Beschluß des SPD-Vorstandes vom 27. 6. 1983, in: SPD-Parteivorstand (Hrsg.): Vor der Genfer Entscheidung. Friedenspolitische Aktivitäten der SPD im Herbst 1983. Materialien Friedenspolitik, Bonn [1983], S. 22f.
Ders. (Hrsg.): Das Regierungsprogramm der SPD 1983–1987. Beschlossen vom Wahlparteitag der SPD am 21. Januar 1983 in Dortmund, Bonn [1983].
Ders.: Entwurf für ein neues Grundsatzprogramm der Sozialdemokratischen Partei Deutschlands, Irsee, Juni 1986, Bonn [1986].
Ders. (Hrsg.): Grundsatzprogramm der Sozialdemokratischen Partei Deutschlands. Beschlossen vom Programm-Parteitag der Sozialdemokratischen Partei Deutschlands am 20. Dezember 1989 in Berlin, [Bonn 1989].
Spohr, Kristina: Helmut Schmidt and the Shaping of Western Security in the Late 1970s: the Guadeloupe Summit of 1979, in: *The International History Review* 37 (2015), S. 167–192.
Dies.: NATO's Nuclear Politics and the Schmidt-Carter Rift, in: Nuti, Leopoldo/Bozo, Frédéric/Rey, Marie-Pierre/Rother, Bernd (Hrsg.): The Euromissile Crisis and the End of the Cold War, Washington, DC 2015, S. 139–157.
Spohr Readman, Kristina: Germany and the Politics of the Neutron Bomb, 1975–1979, in: *Diplomacy & Statecraft* 21 (2010), S. 259–285.
Dies.: Conflict and Cooperation in Intra-Alliance Nuclear Politics: Western Europe, America and the Genesis of Nato's Dual-Track Decision, 1977–1979, in: *Journal of Cold War Studies* 13 (2011), S. 39–89.
Stehr, Nico/Ericson, Richard V.: The Culture and Power of Knowledge in Modern Society, in: Stehr, Nico/Ericson, Richard V. (Hrsg.): The Culture and Power of Knowledge: Inquiries into Contemporary Societies, München 1992, S. 3–19.
Steinmetz, Willibald: Das Sagbare und das Machbare. Zum Wandel politischer Handlungsspielräume. England 1780–1867, Stuttgart 1993.
Stephanson, Anders: Cold War Degree Zero, in: Isaac, Joel/Bell, Duncan (Hrsg.): Uncertain Empire: American History and the Idea of the Cold War, Oxford 2012, S. 19–49.
Steuwer, Janosch/Mittag, Jürgen: „Die größte Friedenspartei in Deutschland …": Programmatik und Semantik der Friedenskonzeptionen sozialdemokratischer Bundespräsidenten und Bundeskanzler, in: Stadtland, Helke (Hrsg.): „Friede auf Erden". Religiöse Semantiken und Konzepte des Friedens im 20. Jahrhundert, Essen 2009, S. 195–230.
Stollberg-Rilinger, Barbara: Symbolische Kommunikation in der Vormoderne. Begriffe – Forschungsperspektiven – Thesen, in: *Zeitschrift für Historische Forschung* 31 (2004), S. 489–527.
Dies.: Was heißt Kulturgeschichte des Politischen?, in: Stollberg-Rilinger, Barbara (Hrsg.): Kulturgeschichte des Politischen, Berlin 2005, S. 9–24.

Dies.: Des Kaisers alte Kleider. Verfassungsgeschichte und Symbolsprache des Alten Reiches, München 2013.
Stolleis, Michael: Geschichte des öffentlichen Rechts in Deutschland, 4. Bd.: Staats- und Verwaltungsrechtswissenschaft in West und Ost 1945-1990, München 2012.
Stratmann, K.-Peter: Rüstungskontrolle und militärisches Gleichgewicht in Europa: Zur Debatte in der Bundesrepublik, in: Kaiser, Karl/Roper, John (Hrsg.): Die stille Allianz. Deutsch-britische Sicherheitskooperation, Bonn 1987, S. 93-115.
Strübel, Michael: Die neue Friedensbewegung und die SPD, in: Seidelmann, Reimund/Brandt, Willy (Hrsg.): Der Demokratische Sozialismus als Friedensbewegung, Essen 1982, S. 57-65.
Sturm, Daniel Friedrich: Uneinig in die Einheit. Die Sozialdemokratie und die Vereinigung Deutschlands 1989/90, Bonn 2006.
Suri, Jeremi: Power and Protest. Global Revolution and the Rise of Détente, Cambridge 2003.
Ders.: Counter-Cultures: The Rebellions Against the Cold War Order, 1965-1975, in: Leffler, Melvyn P./Westad, Odd Arne (Hrsg.): The Cambridge History of the Cold War, 2. Bd.: Crises and Détente, Cambridge 2010, S. 460-481.
Süß, Dietmar: Kumpel und Genossen. Arbeiterschaft, Betrieb und Sozialdemokratie in der bayerischen Montanindustrie 1945 bis 1976, München 2003.
Ders.: Die Enkel auf den Barrikaden. Jungsozialisten in der SPD in den Siebzigerjahren, in: *Archiv für Sozialgeschichte* 44 (2004), S. 67-104.
Ders.: Der Keynesianische Traum und sein langes Ende. Sozioökonomischer Wandel und Sozialpolitik in den siebziger Jahren, in: Jarausch, Konrad Hugo (Hrsg.): Das Ende der Zuversicht? Die siebziger Jahre als Geschichte, Göttingen 2008, S. 116-132.
Ders.: Gewerkschaften und Friedensbewegung, in: Becker-Schaum, Christoph/Gassert, Philipp/Klimke, Martin/Mausbach, Wilfried/Zepp, Marianne (Hrsg.): „Entrüstet Euch!" Nuklearkrise, NATO-Doppelbeschluss und Friedensbewegung, Paderborn 2012, S. 262-276.
Szöllösi-Janze, Margit: Wissensgesellschaft in Deutschland: Überlegungen zur Neubestimmung der deutschen Zeitgeschichte über Verwissenschaftlichungsprozesse, in: *Geschichte und Gesellschaft* 30 (2004), S. 277-313.

Thamer, Hans-Ulrich: Rituale in der Moderne, in: Stollberg-Rilinger, Barbara/Puhle, Matthias/Götzmann, Jutta/Althoff, Gerd (Hrsg.): Spektakel der Macht. Rituale im Alten Europa 800-1800, Darmstadt 2008, S. 63-67.
Tschopp, Silvia Serena: Die Neue Kulturgeschichte – eine (Zwischen-)Bilanz, in: *Historische Zeitschrift* 289 (2009), S. 573-605.

van den Daele, Wolfgang: Objektives Wissen als politische Ressource. Experten und Gegen-Experten im Diskurs, in: van den Daele, Wolfgang (Hrsg.): Kommunikation und Entscheidung. Politische Funktionen öffentlicher Meinungsbildung und diskursiver Verfahren, Berlin 1996, S. 297-326.
van Hüllen, Rudolf: Der „Krefelder Appell", in: Maruhn, Jürgen/Wilke, Manfred (Hrsg.): Raketenpoker um Europa. Das sowjetische SS 20-Abenteuer und die Friedensbewegung, München 2001, S. 216-253.
Vogel, Hans-Jochen: Nachsichten. Meine Bonner und Berliner Jahre, München 1997.
Vogtmeier, Andreas: Egon Bahr und die deutsche Frage. Zur Entwicklung der sozialdemokratischen Ost- und Deutschlandpolitik vom Kriegsende bis zur Vereinigung, Bonn 1996.
Voigt, Karsten D.: Wege zur Abrüstung, Frankfurt a. M. 1981.
Ders.: Die Friedensbewegung ist eine Chance für die parlamentarische Demokratie, in: SPD-Parteivorstand (Hrsg.): Vor der Genfer Entscheidung. Friedenspolitische Aktivitäten der SPD im Herbst 1983. Materialien Friedenspolitik, Bonn [1983], S. 16f.
Volle, Angelika: Die sicherheitspolitische Debatte in der Bundesrepublik Deutschland seit den siebziger Jahren, in: Kaiser, Karl/Roper, John (Hrsg.): Die stille Allianz. Deutsch-britische Sicherheitskooperation, Bonn 1987, S. 40-57.
Vowinckel, Annette/Payk, Marcus M./Lindenberger, Thomas (Hrsg.): Cold War Cultures. Perspectives on Eastern and Western European Societies, New York 2012.

Wackerbeck, Markus: Der NATO-Doppelbeschluss 1979. Zur Strategie des Gleichgewichts, in: *Militärgeschichte* 13 (2003), S. 18-22.

Waller, Douglas C.: Congress and the Nuclear Freeze. An Inside Look at the Politics of a Mass Movement. Foreword by Edward M. Kennedy, Amherst 1987.
Walsh, David M.: The Military Balance in the Cold War. US Perceptions and Policy, 1976–85, London 2008.
Walter, Franz: Die SPD. Biographie einer Partei, Reinbek bei Hamburg 2009.
Ders.: Vorwärts oder abwärts? Zur Transformation der Sozialdemokratie, Berlin 2010.
Warneke, Tim: Aktionsformen und Politikverständnis der Friedensbewegung. Radikaler Humanismus und die Pathosformel des Menschlichen, in: Reichardt, Sven/Siegfried, Detlef (Hrsg.): Das Alternative Milieu. Antibürgerlicher Lebensstil und linke Politik in der Bundesrepublik Deutschland und Europa 1968–1983, Göttingen 2010, S. 445–472.
Wasmuht, Ulrike C.: Geschichte der deutschen Friedensforschung. Entwicklung – Selbstverständnis – Politischer Kontext, Münster 1998.
Wassermann, Rudolf: Ist die klassische Demokratie überholt? Referate, gehalten anläßlich der Herbsttagung des Politischen Clubs der Evangelischen Akademie Tutzing „Widerstand als erste Bürgerpflicht?" vom 4. bis 6. November 1983 (Tutzinger Materialien Nr. 06/1983), o. O. [1983].
Waxman, Chaim Isaac (Hrsg.): The End of Ideology Debate, New York 1968.
Weber, Max: Wirtschaft und Gesellschaft. Grundriß der Sozialökonomik, Abt. 3, Tübingen 1922.
Weber, Tim M.: Zwischen Nachrüstung und Abrüstung. Die Nuklearwaffenpolitik der Christlich Demokratischen Union Deutschlands zwischen 1977 und 1989, Baden-Baden 1994.
Wehler, Hans-Ulrich: Die Herausforderung der Kulturgeschichte, München 1998.
Ders.: Deutsche Gesellschaftsgeschichte, 5. Bd.: Von der Gründung der beiden deutschen Staaten bis zur Vereinigung 1949–1990, München 2008.
Wehner, Christoph Julian: Grenzen der Versicherbarkeit – Grenzen der Risikogesellschaft. Atomgefahr, Sicherheitsproduktion und Versicherungsexpertise in der Bundesrepublik und den USA, in: *Archiv für Sozialgeschichte* 52 (2012), S. 581–605.
Weisker, Albrecht: Expertenvertrauen gegen Zukunftsangst. Zur Risikowahrnehmung der Kernenergie, in: Frevert, Ute (Hrsg.): Vertrauen. Historische Annäherungen, Göttingen 2003, S. 394–421.
Weizsäcker, Carl Friedrich von: Der ungesicherte Friede, Göttingen 1969.
Ders.: Wege in der Gefahr. Eine Studie über Wirtschaft, Gesellschaft und Kriegsverhütung, München 1976.
Ders. (Hrsg.): Die Praxis der defensiven Verteidigung, Hameln 1984.
Wengeler, Martin: Die Sprache der Aufrüstung. Zur Geschichte der Rüstungsdiskussionen nach 1945, Wiesbaden 1992.
Wentker, Hermann: Außenpolitik in engen Grenzen. Die DDR im internationalen System 1949–1989, München 2007.
Ders.: Zwischen Unterstützung und Ablehnung der sowjetischen Linie: Die DDR, der Doppelbeschluss und die Nachrüstung, in: Gassert, Philipp/Geiger, Tim/Wentker, Hermann (Hrsg.): Zweiter Kalter Krieg und Friedensbewegung: Der NATO-Doppelbeschluss in deutsch-deutscher und internationaler Perspektive, München 2011, S. 137–154.
Werner, Michael: Die „Ohne mich"-Bewegung. Die bundesdeutsche Friedensbewegung im deutsch-deutschen Kalten Krieg (1949–1955), Münster 2006.
Westad, Odd Arne (Hrsg.): Reviewing the Cold War. Approaches, Interpretations, Theory, London 2006.
Ders., The Global Cold War. Third World Interventions and the Making of Our Times, Cambridge 2010.
Wettig, Gerhard: Die Sowjetunion in der Auseinandersetzung über den NATO-Doppelbeschluss 1979–1983, in: *Vierteljahrshefte für Zeitgeschichte* 57 (2009), S. 217–259.
Wettig, Klaus: Ein SPD-Bezirk verändert sich. Die Wahl von Oertzens zum Bezirksvorsitzenden und seine Amtszeit, in: Seifert, Jürgen/Thörmer, Heinz/Wettig, Klaus (Hrsg.): Soziale oder sozialistische Demokratie? Beiträge zur Geschichte der Linken in der Bundesrepublik. Freundesgabe für Peter von Oertzen zum 65. Geburtstag, Marburg 1989, S. 135–149.
Wick, Regina: „Eine Bewegung, über die nicht berichtet wird, findet nicht statt." Das Bild der Friedensbewegung in bundesdeutschen und britischen Zeitungen, in: Baumann, Cordia/Gehring, Sebastian/Büchse, Nicolas (Hrsg.): Linksalternative Milieus und Soziale Bewegungen in den 1970er Jahren, Heidelberg 2011, S. 133–159.
Wiechmann, Jan Ole: Der Streit um die Bergpredigt. Säkulare Vernunft und religiöser Glaube in der christlichen Friedensbewegung der Bundesrepublik Deutschland (1977–1984), in: *Archiv für Sozialgeschichte* 51 (2011), S. 343–374.

Wiegrefe, Klaus: Das Zerwürfnis. Helmut Schmidt, Jimmy Carter und die Krise der deutsch-amerikanischen Beziehungen, Berlin 2005.
Winkler, Heinrich August: Von der Revolution zur Stabilisierung. Arbeiter und Arbeiterbewegung in der Weimarer Republik 1918 bis 1924, Bonn 1984.
Ders.: Wohin treibt die SPD? Die Bundesrepublik Deutschland braucht eine regierungsfähige Opposition, in: Maruhn, Jürgen/Wilke, Manfred (Hrsg.): Wohin treibt die SPD? Wende und Kontinuität sozialdemokratischer Sicherheitspolitik, München 1984, S. 28-37.
Ders.: Der lange Weg nach Westen, 2. Bd.: Deutsche Geschichte vom „Dritten Reich" bis zur Wiedervereinigung, München 2000.
Wirsching, Andreas: Abschied vom Provisorium 1982-1990, München 2006.
Ders.: Die Beziehungen zu den USA im Kontext der deutschen Außenpolitik 1982-1998, in: *Historisch-Politische Mitteilungen* 14 (2007), S. 235-244.
Ders.: Der Preis der Freiheit. Geschichte Europas in unserer Zeit, Bonn 2012.
Wittner, Lawrence S.: Toward Nuclear Abolition. A History of the World Nuclear Disarmament Movement, 1971 to the Present, Stanford 2003.
Wolfrum, Edgar: Geschichte als Waffe. Vom Kaiserreich bis zur Wiedervereinigung, Göttingen 2002.
Wunderle, Ulrike: Atome für Krieg und Frieden. Kernphysiker in Großbritannien und den USA im Kalten Krieg, in: Neuneck, Götz/Schaaf, Michael (Hrsg.): Zur Geschichte der Pugwash-Bewegung in Deutschland. Symposium der Deutschen Pugwash-Gruppe im Harnack-Haus Berlin, 24. Februar 2006, Berlin 2007, S. 17-29.
Dies.: Experten im Kalten Krieg. Kriegserfahrungen und Friedenskonzeptionen US-amerikanischer Kernphysiker 1920-1963, Paderborn 2015.

Ziemann, Benjamin: The Code of Protest. Images of Peace in the West German Peace Movements, 1945-1990, in: *Contemporary European History* 17 (2008), S. 237-261.
Ders.: Situating Peace Movements in the Political Culture of the Cold War. Introduction, in: Ziemann, Benjamin (Hrsg.): Peace Movements in Western Europe, Japan and the USA during the Cold War, Essen 2008, S. 11-38.
Ders.: A Quantum of Solace? European Peace Movements during the Cold War and their Elective Affinities, in: *Archiv für Sozialgeschichte* 49 (2009), S. 351-389.
Ders.: Sozialgeschichte und empirische Sozialforschung. Überlegungen zum Kontext und zum Ende einer Romanze, in: Maeder, Pascal/Lüthi, Barbara/Mergel, Thomas (Hrsg.): Wozu noch Sozialgeschichte? Eine Disziplin im Umbruch. Festschrift für Josef Mooser zum 65. Geburtstag, Göttingen 2012, S. 131-149.
Zürn, Michael: Regieren jenseits des Nationalstaates. Globalisierung und Denationalisierung als Chance, Frankfurt a. M. 1998.

Personenregister

Kursiv gesetzte Zahlen verweisen auf Namen in den Anmerkungen.

Afheldt, Horst 123
Albertz, Heinrich 17, 35, 41, 70, 78, 194
Albrecht, Ulrich 66, 69, 104f., 107–109
Alexandrow-Agentow, Andrej 36
Allen, Richard 137, 144
Alt, Franz 104
Altmeppen, Johannes 174
Antretter, Robert 195
Apel, Hans 14, 35, 41, 58, 83, 104, 119, *191*, 198
Arbatow, Georgi 55
Augstein, Rudolf 134

Bahr, Egon 15, 18, 20, 31, 34f., *41*, 46f., 55–59, 61f., *70f.*, 74, 76f., 80, 89–91, 93, 97, 100, *105*, 120, 123, 141, 143–146, 149f., 163, 176, *178*, 201, 205f., 224f., 243
Bahro, Rudolf *70*, 180
Baruch, Bernard 57
Bastian, Gert v104, 121, 158, *161f.*, *170*, 174f., 180, 227
Baudissin, Wolf Graf von *105*
Bell, Daniel 88, 210
Bender, Peter 72f., 87f.
Bernard, Pierre 97
Beul, Ursula 44
Biedenkopf, Kurt 58
Biermann, Wolfgang 24f., 114, 142f., 161–164, 167–171, 175, 179, *191*, 193, 203f., 207
Bismarck, Otto von 79, 126
Böll, Heinrich 158
Bohley, Bärbel 148
Boniface, Pascal 76f.
Boor, Joet de 177
Borm, William *161*
Brandt, Peter 70
Brandt, Willy 14f., *21*, 24, 27, 29f., 34, 38, 54, *61–67*, 71, 75, *79*, 84, 100, 111f., 119f., 136, 141, 144–146, 149, 157–163, 171, 176f., 179, 181f., 193, 202f., *209*–212, 217f., 220, 222, 226, 229, 240, 243
Brauch, Hans Günter 104, 109, 114
Breit, Ernst 29
Breschnew, Leonid *36*, 70, 129, 132–134, 141, *146*, 149, *188*
Bruns, Wilhelm 73, 86
Brzezinski, Zbigniew 127, 144
Büchler, Hans 79
Bülow, Andreas von 109f.
Burns, Arthur 96, 129, 134, 136f., 141, *171*, 218
Buro, Andreas *162*
Burt, Richard *145*

Bush, George H. W. 133f., *171*, 175

Caldwell, Samuel 175
Callaghan, James 130, 133
Carstens, Karl 175
Carter, Jimmy 31, 34, *66*, 96, 126–131, 133, 136, 144
Castner, Thilo 115
Charzat, Gisèle 97
Churchill, Winston 2, 75
Clark, William P. 143
Clausewitz, Carl von 101, 119
Coppik, Manfred 174
Corterier, Peter 139
Cortright, David *172*
Crane, Philip 96
Crozier, Michel 213f.

Däubler, Wolfgang 205f., 209
Däubler-Gmelin, Herta 176, 194, 199, *204*
Dehm, Diether 232
Deile, Volkmar *162*, *182*
Dettke, Dieter 224
Diem, Martin 206
Dietrich, Jochen *162*
Dingels, Hans-Eberhard 138, 142, *146*
Dohnanyi, Klaus von 139, 143, 225
Dreier, Ralf 207
Drewitz, Ingeborg 70
Duve, Freimut *171*, 194

Ebert, Theodor 207
Ehmke, Horst 18, 20, 24f., 48, 59, 73f., 76, 79, 85, 120, 139, 143, 145, 148f., 159f., 206f., 229
Eichler, Willi *209*, 226
Einstein, Albert 102f.
Emmerlich, Alfred 216f., 230
Eppler, Erhard 15, 17, 19, 31, 41, 45, 48, 50f., 53, 70, 73, 80f., 87–91, 93, 105, 107f., *118f.*, 146, 152, 156–160, 170, 173, 175f., 181, 194, 208, 230–232, 235f., 243
Erler, Gernot 170

Fine, Melinda 172f.
Fischer, Fritz 63
Fischer, Gernot *207*
Fischer, Joschka 227
Forck, Gottfried 147
Ford, Gerald 31, 126, 133
Forsberg, Randall 166, 175f.
Fraser, Malcolm 133

Frey, Ulrich 198
Friedrich, Bruno 225
Fulbright, J. William 134

Gaulle, Charles de 72
Gaus, Günter 79 *f.*
Geißler, Heiner 24, 212
Genscher, Hans-Dietrich 125, 136, 171
Gierek, Edward 132
Gilges, Konrad 147
Giscard d'Estaing, Valérie 130, 132f.
Glennon, Ed 173*f.*
Glotz, Peter 30, *33*, 45, 73, 85f., 93, 110f., *123*, 152, 162, 170, 179f., 193, *197*, 199, 207f., 219, 226, 228, 233–236
Gollwitzer, Helmut 56
Grass, Günter 194, 206
Guggenberger, Bernd 200, 207
Guha, Anton-Andreas *161*

Habermas, Jürgen 79, 200, 207
Hämmerle, Gerlinde *220*
Haig, Alexander 128, 136, *149*, 212
Hansen, Karl-Heinz 174
Hart, Judith *177*
Hartung, Rudolf *210*, 223
Hatfield, Mark 166, 168
Hauchler, Ingomar 195
Hauff, Volker 224
Healey, Denis *177*
Hegel, Georg Wilhelm Friedrich 216
Heimann, Holger *117*
Heinemann, Gustav 103
Herf, Jeffrey 95
Hitler, Adolf 208
Hoffmann, Elfriede 231
Hoffmann, Hajo 72
Holst, Johan 59
Honecker, Erich 61, 148, *150*
Horn, Erwin 113
Huber, Wolfgang 200
Huntington, Samuel P. 213
Huntzinger, Jacques 60, 76f., 117, 176

Isola, Horst 206, 208

Jacobs, Karlheinz 115
Jäckel, Hartmut 22
Jahn, Egbert 103
Jansen, Anni 231
Jospin, Lionel 68
Jungk, Robert 158
Junker, Karin *198*

Kaiser, Karl 20*f.*, 98
Kehler, Randy 172, 177
Kelly, Petra 158, *172*, *174f.*, 180, 195, 199, 222

Kennedy, Edward 166, 168f.
Kielmansegg, Peter Graf 214
Kissinger, Henry 132, 134, 149f.
Klepsch, Egon Alfred *90*
Klose, Hans-Ulrich 75, 194
Klotzbach, Kurt 197
Kohl, Helmut 20, 22f., 48, 137, 141, 171, 203f., 215
Kompe, Gerhard 110f.
Kopp, Reinhold 168
Koschnick, Hans 146f., *211*
Krause, Christian 104, 107
Kreisky, Bruno 145
Krell, Gert 105, 113
Küchenhoff, Erich *191*
Kühle, Manfred *162*
Kwizinski, Julij 141

Lafontaine, Oskar 36, 68–*70*, 79–81, 91, 104–108, 175, 194
Lake, Anthony 127, 144
Lambinus, Uwe 229
Leber, Georg 14, 224
Leinen, Josef *162*, 180, *202*f., 207
Lindemann, Beata 96
Löwenthal, Richard 98, 209–211, 235
Luns, Joseph 59
Lutz, Dieter 104f.
Luuk, Dagmar 44

Maerker, Rudolf 183
Mao Zedong 134
Markey, Edward 166, 176
Matthiesen, Klaus 225
Mawby, Mike 174
McNamara, Robert 63
Mechtersheimer, Alfred 103, 158
Miller, Susanne 30
Mitterrand, François 23, 77f., 97, 132, *176*
Mondale, Walter 144

Narr, Wolf-Dieter 105
Niedergang, Mark 195
Niggemeier, Horst *152*
Nipperdey, Thomas 22
Nitze, Paul 141

Offe, Claus 200, *223*
Ollenhauer, Erich 94
Orwell, George 1
Otten, Dieter 49f.
Owen, David 55, 59

Paine, Christopher *178*
Palme, Olof 55, 65
Paterna, Peter 206
Pawelczyk, Alfons 139

Perle, Richard 60, 94
Peter, Brunhilde 148
Peter, Horst 231
Petry, Irene *177*
Picasso, Pablo 189
Pieczyk, Willi 105, 147
Poppe, Ulrike 148
Popper, Karl *42*

Queval, Axel 24, *68*
Quistorp, Eva 172

Randzio-Plath, Christa 69
Ranke-Heinemann, Uta 158
Rapp, Heinz 139, 216f.
Rau, Johannes 24, *36*, 223
Raymond, Walter 96
Reagan, Ronald 2, 34f., 45, *66*, 89, 93–96, *100*, 126, 128f., 133f., 136–*138*, 142–145, 168, 170, *188*, 215, 246
Reinhold, Otto 91
Reitz, Rüdiger 179
Renger, Annemarie 83, 90, 139, 212, 217, 225f., 235
Rentzsch, Meta 33
Reutlinger, Heinz *117*
Richardson, Josephine *174*
Richter, Horst-Eberhard 44
Rittberger, Volker 105, 117
Röhrig, Roman 81
Rühe, Volker 22
Russell, Bertrand 38, 102f.

Scheer, Hermann 78, *230*
Schell, Jonathan 79
Scherf, Henning 184
Schmidt, Helmut 1–4, 9, 13–15, 18–20, 22, 31, 33, 35, 41f., 44, 48, 54f., 59f., 62f., 75–77, 83, 88, 98, 101, 105f., 110, 112, 118–120, 122f., 125–138, 141, 146f., *150*, 153, 155–160, 165–167, 173, *180*f., 198, *210*, 213, 224, 234f., 239–241
Schmidt, Renate 147, 194
Schmude, Jürgen *218*, 230
Scholz, Olaf 69
Schreiner, Ottmar 147, 194f.
Schröder, Gerhard 35, 147, 229
Schröder, Günter 207, *216*
Schubert, Klaus von 79, *82*, 119, *180*
Schultz, Reinhard 211
Schulze, Peter 139
Schumacher, Kurt 27
Schwan, Gesine 21, 90, 98f., 217
Seidelmann, Reimund 36, 104
Senghaas, Dieter 105
Seuberlich, Hans Erich 113
Shultz, George 134
Simon, Helmut 17, 41, 157, 201, *204*f.

Simonis, Heide 194
Soell, Hartmut *117*
Sontheimer, Kurt 22
Staeck, Klaus *117*, *161*
Stapelfeldt, Dorothee 118
Steger, Ulrich 139f.
Stern, Carola 180
Stobbe, Dietrich 73, 79, 139f., 142, *145*
Stone, Shepard 95f.
Strasser, Johano 105
Strauß, Franz Josef 170f., 218
Strübel, Michael 117
Stuby, Gerhard *89*

Thatcher, Margaret 78, *134*, 215
Thiem, Rainer *161*
Timm, Helga 140

Uhrlau, Ernst 217
Unterseher, Lutz 104
Uyl, Joop den *177*

Vance, Cyrus 55, 58f.
Vogel, Hans-Jochen 20, 25, 67, *99*, 141, 147–149, 159, *193*, 195, *209*, 230
Voigt, Karsten D. 82f., 113f., 119, 139*f.*, 146, 163f., 174, 192, *223*f., 236
Voscherau, Henning 234
Vries, Klaas de 60

Waas, Lothar 215
Wagner, Rainer 24
Wallmann, Walter 22
Wassermann, Rudolf 200
Watanuki, Joji 213
Weber, Max *232*
Wehner, Herbert 6, 18, 27, 63, 82, 125f., 146, 174, 243
Weinberger, Caspar *132*
Weishäupl, Karl *212*
Weisskirchen, Gert 78, *175*
Weizsäcker, Carl Friedrich von 103, 200
Weizsäcker, Richard von 139
Wette, Wolfram 105
Wettig-Danielmeier, Inge 66, 148
Wickert, Ulrich 169
Wieczorek-Zeul, Heidemarie 176, 183
Williams, John *117*
Winkler, Heinrich August 21
Wischnewski, Hans-Jürgen *19*, 34, *74*, 122, 182
Wölber, Hans-Otto 41
Wörner, Manfred 193
Wulf, Herbert 105
Würtz, Peter 83

Zimmermann, Friedrich 95

Bei Fragen zur Produktsicherheit wenden Sie sich bitte an:
If you have any questions regarding product safety,
please contact:

Walter de Gruyter GmbH
Genthiner Straße 13
10785 Berlin
productsafety@degruyterbrill.com